हिन्द पॉकेट बुक्स

बिकमिंग

मेरा जीवन सफ़र

मिशेल रॉबिन्सन ओबामा ने साल 2009 से लेकर 2017 तक अमेरिका की प्रथम महिला के रूप में काम किया। प्रिंसटन विश्वविद्यालय और हारवर्ड लॉ स्कूल की स्नातक श्रीमती ओबामा ने अपना करियर शिकागो की एक लॉ फर्म सिडली एंड ऑस्टिन से शुरू की थी जहां उनकी मुलाकात उनके भावी पति बराक ओबामा से हुई। बाद में उन्होंने शिकागो मेयर ऑफिस, शिकागो विश्वविद्यालय और यूनिवर्सिटी ऑफ शिकागो मेडिकल सेंटर में काम किया। श्रीमती ओबामा ने पब्लिक एलाइज की शिकागो शाखा की भी शुरुआत की जो एक ऐसी संस्था है जो युवाओं को सार्वजनिक सेवाओं में जाने के लिए तैयार करती है।

ओबामा परिवार वर्तमान में वाशिंगटन, डी.सी. में रहता है और उनकी दो बेटियां मालिया और साशा हैं।

अनुवादक परिचय

कुमारी रोहिणी जे.एन.यू. से कोरियन भाषा में शोध। कोरियन भाषा से हिंदी और अंग्रेज़ी तथा अंग्रेज़ी से हिंदी में निरंतर अनुवाद। सम्प्रति एक बहुराष्ट्रीय कम्पनी में भाषा विशेषज्ञ।

बिकमिंग

मेरा जीवन सफ़र

मिशेल ओबामा

अनुवाद : कुमारी रोहिणी

हिन्द पॉकेट बुक्स
पेंगुइन रैंडम हाउस इम्प्रिंट

हिन्द पॉकेट बुक्स

यूएसए | कनाडा | यूके | आयरलैंड | ऑस्ट्रेलिया | सिंगापुर
न्यू ज़ीलैंड | भारत | दक्षिण अफ्रीका | चीन

हिन्द पॉकेट बुक्स, पेंगुइन रैंडम हाउस ग्रुप ऑफ़ कम्पनीज़ का हिस्सा है,
जिसका पता global.penguinrandomhouse.com पर मिलेगा

पेंगुइन रैंडम हाउस इंडिया प्रा. लि.,
चौथी मंजिल, कैपिटल टावर -1, एम जी रोड,
गुड़गांव-122002, हरियाणा, भारत

पेंगुइन
रैंडम हाउस
इंडिया

प्रथम अंग्रेजी संस्करण *Becoming* 2018 में क्राउन इंप्रिंट में
पेंगुइन रैंडम हाउस यूएसए द्वारा प्रकाशित

प्रथम हिंदी संस्करण हिन्द पॉकेट बुक्स द्वारा 2019 में प्रकाशित

10 9 8 7 6 5 4 3 2

इस पुस्तक में व्यक्त विचार लेखक के अपने हैं, जिनका यथासंभव तथ्यात्मक सत्यापन किया गया है, और इस सम्बन्ध में प्रकाशक एवं सहयोगी प्रकाशक किसी भी रूप में उत्तरदायी नहीं हैं।

ISBN 9789353494858

हिन्दी अनुवाद : कुमारी रोहिणी
टाइपसेटिंग : डीजीअल्ट्राबुक्स प्रा.लि., नई दिल्ली
मुद्रकः रेप्रो इंडिया लिमिटेड

www.penguin.co.in

FSC www.fsc.org MIX Paper from responsible sources FSC® C047271

This is a legitimate digitally printed version of the book and therefore might not have certain extra finishing on the cover.

उन सभी लोगों को जिन्होंने मेरे व्यक्तित्व के निर्माण में मेरी मदद की:

वे लोग जिन्होंने मेरा पालन-पोषण किया-फ्रेज़र, मरियन और क्रेग, और मेरा विस्तृत परिवार,

मेरी मंडली की मज़बूत महिलाएं जो हमेशा मेरा हौसला बढ़ाती हैं,

मेरे निष्ठावान और समर्पित कर्मचारी जो निरंतर मुझे गर्व से भरते रहते हैं।

मेरे जीवन का प्यार:

मालिया और साशा, मेरे दो सबसे कीमती फल-फूल
जो मेरे असितित्व का कारण हैं,

और आखिर में बराक जिसने हमेशा मुझे एक दिलचस्प यात्रा
पर ले चलने का वादा किया।

विषय-सूची

भूमिका

मार्च 2017

जब मैं बच्ची थी तो मेरी इच्छाएं भी छोटी थीं। मैं एक कुत्ता चाहती थी। मैं एक ऐसा घर चाहती थी जिसमें सीढियां हों- एक परिवार के लिए दो मंजिला घर। किसी कारण से मैं चाहती थी कि चार दरवाजे वाला स्टेशन वैगन हो, बजाय दो दरवाजे वाले उस ब्यूक कार के जो मेरे पापा के लिए ख़ुशी और गर्व का कारण था। मैं लोगों से यह कहती थी कि बड़ी होने के बाद मैं बच्चों की डॉक्टर बनना चाहती थी। क्यों? क्योंकि मुझे अपने आसपास बच्चे अच्छे लगते थे और मैं जल्दी ही इस बात को सीख गई कि इस तरह का जवाब सुनना बड़ों को अच्छा लगता था। अच्छा डॉक्टर! कितनी अच्छी बात है! उन दिनों मैं चोटी बनाती थी और अपने बड़े भाई को झाड़ती रहती थी, और चाहे कुछ भी हो जाए मैं उसी तरह स्कूल भी चली जाती थी। मैं महत्वाकांक्षी थी, लेकिन मुझे यह ठीक से नहीं पता था कि मुझे चाहिए क्या था। अब मुझे लगता है कि बड़े बच्चों से सबसे बेकार सवाल यही पूछते हैं- बड़े होकर क्या बनना चाहते हो? मानो बड़े होना सीमा हो। मानो किसी बिंदु पर आप कुछ हो गए और बस ख़त्म।

अभी तक अपने जीवन में मैं वकील बनी, एक अस्पताल की उपाध्यक्ष बनी और एक गैरसरकारी संगठन की निदेशिका बनी जो युवा लोगों को सार्थक पेशे में जाने में मदद करती थी। मैं एक कामकाजी परिवार की लड़की थी जो ऐसे शानदार कॉलेजों में पढ़ी जहाँ अधिकतर श्वेत पढ़ते थे। मैं अकेली महिला थी, एकमात्र अफ़्रीकी अमेरिकी महिला जिसने हर तरह की भूमिका निभाई। मैं वधु बनी, तनाव से भरी नई माँ, दुःख से कातर बेटी। और हाल तक मैं अमेरिका की प्रथम महिला थी- एक ऐसा काम जो आधिकारिक रूप से काम नहीं है, लेकिन फिर भी इसने मुझे वह मंच दिया जिसके बारे में मैंने कल्पना भी नहीं की थी। इसने मुझे चुनौती दी तो मुझे विनम्र भी बनाया, इसने मुझे ऊंचा उठाया तो नीचे भी गिराया, कई बार सब एक साथ किया। मैंने इन सालों दौरान ही अपनी संभावनाओं को

समझा जब- 2006 में उस पल से जब मेरे पति ने पहली बार यह कहा कि वे राष्ट्रपति पद के लिए चुनाव लड़ने चाहते थे और इस साल की ठंड भरी सुबह तक जब मैं मेलेनिया ट्रम्प के साथ लिमो में बैठकर उनके पति के उदघाटन तक गई। वह क्या सफ़र था!

जब आप प्रथम महिला होती हैं तो अमेरिका आपको अपने चरम रूप में दिखाई देता है। मैं कोष उगाही के लिए ऐसे घरों में भी गई जो कला संग्रहालय जैसे लगते थे, जहाँ लोगों के बाथटब नगीनों से बने हुए थे। मैं ऐसे परिवारों से मिलने भी गई जिन्होंने अपना सब कुछ कटरीना तूफ़ान में खो दिया था और इस बात से उनकी आँखों में आंसू भी आ गए थे और इस बात से उनकी आँखों में आंसू भी आ गए थे और वे बड़े कृतज्ञ भी महसूस कर रहे थे कि उनके पास कामचलाऊ फ्रिज और स्टोव आ गया था। मैं ऐसे लोगों से भी मिली हूँ जो उथले और पाखंडी थे और ऐसे लोगों से भी मिली- अध्यापकों, सैनिकों की पत्नियों एवं अन्य- जिनकी भावनाएं इतनी ऊंची और गहरी थी कि हैरानी होती थी। और मैं ऐसे बच्चों से मिली- दुनिया भर के, बहुत से बच्चों से- जिन्होंने मुझे उम्मीद से भर दिया जिन्होंने बड़ी कृपा की कि मुझे मेरे पदनाम को भुला दिया और हम लोगों ने बगीचे की धूल में दौड़ लगाना शुरू कर दिया।

चूँकि मैं बहुत झिझकते हुए सार्वजनिक संसार में आई थी, लेकिन मुझे दुनिया की सबसे शक्तिशाली महिला के रूप में देखा गया और मुझे "गुस्सैल अश्वेत महिला" तक कहा गया। मैंने ऐसे लोगों के साथ भी मुस्कुराते हुए फोटो खिंचवाई जो राष्ट्रीय टीवी पर मेरे पति को भयानक नामों से बुलाते थे, लेकिन वे अपनी यादगारी के लिए फिर भी मेरी फ्रेम में तस्वीर चाहते थे। मैंने इन्टरनेट के दलदल भरे हिस्से के बारे में सुना है जो मेरी हर बात पर सवाल उठाता है, यहाँ तक कि यह भी कि मैं स्त्री हूँ या पुरुष। एक कांग्रेसमैन मेरी नितम्बों का खुलेआम मजाक उड़ाते थे। मुझे तकलीफ हुई। मुझे गुस्सा आया। लेकिन अधिकतर, मैंने इन बातों को हँसी में उड़ा दिया।

अभी भी अमेरिका के बारे में मैं बहुत सी बातें नहीं जानती, जीवन के बारे में, इस बारे में कि भविष्य क्या लेकर आएगा। मेरे पापा फ्रेजर ने मुझे यह सिखाया था कि खूब मेहनत से काम करना, कम हँसना और अपना वादा निभाना। मेरी माँ मरियन ने मुझे यह सिखाया कि अपने बारे में किस तरह सीखना चाहिए और अपनी आवाज़ का इस्तेमाल किस तरह करना चाहिए। शिकागो में साउथ साइड के टूटे फूटे अपार्टमेंट में साथ रहते हुए उन्होंने मेरी मदद इस बात में की कि हमारी कहानी के मूल्य क्या थे, हमारे देश की विस्तृत कहानी का क्या मूल्य था और जबकि वह सुन्दर और सम्पूर्ण नहीं है। जबकि यह अधिक वास्तविक है जो आप बनना चाहते हों, जो आप हमेशा से बनना चाहते होंगे। यह कुछ ऐसी बात है जिसको अपना कहना चाहिए।

आठ साल तक में व्हाइट हाउस में रही, ऐसी जगह में जहाँ इतनी सीढ़ियां थीं कि मैं गिन भी नहीं सकती थी- इसके अलावा लिफ्ट थे, घूमने की पगडंडिया थे, और एक अपना माली था। मैं जिस बिस्तर पर सोती थी उसके ऊपर इटैलियन चादर बिछे होते थे। हमारा खाना दुनिया भर के मशहूर रसोइये बनाते थे और उनको परोसने वाले किसी फाइव स्टार

रेस्तरां या होटल के परोसने वालों की तरह बहुत अधिक प्रशिक्षित होते थे। सेक्रीट एजेंट होते थे, जो कान में इयरपीस लगाए रहते थे, हाथों में बंदूक और जानबूझकर सख़्त चेहरा बनाए, हमारे दरवाजों के बाहर खड़े होते थे, वे पूरी कोशिश करते थे कि हमारे पारिवारिक जीवन से दूर रहें। हमें इसकी आदत पड़ गई थी, शुरू में कुछ हद तक- हमारे नए घर का अजनबी माली और हमेशा किसी और की उपस्थिति की।

व्हाइट हाउस वह स्थान है जहाँ मेरी बेटियों ने गलियारों में बॉल खेला और साउथ लॉन में पेड़ पर चढ़ीं। यही वह जगह है जहाँ बराक देर रात तक बैठे रहते था, ब्रीफिंग देखते हुए और ट्रिटी रूम में दिए जाने वाले भाषणों के प्रारूप देखते हुए, और जहाँ हमारा कुत्ता सनी कई कालीन पर सुसु कर देता था। मैं ट्रूमैन बालकनी में खड़े होकर यह देखती थी कि पर्यटक सेल्फी स्टिक लिए फोटो खींचते रहते थे और लोहे के बाड़ के पीछे झांकते भी रहते थे, यह अनुमान लगाने की कोशिश करते हुए कि अन्दर क्या था। कई बार इस बात से मेरा दम घुटता था कि हमारी खिड़कियाँ सुरक्षा कारणों से बंद रहती थीं, मैं बिना किसी तरह की गड़बड़ी के स्वच्छ हवा भी नहीं ले सकती थी। कई बार मैं हैरान होकर बाहर मैग्निलिया को खिलते देखती थी या सरकारी कामकाज की रोज की चहल पहल को, सैन्य स्वागत की भव्यता को। कई बार हफ़्तों, महीनों ऐसे होते थे जब मुझे राजनीति से नफरत होती थी। और कई बार ऐसे भी पल आते थे जब इस देश और इस देश के लोगों की सुन्दरता मुझे इतनी प्रभावित कर जाती थी कि मैं कुछ बोल भी नहीं पाती थी।

फिर यह सब ख़त्म हो गया। जबकि आप यह देख पा रहे थे कि वह आ रहा है, जबकि आपका अंतिम सप्ताह भावनात्मक धन्यवाद देने वालों से भरा रहा, लेकिन वह दिन अपने आप में धुंधला है। एक हाथ बाइबल पर जाता है: एक शपथ दुहराई जाती है। एक राष्ट्रपति के सामान को बाहर ले जाया जाता है जबकि दूसरे राष्ट्रपति के सामान को अन्दर लाया जाता है। कुछ घंटों के अन्दर अलमारियों को खाली किया जाता है और भर भी दिया जाता है। इसी तरह, नए तकियों पर नए सर- नया मिजाज, नए सपने। और जब यह ख़त्म होता है, जब आप आखिरी बार दुनिया के सबसे प्रसिद्ध पते से बाहर निकलते हैं तो कई तरह से आप अपने आपको फिर से तलाश करते हैं।

इसलिए मैं शुरुआत यहाँ से करती हूँ जो एक छोटी सी घटना है जो कुछ दिन पहले ही घटित हुई। मैं रेड्ब्रिक हाउस में अपने घर में थी जहाँ मेरा परिवार हाल में ही गया है। हमारा नया घर हमारे पुराने घर से महज दो मील की दूरी पर है, जो आसपास शांत सड़क से घिरा हुआ है। हम अभी भी वहां के हिसाब से अपने आपको ढाल रहे हैं। परिवार के कमरों में हमारा फर्नीचर उसी तरह से लगाया गया था जिस तरह से व्हाइट हाउस में था। हमने घर में चारों तरफ स्मृति की तस्वीरें लगाई थीं ताकि यह याद रहे कि सब सच था- कैम्प डेविड में हमारे परिवार का फोटो, हाथ के बने हुए मिटटी के बर्तन जो मुझे ग्रामीण अमेरिकी विद्यार्थियों ने दिए थे, नेल्सन मंडेला के हस्ताक्षर वाली एक किताब। जो अजीब बात है इस रात के बारे में कि सभी लोग जा चुके थे। बराक यात्रा कर रहे थे, साशा अपनी सहेलियों के

साथ बाहर गई थी, मालिया न्यूयॉर्क में रह रही थी और काम कर रही थी, कॉलेज जाने से पहले के सालों में अपने आपको आजमा रही थी। केवल मैं थी, हमारे दो कुत्ते, खाली घर जिस तरह का मैंने आठ साल में नहीं देखा था।

और मुझे भूख लगी हुई थी। मैं सीढ़ियों से चढ़कर अपने बेडरूम में गई, कुत्ते मेरे पीछे-पीछे रसोई में गए। मैंने फ्रिज खोला। मुझे ब्रेड का एक टुकड़ा मिला, मैंने दो टुकड़े निकाले, और उनको टोस्टर ओवन में रख दिया। मैंने कैबिनेट खोलकर एक प्लेट निकाली। मैं जानती हूँ कि यह कहना कितना अजीब है कि शेल्फ से प्लेट निकालना बिना किसी के यह कहे कि मैं आपके लिए लाता हूँ, खुद खड़े होकर टोस्टर में ब्रेड के भूरे होने तक देखना, यह ऐसा महसूस होता है जैसे मैं अपने उस जीवन के बहुत करीब आ गई जो मैं थी। या शायद मेरा नया जीवन अपनी घोषणा कर देने वाला हो।

अंत में मैंने केवल टोस्ट नहीं बनाया, मैंने चीज टोस्ट बनाया, टोस्ट के बीच चीज रखकर माइक्रोवेव में उसके पिघलते हुए देखा। फिर मैं अपनी प्लेट लेकर पीछे आँगन में गई। मुझे किसी को कहना नहीं पड़ा कि मैं जा रही थी। मैं चली गई। मैं खाली पैर थी, मैंने शॉर्ट्स पहन रखा था। ठंड कम हो गई थी, वसंत आने वाला लग रहा था। मैं बरामदे की सीढ़ियों पर बैठ गई दिन के सूरज की गर्मी को महसूस करते हुए। दूर कहीं एक कुत्ता भोंक रहा था, और मेरे अपने कुत्ते ध्यान लगाकर सुन रहे थे, उनको कुछ देर के लिए कुछ समझ में नहीं आ रहा था। मुझे समझ में आया कि यह आवाज़ उनके लिए अजीब थी, क्योंकि व्हाइट हाउस में हमारे कोई पडोसी तो थे नहीं, आसपास कुत्ते होने की बात तो बहुत दूर की थी। उनके लिए यह सब नया था। क्योंकि कुत्ते दीवार के पास कूद कूद कर आसपास का माहौल देखने में लगे रहते थे। मैंने अपना ब्रेड अँधेरे में खाया, जितना संभव हो सकता था, जितना संभव हो उतने तरीके से अकेले महसूस करते हुए। मेरा दिमाग उन सिपाहियों के ऊपर नहीं था जो परिसर के अन्दर कमांड पोस्ट पर तैनात थे, या यह बात कि मैं अभी भी बिना किसी सुरक्षा के बाहर नहीं जा सकती थी। मैं न तो नए राष्ट्रपति के बारे में सोचना चाहती थी, न ही पुराने राष्ट्रपति के बारे में।

मैं यह सोच रही थी कि किस तरह कुछ मिनट में मैं अपने घर के अन्दर जाऊंगी और प्लेट साफ़ करूँगी, बिस्तर पर जाऊंगी, शायद मैं खिड़की भी खोल लूं ताकि वसंत की हवा को महसूस कर सकूं- यह कितना अच्छा रहेगा। मैं यह भी सोच रही थी कि वहां की शांति मुझे पहली बार कुछ सोचने का मौका दे रही थी। जब मैं प्रथम महिला थी तब मेरा सप्ताह बहुत व्यस्त बीतता था और मुझे यह याद दिलाना पड़ता था कि यह सब शुरू किस तरह हुआ था। लेकिन समय आ गया था कि अलग तरह से सोचा जाये। मेरी बेटियां जो व्हाइट हाउस में अपने खिलौनों के पास वापस लौटी थीं, अब किशोर हो चुकी हैं, युवा जिनकी अपनी आवाज़ है और अपनी योजनायें भी। मेरे पति व्हाइट हाउस के बाद वाले जीवन के लिए नए तरीके से खुद को लिए अभ्यस्त बना रहे हैं, अपनी लय को पकड़ रहे हैं। और यहाँ मैं हूँ, इस नई जगह में, जबकि मुझे बहुत कुछ कहना है।

मैं

1

मैंने अपने बचपन का ज्यादातर वक़्त संघर्ष की आवाज़ों को सुनते हुए बिताया है। यह आवाज़ बेसुरे या कम से कम ग़ैर पेशेवर संगीत की होती थी जो कि मेरे सोने के कमरे के फ़र्श के तख़्ते से छनकर आती थी। नीचे के तल पर मेरी नानी रॉबी से पियानो सीखने आये विद्यार्थियों के बजाने से आने वाली प्लींक प्लींक प्लींक की आवाज़ आती जो सुर को साधने की उनकी कोशिशों का नतीजा होती थी। मेरा परिवार शिकागो के पास दक्षिणी तट पर एक छोटे से बंगले में रहता था जो रॉबी और उनके पति टेरी का था। मेरे माता-पिता ने दूसरे माले का घर किराए पर लिया था और वहीं रॉबी और टेरी निचले तल पर रहते थे। रॉबी मेरी माँ की चाची थीं और उन्होंने सालों तक मेरी माँ पर अपनी कृपा बनाए रखी लेकिन वहीं मेरे लिए वह हमेशा से आतंक का प्रतीक रही। अनुशासनबद्ध और गम्भीर, वह वहाँ के स्थानीय चर्च की भजन मंडली का निर्देशन करती थीं और हमारे समुदाय के लोगों की पियानो प्रशिक्षक भी थीं। वह ऊँची एड़ियों वाले जूते पहनती थीं और अपने गर्दन में पढ़ने वाला चश्मा हमेशा लटकाए रखती थीं। उनकी मुस्कान काफ़ी तीखी थी लेकिन वह कटाक्षों का जवाब उस तरह नहीं दे पाती थीं जिस तरह मेरी माँ देती थी। मुझे कभी कभी अभ्यास न करने के कारण विद्यार्थियों पर या फिर देर से पहुँचाने के कारण उन बच्चों के अभिभावकों पर उनके बड़बड़ाहट की आवाज़ सुनाई देती थी।

"शुभ रात्रि!" बीच दोपहर में वह बिल्कुल उसी तरह चिल्लाती थीं जिस तरह कोई दूसरा व्यक्ति उसी खीज में कहेगा "ओह, भगवान के लिए!" ऐसा लगता था कि बहुत कम उनके मानकों पर खरे उतर पाते थे।

लोगों की कोशिशों की आवाज़, हमारे जीवन की आवाज़ बन गई थी। दोपहर में पियानो की आवाज़, शाम में पियानो की आवाज़। कभी-कभी चर्च की महिलाएँ भी प्रार्थनाओं का अभ्यास करने आ जाती और अपनी धार्मिकता को हमारे दीवारों के सहारे बाँध देती थीं। रॉबी के कायदों के अनुसार उनसे पियानो सिखाने वाले बच्चों को एक समय में एक ही धुन पर काम करने की अनुमति थी। अपने कमरे से मैं उन्हें कोशिश करते हुए सुनती थी, एक के बाद दूसरा अनिश्चित सुर ताकि वे रॉबी का दिल जीत सकें, "हॉट क्रॉस बन" से "ब्रह्माज लल्लबाय" तक सफ़र तय करना, लेकिन कई कोशिशों के बाद। वह संगीत

बहुत ज़्यादा खीज पैदा करने वाला होता था; वह सख़्त था। वह ज़बरदस्ती हमारी जगह को रॉबी की जगह से अलग करने वाले सीढ़ियों के गलियारे में पहुँच जाता था। गर्मियों में जब मैं अपने बार्बी या ईंटों से बने छोटे से साम्राज्य वाले खिलौने से खेल रही होती थी तब वह खिड़कियों से भीतर घुस जाता और मेरे विचारों के साथ मिल जाता था। इससे बचने का एकमात्र समय वही होता जब मेरे पिता शहर के जल शोधन केन्द्र के अपने दफ़्तर से जल्दी घर आ जाते और टेलिविज़न पर तेज़ आवाज़ में जानवरों के बच्चों का खेल देखने लग जाते ताकि नीचे से आ रही आवाज़ों को अनसुना किया जा सके।

शिकागो के दक्षिणी तट पर यह 1960 के दशक का अंतिम दौर था। जानवरों के बच्चों का वह खेल बुरा नहीं था लेकिन उतना मज़ेदार भी नहीं था। मैं आराम कुर्सी पर बैठे अपने पिता की गोद में बैठ जाती और वे कहानियों सुनाते जैसे जानवरों के बच्चे कैसे उस मौसम में अचेत अवस्था में रहते हैं या फिर हमारे घर के दूसरे छोर पर स्थित कॉन्स्टन्स अवेन्यू में रहने वाले बिल विलियम के पास एक बढ़िया झूला है आदि से जुड़ा होता था। उस वक़्त अमेरिका बहुत ही गम्भीर और अनिश्चित बदलाव के दौर से गुज़र रहा था। केनेडी परिवार की मृत्यु हो चुकी थी। मेमफ़ीस में अपने घर की बालकनी में खड़े मार्टिन लूथर किंग जूनियर की हत्या हो चुकी थी जिसके कारण शिकागो सहित पूरे देश में दंगे हो रहे थे। 1968 का डेमोक्रेटिक नेशनल कंवेंशन ख़ून से लथपथ हो गया था क्योंकि हमारे घर से क़रीब नौ मील की दूरी पर स्थित ग्रांट पार्क में पुलिस ने वियतनाम युद्ध के विरोधियों पर लाठियों और आँसू गैस से हमला कर दिया था। इस बीच श्वेत लोगों के परिवारों का बहुत बड़ा समूह शहर से पलायन कर रहा था क्योंकि बाहर के उपनगर से उन्हें बेहतर विद्यालय, अधिक खुली जगह और शायद पड़ोसी के रूप में ज़्यादातर श्वेत आदि का लालच भी दिया जा रहा था।

वास्तव में इन सब में से किसी पर भी मेरा ध्यान नहीं गया। मैं एक छोटी बच्ची थी, अपनी बार्बी गुड़िया और छोटे-छोटे खिलौने के साथ खेलनी वाली एक लड़की, अपने माता-पिता और एक बड़ा भाई, जो हर रात अपना माथा मेरे माथे से तीन फ़ीट आगे करके सोता था, के साथ रहने वाली एक लड़की। मेरा परिवार मेरी दुनिया थी, मेरे जीवन का केंद्र। मेरी माँ ने मुझे सिखाया कि कैसे जल्दी पढ़ा जाता है, वह मुझे सार्वजनिक पुस्तकालय में लेकर जाती थी और मुझे साथ बिठाकर मुझे किताबों में लिखे शब्द पढ़ते हुए सुनाती थीं। मेरे पिता शहर के मज़दूरों के लिए तय किए गए नीले रंग की वर्दी पहनकर प्रतिदिन काम पड़ जाते थे लेकिन रात में वह हमें यह बताते कि जैज़ और कला से प्रेम करने का अर्थ क्या होता है। जब वे छोटे थे तब उन्होंने शिकागो के कला संस्थान में प्रशिक्षण लिया था और उच्च माध्यमिक विद्यालय में उन्होंने पेंटिंग और मूर्तिकला की शिक्षा भी हासिल की थी। वे अपने विद्यालय में एक तैराक और कुशल मुक्केबाज़ भी रह चुके थे और एक वयस्क के रूप में वह टेलिविज़न पर आने वाले पेशेवर गोल्फ़ से लेकर एनएचएल तक सभी प्रकार के खेलों के सच्चे प्रशंसक थे। उन्होंने हमेशा ही मज़बूत लोगों की उत्कृष्टता की सराहना की। जब मेरे भाई क्रेग ने बास्केटबॉल में रुचि लेना शुरू कर दिया तब मेरे पिता हमारे रसोईघर के दरवाज़े के ऊपर से

सिक्के उछालने का उपक्रम करने लग जाते और मेरे भाई को प्रोत्साहित करते कि वह छलाँग लगाकर उन सिक्कों को पकड़े।

मेरे लिए महत्व रखने वाली सभी चीज़ें उस पाँच गज के घेरे में समाहित थी - मेरे दादा-दादी और मेरे दूसरे चचेरे भाई- बहन, गली के दूसरे कोने पर स्थित चर्च जहाँ हम प्रत्येक रविवार नहीं जाते थे, गैस स्टेशन जहाँ मेरी माँ कभी- कभी मुझे सामान का पैकेट लाने के लिए भेजती थीं, और शराब की एक दुकान जहाँ स्वादिष्ट पाव, एक पैसे वाला लेमनचूस और दूध की बोतल भी बिकती थी। गर्मी के मौसम में अक्सर ही रात में मैं और मेरा भाई क्रेग सार्वजनिक पार्क में, जहाँ दिन में हम अन्य बच्चों के साथ जंगल जिम और अन्य खेल खेलते थे, वयस्क लोगों द्वारा खेले जाने वाले सॉफ़्टबॉल खेल के कारण आने वाली आवाज़ों को सुनते हुए उंघने लग जाते थे।

क्रेग और मेरी उम्र में दो वर्ष जितना भी अंतर नहीं था। उसे विरासत में मेरे पिता की नरम आँखें और आशावादी भावनाएँ और माँ का संगदिल स्वभाव मिला था। हम दोनों के बीच का रिश्ता हमेशा ही तनावपूर्ण रहा, इसके लिए उस अनकहे और अटूट निष्ठा का शुक्रिया अदा करना चाहिए जो वह अपनी छोटी बहन के लिए शुरुआत से ही महसूस करता था। हमारे परिवार के शुरुआती दिनों की एक ब्लैक एंड व्हाइट तस्वीर है जिसमें हम चारों एक सोफ़े पर बैठे हैं, उस तस्वीर में मेरी माँ मुस्कुरा रही हैं और मुझे अपनी गोद में पकड़ कर बैठी हुई हैं, मेरे पिता गम्भीर और गर्वित दिखाई दे रहे हैं और क्रेग उनकी गोद में बैठा है। हम सभी या तो चर्च जाने के लिए तैयार हैं या फिर किसी शादी में जाने के लिए। मैं लगभग आठ महीने की थी, गोलमटोल चेहरा, डाइपर में फँसे हुए बच्चे की तरह, साफ़ सफ़ेद कपड़े, अपनी माँ की गोद से कूदकर भागने के लिए तैयार और कैमरे को इस तरह से घूरते हुए कि अगर हाथ में आ जाए तो मैं उसे खा ही जाऊँगी। मेरे बग़ल में क्रेग बैठा है, एक शरीफ़ मर्द की तरह छोटा बो टाई और सूट पहने हुए चेहरे पर शालीनता ओढ़े। वह सिर्फ़ दो साल का है और अभी से ही उसमें बड़े भाई वाली सतर्कता और ज़िम्मेदारी दिखाई दे रही है – उसके हाथ मेरी तरफ बढे हुए हैं और उसकी उँगलियों ने मेरी मोटी कलाई को सुरक्षा की भावना के साथ जकड़ रखा है।

जिस समय वह तस्वीर ली गई थी, उस समय हम पार्क वे गार्डन में अपने दादा- दादी के घर से कुछ ही देर की दूरी पर सस्ती घरेलू परियोजना के तहत बने हुए एक फ़्लैट में रहते थे जो दक्षिणी तट से सटा हुआ था और जिसमें आधुनिक इमारतों वाले घर थे। इसका निर्माण 1950 के दशक में किया गया था जिसका मुख्य उद्देश्य दूसरे विश्व युद्ध के बाद श्रमिक वर्ग वाले अश्वेत लोगों के परिवारों के रहने के लिए घरों की कमी को ख़त्म करना था। बाद में, ग़रीबी और गिरोह-हिंसा के कारण इस जगह की स्थिति बहुत ख़राब हो गई और यह शहर में रहने वाले सबसे ख़तरनाक जगहों में से एक में परिवर्तित हो गई। इस घटना के बहुत समय पहले ही, जब मैं छोटी ही थी, मेरे माता-पिता- जो किशोर अवस्था में एक दूसरे से मिले थे और आगे चलकर एक दूसरे से शादी कर ली थी- ने कुछ मील

की दूरी पर दक्षिण में रॉबी और टेरी के अच्छे आस-पड़ोस वाले घर में रहने का प्रस्ताव स्वीकार कर लिया था।

यूक्लिड एवेन्यू पर, दो परिवार एक छोटे से छत के नीचे रह रहे थे। उसके नक़्शे को देखकर लगता था कि दूसरे तल का ढाँचा ससुराल वाले एक या दो लोगों को ध्यान में रखकर तैयार किया गया है लेकिन हम चार लोग उस घर में आसानी से रह रहे थे। मेरे माता पिता एक कमरे में सोते थे वहीं घर के बड़े हिस्से में, जो सम्भवत: बैठक कक्ष था, मैं और क्रेग एक साथ रहते थे। बाद में मेरे नाना- पर्नेल शील्ड, जो एक अतिउत्साही लेकिन कामचलाऊ बढ़ई थे, ने उस जगह को लकड़ी के तख्ते से दो निजी हिस्सों में बाँट दिया और दोनों हिस्सों में प्लास्टिक के दरवाज़े लगा दिए और एक साझा बरामदा भी बना दिया जिसमें हम अपने खिलौने और किताबें रखते थे।

मुझे अपना कमरा बहुत प्यारा था। वह एक जुड़वाँ बिस्तर और एक मेज़ के लिए पर्याप्त था। मैं अपने सभी मुलायम खिलौने बिस्तर पर रखती थी, और हर रात उन्हें अपने आराम के लिए सिर के नीचे रखकर सोती थी। उसकी तरफ़ वाली दीवार पर, क्रेग ने एक प्रकार का आईना लगा लिया था और उसने अपने बिस्तर को मेरे बिस्तर के समकक्ष उस पट्टिका के बराबर लगा दिया था। बीच का वह लकड़ी का तख़्ता इतना पतला और कमज़ोर था कि रात को सोते समय बिस्तर पर लेटे हुए हम एक दूसरे से आराम से बातें कर सकते थे और अकसर ही दस इंच के उस जगह और छत के बीच गेंद को उछालकर खेलते थे।

रॉबी आंटी ने घर के अपने हिस्से को स्मारक के रूप में सजाकर रखा था, सभी फ़र्नीचर सुरक्षात्मक प्लास्टिक में लिपटे हुए थे और मैं जब भी उनपर नंगे पाँव बैठने की कोशिश करती वे ठंडे और चिपचिपे महसूस होते थे। उनकी अलमारियाँ चीनी मिट्टी की मूर्तियों से भरी थी जिन्हें छूने की अनुमति नहीं थी। मैं अपने हाथों को मुलायम चेहरे वाली काँच की उस मूर्ति पर लेकर जाती - और रॉबी आंटी के डर से जल्दी से वापस खींच लेती थी -जिसमें एक सुंदर सी माँ अपने तीन पिल्लों के साथ बनाई गई थी। जब संगीत का अभ्यास नहीं चल रहा होता था तब पहले माले पर घोर सन्नाटा छाया रहता था। टेलिविज़न कभी भी नहीं चलता ना ही रेडियो बजता था। मुझे नहीं मालूम कि वे दोनों आपस में बातें भी करते थे या नहीं। रॉबी के पति का पूरा नाम विलियम विक्टर टेरी था लेकिन किसी कारणवश हम उन्हें उसके अंतिम नाम से ही पुकारते थे। टेरी परछाई की तरह थे, एक प्रतिष्ठित दिखने वाला व्यक्ति जो सप्ताह में प्रत्येक दिन थ्री पीस सूट पहनते और ज़्यादातर एक शब्द नहीं बोलते थे।

मैं पहले और दूसरे माले को दो अलग दुनियाओं की तरह देखने लग गई थी जहाँ संवेदनशील प्रतिस्पर्धा का राज था। ऊपर के माले पर, हम बेशर्मी से शोरगुल में लिप्त रहने वाले लोग। क्रेग और मैं गेंद फेंकते हुए पूरे घर में एक दूसरे के पीछे भागते रहते थे। हम लकड़ी के फ़र्श पर फ़र्नीचर चमकाने वाली पॉलिश गिरा देते थे ताकि हम अपने मोज़े पहनकर जल्दी और दूर तक आसानी से फिसल सकें और ऐसा करते हुए हम अक्सर दीवार

से टकरा भी जाते थे। हमलोग अपने कुश्ती वाले दस्ताने, जो हमारे पिता ने हमें क्रिसमस पर उपहार के रूप में दिया था, पहनकर रसोईघर में कुश्ती का खेल भी खेलते थे जिसमें बेहतर तरीके से मुक्का चलाने के लिए हमारे अपने बनाए गए नियम भी होते थे। रात में हम एक सपरिवार बोर्ड गेम खेलते, एक दूसरे को कहानियाँ और चुटकुले सुनाते और स्टिरियो पर जैक्सन 5 के गाने बजाते थे। जब रॉबी के लिए यह सब कुछ असह्य हो जाता था तब वह सीढ़ियों वाले कमरे में हमारे हिस्से की बत्तियाँ जलाना बुझाना शुरू कर देती थीं, जिससे ऊपर जाने वाली सीढ़ियों के क्षेत्र की रोशनी भी नियंत्रित होती थी, बार बार जलाना और बुझाना- यह हमें शांत हो जाने के लिए कहने का उनका विनम्र तरीक़ा था।

रॉबी और टेरी बुज़ुर्ग थे। वे अलग दौर और अलग परिस्थितियों में बड़े हुए थे। उन्होंने वह सब कुछ देखा था जो हमारे माता-पिता ने नहीं देखा था - वह सब कुछ जो मैं और क्रेग अपने बचपन में सोच भी नहीं सकते थे। जब हमारा आतंक नीचे रहने वालों के लिए बहुत ज़्यादा गम्भीर हो जाता तब हमारी माँ हमें ऐसा ही कुछ कहती थी। हालाँकि हम लोग इसका संदर्भ नहीं समझते थे लेकिन हमें इसे हमेशा याद रखने के लिए कहा गया था। इस दुनिया में सभी लोग, अपने भीतर एक अनदेखा इतिहास लेकर जी रहे हैं जिसके बारे में वे हमें बताते हैं और सहिष्णु बने रहने के लिए यह एकमात्र कारण ही काफ़ी है। बहुत सालों बाद मुझे पता चला कि रॉबी ने 1943 में नॉर्थवेस्टर्न यूनिवर्सिटी में कोरल संगीत में नामांकन कराया था लेकिन महिलाओं के छात्रावास में रंगभेद के कारण उसे रहने की जगह नहीं मिली थी। उनको उस शहर में "अश्वेत लोगों" के लिए अलग से बने घर में रहने के लिए कह दिया गया था। इस दौरान टेरी रात के समय शिकागो आने-जाने वाली एक माल गाड़ी में सामान ढोने वाले कुली का काम करते। हालाँकि इस काम में बहुत पैसे नहीं थे फिर भी यह एक इज़्ज़त भरा पेशा था, और इसे पूरी तरह से अश्वेत लोगों के लिए बनाया गया था। सामान ढोते समय, खाना परोसते समय और आमतौर पर रेलगाड़ी में सवार लोगों की ज़रूरतों को पूरा करते समय भी इन लोगों की वर्दी और जूते बिलकुल साफ़ और चमकदार होते थे।

सेवानिवृत्ति के सालों बाद तक भी टेरी एक अव्यक्त औपचारिकता में जी रहे थे - साफ़ कपड़े पहनना, दुर से ही काम करना, किसी भी तरीक़े से अपनी बात पर ज़ोर नहीं देना, आदि, कम से कम मुझे तो ऐसा ही दिखता था। यह बिलकुल वैसा ही है कि हर स्थिति के अनुरूप रहने के लिए आत्मसमर्पण करने के लिए तैयार रहना। मैं अक्सर उन्हें गर्मी की तपती दोपहरी में घर के अहाते में नुकीले जूते पहने, सस्पेंडेर और हैट लगाये हुए अपनी कमीज के बाँहों को क़रीने से मोड़कर घास काटते हुए देखती थी। वह ख़ुद को दिनभर में एक सिगरेट और महीने में एक प्याले शराब से संतुष्ट रखते थे, और महीने में दो-चार बार मेरे माता-पिता द्वारा किए जाने वाले हाईबॉल या श्लिज़ के आयोजन के बावजूद भी अपना नियंत्रण नहीं खोते थे। मेरे मन का एक हिस्सा चाहता था कि टेरी बातें करें, वह सब राज़ बाहर निकाल दें जिसका बोझ उठाये वे चल रहे थे। मैंने मन ही मन यह कल्पना करती थी कि उनके पास उन सभी शहरों की कहानियाँ होंगी जहाँ वह रहे थे और अमीर लोग रेलगाड़ी

में कैसा व्यवहार करते हैं या शायद नहीं करते हैं। लेकिन हमने इसमें से कुछ भी नहीं सुना था। किसी वजह से उन्होंने कभी कुछ नहीं बताया।

मैं लगभग चार साल की थी जब मैंने पियानो सीखने का निश्चय किया। क्रेग, जो उस समय पहली कक्षा में था, पहले से ही नीचे रॉबी की साप्ताहिक पियानो क्लास में जाने लगा था और अपेक्षाकृत बेहतर स्थिति में वापस लौटता था। मुझे लग रहा था कि मैं अब तैयार थी। मेरा यक़ीन पक्का था और मुझे ऐसा लगने लगा था जैसे मैं पियानो सीख चुकी थी – उस संगीत के निकट संपर्क में रहने के कारण- उन घंटों में जब मैं दूसरे बच्चों को अपने गीत के साथ ग़लतियाँ करते हुए सुनती थी, सीखने वालों को गलतियाँ करते और सीखते हुए सुनती थी। संगीत मेरे दिमाग़ में पहले से था। मैं नीचे जाकर अपनी कठोर दिल वाली नानी के सामने बस यह प्रदर्शित करना चाहती थी कि मैं एक ऐसी लड़की थी जिसे संगीत उपहार में मिला था और उसकी सबसे प्रिय विद्यार्थी बनना मेरे लिए कितना आसान था।

रॉबी का पियानो घर के पिछले हिस्से में बने आयताकार कमरे में रखा था जिसकी खिड़कियाँ पीछे के अहाते से लगी थीं। कोने में गमले रखे थे और दूसरी तरफ़ मुड़ने वाली मेजें जहाँ बच्चे संगीत के अभ्यास के लिए बनाई गई पुस्तिका को भरने का काम कर सकते थे। वह ऊँचे टेक वाली आरामकुर्सी पर बिलकुल सीधे होकर बैठती थी और अपनी उँगलियों और सिर को इस प्रकार हिलाती थी जैसे हर एक ग़लती पर उनकी नज़र हो। क्या मुझे रॉबी से डर लगता था? पूरी तरह से ऐसा नहीं था लेकिन उनके लिए एक प्रकार के डर की भावना थी; वह एक ज़िद्दी क़िस्म के अधिकार का प्रदर्शन करने वाली औरत थी और मैंने ऐसी दूसरी औरत कहीं और नहीं देखी थी। वह हर उस बच्चे से उत्कृष्टता की माँग करती जो उनके पियानो के सेट पर बैठता था। मैंने उन्हें हमेशा एक ऐसे इंसान के रूप में देखा जो जीतना चाहती थी या किसी भी तरह से विजयी हो जाना चाहती थी। उनके साथ रहने पर हमेशा यह एहसास होता था कि कुछ है जिसे साबित करना है।

मेरे पहले अभ्यास के दौरान मेरी टाँगे पियानो के बेंच से लटकने लगी, ज़मीन तक पहुँचने के लिए मेरी टाँगे बहुत छोटी थी। रॉबी ने मुझे संगीत की किताब की मेरी अपनी प्रति दी, जिसको लेकर मैं काफ़ी रोमांचित थी और उन्होंने मुझे यह बताया कि पियानो पर मुझे अपने हाथ को किस तरह रखना है।

"ठीक है, ध्यान दो," हमारे सीखना शुरू करने से पहले ही डाँटने लगी। "बीच वाले "सी" को ढूँढो।"

जब आप बच्चे होते हैं तो पियानो को देखने पर ऐसा लगता है कि इसमें हज़ार बटन हैं। आप काले और सफ़ेद बटन की उस पट्टी को घूरते हैं जिसका विस्तार आपकी बाँहों के पहुँच से बहुत अधिक होता है। मध्य "सी" मैं जल्दी सीख गई, जो शुरुआती बिंदु होता है। यह दाएँ और बाएँ हाथ की गति की दिशा को बाँटने वाली रेखा होती है और इसकी जगह ट्रेबल और स्वरों के बटन के बीच में होती है। अगर आप अपने अंगूठे को मध्य "सी" पर

रखते हैं तो बाक़ी की सभी चीज़ें ख़ुद ही ठीक हो जाती हैं। रॉबी के पियानो के बटनों के रंग और आकार में भिन्नता थी और समय के साथ उसके हाथी दाँत जैसी सफ़ेद रंगत में कमी आ गई थी और वे ख़राब हो चुके दाँतों की तरह दिखने लगे थे। मज़ेदार बात यह थी कि मध्य "सी" वाले बटन का पूरा कोना ग़ायब था और बस मेरे नाख़ून के आकर का बच गया था, जिससे मुझे हर बार उसे पहचान लेने में आसानी होती थी।

समय के साथ मुझे पियानो सीखना अच्छा लगने लगा। इसके साथ बैठकर अभ्यास करना मुझे सहज लगता था, बिलकुल ऐसा जैसे मैं इसके लिए ही बनी हूँ। मेरे परिवार में संगीत पसंद करने वाले और संगीत जानने वाले लोग भरे पड़े थे, विशेष रूप से मेरी माँ के परिवार में। मेरे एक मामा किसी पेशेवर बैंड के सदस्य थे। मेरी बहुत सारी चाचियाँ-मामियाँ चर्च की प्रार्थना सभा में गाती थीं। मेरे पास रॉबी थी जो घर के निचले तल में स्थित चर्च में अपनी प्रार्थना सभा और संगीत अभ्यास के क्लास के अतिरिक्त बच्चों के लिए ओपेरा की कार्यशाला भी चलाती थीं, जिसमें हर शनिवार की सुबह मैं और क्रेग भी जाते थे। मेरे परिवार के संगीत का मुख्य केंद्र मेरे नाना शील्ड थे जो एक बढ़ई थे और रॉबी के छोटे भाई भी। वह एक बिंदास क़िस्म के खिचड़ी दाढ़ी वाले तोंदियल आदमी थे जिनकी हँसी से आसपास का माहौल हल्का हो जाता था। जब मैं छोटी थी तब वे शहर के पश्चिमी हिस्से में रहते थे और मैं और क्रेग उन्हें वेस्टसाइड कहकर पुकारते थे। लेकिन जिस साल मैंने पियानो सीखना शुरू किया उसी साल वे हमारे पड़ोस में आकर रहने लग गए और हमने बड़े सम्मान से उनका नाम साउथसाइड रख दिया।

साउथसाइड मेरी नानी से सालों पहले अलग हो चुके थे जब मेरी माँ अपनी किशोरावस्था में थी। वह मेरी मौसी कैरोलिन, जो मेरी माँ की बड़ी बहन थी, और अपने छोटे भाई मामा स्टीव के साथ हमारे घर से दो घर की दूरी पर रहते थे। उन्होंने अपने छोटे से घर को ऊपर से नीचे तक संगीत के तारों से सज़ा रखा था, उनके हर कमरे में स्पीकर रखे थे यहाँ तक कि स्नानघर में भी। खाने वाले कमरे में अपने स्टीरियो की मशीनें रखने के लिए उन्होंने एक चौकोर कैबिनेट भी बनाया था और इसका अधिकांश हिस्सा बिक्री के लिए था। उनके पास दो एक दूसरे से मेल न खाने वाली चीज़ें थीं एक पुराना रील से रील को जोड़ने वाला रिकॉर्डर और एक आलमारी जो उनके द्वारा सालों से इकट्ठा की हुई रेकर्डस से भरी हुई थीं।

दुनिया में बहुत कुछ ऐसा था जिसपर साउथसाइड को भरोसा नहीं था। वह एक पुरानी सोच वाले बूढ़े इंसान थे जिनका विश्वास साज़िश के सिद्धांत में था। वे दाँतों के डॉक्टर पर विश्वास नहीं करते थे जिसकी वजह से उन्हें अपने सभी दाँतों से हाथ धोना पड़ा। उन्हें पुलिस पर भी भरोसा नहीं था और उन्होंने गोरे लोगों पर भी कभी विश्वास नहीं किया। वे जॉर्जिया के एक गुलाम के पोते थे और 1920 में उत्तर में शिकागो आने से पहले तक जिम क्रो के शासन में उन्होंने अपने जीवन के शुरुआती दिन अलबामा में बिताए थे। जब उनके ख़ुद के बच्चे हो गए तब साउथसाइड ने उन्हें सुरक्षित रखने के लिए बहुत कष्ट उठाए — वे उन्हें सच और काल्पनिक दोनों प्रकार की कहानियाँ सुनाकर डराते और उन्हें बताते थे कि अगर

कोई अश्वेत बच्चा ग़लत पड़ोस में चला जाए तो उसके साथ क्या क्या हो सकता है और उन्हें पुलिस के बचने के लिए कहा करते थे।

ऐसा लगता था कि संगीत उनकी चिंताओं को ख़त्म करने वाली दवा की तरह काम करता था, आराम करने और भीड़ से अलग होने के तरीक़े के रूप में। साउथवेस्ट को अपने लकड़ी के काम में जिस दिन अच्छी कमाई हो जाती उस दिन वे उन पैसों से अपने लिए नया एल्बम ख़रीदते थे। वे अक्सर ही परिवार के लिए भोज का आयोजन करते और तेज़ गाने की आवाज़ में सबको ज़ोर ज़ोर से बात करने के लिए मजबूर कर देते क्योंकि उस माहौल में संगीत हमेशा ही ऊँचा बजता था। हमने अपने जीवन के अधिकतर जश्न साउथसाइड के घर में मनाए थे जिसका अर्थ यह था कि सालों तक हमने अपने क्रिसमस के उपहार को खोलकर देखने से लेकर एला फ़िट्ज्जेरल्ड तक और अपने जन्मदिन की मोमबत्तियों से लेकर कोल्ट्रेन तक उसी घर में जलाई थी। मेरी माँ के अनुसार एक सबसे छोटे आदमी के रूप में साउथसाइड ने अपने सातों बच्चों में जैज़ संगीत डाल दिया था और अक्सर ही सूर्योदय के समय अपने किसी रिकॉर्ड को तेज़ आवाज़ में बजाकर सभी को जगा देते थे।

संगीत के लिए उनका प्रेम संक्रामक था। जब साउथसाइड हमारे पड़ोस में आकर रहने लग गए, मैं अपना पूरा दोपहर उनके घर में बिताने लग गई। मैं उनकी आलमारियों से यूँ ही कोई एल्बम निकालती और उनके स्टीरियो पर रख देती थी, वहाँ रखे प्रत्येक एल्बम में साहस पैदा करने वाला गुण था। हालाँकि मैं बहुत छोटी थी लेकिन उन्होंने मुझ पर कभी भी किसी तरह की रोक नहीं लगाई कि मुझे किस चीज़ को हाथ लगाना चाहिए। बाद में उन्होंने मुझे मेरे जीवन का पहला एल्बम स्टीवी वंडर की "टॉकिंग बुक" ख़रीद कर दी जिसे मैंने उनके घर की सबसे महत्वपूर्ण आलमारी में रख दी जिसे उन्होंने मेरी पसंदीदा रेकर्ड्स को रखने के लिए बनाया था। अगर मुझे भूख लगती तो वे मेरे लिए मिल्क शेक बनाते या कभी मुर्ग़ी पकाते और हम दोनों अरीथा या माइल्ज़ या बिली को सुनते रहते। मेरे लिए साउथसाइड स्वर्ग की तरह विशाल थे। और स्वर्ग, मेरी कल्पना में एक ऐसी जगह थी जहाँ हर तरफ़ जैज़ संगीत भरा हुआ हो।

. . .

घर पर, एक संगीतकार के रूप में बेहतर करने के लिए मैं लगातार अभ्यास कर रही थी। रॉबी के पियानो पर बैठकर, मैं सुर और ताल को काफ़ी तेज़ी से सीख रही थी- माहौल में रहकर सीखने वाली मेरी बात सही थी—और मैंने अपना सारा समय अभ्यास के लिए उनके द्वारा दिए गए पन्नों को पढ़ने में बिताती थी। क्योंकि हमारे घर में हमारा अपना पियानो नहीं था इसलिए मुझे अभ्यास करने के लिए नीचे उनके घर जाना पड़ता था और मैं वहाँ बैठकर तब तक अभ्यास करती थी जब तक कि कोई दूसरा सीखने वाला नहीं आ जाता था। अभ्यास के दौरान मैं अपनी माँ को अक्सर अपने साथ खींच कर ले जाती और उन्हें सामने सामान से भरी कुर्सी पर बिठा कर अपना संगीत सुनवाती थी। मैं पियानो वाली किताब से एक के

बाद एक गाने सीखने लगी। मैं शायद उनके दूसरे विद्यार्थियों से न तो ज़्यादा अच्छी थी और न ही ज़्यादा बुरी लेकिन मेरे अन्दर एक जुनून था। मेरे लिए सीखने की प्रक्रिया एक जादू की तरह थी। इससे मुझे एक अभिभूत करने वाला संतोष मिलता था। एक बात जो मुझे आसानी से समझ आ गई थी वह यह कि अधिक से अधिक सीखने का सम्बन्ध अधिक से अधिक अभ्यास से था और रॉबी के लिए भी मुझे कुछ महसूस होता था — यूँ तो उन्होंने अपनी ख़ुशियों को अपने मन के भीतर दफ़्न कर लिया था, बावजूद इसके जब भी मैं कभी अपने अभ्यास के दौरान गानों में किसी प्रकार की ग़लती किए बिना अपने दाएँ हाथ से सुर को पकड़कर बाएँ हाथ को कॉर्ड पर रखकर सधे तरीक़े से पियानो बजा लेती तो उनके अंदर से कुछ हल्का और ख़ुशनुमा भाव निकलकर सामने आ जाता था। मैं अक्सर यह सब कनखियों से देखा करती थी: रॉबी के होंठ धीरे से खुल जाते थे; ताल पर थपथपाने वाली उनकी ऊँगली अचानक से उछलने लगती थी।

यह दौर हमारे लिए मौजमस्ती भरा रहा। ऐसा सम्भव था कि हम अपना अभ्यास इसी प्रकार जारी रखते, जब बात पियानो बजाने के तरीक़े की होती तब रॉबी और मैं जिज्ञासु होने के बजाय एक दूसरे के प्रति नम्र हो जाते थे। लेकिन अभ्यास की वह किताब बहुत मोटी थी और शुरू के कुछ गाने सीखने के बाद से रफ़्तार बहुत धीमी, जिसके कारण मैं बेसब्र होकर बाहर झाँकने लग जाती थी- आगे के कुछ पन्ने ही नहीं बल्कि किताब के भीतर के बड़े गीतों के शीर्षक और उनकी शुरुआत की पंक्तियों को भी देखना शुरू कर देती और अपने अभ्यास के दौरान उनसे खेलना शुरू कर देती थी। जब ख़ुश होकर किताब के अंदर का एक गीत मैंने रॉबी के लिए बजाना शुरू किया तब वह ग़ुस्से से फट पड़ी और "गुड नाइट!" बोलते हुए मेरी उपलब्धि पर एक ज़ोरदार चांटा जड़ दिया। जिस तरह कई बार मैंने दूसरे बच्चों को डाँट पड़ते सुना था ठीक उसी तरह मुझे भी डाँटा गया था। मैं बस इसी कोशिश में थी कि मैं ज़्यादा से ज़्यादा और जल्दी सीख सकूँ, लेकिन रॉबी के लिए यह राज-द्रोह जैसा बड़ा अपराध था। वह प्रभावित नहीं थी, ज़रा सा भी नहीं।

मुझे सज़ा भी नहीं दी गई थी। मैं एक ऐसी बच्ची थी जिसे अपने सवालों के ठोस जवाब पसंद थे और जिसे कारणों के पीछे तर्क का होना पसंद था। मैं क़ानूनपसंद थी और तानाशाह के ख़िलाफ़ असहिष्णु भी, मेरा भाई इसे बता सकता है जिसे अक्सर मैं हमारे साझा खेलने वाले कमरे से बाहर जाने का आदेश दे देती थी। जब मुझे लगता कि किसी चीज़ के बारे में मेरा विचार अच्छा है तब मुझे उसके लिए न नहीं सुनना चाहती थी। और इस तरह मैं और मेरी नानी एक दूसरे से बहस करने लग जाते, हम दोनों ही ग़ुस्से और अड़ियल स्वभाव वाले थे।

"एक नया गाना सीखने की इच्छा के कारण आप मुझे डाँट कैसे सकती हैं?"

"तुम अभी इसके लिए तैयार नहीं हो। पियानो सीखने का यह तरीक़ा नहीं होता है।"

"लेकिन मैं तैयार हूँ। मैंने अभी बजाया था।"

"यह इस तरह नहीं बजाया जाता है।"

"लेकिन क्यों?"

पियानो की वह क्लास एक कोशिश और महाकाव्य में बदल गई थी, इसका मुख्य कारण मेरा पहले से तय किए गए तरीक़ों को अस्वीकार करना और रॉबी का अपने गीतों की किताब के साथ मेरी मनमानी को नहीं मानना था। जितना मुझे याद है कई सप्ताह तक हम दोनों इसी तरह लड़ते रहे थे। मैं ज़िद्दी थी और वह भी। मेरा सोचने का अपना तरीक़ा था और उनका अपना। इन विवादों के बीच में, मैंने पियानो बजाना जारी रखा और उन्होंने सुनते हुए अपने सुझाव देना। एक वादक के रूप में अच्छा करने के लिए मैंने उन्हें श्रेय दिया। उन्होंने भी मुझे मेरी बेहतरी के सराहा। लेकिन इस सबके बाद भी हमारा अभ्यास जारी रहा।

ऊपर के तल पर मेरे माता-पिता और क्रेग को यह सब बहुत मज़ाक़िया लगता था। रात के खाने के समय मेज़ पर बैठकर जैसे ही मैं मीट के टुकड़े और नूडल्स को मिलकार खाने लगती वे सभी इसे रॉबी और मेरे रिश्ते से जोड़ कर मज़ाक़ करना शुरू कर देते थे। क्रेग को रॉबी से कोई शिकायत नहीं थी, वह नियमों का पालन करते हुए पियानो सीखने वाला एक औसत विद्यार्थी था। हालाँकि मेरे माता-पिता मेरी समस्याओं के प्रति तो सहानुभूति तो रखते थे लेकिन रॉबी को लेकर वे बिलकुल भी दुखी नहीं थे। सामान्य तौर पर स्कूल के बाहर की समस्याओं को लेकर वे बहुत अधिक हस्तक्षेप नहीं करते थे और ऐसा उम्मीद करते थे कि या तो मेरा भाई क्रेग उनसे निबट लेगा या मुझे स्वयं ही उन्हें सुलझा लेना चाहिए। हमारी समस्याओं को अपने घर की चारदीवारी के भीतर रहकर सुनकर अपनी प्रतिक्रिया देना ही उन्हें अपनी मुख्य ज़िम्मेदारी लगती थी। बड़ों के साथ बहस करने पर जहाँ दूसरे माता-पिता अपने बच्चों को डाँटते थे वहीं मेरे माता पिता मुझे ऐसा करने के लिए कभी कुछ नहीं कहते थे। मेरी माँ लगभग सोलह साल की उम्र से औरत को कमतर करने वाले सभी नियमों का पालन करते हुए रॉबी के साथ रह रही थीं और ऐसा सम्भव है कि मन ही मन वह इस बात से ख़ुश थी कि उनकी सत्ता को चुनौती मिल रही है। पीछे मुड़कर देखने पर मुझे ऐसा लगता है कि मेरे माता पिता ने हमेशा ही मेरे उत्साही और जोशीले मिज़ाज को बढ़ावा दिया और इस बात से बहुत ख़ुश हूँ। वह मेरे अंदर की उस आग को जलाए रखना चाहते थे।

· · ·

हर साल रॉबी एक बार सस्वर पाठ का आयोजन करती थी ताकि उसके विद्यार्थी दर्शकों के सामने प्रदर्शन कर सकें। मैं नहीं जानती हूँ कि वह इसका प्रबंध कैसे करती थी लेकिन वह साल में एक बार शिकागो शहर के दूसरी छोर पर बने हुए रूजवेल्ट विश्वविद्यालय के प्रैक्टिस हॉल का इंतज़ाम कर लेती थी और मिशीगन एवेन्यू पर बने उस पत्थर की विशाल इमारत के भीतर सस्वर पाठ करवाती जिसके ठीक बग़ल की इमारत में शिकागो सिम्फ़नी ऑर्केस्ट्रा बजता था। वहां जाने के बारे में सोचने मात्र से मैं परेशान हो गई थी। यूक्लिड एवेन्यू का हमारा वह अपार्टमेंट शिकागो लूप से लगभग नौ मील दक्षिण में स्थित था लेकिन मेरे लिए वह बिल्कुल दूसरी दुनिया जैसी थी। मेरा परिवार साल भर में सिर्फ़ कुछ बार आर्ट इंस्टिट्यूट

या नाटक देखने शहर के मध्य तक की यात्रा कर पाता था, हम चारों मेरे पिता की उस छोटी सी ब्यूक कार में फँसे हुए किसी अंतरिक्ष यात्री की तरह ही दिखाई देते थे।

मेरे पिता उस कार को चलाने का बहाने ढूँढते रहते थे। वे अपने उस कार के प्रति समर्पित थे, ताम्बई रंग की दो दरवाज़ों वाली ब्यूक इलेक्ट्रा - 225, जिसे वह घमंड से "द ड्यूस एंड ए क्वॉर्टर" पुकारते थे। कार को उन्होंने साफ़ सुथरा और चमका कर रखा था और उसके रखरखाव के कार्यक्रम के प्रति गम्भीर थे, वह उसे नियमित रूप से ग़ैराज में तेल बदलवाने और टायर की जाँच के लिए लेकर ठीक उसी तरह ले जाते जिस तरह हमारी माँ हमें नियमित जाँच के लिए बच्चों के डॉक्टर के पास लेकर जाती थी। हम ड्यूस और क्वॉर्टर दोनों को बहुत प्यार करते थे। चिकनी रेखाओं और पतली बत्तियों के कारण वह अच्छी और आधुनिक दिखाई पड़ती थी। उसमें इतनी जगह थी कि घर जैसा महसूस होता था। मैं व्यावहारिक रूप में उसके अंदर खड़ी हो सकती थी और अपने हाथों को कपड़ों से बाहर निकालकर उसकी छत छू सकती थी। यह तब की बात है जब सीट बेल्ट लगाना वैकल्पिक था, इसलिए अधिकतर मैं और क्रेग पीछे की सीट पर उछल कूद मचाते रहते और जब भी हमें अपने माता पिता से बात करनी होती तो अपना शरीर आगे वाली सीट की तरफ़ झुका लेते थे। आधे से ज़्यादा समय मैं अपने शरीर को खींचकर हाथ रखने वाली जगह पर टिका देती थी और अपनी ठुड्डी को अपने पिता के चेहरे के ठीक सामने ले जाती थी ताकि मेरी और उनकी नज़र मिल सके।

वह कार हमारे परिवार को एक अलग क़िस्म की नज़दीकी प्रदान करती थी, एक ही समय में यात्रा करने और बातें करने का मौक़ा देती थी। कभी कभी मैं और क्रेग रात का खाना खाने के बाद हमारे पिता से हमें यूँ ही कहीं ले जाने की ज़िद करते थे। गर्मी की रातों में अक्सर हमलोग घर के पड़ोस के दक्षिण पश्चिम में बने सिनेमा हॉल में प्लैनेट ऑफ़ एप्स पर बनी फ़िल्में देखने जाते थे, हम अपनी ब्यूक कार को पार्किंग में खड़ी करके नाटक देखने के लिए तैयार हो जाते, उस समय हमारी माँ हमें घर से बनाकर लाए गए चिकन फ्राई और आलू के चिप्स खाने को देती और अच्छे से खा लेने के बाद मैं और क्रेग सावधानी से अपना हाथ नैपकीन से पोंछ कर साफ़ करते न कि गाड़ी की सीट में पोंछकर।

मेरे पिता के लिए उस कार को चलाने का क्या अर्थ था यह समझने में मुझे सालों लग गए। एक बच्चे की तरह मैं बस इतना ही समझती थी कि पहियों के घूमने से उन्हें आज़ादी महसूस होती थी, आसानी से चलने वाले एक इंजन पर उनका नियंत्रण रहता था और पूरी तरह से नियंत्रित चक्के उनके नीचे झूमते थे। वह लगभग तीस साल के थे जब उनके डॉक्टर ने उन्हें बताया था कि उनकी एक टाँग में महसूस होने वाली यह कमज़ोरी भविष्य में लम्बे समय तक और शायद दर्दभरी उनकी स्थिरता की शुरुआत भर थी और ये कमियाँ किसी दिन यूँ ही उनके दिमाग़ और रीढ़ की हड्डियों के नसों की रहस्यमय गतिविधियों के कारण आई थीं और वे बिलकुल भी चल नहीं पाते थे। मेरे पास निश्चित तारीख़ नहीं है लेकिन ऐसा लगता है कि मेरे पिता के जीवन में ब्यूक भी लगभग उसी दौरान आई थी जब उन्हें मल्टिपल

स्क्लरोसिस नामक वह बीमारी हो गई थी। हालाँकि उन्होंने यह कभी कहा नहीं लेकिन वह कार उन्हें कहीं न कहीं उस बीमारी से थोड़ी राहत ज़रूर देती थी।

रोग के निदान पर मेरे पिता या माँ ने हमेशा भरोसा नहीं किया। हम अब ही गूगल के सर्च इंजन से दशकों की दूरी पर थे जहाँ एक खोज भर से आपके सामने चार्ट, आँकड़े और चिकित्सा विज्ञान को समझाने वाले विशेषज्ञ मिल जाते हैं जो या तो आपको उम्मीद दे सकते हैं या आपसे उम्मीद छीन सकते हैं। मुझे शक है कि वे यूँ भी ये सब देखना चाहते। हालाँकि मेरे पिता की परवरिश एक चर्च में हुई थी, लेकिन अपनी बीमारी से बचने के लिए उन्होंने कभी भगवान से प्रार्थना नहीं की थी। उन्होंने कभी भी न तो वैकल्पिक इलाज़ या किसी गुरु या तांत्रिक की खोज नहीं की और न ही किसी ख़राब जीन को इसका दोष दिया। हमारे परिवार में, बुरी ख़बरों को रोक देने की आदत थी, और हम उसे सुनने के साथ ही भूल जाने की कोशिश करते थे। कोई नहीं जानता था कि पहली बार डॉक्टर के यहाँ जाने से पहले मेरे पिता ने कितना दर्द बर्दाश्त किया था, लेकिन मेरा अनुमान है कि यह समय कम से कम महीनों में तो होगा ही अगर साल में नहीं हुआ तो। उन्हें डॉक्टर से मिलने जाना बिलकुल पसंद नहीं था। शिकायत करने में भी उनकी रुचि नहीं थी। उनकी सोच थी कि जो भी सामने आए उसे स्वीकार करके आगे बढ़ते रहना चाहिए।

मैं जानती हूँ कि मेरे पियानो के उस बड़े सस्वर पाठ वाले दिन वे लँगड़ा कर चल रहे थे, उनका बायाँ पैर दाहिने पैर से नहीं मिल पा रहा था। पिता को लेकर मेरी यादों में उनकी विकलांगता की अभिव्यक्ति शामिल है, हालाँकि हम मे से कोई भी तब तक इस बात को स्वीकार नहीं करना चाहता था। तब तक मैं बस यही जानती थी कि दूसरों के पिता की तुलना में मेरे पिता थोड़ा धीरे चलते हैं। मैंने कभी कभी उन्हें सीढ़ियों पर चढ़ने से पहले रुकते हुए देखा था, ऐसा लगता था जैसे उन्हें इसकी कोशिश करने से पहले किसी तरह के कौशल या चालाकी की ज़रूरत हो। जब हम मॉल में ख़रीददारी करने जाते थे, वे एक बेंच पर बैठ जाते और थैलों की रखवाली करने लग जाते या फिर ऊंघने लगते और वहीं पूरा परिवार अच्छे से घूमने में व्यस्त रहता था।

शहर के निचले हिस्से में पियानो के उस प्रदर्शन के लिए जाते वक़्त मैं ब्यूक की पिछली सीट पर बैठी थी, मैंने सुंदर कपड़े और चमड़े के जूते पहने थे, बालों को बाँधकर एक चोटी बनाई थी, और मैंने उस दिन जीवन में पहली बार अपने ठंडे पसीने का अनुभव किया था। मैं अपने प्रदर्शन को लेकर चिंतित थी, हालाँकि घर पर रॉबी के फ़्लैट में मैंने अपने गाने पर अनगिनत बार अभ्यास किया था। क्रेग ने भी सूट पहना था और अपने गाने को बजाने के लिए तैयार था। लेकिन यह बात उसे परेशान नहीं कर रही थी। वह गहरी नींद में सो रहा था, बल्कि पिछली सीट पर ठंडी हवा के दस्तक के बाद उसका मुंह थोड़ा सा खुल गया, उसके चेहरे पर प्रसन्नता और निश्चिन्तता का भाव था। यह क्रेग था। उसके इस आराम के लिए मैं जीवन भर उसकी सराहना करूँगी। तब तक वह बीड्डी के बास्केटबॉल संगठन के लिए खेलने लगा था जो हर सप्ताह खेलते थे और जिसके कारण प्रदर्शन को लेकर उसकी चिंता धीरे धीरे ख़त्म हो चुकी थी।

मेरे पिता अक्सर ही हमारे गंतव्य से सबसे नज़दीक की जगह का चुनाव करते थे, गाड़ी खड़ी करने के लिए ज़्यादा पैसे देते ताकि उन्हें अपने अस्थिर पैरों के साथ ज़्यादा दूर तक चलना न पड़े। उस दिन हमने बिना किसी दिक़्क़त के रूजवेल्ट विश्विद्यालय को ढूंढ लिया और उस विशाल गूँजने वाले हॉल की तरफ़ जाने लगे जहाँ वह सस्वर पाठ होने वाला था। मुझे उसके भीतर बहुत छोटापन महसूस हो रहा था। उसके कमरों में छतों से लगी बड़ी बड़ी चमकदार खिड़कियाँ थी जिससे बाहर ग्रांट पार्क का बग़ीचा दिखाई देता था और उसके बाद मिशिगन झील का सफ़ेद विस्तार। वहाँ भूरे रंग की स्टील की कुर्सियाँ क़रीने से लगी हुई थीं जो धीरे धीरे परेशान बच्चे और उम्मीद से भरे अभिभावकों से भर रही थीं। और सबसे आगे, मंच पर दो छोटे लेकिन विशाल पियानो रखे हुए थे जिनके ऊपर मेरी आँखें बड़ी मुश्किल से टिक रही थी, उनके विशाल लकड़ी के तख़्त किसी काली चिड़ियाँ के पंख की तरह दिखाई दे रहे थे। वहाँ रॉबी भी उपस्थित थी, फूलों के छाप वाली ड्रेस पहनकर चहकती हुई, वैसी ही ड्रेस जैसी बॉल में नाचने वाली सुंदरियाँ पहनती हैं - यद्यपि के अंधेर सुंदरी - इस बात को सुनिश्चित करते हुए कि उसके सभी विद्यार्थी हाथों में संगीत का पर्चा लेकर पहुँच चुके हैं। जब कार्यक्रम के शुरू होने का समय हो गया तो उन्होंने हॉल में बैठे लोगों को शांत कराया।

मुझे याद नहीं है कि उस दिन किसने किस क्रम में पियानो बजाया था। मुझे बस अपनी बारी याद है, मैं अपनी जगह से उठी और अपने सबसे बेहतर अन्दाज़ में चलते हुए कमरे के अगले हिस्से से होते हुए सीढ़ियाँ चढ़कर ऊपर पहुँची और एक पियानो के सामने अपनी जगह खोजकर बैठ गई। सच यह है कि मैं तैयार थी। जितना मुझे रॉबी के शिष्टाचार और दृढ़ता का अंदाज़ा लगता था उसी अनुपात में रॉबी की कठोरता के प्रति उसके लगाव को मैं आत्मसात करती थी। मुझे अपना गीत इतने बेहतर तरीक़े से आता था कि मुझे उसके बारे में सोचने की ज़रूरत नहीं थी। मुझे बस अपने हाथों को चलाना शुरू करना था।

और तभी एक समस्या हुई, अगले ही सेकेंड मैंने यह महसूस किया मेरी छोटी ऊँगली पियानो के बटन पर ठीक से बैठ नहीं रही है। मैं सही पियानो के सामने बैठी थी, ऐसा लग रहा था कि इसकी सतह को अच्छे से साफ़ किया गया है, इसके अंदर की तारें ठीक से बंधी हैं, इसके अट्ठासी बटन उस चिकनी सफ़ेद और काली पट्टी पर आराम से बिछी हुई हैं। बात यह थी कि मुझे समस्याविहीनता की आदत नहीं थी। असल में मैंने अपने पूरे जीवन में इस तरह की स्थिति का सामना नहीं किया था, पियानो को लेकर मेरा अनुभव पूरी तरह से रॉबी का वह छोटा सा संगीत का कमरा जिसमें गमले में लगे पौधे रखे थे और जिसके सामने हमारे घर के पिछले हिस्से का दृश्य दिखाई पड़ता था। आजतक मैंने जो एकमात्र वाद्ययंत्र बजाया था वह रॉबी का औसत से भी कम अच्छा, कई तरह की चिप्पी लगा हुआ पीले बटन वाला और सुविधानुसार टूटा हुआ मिडिल "सी" वाला पियानो था। मेरे लिए पियानो का अर्थ वही था - उसी तरह से जिस तरह से मेरा पड़ोस मेरा पड़ोस था, मेरे पिता मेरे पिता थे, मेरी ज़िंदगी मेरी मेरी ज़िंदगी थी। मैं बस इतना ही जानती थी।

अचानक मुझे एहसास हुआ कि वहाँ कुर्सियों पर बैठे लोग मुझे देख रहे थे, मैं पियानो के चमचमाते बटनों को घूर रही थी लेकिन मुझे वहाँ सबकुछ एक जैसा दिखाई दे रहा था। मुझे कुछ समझ नहीं आ रहा था कि मैं अपनी हाथ कहाँ रखूँ। रुँधे हुए गले और तेज़ धड़कते हुए दिल के साथ मैंने दर्शकों की तरफ़ देखा, मैं अपने माँ के चेहरे को ढूँढते हुए पूरी कोशिश कर रही थी कि सामने बैठे लोगों को मेरे भय का पता न लगे। उसके बदले मैंने देखा कि एक आकृति पहली कतार से उठकर धीरे धीरे मेरी दिशा में बढ़ रही है। वह रॉबी थी। उस समय तक हम दोनों के बीच इतने ज़्यादा झगड़े हो चुके थे कि एक हद तक अब मैं उन्हें अपनी दुश्मन मानने लगी थी। लेकिन अभी मेरे बुरे समय में वह एक फ़रिश्ते की तरह मेरे पीछे खड़ी थीं। शायद उन्हें मेरी दहशत समझ में आ गई थी। शायद वह जानती थी कि जीवन में पहली बार दुनिया की असमानताओं ने चुपके से मुझे अपना रूप दिखाया था। ऐसा संभव था कि उन्हें सब कुछ जल्दी करने की ज़रूरत थी। इसी तरह बिना कुछ कहे रॉबी ने एक ऊँगली को धीरे से मिडिल "सी" पर रखा ताकि मैं समझ सकूँ कि मुझे कहाँ से शुरू करना है। फिर, मुझे मेरे गीत को बजाने के लिए छोड़ते हुए प्रोत्साहन से भरी एक छोटी सी मुस्कान के साथ पीछे मुड़ गईं।

2

मैंने किंडरगार्टन की पढ़ाई 1969 के पतझड़ में ब्रायन मावर एलेमेंट्री स्कूल में शुरू की, मुझे इसके दो फायदे थे, एक तो यह कि मैं शुरू से ही इस बात को जानती थी कि बुनियादी शब्दों को किस तरह से पढ़ा जाए, और मेरा प्यारा भाई वहां दूसरी कक्षा में पहले से पढता था। चार मंजिला इमारत वाला स्कूल जिसके सामने अहाता था, युक्लिड के हमारे घर से कुछ ही दूरी पर था। वहां पहुँचने में दो मिनट का समय लगता था, और दौड़कर एक मिनट में।

मुझे वह स्कूल पहले दिन से ही जंच गया। मुझे अपनी अध्यापिका बहुत पसंद आई, वह एक छोटी सी श्वेत महिला थीं, जिनका नाम था मिसेज बरो। वह मुझे तो बहुत पुराने जमाने की लगती थीं, लेकिन शायद पचास के आसपास उम्र की थीं। उनके कमरे में बड़ी-बड़ी खिड़कियाँ थीं जिनसे धूप आती थी, खेलने के लिए खिलौने थे और पीछे की तरह एक कार्डबोर्ड का एक बड़ा सा प्लेहाउस था। अपनी कक्षा में मेरे दोस्त बन गए, वैसे बच्चे जो मेरी ही तरह वहां आने के लिए बेचैन रहते थे। अपने पढ़नी की क्षमता के ऊपर मुझे बहुत भरोसा था। घर में माँ के लाइब्रेरी कार्ड की सुविधा के कारण मैं डिक एंड जेन की किताबें पढ़ती थी, और यह सुनकर मुझे बहुत ख़ुशी हुई कि किंडरगार्टन में हमारा पहला काम होने वाला था देखकर नए नए शब्दों को सीखना। हमें पढने के लिए रंगों की सूची दे दी गई, अपनी रंगत में नहीं बल्कि शब्द- लाल, नीला, हरा, काला, नारंगी, बैंगनी, सफ़ेद। क्लास में मिसेज बरो हाथ में कार्ड पकड़ कर एक बार में एक विद्यार्थी से पूछती थीं, उनसे कार्ड के सामने की तरफ़ काले अक्षर में जो लिखा होता था उसको पढने के लिए कहती। एक दिन मैंने देखा कि जिन लड़के लड़कियों से मेरा परिचय हो रहा था वे बारी-बारी से खड़े होते, और उनको रंगों के उस कार्ड को पढ़ने के लिए कहा जाता, वे पढ़ते जाते और जिस बिंदु पर उनसे गलती होती थी उनको बैठने के लिए कह दिया जाता। यह एक तरह का खेल जैसा था। उसी तरह से जिस तरह स्पेलिंग बी एक खेल है, लेकिन आप यह देख सकते थे कि अन्दर ही अन्दर एक श्रेणियों का निर्माण होता था, क्योंकि वे बच्चे अपमानित महसूस करते थे जो "लाल" रंग को पार नहीं कर पाते थे। जाहिर है, वह 1969 का साल था, शिकागो के दक्षिण में अवस्थित एक पब्लिक स्कूल की बात थी, तब कोई भी आत्मसम्मान या परिपक्व मानसिकता की बात नहीं करता था। अगर आप घर में होशियारी दिखाते तो आपको उसके लिए स्कूल में शाबाशी

दी जाती, आपको "होशियार" या "हुनरमंद" कहा जाता, जिससे आपका आत्मविश्वास और बढ़ जाता। इसके लाभ तेजी से बढ़ते जाते। मेरे किंडरगार्टन की क्लास में दो सबसे स्मार्ट बच्चे जो थे उनमें एक कोरियाई अमेरिकी लड़का टेडी था और दूसरी चियाका थी जो अफ़्रीकी-अमेरिकी लड़की थी, आने वाले सालों में दोनों क्लास में अव्वल रहने वाले थे।

उनकी बराबरी की मैं कोशिश में रहती। जब अध्यापिका के कार्ड से शब्द पढ़ने का मौका आता था तब मैं अपनी सीट पर खड़ी होकर जो जानती थी सब बता देती, बिना अधिक प्रयास के "लाल," "हरा" और "नीला" कह देती। बैंगनी कहने में मुझे कुछ वक्त लगता, जबकि "नारंगी" कहना मुश्किल था, लेकिन सफ़ेद(व्हाइट) शब्द के आते ही जैसे मैं जम जाती थी, मेरा गला तत्काल सूख जाता, मेरा चेहरा अजीब हो जाता, और चाहे मेरा दिमाग कितनी ही कोशिश करता मैं उसका उच्चारण नहीं कर पाती, उस रंग का नाम जो "वुह-हा" जैसा था। मेरा गला पूरी तरह सूख जाता। मेरे घुटने ऐसे हो जाते मानो जम जायेंगे। लेकिन इससे पहले कि ऐसा कुछ भी होता मिसेज बरो ने मुझे बैठ जाने के लिए कहा। और बैठते ही वह शब्द मुझे सूझ जाता- सफ़ेद- व्हाइट।

उस रात बिस्तर में लेटे लेटे मेरे दिमाग में भरे हुए खिलौनों के अलावा केवल सफ़ेद शब्द ही चल रहा था। मैं मन ही मन उसको याद करती रही, दिमाग में आगे पीछे करते हुए, अपनी बेवकूफी के लिए खुद को कोसती रही। उसके कारण जो शर्मिंदगी हुई वह मुझे बोझ की तरह लग रही थी, कुछ ऐसा जिसे मैं कभी नहीं उठा पाउंगी, जबकि मुझे पता था कि मेरे माँ-पापा को इस बात से कोई फ़र्क नहीं पड़ता था कि मैं सभी कार्ड ठीक ठीक पढ़ सकती थी या नहीं। मैं बस उस उपलब्धि को हासिल करना चाहती थी। या शायद मैं यह नहीं चाहती थी कि मुझे उसको न हासिल करने लायक करार दे दिया जाए। मुझे पक्का यह लगता था कि मेरी अध्यापिका ने मुझे ऐसी विद्यार्थी के रूप में चिन्हित कर दिया था जो पढ़ नहीं सकती थी। मैं उन छोटे छोटे सुनहरे रंग के सितारों को लेने के लिए पागल थी जो मिसेज बरो ने टेडी और चियाका को उस दिन अपनी छाती पर लगाने के लिए दिया था जो इस बात का प्रतीक था कि उन्होंने अपना काम पूरा कर लिया था, या शायद इस बात का संकेत कि उनको महान मान लिया गया था जबकि हम लोगों को नहीं। आखिरकार वे दोनों बिना रुके सभी कार्ड पढ़ लेते थे।

अगली सुबह क्लास में मैंने फिर से ऐसा करने के लिए कहा।

जब मिसेज बरो ने यह कहते हुए न कर दिया कि हम किंडरगार्टन वालों को करने के लिए और भी कुछ था तो मैंने उसकी मांग की।

उन बेचारे बच्चों को दूसरी बार यह देखना पड़ रहा था कि मैं रंगों के कार्ड का सामना कर रही थी, इस बार मैं धीरे धीरे बोल रही थी, हर शब्द को बोलने के बाद मैं जानबूझकर सांस लेने के लिए रुक जाती, अपनी भावना को दिमाग के ऊपर हावी नहीं होने देना चाहती थी। और यह काम कर गया, "काला," "नारंगी," "बैंगनी," और विशेष रूप से व्हाइट यानी सफ़ेद। मैंने तो कार्ड पर अक्षरों को देखे बिना ही व्हाइट बोल दिया था। अब मुझे यह सोचना अच्छा लगता है कि मिसेज बरो इस नन्ही अश्वेत लड़की से प्रभावित हुई जिसने अपने

हिमायत में बोलने की हिम्मत दिखाई। मुझे पता नहीं कि टेडी और चियाका ने कभी इस बात पर ध्यान दिया या नहीं। मैंने जल्दी से अपने ईनाम पर दावा ठोका, उस दोपहर मैं सर ऊपर उठाये घर की तरफ जा रही थी और वह सुनहरा सितारा मेरी छाती पर चिपका हुआ था।

घर में, मैं ऐसी दुनिया में रहती थी जिसमें बहुत नाटकीयता थी, गुप्त रूप से मैं गुड्डे-गुड़ियों की लगातार बनती-बिगडती दुनिया में तल्लीन रहती थी। वहां जन्म होता, झगड़े होते और धोखाधड़ी, वहां उम्मीद थी, नफरत थी और कभी-कभार सेक्स। स्कूल से आने के बाद डिनर से पहले समय बिताने का मेरा पसंदीदा तरीका यह था कि मैं अपने और क्रेग के कमरे के बाहर के क्षेत्र में फर्श पर मैं अपनी बार्बी गुड़ियों को फैला देती, फिर ऐसे ऐसे दृश्यों की कल्पना करती थी जो तब मुझे ज़िंदगी की तरह ही वास्तविक लगते थे, कई बार क्रेग के जी.आई. जो के मारधाड़ वाले किरदारों को भी अपनी कहानियों का हिस्सा बना लेती। मैं अपने गुड़ियों के कपड़े एक प्लास्टिक के छोटे से बक्से में रखती और उसको चमकदार कपड़े से लपेटकर रखती थी। मैंने हर बार्बी और जी.आई। जो के किरदार को एक रूप दे रखा था। इस काम में मैं अक्षरों वाले उन ब्लॉक्स की सेवा भी लेती थी, जो अब पुराने पड़ चुके तह और बरसों पहले जिनके माध्यम से माँ मुझे अक्षर ज्ञान करवाती थी। उनको भी नाम दिए गए थे, और उनके भी अपने जीवन बनाए गए थे।

मैं आस-पड़ोस के बच्चों के साथ शायद ही कभी खेलती जो स्कूल के बाद बाहर खेलते, न ही मैं स्कूल के बच्चों को अपने साथ खेलने के लिए घर बुलाती थी, क्योंकि कुछ हद तक मैं नकचढ़ी लड़की थी और मैं यह नहीं चाहती थी कि कोई मेरे गुड्डे गुड़ियों के साथ छेड़छाड़ करे। मैं दूसरी लड़कियों के घर जा चुकी थी और मैंने वहां हॉरर शो जैसा माहौल देखा था- बार्बी गुड़ियाओं के बाल कतर दिए गए थे या मैजिक मार्कर से उनके चेहरे पर कुछ कुछ बनाया गया होता था। स्कूल में मैंने एक बात यह सीखी थी कि बच्चों की ऊर्जा अस्त-व्यस्त करने वाली हो सकती थी। खेल के मैदान में आपको जो भी प्यारे नज़ारे दिखाई देते हों, लेकिन उनके भीतर अपने क्रम को बदल लेने या संगी को बदल लेने की निरंकुशता छिपी होती है। कोई रानी जैसी होती, कुछ मारपीट करने वाले, और उनके अनुयायी। मैं शर्मीली नहीं थी, लेकिन मैं इस बात को लेकर भी निश्चित नहीं थी कि मैं स्कूल के बाहर के अपने जीवन में इस तरह की कोई गड़बड़ी चाहती भी थी। बल्कि, मैं अपनी ऊर्जा अपनी छोटी सी दुनिया को संवारने में ही लगाना चाहती थी। अगर क्रेग आ जाता और अगर वह बदमाशी में एक भी ब्लॉक इधर से उधर कर देता था तो मैं चीखने चिल्लाने लग जाती। ज़रूरत पड़ने पर मैं उसको मारने से भी पीछे नहीं हटती- सामान्य तौर पर उसकी पीठ में मुक्के से मारती। बात यह थी कि ब्लॉक्स और गुड्डे गुड़ियों को जीवन देने के लिए मेरी ज़रूरत थी, और मैं यह कर्तव्यवश यह उनको दे देती थी, एक के बाद एक उनको निजी संकट में डालती। किसी अच्छे देवता की तरह मैं उनको संघर्ष करते हुए आगे बढ़ना देखती।

इस सबके बीच, मैं अपने बेडरूम की खिड़की से युक्लिड एन्क्लेव में हमारे ब्लॉक में

होने वाली गतिविधियों का नज़ारा लेती थी। दोपहर के बाद मैं देखती कि मिस्टर थॉमसन, जो एक लम्बे अफ्रीकी अमेरिकी थे और सड़क की दूसरी तरफ उनकी तीन बिल्डिंग थी, अपनी कैडलेक कार के पीछे अपना बड़ा सा बास गिटार लादकर एक जैज क्लब से दूसरे जैज क्लब के लिए निकल जाते। मैं पड़ोस में रहने वाले मेक्सिकन मेदोज़ा के परिवार को देखता जो दिन भर घर की पेंटिंग करने के बाद अपने पिक अप वैन में सीढ़ियां लादे लौट रहे होते, और बाहर बाड़े में उनका स्वागत उनके प्यारे कुत्ते करते थे।

हमारे आस-पड़ोस में अलग अलग नस्लों के मध्यवर्गीय परिवार रहते थे। बच्चे इस आधार पर एक दूसरे से नहीं जुड़ते थे कि उसकी त्वचा किस रंग की है बल्कि वे इस आधार पर जुड़ते थे कि बाहर कौन खेलने के लिए तैयार था। मेरे दोस्तों में एक लड़की रेचल थी, जिसकी माँ श्वेत थी और जो ब्रिटिश लहजे में अंग्रेजी बोलती थी। एक सूजी थी जिसके बाल घुंघराले और सुनहरे थे, और मेंदोजा परिवार की पोती थी, जो जब आती थी तब उससे बातें होती थी। अधिकतर हम लोगों के आखिरी नाम मिले जुले थे- कंसोपंत, अबुअसेफ़, याकर, रॉबिन्सन- और हम इतने छोटे थे कि हम इस बात को समझ नहीं पाते थे कि हमारे आसपास चीजें कितनी तेजी से बदल रही थीं। 1950 में, मेरे माँ-पापा के दक्षिणी तट पर आने से पहले, आस-पड़ोस में 96 श्वेत रहते थे। 1981 में जब मैं कॉलेज के लिए निकली तब वहां 96 प्रतिशत अश्वेत आबादी थी।

क्रेग और मेरा लालन-पालन मिली जुली आबादी के प्रवाह में हुआ। हमारे आसपास के ब्लॉक्स में यहूदी परिवार, आप्रवासी परिवार, श्वेत और अश्वेत परिवार रहते थे, ऐसे लोग जो कोशिश कर रहे थे और कुछ ऐसे थे जो नहीं कर रहे थे। आम तौर पर, वे अपने लॉन में रहते और अपने बच्चों के ऊपर नजर रखते थे। वे रॉबी के लिए चेक काटते थे ताकि उनके बच्चे पियानो सीख सकें। असल में, मेरा परिवार वहां रहने वाले गरीब परिवारों में था। हम जानते थे कि हम वहां रहने वाले उन कुछ परिवारों में थे जिनके पास अपना घर नहीं था, हम रॉबी और टेरी के घर के दूसरे माले पर ठुंसे हुए थे। दक्षिणी तट उस तरह से कमतर नहीं था जिस तरह से आस पड़ोस के अन्य इलाके थे- क्योंकि अमीर लोग पहले ही उपनगरों में रहने चले गए थे, आस पड़ोस के व्यवसाय एक के बाद एक बंद हो रहे थे, सबका नुक्सान हो रहा था- लेकिन साफ़ तौर पर गिरावट भी बढ़ती जा रही थी।

हम इस बदलाव के प्रभावों को महसूस कर रहे थे, खासकर स्कूल के माहौल में। मेरी दूसरी कक्षा में बदमाश बच्चे बढ़ गए थे, वे एक दूसरे पर सामान फेंकते थे, जिसका अनुभव न तो मुझे था, न क्रेग को। यह सब लगता था एक अध्यापक की वजह से था जिसको यह समझ में नहीं आता था कि किस तरह से काबू किया जाए- जिसको शायद बच्चे अच्छे भी नहीं लगते थे। इसके अलावा, यह भी साफ़ नहीं था कि किसी को इस बात से परेशानी भी थी कि अध्यापक योग्य नहीं थी। बच्चे इसका फायदा उठाकर बदमाशियां करते, और ऐसा लगता था कि वह हम लोगों के बारे में बस बुरा ही सोचती थी। उसकी नजरों में हमारी क्लास बदमाश बच्चों की थी, इसलिए हमें कोई बताने वाला भी नहीं था और न ही किसी तरह का

कोई ढांचा था, हमें सजा के तौर पर स्कूल के बेसमेंट में एक लगभग अँधेरे कमरे में भेज दिया जाता। वहां एक एक घंटा नरक के समान लगता था और समय काटे नहीं कटता था। मैं दुखी भाव से अपनी मेज पर हरे रंग की कुर्सी पर बैठी रहती थी- हल्का पीलापन लिए हरा रंग 1970 के दशक का आधिकारिक रंग माना जाता था- वहां मैं कुछ भी नहीं सीखती और दोपहर के लंच ब्रेक का इन्तजार करती रहती थी, जब मैं घर जाकर सैंडविच खाती और माँ से इस बारे में शिकायत करती थी।

बचपन में जब मुझे गुस्सा आता था तब मैं उसे अपनी माँ पर उतारती थी। जब मैं अपनी नई अध्यापिका के बारे में गुस्से में उनको बताती थी तो वह “अच्छा,” “सच में?” कहते हुए उसको सुन लेती थीं, लेकिन वह कभी मेरे गुस्से को जायज नहीं ठहराती थीं, लेकिन जब मैं निराश हो जाती थी तो वह उस बात को गंभीरता से लेती थीं। अगर मेरी माँ किसी और तरह की होती तो वह बड़े आराम से कुछ समझाती और कहती “जाओ और अपना बेहतरीन करो।” लेकिन उनको अंतर पता था। वह इस बात के फ़र्क को समझती थीं कि शिकायत करने और दुखी होने में क्या अंतर होता था। मुझे बिना बताये वह स्कूल गई और हफ्ते भर उन्होंने सबसे बात की और फिर मुझे और क्लास में पढ़ाई में अच्छे कुछ बच्चों को चुपचाप निकाल लिया गया, कई तरह के टेस्ट दिए गए और फिर एक सप्ताह बाद सदा के लिए तीसरी कक्षा में डाल दिया गया, जिसका कमरा ऊपर था, जिसको एक ऐसी अध्यापिका पढ़ाती थीं, जो हमेशा मुस्कुराती रहती थीं और जानती थीं कि उनका काम क्या था।

यह एक छोटी सी घटना थी लेकिन जीवन को बदल देने वाली थी। मैंने रुककर यह भी नहीं पूछा कि उन बच्चों का क्या हुआ जो बेसमेंट में ऐसी अध्यापिका के सहारे रह गए थे जो पढ़ा भी नहीं सकती थी। अब जब मैं बड़ी हो गई हूँ तो इस बात को समझने लगी हूँ कि बच्चे बहुत कम उम्र में इस बात को समझ जाते हैं कि उनको ठीक से तरजीह नहीं दी जा रही, जब बड़े उनको सिखाने में ठीक से समय नहीं लगाते। इसके कारण वे जब गुस्सा दिखाते हैं तो यह मान लिया जाता है कि उनका बर्ताव उच्छृंखल है। जबकि इसमें शायद ही उनकी गलती होती है। वे बदमाश बच्चे नहीं होते। वे बस बुरी परिस्थिति से निकलने की कोशिश कर रहे होते हैं। लेकिन मैंने बहुत सालों बाद यह जाना कि मेरी माँ जो स्वभाव से रूखी और खामोश रहने वाली थी, लेकिन ज़रूरत पड़ने पर आगे बढ़कर अपनी बात रखना भी जानती थीं, उन्होंने दूसरी कक्षा में पढ़ाने वाली अध्यापिका से जितनी विनम्रता से हो सकता था यह समझा दिया था कि उनको पढ़ाना नहीं आता था और उनको दवा की दुकान में कैशियर का काम करना चाहिए था।

कुछ समय के बाद माँ ने मुझे बाहर जाने और आस पड़ोस के बच्चों के साथ खेलने के लिए जोर डालना शुरू कर दिया। उनको ऐसा लगता था कि भाई की तरह मैं भी सामाजिक मेलजोल बढ़ाना सीख लूंगी। क्रेग के बारे में जैसा कि मैंने बताया कि वह मुश्किल से मुश्किल काम को आसान बनाना जानता था। तब तक बास्केटबॉल के मैदान में उसको उभरती सनसनी के रूप

में देखा जाता था, खूब जोश के साथ खेलता था और बेहद फुर्तीला था, वह तेजी से लम्बा भी हो रहा था। मेरे पापा उसको मुश्किल से मुश्किल प्रतियोगिताओं में जाने के लिए कहते रहते थे, जिसका मतलब यह था कि वे क्रेग को बाद में शहर के दूसरे हिस्सों में अच्छे खिलाड़ियों के साथ खेलने के लिए भेजने वाले थे। लेकिन फिलहाल उन्होंने उसको आसपास के खिलाड़ियों के साथ खेलने के लिए छोड़ रखा था। क्रेग अपना बॉल उठाता था और सड़क के उस पार रोजेनब्लूम पार्क में लेकर चला जाता, उन झूलों को पार करते हुए जिनके ऊपर झूलना मुझे पसंद था, उसके बाद एक अदृश्य रेखा को पार करता था और पेड़ों के झुण्ड को पार करता हुआ पार्क के दूसरे तरफ पहुँच जाता जहाँ बास्केटबॉल के कोर्ट बने हुए थे। मुझे ऐसा लगता था कि वह जगह किसी गहरे कुंएं जैसा हो, ऐसा घना जंगल जहाँ शराबी और अपराधी किस्म के लोग जाते थे, लेकिन जब क्रेग ने उस तरफ जाना शुरू किया तो उसने मुझे बताया कि असल में वहां कोई भी नहीं होता था और वह उतना बुरा भी नहीं था।

मेरे भाई के लिए बास्केटबॉल ने, ऐसा लगता है कि सभी सीमाओं को तोड़ दिया। इसने उसको सिखाया कि चयन के लिए होने वाले खेल में किस तरह से अजनबियों के बीच जगह बनाई जाए। उसने यह सीख लिया था कि खेल के कोर्ट में अपने से बड़े, तेज खेलने वाले विरोधी खिलाड़ियों से दोस्ताना तरीके से कड़क बात की जाए। इससे उसको आस पड़ोस में भी मदद मिली, इस तरह की धारणाओं से उबरने में कि कौन क्या था और आस पड़ोस में क्या कुछ था, इससे मेरे पिता की ही तरह उसको इस बात की सम्भावना समझ में आ गई कि अगर आपका बर्ताव अच्छा हो तो अधिकतर लोग अच्छे ही होते हैं। कोने में शराब की दुकान के आसपास टहलते रहने वाले अजीब किस्म के लोग भी जब क्रेग को देखते थे तो वे चहकने लगते, उसको नाम से बुलाते और जब हम वहां से गुजर रहे होते तो हाथ उठाकर उसका अभिवादन भी करते।

“तुम इन लोगों को जानते भी कैसे हो?” मैं संदेह के भाव से पूछती।

“मैं नहीं जानता वे मुझे जानते हैं,” वह कंधे उचकाते हुए पूछता। जब मैं दस साल की हुई तब तक मैं इतनी वयस्क हो चुकी थी कि मैंने अपने आप बाहर जाना शुरू कर दिया, इस फैसले में बहुत कुछ बेडरूम का भी हाथ था। गर्मियों के दिन थे और स्कूल में छुट्टियाँ चल रही थीं। क्रेग और मैं रोजाना बस में सवार होकर बीच के सामने एक पार्क में चलाये जा रहे रेक कैम्प में जाती थी लेकिन हम चार बजे तक लौटकर आ जाते थे, तब तक काफी उजाला रहता था। गुड़ियों में मेरी वैसी दिलचस्पी नहीं रह गई थी और घर में एयर कंडिशनिंग के बिना दोपहर में असह्य गर्मी हो जाती थी। इसलिए मैंने क्रेग के पीछे पीछे आसपास जाना शुरू कर दिया, मैं उन बच्चों से मिलती जिनको मैं स्कूल से नहीं जानती थी। हमारे घर के पीछे की तरफ गली में एक छोटी सी आवास योजना के घर थे, जहाँ बीच में कुछ हरियाली छोड़कर रहने के लिए घर बनाए हुए थे। वह एक तरह से स्वर्ग जैसा था, जहाँ कारें नहीं थी और खूब सारे बच्चे सॉफ्टबॉल खेलते रहते थे या कुछ और खेलते थे या यूँ ही इधर उधर घूमते रहते थे। लेकिन इससे पहले कि मैं वहां उन लड़कियों के झुण्ड में से अपनी उम्र की

किसी से पहचान बढ़ाती जो वहां उस पार्क में घूमती रहती थीं, कि मुझे एक परीक्षा के दौर से गुजरना पड़ा। यह डीडी के रूप में आया, वह लड़की जो पास के कैथोलिक स्कूल में जाती थी। डीडी खूब फुर्तीली और सुन्दर थी, लेकिन वह हमेशा मुंह बनाए रहती थी और मौका मिलते ही आँख दिखाने के लिए तैयार बैठी रहती थी। वह अक्सर अपने घर के बाहर सीढ़ी पर एक और लोकप्रिय लड़की देनीन के साथ बैठी रहती थी।

देनीन तो हमेशा दोस्ताना तरीके से मिलती थी लेकिन ऐसा लगता था कि डीडी मुझे पसंद नहीं करती थी। जब भी मैं युक्लिड पार्क जाती थी तो वह चुप हो जाती या इस तरह से टिप्पणियां करती थी मानो वहां जाकर मैंने सब लोगों का दिन खराब कर दिया हो। जैसे जैसे गर्मी बढती जा रही थी डीडी की टीका टिप्पणियां तल्ख़ होती जा रही थीं। मेरा उत्साह भंग होने लगा। मैं इस बात को समझ गई कि मेरे पास रास्ते थे। मैं किसी नई लड़की तरफ दोस्ती का हाथ बढ़ा दूं या पार्क में जाना छोड़कर वापस अपने घर में खिलौनों के पास चला जाऊं, या डीडी से इज्जत पाने की कोशिश करूँ। और इस अंतिम विकल्प के साथ एक और विकल्प सूझ रहा था: मैं डीडी के साथ बात करने की कोशिश करूँ, अपनी बातों से किसी और तरह की बालसुलभ चतुराई से उसको जीतने की कोशिश करूँ, या फिर उसको चुप करवा दूँ।

अगली बार जब डीडी ने कोई टिप्पणी की तो मैं अपने पापा के सिखाये मुक्का मारने के तरीके आजमाने के लिए उसके ऊपर पिल पड़ी। हम दोनों जमीन पर गिरे हुए हाथ पैर चला रहे थे। युक्लिड पार्क के सभी बच्चे हमारे चारों तरफ आकर खड़े हो गए, वे जोर जोर से चिल्ला रहे थे और उनमें ग्रेड स्कूल के बदला लेने की भावना भरी हुई थी। मुझे नहीं याद है कि हम लोगों को आखिरकार किसने अलग किया, शायद देनीन या मेरे भाई ने, या किसी के अभिभावक ने जिनको उस जगह बुलाया गया था, लेकिन जब यह ख़त्म हुआ तो एक तरह की शान्ति छा गई। मुझे पास के उस कबीले का सदस्य मान लिया गया। डीडी और मुझे कुछ नहीं हुआ, धूल के निशान पड़ गए थे और हम हांफ रहे थे, इससे यह तय हो गया कि हम दोनों कभी भी अच्छे दोस्त नहीं बन सकते थे, लेकिन कम से कम मैंने उसका सम्मान जीत लिया।

पापा की ब्यूक हमारा ठिकाना बनी हुई थी, दुनिया की तरफ खुलने वाली हमारी खिड़की। हम इतवार को या गर्मियों की शाम उसमें बैठकर निकलते थे, हम बिना कारण उसमें घूमते रहते थे बल्कि हमारे पास यह कारण था कि हम भी गाड़ी में घूम सकते थे। कई बार हम दक्षिण के पास में उस इलाके में चले जाते थे जिसको पिल हिल कहा जाता था क्योंकि वहां बड़ी तादाद में अफ़्रीकी अमेरिकी डॉक्टर रहते थे। वह दक्षिण की तरफ के सबसे सुन्दर, सबसे साफ़ क्षेत्रों में था, दक्षिण की तरफ के सबसे समृद्ध इलाकों में एक, जहाँ लोग अपने घर के सामने दो दो कार रखते थे, और खूब सारे फूल लगाकर रहते थे।

मेरे पापा अमीर लोगों को संदेह की नजर से देखते थे। उनको ऐसे लोग पसंद नहीं थे जो घमंडी हों और सामान्य तौर पर जिनमें अपना घर होने को लेकर मिली जुली भावनाएं थीं। कुछ समय एक ऐसा भी दौर आया जब वह और माँ रॉबी के घर के पास ही एक बिकाऊ

घर को खरीदने के बारे में विचार कर रहे थे, एक दिन वे एक एजेंट के साथ उस जगह को देखने के लिए गए। लेकिन आखिरकार उन्होंने उसे नहीं खरीदने का फैसला किया। उस समय मैं उसके बारे में ही सोचती थी, अपने मन में मैं यही सोचती थी कि इसका मतलब था कि मेरा परिवार एक ऐसे घर में रह सकेगा जिसमें एक से अधिक मंजिल होगी। लेकिन मेरे पापा अन्दर से बहुत सतर्क रहते थे। उनको लेन-देन की अच्छी जानकारी थी, वे इस बात को समझते थे कि बुरे दिनों के लिए कुछ बचा कर रखना चाहिए। "आप कभी नहीं चाहते कि घर में गरीब बनकर रहें," वे हम लोगों से कहते थे, वे यह बताते थे कि किस तरह कुछ लोगों ने अपनी सारी जमा पूँजी दे दी और बहुत अधिक कर्ज ले लिया, इससे उनको सुन्दर घर तो मिल गया लेकिन उनको किसी तरह की आज़ादी नहीं थी।

मेरे माँ पापा हम लोगों से ऐसे बात करते मानो हम वयस्क हों। वे उपदेश नहीं देते थे, हम जो भी सवाल करते वे उनके जवाब देते थे, चाहे वे हमारी उम्र के लिहाज से कितने ही बड़े सवाल क्यों न रहे हों। वे अपनी सुविधा से किसी बहस को ख़त्म नहीं होने देते थे। हम घंटों बात करते, अक्सर इसका कारण यह होता था कि क्रेग और मैं अपने उन बातों के लिए उनकी खिंचाई कर दिया करते थे जिन बातों को हम नहीं समझते थे। जब हम छोटे थे तब हम पूछते थे "लोग बाथरूम क्यों जाते हैं?" या "आपको नौकरी क्यों करनी पड़ती है?" और इसके बाद एक से एक सवाल पूछकर हम उनको परेशान कर देते थे। शुरुआती बहसों में मुझे एक बार जिस सवाल के कारण जीत मिली थी वह सवाल अपने हित से जुड़ी हुई थी: "नाश्ते के लिए हम लोगों को अंडे क्यों खाने पड़ते हैं?" जिसके बाद इस बात को लेकर बहस छिड़ गई कि प्रोटीन खाना कितना जरूरी था, जिसके बाद मैंने यह पूछा कि पीनट बटर को प्रोटीन क्यों नहीं कहा जाता था। जिसके बाद काफी बहस के बाद आखिरकार मेरी माँ को अण्डों को लेकर अपने रुख से पीछे हटना पड़ा। मुझे अंडे खाना वैसे भी पसंद नहीं था। अगले नौ साल तक इस बात को जानते हुए कि मैंने इसको हासिल किया था, मैं नाश्ते में पीनट बटर और जेली सैंडविच बनाकर खाती रही और मैंने कभी अंडा नहीं खाया।

बड़े होने के बाद हम ज्यादा बातचीत ड्रग्स और सेक्स और जीवन के विकल्पों को लेकर करने लगे, हम नस्ल और असमानता तथा राजनीति के बारे में बातें करते थे। हमारे माँ-पापा यह नहीं चाहते थे कि हम संत बन जाएँ। मुझे याद है मेरे पिता ने कहा था कि सेक्स मस्ती के लिए होता था। जीवन की सख्त सच्चाइयों को लेकर भी वे कभी मीठी मीठी बातें नहीं करते थे। उदाहरण के लिए, एक साल गर्मियों के मौसम में क्रेग ने बाइक खरीदी, उसके ऊपर सवार होकर वह पूर्व की तरफ मीशिगन लेक की तरफ गया, रेनबो बीच के साथ पटरी पर बाइक चला रहा था, जहाँ पानी से होकर आती ठंडी हवा को महसूस किया जा सकता था। जहाँ उसको पुलिस ने यह कहते हुए पकड़ लिया कि वह बाइक चुरा कर लाया था, वह इस बात को मानने के लिए तैयार ही नहीं थे कि कम उम्र का एक अश्वेत लड़का ईमानदार तरीके से एक नई बाइक पर सवार था। (उस अफसर को, जो खुद भी अफ़्रीकी अमेरिकी था, मेरी माँ ने जमकर फटकार लगाईं, और क्रेग से माफ़ी मांगने के लिए मजबूर किया)।

जो कुछ हुआ उसके बारे में हमारे माँ-पापा ने हमें बताया कि यह बात अनुचित तो थी लेकिन दुःख की बात थी कि यह असामान्य भी नहीं था। हमारे त्वचा की रंगत हमें निशाने पर ले आती थी। इस बात का हमें हमेशा ध्यान रखना पड़ता था।

पिल हिल तक मेरे पिता गाड़ी से शायद इसलिए लेकर जाते थे क्योंकि यह शायद उनकी ख्वाहिश से जुड़ी बात थी, वे शायद हमें यह दिखाना चाहते थे कि अच्छी शिक्षा हमें क्या दिला सकती थी। मेरे माँ पापा ने लगभग अपना सारा जीवन शिकागो के कुछ वर्गमील के अन्दर ही बिताया था लेकिन उनको इस तरह का कोई भ्रम नहीं था कि मैं और क्रेग भी वैसा ही करें। शादी से पहले दोनों ने ही कुछ समय सामुदायिक कॉलेज में बिताया था, लेकिन दोनों ने डिग्री हासिल करने से बहुत पहले पढ़ाई छोड़ दी थी। मेरी माँ अध्यापिका बनने के लिए पढ़ाई कर रही थीं लेकिन उनको यह समझ में आया कि उनको सेक्रेटरी के रूप में काम करना चाहिए। मेरे पापा के पास फीस देने के लिए पैसे ही नहीं रह गए, उन्होंने सेना की नौकरी कर ली। उनके परिवार में कोई ऐसा नहीं था जो उनको स्कूल की पढ़ाई वापस शुरू करने के लिए कह सके, इस बात का कोई ढांचा नहीं था कि ज़िंदगी किस तरह की होनी चाहिए। इसलिए उन्होंने दो साल सेना की अलग अलग टुकड़ियों के साथ बिताए। जबकि मेरे पिता का सपना था कि कॉलेज की पढ़ाई पूरी करके वे कलाकार बनें, उन्होंने जल्दी ही अपने सपनों की दिशा को मोड़ दिया, और वे अपनी कमाई से अपने भाई को वास्तुकला की पढ़ाई करवाने लगे।

तीस साल से कुछ अधिक उम्र के होने के बाद मेरे पापा ने अपना ध्यान हम बच्चों के लिए बचत करने पर लगाया। हमारा परिवार घर खरीद कर गरीब नहीं हुआ, क्योंकि हम लोगों ने कभी घर खरीदा ही नहीं। मेरे पापा व्यवहारिक स्थान से काम चलाते रहे, क्योंकि उनको इस बात की समझ थी कि संसाधन सीमित थे और शायद समय भी। जब वे गाड़ी नहीं चला रहे होते थे तो वे आसपास घूमने के लिए छड़ी का इस्तेमाल किया करते थे। मेरी बुनियादी शिक्षा समाप्त होने से पहले वह छड़ी बैसाखी में बदल गई और जल्दी वे दो बैसाखी के सहारे चलने लगे। अन्दर ही अन्दर मेरे पिता को जो भी खाए जा रहा था, उनकी मांसपेशियां कमजोर पड़ती जा रही थी और नसें उभरने लगी थीं, वह इन बातों को अपनी निजी चुनौती के रूप में देखते थे, जिसका चुपचाप सामना किया जाए।

हमारा परिवार थोड़ी बहुत सुख सुविधाओं के साथ जीता रहा, जब क्रेग और मुझे स्कूल से रिपोर्ट कार्ड मिलते थे तब हमारे माँ-पापा इटालियन फिएस्टा से पिज़्ज़ा आर्डर करते और जश्न मनाते, जो हमारी पसंदीदा जगह थी। गर्मी के मौसम में हम पैक आइसक्रीम खरीदते थे, जिसमें चॉकलेट, बटर पेकन और चेरी होता था- और कई दिनों तक उसको खाते थे। हर साल एयर एंड वाटर शो के दौरान हम सामान पैक करते थे और पिकनिक मनाने के लिए उत्तर में लेक मिशीगन की तरफ निकल जाते, उस बाड़ से घिरे प्रायद्वीप की सीमा तक, जहाँ पापा का पानी साफ़ करने का संयंत्र लगा हुआ था। साल में वही कुछ दिन होते थे जब कर्मचारियों के परिवारों को गेट के अन्दर जाने दिया जाता था, जहाँ झील के सामने घास का मैदान था, जहाँ से युद्धक विमान पानी के ऊपर जिस तरह से आकृतियाँ बनाते हुए गुजरते थे

कि उनको देखना झील के तट के किसी पेंटहाउस को भी टक्कर दे सकता था।

हर साल जुलाई में मेरे पापा नौकरी से एक सप्ताह की छुट्टी लेते थे क्योंकि बॉयलर के रख रखाव का काम होता था, और हम सब उनकी ब्यूक में मौसी और उनके बच्चों के साथ, हम सात लोग उस दो दरवाजे वाली गाड़ी में घंटों बैठे रहते। हम शिकागो से बाहर निकलते, लेक मिशीगन के दक्षिण की तरफ तब तक गाडी से चलते रहते थे जब तक कि हम मिशीगन के व्हाइट क्लाउड में नहीं आ जाते थे। इसको ड्यूक लोगों का होलीडे रिसोर्ट कहा जाता था। उसमें एक खेलने का कमरा था, वेंडिंग मशीन थी जिससे पॉप के बोतल निकलते थे, और हमारे लिए सबसे महत्वपूर्ण बात यह थी कि बाहर एक बड़ा सा स्विमिंग पूल था। हम एक केबिन किराए पर ले लेते थे जिसमें किचेन भी होता था और पानी के अन्दर कूदते, बाहर आते हुए हम अपना वक्त बिताते थे।

मेरे माँ-पापा बारबेक्यू करते, सिगार पीते, और मौसी के साथ कार्ड खेलते थे, लेकिन मेरे पापा काफी समय निकालकर हम बच्चों के साथ पूल में भी आते थे। मेरे पापा सुन्दर थे, मूंछें रखते थे, उनकी मूंछें होठों से हंसिये की तरह नीचे की तरफ झुकी हुई थी। उनकी छाती और उनकी बांहें चौड़ी थी और उनकी मांसपेशियां उभरी हुई थी, जो इस बात का सबूत थी कि वे एथलीट रह चुके थे। उन लम्बी दोपहरों में जब वे पूल में होते, तो वे हाथ पाँव मारते और हँसते और हम लोगों के छोटे छोटे शरीर को हवा में उछाल देते, उनके कमजोर पड़ चुके पाँव अचानक उनके लिए हलके बन जाते थे।

गिरावट को माप पाना आसान नहीं होता, खासकर जब आप उससे घिरे हुए हों। हर सितम्बर जब क्रेग और मैं ब्रायन मावर एलेमेंट्री में लौटकर आते तो हम पाते कि खेल के मैदान में पहले से कम श्वेत बच्चे होते। कुछ लोगों को पास के कैथोलिक स्कूल में भेज दिया गया होता था, लेकिन अनेक लोग आसपास को छोड़कर जा चुके होते थे। पहले ऐसा लगा कि श्वेत परिवार वहां से छोड़कर जा रहे थे, लेकिन बाद में यह भी बदल गया। ऐसा लगने लगा कि जिसके पास भी वहां से जाने के लिए साधन थे वह जा रहा था। ज्यादातर बिना बताये और जाने का कारण बताये जाते थे। हम याकर परिवार के घर के बाहर "बिकाऊ" की पट्टी लगे देखते या टेडी के घर के बाहर सामान ले जाने वाली वैन खड़ी देखते तो हम समझ जाते थे कि क्या होने वाला है।

शायद मेरी माँ के लिए सबसे बड़ा झटका था जब उनकी दोस्त वेलमा स्टीवर्ट ने इस बात की घोषणा की कि उन लोगों ने पार्क फॉरेस्ट नामक उपनगर में एक घर खरीद लिया था। स्टीवर्ट के दो बच्चे थे और वे युक्लिड के एक ब्लॉक में रहते थे। हम लोगों की तरह वे अपार्टमेंट में रहते थे। मिसेज स्टीवर्ट बहुत मजाकिया स्वभाव की थी और ठहाका मारकर हंसती थीं, जिसके कारण मेरी माँ उनकी तरफ आकर्षित हुई थीं। दोनों रेसिपी का आदान-प्रदान करती और एक दूसरे के साथ बनी रहती लेकिन कभी आस पड़ोस की मम्मियों की तरह गॉसिप नहीं करती थीं। मिसेज स्टीवर्ट का बेटा डॉनी क्रेग की उम्र का ही था और उसकी ही तरह खेलकूद का शौक़ीन, जिसके कारण दोनों में देखते ही दोस्ती हो गई। उनकी बेटी पामेला पहले ही टीनएजर हो चुकी थी और उसकी मुझमें किसी तरह की रूचि नहीं थी,

लेकिन मुझे हर टीनएजर रहस्यमय जैसी लगती थी। मिस्टर स्टीवर्ट के बारे में मुझे कुछ ख़ास याद नहीं है सिवाय इस बात के कि वे शहर की एक बड़ी बेकरी कंपनी का डिलीवरी ट्रक चलाते थे और वह, उनके पति और बच्चे बेहद हलकी रंगत वाले अश्वेत थे। वैसी रंगत वाले अश्वेत परिवार से मैं पहले कभी नहीं मिली थी।

उपनगर में उन्होंने किस तरह से घर खरीद लिया मैं इस बात का अनुमान नहीं लगा सकती थी। यह पता चला कि पार्क फॉरेस्ट का पहला पूरी तरह नियोजित समुदाय था- वह केवल आवास सम्बन्धी व्यवस्था नहीं थी, बल्कि एक पूरी तरह से नियोजित गाँव था, जिसे करीब तीस हजार लोगों के रहने के लिए बनाया गया था, जहाँ शॉपिंग मॉल, चर्च, स्कूल और पार्क भी बने हुए थे। इसको 1948 में बसाया गया था और यह एक तरह से उपनगरीय जीवन का आदर्श साबित हुआ, जहाँ बड़े पैमाने पर बने बनाये घर थे और कुकी काटने के अहाते बने हुए थे। हर ब्लॉक में कितने अश्वेत परिवार रह सकते थे इसकी संख्या भी निर्धारित थी, हालांकि जब तक स्टीवर्ट वहां गए तब तक वह सीमा समाप्त हो चुकी थी।

उनके गए अधिक दिन नहीं हुए थे जब स्टीवर्ट ने हमें आमंत्रित किया कि जिस दिन पापा की छुट्टी हो उस दिन हम उनके पास जा सकते थे। हम लोग खूब उत्साहित थे। हम लोगों के लिए, यह नए तरह का घूमना था, जिन उपनगरों के बारे में किस्से कहानियां सुनते थे उनको देखना। हम चारों ब्यूक में बैठकर एक्सप्रेसवे पर दक्षिण की तरफ शिकागो जाने वाली सड़क पर निकल पड़े, जोश में भरे हुए हम चालीस मिनट बाद खाली पड़े एक शौपिंग प्लाज़ा के बाहर आकर रुके। उसके बाद हम मिसेज स्टीवर्ट के बताये अनुसार खामोश सड़कों पर आड़े तिरछे बढ़ते रहे, एक समान दिखाई देने वाले एक ब्लाक से दूसरे ब्लाक की तरफ मुड़ते हुए। पार्क फॉरेस्ट ट्रैक्ट होम्स के लघु रूप की तरह था- रैंच की शैली में बने हुए घर और सामने की तरफ हाल में ही लगाए गए पेड़ पौधे, झाड़ियाँ।

"अब कोई सब कुछ छोड़कर यहाँ क्यों रहना चाहेगा?" मेरे पापा ने डैशबोर्ड के सामने देखते हुए कहा। मैं उनसे सहमत थी कि इस बात का कोई मतलब नहीं था। जहाँ तक मैं देख सकती थी मुझे वैसा बड़ा कोई पेड़ नहीं दिखाई दिया जैसा ओक का पेड़ मेरे घर में बेडरूम के बाहर दिखाई देता था। पार्क फॉरेस्ट में सब कुछ नया था, चौड़ा था और वहां भीड़भाड़ नहीं थी। कोने में बनी शराब की कोई दुकान नहीं थी जिसके बाहर बदमाश किस्म के लड़के खड़े रहते हों। हॉर्न या सायरन बजाती गाड़ियाँ नहीं थीं। किसी की रसोई से संगीत की आवाज़ नहीं आती थी। घरों की सारी खिड़कियाँ बंद दिखाई दे रही थीं।

क्रेग को वह यात्रा बहुत आनंददायक लगी थी, खासकर इस वजह से क्योंकि उसने वहां दूर दूर तक खुले मैदान में डॉनी स्टीवर्ट और उसके नए दोस्तों के साथ दिन भर बॉल खेला था। मेरे माँ-पापा को मिस्टर और मिसेज स्टीवर्ट से मिलकर बेहद ख़ुशी हुई, और मैं पामेला के साथ साथ आसपास घूमती रही, उसकी खुले बालों, उसकी सफ़ेद त्वचा और टीनएज में पहने जाने वाले गहनों को देखते हुए।

जब हमने आखिर में अलविदा कहा तब शाम हो चुकी थी। स्टीवर्ट को छोडकर शाम

के धुंधलके में चलते हुए हम उस मोड़ तक आये जहाँ पापा ने गाड़ी पार्क कर रखी थी। दिन भर खेलने के कारण वह पसीने पसीने था, उसके पांवों में दर्द हो रहा था। मैं भी बहुत थक गई थी और घर जाना चाहती थी। उस जगह में कुछ ऐसा था जिससे मुझे चिढ़ हो गई थी। मुझे उपनगर वैसे भी कुछ ख़ास पसंद नहीं थे, हालाँकि मैं यह नहीं बता सकती थी कि क्यों।

माँ ने बाद में स्टीवर्ट के बारे में एक बात कही कि उनके नए समुदाय में, एक बात यह थी कि वहां रहने वाले सभी निवासी श्वेत लग रहे थे।

"मुझे हैरानी हुई," वह बोली। "जब तक हम लोग उन लोगों से मिलने नहीं गए थे तब तक किसी को भी यह नहीं पता था कि उनका परिवार अश्वेत था।"

उनको लग रहा था कि अनजाने में हमने उनकी असलियत को उजागर कर दिया, दक्षिण की तरफ से नए घर में आने का तोहफा लेकर अपनी अश्वेत रंगत के कारण। हालाँकि ऐसा नहीं था कि स्टीवर्ट परिवार अपनी नस्ल को जानबूझकर छिपा रहा था, लेकिन शायद इस बारे में वे अपने पड़ोसियों से बात नहीं करते थे। उनके ब्लॉक का जैसा माहौल था उन्होंने उसको अधिक बाधित नहीं किया था। कम से कम जब तक हम लोग गए थे, तब तक तो नहीं ही।

जब मेरे पापा कार के पास पहुंचे तो कोई खिड़की से देख रहा था क्या? क्या परदे के पीछे कोई छाया थी, यह देखने के लिए इन्तजार करती कि सब कुछ कैसे हो? मुझे कभी पता नहीं चलेगा। मुझे यह याद है कि मेरे पापा का शरीर किस तरह तन गया था जब वे गाड़ी के ड्राइवर वाली सीट की तरफ पहुंचे और उन्होंने जो देखा। उनकी प्यारी ब्यूक कार की एक तरफ किसी ने एक लाइन खींचकर खरोंच लगा दी थी। किसी ने गेट से लेकर कार के पीछे की तरफ तक एक पतली लेकिन गहरी लाईन खींच दी थी। लाइन या तो चाबी से खींची गई थी या किसी पत्थर के टुकड़े से लेकिन वह किसी भी तरह से दुर्घटना नहीं थी।

मैंने पहले भी कहा है कि मेरे पापा सहनशील थे, एक ऐसा आदमी जो किसी छोटी बड़ी बात के लिए शिकायत नहीं करते थे, जिनको जो भी दिया जाता था हँसते हँसते उसी को खा लेते, उनको एक डॉक्टर ने वह दिया जो मौत के समान था लेकिन वे अब भी जिन्दा थे। कार के साथ जो हुआ वह भी कोई अलग नहीं था। अगर लड़ाई की कोई गुंजाइश होती या जवाब देने के लिए कोई जरिया होता भी तो मेरे पापा तब भी कुछ नहीं करते।

"हाँ, लगता है मेरे ऊपर कोई अभिशाप होगा," उन्होंने कार की गेट खोलने से पहले कहा।

उस रात शहर लौटते वक्त हम लोगों ने जो कुछ भी हुआ था उसको लेकर कोई ख़ास चर्चा नहीं की। यह बहुत थकाऊ था। शायद वह बहुत व्याख्या की मांग करता था। हम किसी भी तरह के आयोजन में उपनगर नहीं जाते। मरे पापा को अगले दिन कार चलाकर यह देखने के लिए जाना पड़ा कि क्या हुआ था, लेकिन इससे उनको कुछ फ़ायदा नहीं हुआ। लेकिन उनका यह गुस्सा बहुत दिनों तक नहीं रहा। जैसे ही समय मिला वे कार को लेकर सियर्स में मिस्त्री की दुकान में गए और उन्होंने उस निशान को मिटवा लिया।

3

इस सब के बीच आम तौर पर बेपरवाह रहने वाला मेरा भाई चिंतित रहने लगा। मैं ठीक ठीक यह तो नहीं कह सकती कि कब और क्यों यह सब शुरू हुआ, लेकिन क्रेग जो इस तरह का लड़का था जो आस-पड़ोस में सबसे मिलता-मिलाता था, जिसके पास जब भी दस मिनट का समय होता था तो आसपास का माहौल जैसा भी हो कहीं भी ख़ुशी ख़ुशी झपकी ले लेता था, घर में अधिक चिड़चिड़ा हो गया, कम सोने लगा। उसको यह लगता रहता कि हमारे घर की तरफ संकट आने ही वाला था। अपार्टमेंट में शाम के वक्त वह हर तरह के नतीजों के लिए अभ्यास करता था, अजीब-अजीब तरह की स्थितियों में होने की अपनी कल्पना ऐसे करने लगता था कि हम सब लोगों को अजीब महसूस होता था। उसको लगता था कि उसकी आँखों की रौशनी जा सकती थी इसलिए वह घर में आँखों पर पट्टी बांधकर घर में घूमता, लिविंग रूम और किचेन में अनुभव के आधार पर चलने की कोशिश करता। उसको यह लगने लगा कि वह कहीं बहरा न हो जाए इसलिए उसने संकेत भाषा सीखनी शुरू कर दी। उसको इस बात का खतरा भी महसूस होने लगा कि उसका कोई अंग न कट जाए इसलिए वह अपना दायाँ हाथ पीछे बाँध कर खाना खाता या होमवर्क बनाता था और इसमें उसको बहुत परेशानी भी होती थी। कहता पता नहीं क्या हो जाए।

क्रेग को सबसे बड़ा डर था और जो शायद सबसे वास्तविक था, वह आग का था। शिकागो में घरों में आग लगती रहती थी, कुछ इस वजह से क्योंकि झुग्गियों में रहने वाले अपने घरों की मरम्मत नहीं करवाते थे और जब उनके घरों में आग लग जाती थी तो वे इंश्योरेंस का लाभ लेकर खुश हो जाते थे, और कुछ इस वजह से भी कि क्योंकि आग का पता लगाने वाली तकनीक तब नई थी और उसके महंगे होने के कारण कामकाजी वर्ग के लोग उस सुविधा को वहन नहीं कर सकते थे। खैर जो भी हो, शहर की घनी बस्तियों में आग एक तरह से जीवन का हिस्सा बन चुकी थी, कभी भी कहीं भी लग जाती थी और घर के साथ-साथ दिलों की खुशियाँ भी छीन लेती थी। पश्चिम की तरफ मेरे नाना साउथसाइड का पुराना घर जब आग में जलकर ख़ाक हो गया तो वे हमारे पड़ोस में रहने के लिए आ गए, हालाँकि संयोग से किसी को किसी तरह का नुक्सान नहीं हुआ(मेरी माँ के अनुसार साउथसाइड जलते हुए घर के बाहर खड़े होकर अग्निशमन वालों को अपने घर को दिखा-

दिखा कर कह रहे थे कि उसमें उनके मूल्यवान जैज अल्बम पड़े हुए थे)। हाल में ही, एक ऐसी त्रासदी हुई जो मेरे जैसे बच्चे के दिमाग की सहनशीलता के लिहाज से बहुत बड़ी थी, पांचवीं कक्षा में मेरे साथ पढने वाला एक सहपाठी- जिसका चेहरा बड़ा प्यारा था और वह लम्बा था और अफ्रीकी भी था, जिसका नाम लेस्टर मैकुलम था, जो हमारे घर के पास एक टाउन हाउस में रहता था, की आग लगने से मौत हो गई। उस अग्निकांड में उसके भाई और बहन की भी मृत्यु हो गई, तीनों ऊपरी बेडरूम में थे जहाँ वे आग की लपटों में घिर गए।

मैं पहली बार उसी शवयात्रा में शामिल हुई थी: आस पड़ोस के सभी बच्चे अंत्येष्टि स्थल पर सुबक रहे थे और पीछे जैक्सन 5 अल्बम धीरे धीरे बज रहा था; बड़े बुजुर्ग सन्न से खड़े थे, किसी तरह की प्रार्थना या दिलासा दिलाने वाली कोई बात उस शून्य को नहीं भर सकती थी। कमरे में सामने की तरफ तीन बंद ताबूत पड़े थे, तीनों पर हँसते मुस्कुराते उन बच्चों की तस्वीरें लगी थीं। मिसेज मैकुलम जो अपने पति के साथ खिड़की से कूदकर बचने में सफल हो गई थीं, सामने बैठी हुई थीं। वह इस कदर टूटी हुई और दुखी लग रही थीं कि उनकी तरफ देखने में भी तकलीफ हो रही थी।

मैकुलम के जले हुए घर का ढांचा चार दिन बाद तक सुलगता रहा और उसके हिस्से टूट टूट कर गिरते रहे, उसमें रहने वाले बच्चे बहुत जल्दी मर गए थे लेकिन वह घर धीरे धीरे मर रहा था। आसपास धुएं की भारी गंध भरी हुई थी।

समय गुजरने के साथ क्रेग की चिंता और बढती जा रही थी। स्कूल में अध्यापकों के नेतृत्व में हम लोगों को ऐसी हालत में बाहर निकलना सिखाया गया, बहुत कर्त्तव्य के साथ इस विषय पर व्याख्यान दिया गया कि किस तरह से रुका जाए, ऊपर से कूदा जाए और लुढ़क कर निकला जाए। जिसका नतीजा यह हुआ कि क्रेग ने यह तय किया कि हमारे घर की सुरक्षा को बेहतर बनाए जाने की ज़रूरत है, उसने खुद को घर का अग्निरक्षक बना लिया। मैं उसकी सहयोगी बन जाती, हम घर से बाहर निकलने के बारे में बताते और ज़रूरत पड़ने पर माँ-पापा की मदद भी लेते। हम यह तो नहीं मानते थे कि आग लग जायेगी लेकिन हम आग से बचने के लिए तैयार थे। तैयारी जरूरी थी। हमारा परिवार केवल समय का पाबन्द ही नहीं था; हम सभी कुछ की तैयारी जल्दी शुरू कर देते। हम यह जानते थे कि इससे मेरे पापा को कम खतरा रहेगा, हम उनको पार्किंग के लिए उपयुक्त जगह की तलाश के लिए छोड़ देते जिससे उनको क्रेग के बास्केटबॉल के एक खेल के लिए दूर तक चलना नहीं पड़ता या उपयुक्त सीट मिलने में परेशानी न हो। सबक यह है कि जीवन में आप जो भी चाहें नियंत्रित कर सकते हैं।

इस अर्थ में, जब हम बच्चे थे तो हम भागने की संभावनाओं के बारे में सोचते रहते, हम यह अनुमान लगाने की कोशिश करते थे कि क्या हम आग लगने की अवस्था में खिड़की से घर के सामने वाले ओक के पेड़ पर कूद सकते थे या पडोसी की छत पर। हम इस बारे में सोचते कि अगर रसोई में आग लग गई या बेसमेंट में बिजली के कारण आग लग गई, या ऊपर से बिजली गिर गई तो क्या होगा। इमरजेंसी की हालत में क्रेग और मुझे अपनी माँ

के बारे में उतनी चिंता नहीं रहती थी। वह छोटी सी और इतनी फुर्तीली थीं और ऐसे लोगों में थीं कि जोश में आ जाने पर वह शायद कार को बच्चे की तरह उठा सकती थीं। पापा की असमर्थता के बारे में बात कर पाना मुश्किल था- यह साफ़ था लेकिन इस सच्चाई के बारे में हम बात नहीं करते थे कि वे हम लोगों की तरह खिड़की से कूद नहीं सकते, और सालों हो गए जब हम लोगों ने उनको दौड़ते नहीं देखा।

अगर सब कुछ डरावना हो गया तो हम उस तरह से बचाव कार्य नहीं कर सकते थे जिस तरह से हम लोगों ने व्यवस्थित तरीके से होते उस फिल्म में देखा था जो स्कूल से लौटने के बाद टीवी पर देखा था। हमारे पिता हम लोगों को हरक्युलिस की तरह वीरता से कंधे पर बिठाकर सुरक्षित बाहर नहीं निकाल सकते थे। अगर कोई ऐसा कर सकता था तो वह क्रेग था जो पापा से लम्बा तो हो गया था लेकिन उसके कंधे अभी चौड़े नहीं थे, टांगें भी पतली थीं और जो ऐसा लगता था कि इस बात को समझता था कि उसको किसी भी तरह से वीरता दिखाने के लिए पहले अभ्यास करने की ज़रूरत पड़ती। इसीलिए जब घर में हमारा परिवार आग से बचाव के लिए अभ्यास करता था तब वह बुरे से बुरे हालात के बारे में तैयारी करवाता, वह पापा को आदेश देता था कि वे फर्श पर लेट जाएँ, वह उनसे कहता कि वे किसी बोरे की तरह लेट जाएँ, मानो इस तरह से उनके नाक में धुंआ नहीं आएगा।

“हे भगवान,” पापा अपने सर को हिलाते हुए कहते। “क्या तुम सच में ऐसा करने वाले हो?”

मेरे पापा को असहाय होने की आदत नहीं थी। उन्होंने अपना जीवन इस स्थिति के बिना बिताया था, वे हमारी कार का ध्यान बड़ी मेहनत से रखते थे, समय पर सभी बिल का भुगतान करते थे। कभी अपनी बढती बीमारी के बारे में चर्चा नहीं करते थे, न ही किसी दिन काम से नागा करते थे। बल्कि इसके विपरीत, मेरे पिता को दूसरों के लिए चट्टान की तरह खड़ा रहना अच्छा लगता था। जो काम वे शारीरिक रूप से नहीं कर पाते थे, उसकी भरपाई वे भावनात्मक और बौद्धिक समर्थन के द्वारा कर देते थे। इसी वजह से उनको शहर की डेमोक्रेटिक पार्टी के कप्तान का काम अच्छा लगता था। वे सालों तक इसी पद पर रहे, कुछ इसलिए क्योंकि शहर के कर्मचारियों से पार्टी के प्रति समर्पित सेवा की अपेक्षा की जाती थी। हालाँकि उनको एक तरह से इस दिशा में ठेल दिया गया था लेकिन मेरे पापा को यह काम पसंद आता था, इससे मेरी माँ परेशान रहती थीं क्योंकि इसमें बहुत समय देना पड़ता था। वीकेंड में वे आसपास मतदाताओं से मिलने के लिए जाते, अक्सर मेरे साथ जाते थे जबकि मैं घिसटती हुई जाती। हम लोग कार खड़ी करते थे और साधारण बने बंगलों के सामने सड़क पर चलते। जब हम दरवाजे पर पहुँचते तो सामने की और झुकी हुई खिड़की दिखाई देती या फूले पेट वाला फैक्ट्री में काम करने वाला कोई कामगार हाथ में मिकेलोब की कैन लिए दरवाजे के परदे से झांकता मिलता। अक्सर ये लोग मेरे पापा को देखकर खुश हो जाते और उनके हाथ में छड़ी देखकर बाहर पोर्च में मुस्कुराते हुए निकलकर आ जाते।

“अरे फ्रेजर”; वे कहते। “क्या हैरानी की बात है। अन्दर आ जाओ।”

मेरे लिए यह कोई अच्छी खबर नहीं होती थी। इसका मतलब होता था कि हम लोगों को अन्दर जाना पड़ता। इसका मतलब यह होता था कि शनिवार की दोपहर एक सोफे पर हाथ में सेवेन अप की बोतल थामे गुजर जाती, जबकि मेरे पापा उनसे फीडबैक लेते, शिकायतें सुनते, वास्तव में यह इलाके के निर्वाचित प्रतिनधि का समय गुजारने का तरीका होता था जो उस वार्ड के ऊपर नियंत्रण रखता था। अगर किसी को कचरा उठाने को लेकर या बर्फ को हटाने को लेकर या कोई नाली के गड्ढे को लेकर परेशान रहता था तो पापा उनको सुनते थे। उनका उद्देश्य यह था कि लोगों को ऐसा महसूस हो कि डेमोक्रेटिक पार्टी के लोग उनका ध्यान रखते थे- और जब चुनाव आये तो वे इसी आधार पर मतदान करें। मेरे लिए अफ़सोस की बात यह थी कि वे किसी के साथ जल्दबाजी नहीं करते थे। जहाँ तक मेरे पापा की बात थी तो उनके पास किसी को देने के लिए समय सबसे बड़ा उपहार था। वे बड़े प्यार से उनके प्यारे पोते पोतियों की तस्वीरें देखते, बड़े सब्र के साथ उनकी गप्पें सुनते, उनके स्वास्थ्य के बारे में ध्यान से सुनते, और पैसों की तंगी को लेकर जब वे कहते थे तो पापा बड़े ध्यान से सर हिलाते थे। जब हम आखिरकार उनके घरों से निकलते तो वे घर की बुजुर्ग महिलाओं के गले लगते, उनको इस बात का आश्वासन देते कि उनसे जितना हो सकता था वे करेंगे और जो संभव है वह काम करवाएंगे भी।

मेरे पापा को अपनी उपयोगिता के ऊपर पूरा भरोसा था। यह उनके लिए गर्व की बात थी। इसी वजह से जब घर में हम आग से बचने के लिए अभ्यास करते थे तो वे महज़ सुनते नहीं थे, यहाँ तक कि जब हम संकट के बारे में कल्पना करते थे तब भी नहीं। किसी भी हालत में वह यह नहीं चाहते थे कि उनको बोझ समझा जाए- अचेत आदमी को फ़र्श से उठाने के बारे में उनकी राय होती थी। बहरहाल कहीं न कहीं वे इस बात को भी समझते थे कि यह बात हमारे लिए मायने रखती थी- खासकर क्रेग के लिए। जब हम उनसे लेट जाने के लिए कहते थे तो वे हमारा मजाक उड़ाते, पहले घुटने के बल गिर जाते, उसके बाद अपने नितम्बों पर बैठते, फिर धीरे धीरे सर ऊपर की तरफ किये कालीन पर लेट जाते। उसके बाद वे माँ की तरफ देखते, जिसको यह सब बहुत अजीब लगता था, मानो उससे कहना चाह रहे हों, ये बदमाश बच्चे।

आह भरते हुए वे आँखें बंद कर लेते, उसके बाद इन्तजार करने लगते कि क्रेग बचाव अभियान की शुरुआत करते हुए उनके कन्धों के पीछे मजबूती से हाथ लगाए। माँ और मैं देखते रहते, बड़ी महानता और बड़े अजीब तरीके से मेरा भाई 170 या उससे कुछ अधिक पाउंड भारी पिता को अपनी काल्पनिक आग से बचाता हुए पीछे की तरफ खींच लेता, वह आग जो उसके बाल मन में लगी हुई थी। वह पापा को फर्श पर खींचता हुआ, काउच का चक्कर लगाता और आखिरकार सीढ़ियों तक ले जाता।

वहां से क्रेग यह अनुमान लगाता कि शायद वह पापा के शरीर को सीढ़ियों से नीचे ले जा सकता था और वहां से बगल के दरवाजे से सुरक्षित बाहर निकला ले जा सकता था। मेरे पापा इस हिस्से का अभ्यास करने से मना कर देते थे। वे धीरे से कहते, “अब बहुत हो

गया," और इससे पहले कि क्रेग उनको सीढ़ियों से नीचे घसीटने की कोशिश करता वे अपने पैरों पर खड़े होने के लिए जिद करने लगते। लेकिन उस छोटे पुरुष और बड़े पुरुष के बीच बात हो चुकी होती थी। जब मौका आता तो इनमें से कुछ भी आसान और सहजता से नहीं किया जा सकता था, और इस बात की भी कोई गारंटी नहीं थी कि हम लोगों में से कोई बच भी सकता था। लेकिन अगर कुछ बुरा होता तो हमारे पास कम से कम एक योजना तो थी।

धीरे धीरे मैं बहिर्मुखी और सामाजिक होने लगी, मैं संसार के सामने अपने आपको मुखर बनाने के लिए तत्पर होने लगी। औचकता और अराजकता को लेकर मेरे अन्दर जो स्वाभाविक विरोध था वह कुछ हद तक इस कारण कम होने लगा क्योंकि पापा जब आस-पड़ोस में मेलजोल के लिए जाते तो मैं उनके साथ साथ लगी रहती थी। साथ ही, सप्ताहांत में हम घूमने जाते उससे भी कुछ असर हुआ, जब हम अपने चाचा, चाचियों, भाइयों-बहनों से मिलते, किसी के घर के पिछवाड़े बारबेक्यू में धुएं से घिरे बैठे रहते या फिर ऐसे पड़ोस में बच्चों के साथ दौड़ते भागते रहते थे जो हमारा पड़ोस नहीं होता था।

मेरी माँ अपने परिवार के सात बच्चों में से एक थीं। मेरे पापा पांच भाई-बहनों में सबसे बड़े थे। मेरी माँ के रिश्तेदार साउथसाइड के घर में जुटते रहते थे, जहाँ नानी खाना पकाती, बिड व्हिस्ट गेम खेला जाता और जैज संगीत का धमाका होता। साउथसाइड हम सभी के लिए चुम्बक की तरह थे। वह अपने अहाते की बाहर की दुनिया को लेकर सदा संदेह में रहे- उनकी चिंता का मुख्य कारण सभी सुरक्षा और अच्छे से रहना था- और इस कारण वे पूरी ऊर्जा लगाकर ऐसा माहौल तैयार करते थे जिसमें हम लोगों को हमेशा खूब अच्छी तरह खिलाया जाता था और अच्छी तरह मनोरंजन किया जाता था, जिससे यह उम्मीद भी बनी रहती थी कि हम उससे कभी अलग होना नहीं चाहें। वे मेरे लिए एक कुत्ता भी लेकर आये थे, प्यारा सा, दालचीनी के रंग के उस कुत्ते का नाम हमने रेक्स रखा था। लेकिन मेरी माँ के आदेश से रेक्स को हमारे घर में रहने की इजाजत नहीं थी। लेकिन मैं साउथसाइड उसके पास जाती रहती, उसके मुलायम बालों में अपना सर घुसाकर जमीन पर लेट जाती, उसके पूछों की थपथप सुनती। साउथसाइड ने कुत्ते को भी उतना ही बिगाड़ दिया था जिस तरह से उन्होंने मुझे बिगाड़ दिया था, भोजन और प्यार और सहनशीलता से, यह सब उनकी खामोश विनती की तरह थी ताकि हम उनको कभी न छोड़ें।

मेरे पापा का परिवार हालाँकि शिकागो के विस्तृत दक्षिणी इलाके में फैला हुआ था, जिनमें दादा-दादी से लेकर रिश्ते के भाई-बहन थे, साथ ही कुछ ऐसे रिश्तेदार भी थे जिनके साथ हमारा रक्त सम्बन्ध था या नहीं यह साफ़ नहीं था। हम उनके बीच घूमते रहते थे। बाहर सड़क पर पेड़ों की संख्या देखकर मैं चुपचाप इस बात का अनुमान लगा लेती थी कि हम कहाँ जा रहे थे। जिस आस पड़ोस में गरीब रहते थे वहां कोई पेड़ था ही नहीं। लेकिन मेरे पापा के लिए सब अपने ही थे। जब वह अंकल कैलियो को देखते तो उनका चेहरा चमक उठता था, वे दुबले-पतले थे, उनके बाल लहराते रहते थे, कद में नाटे थे और देखने में डेविस जूनियर

जैसे लगते और हमेशा लगभग पूरे नशे में रहते। आंट वेर्देले को वे बहुत प्यार करते थे, जो डे रेयान एक्सप्रेसवे के पास अपने आठ बच्चों के साथ एक उपेक्षित अपार्टमेंट में रहती थीं, जिसके बारे में क्रेग और मैं इस बात को समझ गए थे कि जीने का ढर्रा बहुत अलग था।

इतवार की दोपहर सामान्य तौर पर हम चार गाड़ी में सवार होकर दस मिनट दूर पार्कवे गार्डन के उत्तर की तरफ पापा के माँ-पापा के साथ रात के खाने के लिए जाते, जिनको हम डैंडी और ग्रैंडमा कहते। उनके साथ पापा के तीन छोटे भाई बहन भी रहते थे, एंड्रयू, कार्लटन और फ्रांसेस्का, जो पापा से एक दशक से अधिक छोटे थे, इसलिए हम लोगों को वे चाचा-बुआ से अधिक भाई बहन जैसे लगते थे। मेरे ख़याल से पापा उन लोगों के लिए भाई से ज़्यादा पिता जैसे थे, वे उन तीनों को सलाह देते और ज़रूरत पड़ने पर उनको पैसे भी देते थे। फ्रांसेस्का स्मार्ट और सुन्दर थी और कभी कभी मुझे अपने लम्बे बाल झाड़ने देती थी। एंड्रयू और कार्लटन की उम्र बीस के आसपास थी और वे दोनों बहुत ही अधिक फैशन में रहते थे। वे बेलबॉटम और टर्टलनेक पहनते थे। उनके पास लेदर जैकेट थे। उनकी गर्लफ्रेंड थी, और वे मैल्कम एक्स और "सोल पावर" जैसी बातें किया करते थे। क्रेग और मैं अपार्टमेंट के पीछे की तरफ़ उनके कमरे में घंटों बैठे रहते थे और उनके रंग ढंग को समझने का प्रयास करते रहते थे।

मेरे दादाजी का नाम फ्रेजर रॉबिन्सन भी था, उनको आसपास रहने में उतना मज़ा नहीं आता था, वे अपने रिक्लाईनर पर बैठकर सिगार पीते रहते थे, अखबार पढ़ते रहते थे और शाम में पास के टीवी से आते समाचार को सुनते थे। उनके नैन नक्श मेरे पापा जैसे बिलकुल ही नहीं थे। डैंडी हर बात से चिढ़ते थे। वे अखबारों की हेडलाइन से चिढ़े हुए रहते थे, टीवी पर जिस तरह से संसार को दिखाया जाता था, आस पड़ोस में जब वे अश्वेत युवाओं को बिलावजह भटकते हुए देखते तो वे उससे चिढ़े रहते थे। वे उनको बू-बू कहते थे, उनका मानना था कि इसकी वजह से हर कहीं अश्वेत लोगों का नाम खराब होता था। वे टीवी के ऊपर चिल्लाते रहते थे। वे मेरी दादी के ऊपर चिल्लाते रहते थे, जो बहुत प्यारी, कम बोलने वाली और समर्पित ईसाई महिला थीं, जिनका नाम था लावॉगन रॉबिन्सन(मेरे माँ-पापा ने उनके सम्मान में मेरा नाम रखा था मिशेल लावॉगन रॉबिन्सन)। दिन में, दादी बहुत होशियारी के साथ सुदूर दक्षिण में एक भीड़ भरे बाइबल स्टोर को संभालती थी। लेकिन जब वह खाली समय में डैंडी के साथ रहती थीं तो कमजोर बनी रहती थीं, उस छोटी उम्र में भी मुझे यह बात उलझनभरी लगती थी। वह उनके लिए खाना बनाती थीं और उनकी खूब सारी शिकायतों को सुनतीं और अपने बचाव में कुछ भी नहीं कहती थीं। उस कम उम्र में भी मुझे अपनी दादी की चुप्पी और डैंडी के साथ रिश्ते में दबे हुए रहना खलता था।

मेरी माँ बताती थीं कि परिवार में मैं अकेली थी जो डैंडी के चिल्लाने पर जवाब देती थीं। मैं यह काम नियमित रूप से करती थी, बहुत कम उम्र से मैंने ऐसा करना शुरू किया और बहुत बाद तक ऐसा करती रही। एक कारण तो यह था कि मुझे इस बात से गुस्सा आ जाता था कि दादी माँ अपने हक़ में कुछ नहीं बोलती थीं, कुछ इस कारण क्योंकि उनके आसपास

के सभी लोग चुपचाप रहते थे, और आखिरी बात इसलिए क्योंकि मैं डैंडी से उतना ही प्यार करती थी जितना वे मुझे चाहते थे। उनकी जिद को मैं पहचानती थी और कुछ हद तक मेरे अन्दर भी वह जिद आ गई। हालाँकि मुझे लगता है कि उस हद तक नहीं आई। डैंडी में एक तरह की मुलायमियत भी थी, जो कभी कभी झलक जाती थी। जब मैं उनके रिक्लाईनर कुर्सी के पैर के पास बैठी रहती थी तो वे बड़े प्यार से मेरी गर्दन को सहलाते थे। जब मेरे पापा कुछ दिलचस्प बात कहते या हम बच्चों में से कोई बातचीत में अच्छी बात कह जाता तो वे मुस्कुरा उठते थे। लेकिन फिर कुछ हो जाता और वे फिर से गरजने लगते।

"सभी के ऊपर चिल्लाना छोडिए डैंडी," मैं कहती। या, "दादी माँ से इस तरह खराब ढंग से बात मत कीजिये।" अक्सर मैं यह भी कहती, "आप किस बात से इतना गुस्सा हो जाते हैं वैसे?"

इस सवाल का जवाब जटिल भी था और आसान भी। डैंडी को स्वयं भी कोई जवाब नहीं सूझता था, वे चिड़चिड़े ढंग से कंधे उचकाकर वापस अखबार पढ़ने लगते थे। हालाँकि घर वापस लौटकर आने पर मेरे माँ-पापा इस बात को समझाने की कोशिश करते रहते थे।

डैंडी दक्षिण कैरोलिना लो कंट्री से आये थे, वे तटीय नगर जॉर्जटाउन के उमस भरे माहौल में पले बढे थे, जहाँ बड़े बड़े खेतों में हजारों गुलाम कभी मजदूरी किया करते थे और धान और नील की खेती करके अपने मालिकों को अमीर बनाया करते थे। मेरे दादा जिनका जन्म 1912 में हुआ था, वे गुलामों के पोते थे, उनके पिता मिल में काम करते थे। और दस भाई बहनों में सबसे बड़े थे। वे बचपन में हाजिरजवाब और होशियार थे इसलिए उनको प्रोफ़ेसर बुलाया जाता था, और उन्होंने बहुत जल्दी कॉलेज में पढने के बारे में सोच लिया था। लेकिन न केवल वे अश्वेत थे और गरीब परिवार से आते थे बल्कि जब वे पढ़ने की उम्र में आये तो महामंदी का दौर था। हाईस्कूल की पढ़ाई समाप्त करने के बाद डैंडी लकड़ी के मिल में काम करने गए। वे इस बात को जानते थे कि जॉर्जटाउन में रहने के कारण उनके लिए अधिक मौके नहीं थे। आखिरकार जब मिल बंद हुआ तो अपनी पीढ़ी के बहुत से अफ्रीकी अमेरिकियों की तरह उन्होंने मौका लिया और उत्तरी शिकागो चले गए, वे उसका हिस्सा बने जिसको महाविस्थापन के नाम से जाना जाता है, जिसके दौरान पांच दशकों के नस्ली उत्पीड़न और उद्योग धंधों में काम की तलाश में दक्षिण में रहने वाले करीब 60 लाख अश्वेत उत्तर के महानगरों में आकर बस गए।

अगर यह अमेरिकी स्वप्न कथा रही होती तो डैंडी, जो 1930 के दशक के आरम्भ में शिकागो आये, उनको अच्छी नौकरी मिली होती और कॉलेज जाने का रास्ता खुल गया होता। लेकिन सच्चाई बहुत अलग थी। नौकरी बड़ी मुश्किल से मिलती थी। कुछ इस बात के कारण सीमित अवसर थे क्योंकि शिकागो में कुछ बड़े कारखानों के मैनेजर अफ्रीकी अमेरिकी कामगारों की जगह योरोपीय लोगों को काम पर रखते थे। डैंडी को जो काम मिला उन्होंने वह किया, बोलिंग एली ने पिन रखने से लेकर हैंडीमैन के रूप में। धीरे धीरे उन्होंने अपने सपनों को छोटा कर लिया, कॉलेज जाने का ख़याल दिमाग से निकाल दिया, बल्कि

उन्होंने सोचा कि इलेक्ट्रिशियन का प्रशिक्षण हासिल कर लें। लेकिन जल्दी ही यह विचार भी दिमाग से निकाल देना पड़ा। अगर आप इलेक्ट्रिशियन। या प्लंबर या बढई आदि का काम करना चाहते थे तो शिकागो में इसके लिए आपको यूनियन कार्ड लेना पड़ता। और अगर आप अश्वेत होते तो इस बात की सम्भावना बहुत अधिक होती थी कि आपको कार्ड न मिल पाए।

इस विशेष तरह के भेदभाव ने कई पीढ़ियों के अफ्रीकी अमेरिकियों के भाग्य को पुनर्निर्धारित किया, जिनमें हमारे परिवार के भी कई पुरुष थे, जिसके कारण उनकी आय कम हो गई, अवसर कम हो गए और अंततः उनकी महत्वाकांक्षाएं कम हो गईं। बढई के रूप में साऊथसाइड को बड़ी निर्माण कंपनियों में काम करने की अनुमति नहीं थी, जहाँ नियमित रूप से दीर्घ अवधि की परियोजनाओं में काम मिलता था, अच्छा वेतन मिलता था, इसका कारण यह था कि वे वहां के श्रम संगठन के सदस्य नहीं बन सकते थे। मेरे मामा टेरी, रॉबी के पति, को इसी वजह से पलम्बर का काम छोड़ना पड़ा था, बल्कि वे पुलमैन कुली बन गए। एक अंकल पेट थे, जो मेरी माँ के रिश्तेदार थे, टैक्सी यूनियन के सदस्य नहीं बन पाए और इस कारण वे बिना लाइसेंस वाली गाड़ी चलाने लगे, वेस्ट साइड के कम सुरक्षित स्थानों से सवारियां उठाते, जहाँ सामान्य टैक्सी वाले नहीं जाना चाहते थे। ये सभी बहुत होशियार थे, स्वस्थ थे लेकिन इनको स्थिर और ऊंची तनख्वाहों वाली नौकरियों में जाने से रोका गया, जिसके कारण वे घर खरीदने लायक नहीं हो पाए, न ही अपने बच्चों को कॉलेज भेज पाए, न ही बुढापे के लिए कुछ बचा पाए। मैं समझती हूँ कि इस बात से उनको तकलीफ़ होती थी, कि उनको अलग थलग कर दिया गया, उनको उस तरह की नौकरियों से रोका गया जिसके लिए वे बहुत अधिक योग्य थे। वे यह देखते रहे कि श्वेत लोग काम के मामले में कूदकर उनसे आगे निकल जाते रहे, कई बार वे नए कर्मचारियों को प्रशिक्षण देते जिनके बारे में उनको पता होता था कि वे उनके बॉस बनने वाले थे। उनको इन बातों से निराशा होती थी। इस वजह से इन सभी लोगों के अन्दर एक हद तक गुस्सा और अविश्वास भर गया था: आप इस बात को कभी नहीं जान पाते थे कि दूसरे आपको किस तरह देखना चाहते थे।

जहाँ तक डैंडी की बात है तो उनके लिए ज़िंदगी पूरी तरह से बर्बाद ही नहीं थी। साउथसाइड में चर्च में उनकी मुलाकात मेरी दादी से हुई और आखिरकार उनको फेडरल सरकार वर्क्स प्रोग्रेस योजना के तहत काम भी मिल गया। यह एक राहत कार्यक्रम था जिसके तहत अकुशल लोगों को मंदी के दौरान सार्वजनिक निर्माण कार्यों के लिए काम पर लिया जाता था। उसके बाद अगले तीस साल तक उन्होंने पोस्टल सेवा के लिए काम किया, जहाँ से सेवानिवृत्त होने के बाद उनको इतना पेंशन मिलता था कि वे सारा समय टीवी देखते हुए बूबू लोगों के ऊपर चीखते चिल्लाते रह सकें।

आखिरकार उनके पांच बच्चे हुए जो उतने ही स्मार्ट और अनुशासित थे जितने कि वे खुद थे। उनका दूसरा बच्चा नोमेनी ने हार्वर्ड बिजनेस स्कूल से डिग्री हासिल की। एंड्रयू और कार्लटन क्रमशः ट्रेन कंडक्टर और इंजीनियर बने। फ्रांसेस्का ने कुछ समय तक विज्ञापन के

क्षेत्र में क्रिएटिव डायरेक्टर के रूप में काम किया और फिर वह ग्रेड स्कूल अध्यापिका बनी। लेकिन फिर भी, डैंडी अपने बच्चों की उपलब्धियों में अपनी उपलब्धि नहीं देख पाए। जैसा कि हम हर इतवार देखते थे जब हम पार्कवे गार्डन में डिनर के लिए जाते थे तब मेरे दादाजी अपने ही टूटे सपनों की कड़वाहट से भरे रहते थे।

अगर डैंडी से पूछे जाने वाले मेरे सवाल कठिन और जवाब नहीं देने लायक होते थे, लेकिन मैं जल्दी ही इस बात को समझ गई कि बहुत से सवाल इसी तरह के होते हैं। मेरे अपने जीवन में, मैं भी ऐसे सवालों का सामना करती थी जिनके जवाब आसान नहीं होते थे। एक सवाल एक लड़की ने पूछा था जिसका नाम मुझे याद नहीं आ रहा- वह मेरी दूर की बहन थी और जिसके साथ मैं अपनी एक दादी के बंगले के पिछवाड़े में खेल रही थी जो बंगला हमारे घर से पश्चिम की तरफ बहुत दूर था, वहां जब मेरे माँ-पापा जाते थे वे लोग आ जुटते थे तो वह लड़की उसी समूह का हिस्सा थी। जब बड़े कॉफ़ी पीते हुए रसोई में हँसते रहते थे, दूसरी तरह मैं और क्रैग उन बड़े लोगों के साथ आये बच्चों के साथ खेलने में लग जाते थे। कई बार यह बड़ा अजीब लगता था, हम सभी जबरदस्ती का एका दिखाते, लेकिन आमतौर पर यह कारगर साबित होता था। क्रेग जल्दी ही बास्केटबॉल खेलने के लिए गायब हो जाता था, जबकि मैं डबल डच कूदती या जो भी चल रहा होता उसका हिस्सा बनने की कोशिश करती।

जब मैं करीब दस साल की थी तो गर्मी की एक दोपहर एक सीढ़ी के ऊपर बैठकर अपनी उम्र की लड़कियों से बातचीत कर रही थी। हम सभी ने अपनी चोटियाँ बाँध रखी थीं और शॉर्ट्स पहन रखी थी और एक तरह से बस समय काट रहे थे। हम बात किस बारे में कर रहे थे? किसी भी विषय में- स्कूल, हमारे बड़े भाइयों, चींटियों के झुण्ड और मैदान के बारे में।

एक मौके पर एक लड़की, जो मेरी दूर की रिश्ते में बहन थी ने मुझे घूरकर देखा और कुछ ऐसा कहा जो मुझे बहुत तेजी से चुभ गया, "तुम एक श्वेत लड़की की तरह किस तरह बात कर सकती हो?"

सवाल सीधा था, जिसका मकसद अपमान करना था या कम से कम चुनौती देना, लेकिन यह सवाल आया बहुत ईमानदारी से आया था। इसमें एक ऐसी गुत्थी थी जिसे हम दोनों में से कोई नहीं समझता था। हम दोनों वैसे तो रिश्तेदार थे लेकिन हम दो अलग अलग दुनियाओं में रहते थे।

"मैं नहीं करती," मैंने इस बात से चौंकते हुए जवाब दिया कि उसने न केवल यह बात पूछी थी बल्कि लेकिन दूसरी लड़कियां मुझे घूर नहीं रही थीं वह इस बात से हैरान भी थी।

लेकिन मैं जानती थी कि वह कहना क्या चाहती थी। अगर मैं इस बात का खंडन करना भी चाहती तो नहीं कर सकती थी। मैं अपने कुछ रिश्तेदारों से अलग तरह से बोलती थी, और क्रेग भी। हमारे माँ-पापा हमें यह समझाते रहते थे कि सही लहजे में बात करने का क्या महत्व था, अफ्रीकी अमेरिकी शब्दों को बीच में छोड़ देते थे जबकि वे हमें हर शब्द का पूरा

उच्चारण करना सिखाते। उन्होंने हमें डिक्शनरी खरीद दी थी और इन्सैक्लोपीडिया ब्रिटैनिका का पूरा सेट भी, जो हमारे घर में सीढ़ियों के आले में रखा रहता था। उसके ऊपर सुनहरे अक्षरों में किताब का नाम लिखा हुआ था। जब भी हम किसी शब्द, विचार या इतिहास के किसी प्रसंग के बारे में कोई सवाल करते तो हमें वे उन किताबों की दिशा में भेज देते। जब हम डैंडी के घर डिनर के लिए जाते थे तब वे भी हमारे व्याकरण को ठीक करते रहते थे और शब्दों के उच्चारण पर जोर दिया करते। इसके पीछे ख़याल यह था कि हम अपने आपको पूरी तरह से बदल लें, आगे बढ़ें। इसके लिए उन लोगों ने योजना बनाई थी। इसके लिए वे हमें उत्साहित करते थे। वे हम लोगों से केवल यह उम्मीद नहीं करते थे कि हम स्मार्ट हों बल्कि हम स्मार्ट दिखें भी, इसे गर्व के साथ धारण करें। इस तरह से हम लोगों ने यह सीखा कि किस तरह बोला जाए।

लेकिन इसकी भी मुश्किल थी। खास तरह से बोलने- "श्वेत" ढंग से बोलने को एक तरह से धोखा की तरह देखा जाता था, घमंडी माना जाता, और यह माना जाता कि एक तरह से हम अपनी संस्कृति को नहीं मान रहे थे।

सालों बाद जब मैं अपने पति से मिली और मैंने उनसे विवाह किया- जो कुछ लोगों के लिए सफ़ेद रंगत वाले थे तो कुछ के लिए अश्वेत, जो आईवी लीग शिक्षित अश्वेत हवाई नागरिकों की तरह बोलते जिनको कैंसस में श्वेत मध्यवर्गीय परिवार ने पाला हो- तब मैंने पाया कि राष्ट्रीय स्तर पर यह उलझन श्वेत और अश्वेत दोनों में एक समान तरह से थी, किसी को एक तरह की नस्लीयता के अन्दर रखकर देखने की और जब यह आसानी से नहीं हो पाता तो उसकी हताशा। उस दिन सीढियों पर बैठी मेरी दूर के रिश्ते की बहन ने अनजाने में जो सवाल मुझसे पूछा था, अमेरिका ने बराक ओबामा से वही सवाल किया: क्या आप वही हैं जो आप दिखाई देते हैं? हम आपके ऊपर विश्वास करें या नहीं?

उस दिन मैंने बाकी समय अपनी उस बहन से कम से कम बात करते हुए बिताया, जो दुर्भावना से भरी थी। लेकिन मैं यह भी चाहती थी कि वह मुझे वास्तविक रूप में समझे- यह नहीं कि मैं किसी तरह का फायदा उठाना चाहती थी। यह जान पाना मुश्किल था कि क्या किया जाए। इस बीच, मैं पास की रसोई में बड़ों की बातचीत सुनती रही, मेरे माँ-पापा की हंसी की आवाज़ बहार अहाते में आ रही थी। मैं अपने भाई को सड़क की दूसरी तरफ पसीना बहाते हुए खेलते देखती रही। सब उसमें सहज लग रहे थे, सिवाय मेरे। उस पल की असहजता को मैं देखती हूँ तो अब मैं यह समझ पाती हूँ कि यह अधिक सार्वभौमिक चुनौती है कि आप कौन हैं, आप कहाँ से आये हैं और आप कहाँ जाना चाहते हैं। मैं इस बात को भी समझती हूँ कि अपनी आवाज़ को पाने से मैं अभी भी बहुत दूर हूँ।

4

स्कूल में हम लोगों को दिन में लंच के लिए एक घंटे का ब्रेक दिया जाता था। चूँकि मेरी माँ काम नहीं करती थी और मेरा अपार्टमेन्ट पास में ही था इसलिए मैं चार-पांच अन्य लड़कियों से साथ घर धमक पड़ती। हम सभी लगातार बातें करते, रसोई की फर्श पर खेलने के लिए बैठ जाते और टीवी पर *ऑल माई चिल्ड्रेन* देखते, इस बीच माँ हम लोगों के लिए सैंडविच लेकर आ जाती। मेरी यह आदत बन गई जो जीवन भर चलती रही, लड़कियों को दोस्त बनाए रखना- महिलाओं की बुद्धि का सुरक्षित सहारा। लंच के समूह में हम उस दिन स्कूल में जो कुछ भी हुआ होता था उसकी चीड़फाड़ करते, अध्यापकों की पढ़ाई, किसी बात की, ऐसे असाइनमेंट के बारे में जो हमें बेकार का लगता था। हमारी राय मोटे तौर पर सामूहिक रूप से कायम होती। हम लोग जैक्सन 5 को आदर्श मानते थे और इस बात को लेकर निश्चित नहीं थे कि ओस्मोंड्स हमें कैसा लगता था। वाटरगेट हुआ था लेकिन हम लोगों में से कोई नहीं समझ पाती थी। ऐसा लगता था कि बहुत से बुजुर्ग लोग वाशिंगटन डीसी में माइक्रोफोन में इसके बारे में बात करते थे, जो हमें सुदूर शहर लगता था जहाँ बहुत सी सफ़ेद इमारतें थी और श्वेत लोग।

इस बीच मेरी माँ ख़ुशी ख़ुशी हम लोगों को खिलाती थीं। इससे उनको हमारी दुनिया के बारे में कुछ पता चलता था। जब मैं अपनी सहेलियों के साथ खाते हुए बातें करती थी तो वह चुपचाप खड़ी सुनती रहती थीं, घर के किसी काम में लगी रहती, वह इस बात को छिपाती भी नहीं थी कि एक एक शब्द वह सुन रही थीं। हमारे परिवार में हम चारों नौ सौ वर्गफीट से भी कम क्षेत्र वाले घर में रहते थे, हम लोगों के पास कभी किसी तरह की निजता नहीं थी। कभी कभार ही उसकी ज़रूरत पड़ती थी। क्रेग की दिलचस्पी अचानक लड़कियों में बढ़ गई थी और वह बाथरूम में दरवाजा बंद करके फोन पर बात करता। रसोई में जहाँ फोन रखा गया था वहां से उसके तार को खींचकर गलियारे की दूसरी तरफ ले जाया जाता था।

जहाँ तक शिकागो के स्कूलों की बात थी तो ब्रायन मावर स्कूल की गिनती अच्छे और बुरे स्कूलों के बीच कहीं होती थी। दक्षिणी तट के आस-पड़ोस में नस्लीय आधार पर अलगाव 1970 के दशक के दौरान कुछ समय तक जारी रहा, जिसका मतलब था कि हर साल विद्यार्थियों की आबादी में और अधिक अश्वेत बढ़ने लगे, और अधिक गरीब बढ़ने

लगे। एक ऐसा समय भी आया कि शहर भर में नए स्कूल वाले बच्चों के लिए बस भेजने लगे, लेकिन ब्रायन मावर ने इसका मुकाबला सफलतापूर्वक किया। उनका यह तर्क था कि बेहतर बात यह है कि पैसे को स्कूल के सुधार के ऊपर खर्च किया जाए। जब मैं बच्ची थी तब मुझे इस बात की कोई समझ नहीं थी कि सुविधाएँ कम थीं या इस बात से क्या फर्क पड़ता था कि बहुत कम अश्वेत बच्चे बच गए थे। स्कूल में किंडरगार्टन से लेकर आठवीं कक्षा तक पढ़ाई की, जिसका मतलब था कि जब तक मैं ऊपरी कक्षाओं में पहुंची तो मुझे एक एक स्विच, हर चॉकबोर्ड तथा गलियारे की दीवार की एक एक टूटन के बारे में पता चल चुका था। मैं लगभग हर विद्यार्थी और प्रत्येक अध्यापक को जानती थी। मेरे लिए ब्रायन मावर एक तरह से घर का विस्तार ही था।

जब मैं सातवीं कक्षा में आ रही थी तो एक साप्ताहिक समाचारपत्र शिकागो डिफेंडर, जो अफ्रीकी अमेरिकी पाठकों के बीच बहुत पढ़ा जाता था, ने एक सख़्त लेख प्रकाशित किया जिसमें यह दावा किया गया था कि पिछले कुछ सालों के दौरान ब्रायन मावर स्कूल शहर के सबसे अच्छे पब्लिक स्कूलों में से शहर के एक खराब स्लम स्कूल के रूप में बदल चुका है, जिसको बस्ती जैसी मानसिकता के आधार पर चलाया जाता था। हमारे स्कूल के प्रिंसिपल डॉ। लाविज्जो ने तत्काल एक पत्र अखबार के संपादक के नाम लिखा जिसमें उन्होंने अपने यहाँ पढने वाले बच्चों और उनके अभिभावकों का बचाव किया तथा अखबार में छपे लेख को "झूठ का पुलिंदा बताया जिसका उद्देश्य महज यह था कि असफलता तथा स्कूल छोड़ने के लिए भावना को भड़काया जा सके।"

डॉ. लाविज्जो एक गोलमटोल अफ्रीकी मूल के आदमी थे, जिनके सर के बाल दोनों तरफ से उड़ गए थे और जो अपना अधिकतर समय स्कूल की इमारत के सामने के दरवाजे के पास अपने दफ़्तर में ही बिताते थे। उनके पत्र से यह बात साफ़ थी कि वे इस बात को समझते थे कि वे किस बात के खिलाफ थे। असफलता वास्तव में होने से पहले भावना के रूप में मौजूद रहती है। यह संवेदनशीलता होती है जो पहले आत्म संशय से शुरू होता है और फिर वह डर की भावना में बदल जाती है। उन्होंने जिस असफलता की भावना का जिक्र किया था वह आस पड़ोस के माहौल में था, ऐसे अभिभावक जो आर्थिक रूप से बेहतर नहीं कर पा रहे थे, वे बच्चे जिनको यह संदेह होने लगा था कि उनका जीवन इससे अलग नहीं होने वाला था, ऐसे परिवार जो यह देख रहे थे कि उनके ऐसे पड़ोसी जिनकी आर्थिक स्थिति बेहतर थी, वे या तो उपनगर की तरफ रहने के लिए जा रहे थे या अपने बच्चों का स्थानांतरण कैथोलिक स्कूलों में करवा रहे थे। रियल इस्टेट के एजेंट दक्षिणी तटीय इलाके में घूम घूम कर लोगों से फुसफुसाकर कहते थे कि इससे पहले कि बहुत देर हो जाए उनको अपने घर बेच देने चाहिए, वे उनसे कहते थे कि उनकी बाहर निकलने में मदद कर सकते थे। ऐसा अनुमान लगाया जा रहा था कि असफलता आ रही थी, कि यह अवश्यम्भावी थी, कि यह आ चुकी थी। आप या तो मलबे में दब जाते या उससे बच निकल सकते थे। वे बस्ती मानसिकता शब्द का प्रयोग करते थे जिससे लगता था कि सभी लोग बहुत डरते थे- वे माचिस की तीली की तरह इस शब्द का प्रयोग करते थे।

मेरी माँ इस तरह के किसी झांसे में नहीं आई। वह दक्षिण तट पर पहले से दस साल से रह रही थी और अगले चालीस साल तक रहती रही। वह इस तरह के अफवाहों में नहीं पड़ी और न ही वह बहुत आदर्शवादी किस्म की थी। वह पूरी तरह से व्यवहारिक थी और उसी के ऊपर काबू बनाए हुए थीं जिनके ऊपर दबाव बनाए रख सकती थी।

ब्रायन मावर में वह पीटीए की सबसे सक्रिय सदस्य थी, कक्षा के लिए नए नए उपकरण खरीदने के लिए धन जुटाने में मदद करती थीं, अध्यापकों की प्रशंसा में डिनर का आयोजन करती थी, तथा इसके लिए जोर देती रही कि विशेष मल्टीग्रेड क्लासरूम का निर्माण करवाया जाए जो पढ़ाई में बेहतर विद्यार्थियों के लिए हो। यह कोशिश डॉ। लाविज्जो ने शुरू की थी जिन्होंने रात्रि स्कूल से पढ़ाई करके शिक्षा के क्षेत्र में पीएचडी की डिग्री हासिल की थी और उन्होंने एक नई प्रवृत्ति सीखी थी जिसमें विद्यार्थियों को योग्यता के आधार पर किसी समूह का हिस्सा बनाया जाता था, न कि उनकी उम्र के हिसाब से। जिसका मतलब यह था कि तेज विद्यार्थी एक साथ आयें और तेज गति से सीखें।

यह विचार विवादास्पद था, इसकी आलोचना में आवश्यक रूप से यह कहा गया कि यह अलोकतांत्रिक था, जो कि सभी "विशेष" और "प्रतिभाशाली" कार्यक्रम होते हैं। लेकिन देश भर में यह आन्दोलन का रूप ले रहा था, और ब्रायन मावर स्कूल में आखिरी तीन सालों की पढ़ाई के दौरान मुझे इसका लाभ भी मिला था। मैं अलग अलग ग्रेड के बीस विद्यार्थियों के समूह का हिस्सा बन गई, हम स्कूल के बाकी बच्चों से अलग बैठते थे, हमारा ब्रेक, म्यूजिक, लंच भी अपने समय के मुताबिक़ होता था। हम लोगों को विशेष मौके दिए जाते थे, जैसे सप्ताह में सामुदायिक कॉलेज में विस्तृत लेखन की कार्यशाला के लिए ले जाया जाता था या जीव विज्ञान की प्रयोगशाला में हम लोगों को चीड़फाड़ के लिए चूहा दिया जाता। कक्षा में आकर भी हम बहुत से काम स्वतंत्र रूप से करते, अपने लक्ष्य खुद निर्धारित करते थे और जो रफ़्तार हमें उचित लगती थी उसी रफ़्तार से काम करते थे।

हम लोगों को अलग अध्यापक भी दिए गए थे, एक मिस्टर मार्तिनेज़ थे, फिर मिस्टर बेनेट, दोनों विनम्र और खुशमिजाज अफ्रीकी अमेरिकी थे, दोनों इस बात के ऊपर पूरी तरह से एकाग्र रहते थे कि उनके विद्यार्थी क्या कहते थे। इस बात की साफ़ समझ थी कि स्कूल ने हम लोगों में निवेश किया था, जिसने मुझे लगता है कि हम लोगों को कड़ी मेहनत के लिए प्रेरित किया और हमें अपने आपको लेकर अच्छा महसूस होता था। इस तरह स्वतंत्र रूप से शिक्षा के माहौल ने मेरे अन्दर प्रतियोगिता की भावना को बढ़ावा दिया। मैं अच्छी तरह से पढ़ाई करती, पढ़ाई के दौरान चाहे गणित हो या एक अनुच्छेद लिखने से लेकर रिसर्च पेपर लिखने तक इस बात के ऊपर ध्यान बनाकर रखती थी कि अपने साथियों के बीच मैं कहाँ पर थी। मेरे लिए यह एक तरह का खेल था, किसी भी अन्य बच्चे की तरह जब मैं आगे रहती तो अच्छा लगता था।

स्कूल में जो कुछ भी होता था उसके बारे में मैं अपनी माँ को बता देती थी। एक बार लंच टाइम में उनको बताती दूसरी बार स्कूल से लौटने के बाद मैं जल्दी जल्दी फर्श पर अपना बैग

फेंकते हुए और अपने खाने के लिए किसी चीज की तलाश करते हुए सुनाती। मुझे यह समझ में आया कि मुझे यह तो पता ही नहीं रहता है कि जब हम स्कूल में रहते थे उस दौरान माँ क्या करती थी, जिस तरह से किसी भी विद्यार्थी का रवैया आत्मकेंद्रित होता है उसी तरह मैं कभी नहीं पूछती थी। मैं यह नहीं जानती कि घरेलू स्त्री के रूप में उनको कैसा महसूस होता था जबकि बाकी स्त्रियाँ अलग अलग तरह के काम करती थीं। मैं बस यही जानती थी कि जब स्कूल से लौटकर मैं घर आती थी तब फ्रिज में खाना पड़ा होता था, न केवल मेरे लिए बल्कि मेरे दोस्तों के लिए भी। मुझे यह पता था कि जब मेरी क्लास के बच्चे बाहर किसी यात्रा पर जाते तो मेरी माँ उसमें स्वयंसेवा देती थीं, वह अच्छी तरह तैयार होकर आती थीं और हम लोगों के साथ सामुदायिक कॉलेज या चिड़ियाघर जाती थी।

हमारे घर में, हमारा घर बजट के मुताबिक़ चलता था लेकिन हम कभी इस बारे में चर्चा नहीं करते थे कि उसकी सीमा क्या थी। माँ उसको पूरा करने के लिए उपाय में लगी रहती थीं। वह अपने नाखून खुद काटती थी, अपने बाल खुद रंगती थी(एक बार उन्होंने गलती से अपने बाल को हरे रंग में रंग लिया था), और नए कपड़े तभी लेती थीं जब मेरे पिता उनके जन्मदिन पर तोहफे में लाते थे। वह कभी अमीर नहीं हुई, लेकिन वह इन्तजाम करना जानती थी। जब हम छोटे थे तब वह जादुई तरीके से पुराने मोजों को पुतलों में बदल देती थी जो एकदम मपेट्स जैसे लगते। टेबल के लिए वह क्रोशिया बुनती। कम से कम मिडल स्कूल तक वह मेरे लिए खुद ही कपड़े सिलती थीं, तबतक जब अचानक आपके जींस की सामने की जेब पर ग्लोरिया वेंडरबिट का लेबल महत्व रखने लगा, और मैं इस बात पर जोर देने लगी कि वह मेरे लिए खरीददारी बंद कर दे।

वह अक्सर लिविंग रूम की सज्जा बदलती रहती थी, सोफे पर नया कपड़ा डाल देती थी या दीवारों पर लगी तस्वीरों और फोटो प्रिंट्स की जगह बदलती रहती थीं। जब मौसम गर्म होने लगता था तब वह वसंत के मौसम में सफाई करती थी- हर तरह से हमला बोल देती- फर्नीचर की सफाई, पर्दों की धुलाई, खिड़की की अच्छी तरह से सफाई करती थी, जाली वाले परदे लगाती थीं ताकि हमारे छोटे से अपार्टमेंट में वासंती हवा आ पाए। उसके बाद वह नीचे रॉबी और टेरी के घर जाती, खासकर इसलिए क्योंकि वे अधिक बूढ़े हो गए थे और काम कम ही कर पाते थे, और उनके घर की भी सफाई करती थी। अपनी माँ के कारण ही मैं आज भी पाइन सोल ब्रांड के सफाई पाउडर की गंध पहचान लेती हूँ और अपने आप मुझे जीवन में अच्छा महसूस होने लगता है।

क्रिसमस के दिनों में वह और अधिक रचनात्मक हो जाती थी। एक साल उन्होंने मेटल रेडियेटर को कार्ड बोर्ड से इस तरह ढक दिया कि वह लाल ईंट की तरह दिखाई देने लगा, सब कुछ इस तरह साथ जोड़ देती थी कि नकली चिमनी तैयार हो जाती जो छत तक जाती थी और एक झूठमूठ का फायर प्लेस भी बना देती। उसके बाद वह हमारे घरेलू कलाकार पापा को महीन कागज़ के टुकड़ों पर नारंगी रंग के लपटें पेंट करने के लिए कहती थी, जब उनको लाईट बल्ब के पीछे से जलाया जाता था तब तो वह बहुत हद तक आग की लपट की तरह

लगने लगती थी। नए साल की पूर्व संध्या पर वह परम्परा के मुताबिक़ एक खास तरह की बास्केट खरीदती थी, जिसमें चीज के टुकड़े होते थे, टिन में स्मोक्ड ओएस्टर होता था और अलग अलग तरह की सलामी होती थी। वह मेरी बुआ फ्रांसेस्का को कार्ड्स खेलने के लिए बुलाती थी। हम डिनर के लिए पिज़्ज़ा मंगवाते थे और शाम में तरह तरह के स्नैक्स खाते। जब आधी रात करीब आती थी तब हम छोटे-छोटे ग्लास में शैम्पेन पीते थे।

मेरी माँ में उस तरह की अभिभावक भावना थी जो अब मुझे लगता है कि उसकी नक़ल असंभव है- एक तरह की स्थिर तटस्थता। मेरे ऐसे दोस्त भी थे जिनकी माएं उनके जीवन की अच्छी और बुरी बातों को अपना समझकर वहन करती, मैं कुछ ऐसे बच्चों को भी जानती थी जिनके माँ-पापा अपनी चुनौतियों में ही इस तरह उलझे रहते थे कि उनकी उन बच्चों के जीवन में कोई मौजूदगी भी नहीं थी। मेरी माँ एक समान रहती थी। न ही वह जल्दबाजी में कोई फैसला लेती थी न ही जल्दी बीच में पड़ती थी। बल्कि वह हमारे मिजाज को देखती रहती थी उदारता से इस बात को परखती रहती थीं कि किसी दिन किस तरह की सफलता हासिल हो सकती थी या किस तरह का गम हो सकता था। जब हालात खराब होते तो वह हम लोगों को ज्यादा सांत्वना नहीं देती थीं। जब हम लोग कुछ बड़ा काम करते तो वह इतनी ही तारीफ करतीं कि लगे कि वह हम लोगों से ख़ुश थीं, लेकिन इतना अधिक कभी नहीं कि वह जो हमने किया वह इस बात का कारण लगने लगे।

जब वह किसी तरह की सलाह देती थीं तो वह बहुत परखी हुई और व्यावहारिक होती थी। "तुमको अपने टीचर की तरह होने की कोई ज़रूरत नहीं है," एक शाम जब मैं शिकायतें करते हुए लौटी तो उन्होंने कहा। "लेकिन उस औरत के दिमाग में जिस तरह से मैथ है वह तुम्हारे माथे में भी होना चाहिए। उसी के ऊपर ध्यान लगाओ, बाकी बातों को जाने दो।"

वह मुझे और क्रेग को एक समान ढंग से प्यार करती रहीं लेकिन कभी बहुत अधिक नहीं करती थी। उनका लक्ष्य यह था कि हम लोगों को दुनिया के साथ जोड़ें। "मैं कोई बच्चों को नहीं पाल रही," वह हम लोगों से कहती थीं। "मैं वयस्कों को पाल रही हूँ।" वह और पापा कायदे नहीं समझाते थे बल्कि दिशा निर्देश देते थे। इसका मतलब यह था कि जब हम किशोर थे तब हमारे आने जाने पर रोक नहीं थी, बल्कि वह पूछती, "घर पर आने का उचित समय क्या होगा तुम्हारे लिए?" उसके बाद विश्वास के सहारे हमें अपनी दुनिया में जाने देती।

क्रेग एक कहानी सुनाता कि एक लड़की थी जिसको वह आठवीं कक्षा में पसंद करता था और एक दिन उसने लुभावना निमंत्रण दिया, उसने उससे घर आने के लिए कहा। उसने साफ़ तौर पर उससे कहा कि उसके माँ-पापा उस दिन घर में नहीं रहने वाले थे और वे अकेले ही रहेंगे।

निजी तौर पर मेरा भाई इस बात को लेकर बेहद उहापोह में रहा कि उसको जाना चाहिए या नहीं- इस मौके के बारे में सोचकर उसको गुदगुदी हो रही थी, लेकिन वह यह भी समझता था कि यह चोरी छिपे होगा और सम्मानजनक नहीं होगा। इस तरह का बर्ताव मेरे माँ पापा कभी नहीं सहेंगे। हालाँकि, उसने इस बारे में माँ को आधा सच बताया

और उनको लड़की के बारे में तो बता दिया लेकिन साथ में यह कहा कि वे दोनों पार्क में मिलने वाले थे।

उसको जाने से पहले ही इतनी ग्लानि हुई कि उसने ऐसा सोचा भी कैसे और उसने माँ के सामने सारी बात बता दी कि किस तरह वह घर में अकेले मिलने वाले थे। अब उसको उम्मीद थी या वह ऐसा सोच रहा था कि माँ उसके ऊपर बहुत गुस्सा होंगी और उसको जाने के लिए मना कर देंगी।

लेकिन उन्होंने नहीं किया। वह गुस्सा नहीं करती थीं। वह इस तरह से काम ही नहीं करती थी।

उन्होंने सुन तो लिया लेकिन उसके हाथ के मौके से उसको अलग नहीं किया, बल्कि उन्होंने उसकी चिंता का जवाब कंधे उचकाते हुए दिया। "तुमको जिस तरह से लगता है इस मामले को संभाल लो," कहते हुए वह सिंक में पड़े बर्तनों की तरफ मुड़ गई या धुलाई के कपड़ों को सँभालने के लिए।

यह उनकी ओर से एक और धक्का था कि दुनियावी बनो। मुझे पक्का लगता है कि दिल ही दिल में माँ को ऐसा पहले से ही समझ में आ गया था कि उसने सही फैसला किया था। अब मुझे समझ में आता है कि वह जो भी कदम उठाती थीं उसके पीछे यह आत्मविश्वास था कि उनको पता था कि उन्होंने हमें अच्छी तरह बड़ा किया था। हमारे फैसले हमारे ऊपर ही होते थे। हमारी ज़िंदगी हमारी थी उनकी नहीं, और हमेशा रहने वाली थी।

. . .

जब तक मैं चौदह साल की हुई मुझे तभी ऐसा लगने लगा था कि मैं काफी बड़ी हो गई थी- शायद दो तिहाई हद तक बड़ी हो गई थी। मुझे जब पीरियड हुआ तो मैंने तत्काल जोश में आते हुए पूरे घर को बता दिया, क्योंकि हमारा घर इसी तरह का था। पहले मैं ट्रेनिंग ब्रा पहनती थी और अब ऐसी पहनने लगी थी जो कुछ कुछ औरतों जैसी लगती थी, मैं इस बात से भी बहुत उत्साहित हो जाती थी। बजाय दिन में लंच के लिए घर आने के मैं अपनी क्लासमेट्स के साथ स्कूल में मिस्टर बेनेट के कमरे में खाती थी। बजाय साउथसाइड के घर में शनिवार को जाकर उनके जैज रिकार्ड्स सुनने और रेक्स के साथ खेलने के मैं अपनी बाइक पर सवार होकर उससे आगे निकल जाती, पूर्व की तरफ ओगलेस्बी एवेन्यू के बंगले में जहाँ गोर बहनें रहती थीं।

गोर बहनें मेरी सबसे अच्छी दोस्त थीं और कुछ हद तक मेरी आदर्श भी। डायना मेरे ही ग्रेड में थी और पैम एक ग्रेड पीछे। दोनों लडकियाँ सुन्दर थीं- डायना गोरी थी, और पैम कुछ हद तक सांवली- दोनों गरिमापूर्ण लगती थीं जो उनके ऊपर स्वाभाविक लगता था। यहाँ तक कि उनकी छोटी बहन गिना, जो कुछ साल छोटी थी, वह भी गोर बहनों जैसी ही सुन्दर लगती थी। उनके घर में कम ही पुरुष थे। उनके पिता वहां नहीं रहते थे और उनके बारे में बात नहीं की जाती थी। एक काफी बड़ा भाई था जो लगातार आसपास ही रहता था।

मिसेज गोर आकर्षक और उत्साह से भरी महिला थीं और नौकरी करती थीं। उसके पास मेक अप टेबल था जिसके ऊपर परफ्यूम, पाउडर और तरह तरह की प्रसाधन सामग्रियां थीं। मेरी माँ के पास प्रसाधन सामग्री इतनी कम थी कि मुझे उनके यहाँ ऐसा लगता था जैसे खजाना मिल गया हो। मुझे उनके घर में समय बिताना अच्छा लगता था। पैम, डायना और मैं इस बारे में निरंतर बात करते रहते थे कि हम किस लड़के को पसंद करते थे। हम लिप ग्लॉस लगाते थे और बारी बारी से एक दूसरे के कपड़े पहन कर देखते थे, अचानक यह समझ में आया कि कुछ तरह के पैंट में हमारे नितम्ब उभर जाते थे। उन दिनों अधिकतर ऊर्जा मेरे दिमाग के अन्दर ही खर्च हो जाती थी, अपने कमरे में अकेले बैठकर संगीत सुनते हुए, या किसी सुन्दर लड़के के साथ स्लो डांस करने के बारे में दिन में सपने देखते हुए, या खिड़की से बाहर देखते हुए, इस उम्मीद में कि जिसे मैं पसंद करती थी वह बाइक चलाता नीचे आ जाए। इसलिए यह बहुत अच्छी बात थी कि उन सालों में हमें साथ बिताने के लिए वे बहनें मिल गई।

गोर परिवार के अन्दर लड़कों का आना मना था, लेकिन वे आसपास मधुमक्खियों की तरह भटकते रहते थे। वे गली में साइकिल चलाते रहते थे। वे सामने की सीढ़ी पर जा बैठते, इस उम्मीद में कि डायना या पैम बाहर आकर उनसे दुआ सलाम करे। इतनी सारी नजरों में रहना अच्छा लगता था, हालाँकि मुझे यह नहीं समझ में आता था कि इस बात का मतलब क्या था। जहाँ भी मैं देखती शरीरों में बदलाव आ रहा था, स्कूल के लड़के भी बड़े और अजीब लगने लगे थे, वे ऊर्जा से भरपूर लगते थे और उनकी आवाज़ें भारी हो गई थीं। मेरी कुछ सहेलियां भी इस बीच ऐसी लगने लगी थीं मानो अठारह साल की हों। वे छोटे छोटे शॉर्ट्स और हाल्टर टॉप पहनकर घूमती थीं, उनके हाव भाव से ऐसी बेपरवाही और आत्मविश्वास झलकता था मानो वे कोई रहस्य जानती हों। मानो अब वे किसी और ही दुनिया में हों, जबकि हम लोग अनिश्चय की स्थिति में थे और कुछ हद तक अवाक भी, अपने वयस्क होने का इन्तजार करते हुए, हमारे चमकते हुए पैर और चमक उठें और हम इस तरह से जवान हों कि चाहे कितना भी लिप ग्लॉस लगा लें वह ठीक नहीं कर पाए।

बहुत सी अन्य लड़कियों की तरह मुझे अपने शरीर की जिम्मेदारियों के बारे में पहले ही पता चल गया था। मैं बहुत पहले से ही औरत की तरह दिखने लगी थी। अब मैं आस पड़ोस में अधिक आजादी के साथ घूमती थी। अब मैं अपने माँ-पापा पर अधिक निर्भर नहीं रहती थी। सेवेंटी नाइन स्ट्रीट पर मेफेयर एकेडेमी में डांस क्लास में भाग लेने के लिए मैं अपराह्न में सिटी बस पकड कर जाती, जहाँ मैं जैज और अक्रोबैटिक्स सीखती थी। कई बार मैं माँ के साथ काम करती। नई आजादी के साथ नई तरह के खतरे भी आ गए थे। सड़क के नुक्कड़ पर खड़े मर्दों के सामने से मैंने सामने देखते हुए आगे बढ़ना सीख लिया था, मैं इस बात को लेकर चौकन्नी रहती थी कि उनकी घूरती निगाहें मेरी छाती और पैरों को न घूरें। जब कोई इशारे करता तो मैंने उसको नजरअंदाज़ करना सीख लिया था। मैंने यह सीख लिया था कि हमारे आस पड़ोस का कौन सा ब्लाक दूसरे ब्लॉक्स से अधिक खतरनाक था। मैं यह जानती थी कि रात में कभी अकेले नहीं निकलना चाहिए।

घर में, मेरे माँ-पापा ने यह देखते हुए कि वे दो बढती उम्र के किशोरों को पाल रहे थे, एक बड़ी छूट दी। उन्होंने रसोई के पीछे वाले हिस्से को बनवा दिया और उसको क्रेग का कमरा बना दिया, जो अब हाईस्कूल के अंतिम वर्ष में था। साउथसाइड ने हमारे लिए जो झीना सा पार्टीशन बनाया था वह गिर गया। मैं माँ-पापा के कमरे में आ गई और वे बच्चों वाले कमरे में आ गए। और पहली बार मेरे भाई और मेरे पास अपनी जगह थी। मेरा नया बेडरूम सपनीला था, जिसमें बिस्तर पर नीले और सफेद रंग की फूलों वाली चादर और तकिये थे, हल्के नीले रंग की कम्बल थी, सफ़ेद रंग का छोटा सा बिस्तर था, जिससे मिलते जुलते रंग का ड्रेसर और लैम्प भी था- जो बेडरूम की उस सज्जा से मिलता जुलता था जो मुझे सियर्स के कैटलोग में पसंद आया था और मुझे वैसा लेने की अनुमति मिल गई थी। हम दोनों को फोन के अपने अपने एक्सटेंशन भी दिए गए थे- मेरा फोन हल्के नीले रंग का था जो कमरे की सज्जा के अनुकूल ही था, जबकि क्रेग का फोन काला था- जिसका मतलब यह था कि हम अपनी निजी बातचीत कुछ हद तक छुपकर कर सकते थे।

मैंने पहला वास्तविक किस किया, बल्कि फोन पर ही किया। वह रोन्नेल नामक लड़के के साथ था। रोन्नेल न तो मेरे स्कूल में पढता था न ही मेरे आस पड़ोस में रहता था, बल्कि वह शिकागो चिल्ड्रेन्स कोईर में मेरे क्लासमेट चियाका के साथ गाता था, और चियाका ने हम लोगों मिलवाया और हम लोगों को ऐसा लगने लगा कि हम एक दूसरे को पसंद करते थे। हमारे फोन काल्स थोड़े अजीब होते थे, लेकिन मैं परवाह नहीं करती थी। मुझे यह सोचकर अच्छा लगता था कि कोई मुझे पसंद करता था। जैसे ही फोन बजता था मन में तरह तरह के भाव उठने लगते थे। कहीं रोन्नेल का फोन न हो? मुझे याद नहीं है कि हम दोनों में से किसने यह कहा था कि हम मेरे घर के बाहर मिलें ताकि किस करने को एक मौका दे सकें, लेकिन इससे जुड़ी कोई बारीक बात नहीं थी, न ही किसी तरह की शर्म की बात थी। हम न तो मिलने वाले थे, न ही साथ साथ घूमने वाले थे। हम सम्बन्ध बनाना चाहते थे। हम दोनों यही चाहते थे।

इस तरह से मैं अपने घर के बगल के दरवाजे के पास पत्थर की बेंच पर बैठ गई, दक्षिण की तरफ खुली खिडकियों के सामने, और अपनी नानियों की फूलों की क्यारी के बीच मैंने रोन्नेल के साथ गर्मागर्म किस किया। ऐसा नहीं था कि इससे कुछ सीखने वाली बात थी या धरती हिल गई हो लेकिन इसमें मजा आया था। मुझे धीरे धीरे समझ में आ गया कि आसपास लड़कों के रहने से मजा आता है। मैं घंटों क्रेग को एक जगह से दूसरी जगह जा जा कर खेलते हुए देखती और मुझे ऐसा नहीं लगता था कि बहन होने के कारण यह जरूरी था देखना। क्योंकि बेसबॉल का खेल सिवाय इसके और क्या है अगर वह लड़कों के शरीर का प्रदर्शन नहीं है? मैं स्रुगेस्ट जींस पहनकर और कुछ अतिरिक्त ब्रेसलेट पहनकर आती थी और कई बार गोर बहनों को भी अपने साथ लेकर आती थी ताकि स्टैंड में मेरी मौजूदगी पर लोग ध्यान दें। और फिर मैं सामने पसीने में तरबतर जो खेल चल रहा होता उसका लुत्फ़ उठाती- उनका कूदना शॉट मारना, एक दूसरे से भिड़ना, गरजना, मर्दानगी की जान और

भी बहुत कुछ दिखाई देता था। एक शाम जब जेवी टीम का एक लड़का कोर्ट से बाहर आते हुए मुझे देखकर मुस्कुराया था तब मैंने भी उसको देखकर तत्काल मुस्कुरा उठी। मुझे ऐसा लगने लगा कि मेरे भविष्य की शुरुआत होने वाली हो।

धीरे धीरे मैं अपने माँ-पापा से अलग होने लगी, धीरे धीरे मैं उन लोगों को इस बारे में कम बताने लगी कि मेरे दिमाग में क्या चल रहा था। जब हम बास्केटबॉल के उन मैचों को देखने के लिए जाते थे तब मैं चुपचाप ब्यूक में पीछे की सीट पर बैठी रहती थी। मेरे विचार इतने गहरे थे या इतने उलझे हुए कि मैं उनको साझा नहीं कर सकती थी। मुझे टीनेजर होने का मजा अकेले में आने लगा था, मुझे यह लगता था कि मेरे आसपास जो वयस्क थे वे कभी भी अपने आप वहां नहीं थे।

कई बार शाम को मैं जब बाथरूम से ब्रश करके निकलती थी तो मुझे अपना अपार्टमेंट अँधेरा लगता, लिविंग रूम और किचेन की बत्ती रात के लिए बुझाई जा चुकी होती, सब अपने अपने कमरों में होते। मुझे क्रेग के कमरे के नीचे से रौशनी की किरण दिखाई दे जाती और मैं समझ जाती थी कि वह होमवर्क कर रहा होता था। मुझे अपने माँ-पापा के कमरे से टीवी की रौशनी आती दिखाई देती, और मैं उनको फुसफुसाकर बात करते हुए सुनती, आपस में किसी बात पर हँसते हुए। जिस तरह से मैंने इस बात के बारे में कभी नहीं सोचा कि माँ के पूर्णकालिक रूप से घर में रहने का मतलब क्या होता था, उसी तरह मैंने इस बारे में भी कभी नहीं सोचा था कि शादीशुदा होने का क्या मतलब होता था। मैं माँ-पापा की जोड़ी को स्वभाविक मानती थी। वह एक ठोस आधार था जिससे हम चारों का जीवन बना हुआ था।

बहुत बाद में, मेरी माँ ने मुझे बाताया था कि शिकागो में हर साल वसंत आने के बाद जब हवा गर्म हो जाती थी तो वह मेरे पिता को छोड़ने के बारे में सोचती थीं। मुझे नहीं पता वह ऐसा गंभीरता से सोचती थीं या नहीं। मुझे नहीं पता कि इस बारे में वह एक घंटे सोचती थीं या एक दिन, या पूरे मौसम के दौरान, लेकिन उनके लिए यह एक सजीव कल्पना थी, कई बार जो अच्छा लगता और शायद सोचने के लिए जोश भी देता, मानो यह कोई विधि हो।

मैं अब इस बात को समझ गई हूँ कि एक खुशहाल विवाह में भी चिढ़ होने लगती है, कि यह एक ऐसा अनुबंध है जिसको बार बार नया करना होता है, चाहे चुपचाप और आपसी तौर पर- यहाँ तक कि अकेले भी। मुझे इसमें शक है कि माँ ने कभी पापा को अपनी शंकाओं और असंतुष्टि के बारे में बताया हो, और मुझे यह भी नहीं लगता है कि उन दिनों उनके मन में क्या चलता रहता था इस बारे में उन्होंने कभी पापा को जानने दिया हो। क्या वह खुद को कहीं उष्ण कटिबंधीय द्वीप पर देखती थीं? एक अलग तरह के आदमी के साथ, एक अलग तरह के घर में, या बच्चों की जगह कहीं दफ़्तर में? मुझे पता नहीं, और अब मुझे लगता है कि मैं अपनी माँ से पूछ सकती हूँ जो अस्सी पार की हो चुकी हैं, लेकिन मुझे नहीं लगता है कि इस बात से कुछ फर्क पड़ता है।

अगर आपने कभी शिकागो में सर्दी का मौसम नहीं बिताया हो तो मैं आपको उसके बारे में बताती हूँ: आपको सौ दिन तक लगातार लोहे जैसे काले आकाश के नीचे रहना पड़

सकता है। ठंडी कंपकंपा देने वाली हवा नहर से छूकर आती। बर्फ दर्जन भर तरीके से गिरती थी, रात में भारी हिमपात और दिन के वक्त भी, खिडकियों और गलियों से बर्फ़ हटानी पड़ती थी। सुबह के समय बर्फ़ हटाने की आवाज़ें आती रहती थीं, लोग कार से बर्फ़ हटाकर काम के लिए निकलते। आपके पडोसी बर्फ़ से बचने के लिए इतने मोटे कपड़े पहनते थे कि पहचान में ही नहीं आते थे, हवा से बचने के लिए अपना चेहरा झुकाकर चलते। सड़कों पर बर्फ़ काटने वाली कुदाल की आवाज़ आती रहती, क्योंकि बर्फ़ को जमा किया जाता था, और धुंआ किया जाता था, जब तक कि कुछ भी पुराना नहीं बच जाता था।

हालाँकि, धीरे धीरे कुछ होता है। धीरे धीरे सब वापस पटरी पर लौटने लगता। यह बारीक हो सकता है, हंवा में आर्द्रता हो सकती है, आकाश का रंग कुछ छंटने लगता। यह पहले आपको दिल में महसूस होता, इस बात की सम्भावना जगती कि शायद सर्दी का मौसम बीत चुका है। पहले इसके ऊपर आपको यकीन नहीं होता, फिर होने लगता। क्योंकि अब सूरज चमकने लगता और पेड़ों पर छोटी छोटी कलियाँ खिल उठतीं और आपके पडोसी अपने भारी कपड़े उतारने लग जाते। और हो सकता है कि किसी सुबह आपके विचार एकदम से जाग उठें और आप यह तय कर लें कि घर की सभी खिड़कियों को खोल दिया जाए, ताकि आप शीशों के ऊपर फुहार दे सकें और पल्लों को साफ़ कर सकें। यह मौसम आपको ऐसा सोचने की इजाज़त देता कि आपने इस घर में इन बच्चों के साथ बिताकर अपनी अन्य संभावनाओं को खो दिया।

हो सकता है कि आप दिन भर नयी संभावनाओं के बारे में तब तक सोचते रहें जब तक कि आप हर पल्ले को उसके फ्रेम में न लगा दें और सिंक में पाइन-सोल की बाल्टी को बहा न दें। और हो सकता है कि आपकी सारी निश्चितता लौट आई हो क्योंकि हाँ, यह सच में वसंत है और एक बार फिर आपने ठहरने के विकल्प को चुन लिया हो।

5

आखिरकार मेरी माँ काम करने के लिए निकलीं, करीब करीब उसी समय जब मैं हाईस्कूल में पढने के लिए आई वह घर से निकली, आस पड़ोस से निकली और शिकागो के मध्य में आ गई जहाँ आबादी घनी थी और ऊंची ऊंची इमारतें बनी हुई थीं, जहाँ उनको एक बैंक में कार्यकारी सहायक का काम मिला। उन्होंने काम पर जाने वाले कपडे खरीदे और हर सुबह जाने लगी, जेफ्री बुलेवार के उत्तर से बस पकड कर या पापा के साथ उनका समय जिस दिन मेल खा जाता उस दिन उनके साथ ब्यूक में बैठकर। उनके लिए यह नौकरी उनकी दिनचर्या में सुखद बदलाव थी, और हमारे परिवार के लिए भी एक तरह से यह आर्थिक ज़रूरत की तरह थी। मेरे माँ-पापा कैथोलिक स्कूल में क्रेग की पढ़ाई का खर्च उठाते थे। वह कॉलेज के बारे में सोचने लगा था, मैं भी उसके ठीक पीछे थी।

मेरा भाई जवान हो चुका था, वह देखने में गबरु जवान लगता था और उसके पैरों में अलौकिक लचक थी, और उसको शहर के सबसे अच्छे बास्केटबॉल खिलाड़ियों में गिना जाता था। घर में, वह बहुत खाता था। वह कई गैलन दूध पी जाता था, सारा पिज़्ज़ा एक बार में ही खा जाता था, और अक्सर डिनर और सोने जाने के बीच में भी खाता रहता था। वह हमेशा की तरह सहज रहने से लेकर पूरी तरह एकाग्र होने को एक तरह से संभाल लेता था, उसके बहुत से दोस्त थे और उसका रिजल्ट भी अच्छा होता था जबकि वह एथलीट के रूप में भी अच्छा था। वह गर्मियों में रेक लीग टीम के लिए मिडवेस्ट की यात्रा किया करता था जिसमें एक स्टार खिलाड़ी भी था, जिसका नाम इसैयाह थॉमस था, एनबीए में बाद में जिसका हॉल ऑफ़ फेम कैरियर हुआ। जब वह हाईस्कूल में आया तो शिकागो के प्रमुख पब्लिक स्कूल के कोच क्रेग से सम्पर्क बनाने लगे क्योंकि वे अपनी टीम की जगह को भरना चाहते थे। उनके यहाँ बहुत से दर्शक आते थे और कॉलेज में पढ़ने वाले विद्यार्थी भी, लेकिन मेरे माँ-पापा इस बात के ऊपर अड़े हुए थे कि क्रेग को कुछ दिनों के लिए हाईस्कूल के मशहूर खिलाड़ी होने के लिए अपने बौद्धिक विकास को रोकना नहीं चाहिए।

माउंट कारमेल स्कूल में सबसे अच्छी कैथोलिक लीग बास्केटबाल टीम थी और उसका पाठ्यक्रम भी बहुत कठिन था। यह उसके लिए सबसे अच्छा विकल्प लग रहा था- इसके

लिए मेरे माँ-पापा को हजारों डॉलर देने पड़े होते। क्रेग के अध्यापक भूरे चोगे पहनने वाले फादर थे। उसके करीब 80 प्रतिशत सहपाठी श्वेत थे। उनमें से बहुत आयरिश कैथोलिक थे जो पास के श्वेत कामगार वर्ग से आते थे। जूनियर स्कूल में उसके दिन पूरे होते होते, डिविजन 1 कॉलेज टीम में उसकी मांग होने लगी। शायद उनमें से कुछ उसको आने जाने की मुफ्त सुविधा भी देने की बात कर रहे थे। फिर भी, मेरे माँ-पापा का यही मानना रहा कि उसको अपने सभी विकल्प खुले रखने चाहिए, उसका लक्ष्य होना चाहिए सबसे अच्छे कॉलेज में प्रवेश। उनको बस खर्चे की चिंता थी।

हाईस्कूल में मेरी पढ़ाई में बस के किराये के अलावा कुछ खर्च नहीं लगा। मैं किस्मतवाली थी कि मैं शिकागो के पहले मैगनेट हाईस्कूल व्हिटनी एम। यंग स्कूल में टेस्ट पास कर गई, स्कूल शहर के एक अपेक्षाकृत खराब इलाके में था, लूप के पश्चिम की दिशा में, और कुछ सालों में ही यह शहर का सबसे बढ़िया पब्लिक स्कूल बन गया। व्हिटनी यंग स्कूल का नाम एक प्रमुख नागरिक अधिकार कार्यकर्ता के नाम पर रखा गया था और यह 1975 में खुला था और यह बस यात्रा के एक सकारात्मक विकल्प के रूप में था। शहर के उत्तर और दक्षिण क्षेत्रों को बांटने वाली रेखा पर अवस्थित इस स्कूल में ऊंची सोच वाले अध्यापक थे और इसमें नई तरह की तमाम सुविधाएँ थीं। स्कूल को समान अवसर के केंद्र के रूप में बनाया गया था। यानी इसमें सभी नस्लों के अच्छे विद्यार्थियों को दाखिला दिया जाता था। शिकागो के स्कूल बोर्ड ने दाखिले के लिए विद्यार्थियों का जो कोटा निर्धारित किया था उसके मुताबिक़ 40 प्रतिशत अश्वेत, 40 प्रतिशत श्वेत और 20 प्रतिशत हिस्पानिक तथा अन्य विद्यार्थियों के लिए कोटा था। लेकिन दाखिला लेने वालों की वास्तविकता अलग थी। जब मैं पढ़ती थी तब स्कूल में करीब 80 प्रतिशत विद्यार्थी श्वेत नहीं थे।

नौवीं कक्षा में पहले दिन स्कूल जाना एक नए तरह की यात्रा थी, दो सिटी बसों में 90 मिनट की यात्रा पड़ी, उसके बाद शहर के दूसरे हिस्से में जाना पड़ा। उस दिन मैं बिस्तर से पांच बजे सुबह ही उठ गई। मैंने नए नए कपड़े पहने और एक जोड़ा सुन्दर इयरिंग भी। मुझे समझ में नहीं आ रहा था कि जब बस का सफ़र करके दूसरे छोर पर पहुंचुंगी तो इन सबको किस तरह लिया जाएगा। मैंने नाश्ता किया, मुझे कुछ पता नहीं था कि लंच कहाँ लूंगी। मैंने माँ-पापा को अलविदा कहा, मुझे यह भी समझ में नहीं आ रहा था कि शाम तक मैं कैसी रहूंगी। हाईस्कूल का मतलब होता है पूरी तरह से बदलाव। और मेरे लिए व्हिटनी यंग विशुद्ध रूप से वह सीमांत था।

स्कूल इतना प्रभावशाली और आधुनिक था जैसा स्कूल मैंने तब तक नहीं देखा था-स्कूल में तीन आयताकार इमारतें थीं, जिनमें दो शीशे के आकर्षक आकाश मार्ग से जुड़े हुए थे जो जैक्सन बुलेवार मार्ग को पार करते थे। क्लासरूम खुलेपन के सिद्धांत को ध्यान में रखकर बनाया गया था और उनको बहुत सोच समझकर बनाया गया था। एक पूरी इमारत कला के लिए बनाया गया था, जहाँ क्वायर के गाने और बैंड बजाने के लिए अलग कमरे थे, तथा अन्य कमरे थे जो चित्रकला और मिटटी कला के लिए बनाए गए थे। स्कूल का निर्माण

शिक्षा के मंदिर की तरह किया गया था। सामने के दरवाजे से आने वाले विद्यार्थी पहले दिन ही उद्देश्य से पूर्ण थे।

व्हिटनी यंग स्कूल में करीब उन्नीस सौ विद्यार्थी थे, और मेरे नजरिये से वे अधिक बड़े और आत्मविश्वास से भरे लग रहे थे जितनी कि मैं कभी नहीं लगी थी, दिमाग के ऊपर पूरी तरह नियंत्रण रखने वाले, शहर भर के लिए जो सामान्य टेस्ट आयोजित किया गया था उसके हर सवाल के जवाब के लिए तैयार। आसपास देखने पर मैं खुद को छोटा महसूस कर रही थी। ब्रायन मावर स्कूल में मैं सबसे बड़ी उम्र की लड़कियों में थी और यहाँ हाईस्कूल के बच्चों में सबसे छोटी। बस से उतरने के बाद मैंने ध्यान दिया कि स्कूल बैग के अलावा बहुत सी लड़कियों ने पर्स थाम रखा था।

अगर हाईस्कूल को लेकर मेरी चिंताओं को वर्गीकृत किया जाए तो वे अधिकतर एक शीर्षक के अंतर्गत आने वाली थीं: क्या मैं अच्छी हूँ? यह सवाल पहले महीने मेरे दिमाग में चलता रहा, जबकि मैं स्थिर होने लगी थी, सुबह जल्दी उठने और क्लास के लिए अलग अलग इमारतों में जाने की आदी होने लगी थी। व्हिटनी यंग स्कूल पांच हाउस में बंटा हुआ था, हर स्कूल अपने विद्यार्थियों के लिए घर जैसा था और जिसका मतलब था बड़े स्कूल के अनुभवों में अंतरंगता को जोड़ना। मैं गोल्ड हाउस में थी, जिसके प्रमुख थे सहायक प्रिंसिपल मिस्टर स्मिथ, जो संयोग से युक्लिड एवेन्यू के मेरे घर से कुछ दरवाजे ही दूर रहते थे। मैं मिस्टर स्मिथ और उनके परिवार के लिए इधर उधर के काम बरसों से कर रही थी, जिसमें उनके बच्चों की देखभाल से लेकर उनको पियानो सिखाने से लेकर उनके कुत्तों को प्रशिक्षण देने का काम भी शामिल होता था, जो किसी भी हाल में कुछ नहीं सीख सकते थे। स्कूल में मिस्टर स्मिथ को देखने से मुझे कुछ राहत महसूस हुई, वे व्हिटनी यंग और मेरे आस पड़ोस के बीच पुल की तरह थे, लेकिन इससे भी मेरी चिंता कुछ ख़ास कम नहीं हुई।

मेरे आस पड़ोस के कुछ ही बच्चे व्हिटनी यंग में पढ़ने के लिए आये, मेरी पडोसी और दोस्त टेरी जॉनसन भी आई थी, और मेरी सहपाठी चियाका भी, जिसके साथ किंडरगार्टन के दिनों से ही मेरी दोस्ताना प्रतियोगिता रहती थी। साथ ही एक या दो लड़के भी आये थे। हम कुछ सुबह साथ ही बस में सवार होते थे और शाम को साथ ही घर लौटते, लेकिन स्कूल में हम अपने अपने हाउस में बिखर जाते, अधिकतर अपने आप में रहते थे। मैं पहली बार ही अपने बड़े भाई क्रेग की अनकही सुरक्षा के बिना कुछ कर पा रही थी, वह मुस्कुराते हुए बड़े आराम से मेरी हर मुश्किल को आसान बना देता था। ब्रायन मावर में अपने मधुर व्यवहार से उसने अध्यापकों को जीत रखा था और खेल के मैदान में भी उसको प्यारा बच्चा माना जाता था। उसने एक माहौल बना रखा था जिसका लाभ मुझे भी मिलता था। मैं जहाँ भी जाती मुझे क्रेग रॉबिन्सन की छोटी बहन के रूप में जाना जाता था।

अब मैं सिर्फ मिशेल रॉबिन्सन थी, क्रेग का नाम मेरे साथ नहीं जुड़ा हुआ था। व्हिटनी में मुझे अपने लिए खुद ही जमीन बनानी थी। शुरू में मेरी रणनीति यह थी कि खामोश रहा जाए और अपने सहपाठियों को देखा जाए। वैसे ये बच्चे थे कौन? मैं बस यही जानती थी कि

वे स्मार्ट थे, स्मार्ट दिखाई देते थे। चुनिन्दा रूप से स्मार्ट। एक तरह से शहर के सबसे स्मार्ट बच्चे। क्या मैं भी स्मार्ट बच्चों में नहीं थी? क्या हम सब स्मार्ट नहीं थे- मैं, टेरी और चियाका- क्या हम लोग यहाँ इसीलिए नहीं आये थे क्योंकि हम भी उन लोगों की तरह स्मार्ट थे?

सच्चाई मुझे नहीं पता थी। मुझे इस बारे में कुछ पता नहीं था कि हम लोग उनकी तरह स्मार्ट थे या नहीं।

मैं बस यह जानती थी कि हम लोग औसत दर्जे के स्कूलों से आने वाले सबसे अच्छे विद्यार्थी थे, अधिकतर औसत दर्जे के अश्वेत स्कूल, अश्वेत आस-पड़ोस वाले। लेकिन अगर यह काफी नहीं हुआ तो? अगर इतने हो हल्ले के बाद भी हम बुरे स्कूलों के अच्छे विद्यार्थी ही साबित हुए तो?

जब विद्यार्थियों का ओरिएंटेशन हो रहा था तब भी यह सवाल मेरे मन में था, हाईस्कूल के बायोलोजी और अंग्रेजी के पहले सेशन के दौरान भी रहा, नए दोस्तों के साथ कैफेटेरिया में कुछ हद तक हकलाते हुए जब मैं बात कर रही थी तब भी यही सवाल मेरे मन में था। काफी नहीं। काफी नहीं। यह संदेह इस बात को लेकर था कि मैं कहाँ से आई थी और अब तक अपने बारे में मैं जो सोचती थी। यह एक तरह से खतरनाक था जो बार बार इसको विभाजित करता, बशर्ते कि मैं इसको रोकने के लिए कुछ करती।

. . .

मैं यह देख रही थी कि शिकागो उससे कहीं अधिक बड़ा शहर था जितना कि मैं सोचती थी। यह मुझे रोजाना तीन घंटे की बस यात्रा के दौरान सूझा, मैं सेवेंटी फिफ्थ स्ट्रीट पर बस में सवार होती थी, शहर के स्थानीय बस स्टॉप से गुजरती हुई जाती, अक्सर मुझे मजबूर होकर बस में खड़े रहना पड़ता था क्योंकि बस में इतनी भीड़ होती थी कि मुझे सीट नहीं मिल पाती थी।

खिड़की से मुझे पूरे दक्षिणी हिस्से का पूरा नजारा मिलता था, सुबह की धुंधली रौशनी में नुक्कड़ की दुकानें और बारबेक्यू शॉप्स बंद रहते थे, बास्केटबल कोर्ट और खेल के मैदान खाली दिखाई देते थे। हम उत्तर की तरफ जेफरी जाते और फिर पश्चिम में सिक्सटी सेवेंथ स्ट्रीट, उसके बाद फिर से उत्तर की तरफ, हर दो ब्लॉक पर रुकते हुए और अधिक लोगों को बस में भरते हुए। हम जैक्सन पार्क हाईलैंड्स और हाइड पार्क से भी होकर गुजरते, जहाँ लोहे के बड़े गेट के पीछे यूनिवर्सिटी ऑफ़ शिकागो का कैम्पस छिपा हुआ रहता था। उसके बाद जो बहुत अच्छा लगता था जब हम लेक शोर ड्राइव तक जाते उत्तर में लेक मिशीगन के मोड़ से निचले शहर की तरफ जाते।

बस में चढ़ने में कोई हड़बड़ी नहीं रहती थी, मैं आपसे बता सकती हूँ। आप चढ़ जाइए और सहन करते रहिये। मैं भीड़ भरे समय में मिशिगन स्ट्रीट पर बस बदलती थी, वान बरेन स्ट्रीट से होकर पश्चिम की तरफ जाने वाली बस पकड़ती थी, तब नजारा और भी अच्छा हो जाता था, बैंक की इमारतें दिखाई देती थीं जिनके दरवाजे सुनहरे होते थे और शानदार

होटलों के बाहर सुरक्षाकर्मी खड़े रहते थे। खिड़की से मैं देखती थी कि पुरुष और स्त्रियाँ शानदार कपड़ों में रहते थे- सूट और स्कर्ट पहने, पैरों में हील डाले- काम पर कॉफ़ी का मग लेकर अपने महत्व को जताते हुए जाते। मुझे यह नहीं पता था कि इस तरह के लोगों को पेशेवर कहा जाता था। मुझे तब तक यह भी नहीं पता था कि वान बरेन की ऊंची ऊंची कारपोरेट अट्टालिकाओं में घुसने के लिए उन्होंने किस तरह की डिग्री हासिल की थी। लेकिन वे जिस तरह से तने हुए दिखते थे मुझे अच्छा लगता था।

स्कूल में मैं चुपचाप आंकड़े इकट्ठा करने में लगी हुई थी, मैं यह देखने में लगी हुई थी कि टीनएज बौद्धिकता में मेरी क्या जगह थी। अब तक दूसरे जगह रहने वाले बच्चों के साथ मेरा अनुभव बस यही था कि मैं रिश्ते के अपने भाई बहनों से मिलने जाती थी और कई बार गर्मियों में रेनबो बीच पर डे कैम्प में भाग लेने जाती थी, जिसमें भाग लेने वाले सभी बच्चे दक्षिण की तरह से आते थे और किसी की भी आर्थिक स्थिति बहुत अच्छी नहीं होती थी। व्हिटनी यंग में मैं उत्तर की तरफ रहने वाले श्वेत बच्चों से मिली- शिकागो का वह इलाका जो चाँद के अँधेरे पक्ष की तरह लगता था, ऐसा इलाका जिसके बारे में मैंने न तो कभी सोचा था, न ही वहां जाने का मेरे पास कोई कारण रहा था। सबसे दिलचस्प था कि मुझे पहली बार यह पता चला कि अफ्रीकी अमेरिकी संभ्रांत भी होते हैं। मेरे नए हाईस्कूल के अधिकतर दोस्त अश्वेत थे, लेकिन यह समझ में आया कि उनके अनुभव हमारे अनुभवों की तरह हों, यह जरूरी नहीं था। उनमें से कई ऐसे थे जिनके पापा इंजीनियर या डॉक्टर थे और ऐसा लगता था कि वे एक दूसरे को अफ्रीकी-अमेरिकी सोशल क्लब जैक एंड जिल के माध्यम से जानते थे। वे छुट्टियों में ऐसी जगहों पर जाते थे जहाँ जाने के लिए पासपोर्ट की ज़रूरत पड़ती थी। वे जो बातें करते थे वे मुझे अनजानी लगती थीं, जैसे समर इंटर्नशिप और ऐतिहासिक रूप से अश्वेत कॉलेज। मेरा एक अश्वेत दोस्त था जो किताबी कीड़ा था, जो सबके प्रति बहुत दयालु रहता था, उसके माता पिता ने एक बड़ी ब्यूटी सप्लाई कम्पनी स्थापित की थी और वह शहर के केंद्र में एक महंगी इमारत में रहता था।

यह मेरी नई दुनिया थी। ऐसा नहीं था कि स्कूल में पढने वाले सभी लोग अमीर थे या संभ्रांत थे, बात यह नहीं थी। ऐसे बहुत से बच्चे थे जो मेरे जैसे माहौल से ही आते थे, जिन्होंने मुझसे कहीं अधिक संघर्ष किया था। लेकिन व्हिटनी यंग में पहले महीने के दौरान मुझे वह दिखाई दिया जो पहले मेरे लिए अदृश्य था- सुविधा और सम्पर्क का उपकरण, जो लगता था कि आधी छिपी हुई सीढ़ियों का तंत्र था और ऐसी रस्सियों का जो सर के ऊपर लटकी हुई थीं, जो हम में से सभी को नहीं बल्कि कुछ लोगों को आकाश से जोड़ने के लिए तैयार थीं।

स्कुल में पहले दौर में मेरे ग्रेड्स अच्छे आये, और उसी तरह दूसरे दौर में भी। ऊंची कक्षाओं में पहुँचते पहुँचते मेरे अन्दर उसी तरह का आत्मविश्वास आने लगा जिस तरह का आत्मविश्वास मेरे अन्दर ब्रायन मावर स्कूल के दिनों में था। हर छोटी छोटी उपलब्धियों के साथ, हाईस्कूल से जुडी सभी गड़बड़ियों को दूर करने के साथ मेरी शंकाएं दूर होती गई। मैं अपने अधिकतर

अध्यापकों को पसंद करती थी। मुझे क्लास में हाथ उठाने में डर नहीं लगता था। व्हिटनी यंग में स्मार्ट होना सुरक्षित था। ऐसा माना जाता था कि सभी कॉलेज के लिए तैयारी कर रहे थे, जिसका मतलब था कि आप अपनी बुद्धिमानी को इसलिए नहीं छुपा सकते थे कि कहीं कोई यह न कह दे कि तुम किसी श्वेत लड़की की तरह बात कर रही थी। मुझे ऐसा कोई भी विषय पसंद था जिसमें लिखना होता था और मैं मेहनत से गणित पढ़ रही थी। फ्रेंच में मैं ठीकठाक थी। मेरे सहपाठी ऐसे थे जो हमेशा मुझसे एक या दो कदम आगे रहते थे, जिनकी उपलब्धियां सहज लगती थीं, लेकिन मैं कोशिश यही करती थी कि उनका असर मेरे ऊपर न हो। मैं इस बात को समझने लगी थी कि अगर पढ़ाई में मैंने थोडा समय और लगाया तो मैं इस दूरी को पाट सकती थी। मैं ए ग्रेड वाली स्टूडेंट नहीं थी लेकिन मैं हमेशा कोशिश करती रहती थी और कई सेमेस्टर में मैं बहुत पास आ गई थी।

इस बीच क्रेग का दाखिला प्रिंसटन यूनिवर्सिटी में हो गया, उसने युक्लिड एवेन्यू के पिछवाड़े का कमरा खाली कर दिया और उसने हमारे दैनंदिन के जीवन में छः गुना छः फुट और दो सौ पौंड का अंतराल पैदा कर दिया। हमारे फ्रिज में अब कम दूध और मीट रहने लगा, और अब उसके लिए लड़कियों के फोन नहीं आते थे। उसे बड़े बड़े विश्वविद्यालयों से प्रस्ताव मिल रहे थे, वे उसको स्कालरशिप दे रहे थे और बास्केटबॉल खिलाड़ी के रूप में प्रतिष्ठित दर्जा भी। लेकिन माँ पापा के उत्साहित करने पर उसने प्रिंसटन में दाखिला लिया, जहाँ खर्च अधिक पड़ने वाला था, लेकिन जैसा कि उनको लगता था, कि मौके भी अधिक थे। मेरे पापा उस दिन बहुत गर्व से भर गए जिस दिन प्रिंसटन की बास्केटबॉल टीम में क्रेग किसी सीनियर विद्यार्थी की तरह खेल का स्टार्टर बनाया गया। वे चलते हुए लडखडाते थे, बैसाखी का इस्तेमाल करते थे लेकिन अभी भी उनको लम्बी दूरी तक कार चलाकर जाना अच्छा लगता था। अपनी पुरानी ब्यूक कार की जगह उन्होंने नई ब्यू ले ली थी, जो गहरे लाल रंग की थी। जब भी उनको पानी स्वच्छ करने के प्लांट से छुट्टी मिलती थी वे इंडियाना, पेंसिलवानिया, ओहायो और न्यू जर्सी को पार करते हुए बारह घंटे गाडी चलाकर क्रेग के खेल को देखने के लिए जाते थे।

व्हिटनी यंग आने जाने में अधिक समय लगने के कारण यह हुआ कि अपने माँ पापा से मेरी मुलाकात कम होती थी, और अब जब मैं पीछे मुड़कर देखती हूँ तो यह समय मेरे माँ पापा के लिए अकेलेपन का था, या कम से कम उनको कुछ हेरफेर करने की ज़रूरत थी। मैं जितना घर में रहती थी उससे कहीं अधिक बाहर ही रहती। बस में 90 मिनट खड़े रहने से थक जाने के कारण टेरी और मैंने एक चालाकी का तरीका निकाला, हम घर से पंद्रह मिनट पहले निकलते थे, और स्कूल से दूसरी दिशा में जाने वाली बस पकड लेते। हम दक्षिण की तरफ कुछ स्टॉप जाते फिर बस से उतरकर सड़क पार करते और वहां से उसी बस में सवार हो जाते, वहां सेवेंटी फ़िफ़्थ स्ट्रीट से कम भीड़ होती थी, जहाँ हम आमतौर पर बस में सवार होते थे। अपनी इस चालाकी के कारण हम लोगों को बस में सीट मिल जाती थी और हम रास्ते भर पढ़ाई की बातें करते थे।

शाम में मैं छः या सात बजे तक घर आ जाती, जल्दी से डिनर करते हुए माँ-पापा से दिन भर की बातें करने का मौका मिल जाता। लेकिन एक बार बर्तन साफ़ हो जाने के बाद मैं होमवर्क बनाने में लग जाती थी, एकांत और शांति के लिए अक्सर अपनी किताब लेकर नीचे सीढ़ियों के पास चली जाती थी जहाँ एन्सैक्लोपीडिया रखा हुआ था, जो रॉबी और टेरी के अपार्टमेंट के बगल का क्षेत्र था।

मेरे माँ-पापा ने कभी इस बारे में कोई बात नहीं की कि उनको कॉलेज की फीस देने के कारण दबाव में रहना पड़ता था, लेकिन मैं यह जानती थी कि ऐसा था। जब मेरे फ्रेंच अध्यापक ने यह घोषणा की कि वह फ्रेंच की वैकल्पिक कक्षा के लिए किसी छुट्टी में पेरिस ले जाना चाहते थे और जो इसके लिए पैसे दे सकते थे वे चल सकते थे। घर में इस बारे में बात करने की मेरी हिम्मत भी नहीं हुई। मेरे और जैक एंड जिल समूह के बच्चों में यही अंतर था, जिनमें से कई मेरे करीबी दोस्त थे। मेरा घर प्यार से भरा और व्यवस्थित था, शहर में दूसरी तरफ़ स्कूल जाने के लिए बस का भाड़ा मिलता था और रात में घर आने पर गर्मागर्म खाना। इसके आगे, मैं अपने माँ-पापा से किसी और तरह की मांग नहीं कर सकती थी।

एक शाम मुझे माँ-पापा ने बिठाया, वह कुछ उलझन में लग रहे थे। माँ को टेरी जॉनसन की माँ से पेरिस की यात्रा के बारे में पता चला था।

"तुमने हम लोगों को बताया क्यों नहीं?" उन्होंने पूछा।

"क्योंकि इसके लिए बहुत पैसे चाहिए।"

"यह तुमको नहीं सोचना है मिशे," मेरे पापा ने प्यार से कहा, वे कुछ चिढ़े हुए थे। "और हम इस बारे में तय कैसे करेंगे जब हम लोगों को इस बारे में पता ही नहीं चलेगा?"

मैंने दोनों की तरफ देखा, मुझे समझ में नहीं आ रहा था कि क्या कहा जाए। मेरी माँ ने मेरी तरफ देखा, उनकी आँखें भीगी हुई थी। मेरे पापा अपनी वर्दी उतारकर सफ़ेद कमीज पहने हुए थे। उनकी उम्र तब चालीस से कुछ अधिक हुई थी, उनको शादी किये बीस साल हो चुके थे। दोनों में से कोई भी छुट्टी मनाने के लिए यूरोप नहीं गया था। उन लोगों ने कभी बीच पर जाकर छुट्टियाँ नहीं मनाई थी या कभी डिनर के लिए भी नहीं गए थे। उनके पास अपना घर भी नहीं था। उनके निवेश हम लोग ही थे, मैं और क्रेग। सारा खर्च हमारे ऊपर ही हो जाता था।

कुछ महीने बाद, मैं अपने अध्यापक और व्हिटनी यंग के करीब दर्जन भर अन्य बच्चों के साथ पेरिस के लिए रवाना हो गई। हम एक होस्टल में रुके और हमने लूव्र और एफिल टावर देखा। हमने सड़क के किनारे के स्टॉल से तोहफे खरीदे और सीन नदी के किनारे टहलते रहे। हम लोग उसी तरह से फ्रेंच बोल रहे थे जिस तरह से शिकागो के हाईस्कूल के बच्चे बोलते थे, लेकिन हम कम से कम फ्रेंच बोलते तो थे। उस दिन जब जहाज उड़ा तो मैंने खिड़की से बाहर एयरपोर्ट की तरफ देखा। मैं जानती थी कि मेरी माँ कहीं काले शीशे के पीछे गरम कोट पहने खड़ी मुझे हाथ हिला रही होंगी। मुझे याद है कि जेट इंजन से बहुत जोर की आवाज़ आई थी। उसके बाद जहाज रनवे पर दौड़ने लगा और ऊपर की और उठने लगा

और जहाज के आखिरकार ऊपर उठने के पहले के एक पल के लिए मेरी छाती बैठने लगी थी। ऐसा लग रहा था जैसे कुछ मुझे पीछे की तरफ खींच रहा हो।

. . .

जैसा कि किसी भी जगह के हाईस्कूल के पढने वाले विद्यार्थियों में होता है मुझे और मेरे दोस्तों को भी इधर उधर टहलना बहुत अच्छा लगता था। हम हल्ला गुल्ला करते हुए भी आवारागर्दी करते थे और हम सार्वजनिक रूप से भी घूमते। जिन दिनों स्कूल में जल्दी छुट्टी हो जाती या होमवर्क कम होता था, हम व्हिटनी यंग से निकलकर शहर के मध्य की तरफ जाते, वाटर टावर पैलेस की आठमंजिला मॉल में जाते। वहाँ जाकर हम स्वचालित सीढ़ियों से ऊपर नीचे करते, गर्रेट के पॉपकॉर्न खरीदते और मैकडोनाल्ड में चाहे हम कितना भी कम खाने के लिए आर्डर करते रहे हों वहां खूब देर देर तक बैठते थे। हम मार्शल फील्ड में डिजाइनर जींस और पर्स देखते, अक्सर चोरी छिपे सुरक्षा गार्ड से बचकर देखते थे जो हम जैसों को पसंद नहीं करता था। कई बार हम फिल्म देखने जाते थे।

हम खुश थे, अपनी आजादी से खुश थे एक दूसरे के साथ से खुश थे। उन दिनों जब हम स्कूल के बारे में नहीं सोच रहे होते थे तो शहर जिस तरह से चमकता था हम उससे खुश रहते थे। हम शहर के बच्चे थे और किस तरह से शिखर पर पहुंचा जाए, यह सीख रहे थे।

मैं अपनी एक सहपाठी सैंटिटा जैक्सन के साथ बहुत समय बिताती थी, जो सुबह के समय उसी बस में मेरे चढ़ने के कुछ स्टॉप बाद सवार होती थी, और हाईस्कूल में वह मेरी सबसे अच्छो दोस्तों में थी। सैंटिटा की आँखें बहुत सुन्दर और गहरी थीं, गाल भरे हुए थे, और देखने से सोलह की उम्र में ही सयानी औरत जैसी लगती थी। वह उन बच्चों में थी जो हर उपलब्ध एपी क्लास के लिए उपलब्ध रहती थी और ऐसा लगता था कि सबको पीछे छोड़ देगी। हम सब जींस पहनते थे जबकि वह स्कर्ट पहनती थी और वह इतना अच्छा गाती थी कि सालों बाद वह रोबर्टा फ्लैक के लिए बैक अप सिंगर के रूप में यात्रा करने लगी। वह बहुत गंभीर भी थी। मुझे सैंटिटा में यह बात अच्छी लगती थी। मेरी तरह ही जब अधिक लोगों के समूह में होती थी तो कुछ नहीं कर पाती थी, गड़बड़ कर देती थी लेकिन अपने आप में रहने पर हम दोनों गंभीर हो जाते थे। हम दोनों दार्शनिक लड़कियां साथ मिलकर जीवन के छोटे-बड़े मसलों को सुलझाने की कोशिश करते थे। जैक्सन पार्क हाईलैंड्स के टुडर हाउस में उसके परिवार का घर था, जो दक्षिण के सबसे संभ्रांत इलाकों में एक था, जहाँ दूसरे माले के उसके कमरे में फर्श पर घंटों लेटकर हम उन बातों के बारे में चर्चा करते थे जो हमें परेशान करती थीं और यह कि हमारी ज़िंदगी किस दिशा में जा रही थी और हम दुनिया के बारे में क्या समझते थे और क्या नहीं समझते थे। दोस्त के रूप में, वह अच्छी तरह सुननेवाली थी और गहरी समझदारी रखती थी, और मैं उसी के जैसी होने की कोशिश करती थी।

सैंटिटा के पिता प्रसिद्ध व्यक्ति थे। यह उसके जीवन का मूल सत्य था। वह आदरणीय जेस जाक्सन की बड़ी बेटी थी, जो बड़े प्रखर बैप्टिस्ट प्रचारक थे और बड़ी तेजी से सशक्त

होते राजनेता थे। जैक्सन ने मार्टिन लूथर किंग जूनियर के साथ नजदीकी से काम किया था, और 1970 के दशक के आरम्भ में ऑपरेशन पुश नामक राजनीतिक संगठन की स्थापना करके राष्ट्रीय स्तर पर चर्चा में आये थे, उनकी पार्टी ऐसे अफ्रीकी अमेरिकियों के हित की बात करती थी जिनको किसी लायक नहीं समझा जाता था। जब तक हम हाईस्कूल में आये तब तक वे बहुत मशहूर हो चुके थे- करिश्माई, अच्छे संपर्कों वाले और लगातार यात्राओं में रहने वाले। वे देश भर में यात्रा करते, जब अश्वेत लोगों से कहते कि वे अपनी बस्ती की मानसिकता में रहने वाले की छवि को तोड़ने के लिए आगे आयें तो लोग हतप्रभ रह जाते थे, वे उनसे कहते थे कि वे उस राजनीतिक सत्ता के लिए आगे बढ़ें जो उनसे बहुत दिनों से नहीं दी गई है। वे कठोर बनने का संदेश देते थे, और स्वयं को सशक्त बनाने की बात करते थे। "नशा छोडो! उम्मीद के साथ ऊपर देखो!" वह अपने सुनने वालों से कहते थे। वे स्कूल में पढने वाले बच्चों से यह शपथ लेने के लिए कहते थे कि वे टीवी बंद करके रोज शाम दो घंटे होमवर्क के लिए देंगे। वे अभिभावकों से वादा लेते कि वे इसका ध्यान रखेंगे। उन्होंने अफ्रीकी-अमेरिकियों को असफल हो जाने की उस भावना से उबारा जो बहुत से अफ्रीकी-अमेरिकी समुदायों में घर कर गया था वे लोगों से कहते थे कि वे आत्मदया की भावना से उबरें और अपने भाग्य के मालिक स्वयं बनें। "कोई नहीं, लेकिन कोई नहीं," वह चिल्लाकर कहते थे, "क्या रात में दो घंटे के लिए टीवी बंद करना खराब बात है?"

सैंटिटा के घर में घूमने में मज़ा आता था। उसका घर बहुत बड़ा था और उसमें थोड़ी अस्तव्यस्तता भी थी। घर में परिवार के पांच बच्चे रहते थे और वहां में विक्टोरियाई फर्नीचर तथा एंटीक ग्लासवेयर भरे पड़े थे। सैंटिटा की माँ जैकलिन को अलग-अलग तरह की वस्तुएं जमा करने का शौक था। मैं उनको मिसेज जैक्सन बुलाती थी। वह बहुत उदार थीं और खुलकर हंसती थीं। वह रंगीन और लहरदार कपड़े पहनती थीं। उनके घर में जो भी आता उसके लिए वह बड़े से डाइनिंग टेबल पर खाना परोसती थीं। ज्यादातर ऐसे लोग उनके घर आते थे जिनको वह "आन्दोलन" से जुड़ा बताती थीं। इन लोगों में व्यवसायी नेता, राजनीतिज्ञ और कवि होते थे। इसके अलावा अलग अलग क्षेत्रों से जुड़ी मशहूर हस्तियाँ भी आती थीं, जिनमें गायक, एथलीट आदि होते थे।

जब श्रीमान जैक्सन घर में होते थे तब घर में अलग तरह की ऊर्जा दिखाई देती थी, दिनचर्या का कोई ख़याल नहीं रखा जाता था। डिनर के वक्त शुरू हुई बातचीत देर रात तक चलती रह जाती थी। सलाहकार आते जाते रहते थे। योजनायें हमेशा बनाई जाती रहती थीं। युक्लिड में मेरे घर में सब कुछ व्यवस्थित तरीके से चलता था, जहाँ मेरे माँ-पापा की चिंता शायद ही इस बात से आगे कुछ होती थी कि हमारा परिवार खुश रहे और सफलता के रास्ते पर आगे बढे, लेकिन जैक्सन परिवार की चिंताएं बड़ी थीं, जटिल थीं, और ऐसा लगता था कि वह अधिक प्रभावकारी थी। उनकी संलग्नता बाहरी होती थी: उनका समुदाय बड़ा था, उनका मिशन मायने रखता था। सैंटिटा और उसके भाई बहनों को राजनीतिक रूप से सक्रिय रूप में पाला जा रहा था। उनको पता होता था कि क्या और किसका बहिष्कार किया जाना

चाहिए। वे अपने पिता के उद्देश्यों के लिए मार्च करते थे। वे उनके साथ उनके कामकाज के क्षेत्रों में जाते, इजरायल और क्यूबा, न्यूयॉर्क और अटलांटा जैसे जगहों पर वे जा चुके थे। वे बड़ी भीड़ के सामने मंच पर खड़े होते थे, और वे उस तरह की चिंताओं और विवादों को सहन करना सीख चुके थे जो ऐसे पिता के कारण, विशेषकर ऐसे अश्वेत पिता के कारण होते रहते थे जो सार्वजनिक जीवन में होने के कारण होते थे। उस समय मुझे ठीक से याद है तो उनके जीवन पर खतरा था।

सैंटिटा अपने पिता को बहुत मानती थी और उनके कामों के ऊपर गर्व भी करती थी, लेकिन साथ ही वह अपना जीवन भी जीना चाहती थी। वह और मैं अमेरिका में अश्वेत नौजवानों के चरित्र को मजबूत बनाना चाहते थे। लेकिन साथ ही हम लोग वाटर टावर प्लेस जाने के लिए भी बेचैन रहते थे कि कहीं वहां के स्विस के जूतों की सेल न ख़त्म हो जाए। हम लोग अक्सर इसकी तलाश में रहते थे कि कोई हमें बैठने के लिए जगह मिल जाए या कार मिल जाए। क्योंकि मैं एक कार वाले परिवार में रहती थी जिसमें माँ-पापा दोनों ही काम करते थे। जबकि मिसेज जैक्सन के पास लकड़ी के पैनल वाली स्टेशन वैगन भी थी और स्पोर्ट्स कार भी। कई बार हम किसी कर्मचारी या घर में आने वाले किसी मेहमान की कार में बैठने के लिए जगह मांग लेते थे। हम लोगों ने जिस चीज का त्याग किया वह नियंत्रण था। यह राजनीतिक जीवन का मेरा आरंभिक और अनजाने में मिला सबक था: नियत समय और योजनायें कभी स्थिर नहीं रह पाती। चक्रवात से बहुत दूर रहकर भी आप उसके भंवर को महसूस कर सकते थे। सैंटिटा और मैं अक्सर किसी देरी के कारण फंस जाते थे जिसका सम्बन्ध उसके पिता से होता था- कोई मीटिंग लम्बी चल जाने के कारण या जहाज अभी भी एयरपोर्ट के ऊपर चक्कर लगाता रह गया हो, या कई बार अंतिम समय में यात्रा रुक गई। हम यह सोचते कि हमें घर जाने के लिए कार मिल जायेगी या मॉल जाने के लिए लेकिन पता चलता कि हम वेस्ट साइड की किसी रैली में चले गए या ऑपरेशन पुश के मुख्यालय के बाहर हाइड पार्क के बाहर फंसे रह गए।

एक दिन हम लोगों ने पाया कि हम बड बिलिकेन डे की परेड में जेसी जैक्सन के समर्थकों की भीड़ के साथ मार्च कर रहे थे। यह परेड एक बहुत पुराने जमाने के अखबार के काल्पनिक किरदार के नाम पर आयोजित किया जाता था। साउथ साइड की यह बहुत पुरानी परम्परा थी, जिसका आयोजन हर साल अगस्त के महीने में किया जाता था- मार्टिन लूथर किंग जूनियर ड्राइव के साथ साथ लगभग दो मील तक गाजे बाजे के साथ यह जुलूस निकाला जाता था। वह इलाका अफ़्रीकी अमेरिकी आबादी का केंद्र था, जिसको ब्लैक बेल्ट कहकर भी पुकारा जाता था लेकिन बाद में इसको ब्रोंजविले भी कहा जाने लगा। बड बिलिकेन डे परेड का आयोजन 1929 से ही किया जाता था, और यह अफ़्रीकी अमेरिकी गौरव का आयोजन होता था। अगर आप समुदाय के नेता या राजनेता होते थे तो इस दिन आपके लिए एक तरह से यह जरूरी माना जाता था कि आप आयें और इस मार्च में हिस्सा लें।

उस समय मुझे इस बारे में पता नहीं था, लेकिन सैंटिटा के पापा के इर्द गिर्द भंवर तेजी से घूमने लगा। औपचारिक रूप से अमेरिका के राष्ट्रपति का चुनाव जेसी जैक्सन ने कुछ साल बाद लड़ा, जिसका मतलब यह है कि जिन दिनों हम हाईस्कूल में पढ़ते थे उन्हीं दिनों उन्होंने इस बारे में सोचना शुरू कर दिया होगा। पैसे जुटाए जाने थे। सम्पर्क बनाए जाने की ज़रूरत थी। राष्ट्रपति का चुनाव लड़ना, अब मैं समझती हूँ कि उससे जुड़े हर आदमी के लिए पूर्व समर्पण भाव से जुटने की मांग करता है, और अच्छी तरह से चुनाव अभियान चलाने के लिए स्टेज तैयार करना होता है, आधार बनाने के लिए काम करना होता है, जिसके लिए कई साल काम करने की ज़रूरत होती है। 1984 के चुनाव पर अपना ध्यान केन्द्रित करते हुए ईएसआई जैक्सन दूसरे अफ़्रीकी-अमेरिकी थे जिन्होंने राष्ट्रपति के पद के लिए कभी भी गंभीरता से अभियान चलाया। इससे पहले कांग्रेस की महिला शिरली चिसोल्म ने 1972 में राष्ट्रपति पद का चुनाव लड़ा था लेकिन वह असफल रहीं थीं। मुझे लगता है कि उनके दिमाग में इस तरह का कुछ उस दिन परेड में चलते हुए भी रहा होगा।

मुझे तो बस यही पता है कि मुझे निजी तौर पर वहां होना अच्छा नहीं लगा था, तेज चमकते सूरज के नीचे बैलून तथा बुलहोर्न्स के बीच, लोगों के शोर शराबे के बीच होना। जलसा जबरदस्त था और कुछ हद तक सम्मोहक भी, लेकिन कुछ था, बल्कि राजनीति के बारे में ही सोचकर मुझे अरुचि होती थी। एक कारण यह था कि मैं उस तरह की थी जो पहले से योजना बनाकर सफाई से चीजों को करने में यकीन रखती थी, और मैं यह कह सकती थी कि राजनीति में कुछ भी साफ़ सुथरा नहीं लगता था। वह परेड मेरी योजना का हिस्सा नहीं था। मुझे याद है, सैंटिटा और मेरा उसमें शामिल होने का कोई इरादा नहीं था। हम लोगों को आखिरी पल में उसमें भाग लेना पड़ गया, क्योंकि शायद माँ या उसके पापा के कारण या आन्दोलन से जुड़े किसी अन्य आदमी के कारण जिसने हमें उससे पहले ही पकड लिया था जब हम उस दिन किसी और योजना के मुताबिक़ निकलने वाले थे। लेकिन मुझे सैंटिटा बहुत अच्छी लगती थी, और मैं हमेशा से एक विनम्र बच्ची थी जिसने अधिकतर वही किया जो माँ-पापा ने करने के लिए कहा, और इसलिए मैं उसमें शामिल हो गई। मैं उस शोर शराबे भरे, गर्म माहौल में बड बिलिकेन डे परेड का हिस्सा बन गई।

उस दिन जब मैं शाम को घर लौटी तो माँ हँस रही थीं।

"मैंने अभी तुमको टीवी पर देखा," उन्होंने कहा।

वह न्यूज देख रही थीं और उन्होंने मुझे सैंटिटा के साथ परेड में चलते हुए देखा था, वह किस बात से हँस रही थीं, शायद उन्होंने मेरी ऊब को भी पकड लिया था- बात यह थी कि उन्होंने मुझे कुछ ऐसा करते हुए पकड़ लिया था जो आमतौर पर मैं नहीं करती थी।

जब इसकी बारी आई कि किस कॉलेज में पढ़ा जाए तो सैंटिटा और मैं दोनों ही पूर्वी तट के स्कूलों में पढ़ना चाहते थे। वह हार्वर्ड में पता करने गई थी लेकिन तब उसका दिल टूट

गया जब नामांकन अधिकारी ने उसको उसके पिता की राजनीति के कारण परेशान किया, जबकि वह चाहती थी कि उसकी शर्तों पर उसको लिया जाए। एक सप्ताह के अंत में मैं क्रेग के पास प्रिंसटन गई, जहां ऐसा लगता था कि वह बास्केटबॉल खेल में काफी अच्छा कर रहा था, क्लास लेता था, और अल्पसंख्यक विद्यार्थियों के लिए बनाए गए कैम्पस सेंटर में घूमता रहता था। कैम्पस बड़ा और सुन्दर था- आइवी स्कूल हरियाली से घिरा हुआ था- और क्रेग के दोस्त अच्छे लग रहे थे। इसके बारे में मैंने वहां ज्यादा सोचा नहीं। मेरे परिवार में किसी को भी कॉलेज का ख़ास अनुभव नहीं था, इसलिए वैसे भी उसके बारे में बहस करने या जानने को कुछ था नहीं। जैसा कि हमेशा होता था, जो क्रेग को पसंद आता था वही मुझे भी पसंद आता था, और जिस बात से वह खुश होता था मैं भी खुश हो जाती थी। इसलिए पढ़ाई के लिए प्रिंसटन मेरे लिए सबसे पहली पसंद बन गया।

व्हिटनी यंग स्कूल के सीनियर क्लास में मैं औपचारिक रूप से स्कूल के कॉलेज काउंसिलर के पास गई, जिसके पास जाने के लिए मुझे कहा गया था।

मैं आपको काउंसिलर के बारे में ज्यादा नहीं बता सकती क्योंकि मैं जानबूझकर और तत्काल ही उस अनुभव को भूल गई। मुझे यह याद नहीं है कि उसकी उम्र क्या थी या उसकी नस्ल क्या थी या वह कैसी लगती थी या जिस दिन मैं उसके दफ़्तर में गई थी तो उसने मुझे किस तरह देखा था। मैं इस बात के कारण गर्व से भरी हुई थी कि मैं व्हिटनी यंग स्कूल से उसके सबसे अच्छे दस प्रतिशत विद्यार्थियों में एक होकर वहां से पास होने वाली थी, कि मुझे सीनियर क्लास का कोषाध्यक्ष निर्वाचित किया गया था, नेशनल हॉनर सेक्रेट्री बनाया गया था, और मैं हर तरह की शंकाओं का समाधान भी कर लेती थी। मुझे यह याद नहीं है कि उसने मेरे यह कहने के बाद या पहले मैंने जो लिखा था उसको पढ़ा था या नहीं कि मैं अगले फॉल में अपने भाई के साथ प्रिंसटन में पढ़ने जाना चाहती थी।

असल में, हो सकता है कि यह संभव हो कि उस छोटी सी मुलाकात में कॉलेज काउंसिलर ने मुझसे जो भी कहा हो वह सकारात्मक और मेरे लिए मददगार साबित हुआ हो, लेकिन मुझे कुछ भी याद नहीं है। क्योंकि गलत या सही मैं उस महिला द्वारा कहे गए एक वाक्य पर अटक गई।

"यह निश्चित नहीं कहा जा सकता," उसने मुझे बेपरवाही से मुस्कुरा कर देखा और सरपरस्ती के अंदाज में कहा, "कि तुम प्रिंसटन में पढने के काबिल हो"।

उसने मेरे बारे में बहुत जल्दी से खारिज करने वाला निर्णय ले लिया, हो सकता है कि उसने जल्दी जल्दी मेरे ग्रेड्स, टेस्ट में आये नम्बरों को देखकर ऐसा कहा हो। मुझे लगता है कि दिन भर वह औरत जिस चीज का अभ्यास करती थी और जिसका वह बड़ी कुशलता से अभ्यास करती थी, सीनियर बच्चों को यह बताती रहती थी कि वे कहाँ के लायक थे कहाँ के लायक नहीं थे, उसी तरह की एक बात उसने मुझे भी कह दी थी। मुझे पक्का लगता है कि वह वास्तविक होने की कोशिश कर रही थी। मुझे शक है कि उसने हमारे बीच हुई बातचीत के बारे में कुछ सोचा भी था।

लेकिन मैंने जैसा कि कहा असफलता वास्तव में होने से पहले भावना के रूप में होती है। और इसलिए मुझे ऐसा लगा कि वह यही काम कर रही थी- वह असफलता का सुझाव उससे बहुत पहले दे रही थी जब मैंने सफल होने के लिए कोई कोशिश भी नहीं की थी। वह मुझसे यह कह रही थी कि मैं अपनी महत्वाकांक्षा को कुछ कम कर लूं, जो हर उस बात से एकदम उलट था जो मेरे माँ पापा ने मुझे कभी सिखाया था।

अगर मैंने उसकी बात के ऊपर भरोसा किया होता तो उसकी इस घोषणा से मेरा आत्मविश्वास फिर से हिल जाता, वही पुरानी गूँज सुनाई देने लगती, अभी काफी नहीं है। अभी काफी नहीं है।

लेकिन तीन साल व्हिटनी यंग के महत्वाकांक्षी बच्चों के साथ रहने से मैंने यह सीखा था कि मैं कुछ और बन सकती थी। मेरे बारे में किसी एक इंसान की राय से वह सब कुछ ढह नहीं जा सकता था जो मुझे लगता था कि मैं अपने बारे में जानती थी। बल्कि, मैंने अपने लक्ष्य को बदले बिना अपनी रणनीति बदल ली। मैंने प्रिंसटन के अलावा अन्य कॉलेजों में भी आवेदन किया, लेकिन मैंने इस बारे में कॉलेज काउंसिलर से कुछ भी नहीं पूछा। बल्कि मैंने किसी ऐसे आदमी से मदद ली जो मुझे जानता था। मिस्टर स्मिथ, असिस्टेंट प्रिंसिपल और मेरे पड़ोसी, जिन्होंने विद्यार्थी के रूप में मेरी क्षमताओं को देखा था और वे मेरे ऊपर अपने बच्चों की तरह ही विश्वास रखते थे। वह मेरे लिए अनुमोदन पत्न लिखने के लिए राज़ी हो गए।

मैं जीवन में बहुत ख़ुशकिस्मत रही कि मुझे हर तरह के असाधारण और गुणवान लोग मिले-विश्व नेता, निवेशक, संगीतकार, अन्तरिक्ष याली, एथलीट, प्रोफ़ेसर, व्यवसायी, कलाकार और लेखक, बड़े बड़े डॉक्टर और शोधकर्ता। उनमें से कुछ महिलायें थीं। कुछ(हालांकि उनकी संख्या काफी नहीं थी) अश्वेत थे। कुछ लोग ऐसे थे जो गरीबी में पैदा हुए थे या ऐसे महौल में पले थे कि हम लोगों को ऐसा लगता था कि हम लोग बेकार ही विपरीत परिस्थियों में रहने की बात करते थे। तो भी वे वैसे ही काम करते थे मानो उनको दुनिया के सारे लाभ हासिल हों। मैंने जो सीखा है वह यह है: उन सभी लोगों के ऊपर शंका व्यक्त करने वाले लोग थे। कुछ लोगों के पास तो इतने अधिक आलोचकों का जमावड़ा था कि वे छोटी सी गलती पर भी उनके ऊपर चिल्ला पड़ते थे कि मैंने कहा था न। शोर कम नहीं होता, लेकिन जिस सबसे सफल आदमी को मैं जानती हूँ उसने यह जान लिया था कि इन सबके साथ किस तरह से रहा जाए, जो लोग उनके ऊपर भरोसा करते थे उनका सहारा लिया जाए, लेकिन अपने लक्ष्य के साथ आगे बढ़ा जाए।

उस दिन व्हिटनी यंग में जब मैं कॉलेज काउंसिलर के कमरे से निकली तो मैं गुस्से से काँप रही थी, सबसे अधिक मेरे अहम् को ठेस लगी थी। उस पल मुझे बस यही महसूस हो रहा था, *कि मैं आपको दिखा दूंगी*।

उसके बाद मैं सहज हुई और अपने काम में लग गई। मैंने यह कभी नहीं सोचा था कि कॉलेज में नाम लिखवाना आसान होगा, लेकिन मैं ध्यान को एकाग्र रखना और अपने ऊपर

विश्वास रखना सीख रही थी। मैं कभी यह बात समझने की कोशिश नहीं कर रही थी कि कॉलेज में सब कुछ आसान होने वाला था। बजाय यह समझने के कि मैं बहुत बड़ी बुद्धिजीवी थी और इसलिए प्रिंसटन में मेरा दाखिला हो जाएगा, मैंने अपने पिता के एमएस के बारे में लिखा और यह भी लिखा कि उच्च शिक्षा के मामले में मेरे परिवार का अनुभव कितना कम था, मैंने यह भी लिखा कि मैं वहां तक पहुँच रही थी। जैसी मेरी पृष्ठभूमि थी उसमें वहां तक पहुँचने के अलावा मैं और क्या कर सकती थी।

और आखिरकार, मैंने यह सोचा कि कॉलेज काउंसिलर के पास जाया जाए, कारण यह था कि छह या सात महीने के बाद युक्लिड एन्क्लेव के हमारे घर एक चिट्ठी आई, जिसमें यह लिखा हुआ था कि मेरा दाखिला प्रिंसटन में हो गया था। उस रात मैंने इटालियन फिएस्टा से पिज़्ज़ा मंगवाकर इस बात का जश्न मनाया। मैंने क्रेग को फोन करके चिल्लाकर ये अच्छी खबर सुनाई। अगले दिन मैं मिस्टर स्मिथ के घर गई और उनको यह बताया कि मैंने स्वीकार कर लिया, मैंने उनकी मदद के लिए उनका शुक्रिया अदा किया। मैंने कभी कॉलेज काउंसिलर को जाकर यह नहीं कहा कि वह गलत थी- कि मैं प्रिंसटन में पढने के काबिल ही थी। इससे हम दोनों में से किसी को भी कुछ फ़ायदा नहीं होता। और आख़िर में बात यह थी कि मुझे उसको कुछ दिखाना नहीं था। मैं महज़ अपने आपको जता रही थी।

6

1981 की गर्मियों में मेरे पापा मुझे गाड़ी से उस हाइवे से प्रिंसटन लेकर गए जो इलिनॉय को न्यू जर्सी से जोड़ता था। लेकिन यह एक पिता-पुत्री की सड़क यात्रा से कुछ बढ़कर था। मेरा ब्वॉयफ्रेंड डेविड भी उस सफ़र में साथ था। मुझे तीन हफ्ते के एक विशेष ओरिएंटेशन प्रोग्राम में भाग लेने के लिए बुलाया गया था, जो तैयारी के अंतर को भरने लिए कुछ चुनिन्दा विद्यार्थियों के लिए करवाया जा रहा था, जिससे नए विद्यार्थियों को कुछ अधिक समय मिल जाता और उनको कॉलेज के माहौल के अनुकूल होने का मौका मिल जाता। यह ठीक से स्पष्ट नहीं था कि हम लोगों को किस तरह से चुना गया था- हमारे आवेदन पत्र में ऐसा क्या लिखा था कि यूनिवर्सिटी को यह अंदाज हो गया था कि हमें इससे फ़ायदा होगा कि किस तरह से सिलेबस को पढना चाहिए या विस्तृत अभ्यास करना चाहिए या कैम्पस की इमारतों के बीच कैसे सही जगह की तलाश करनी चाहिए- लेकिन क्रेग ने दो साल पहले यह किया था और यह एक अवसर की तरह लग रहा था। इसलिए मैंने अपना सामान उठाया, माँ को अलविदा कहा- हम दोनों में से न तो कोई रोया न ही भावुक हुआ- और मैं गाड़ी में बैठ गई।

शहर को छोड़ने के लिए मैं इसलिए बेचैन थी क्योंकि पिछले कुछ महीनों से मैं एक कारखाने में काम कर रही थी। मैं शिकागो के मध्य में एक बुकबाइंडिंग फैक्ट्री में एक बड़े उद्योग धंधों में काम आने वाले गोंद के बड़े से डिब्बे के साथ काम करती थी- बड़ी सख्त दिनचर्या थी। दिन में आठ घंटे काम, सप्ताह में पांच दिन, यह अकेला इस बात की याद दिलाने के लिए काफी था कि कॉलेज जाना एक अच्छी बात थी। डेविड की माँ एक बुकबाइंडिंग फैक्ट्री में काम करती थीं और उन्होंने हम दोनों को वहां काम पाने में मदद की थी। पूरी गर्मियां हम दोनों ने कंधे से कन्धा मिलाकर काम किया, जिसकी वजह से वह काम करने योग्य लगता रहा। डेविड स्मार्ट था, खुशमिज़ाज था, लम्बा और सुन्दर दिखने वाला आदमी था जो मुझसे दो साल बड़ा था। कुछ साल पहले उसकी दोस्ती क्रेग से हुई दोनों पास के रोजनब्लूम पार्क बास्केटबॉल कोर्ट में साथ साथ खेलते थे। जब वह युक्लिड पार्क में अपने रिश्तेदारों के पास आता था तो उस दौरान उसके साथ खेलता था। धीरे धीरे हम साथ घूमने लगे। स्कूल के दिनों में डेविड कॉलेज की पढ़ाई के लिए राज्य से बाहर चला गया, जिसके कारण वह मेरी पढ़ाई के दिनों में बाधा नहीं बना। छुट्टियों में वह अपनी माँ के पास

आता था जो शहर के दक्षिणी पश्चिमी इलाके में रहती थीं और लगभग रोज अपनी कार से मुझे लेने आता था।

डेविड बहुत सहज था और वह मेरे लिए ब्वॉयफ्रेंड से अधिक एक वयस्क जैसा था। वह काउच पर बैठकर मेरे पापा के साथ बॉल गेम देखता था। वह क्रेग के साथ हंसी मजाक करता था और मेरी माँ के साथ भी घुल मिलकर बातें करता था। हम डेट पर जाते थे, हम रेड लोब्स्टर में महँगा डिनर लेते और फ़िल्में देखते थे। हम इधर उधर भटकते थे और उसके कार में पॉट का सेवन करते। जब हम बुकबाइंडिंग का काम कर रहे थे तब काम के दौरान एक दूसरे को भूले रहते थे, तब तक एक दूसरे से हँसी मज़ाक करते रहते थे जब तक कहने के लिए कुछ बाकी नहीं रह जाता था। हम दोनों में से किसी का भी मन उस काम में नहीं लगता था, सिवाय इसके कि पढ़ाई के लिए कुछ पैसे बचा लें। मैं वैसे भी जल्दी ही शहर से जा रही थी, और शायद ही उस बुकबाइंडिंग के कारखाने में वापस लौटने का मेरा कोई इरादा भी था। एक तरह से मैं आधी जा चुकी थी- मेरा दिमाग प्रिंसटन की तरफ ही था।

अगस्त के शुरूआती दिनों में शाम के समय जब पापा-बेटी-ब्वॉयफ्रेंड की तिकड़ी आखिरकार कैंपस की तरफ जाने वाली सड़क की तरफ मुड़ी तो मैं वहां के लिए पूरी तरह तैयार थी। मैं अपने दो सूटकेस लेकर समर सेशन की डोरमेट्री में जाने के लिए तैयार थी, वहां आने वाले अन्य बच्चों के साथ हाथ मिलाने के लिए(अधिकतर अल्पसंख्यक और कम आय वाले परिवारों के बच्चे थे जिनके साथ कुछ एथलीट भी थे)। मैं डाइनिंग हॉल में खाने के लिए तैयार थी, कैम्पस के नक़्शे को याद करने के लिए, और चाहे जो भी सिलेबस वे मेरी तरफ फेंके उसको जीतने के लिए। मैं वहां आ चुकी थी। मैं वहां थी। मैं सत्रह साल की थी और मेरी ज़िंदगी अभी शुरू ही हुई थी।

समस्या केवल एक थी, वह डेविड की थी। जैसे ही हम पेंसिलवानिया की राज्य सीमा के पार गए वह उदास लग रहा था। जैसे ही मैंने अपने पापा की कार से सामान उतारा तो मैं यह कह सकती थी कि वह अभी से अकेलापन महसूस कर रहा था। हम एक साल से डेट कर रहे थे, यह जाहिर प्यार था लेकिन यह प्यार युक्लिड एवेन्यू और रेड लॉबस्टर और रोजेनब्लूम बास्केटबॉल कोर्ट से संदर्भित प्यार था। यह प्यार उस जगह से संदर्भित था जिसको मैंने अभी छोड़ा था। जबकि मेरे पिता ने गाड़ी की ड्राइवर सीट से उतरकार अपनी छड़ी पर खड़े होने में कुछ वक्त लिया डेविड और मैं उस शाम चुपचाप खड़े रहे,मैं अपने डोरमेट्री के बाहर सुन्दर हरी लॉन का मुआयना कर रही थी। मुझे लगता है कि हम दोनों सदमे में थे, शायद कोई जरूरी बात थी जिसके बारे में हम लोगों ने कोई बात नहीं की थी। इस बारे में हमारे मत अलग अलग थे कि यह अस्थायी विदा थी या भौगोलिक दूरी के कारण हमारा ब्रेक अप होने वाला था। क्या हम एक दुसरे से मिलने जाते? एक दूसरे को चिट्ठी लिखते? हम इस बारे में क्या कुछ करने वाले थे?

डेविड ने बड़ी ईमानदारी से मेरा हाथ थाम लिया। कुछ समझ में नहीं आ रहा था। मैं जानती थी कि मैं क्या चाहती थी लेकिन मुझे शब्द नहीं सूझ रहे थे। मुझे यह उम्मीद थी कि

एक दिन किसी आदमी के प्रति मेरी भावनाएं मुझे हैरान कर देंगी, मैं उस सुनामी जैसी लहर की चपेट में आ जाऊँगी, उसी तरह जो सारी बड़ी प्रेम कहानियों की ताकत मानी जाती है। मेरे माँ-पापा जब किशोरावस्था में थे तभी एक दूसरे के प्यार में पड़ गए थे। मेरे पापा तो माँ को हाईस्कूल के सामूहिक डांस आयोजन में भी ले गए थे, मैं यह जानती थी कि कमसिन उम्र में जो प्यार होता है वह वास्तविक और टिकाऊ होता है। मैं इस बात में यकीन करना चाहती थी कि कोई ऐसा आदमी होगा जो मेरे लिए सब कुछ बन जाएगा, वह बहुत मजबूत और सेक्सी होगा, और उसका प्रभाव इतना तत्काल और गहरा होगा कि मैं उसके लिए अपनी प्राथमिकताओं को भी बदल लेने के लिए तैयार रहूंगी।

इस समय मेरे सामने जो आदमी खड़ा था वह इस तरह का आदमी बिलकुल नहीं था।

आख़िरकार पापा ने मेरे और डेविड के बीच की चुप्पी तोड़ते हुए कहा कि अब हम लोगों को मेरा सामान डोरमेट्री में लेकर जाना चाहिए। उन्होंने उन दोनों के लिए शहर के मोटेल में एक कमरा बुक किया था। उनकी योजना अगले दिन जाने की थी, वे वापस शिकागो जाने वाले थे।

पार्किंग में मैंने अपने पापा को कसकर भींच लिया। उनके हाथ हमेशा से बॉक्सिंग और तैराकी करने के कारण मजबूत थे और अब लाठी पकड़ कर चलने के कारण वे और मजबूत हो गए थे।

"अच्छी बनना मिशे," उन्होंने बांहों से छोड़ते हुए मुझे कहा, उनका चेहरे से ऐसा लग रहा था कि गर्व के अलावा उसके ऊपर और कोई भावना नहीं थी।

उसके बाद वे कार में बैठ गए और उन्होंने मुझे और डेविड को कुछ निजता दे दी।

हम दोनों पटरी पर एक साथ खड़े रहे, हम दोनों शर्माए हुए थे और उस बात को टाले जा रहे थे। जब वह मुझे किस करने के लिए आगे झुका तो मेरे दिल में प्यार लरजने लगा। यह हमेशा ही अच्छा लगा।

और फिर भी मैं जानती थी। मैं इस बात को जानती थी कि जबकि मैं शिकागो के एक अच्छे दिल वाले इंसान को बांहों में ले रही थी जो सच में मेरी परवाह करता था, लेकिन हमारे सामने रौशनी वाली एक सड़क थी जो पार्किंग से बाहर निकल कर पहाड़ी से होते हुए अहाते में जाती थी, जो कुछ ही पल में मेरे लिए नया सन्दर्भ होने वाला था यानी, मेरी नई दुनिया। मुझे घर से बाहर आने के बाद पहली बार घबड़ाहट महसूस हो रही थी, अब तक मैं जिस एकमात्र ज़िंदगी को जानती थी उससे बाहर निकलकर मुझे डर सा लग रहा है लेकिन मेरे अन्दर का एक हिस्सा इस बात को समझता था कि अच्छा यही था कि अच्छी तरह से, जल्दी से अलग हो जाया जाए और किसी बात को थामकर नहीं रखा जाए। अगले दिन डेविड ने मेरे डोरमेट्री में कॉल किया और पूछा कि क्या उसके जाने से पहले हम कुछ खाने और शहर में आखिरी बार घूमने के लिए मिल सकते थे, मैंने उसको यह बताया कि मैं असल में अभी से स्कूल में कितनी व्यस्त हो चुकी थी, और मुझे किस तरह ऐसा लग रहा था कि ऐसा हो पाना संभव नहीं था। उस रात हमारा गुड नाईट असल

और हमेशा के लिए था। मुझे उस समय उसको सीधे तौर पर यह बात कह देनी चाहिए थी, लेकिन मैं डर गई थी, यह समझते हुए कि इससे उसे तकलीफ़ होगी, कहने और सुनने दोनों में। इसलिए मैंने बस उसे जाने दिया।

मुझे यह समझ में आया कि मुझे अपनी ज़िंदगी के बारे में बहुत सी बातें अभी सीखनी बाक़ी थीं, या कम से कम 1980 के दशक के शुरूआती वर्षों में प्रिंसटन कैम्पस की ज़िंदगी को। समर स्टूडेंट के रूप में मैंने जोश से भरपूर कई हफ्ते वहां गुजारे, आसपास अन्य बच्चे भी थे जो मुझे सहज और अपने जैसे ही लगते थे, और उसके बाद फॉल के सेमेस्टर की शुरुआत हो गई, बड़ी संख्या में विद्यार्थी आ गए। मैं अपना सामान लेकर एक नई डोरमेट्री में चली गई, वह पायने हॉल में एक कमरा था जिसमें तीन लड़कियों को रहना था, और फिर तीसरे माले की अपनी खिड़की से हज़ारों विद्यार्थियों को कैम्पस आते हुए देखती थी, जिनमें से अधिकतर विद्यार्थी श्वेत होते थे, स्टीरियो, दुवेत सेट और खूब सारे कपड़े लिए हुए। कुछ विद्यार्थी तो लिमो में आये- बड़ी सी लिमोजीन में- ताकि उसमें उनके सारे सामान आ जाएँ।

प्रिंसटन में बहुत अधिक श्वेत विद्यार्थी पढ़ते थे और ज्यादातर पुरुष थे। इस बात से इनकार नहीं किया जा सकता था। कैम्पस में लड़कियों से अधिक संख्या लड़कों की थी, यह अनुपात दो-एक का था। मेरी क्लास में करीब नौ प्रतिशत अश्वेत बच्चे थे। अगर ओरिएंटेशन क्लास के दौरान हम लोग इस जगह को कुछ हद तक अपना समझने लगे थे, अब हम वहां अलग से दिखते थे- चावल के कटोरे में पोस्ता दाने की तरह। जबकि व्हिटनी यंग कुछ विविध था। मैं इससे पहले कभी ऐसे समुदाय का हिस्सा नहीं रही थी जहाँ मुख्य रूप से श्वेत समुदाय हों। मैं कभी भीड़ या क्लास में अपनी त्वचा के रंग के कारण अलग से पहचान में नहीं आती थी। शुरु शुरू में यह अजीब और असहज लगता था, मानो हम लोगों को एक अजीब शीशे के मर्तबान में रख दिया गया हो, एक ऐसी जगह पर जो मेरे लिए नहीं बनी हो।

हालाँकि, जिस तरह अन्य चीजों के साथ आप रहना सीखते हैं, कुछ अनुकूल होना आसान था- एक तरह से राहत की तरह। एक बात थी कि किसी को भी इस बात की परवाह नहीं रहती थी कि कहीं कोई अपराध न हो जाए। विद्यार्थी अपने कमरे खुले छोड़ देते थे, इमारत के बाहर उनकी बाइक वैसे ही खड़ी रहती थी, डोरमेट्री के बाथरूम में उनकी सोने की बालियाँ सिंक के पास पड़ी रहती थीं और उनको कोई देखता भी नहीं था। ऐसा लगता था कि दुनिया में उनका अगाध विश्वास था, जिसमें यह पक्का था कि वे आगे की दिशा में प्रगति करेंगे। मेरे लिए यह सब ऐसा था जिसकी आदत पड़नी बाक़ी थी। मैं व्हिटनी यंग आते जाते अपने सामानों का ध्यान रखती थी। शाम के वक्त युक्लिड एवेन्यू अपने घर लौटते हुए मैं अपनी मुट्ठी में घर की चाबी की नोक बाहर की तरफ निकालकर रखती थी कि क्या पता मुझे अपने बचाव के लिए उसकी ज़रूरत पड़ जाए।

प्रिंसटन में एक ही बाज़ के लिए मुझे चौकन्ना रहने की ज़रूरत थी, अपनी पढ़ाई के लिए। बाकी सभी चीजें इस तरह बनाई गई थी कि विद्यार्थी के रूप में हमारी अच्छी तरह

ख़याल रखें। डाइनिंग हॉल में पांच अलग अलग तरह का नाश्ता परोसा जाता था। ओक के बड़े बड़े पेड़ थे जिनके नीचे बैठा जा सकता था। खुले लॉन थे जहाँ हम अपने तनाव को कम करने के लिए डिस्क से खेलते थे। वहां की मुख्य्य लाइब्रेरी पुराने जमाने के कैथेड्रल जैसी थी, ऊंची-ऊंची दीवारें, बड़ी-बड़ी चमकदार लकड़ी की मेजें जिनके ऊपर हम अपनी किताबें रखकर पढ़ सकते थे। हमारा ध्यान रखा जाता, दुनिया से अलग थलग, खान पान का अच्छी तरह ध्यान रखा जाता। मुझे यह बात समझ में आई कि बहुत से बच्चों ने अपने जीवन में इसके अलावा कुछ और देखा ही नहीं था।

इन सब चीजों से जुडी एक अलग तरह की शब्दावली थी जिनको मुझे सीखने की ज़रूरत थी। निर्देश क्या होता था? पढने का समय क्या होता था? मुझे किसी ने भी यह नहीं समझाया था कि मेरे सामानों में बहुत बड़ी बेडशीट होनी चाहिए, जिसका मतलब यह था कि मैंने दो छोटी-छोटी बेडशीट खरीद ली और इसका मतलब यह था कि मुझे अपना पहला साल डोरमेट्री के मैट्रेस के खुले प्लास्टिक के हिस्से पर रखकर काटना था। जहाँ तक खेलकूद को समझने की बारी आती थी तो उनको समझने के लिए एक ख़ास तरह का झुकाव का होना जरूरी था। मैं जहाँ पली बढ़ी थी वहां फुटबॉल, बास्केटबॉल और बेसबाल प्रचलित था, लेकिन यह समझ में आया कि पूर्वी तट के प्रेप स्कूलों में इसके अलावा भी बहुत कुछ था। लैक्रोस एक चीज थी। हॉकी भी थी। स्क्वैश का खेल भी था। दक्षिण की तरफ से आये विद्यार्थियों के लिए यह सब चक्कर में डालने वाला था। "तुम नाव चलाते हो?" इस बात का मतलब भी क्या होता है?

मुझे एक लाभ था, वही जो तब भी था जब मैं किंडरगार्टन की पढ़ाई शुरू कर रही थी: मैं अभी भी क्रेग रॉबिन्सन की छोटी बहन थी। क्रेग अब यूनिवर्सिटी की बास्केटबल टीम का जूनियर टीम का बहुत बड़ा खिलाड़ी था। जैसा कि उसके साथ हमेशा से था उसके खूब सारे प्रशंसक थे। यहाँ तक कि कैम्पस के सुरक्षा गार्ड भी उसको नाम से जानते थे। क्रेग की एक ज़िंदगी थी, और मैं किसी तरह उसमें घुस पाने में सफल हो गई। मुझे उसके टीममेट्स और उसके दोस्तों के बारे में पता चल गया। एक रात मैं उसके साथ कैम्पस से बाहर डिनर के लिए गई, वह बहुत अच्छा घर था जो बास्केटबॉल की टीम को बढ़ावा देने वाले एक व्यक्ति का था। डाइनिंग रूम में डाइनिंग मेज पर बैठकर मुझे फिर कुछ उलझन में डालने वाली चीज दिखाई दी जो प्रिंसटन की अनेक चीजों की तरह शिष्टाचार सीखने की मांग करती थी- सफ़ेद चाइना प्लेट में हरे रंग का आर्टीचोक रखा हुआ था। उस साल क्रेग को रहने के लिए घर मिला हुआ था। वह थर्ड वर्ल्ड सेंटर में ऊपर के एक बेडरूम में केयर टेकर की तरह रहने वाला था, नाम भले ही फालतू लग रहा हो लेकिन यूनिवर्सिटी का ही क्षेत्र था जिसका उद्देश्य अच्छा था। यह अश्वेत बच्चों की मदद के लिए बनाया गया था(यह उससे ठीक बीस साल पहले की बात है जब थर्ड वर्ल्ड सेंटर का नाम बदलकर कार्ल ए। फील्ड्स सेंटर फॉर इक्वलिटी एंड कल्चरल अंडरस्टैंडिंग रखा गया- यह नाम प्रिंसटन के पहले अफ्रीकी अमेरिकी डीन के नाम पर रखा गया)। यह सेंटर प्रोस्पेक्ट एवेन्यू के कोने में ईंटों की इमारत के रूप में बनवाया

गया था, जहाँ बड़े-बड़े खाने पीने के क्लब बने हुए थे।

थर्ड वर्ल्ड सेंटर- जिसको हम टीडब्ल्यूसी बुलाते थे, जल्दी ही मेरे लिए घर जैसा बन गया। वहां पार्टी दी जाती थी, मिल जुल कर सब साथ खाना खाते थे। वहां स्वयंसेवी अध्यापक थे जो पढ़ाई में मदद करते और वह जगह घूमने फिरने के लिए भी थी। समर प्रोग्राम के दौरान मैंने जल्दी ही कुछ दोस्त बनाए थे, और हम लोगों में से कई खाली समय होने पर उस सेंटर की तरफ आते थे। उनमें सुजैन अलेले भी थी। सुजैन लम्बी और दुबली पतली थी, उसकी भौंहें घनी थीं, और उसके बाल काले और घने थे जो उसकी पीठ पर चमकते हुए लटके रहते थे। उसका जन्म नाइजीरिया में हुआ था और लालन पालन किंग्स्टन, जमैका में। जब वह किशोरावस्था में ही थी तो उसका परिवार रहने के लिए मेरीलैंड आ गया था। शायद इसी वजह से लगता था कि वह किसी एक सांस्कृतिक पहचान से बंधी हुई नहीं थी। लोग सुजैन की तरफ खिंचे चले आते थे। ऐसा न कर पाना बहुत मुश्किल था। उसकी मुस्कान खुली हुई थी और उसकी आवाज़ में एक कशिश थी जो तब और मुखर हो जाती थी जब वह हल्के नशे में होती थी या थकी हुई होती थी। उसमें एक तरह की कैरेबियन मस्ती थी। वह हल्के फुल्के मिजाज में रहती थी जो प्रिंसटन के अध्यवसायी छात्र समुदाय में उसे सबसे अलग कर देता था। वह ऐसी पार्टियों में भी जाने से नहीं डरती थी जहाँ वह किसी को भी नहीं जानती थी। इसके बावजूद कि वह पहले से जानती थी। इसके बावजूद उसने मिटटी के सामान बनाने और डांस की क्लास करना जरूरी समझा क्योंकि इस बात से उसको ख़ुशी मिलती थी।

बाद में जब हम सीनियर क्लास में आ गए तो सुजैन ने एक और शौक पाल लिया, उसने खानपान के एक क्लब कप एंड गाउन के लिए बिकर करना शुरू कर दिया, "बिकर" शब्द प्रिंसटन में ही इस्तेमाल किया जाता था जिसका मतलब यह होता था कि जब कोई नया सद्स्य क्लब का सदस्य बनता था तो उसका सामाजिक पुनरीक्षण किया जाता था। सुजैन खान-पान की उन पार्टियों से लौटकर जिस तरह की कहानियां सुनाती थी मुझे बहुत पसंद आती थीं। लेकिन मेरा मन कभी नहीं करता था कि मैं भी पुनरीक्षण का यह काम करूँ। मुझे टीडब्ल्यूसी में जो अश्वेत और लैटिनो विद्यार्थी मिले थे मैं उनसे ही खुश थी, मैं प्रिंसटन के बड़े सामजिक जीवन के निचले पायदान पर खड़े होकर बहुत खुश थी। हमारा समूह छोटा था लेकिन आपस में बहुत जुड़ा हुआ था। हम पार्टियाँ देते और आधी रात तक डांस करते। खाते समय हम दस या उससे अधिक लोग एक टेबल के इर्द गिर्द जुट जाते थे और बातें करते, हँसते। हमारा डिनर उसी तरह से घंटों चलता था जब हम साउथसाइड के घर में पूरे परिवार के साथ मिलकर खाते थे।

मेरे ख़याल से प्रिंसटन के प्रशासकों को यह बात पसंद नहीं आती थी कि अश्वेत विद्यार्थी अधिकतर एक साथ चिपके रहते थे। उम्मीद यह की जाती थी कि हम सभी मिल जुलकर एक साथ सौहार्द के साथ रहेंगे, जिससे सभी विद्यार्थियों की गुणवत्ता में सुधार होगा। यह लक्ष्य हासिल करने लायक था। आदर्श तो यह होता कि कैम्पस में कुछ उस तरह का माहौल

बने जिस तरह का कॉलेज की विवरणिका पर होता था- मुस्कुराते हुए विद्यार्थी मिले जुले समूहों में काम करते हुए। लेकिन आज भी कॉलेज कैम्पस में अश्वेत विद्यार्थियों के मुकाबले श्वेत विद्यार्थी बहुत अधिक होते हैं, मिल जुल कर रहने की जिम्मेदारी मूलतः अल्पसंख्यक विद्यार्थियों के ऊपर ही रहती है। मेरे अपने अनुभव में यह बहुत बड़ी जिम्मेदारी थी।

प्रिंसटन में मुझे अपने अश्वेत दोस्त चाहिए होते थे। हम एक दूसरे को राहत पहुंचाते थे और समर्थन देते। हम लोगों में से बहुत जब कॉलेज आये थे तो \उनको इस बारे में पता भी नहीं था कि नुक्सान क्या क्या थे। आपको धीरे धीरे इस बात का पता चलता कि आपके साथ पढने वाले विद्यार्थियों को स्कूल स्तर पर ही सैट ट्यूटरिंग दी गई थी या हाईस्कूल के स्तर पर ही कॉलेज स्तर की शिक्षा दी गई थी या वे बोर्डिंग स्कूल में जा चुके थे और इस वजह से उनको उस तरह की मुश्किलें नहीं हो रही थीं जो घर से पहली बार बाहर निकलने पर होती हैं। यह उस तरह की बात थी कि आप पहली बार मंच पर पियानो बजाने के लिए चढ़ें और तब आपको यह समझ में आये कि आपने कुछ भी ऐसा नहीं बजाया था बल्कि जो बजाया था वह टूटी चाबी वाला एक बाजा भर था। आपकी दुनिया बदलती है, लेकिन आपको उससे उबरने और समायोजन के लिए कहा जाता है, आप से उम्मीद यह की जाती है कि आप भी उसी तरह संगीत बजाएं जिस तरह दूसरे बजा रहे हों।

जाहिर है, यह संभव है- अल्पसंख्यक और असुविधाजनक परिस्थितियों से निकले बच्चे हर बार चुनौतियों का सामना करते हैं- लेकिन इसके लिए ऊर्जा चाहिए। इसके लिए ऊर्जा चाहिए कि पूरी क्लास में आप अकेले अश्वेत हों या महज कुछ गैर श्वेत लोगों में हों जो अंदरूनी दल का सदस्य बनने की कोशिश में हों। इसके लिए कोशिश करनी पड़ती है, इसके लिए अतरिक्त आत्मविश्वास की ज़रूरत होती है, ताकि आप वैसे माहौल में बोल सकें और कमरे में अपनी उपस्थिति को दर्ज़ करवा सकें। इसी वजह से जब डिनर पर रात में मैं और मेरे दोस्त मिलते थे तो हम राहत महसूस करते थे। इसी वजह से हम बहुत देर तक साथ रहते थे और खूब हँसते थे।

पायने हॉल में मेरे दो श्वेत रूममेट्स थीं और दोनों ही बहुत अच्छी थी, लेकिन मैं डोरमेट्री में इतना रहती ही नहीं थी कि गहरी दोस्ती हो सके। असल में मेरे अधिक श्वेत दोस्त थे ही नहीं। पीछे मुड़कर देखने पर समझ में आता है कि इसमें किसी और की नहीं मेरी अपनी ही गलती थी। मैं बहुत चौकस रहती थी। मैं जो जानती थी उसी पर टिकी रहती। इस बात को शब्दों में रख पाना मुश्किल होता है जब कई बार आपको सूक्ष्म रूप से यह क्रूर रूप में महसूस होता है कि आप वहां के हैं ही नहीं, आपको सूक्ष्म रूप से ऐसे संकेत मिलते रहते हैं कि कोई खतरा न उठाया जाए, अपने जैसे लोगों को खोजकर उनके बीच ही रहा जाए।

मेरी एक रूममेट कैथी कई साल बाद ख़बरों में आई, उसने शर्मिंदगी के साथ कुछ ऐसा लिखा था जिसके बारे में मुझे तब नहीं पता था जब हम साथ साथ रहते थे: उसकी माँ न्यू ऑर्लियन्स में अध्यापिका थीं, जब उनको यह पता चला कि उनकी बेटी को एक अश्वेत के साथ कमरा दे दिया गया है तो वह बहुत गुस्से में आ गई और वह विश्वविद्यालय के पीछे पड़

गई कि हमें अलग किया जाए। उसकी माँ ने भी इंटरव्यू दिया और इस बात की पुष्टि करते हुए कुछ और सन्दर्भ दिए। वह एक ऐसे परिवार में पली बढ़ी थीं जिसमें अश्वेतों के प्रति नफरत की भाषा घर में बोली जाती थी, उनके दादा एक शेरिफ थे और वे अश्वेत लोगों को शहर के बाहर खदेड़ने की बात किया करते थे, इसलिए जब उनको पता चला कि मैं उनकी बेटी के साथ रहने वाली थी तो वह डर गई थी। मुझे बस इतना ही याद है कि यूनिवर्सिटी में पहले साल के बीच में कैथी तीन लड़कियों के कमरे से बाहर निकल कर एकल कमरे में रहने के लिए चली गई। मैं यह बात ख़ुशी ख़ुशी कह सकती हूँ कि मुझे इस बारे में कुछ नहीं पता था कि क्यों।

प्रिंसटन में मुझे आर्थिक मदद का जो पैकेज दिया गया था उसमें पढ़ाई के साथ काम का अवसर भी दिया गया था, और मुझे एक अच्छा काम मिल गया, टीडब्ल्यूसी के निदेशक ने मुझे सहायक के रूप में रख लिया। मैं सप्ताह में दस घंटे उनके लिए तब काम करती थी जब मेरी क्लास नहीं होती थी, मैं वहां पूर्णकालीन सचिव लोरेता के पास बैठकर मेमो टाइप करती थी, फोन कॉल के जवाब देती, उन विद्यार्थियों के सवालों के जवाब देती जो वहां क्लास के बारे में पूछने आते थे या फ़ूड को-ऑप के लिए साइन करने आते थे। दफ़्तर उस इमारत में सामने की तरफ था, खिड़कियों से छनकर आती धूप और बेमेल फर्नीचर के कारण वह किसी संस्थान से अधिक घर जैसा लगता था। मुझे वहां होना या दफ़्तर में काम करना बहुत पसंद था। जब मैं उस छोटे से संस्थान का कोई काम पूरा कर लेती थी तो मुझे बहुत चैन महसूस होता था। लेकिन सबसे बढ़कर मुझे अपने बॉस चर्नी ब्रसुएल पसंद थे।

चर्नी तीक्ष्ण बुद्धिकी और सुन्दर अश्वेत महिला थीं, वह बमुश्किल तीस साल की, बहुत तेज़ी से चलने वाली और खुशमिजाज न्यूयॉर्क की महिला, जो मोहरी वाली जींस पहनती थीं, लकड़ी की हील वाली सैंडल पहनती थीं और ऐसा लगता था कि हमेशा चार पांच आइडिया लेकर तैयार रहती थीं। प्रिंसटन में पढने वाले अश्वेत बच्चों के लिए वह मार्गदर्शक की तरह थीं, बहुत अनौपचारिक थीं, आगे बढ़कर बचाव करती थी, इसी वजह से सभी उनकी तारीफ किया करते थे। दफ़्तर में वह कई तरह की परियोजनाओं के ऊपर काम करती थीं- यूनिवर्सिटी प्रशासन के सामने इस बारे में बात रखना कि अल्पसंख्यक विद्यार्थियों के लिए और अधिक समावेश नीतियाँ अपनाई जाएँ, विद्यार्थियों की ज़रूरतों के बारे में बात करती थीं, और नए-नए तरह के विचारों के ऊपर काम करती थीं, ताकि हम लोग किस तरह अपने आपको और बेहतर बना सकें। उनको हमेशा देर होती रहती थी, दौड़ते हुए सेंटर के सामने के दरवाजे से बाहर भागती थीं, हाथ में कागजों का पुलिंदा लिए और मुंह में सिगरेट जलाए और उनके कंधे से बैग लटकता रहता था, वह जाते हुए मुझे और लोरेता को निर्देश देती जाती। यह बहुत अच्छा अनुभव था, उनके आसपास रहने से मैं यह सोचती थी कि मैं भी स्वतंत्र रूप से कोई ऐसा काम करूंगी जिससे उनको ख़ुशी हो। संयोग से, वह एकल माँ भी थीं, और उनका एक बहुत प्यारा बेटा था, जिसका नाम था जोनाथन, जिसको मैं अक्सर

खिलाती थी।

चर्नी को मेरे अन्दर कुछ संभावनाएं दिखाई देती थी, जबकि साफ़ तौर पर मुझे जीवन का अनुभव बहुत कम था। वह मुझे किसी वयस्क की तरह देखती थी, वह मुझसे मेरी राय मांगती थीं, जब मैं उनको यह बताती थी कि विद्यार्थी किस तरह की चिंताओं और प्रशासनिक उलझनों के साथ आते थे तो वह ध्यान से सुनती थी। वह यह तय कर चुकी थीं कि मुझे खूब निडर बनाएंगी। उनके बहुत से सवाल इस तरह शुरू होते, "क्या तुमने कभी...?" उदाहरण के लिए क्या मैंने कभी जेम्स कोन की कोई रचना पढ़ी है? क्या मैंने कभी दक्षिण अफ्रीका में प्रिंसटन के निवेश के बारे में सवाल किया है या और अधिक अल्पसंख्यक विद्यार्थियों को मौका देने के लिए क्या किया जा सकता है? अधिकतर समय मेरा जवाब न में होता था, लेकिन एक बार जब उन्होंने यह पूछा तो मेरी दिलचस्पी तुरंत इस में हो गई।

"क्या तुम कभी न्यूयॉर्क गई हो?" एक दफ़ा उन्होंने पूछा।

जवाब एक बार फिर न में था, तो चर्नी ने तत्काल यह पूरा किया। एक शनिवार की सुबह हम उनकी कार में बैठे- मैं, बच्चा जोनाथन, तथा टीडब्ल्यूसी में काम करने वाली एक और दोस्त- और चर्नी के साथ निकल लिए, वह पूरी रफ़्तार से कार चला रही थी, रास्ते भर बात करती रही और सिगरेट पीती रही। जब वह गाड़ी चलाती थी तो आप इस बात को महसूस कर सकते थे कि उनको जैसे कुछ हो जाता था, जब प्रिंसटन के आसपास बने सफेद बाड़े वाले घोड़ों के अस्तबल को पार करके हम जैसे ही भीड़ भरे हाइवे पर पहुँचते तो कुछ देर में ही शहर की अट्टालिकाएं हमारे सामने दिखाई देने लगती थीं। न्यूयॉर्क उसी तरह से चर्नी का घर था ज़िस तरह से शिकागो मेरा घर था। आप जब तक वहां से दूर नहीं जाते तब तक आपको यह पता नहीं चल पाता है कि आपको उससे कितना लगाव था, जब तक आपको दरबदर होने का अनुभव नहीं होता, तिनके की तरह समुद्र में तैरते हुए किसी और स्थान तक जाने का अनुभव।

इससे पहले कि मैं जान पाती हम न्यूयॉर्क के बीचोबीच पहुँच गए थे, पीली टैक्सियों, हॉर्न के शोर के बीच, चर्नी बीच बीच में बत्तियों पर रूकती, लाल बत्ती देखने पर एकदम आखिरी मिनट में ब्रेक लगाती। मुझे याद नहीं है कि उस दिन हम लोगों ने ठीक ठीक किया क्या था: मुझे पता है कि हम लोगों ने पिज़्ज़ा खाया। हम लोगों ने रॉकफेलर सेन्टर देखा, सेन्ट्रल पार्क के पास गए, स्वतंत्रता की मूर्ति भी देखी जिसके हाथ में उम्मीद की टॉर्च थी। लेकिन हम लोग वहां खासकर एक व्यवहारिक कारण से गए थे। चर्नी रोज रोज के काम के बीच अपने आपको तरोताजा करने गई थी। उनको कुछ सामान लेने थे, कुछ सामान रखने थे। वह भीड़ भरी सड़कों पर गाड़ी पार्क करके एक इमारत से दूसरी इमारत में जाती थी, जिससे गाड़ियों के हॉर्न का शोर बढ़ जाता था जो दूसरी गाड़ियों के ड्राइवर बजाते रहते थे, जबकि हम लोग असहाय से कार में बैठे रहते थे। न्यूयॉर्क मुझे बहुत अच्छा लगा। वह तेज और शोर भरा था, वहां शिकागो के मुकाबले कम धैर्य था। लेकिन चर्नी वहां जोश से भरपूर लग रही थी, उनको पैदल चलते यात्रियों, पेशाब की गंध और कोनों में पड़े कूड़े के ढेरों से

कोई फ़र्क नहीं पड़ रहा था।

वह एक बार फिर कार पार्क करने ही वाली थीं कि उनको कार के रियरव्यू में ट्रैफिक दिखाई दिया और अचानक उनको लगा कि ऐसा न किया जाए। बल्कि उन्होंने मुझे ड्राइवर की सीट पर अपनी जगह आने का इशारा किया।

"तुम्हारे पास लाइसेंस तो है न?" उन्होंने पूछा। जब मैंने हामी भरी तो वह बोली, "बहुत अच्छा। धीरे धीरे कार चलाते हुए पास के एक या दो ब्लाक तक जाओ और फिर वापस मुड़कर आ जाओ। मैं वादा करती हूँ कि मैं पांच या उससे कम मिनट में ही आ जाऊँगी।"

मैं उनको ऐसे देखने लगी मानो वह पागल हों। मेरे ख़याल से वह पागल ही थी जो यह सोच रही थी कि मैं मैनहटन में कार चला सकती थी- मैं एक टीनएजर थी, उस अस्तव्यस्त शहर में एक बाहरी थी, अनुभवहीन और पूरी तरह से अक्षम, क्योंकि बात सिर्फ कार की ही नहीं थी कि उनके छोटे बच्चे को लेकर समय काटने के लिए दोपहर बाद की उस ट्रैफिक में कार चलाऊँ। लेकिन मेरी हिचक देखकर चर्नी को कुछ ऐसा सूझा कि मैं हमेशा के लिए न्यूयॉर्क के लोगों के साथ जुड़ गई- उन्होंने छोटा सोचने से तत्काल मुझे झटका दिया। वह कार से उतर गई। मेरे पास कोई विकल्प नहीं रह गया सिवाय इसके कि कार चलाऊँ। आ जाओ और थोड़ा सा जीना सीखो, उनका सन्देश था।

अब मैं हर वक्त कुछ न कुछ सीखती रहती थी। ज़ाहिर है मैं अकादमिक तरीके से सीख रही थी, क्लास में मैं अपने आप में रहती थी, टीडब्लूसी के खामोश कमरे में पढ़ाई करती या लाइब्रेरी में। मैं यह सीख रही थी कि किस तरह प्रभावी तरीके से लिखा जाए, महत्वपूर्ण तरीके से किस तरह सोचा जाए। मैंने अनजाने में 300 स्तर वाले धर्मशास्त्र की क्लास में दाखिला ले लिया था और आखिर में मैंने अपने ग्रेड को बचाने के लिए उसको आखिरी पेपर के लिए छोड़ दिया। यह अच्छी बात नहीं थी, लेकिन मुझे अन्त में यह उत्साहवर्धक लगा, यह इस बात का सबूत था कि मैं किसी भी जगह से अपनी राह बना सकती थी। अंदरूनी शहर के हाईस्कूल में पढने के कारण मेरे अन्दर जो भी कमियां रही हों, ऐसा लगने लगा था कि कुछ अधिक समय देकर, किसी से मदद लेकर मैं रफ़्तार के साथ आगे बढ़ सकती थी और टालमटोल करने की ज़रूरत नहीं थी।

लेकिन यह असंभव था कि ऐसे स्कूल में जहाँ अधिकतर श्वेत बच्चे हों, एक अश्वेत होते हुए आप कुछ सकारात्मक करें और उसके प्रभाव को अनुभव न कर पायें। आप कुछ विद्यार्थियों या प्रोफेसरों की आँखों में यह पढ़ सकते थे मानो वह यह कहना चाह रहे हों, "मुझे पता है कि तुम भी हो।" ऐसे पल हतोत्साहित करने वाले भी होते थे, जबकि मुझे यह लगता था कि मैं बहुत कुछ महज कल्पना ही कर रही होती थी। इसकी वजह मेरे मन में संदेह का बीज पड़ गया। क्या मैं यहाँ महज सामाजिक अनुभव के तौर पर आई थी?

धीरे धीरे, मैं इस बात को समझने लगी कि स्कूल में कई तरह के कोटा दिए जाते थे। अल्पसंख्यक होने के कारण हम सबसे अधिक दिखाई दे जाते थे, लेकिन यह बात साफ़

थी कि इस बात की विशेष व्यवस्था की गई थी ऐसे विद्यार्थियों का दाखिला भी लिया जाए जिनकी उपलब्धियां या ग्रेड उस कॉलेज के स्तर के नहीं होते थे। यह किसी भी तरह से प्रतिभा के आधार पर नहीं होता था। उदाहरण के लिए एथलीट होते थे। ऐसे बच्चे भी होते थे जिनको यह दाय के रूप में मिलता था, जिनके पिता या दादा यहाँ से पढ़े होते थे या जिनके परिवारों ने कोई इमारत या लाइब्रेरी बनवाने में योगदान दिया होता था। मैंने यह भी सीखा कि अमीर होने से ऐसा नहीं है कि असफल होने से आपका बचाव हो जाए। मैं अपने आसपास स्टूडेंट्स को गुस्से में देखती थी- श्वेत, अश्वेत, सुविधा वाले हों या नहीं। कोई इसलिए परेशान रहती थी कि सप्ताह के दिनों की होने वाली बियर पार्टी में छेड़छाड़ होती थी, कोई इस तनाव के कारण परेशान हो जाता था क्योंकि वह किसी बड़े पढ़े लिखे जैसा बनने की कोशिश करता था, कुछ इतने आलसी होते थे कि अपनी इस आदत के कारण वे भाग खड़े होते। मुझे अपना काम यही लगता था कि मैं एक समान बनी रहूं, जितने अच्छा ग्रेड मैं पा सकती थी पाऊँ और पास हो जाऊं।

सीनियर क्लास तक आते आते जब मैं और सुजैन एक साथ एक डबल रूम में रहने लगे तो मैंने यह सीखा कि किस तरह से बेहतर तरीके से इंतजाम किया जाए। मुझे अब इसकी आदत और अधिक पड़ चुकी थी कि भरी क्लास में एक या दो अश्वेत स्टूडेंट्स के रूप में कैसे रहा जाए। जब क्लासरूम की बातचीत में अधिकतर लड़के ही भाग ले रहे होते, जो कि अक्सर होता ही था, तो मैं कोशिश करती थी कि उसके दबाव में न आऊँ। उनको सुनते हुए मुझे यह समझ में आ गया कि वे हम लोगों के मुकाबले अधिक स्मार्ट नहीं थे। वे साहसी अधिक थे, वे श्रेष्ठता की प्राचीन धारा में बहने वाले लोग थे, वे इस वजह से इसी तरह बहे जा रहे थे क्योंकि इतिहास ने उनको कुछ और अलग नहीं बताया था।

मेरे कुछ सहपाठियों को इस तरह अलग थलग देखे जाने की भावना मुझसे अधिक महसूस होती थी। मेरे दोस्त डेरिक ने याद किया कि जब वह पैदल चल रहा था तो कुछ विद्यार्थियों ने उसको रास्ता देने से मना कर दिया था। हम एक और लड़की को जानते थे उसने बताया कि उसकी डोरमेट्री में एक रात उसके छः दोस्त उसका जन्मदिन मनाने आ गए तो और तत्काल उसको डीन के दफ़्तर में बुलाया गया क्योंकि उसकी श्वेत रूममेट इससे असहज महसूस कर रही थी कि "बड़े अश्वेत लड़के" उसके कमरे में आ गए थे। प्रिंसटन में इतने कम अल्पसंख्यक बच्चे थे कि हमारी मौजूदगी को हमेशा संदेह की नज़र से देखा जाता था। इन बातों ने से मुझ और बेहतर करने की हिम्मत मिलती थी, वह सब करने की ताकि मैं अधिक सुविधाओं वाले वर्ग के बच्चों के बराबर या उनसे भी बेहतर प्रदर्शन कर सकूं। व्हिटनी यंग की तरह ही मैं इस तरह की भावना से भर गई थी कि मैं तुम लोगों को दिखा दूंगी। हाईस्कूल में मुझे ऐसा लगता था कि मैं अपने इलाके का प्रतिनिधित्व कर रही थी तो प्रिंसटन में मुझे लगता था कि मैं अपनी नस्ल का प्रतिनिधित्व कर रही थी। जब क्लास में मेरी आवाज़ सुनी जाती या मैं परीक्षा में अच्छा करती तो मन ही मन मुझे इस बात की उम्मीद रहती थी कि एक एक बड़ी बात को साबित करने में मददगार होगा।

मैं यह देख रही थी कि सुजैन बहुत ज़्यादा नहीं सोचती थी। मैं उसको प्यार से स्क्र्युजी बुलाती थी, क्योंकि वह दिन भर अव्यवहारिक तरीके से इधर उधर करके काम निकालती थी। वह अक्सर अपने फ़ैसलों के बारे में झूठ बोलती थी कि कौन सी क्लास उसने ली, किसके साथ डेट पर जा रही है। और इसका कारण मूल रूप से बस यही होता था क्योंकि इसमें उसको मज़ा आता था। और ज़ब सब कुछ मज़ेदार नहीं लगता था तो वह तत्काल अपनी राह बदल लेती थी। जब मैंने अश्वेत एकता के लिए बने संगठन की सद्स्यता ली और आमतौर पर थर्ड वर्ल्ड सेंटर से ही चिपकी रहती थी, सुजैन दौड़ लगाती थी और लाइटवेट फुटबॉल टीम का काम देखती थी, उसको इसमें मजा आता था कि इसके कारण उसको प्यारे एथलीट पुरुषों के करीब रहने के मौका मिलता था। खानपान क्लब में उसके दोस्त श्वेत और अमीर होते थे, जिसमें एक टीनएज फिल्म स्टार था, और एक यूरोपियन स्टूडेंट भी जिसके बारे में यह अफवाह थी कि वह राजकुमारी थी। सुजैन के ऊपर उसके माँ पापा का यह दबाव था कि वह मेडिसिन की पढाई करे जो उसने आख़िरकार छोड़ दी, क्योंकि इसकी वजह से उसके आनंद में बाधा आ रही थी। एक समय ऐसा भी आया कि उसको अकेडमिक प्रोबेशन पर डाल दिया गया, लेकिन इससे उसको कोई परेशानी नहीं थी। वह मेरी शिरली के लिए लौरेंस थी, मेरे बर्ट के लिए एर्नी। हमारा साझा कमरा विचारों के युद्ध के मैदान की तरह लगता था, सुजैन की तरफ के हिस्से में कपड़े फैले कागज़ मुड़े तुड़े होते, जबकि मैं अपने बिस्तर पर काफी नकचढ़ी ढंग से घिरी रहती थी।

“तुम सच में ऐसा करने वाली हो?” जब सुजैन ट्रैक की प्रैक्टिस करके लौटती थी और पसीने से भीगी हुई कसरत के कपड़ों को उतारकर शॉवर के नीचे नहाने जाती। वह कपड़ों को उतारकर उसी जगह फर्श पर डाल देती थी जहाँ उसके साफ़ कपड़े और अनलिखे असाइनमेंट रखे रहते थे, जो अगले सप्ताह तक वहीं पड़े रहने वाले होते।

“क्या करना?” वह दांत निकालकर मुस्कुराते हुए पूछती। कई बार मुझे उसकी अराजकता को रोकने का मन होता था ताकि मैं सीधे सीधे सोच सकूं, लेकिन मैंने कभी किया नहीं। सुजैन जैसी थी वैसी ही थी। वह बदलने वाली नहीं थी। जब बहुत हो जाता था तो मैं उसका कचरा उठाती और उसके बिस्तर पर बिना कुछ कहे डाल देती।

अब मैं यह देखती कि वह मुझे अच्छे इरादे से भड़काने की कोशिश करती थी, उसने मुझे यह आइडिया देना शुरू किया कि यह कोई जरूरी नहीं कि सभी अपने फ़ाइल फोल्डर के ऊपर अपने नाम लिखें और उनको अक्षरों के क्रम दें, या यह कि फ़ाइल रखने की ज़रूरत ही क्या है। सालों बाद मुझे एक ऐसे लड़के से प्यार हो गया जो सुजैन की ही तरह अपने कपड़ों के ढेर बनाकर रखता था और उसको इस बात से कभी कोई शर्मिंदगी भी नहीं होती थी। लेकिन सुजैन के साथ रहने का यह असर था कि मैं उसके साथ साथ रह लेती थी। मैं आज भी उस आदमी के साथ रह रही हूँ। कॉलेज की अलग तरह की दुनिया में एक सब कुछ काबू करने वाली ने सीखा, सबसे बढ़कर यह कि जीने के और भी तरीके हो सकते हैं।

"क्या तुमने कभी?" चर्नी ने मुझे एक दिन कहा, "यह सोचा है कि बच्चों के लिए स्कूल के बाद के समय के लिए कोई कार्यक्रम शुरू किया जाए?"

मेरे ख़याल से वह यूँ ही पूछ रही थी। समय के साथ मैं जोनाथन को लेकर इतना अधिक समर्पित होकर काम करती थी कि मेरे दोपहर का अच्छा ख़ासा समय प्रिंसटन में, या थर्ड वर्ल्ड सेंटर में, उसके साथ घूमने में बीतता था या हम दोनों बाजा बजाते या काउच पर बैठकर पढ़ रहे होते। सरनी मुझे मेरे समय की कीमत चुकाती थीं लेकिन शायद उनको ऐसा लगता था कि यह काफी नहीं था।

"मैं गंभीर हूँ," उन्होंने कहा। "मैं फैकल्टी के बहुत से लोगों को जानती हूँ जो इसके लिए खोजते रहते हैं कि स्कूल के बाद बच्चों की देखभाल का कुछ इंतज़ाम हो जाए, कोशिश करके देखो, क्या होता है।"

चर्नी के बताने के कारण देखते ही देखते मेरे पास देखभाल के लिए तीन या चार बच्चे हो गए। ये बच्चे अश्वेत प्रशासन या प्रोफेसरों के होते थे, वे भी अल्पसंख्यक थे और हमारी तरह थर्ड वर्ल्ड सेंटर की तरफ उनका भी झुकाव था। पब्लिक एलेमेंट्री स्कूल से छूटकर बच्चों के आने के बाद मैं हर सप्ताह कई दोपहर बच्चों को अच्छा नाश्ता करवाती थी और उनके साथ लॉन में दौड़ भाग करती। अगर उनके पास करने के लिए होमवर्क होता था तो हम साथ मिलकर बनाते थे।

मेरे लिए, घंटों पलक झपकते ही उड़ जाते। बच्चों के आसपास रहने का प्रभाव बहुत अच्छा पड़ता था, मेरे दिमाग से पढ़ाई का तनाव निकल जाता और मैं उसी पल में रहना सीख जाती थी। जब बच्ची थी तब मैं दिन भर अपनी गुड़िया के साथ उनकी मम्मी बनकर खेलती थी, ऐसे जताती मानो मुझे यह पता हो कि उनको किस तरह से कपड़े पहनाये जाते हैं किस तरह से खाना खिलाया जाता है, उनके बाल झाड़ती थी और प्लास्टिक के बने उनके घुटनों पर बैंड ऐड भी लगाती थी। और अब मैं यह सब सही में कर रही थी। अब सब कुछ कुछ अधिक कठिन लगता था लेकिन जितना मैंने सोचा था उससे कम अच्छा नहीं लग रहा था। बच्चों के साथ कुछ घंटे बिताने के बाद मैं अपने डोरमेट्री में लौट जाती थी, थकी हुई रहती थी लेकिन ख़ुश महसूस करती थी।

सप्ताह में एक दिन या उससे अधिक मुझे ख़ुशी के पल मिलते थे तब मैं फोन उठाकर युक्लिड अपार्टमेंट में अपने घर फोन करती। अगर मेरे पापा सुबह जल्दी वाली शिफ्ट कर रहे होते थे तो देर दोपहर वे मिल जाते थे। मैं इस तरह से कल्पना करती कि लिविंग रूम में रिक्लाइनिंग चेयर पर बैठे हुए हों, टीवी देखते हुए माँ के घर आने का इन्तज़ार करते हुए। शाम के समय अक्सर मेरी माँ ही फोन उठाती थी। मैंने अपने माँ पापा दोनों को कॉलेज के जीवन के बारे में उसी तरह विस्तार से बताती थी जिस तरह कोई घरवासी सीमा से आने वाली चिट्ठियों को पहुंचाना अपना कर्त्तव्य समझता हो। जो कुछ भी मुझे लगता था मैं बताती थी- कि मुझे फ्रेंच पढ़ाने वाले अध्यापक पसंद नहीं थे या किस तरह मैं जिन बच्चों को स्कूल के बाद संभालती थी वे नखरे करते थे, या यह कि सुजैन और मेरा दिल एक अफ़्रीकी अमेरिकी लड़के पर आ गया

था जो इंजीनियरिंग की पढ़ाई कर रहा था, उसकी हरी आँखें बहुत अच्छी लगती थीं, जबकि हम लोग उसके हर कदम का पीछा करते थे लेकिन वह शायद हमें जानता भी नहीं था।

मेरी कहानियां सुनकर पापा हंसने लगते थे। "क्या यह बात सही है?" वह पूछते। और "यह कैसे हुआ?" और "हो सकता है कि इंजीनियरिंग पढ़ने वाला वह लड़का तुम दोनों लड़कियों के लायक ही न हो।"

जब मेरी बात समाप्त हो जाती तो वे घर का हाल समाचार बताते। डैंडी और दादी दक्षिण कैरोलीना में अपने गृह नगर जॉर्जटाउन चले गए थे और दादी को बहुत अकेलापन महसूस हो रहा था। किस तरह माँ ओवरटाइम काम करके रॉबी की देखभाल की कोशिश कर रही थीं, जो अब सत्तर के पार हो चुकी थीं, विधवा थीं और उनको कई तरह की बीमारियाँ सता रही थीं। वे कभी अपने संघर्षों की बात नहीं करते थे, लेकिन मुझे पता था कि वे थे। एक बार जब शनिवार को क्रेग का बास्केटबॉल मैच था तो वे गाडी से देखने के लिए आये थे,.तब मैंने पहली बार उनको देखा था कि वे कैसे लग रहे थे- जो बात फोन पर कभी कही नहीं जाती थी। जाड्विन जिम के बाहर पार्किंग में मेरे पिता झिझकते हुए व्हील चेयर पर आये और उन्होंने माँ से कहा कि वह उनको ठेलकर अन्दर ले चलें।

मैं यह देखना ही नहीं चाहती थी कि मेरे पापा के साथ क्या हो रहा था। मैं इस बात को सहन नहीं कर पा रही थी। मैंने प्रिंसटन की लाइब्रेरी में उनकी बीमारी के बारे में कुछ शोध किया था, मेडिकल जर्नल्स से लेख जुटाए थे ताकि माँ पापा को भेज सकूं। मैं यह समझाने की कोशिश कर रही थी कि वे किसी विशेषज्ञ को दिखा लें, या कोई इलाज करवा लें, लेकिन वे- खासकर मेरे पापा इस बारे में कुछ सुनना ही नहीं चाहते थे। जब मैं कॉलेज में थी और हम घंटों एक दूसरे से बातें करते थे लेकिन वे कभी अपने स्वास्थ्य के बारे में बात नहीं करते थे।

अगर मैं यह पूछती कि उनको कैसा लग रहा था, हमेशा ही उनका जवाब होता, "अच्छा लग रहा है," और बस इतना ही।

मुझे उनकी आवाज़ सुनकर राहत महसूस होती थी। उसमें न तो कोई दर्द होता था न ही आत्मदया, वे केवल हँसी मज़ाक करते और बड़े आहिस्ता से बात करते और थोड़ी बहुत बात जैज के बारे में भी करते। मैं उसी के सहारे ऐसे जीती मानो ऑक्सीजन हो। वह चल रहा था और यही बड़ी बात थी। फोन रखने से पहले वे हमेशा पूछते थे कि क्या मुझे कुछ चाहिए- उदाहरण के लिए पैसे, लेकिन मैंने कभी हाँ नहीं कहा।

7

धीरे धीरे घर बहुत दूर महसूस होने लगा, जैसे मेरी कल्पना में कोई जगह हो। जब मैं कॉलेज में आई तो हाईस्कूल के कुछ दोस्तों के साथ मेरा रिश्ता बना रहा, खासकर सैंटिटा से, जो वाशिंगटन के होर्वर्ड यूनिवर्सिटी में पढने के लिए चली गई थी। मैं सप्ताहांत की लम्बी छुट्टियों में उसके पास जाती थी, हम हँसते थे और पहले की ही तरह खूब बातें करते। हार्वर्ड का कैम्पस शहरी था- "लड़की, तुम अभी भी हुड में हो!" जब एक बड़े आकार का चूहा उसके कमरे के सामने से निकल गया तो मैंने उसको चिढाते हुए कहा- वहां पढने वाले बच्चों की संख्या प्रिंसटन से दोगुनी थी, जहाँ लगभग सभी अश्वेत थे। मुझे सैंटिटा से इस बात की ईर्ष्या होती थी कि वह नस्ल के कारण अलग थलग तो नहीं पड़ जा रही थी- रोज रोज उसको अल्पसंखयक होने के अहसास के साथ नहीं रहना पड़ता था- तब भी मुझे हरे भरे लॉन और उभरा हुए पत्थरों वाले अपने कैम्पस में जाकर सुकून मिलता था, भले ही वहां कोई मेरी पृष्ठभूमि को जानने वाला नहीं था।

मैं समाजशास्त्र विषय में पढ़ाई कर रही थी, और मुझे अच्छे नंबर भी आ रहे थे। मैंने एक फुटबॉल खिलाड़ी को डेट करना शुरू कर दिया था जो स्मार्ट और सहज था, जिसको मौज मस्ती अच्छी लगती थी। सुजैन और मैं एक और लड़की एंजेला कैनेडी के साथ रहने लगे थे, जो जल्दी जल्दी बात करने वाली एक मजबूत लड़की थी जो वाशिंगटन की रहने वाली थी, वह बहुत हंसाती थी। इसके बावजूद कि वह शहरी अश्वेत लड़की थी वह खूब चमक दमक वाले कपड़े पहनती, गुलाबी रंग के स्वेटर और जीन वाले जूते पहनती थी और किसी तरह इस रूप में अच्छी ही लगती थी।

मैं एक दुनिया की रहने वाली थी तो वह पूरी तरह से दूसरी दुनिया में रहती थी, जिस दुनिया में लोग एलएसएटी स्कोर के बारे में बातें करते थे और स्क्वैश के अपने खेल के बारे में भी। यह एक ऐसा तनाव था जो कभी गया ही नहीं। जब स्कूल में कोई पूछता था कि मैं कहाँ से थी तो मैं जवाब देती "शिकागो" से। और यह साफ़ कर देती थी कि मैं उन बच्चों में नहीं थी जो इवांसटन या विन्नेटका जैसे उत्तर के पहाड़ी उपनगरों से आये थे, और फिर शिकागो को लेकर कुछ झूठे दावे भी करती, मैं कुछ गर्व के साथ यह कहती कि "साउथ साइड"। मैं इस बात को जानती कि अगर इन शब्दों का कोई मतलब था तो वह शायद अश्वेतों की बस्ती

की छवि थी, जहाँ गैंगवार होते थे और मकान बनाने के स्थलों पर खून खराबा होता रहता था जैसा कि न्यूज में दिखाया जाता था। लेकिन फिर मैं आधे दिल से ही सही, विकल्प के रूप में खुद को बताने की कोशिश करती। मैं किसी भी की तरह प्रिंसटन की थी। और मैं शिकागो के साउथ साइड से आई थी। मुझे इस बात को जोर जोर से बताना ज़रूरी लगता था।

मेरे लिए साउथ साइड उससे काफी अलग था जैसा टीवी पर दिखाया जाता था। वह घर था। और वह घर था युक्लिड अपार्टमेंट में, जहाँ कालीन की रंगत उड़ रही थी, छतें नीची थीं, जहाँ मेरे पापा अपनी आराम कुर्सी पर बैठे बैठे दुनिया से दूर हो जाते थे। वह हमारा छोटा सा अहाता था जिसमें रॉबी के खिलते फूल थे और पत्थर की वह बेंच जहाँ मैंने पहली बार एक लड़के रोन्नेल को किस किया था, वह युगों पुरानी बात लगती थी। घर मेरे लिए अतीत था, एक हल्के से धागे से उससे जुड़ा हुआ जहाँ मैं आज थी।

प्रिंसटन में मेरे परिवार के एक सदस्य रहते थे, पापा की छोटी बहन, जिनको हम आंट सिस कहते थे। वह एक साधारण तेज़ महिला थीं जो एक साधारण चमकदार घर में शहर के एक कोने में रहती थीं। मुझे नहीं पता कि आंट सिस किस वजह से प्रिंसटन आई थीं, लेकिन वह इस जगह पर लम्बे अरसे से रह रही थीं, वह यहाँ घरों में काम करती थीं और उन्होंने बोलने में जॉर्जटाउन का लहजा खोया नहीं था। डैंडी की तरह आंट सिस का पालन पोषण भी जॉर्जटाउन में हुआ था, जो मुझे इसलिए याद था क्योंकि जब मैं छोटी थी तो कुछ साल गर्मियों में मैं माँ-पापा के साथ वहां गई थी। मुझे याद था कि उस जगह पर बहुत गर्मी थी, और ओक के पेड़ों पर स्पैनिश लताएँ फैली हुई थीं, कीचड़ में से साइप्रस के पेड़ उग रहे थे और कीचड़ में एक बूढा आदमी मछलियाँ मार रहा था। जॉर्जटाउन में कीड़े थे, वे बहुत बड़ी तादाद में थे, और शाम के समय की हवा में उनकी आवाज़ ऐसे आती थी मानो छोटे हेलीकॉप्टर उड़ रहे हों।

जब हम वहां जाते थे तो बड़े दादा थॉमस के घर रुकते थे, जो डैंडी के भाई थे। वे एक हाईस्कूल के प्रिंसिपल थे और मिलनसार थे, वे मुझे लेकर स्कूल जाते थे और अपनी मेज पर मुझे बिठाते भी थे। सुबह जब हम नाश्ते में ढेर सारा बेकन, बिस्कुट और पीले रंग की भूसी खाते थे, उनकी पत्नी आंट डॉट बनाती थीं, उन्होंने बड़ी उदारता से मेरे लिए एक टब पीनट बटर खरीद दिया था। मुझे दक्षिण जाना अच्छा भी लगता था और अच्छा नहीं भी लगता था, इसका एक कारण यही था कि वह उससे बहुत अलग था जो मैं जानती थी। शहर के बाहर सड़कों पर हम उन रास्तों से गुजरते थे जो कभी गुलामों के काम करने के लिए खेत थे, लेकिन वे जीवन के इस हिस्से से इस कदर ऊब चुके थे कि किसी ने कभी इस बारे में कुछ कहना भी ज़रूरी नहीं समझा। धूल भरी एक सुनसान सड़क से जंगल के बहुत अन्दर जाकर एक गाँव की पुरानी सी झोपड़ी में बैठकर हिरण का मांस खाते थे जो हमारे दूर के एक भाई का था। उनमें से एक क्रेग को पीछे ले गया और उसने उसको बंदूक चलाना सिखाया। देर रात जब हम अंकल थॉमस के घर आये तो हम दोनों को सोने में बहुत दिक्क़त हुई क्योंकि वहां बहुत गहरी शान्ति थी, जिसको पेड़ को चोंच मारते कठफोड़वा की आवाज़ भंग करती थी।

उन कीड़ों-मकोड़ों की आवाज़ और ओक के पेड़ का मुड़ा हुआ तना हमारे साथ तब भी लम्बे समय तक रहा जब हम वापस लौटकर उत्तर में आये, हमारे दिल के अन्दर वह ऐसे धड़क रहा था मानो एक और दिल ही हो। बचपन में भी मैं यह समझती थी कि दक्षिण मेरे अन्दर बुना हुआ था, मेरे अतीत का हिस्सा जो मेरे पिता के लिए इतना मायने रखता था कि वे अपने लोगों से मिलने के लिए वहां लौट लौट कर जाते थे। यह इतना मायने रखता था कि डैंडी वापस जॉर्जटाउन जाना चाहते थे, जबकि जवानी के दिनों में उनको वहां से भागना पड़ा था। जब वह लौटे तो नदी किनारे किसी छोटे से घर में नहीं जिसमें सफ़ेद रंग का बाड़ लगा हुआ था और पीछे एक अहाता था (जब मैं और क्रेग वहां गए थे तो हम लोगों ने देखा था), बल्कि जिस घर में लौटे वह एक मॉल के पास डिब्बे जैसा घर था।

दक्षिण कोई स्वर्ग नहीं था लेकिन वह हमारे लिए मायने रखता था। वहां हमारे इतिहास के उतार चढ़ाव थे, एक गहरे पहचान का भाव जो कुरूप अतीत के ऊपर बैठा था। मैं शिकागो में जिन लोगों को जानती थी- जिन बच्चों के साथ मैं ब्रायन मावर जाती थी, व्हिटनी यंग में मेरे साथ पढने वाले बहुत से दोस्त- भी इस तरह की बातों के बारे में जानते थे, लेकिन उनके बारे में विस्तार से चर्चा नहीं होती थी। बच्चे हर साल गर्मियों में दक्षिण की तरफ जाते थे- कई बार जहाज से पूरे सीजन के लिए जाते, जॉर्जिया, या लुशियाना या मिसिसिपी में अपने दूर के भाई बहनों के साथ खेलते थे। ऐसा लगता था कि उनके भी दादा या अन्य रिश्तेदार उत्तर की तरह हुए बड़े विस्थापन में आ गए थे, जैसे डैंडी दक्षिण कैरोलिना से आये थे, और साउथसाइड की माँ अलाबामा से। पीछे कहीं न कहीं इस बात की सम्भावना भी थी कि मेरी तरह वे भी गुलामों के वंशज थे।

यही बात प्रिंसटन के मेरे अनेक दोस्तों के लिए भी सही थीं, लेकिन अब मैं इस बात को भी समझ रही थी कि अमेरिका में अश्वेत होने के कई और संस्करण भी थे। मुझे पूर्वी तट के शहरों के बच्चे भी मिले थे जो मूल रूप से प्यूरिटो रिको, क्यूबा, डोमिनिकन के थे। चर्नी के रिश्तेदार हैती से आये थे। मेरा एक अच्छा दोस्त था डेविड मेनार्ड, जिसका सम्बन्ध अमीर बहमियन परिवार से था। और सुजैन थी जिसका जन्म प्रमाण पत्र नाइजीरिया का था और उसकी बहनें जमैका में रहती थीं। हम सब अलग अलग थे। हमारा अतीत आधा छिपा हुआ था और शायद आधा भुला दिया गया था। हम अपनी वंश परम्परा के बारे में बात नहीं करते थे। हम क्यों करते? हम जवान थे, हमारी नज़र केवल भविष्य पर थी- हालाँकि हम लोगों को यह नहीं पता था कि हमारे आगे कैसा भविष्य था।

साल में एक या दो बार आंट सिस मुझे और क्रेग को खाने पर अपने घर बुलाती थीं जो प्रिंसटन में दूसरी तरफ था। वह हमारी थाली में मांस भर देती थीं और अच्छी तरह कटे ब्रेड की बास्केट आगे बढ़ा देती थीं, जिसमें हम मक्खन लगाते थे। वह बहुत ही अधिक मीठी चाय से हमारे ग्लास बार-बार भर देती थीं, एक, दो, तीन तीन बार। मुझे याद है कि हम आंट सिस से कभी कोई कायदे की बात नहीं करते थे। घंटे भर हम इधर उधर की बातें करते, साथ में साउथ कैरोलिना का गर्मागर्म खाना, जिसे हम आनंद लेकर खाते थे, क्योंकि हम डाइनिंग

हॉल के खाने से ऊब गए थे। आंट सिस व्यवहार में मृदुल थीं, अच्छे बर्ताव वाली बुजुर्ग महिला थीं, लेकिन वह हमें जो तोहफा देती थीं उसको समझ पाने के लिहाज से हम अभी बहुत छोटे ही थे, जो हमारे अतीत के गंध से भरी होती थी- हमारे, उनके, उनके पिता और दादाजी के- बिना एक बार भी इस बारे में कुछ बात किये। हम खाना खाते, बर्तन साफ़ करने में उनकी मदद करते, और पेट भरकर वापस कैम्पस लौट आते थे, हमें व्यायाम करना पड़ता था।

यह एक स्मृति है जो अधिकतर स्मृतियों की तरह अपर्याप्त है और आत्मपरक भी- बहुत पहले इसको मैंने ऐसे उठाया था जैसे समुद्र तट पर कंकड़ और इसे अपने दिमाग की जेब में रखकर भूल गयी। यह कॉलेज के सीनियर दिनों की बात है और इसका सम्बन्ध केविन से है, मेरा ब्वॉयफ्रेंड जो फुटबॉल खिलाड़ी था।

केविन ओहायो का रहने वाला था और लम्बा, मीठा और साथ में कुछ रूखे स्वभाव के असंभव मेल वाला था। वह टाइगर्स के लिए सुरक्षा पंक्ति में खेलता था, क़दमों से तेज था और बॉल छीनने में निडर था, साथ ही पढ़ाई में भी अच्छा था। वह स्कूल में मुझसे दो साल आगे था, मेरे भाई की क्लास में, और जल्दी ही ग्रेजुएट होने वाला था। उसकी मुस्कराहट में एक प्यारा सा भाव होता था जिससे मुझे ऐसा महसूस होता था कि मैं ख़ास थी। हम दोनों ही व्यस्त थे, और हमारे दोस्त भी अलग अलग थे, लेकिन हमें साथ रहना अच्छा लगता था। हम पिज़्ज़ा खाते थे और हम वीकेंड में एक साथ ब्रंच खाने जाते थे, केविन को खाना बहुत पसंद था, कुछ तो इस वजह से क्योंकि फुटबॉल खेलने के लिए उसको अपने वजन का ध्यान रखना होता था और दूसरे इस कारण से भी कि उसके लिए शांत बैठ पाना मुश्किल होता था। वह बेचैन आत्मा था, हमेशा बेचैन रहता था, और इस तरह उत्तेजित रहता था कि मुझे अच्छा लगता था।

"आओ ड्राइव पर चलते हैं," एक दिन केविन ने कहा। शायद उसने फोन पर कहा था या जब उसने ऐसा कहा था तब हम साथ ही थे। जो भी रहा हो, हम जल्दी ही उसकी कार में सवार हो गए- लाल रंग की छोटी सी कार- कैम्पस से चलाते हुए हम सुदूर प्रिंसटन के एक सुनसान इलाके की तरफ चले गए, जिस सड़क पर शायद ही कोई जाता रहा हो। न्यू जर्सी में वसंत का मौसम था, गर्म साफ़ दिन था और चारों तरफ आकाश खुला हुआ था।

क्या हम बात कर रहे थे? हाथ थाम रखा था? मुझे याद नहीं है, लेकिन हम हल्का फुल्का महसूस कर रहे थे, और एक मिनट के बाद ही केविन ने ब्रेक मार दिया, गाड़ी खींचती हुई जाकर रुक गई। उसने एक विशाल मैदान के पास गाड़ी रोकी, वहां ऊंची घास जाड़ों के बाद सूख जाती थी लेकिन उस मौसम में वह फिर से उग गई थीं। वह कार से उतरने लगता है।

"आ जाओ," वह हाथ से इशारा करते हुए कहता है।

"हम कर क्या रहे हैं?"

वह इस तरह से मेरी आँखों में देखता है मानो यह सब मुझे समझ में आ जाना चाहिए। "हम लोग मैदान में दौड़ लगाने वाले हैं।"

और हम दौड़ लगाते हैं। एक कोने से दूसरे कोने तक, छोटे बच्चों की तरह हाथ हिलाते हुए, वहां की चुप्पी को अपनी चिल्लाहट से तोड़ते हुए। हम सूखी घास के ऊपर दौड़ते हुए और फूलों को लांघते हुए दौड़ रहे थे। शायद मुझे तब यह बात समझ में नहीं आई थी, लेकिन अब आती है। हम लोगों ने उस मैदान को दौड़ कर पार किया। हां हम लोगों ने किया।

कार में वापस आकर केविन और मैं हांफ रहे थे, और अपनी उस मूर्खता के ऊपर हँस रहे थे जो हम लोगों ने अभी की थी।

और बस। यह एक छोटा सा पल है, अंत में कोई मायने नहीं रखता। यह अभी भी मेरे साथ है तो किसी कारण से नहीं, बल्कि अपने बावलेपन के कारण, जिसने मुझे उस गंभीर काम से थोड़ी देर के लिए अलग कर दिया था जो मैं रोज रोज करती थी। क्योंकि जब मैं सोशल की स्टूडेंट थी तो मैं सामूहिक खाने के समय पर खाने जाती थी और थर्ड वर्ल्ड सेंटर की पार्टियों में मुझे डांस फ्लोर पर जाने में कोई परेशानी नहीं होती थी, लेकिन अभी भी मैं निजी तौर पर हर वक्त अपने एजेंडा के ऊपर ही ध्यान रखती थी। कॉलेज में पढ़ने वाले बेपरवाह बच्चे की छवि के पीछे मैं किसी आधे अधूरे सीईओ की तरह रहती थी, चुपचाप लेकिन अटल रूप से अपनी उपलब्धियों पर एकाग्र, झुक झुक कर सभी बंद बक्सों को देखती हुई। मुझे क्या करना था यह बात मेरे दिमाग में थी और मैं जहाँ भी जाती यह सूची मेरे साथ साथ जाती। मैं अपने लक्ष्य का आकलन करती, अपने नतीजों का परीक्षण करती, और अपनी जीतों की गिनती करती थी। अगर सामने कोई चुनौती होती तो मैं उसका मुकाबला करती। एक रास्ते से दूसरा रास्ता निकलता था। यह एक ऐसी लड़की की ज़िंदगी थी जो सोचे बिना नहीं रह सकती थी। क्या मैं इतनी अच्छी हूँ? और अभी भी खुद को इस सवाल का जवाब देने के चक्कर में रहती थी।

इस बीच केविन एक ऐसा आदमी था जिसका ध्यान हट जाता था, जिसको इस भटकन में मज़ा भी आता था। जिस साल मैं सीनियर क्लास में आने वाली थी उसी समय क्रेग और वह प्रिंसटन से ग्रेजुएट हुए। क्रेग मैनचेस्टर इंग्लैण्ड चला गया, वहां वह पेशेवर बास्केटबॉल खेलने के लिए गया। केविन मेरे ख़याल से मेडिकल की पढ़ाई पढ़ने के लिए गया, लेकिन फिर उसका ध्यान भटक गया और वह खेल के शुभंकर बनने का अपना शौक पूरा करने लगा।

हाँ, यह बात सही है। उसने अपनी आँखें क्लेवेलैंड ब्राउन की तरफ लगा रखी थी- किसी खिलाड़ी के रूप में नहीं बल्कि चोम्प्स नामक वह जानवर बनने के लिए जिसकी आँखें फैली हुई थीं, मुंह खुला हुआ और वह नकली होता था। वह यही बनना चाहता था। यह उसका सपना था- भागने के लिए एक नया मैदान, क्योंकि वह क्यों नहीं दौड़ता? उस साल गर्मी के मौसम में केविन क्लेवलैंड में अपने पैत्रिक घर से शिकागो आया भी था, उसके आने का उद्देश्य मुझसे मिलना था, लेकिन आने के तुरंत बाद उसने यह घोषणा कर दी कि शिकागो ऐसी जगह थी जहाँ उसको आने वाले समय में ऑडिशन देने के लिए अच्छा रोयेंदार जानवर जैसी खाल मिल सकती थी। हमने एक पूरी दोपहर दुकानों और ग्राहकों को एक साथ खोजने में बिताई, हम यह जानना कहते थे कि क्या वे ऐसे होते थे कि कोई उनमें हाथ

हिला सकता हो। मुझे याद नहीं है कि केविन को उस दिन जानवर का अच्छा वस्त्र मिला था या नहीं। मुझे यह भी नहीं लगता है कि उसको शुभंकर का काम मिला था या नहीं, खैर वह बाद में डॉक्टर बना, और काफी अच्छा डॉक्टर, और उसने बाद में हमारी ही एक सहपाठी से विवाह भी किया।

उस समय- और यह अनुचित था, मेरे ख़याल से- मुझे लगता था कि वह कहीं स्थिर नहीं रह सकता था। तब मैं यह नहीं समझ सकती थी कि कोई प्रिंसटन से महंगी शिक्षा हासिल करके तत्काल उसका उपयोग संसार में अपने पाँव उस तरह से जमाने के लिए क्यों नहीं करता था जो कि उस तरह की डिग्री से संभव हो सकता था। जब आप मेडिकल स्कूल में पढ़ सकते थे तो आप कुत्ते की तरह इधर उधर हाथ क्यों हिलाएं?

लेकिन मैं ऐसी ही थी। मैं एक खांचे में ढली ही थी- अपने प्रयासों के परिणाम की तरफ बढ़ रही थी- जो बना बनाया रास्ता था उसकी तरफ एकाग्र होकर बढ़ती जा रही थी, मानो हमारे परिवार में किसी और ने(क्रेग को छोड़कर) उस रास्ते पाँव ही न रखा हो। मैं उस तरह से ख्यालों में नहीं रहने वाली थी कि यह सोचती कि मेरा भविष्य किस तरह का होगा, जो यह कहने का ही एक और ढंग है कि मैं सोचने लगी थी कि मुझे लॉ स्कूल में कानून की पढ़ाई करनी थी।

युक्लिड एवेन्यू के जीवन ने मुझे यह सिखाया था- बल्कि सीखने के लिए मजबूर किया था कि बहुत चौकस रहूँ, तथा समय और पैसों दोनों को लेकर व्यवहारिक बनूं। सबसे बड़ा विचलन मेरा वह था जो मैंने सीनियर क्लास में जाने के बाद गर्मियों में किया था जब मैंने न्यूयॉर्क की हडसन घाटी में कैम्प काउंसिलर के रूप में एक तरह से कुछ भी नहीं किया था। मुझे ऐसे शहरी बच्चों को देखना था जिनका जंगल में रहने का वह पहला ही अनुभव था। मुझे यह काम पसंद तो आया लेकिन मैं एक तरह से कंगाल हो गई। मुझे आर्थिक रूप से अपने माँ पापा के ऊपर अधिक निर्भर होना पड़ा, जो मैं नहीं चाहती थी। हालाँकि उन्होंने इस बारे में कभी शिकायत नहीं की लेकिन आने वाले सालों में मुझे इस बात का पछतावा होने वाला था।

यह उन्हीं गर्मियों की बात थी जब उन लोगों की मृत्यु होने लगी जिनको मैं प्यार करती थी। जून में मेरी नानी रॉबी का देहांत हो गया जिन्होंने मुझे बड़ी सख़्ती के साथ पियानो सिखाया था, वह अपना घर मेरे माँ पापा को दे गई, और पहली बार उनको घर के मालिक होने का मौका दिया। साउथसाइड को फेंफडे का कैंसर हो गया था और एक महीने बाद उनकी मौत हो गई, उनका यह विश्वास था कि डॉक्टरों का कभी भरोसा नहीं करना चाहिए, इस वजह से समय पर कुछ भी नहीं किया जा सका। साऊथसाइड की अंतिम यात्रा के बाद मेरी माँ का बड़ा परिवार छोटे से घर में बदल गया, जहाँ आसपास पडोसी और कुछ दोस्त थे। मुझे अतीत की उष्मा और उनके न होने की उदासी महसूस होती थी- यह सब झनझना कर लगता था, वह मेरे पढाई के दिनों की दुनिया थी। यह उससे कहीं गहरा था जो मैं स्कूल के दिनों में महसूस करती थी, पीढ़ियों में धीरे धीरे अंतराल आ गया था। मेरे छोटे भाई बहन बड़े

हो गए थे; बुआ चाचियाँ बूढी हो चली थीं। नए बच्चे और नए पति-पत्नी आ गए थे। घर में बने एक स्टीरियो से जैज की आवाज़ आ रही थी, और हम लोग ने अपने प्रियजनों द्वारा खरीदे गए मांस का सेवन कर रहे थे- बेक्ड हैम, जेल ओ मोल्ड्स और कैसरोल। लेकिन साउथसाइड जा चुके थे। यह दुखद था, लेकिन समय ने हम सबको आगे की तरफ बढ़ा दिया।

हर साल वसंत में कंपनियों के लोग प्रिंसटन में नौकरी देने के लिए आते थे, उनकी नज़र ग्रेजुएट होने वाले सीनियर विद्यार्थियों पर रहती थी। अगर कोई फटी जींस और खुली कमीज पहनने वाला आपका सहपाठी कैम्पस से सूट बूट में गुजरे तो समझ लिया जाता था कि वह मैनहट्टन के किसी बड़ी इमारत में जाने वाला था। यह सब जल्दी जल्दी होता, पेशेवर लोगों की छंटाई, आने वाले कल के बैंकर, वकील, डॉक्टर और कंपनियों के अधिकारी बहुत तेजी से अपने अगले बड़े ठिकाने के लिए चल देते, चाहे वह ग्रेजुएट स्कूल होता या फार्च्यून 500 का आरामदायक प्रशिक्षण कार्यक्रम की नौकरी। मुझे पक्का लगता है कि हम लोगों में से कुछ ऐसे लोग भी थे जिनका दिल शिक्षा, कला और ऐसे कामों में लगता था जो उस तरह से लाभ के नहीं होते थे, या कुछ पीस कॉर्प के मिशन में भी जाते या सेना में जाकर सेवा करने वाले थे, लेकिन मैं यह भी जानती थी कि ऐसे बहुत कम होते थे। मैं अपनी सीढ़ियां चढ़ने में व्यस्त थी, जो मज़बूत थी, व्यवहारिक थी और सीधे ऊपर की तरफ लक्ष्य करके जाती थी।

अगर मैं इस बारे में सोचने के लिए रुकती तो शायद मुझे यह समझ में आता कि स्कूल ने मुझे निचोड़ लिया था- लेक्चर, पेपर, और परीक्षाओं द्वारा- और शायद कुछ और करती तो मुझे अधिक फायदा होता। बजाय एलएसएटी की परीक्षा देने, सीनियर थीसिस लिखकर, कर्त्तव्य के साथ अगले चरण में पहुँचने के लिए देश के प्रमुख लॉ स्कूलों में नामांकन के लिए आवेदन करने के मैंने खुद को पाया कि मैं स्मार्ट थी, विश्लेषण करना जानती थी और महत्वाकांक्षी भी थी। मैं डिनर टेबल पर अपने माँ-पापा के साथ बहस करते हुए बड़ी हुई थी। मैं किसी बात के ऊपर उसकी बुनियादी सार तक बहस कर सकती थी और मुझे इस बात पर गर्व था कि मैंने कभी किसी बहस में हार नहीं मानी। क्या वकीलों में यही सब बातें नहीं होती थीं? मेरे ख़याल से होती थीं।

अब मैं इस बात को स्वीकार कर सकती हूँ कि मैं केवल तर्क से ही संचालित नहीं थी बल्कि इस बार ख़्वाहिश भी थी कि दूसरे लोग भी इसको सराहें। जब मैं बच्ची थी तो जब भी मैं अपने टीचर, पडोसी, या रॉबी के चर्च क्वायर के दोस्तों के सामने यह कहती थी कि मैं बच्चों का डॉक्टर बनना चाहती थी तो वे जिस प्यार से मेरी सराहना करते मैं उसकी उष्मा में चुपचाप डूब जाती। उनके हाव भाव से लगता था कि वे कह रहे हों कि *यह बहुत प्रभावित करने वाली बात नहीं है?* और मुझे यह बहुत अच्छा लगता था। सालों बाद भी इसमें कोई फर्क नहीं आया था, प्रोफेसर्स, रिश्तेदार, मैं जिन लोगों से मिलती थी, सब मुझसे यही पूछते कि अब क्या? जब मैं यह कहती कि मैं लॉ स्कूल में पढ़ने जाना चाहती थी- हार्वर्ड लॉ स्कूल में गई मैं- तो वे बड़े खुश हो जाते। जब मेरा दाखिला हुआ तो मुझे खूब शाबाशी मिली, जबकि

सच्चाई यह थी कि वेटिंग लिस्ट से मेरा किसी तरह नाम आ गया था। लेकिन मेरा दाखिला हो गया था। लोग मुझे ऐसे देखते मानो मैंने दुनिया पर अपनी छाप छोड़ दी हो।

हो सकता है कि इस बात में बुनियादी समस्या हो कि लोग आपके बारे में क्या सोचते हैं: लेकिन यह आपको स्थापित रास्ते पर डाल देता है- आपको लगता है कि प्रभावशाली नहीं है आपका रास्ता- और आपको वहां बहुत देर तक बनाए रखता है। हो सकता है कि यह आपको किसी तरह के विचलन से रोकता हो, बल्कि कभी आपको किसी तरह के विचलन के बारे में सोचने भी न देता हो, क्योंकि इससे खतरा इस बात का रहता है कि दूसरे लोग आपके बारे में जो ऊंचा सोचते हैं कहीं वह न चली जाए और यह बहुत महंगा पड़ने वाला होता। चाहे आप मासचुसेट्स में तीन साल बिता लें, संवैधानिक कानून पढ़ते हुए अविश्वास के मामलों में अपेक्षाकृत अपवर्जनात्मक स्पष्ट समझौतों में होने वाले अपेक्षाकृत लाभों के बारे में चर्चा करते हुए। कुछ लोगों के लिए यह सही में दिलचस्प हो सकता है लेकिन आपके लिए ऐसा नहीं है। हो सकता है कि उन तीन सालों के दौरान आप दोस्त बनाएं जो आपको सदा प्यार और सम्मान देने वाले हों, ऐसे लोग जो सचमुच में कानून की रक्तहीन पेचीदगियों के लिए जाने जाते हों, लेकिन आपको नहीं जाना जाता। आपका जोश कम पड़ जा सकता है, लेकिन किसी भी हालत में आपका प्रदर्शन खराब नहीं हो सकता। आप उसी तरह रहते हैं, अपने प्रयासों/कोशिशों से उपलब्धियां हासिल करते रहते हैं, तब तक जब तक कि आपको ऐसा नहीं लगने लगता है कि आपको सभी सवालों के जवाब मिल गए हैं- सबसे महत्वपूर्ण सवाल का भी। *क्या मैं इस लायक हूँ? हाँ, असल में मैं हूँ।*

उसके बाद यह होता है कि वास्तव में पुरस्कार मिलता है। आप सीढ़ी के अगले पायदान पर चढ़ते हैं, और इस बार यह होता है एक आला लॉ फर्म सिडली एंड ऑस्टिन के शिकागो कार्यालय में वेतन के साथ आपको नौकरी मिल जाती है। आप वहीँ लौट आते हैं, जहाँ आप पैदा हुए, अब वहां आप शहर के केन्द्र में एक इमारत के सैंतालीसवें माले पर बैठकर काम करने आते हैं, जहाँ सामने एक विशाल प्लाज़ा और एक पत्थर की मूर्ति है। आप साऊथ साइड के बच्चे के रूप में इसके सामने से तब गुजरा करते थे जब हाईस्कूल की बस में सवार होकर जाते थे, आप खिड़की से चुपचाप देखते कि लोग दानव की तरह अपने अपने काम के लिए जा रहे होते। अब आप उनमें से एक हो गए थे। आप उस बस से बाहर निकल आये थे, उस प्लाजा की दूसरी तरफ और ऊपर की तरफ जाते एक एलेवेटर में सवार जो इतना शांत होता था कि लगता जैसे आप उड़ रहे हों। आप उस कबीले का हिस्सा बन चुके थे। पचीस साल की उम्र में आपके पास एक सहायक उपलब्ध है। आप उससे काफी अधिक पैसे कमा रहे हैं जितने आपके माँ-पापा ने कभी कमाए थे। आपके साथ काम करने वाले कर्मचारी विनम्र, शिक्षित और अधिकतर श्वेत हैं। आप अरमानी का सूट पहनने लगी हैं और वाइन सर्विस के लिए आपने सदस्यता के ऊपर हस्ताक्षर किये हैं। लॉ स्कूल में पढ़ाई के लिए आपने जो कर्ज लिया है उसकी मासिक क़िस्त का भुगतान करते हैं और काम के बाद एरोबिक्स के लिए जाती है। क्योंकि आप अपने लिए सुविधाएँ ले सकती हैं।

क्या पूछने के लिए कोई सवाल है? इस तरह से तो ऐसा लगता नहीं है। अब आप एक वकील हैं। जो कुछ भी आपको दिया गया आप ने सबको अपनाया- माँ-पापा का प्यार, शिक्षकों का अपने ऊपर भरोसा, साउथसाइड और रॉबी का संगीत, आंट सिस का खाना, डैंडी से सुनी शब्दावलियाँ- और सबको इस रूप में बदल दिया। आप पहाड़ चढ़ चुकी हैं। आपके काम का हिस्सा है, बड़ी-बड़ी कंपनियों के बौद्धिक सम्पदा अधिकार की देखभाल, बल्कि आपके फर्म ने जो वकीलों की अगली खेप ले रखी है उनको काम में तत्पर बनाना। एक वरिष्ठ सहयोगी यह पूछता है कि क्या आप गर्मियों में आने वाले वकील विद्यार्थियों को सिखाएंगी, और जवाब आसान है: हाँ, हाँ, बिलकुल। आपको अभी यह बात समझनी है कि हाँ कहने में बदलाव की कैसी शक्ति होती है। आपको यह नहीं पता होता है कि जब एक मेमो उस असाइनमेंट की पुष्टि के लिए आता है, आपके अन्दर कुछ गहरे कुछ अनदेखा कांपने लगता है, अपने ऊपर कुछ भरोसा जाने लगता है। आपके नाम के आगे एक और नाम लिखा जाने वाला है, कोई संवेदना से भरा लॉ का विद्यार्थी जो अपनी सीढ़ी चढ़ने में लगा हुआ है। आपकी ही तरह, वह भी अश्वेत है और हार्वर्ड से भी। इसके अलावा, आपको कुछ भी नहीं पता- महज़ एक नाम, और यह एक अजीब बात है।

8

बराक ओबामा पहले दिन देर से आये। मैं सैन्तालीसवें माले के अपने दफ़्तर में बैठी इन्तजार कर रही थी, इन्तजार कर रही थी और उसके आने का इन्तज़ार नहीं भी कर रही थी। ज्यादातर पहले साल काम करने आये वकीलों की तरह मैं भी व्यस्त थी। मैं सिडली एंड ऑस्टिन में घंटों बैठती थी, अक्सर डिनर और लंच दोनों ही अपनी मेज पर ही करती थी और फाइलों के अम्बार से संघर्ष करती रहती थी। सभी फाइलें वकीलों की संक्षिप्त और अलंकारिक भाषा में लिखी होती थीं। मैं मेमो पढ़ती थी, मेमो लिखती थी और दूसरों के मेमो सम्पादित भी करती थी। ऐसे में मैं अपने आपको मूल रूप से त्रिभाषी के रूप में देखती थी। मैं साउथ साइड की बेपरवाह बोलचाल की जुबान से भी परिचित थी, और मुझे आईवी लीग का लहजा भी आता था, और अब सबसे बढ़कर मुझे वकालत की जुबान भी आती थी। मुझे कंपनी के मार्केटिंग तथा बौद्धिक सम्पदा व्यवहार समूह के लिए काम पर नियुक्त किया गया था, जिसको अन्य समूहों के मुकाबले अधिक बेपरवाह और रचनात्मक माना जाता था। मेरे ख़याल से ऐसा इसलिए था क्योंकि हम लोग अपना कुछ समय विज्ञापन के साथ बिताते थे, मेरे काम का एक हिस्सा अपने ग्राहक के टीवी और रेडियो विज्ञापनों के स्क्रिप्ट पढने में जाता था, ताकि इस बात को सुनिश्चित किया जा सके कि वे संघीय सम्प्रेषण आयोग के मानकों का उल्लंघन न करें। मुझे बाद में बर्नी द डायनोसौर के कानूनी पहलुओं का अच्छी तरह से ध्यान रखने के लिए सम्मानित भी किया गया। (हाँ लॉ फर्म में बेपरवाही का यह मतलब होता है)।

मेरे साथ समस्या यह थी कि जूनियर सहयोगी होने के कारण मेरे काम में ग्राहकों के साथ अधिक बातचीत करना शामिल नहीं था और मैं एक रॉबिन्सन थी जो एक बड़े परिवार के कोलाहल के बीच बड़ी हुई थी, जो अपने पिता की भीड़ से उनके सहज लगाव से ढला था। मेरा मन होता रहता था कि किसी तरह का संवाद हो। अकेलेपन को दूर करने के लिए मैं अपनी सहायिका लोरेन, तथा बहुत व्यवस्थित, ख़ुशमिज़ाज उस अमेरिकी अफ़्रीकी महिला के साथ हँसी मज़ाक करती थी जो मेरे दफ़्तर के ठीक बाहर रहती थी और मेरे फोन सुनती थी। कुछ वरिष्ठ सहयोगियों के साथ मेरे दोस्ताना सम्बन्ध थे और मैं उनसे बातचीत के मौके का इन्तज़ार करती रहती थी, लेकिन सामान्य रूप से सभी के पास बहुत अधिक काम होता था और इस बात को लेकर सभी सावधान रहते थे कि जिस समय के लिए उनको वेतन दिया

जाता था उसका एक मिनट भी वे व्यर्थ न जाने दें। जिसकी वजह से मैं अपनी मेज पर वापस आ जाती थी, अपने कागजातों के साथ अकेली।

अगर मुझे सप्ताह में सत्तर घंटे कहीं बिताने होते तो उस लिहाज़ से मेरा दफ़्तर मेरे लिए एक ख़ुशनुमा स्थान था। मेरी कुर्सी चमड़े की थी, मेरी मेज अखरोट की बनी थी और उसका रंग बादामी था, और चौड़ी खिड़की थी जिससे दक्षिण पूर्व के नज़ारे दिखाई देते थे। वहां से मुझे बिजनेस डिस्ट्रिक्ट के नज़ारे दिखाई देते थे और लेक मिशीगन की सफ़ेद लहरें, गर्मियों के दिनों में सफ़ेद धब्बों की तरह उनके ऊपर नावें चमकती दिखाई देती थीं। अगर मैं एक ख़ास कोण से मुडती थी तो मुझे समुद्र की रेखा दिखाई दे सकती थी और साउथ साइड की छोटी छतों वाली इमारत और उनके बीच पेड़ों की कतारों की हलकी सी झलक भी दिखाई दे जाती थी। जहाँ मैं बैठती थी वहां से आसपास का इलाक़ा शांत और खिलौने जैसा दिखाई देता था, जबकि कई मामलों में असलियत अलग थी। साउथ साइड का कुछ इलाक़ा खाली हो चुका था क्योंकि वहां व्यवसाय बंद हो गए थे और लोग उस इलाक़े को छोड़ छोड़ कर जा रहे थे। एक समय में जिन स्टील मिलों के कारण वहां स्थिरता थी वहां हजारों की संख्या में छंटनी हो रही थी। कोकीन के नशे का आदी हो जाना जो महामारी की तरह डेट्रायट और न्यूयॉर्क के अफ्रीकी अमेरिकी समुदाय में फैला हुआ था, वह अब शिकागो में आने लगा था, लेकिन उसका प्रभाव कम विनाशकारी नहीं था। बाजार में अपने हिस्से के लिए गिरोहों की लड़ाई हो रही थी जिसके लिए सड़क किनारे अपने धंधों को चलाने के लिए वे छोटे छोटे लड़कों की बहाली कर रहे थे, जो ज्यादा खतरनाक इसलिए था क्योंकि वह उनके लिए स्कूल जाने से अधिक आकर्षक था। शहर में हत्याओं की वारदातें बढ़ रही थीं- जो इस बात का सबूत थीं और अधिक मुश्किलें आने वाली थीं।

मैंने सिडली में अच्छी कमाई की लेकिन जब घर की बात आई तो मैंने इस बात का ध्यान रखा कि फ़ैसला अपने हाथ में रखूं। लॉ स्कूल की पढ़ाई पूरी करने के बाद से मैं अपने पुराने दक्षिण तटीय पड़ोस में रहने लगी थी, जो अभी भी ड्रग्स और गैंगवार से लगभग अछूता था। मेरे माँ-पापा रॉबी और टेरी के पुराने घर में रहने के लिए चले गए थे, और उनके कहने पर ही मैंने ऊपर वाले अपार्टमेंट में रहना शुरू कर दिया था, जहाँ मैं तब रहती थी जब मैं बच्ची थी। मैंने वहां एकदम सफ़ेद काउच लगवाया और दीवारों पर बाटिक प्रिंट, मैं अपने माँ-पापा को कभी कभी चेक दे दिया करती थी जो मोटे तौर पर उसके लिए होता था जिन सुविधाओं का मैं इस्तेमाल करती थी। यह किराए जैसा तो बिलकुल ही नहीं था लेकिन वे जोर देकर कहते थे कि यह काफी है। वैसे तो मेरे अपार्टमेंट में अपना रास्ता बना हुआ था लेकिन मैं काम पर आते जाते हुए नीचे के रसोई के रास्ते का इस्तेमाल करती थी- इसका एक कारण तो यह था कि माँ पापा के घर के पीछे का दरवाजा सीधे गैराज में खुलता था और दूसरा कारण यह था कि मैं अभी भी रॉबिन्सन थी और वही रहने वाली भी थी। अब जबकि मैं अपने बारे में यह सोचती थी कि मैं सूट पहनने वाली, ड्राइवर वाली कार में बैठने वाली एक युवा पेशेवर महिला थी, जो मैं हमेशा से बनना चाहती भी थी, लेकिन मुझे अकेला

रहना अच्छा नहीं लगता था। मेरे माँ-पापा रोज रोज मुझसे मिलने के लिए आते थे और मैंने उन्हीं लोगों तक अपने आपको सिमटा लिया था। उस दिन मैंने उन दोनों को गले से लगाया, बल्कि दरवाजे से बाहर निकलने से पहले ही गले से लगाया और भारी बारिश में कार चलाते हुए अपने दफ़्तर की तरफ निकल गई। काम पर जाना में मैं यह बात भी जोड़ना चाहती हूँ कि *समय पर* काम पर जाना।

मैंने अपनी घड़ी की तरफ देखा।

"उस आदमी की कोई ख़बर?" मैंने लोरेन से पूछा।

उसकी उबासी मुझे सुनाई दे रही थी। "नहीं लड़की," उसने मुझे वापस फोन करके कहा। मैं यह कह सकती थी कि वह हैरान थी। वह जानती थी कि देर से आने से मैं कितना चिढ़ती थी- किस तरह मुझे ऐसा करना घमंड लगता था।

बराक ओबामा ने कंपनी में पहले ही उथल पुथल मचा दी थी। एक बात यह थी कि उसने लॉ स्कूल में अभी पहले साल की ही पढ़ाई पूरी की थी, जबकि हम गर्मियों के इस काम के लिए आम तौर पर दूसरे साल में पढने वाले लड़कों को ही लेते थे, लेकिन अफवाह यह थी कि वह बहुत हटकर था। यह बात फैली हुई थी कि हार्वर्ड में उनके एक प्रोफ़ेसर ने- जो मैनेजिंग पार्टनर की बेटी थी- यह दावा किया था कि वह असाधारण विद्यार्थी थी। कुछ सचिवों का जिन्होंने उसको इंटरव्यू के लिए आते जाते देखा था, यह कहना था कि बहुत बुद्धिमान होने के अलावा वह बहुत प्यारा भी था।

इन बातों को लेकर मैं संदेह में थी। मेरा अनुभव यह था कि किसी थोड़े बहुत होशियार अश्वेत आदमी को भी सूट पहना देने के बाद श्वेत लोग बेवकूफ़ लगने लगते थे। मुझे इस बात में संदेह था कि उसके बारे में इन बड़ी बड़ी बातों के पीछे कोई सच्चाई भी थी। अपने स्टाफ डिक्शनरी के समर संस्करण में मैंने उसकी फोटो देखी- वह लल्लो चप्पो वाला नहीं लग रहा था, सपाट सर वाले उस लड़के के चेहरे पर मुस्कान थी और चाल में एक तरह की बेपरवाही थी-और वह प्रभावित होने वाला नहीं लगता था। उसके परिचय में यह लिखा था कि वह मूलतः हवाई का रहने वाला था, जो उसको कुछ हद तक आकर्षक बेपरवाह बनाता था। नहीं तो उसमें कुछ भी खास नहीं था। कुछ सप्ताह पहले मुझे एक बात से आश्चर्य हुआ था जब मैंने अपना परिचय देने के लिए उसको औपचारिक फोन किया था। दूसरी तरफ से आई आवाज़ से मैं हैरान रह गई थी, बहुत सेक्सी और भारी आवाज़ थी जो कहीं से भी उसकी तस्वीर से मेल नहीं खाती थी।

करीब दस मिनट और गुजर गए जब वह हमारे माले के रिसेप्शन वाले इलाके में आया और मैं उससे मिलने के लिए बाहर निकली। मैंने पाया कि वह काउच पर बैठा हुआ था- बराक ओबामा, गहरे रंग के सूट में बैठा हुआ था और अभी भी बारिश की वजह से उसके कपड़े कुछ गीले लग रहे थे। वह थोड़े संकोच के साथ मुस्कुराया और मुझसे हाथ मिलाते हुए उसने देर से आने के लिए माफ़ी मांगी। उसकी मुस्कान बहुत चौड़ी थी और वह उससे कहीं अधिक दुबला और पतला था जितना मैंने सोचा था, वह साफ़ तौर पर बहुत खुश नहीं दिखाई

दे रहा था, बल्कि उसको देखकर यह भी लग रहा था कि उसको बिजनेस के लिये पहने जाने वाले कपड़ों की भी आदत नहीं थी। अगर उसको पता था कि वह यहाँ एक बहुत होशियार आदमी की छवि के साथ आया था तो ऐसा लग नहीं रहा था। अपने दफ़्तर के गलियारों से ले जाते हुए मैंने उसे कम्पनी लॉ की बारीकियों के बारे में बताया और उसको वर्ड प्रोसेसिंग सेंटर और कॉफ़ी मशीन दिखाया, यह भी बताया कि हम किस तरह से उस समय की गणना करते थे जिसके लिए वेतन दिया जाता था, वह चुपचाप ध्यान से सुन रहा था। करीब बीस मिनट बाद मैं उसको एक सीनियर सहयोगी के पास ले गई जो असल में उस साल गर्मियों के लिए पर्यवेक्षक थे और अपनी मेज पर लौटकर आ गई।

उस दिन बाद में मैं बराक को अपने दफ़्तर के पहले माले पर एक अच्छे रेस्तरां में लंच के लिए ले गई, वह जगह बने संवरे बैंकरों और वकीलों से भरा हुआ था जो डिनर की तरह महंगा खान खाते हुए काम की बातचीत कर रहे थे। गर्मियों में काम के लिए आये किसी सहयोगी को सलाह देने का एक फायदा था: यह बाहर जाकर खाने और अच्छा खाना खाने का एक मौका था, और वह भी फर्म के खर्चे पर। बराक के सलाहकार के रूप में मुझे उसको सामाजिक सहयोग देने का काम था। मेरा काम यह था कि इस बात को सुनिश्चित करूँ कि वह काम में खुश रहे, अगर उसको ज़रूरत हो तो वह सलाह के लिए किसी के पास आ सके, और वह वहां की बड़ी टीम के साथ जुडाव को महसूस कर सके। यह लुभाने की प्रक्रिया की शुरुआत थी- इसके पीछे विचार यह था, जो गर्मियों में काम के लिए आने वाले सभी सहयोगियों के मामले में होता था कि जब उनकी डिग्री पूरी हो जाए तो कंपनी उनको पक्के तौर पर नौकरी में रख ले।

बहुत जल्दी मैं इस बात को समझ गई कि बराक को सलाह की ख़ास ज़रूरत नहीं थी। वह मुझसे तीन साल बड़ा था- वह अट्ठाईस साल का होने वाला था और मेरे विपरीत उसने कोलंबिया यूनिवर्सिटी में अपनी ग्रेजुएशन की पढ़ाई के बाद कई साल काम किया था और उसके बाद लॉ स्कूल में पढ़ने के लिए आया था। जो बात मुझे प्रभावित कर गई वह यह थी कि वह अपने जीवन की दिशा को लेकर बहुत निश्चिन्त था। वह कभी संदेह में नहीं दिखता था, हालाँकि एक नजर में यह नहीं समझ में आता था कि क्यों। सफलता की दिशा में मेरा रास्ता बहुत सीधा सादा था, प्रिंसटन के बाद हार्वर्ड और फिर उसके बाद सैंतालीसवें माले के अपने इस दफ़्तर की मेज तक, जबकि बराक का रास्ता टेढ़ा मेढ़ा रहा। लंच के दौरान मुझे यह पता चला कि वह हर अर्थ में मिश्रित था- वह अश्वेत कीनियाई पिता और कंसास की श्वेत महिला का बेटा था, जिनकी शादी कम उम्र में हुई और कम समय ही चल पाई। उसका जन्म और लालन पालन होनुलुलु में हुआ था, लेकिन अपने बचपन के चार साल उसने इंडोनेशिया में पतंग उड़ाते और क्रिकेट खेलते हुए बिताए। हाईस्कूल के बाद दो साल उसने लॉस एंजेल्स के एक आक्सीडेंटल कॉलेज में दो साल बिताया और उसके बाद उसको कोलंबिया भेज दिया गया, जहाँ के बारे में उसके अपने ही शब्द हैं कि वह 1980 के दशक में मैनहटन में रहकर पढ़ने वाले किसी

विद्यार्थी की तरह बर्ताव नहीं करता था बल्कि ऐसे बर्ताव करता था जैसे पहाड़ पर रहने वाला सोलहवीं सदी का कोई साधू, 109 स्ट्रीट के एक गंदे से अपार्टमेंट में रहकर साहित्य और दर्शन की भारी भारी किताबें पढ़ता हुआ, खराब कवितायें लिखता और इतवार के दिन उपवास करता हुआ।

हम इन बातों पर खूब हँसते, अपनी अपनी पृष्ठभूमियों को लेकर कहानियां सुनाते और यह बताते कि किस वजह से हमने वकालत को चुना। बराक अपने बारे में गंभीर हुए बिना गंभीर था, वह अपने हाव भाव में बेपरवाह था लेकिन दिमाग का बहुत तेज था। यह बहुत अजीब और जोशीला सम्मिश्रण था। मेरे लिए यह बात भी हैरान करने वाली थी कि वह शिकागो के बारे में इतना कुछ जानता था।

सिडली में बराक वह पहला आदमी मुझे मिला जो नाई की दुकान में समय देता था, बारबेक्यू के ठिकानों पर जाता था, और सुदूर दक्षिण में बाइबल सुनने भी जाता था। लॉ स्कूल में जाने से पहले वह शिकागो में तीन साल तक समुदाय प्रबंधक का काम करता था और चर्चों की एक अलाभकर संस्था से साल के 12 हजार डॉलर कमाता। उसका काम था आस पड़ोस का पुनर्निर्माण करना और नौकरियां वापस लाना। जैसा कि उसने बताया कि यह दो हिस्सा हताशा और एक हिस्सा पुरस्कार का काम था: वह सामुदायिक बैठक के लिए हफ़्तों काम करता था तब जाकर दर्जन भर लोग आते थे। उसके प्रयासों को यूनियन के नेता बिगाड़ देते थे तथा श्वेत और अश्वेत दोनों ही निंदा करते थे। लेकिन समय के साथ उसको कुछ अच्छी सफलताएं मिली, और इससे लगता है कि उसको ख़ुशी मिली। उसने बताया कि वह लॉ स्कूल में इसलिए गया क्योंकि जमीनी स्तर पर काम करने से उसको इस बात की समझ आई कि सार्थक सामाजिक बदलाव के लिए केवल ज़मीनी स्तर पर ही काम करने की ज़रूरत नहीं है बल्कि मज़बूत नीतियाँ बनाने तथा सरकारी प्रयासों की भी ज़रूरत है।

उसके बारे में जो चर्चाएँ थीं उनमें तो मैं नहीं पड़ी लेकिन मैंने पाया कि मैं इन वजहों से उसकी प्रशंसिका हो गई थी क्योंकि वह बहुत आश्वस्त रहता था और बेहद ईमानदार लगता था। वह ताज़गी से भरपूर था, अपारम्परिक था और अजीब तरह से देखने में अच्छा था। हालाँकि, मैंने एक बार भी ऐसा नहीं सोचा कि वह इस तरह का आदमी था जिसके साथ मैं डेट पर जाना चाहती। एक कारण यह था कि मैं फर्म में उसकी मेंटॉर थी। हाल में ही मैंने डेटिंग न करने की कसम ली थी, ताकि मैं काम में पूरा ध्यान लगा सकूं। और अंत में, भयावह तरीके से लंच के बाद बराक ने सिगरेट जलाई, जो अगर मैं कुछ शुरू करना चाहती भी तो मेरी रुचि को ख़त्म करने के लिए काफी था।

वह गर्मियों के दिनों के लिए एक अच्छा प्रशिक्षु साबित होने वाला था, ऐसा मुझे लगा।

अगले कुछ सप्ताहों के दौरान, हम लोग एक तरह की दिनचर्या से बंध गए। देर दोपहर बराक हॉल को पार करके आता था और मेरे दफ़्तर में एक कुर्सी पर ऐसे बैठ जाता मानो वह मुझे सालों से जानता हो। कई बार मुझे ऐसा महसूस होता था कि वह मुझे पहले से जानता

था। हम बड़ी आसानी से हँसी मज़ाक करते, हमारी पृष्ठभूमि एक जैसी थी। कई बार जब हमारे आसपास लोग इस सनक से तनाव में आ जाते थे, या साथ काम करने वाले कोई घटिया टिप्पणी करते या ऐसी बात करते जिसका कोई मतलब नहीं होता था तो हम एक दूसरे को कनखियों से देखते थे। जो बात कही नहीं गई थी लेकिन जाहिर थी वह यह कि वह भाई जैसा था, और हमारे दफ़्तर में जहाँ चार सौ से अधिक वकील काम करते थे, केवल पांच पूर्णकालिक वकील थे जो अफ्रीकी अमेरिकी थे। एक दूसरे के प्रति हमारा खिंचाव साफ़ दिखता था और इसको समझ पाना भी आसान था। गर्मियों के दिन में जिस तरह के लोग काम करने आते थे वह उनकी तरह व्यग्र और खूब काम करने वाला नहीं लगता था(मैं खुद सिडली में दो साल पहले यह काम कर चुकी थी), जो खूब तेज़ी से लोगों से मिल रहा हो और बड़ी बेताबी से यह सोच रहा हो कि एक बड़ी नौकरी आने वाली है। वह बड़ी बेपरवाही से घूमता रहता था, जिसकी वजह से उसका जलवा और बढ़ रहा था। फर्म के अन्दर उसकी प्रतिष्ठा बढती जा रही थी। उसको अभी से बड़े बड़े वकीलों की मीटिंग में बैठने के लिए कहा गया था। उसको अभी से ही जिस मुद्दे को लेकर बहस हो रही होती थी उसके ऊपर राय देने के लिए कहा जाता था। गर्मी के आरंभिक दिनों में एक दिन उसने कॉर्पोरेट शासन के बारे में तीस पृष्ठ का एक मेमो दिया जो इतना विस्तृत और ठोस था कि वह देखते ही देखते प्रसिद्ध हो गया। यह आदमी था कौन?

सब इसी उधेड़बुन में रहते थे।

"मैं आपके लिए एक प्रति लाया हूँ?" बराक ने एक दिन मुस्कुराते हुए मेरी मेज पर मेमो बढ़ाते हुए कहा।

"शुक्रिया," मैंने उससे फ़ाइल लेते हुए कहा। "देखती हूँ इसको।"

उसके जाने के बाद मैंने उसको अपनी दराज में रख दिया।

क्या उसको पता था कि मैं उसको कभी नहीं पढूंगी? मुझे लगता है कि उसको पता था। उसने मुझे मजाक में दिया था। हमारी विशेषज्ञता के क्षेत्र अलग अलग थे, इसलिए हमारे काम में एक दूसरे से कोई लेना देना नहीं था। मेरे पास देखने के लिए अपने ही बहुत से दस्तावेज होते थे। और मुझे यह कहने की कोई ज़रूरत नहीं थी कि मैं बहुत प्रभावित हो गई। बराक और मैं अब दोस्त थे। हम लोग सप्ताह में कम से कम एक बार बाहर लंच करते थे, या कई बार उससे भी अधिक, जाहिर है बिल सिडली एंड ऑस्टिन के खाते में जाता था। धीरे धीरे हम एक दूसरे के बारे में और अधिक जानने लगे। वह जानता था कि मैं अपने माँ-पापा के घर में ही रहती थी, कि हार्वर्ड लॉ स्कूल में मेरे लिए सबसे ख़ुशनुमा याद वह थी जब मैंने लीगल ऐड ब्यूरो के लिए काम किया। मुझे पता था कि वह राजनीतिक दर्शन की ढेरों किताबें पढता था मानो बीच रीडिंग कर रहा हो, कि उसके पास जो भी अतिरिक्त पैसे होते थे वह उनकी किताबें खरीदता था। मुझे यह पता था कि कीनिया में एक कार दुर्घटना में उसके पिता की मृत्यु हो गई थी और वह वहां एक बार उस आदमी के बारे में और जानने के लिए गया था। मुझे पता था कि उसको बास्केटबल बहुत पसंद था, वह सप्ताहांत में लम्बी

दूरी की दौड़ लगाता था, वह ओआहू में अपने परिवार और दोस्तों के बारे में काफी उदासी से बात करता था। मुझे पता था कि पहले उसकी ढेरों गर्लफ्रेंड रह चुकी थीं लेकिन फ़िलहाल एक भी नहीं थी।

जो अंतिम बात थी उसके बारे में मुझे लगता था कि मैं दूर कर सकती थी। शिकागो में मेरी ज़िंदगी कुछ भी नहीं थी अगर उसमें संतुष्ट और योग्य अश्वेत महिलाएं नहीं रही होती। मेरे देर तक काम करने के बावजूद मैं भी लोगों से मिलना मिलाना चाहती थी। मेरे सिडली में दोस्त थे, हाईस्कूल के जमाने के दोस्त थे, पेशेवर मेलजोल से बने दोस्त थे, और वे दोस्त भी थे जिनको मैं क्रेग के कारण जानती थी, जिसने अभी हाल में ही शादी की थी और शहर में रहकर इन्वेस्टमेंट बैंकर के रूप में आजीविका चला रहा था। मेरे सहपाठियों की मंडली थी, हमलोग शहर में मध्य में बने किसी बार में मिलते रहते थे या वीकेंड में देर देर तक जमकर खाने के लिए मिलते थे। लॉ स्कूल में पढ़ने के दौरान मैं कुछ लड़कों के साथ घूमती फिरती थी लेकिन शिकागो लौटने के बाद किसी ख़ास इंसान से नहीं मिली थी और इसमें मेरी कोई ख़ास दिलचस्पी भी नहीं थी। मैंने सभी से यह कह रखा था, यहाँ तक कि संभावित विवाह प्रस्तावकों से भी, कि मेरी प्राथमिकता मेरा करियर ही थी। हालाँकि मेरी बहुत सी लड़कियों से दोस्ती थी जो डेट पर जाने के लिए किसी न किसी की तलाश में रहती थीं।

एक शाम मैं बराक को शहर के बीचोबीच एक बार में हैप्पी आवर में लेकर गई, जहाँ आनाधिकारिक रूप से अश्वेत पेशेवरों को मासिक रूप से पीने का मौका दिया जाता था और जहाँ मैं अक्सर अपने दोस्तों से मिलती थी। मैंने ध्यान दिया कि उसने दफ़्तर के कपड़े बदल लिए थे और उसने लाइनेन का सफ़ेद ब्लेजर पहन रखा था और ऐसा लग रहा था जैसे वह सीधे मियामी वाइस कपड़ों की दुकान से आ रहा हो।

इस बात के बावजूद कि उसके पहनने ओढने का अपना स्टाइल था बराक को पाकर कोई भी ख़ुश होती। वह देखने में अच्छा था, संतुलित था और सफल भी। वह एथेलेटिक था, मजेदार था और दयालु भी। किसी और को क्या चाहिए? मैं बार में गई, निश्चित रूप से मैं सभी की मदद ही कर रही थी, उसकी और सभी महिलाओं की। तत्काल ही, मेरी जान पहचान की एक महिला ने उसको घेर लिया, वह एक सुन्दर और ऊंचे ओहदे वाली महिला थी जो वित्त के क्षेत्र में काम करती थी। बराक से बात करते हुए मैंने देखा कि वह तत्काल प्रभावित हो गई। यह देखकर मैं खुश हुई, अपने लिए एक ड्रिंक लिया और वहां मौजूद अपने जान पहचान वाले दूसरे लोगों की तरफ बढ़ गई।

बीस मिनट बाद, मैंने देखा कि बराक कमरे के एक कोने में उस महिला के साथ बातचीत में खोया हुआ था, अधिकतर बातचीत वह महिला ही किये जा रही थी। उसने मेरी तरफ देखा, जिसका मतलब यह था कि वह यह चाहता था कि मैं उसको बचा लूं। लेकिन वह बड़ा आदमी था। मैंने उसको अपने आप बचकर निकल आने दिया।

"तुमको पता है उसने मुझसे क्या पूछा था?" उसने अगले दिन मेरे दफ़्तर में आकर कहा, वह अभी भी कुछ शंका में था। "उसने मुझसे पूछा कि क्या मुझे *सवारी करना* पसंद

था। उसका मतलब घोड़े की सवारी से था।" उसने बताया कि दोनों ने अपनी अपनी पसंदीदा फिल्मों के बारे में बात की, जो भी अच्छी नहीं रही।

बराक बहुत अधिक दिमाग से काम करता था, इतना अधिक कि अधिकतर लोग उसके साथ रह नहीं पाते थे(असल में जब मैं अपनी दोस्त से अगली बार मिला तो उसका वहीं कहना था)। वह हैप्पी आवर में जाने लायक आदमी नहीं था, मुझे इस बात को पहले समझना चाहिए था। मेरी दुनिया उम्मीदों से भरे, मेहनती लोगों से भरी हुई थी जो इस बात को लेकर धुन में रहते थे कि वे तेज़ी से आगे की तरफ़ जाएँ। उनके पास नई गाड़ियाँ थीं अपने घर थे और काम के बाद वे मार्टीनी पीते हुए इसके बारे में बात करना चाहते थे। बराक को अकेले शाम बिताना बहुत पसंद था, शहरी आवास नीति के बारे में पढ़ते हुए। जब वह संगठनकर्ता के रूप में काम करता था तब वह हफ़्तों और महीनों गरीब लोगों को अपनी चुनौतियों के बारे में बोलते हुए सुनता था। उसका जोर उम्मीद पर होता था और आगे बढ़ने की सम्भावना पर, मैं यह देख रही थी कि यह उसके एकदम अलग तरह की पृष्ठभूमि से आने के कारण हुआ था और जिस जगह जा पाना भी आसान नहीं था।

उसने मुझे बताया था कि एक समय ऐसा भी आया था जब वह हारा हुआ लगता था, अधिक उजड्ड। जीवन के पहले बीस साल उसका उपनाम बैरी था। जब वह टीनएजर था तब ओआहू के हरे भरे जंगल में जाकर पॉट का नशा करता था। पश्चिम में वह 1970 के दशक की उत्साहहीनता का शिकार हुआ, वह हेंड्रिक्स और स्टोंस को सुनता था। हालाँकि इसी दरम्यान उसने अपने जन्मनाम को पूरी तरह अपनाया- बराक हुसैन ओबामा- और अपनी जटिल पहचान को भी। वह श्वेत और अश्वेत था, अफ्रीकी और अमेरिकी। वह साधारण था और साधारण तरीके से रहता था, लेकिन वह जानता था कि उसका दिमाग बहुत सघन था और वह जानता था कि इस कारण उसके लिए सुविधाओं की दुनिया के दरवाजे खुलने वाले थे। मैं यह कह सकती हूँ कि उसने इन बातों को गंभीरता से लिया। वह हल्का फुल्का हो सकता था, मजाक कर सकता था लेकिन वह अपनी जिम्मेदारी के बड़े भाव से बहुत दूर नहीं जा सकता था। वह कुछ तलाश रहा था लेकिन अभी उसको यह नहीं पता था कि यह सब उसको कहाँ लेकर जायेगी। मैं यह जान गई थी कि ड्रिंक्स में इसका हल नहीं था। अगली बार जब हैप्पी आवर आया तो मैंने उसको दफ़्तर में ही छोड़ दिया।

जब मैं बच्ची थी तो मेरे माँ पापा सिगरेट पीते थे। वे शाम में जब रसोई में बैठते थे सिगरेट जलाकर काम के दिनों की बातें करते थे। रात में डिनर के बाद जब वे बर्तन साफ़ करते थे तब भी सिगरेट पीते थे, कई बार खिड़की खोल लेते थे ताकि स्वच्छ हवा अन्दर आये। लेकिन वे बहुत सिगरेट नहीं पीते थे लेकिन सिगरेट पीने के आदी थे, और निडर होकर भी पीते थे। वे उसके भी बाद पीते थे जब शोध में यह बात साफ़ हो गई थी कि सिगरेट पीना स्वास्थ्य के लिए अच्छा नहीं होता था।

यह बात मुझे और क्रेग को अच्छी नहीं लगती थी। जब वे सिगरेट जलाते थे तब हम जानबूझकर खांसने लगते थे। हम उनके सिगरेट को बर्बाद करने में लग जाते। जब क्रेग और मैं छोटे थे तब उसने शेल्फ से न्यूपोर्ट का एक बिलकुल नया कार्टन उठाया और उनको मसल कर बर्बाद कर दिया, किचेन के सिंक में उसको कचरे की तरह डाल दिया। एक बार और, हम लोगों ने उनके सिगरेट के डिब्बे के दोनों सिरे गर्म सौस में डूबा दिया और उनको पैकेट वापस कर दिया। हमने अपने माँ-पापा को फेंफड़े के कैंसर के बारे में बताया, उन खतरों के बारे में जो स्कूल में स्वास्थ्य की क्लास के दौरान हमें फिल्म में दिखाया गया था- सिगरेट पीने वाले आदमी के फेंफड़े की फोटो, जिसको कोयले की तरह काला दिखाया गया था, जैसे मौत आपकी छाती के अन्दर ही हो। उन फेंफड़ों के बरक्स हमें गुलाबी फेंफड़े दिखाए गए थे जो स्वस्थ थे, जो सिगरेट से दूषित नहीं थे। मानदंड बहुत सीधा था कि उनके व्यवहार को उलझन में डाल देना: अच्छा/बुरा। स्वस्थ/बीमार। आप अपने भविष्य का चुनाव खुद करते हैं। यही सब हमारे माँ-पापा ने हमें सिखाया था। और यह उनके जाने से सालों पहले की बात है।

बराक उसी तरह सिगरेट पीता था जिस तरह मेरे माँ-पापा पीते थे- खाने के बाद, शहर में घूमते हुए, और जब उसको बेचैनी महसूस होती थी और उसको हाथ से कुछ करने की ज़रूरत महसूस होती थी। 1989 में आज के मुकाबले सिगरेट पीने का प्रचलन बहुत अधिक था, वह सभी लोगों के जीवन का हिस्सा था। सिगरेट के पीने का दूसरों के ऊपर पड़ने वाले प्रभावों के बारे में शोध तब नया नया था। लोग रेस्तरां, दफ़्तरों, और एयरपोर्ट पर पीते थे। लेकिन तब भी मैंने वह फिल्म देख रखी थी। मेरे लिए और हर ऐसे संवेदनशील आदमी के लिए जिसको मैं जानती थी, सिगरेट पीना अपनी बर्बादी की तरह था।

बराक को यह बात समझ में आ गई थी कि मुझे कैसा महसूस हो रहा था। हमारी दोस्ती स्पष्टवादिता के आधार पर पनपी थी जिसे मुझे लगता है कि हम दोनों ही आनंद उठाते थे।

"तुम्हारे जैसा होशियार आदमी ऐसी बदमगजी का काम क्यों करता है?" पहले दिन मिलने पर ही मैंने उससे यह बात कही थी, जब मैंने देखा कि उसने लंच का अंत सिगरेट पीने के साथ किया। यह एक ईमानदार सवाल था।

जहाँ तक मुझे याद है, उसने कंधे उचकाते हुए यह स्वीकार कर लिया था कि मैं सही थी। उंगली उठाने के लिए कुछ नहीं बचा, न ही बहस करने की कोई गुंजाइश। सिगरेट पीना एक ऐसा मुद्दा था जिसके सामने बराक के तर्क बेकार हो जाते थे

हालाँकि, चाहे मैं इस बात को मानूं या न मानूं हमारे बीच कुछ बदल रहा था।

"मेरे ख़याल से हम लोगों को बाहर चलना चाहिए," एक दोपहर जब हम लोगों ने भोजन समाप्त किया तो बराक ने कहा।

"क्या, मैं और तुम?" मैं हैरान हो गई कि उसने इस सम्भावना के बारे में सोचा भी। "मैंने कहा न कि मैं डेट पर नहीं जाती। और मैं तुम्हारी सलाहकार हूँ।"

उसने मुंह टेढ़ा किया और मुस्कुराते हुए कहा, "जैसे उसका मतलन कुछ भी हो। तुम मेरी बॉस नहीं हो," वह बोला। "और तुम बहुत सुन्दर भी हो।"

बराक की मुस्कान ऐसी थी जो लगती थी कि उसके पूरे चेहरे पर फैली हुई हो। वह सहज और समझदार दोनों का बड़ा दुर्लभ संयोग था। आने वाले दिनों में एक से अधिक बार उसने इस बात का सबूत दिया कि क्यों हम लोगों को साथ बाहर जाना चाहिए। हमारी एक दूसरे से बनती थी। हम एक दूसरे को हंसा पाते थे। हम दोनों ही उपलब्ध थे, हम ने इस बात को स्वीकार किया था कि हम दोनों ही किसी से भी जब मिलते थे तो जल्दी ही उसमें हमारी दिलचस्पी ख़त्म हो जाती थी। उसका कहना था कि अगर हम डेट करते भी तो फर्म में किसी को कोई फर्क नहीं पड़ता। बल्कि हो सकता है कि इस बात को वे सकारात्मक रूप में लेते। उसको ऐसा लगता था कि फर्म में काम करने वाले सहयोगी यह चाहते थे कि वह काम पर लौटे। इसलिए अगर वह और मैं साथ हो जाते तो इस बात की सम्भावना और बढ़ जाती कि वह काम पर वापस आ जाएगा।

"तुम यह कहना चाहते हो कि मैं किसी तरह का दांव हूँ?" मैंने हँसते हुए कहा। "तुम अपनी तारीफ़ कर रहे हो।"

उस साल गर्मियों के दौरान फर्म ने कई कार्यक्रम आयोजित किये जिसमें वह अपने सहयोगियों को बाहर ले जाते थे, जिसके लिए वे कागज़ भेजते थे कि जिसको जाना हो वह दस्तख़त कर दे। एक शाम ले मिजरेबल्स नाटक का प्रदर्शन उस थियेटर में था जो दफ़्तर से बहुत दूर नहीं था। मैंने हम दोनों के लिए दो टिकट के लिए लिख दिया जो जूनियर असोसिएट सलाहकार और उसके साथ काम करने वाले के लिए बहुत सामान्य बात थी। हम लोगों से यह उम्मीद की जाती थी कि हम फर्म के आयोजनों में साथ साथ जाएँ। मुझसे आशा यह की गई थी कि मैं इस बात को सुनिश्चित करूँ कि सिडली और ऑस्टिन के साथ उसका अनुभव अच्छा रहे। सारा मसला यह था।

थियेटर में हम अगल बगल बैठे, दिन भर काम करके हम दोनों ही थके हुए थे। पर्दा उठा और नाटक का परिचय शुरू हो गया, वह बादलों भरे पेरिस की याद दिला रहा था। मुझे पता नहीं कि वह मेरा मिजाज था या लेस मिजरेबल्स का ही प्रभाव था, अगले एक घंटे तक मुझे फ्रांस की गरीबी का एहसास होता रहा। असंतोष और जंजीर। गरीबी और बलात्कार। अन्याय और उत्पीडन। दुनिया भर में करोड़ों लोग इस संगीतमय नाटक के प्रभाव में थे, लेकिन मैं अपनी सीट से जकड़ी हुई थी, उस पीड़ा से बाहर निकलने की कोशिश कर रही थी जो हर बार संगीत की प्रस्तुति के बाद उभर कर आती थी।

जब इंटरवल में बत्ती जली, तो मैंने कनखियों से बराक को देखा। वह नीचे झुका हुआ था। सीट के हत्थे पर कुहनी टिकाये वह माथे पर ऊँगली टिकाकर बैठा हुआ था। उसके चेहरे के भाव समझ में नहीं आ रहे थे।

"क्या सोच रहे हो?" मैंने पूछा।

उसने कनखियों से मेरी तरफ देखते हुए कहा, "भयानक, नहीं?"

मैं राहत की सांस लेते हुए हंसने लगी कि वह भी उसी तरह सोच रहा था।

बराक अपनी सीट से उठ गया। "अगर हम यहीं से उठ जाएँ?" वह बोला। "हमें अब चलना चाहिए।"

और कोई मौक़ा होता तो मैं नहीं उठती, मैं इस तरह की इंसान नहीं थी। दूसरे वकील मेरे बारे में क्या सोचते हैं इस बात की मैं परवाह नहीं करती थी- अगर उन लोगों ने खाली सीट देख ली तो क्या सोचेंगे। मैं इस बात की बहुत परवाह करती थी कि अगर मैंने कुछ शुरू किया हो तो उसको ख़त्म जरूर करती थी, चाहे वह घिसी-पिटी ब्रोडवे की प्रस्तुति हो या बुधवार की कोई सुन्दर शाम मैं अंत तक सांस थाम कर देखती थी। मेरे अन्दर एक परखने वाला भाव था। मैं सिर्फ मौजूद रहने के लिए सब कुछ सहती रहती थी। लेकिन अब ऐसा लगता था कि मुझे किसी ऐसे का साथ मिल गया था जो इसमें यकीन नहीं रखता था।

काम के कारण हम जिन लोगों को भी जानते थे उनसे बचते बचाते, अन्य सलाहकार और उनेक साथ काम करने वाले सहयोगी, जो लॉबी में बेचैनी से टहल रहे थे, हम थियेटर से बाहर उमस भरी एक शाम में निकल आये। बैगनी आकाश से रोशनी की आखिरी किरण जाने वाली थी, मैंने जोर की सांस ली। मेरे चेहरे पर राहत का भाव इस तरह दिखाई दे रहा था कि बराक ओबामा को हँसी छूट गई।

"अब हम कहाँ जा रहे हैं?" मैंने पूछा।

"अगर हम एक ड्रिंक ले लें तो कैसा रहेगा?"

हम पास के एक बार में उसी तरह चलते हुए गए जिस तरह से हम साथ साथ चलते थे, मैं एक कदम आगे और वह एक कदम पीछे। बराक धीरे धीरे चलता था। वह हवाई लोगों की तरह बेपरवाही से चलता था, कभी जल्दबाजी में नहीं चलता था, खासकर तब तो बिलकुल नहीं जब उसको जल्दी करने के लिए कहा जाता था। जबकि दूसरी तरफ मैं खाली समय में तेज क़दमों से चलती थी और मुझे तेज कदम न चलने से परेशानी होती थी। लेकिन मुझे याद है कि उस रात मैं अपने आपको धीरे चलने के लिए समझाती रही, थोडा सा- ताकि वह जो कह रहा था मैं वह सुन सकूं, क्योंकि मुझे ऐसा लगने लगा था कि वह जो कुछ भी कहता रहता था मैं सुन लूं।

अभी तक मैंने अपने होने को बहुत संवारा था, हर ढीले और अव्यवस्थित गिरह को सुलझाते हुए मानो मैं जापानी कला की कोई कृति बना रही होऊं। मैंने इसके बनाने के ऊपर बहुत मेहनत की थी। वह जिस तरह का दिखता था मुझे उसके ऊपर बहुत गर्व था। लेकिन वह नाजुक था। अगर उसका एक भी कोना ढीला छूटता था तो मुझे असहज महसूस होने लगता था। अगर एक और कोना उघड़ गया तो शायद ऐसा लगने लगता था कि मैंने सभी चीजों का त्याग करके अपने लिए जो पेशेवर रास्ता इतनी मेहनत से बनाया था उसको लेकर मैं अनिश्चित हो गई थी। मुझे लगता है कि इसी कारण से मैं अपने आपको इस कदर संभाल कर रखती कि मैं अभी भी उसको अपने जीवन में आने देना नहीं चाहती थी। वह एक ऐसी हवा की तरह था जो लग रहा था कि सब कुछ झकझोर कर रख देगा।

एक या दो दिन बाद बराक ने मुझसे पूछा कि क्या मैं गर्मियों में काम करने आये सहयोगियों के लिए आयोजित किये जाने वाले बारबेक्यू में छोड़ सकता था, जो उस वीकेंड एक सीनियर सहयोगी के घर पर आयोजित हो रहा था, जो झील के सामने शहर के एक महंगे उत्तरी इलाके में था। मुझे याद है कि उस दिन मौसम साफ़ था, और करीने से तैयार किये गए लॉन के कोने पर झील का पानी चमक रहा था। स्टीरियो में संगीत बज रहा था और बेयरे ने खाना परोसना शुरू कर दिया और लोग उस घर की साज सज्जा की तारीफ कर रहे थे। वहां सब कुछ बहुत संभ्रांत दिखाई दे रहा था, जो कहीं न कहीं इस बात की याद भी दिला रहा था कि यह सब तब संभव हो पाता है जब आप पूरे दिल से अपने आपको काम में झोंक देते हैं। मुझे पता था कि बराक इस उलझन में फंसा हुआ था कि उसको जीवन में क्या करना था, उसका करियर कौन सी दिशा लेने वाला था। उसको पैसों से खास मोह नहीं था। मेरी तरह उसके पास कभी पैसे रहे नहीं थे, और वह इसकी आकांक्षा रखता भी नहीं था। वह जितना अमीर होना चाहता था उससे कहीं अधिक प्रभावी होना चाहता था लेकिन उसको यह समझ में नहीं आ रहा था कि किस तरह।

पार्टी में हम एक साथ टहल रहे थे लेकिन किसी युगल की तरह नहीं, लेकिन हम ज़्यादातर साथ साथ ही रहे। सहयोगियों की भीड़ के बीच हम अलग हो जा रहे थे, बियर और लेमोनेड पीते हुए, तथा प्लास्टिक की प्लेटों से हैमबर्गर और आलू खाते हुए। हम अलग हो जाते और फिर एक दूसरे को खोज लेते थे। यह सब बहुत सहज लग रहा था। वह मुझसे थोड़ा बहुत मजाक करता था और मैं भी वापस उससे मज़ाक कर देती। कुछ पुरुष बास्केटबॉल का खेल ज़मीन पर खेलने लगे, मैंने देखा कि बराक कोर्ट में जाकर उस भीड़ का हिस्सा भी बन गया। फर्म में उसका सभी लोगों के साथ सहज सम्बन्ध था। वह सभी सचिवों को नाम से बुलाता था और सभी के साथ सहज हो जाता था- बूढ़े खुर्राट वकीलों से लेकर नौजवान वकीलों तक, जिनके साथ वह बास्केटबल खेल रहा था। *यह एक अच्छा आदमी है,* मैंने उसको एक साथी वकील की तरफ बॉल बढाते हुए देखकर कहा।

हाईस्कूल और कॉलेज के जमाने में मैंने बास्केटबॉल का खेल इतना देखा था कि जब मैं किसी अच्छे खिलाड़ी को देखती थी तो तुरंत पहचान लेती थी, बराक जल्दी ही उस परीक्षा में पास हो गया। वह बहुत फुर्ती और कलात्मक तरीके से बास्केटबॉल खेल रहा था, उसका दुबला शरीर तेजी से घूम रहा था, वह जिस ताकत का प्रदर्शन कर रहा था उसकी तरफ़ पहले मेरा ध्यान नहीं गया था। वह फुर्तीला और शालीन दिखाई देता था, पैरों में हवाई के जूतों के बावज़ूद। मैं वहां यह जताते हुए खड़ी थी कि किसी की बहुत अच्छी पत्नी मुझसे क्या कह रही थी लेकिन मेरी आँखें बराक के ऊपर टिकी हुई थी। उस आदमी को पहली बार मैंने ध्यान से देखा था- उस आदमी में सब कुछ बहुत अजीब तरह से मिश्रित था।

जब थोड़ी शाम होने पर हम वापस शहर में आ रहे थे तो मुझे एक नई बीमारी महसूस हुई, तन्हाई का ताज़ा बोया गया बीज। यह जुलाई का महीना था बराक अगस्त में किसी समय चला जाता, वह लॉ स्कूल में चला जाता और वहां उसका जो भी जीवन था उसमें गुम

हो जाता। बाहर से कुछ भी नहीं बदला था- हम लोग हमेशा की तरह हँसी मज़ाक कर रहे थे, इस बारे में चर्चा कि बारबेक्यू में किसने क्या कहा- लेकिन एक ख़ास तरह की गर्मी मैं अपनी हड्डियों में महसूस कर रही थी। अपनी कार की छोटी सी दुनिया में मैं उसके शरीर को बहुत अच्छी तरह से जानती थी- उसने अपनी कुहनी से टेक लगा रखी थी, उसके घुटने मेरे हाथों की पहुँच में थे। हम नहर के किनारे की ड्राइव से दक्षिण की तरफ मुड़ने वाले मोड़ पर खड़े थे, साइकिल चलाने वालों और पैदल चलने वालों को पार करते हुए हम आगे बढ़ रहे थे, मैं खामोशी से अपने आप से ही बहस कर रही थी। क्या ऐसा कोई तरीका था कि इसको हल्के-फुल्के तरीके से किया जाए? इसका मेरी नौकरी के ऊपर क्या असर पड़ता? मुझे कुछ समझ नहीं आ रहा था- कि क्या उचित होता, किसको पता चल सकता था और क्या इन बातों से कोई फ़र्क पड़ता था- लेकिन मुझे लगा कि अब सब कुछ साफ़ होने तक का इन्तज़ार बहुत हो गया।

वह हाइड पार्क में रह रहा था, किसी दोस्त के साथ अपार्टमेंट साझा कर रहा था। जब तक हम आसपास पहुंचे तो हम दोनों के बीच तनाव जैसा महसूस हो रहा था, जैसे कुछ अवश्यम्भावी या पूर्व नियत था जो अब होने वाला था। या मैं महज यह सब सोच रही थी? मैंने उसको कई बार चुप करवा दिया था, हो सकता है कि अब वह मुझे एक बड़ी दोस्त के तौर पर ही देखता हो- एक ऐसी लड़की जिसके पास एयरकंडीशंड कार थी और जो ज़रूरत पड़ने पर उसको कहीं गाड़ी से ले जा सकती थी।

उसकी बिल्डिंग के सामने मैंने कार रोकी, गाड़ी चलाते हुए मेरा दिमाग फिर उलझा हुआ था। हम दोनों ने एक दूसरे को अजीब तरह से देखा, दोनों यही सोच रहे थे कि सामने वाला पहले अलविदा कहे। बराक ने अपना हाथ मेरे ऊपर रख दिया।

"हम उतर कर आइसक्रीम ले लें?" वह बोला।

तब मुझे समझ में आया कि अभी खेल जारी था, यह वैसे कुछ मौकों में था जब मैंने सोचना छोड़कर सिर्फ जीने का फैसला किया था। यह उस शहर की एक गर्म शाम थी जिसे मैं प्यार करती थी। मेरे शरीर पर हल्की हवा लग रही थी। बराक के अपार्टमेंट के सामने बास्किन रॉबिन्स की एक दुकान थी, और हम लोगों ने दो कोन लिए। उसको खाने के लिए हम बाहर निकले तो हम लोगों को कोने में एक जगह दिखाई दी। हम दोनों घुटने सटाकर साथ बैठ गए, दिन भर बाहर रहने के कारण एक तरह की मीठी मीठी थकान थी, हम जल्दी जल्दी और बिना कुछ बोले अपने अपने आइसक्रीम खाए जा रहे थे, हमारी कोशिश यह थी कि हम पिघलने से आगे रहें। शायद बराक ने मेरे चेहरे पर पढ़ लिया या उसको मेरी मुद्रा से लग गया कि मेरे लिए सब कुछ ढीला पड़ने लगा था, मैं अब खुलने लगी थी।

उसने मुझे मुस्कुराते हुए उत्सुकता से देखा।

"क्या मैं तुमको किस कर सकता हूँ?" उसने पूछा।

और इसके साथ ही मैं झुक गई और सब कुछ साफ़ हो गया।

हम दो

9

जैसे ही मैंने अपने आपको बराक के लिए कुछ भी महसूस करने की अनुमति दी, भावनाओं का ज्वार उमड़ आया- बहुत सी कामनाएं जाग गई, कृतज्ञता, संतुष्टि, आश्चर्य। मुझे अपने जीवन और अपने करियर को लेकर या बराक को लेकर जो भी फ़िक्र थी वह सब पहले किस के साथ लग रहा था जैसे धुल गया हो, उसकी जगह यह भावना जाग गई कि उसको अच्छी तरह जान जाऊं, जितनी जल्दी हो सके उसके बारे में सब जानकर सब कुछ अनुभव कर लूं। शायद उसको एक महीने बाद हार्वर्ड जाना था इसलिए उसने अनौपचारिक होने में वक्त नहीं लगाया। मैं शायद इस बात के लिए तैयार नहीं थी कि जिस छत के नीचे मेरे माँ-पापा सोते हों उसी छत के नीचे मेरा ब्वॉयफ्रेंड सोये, इसलिए मैंने बराक के अपार्टमेंट में समय बिताना शुरू कर दिया, वह एक पुराना दूसरे माले का फ़्लैट था जो 53 वें स्ट्रीट पर एक दूकान के सामने था। जो लड़का वहां सामान्य तौर पर रहता था वह यूनिवर्सिटी ऑफ़ शिकागो में लॉ का स्टूडेंट था और उसने अपार्टमेंट को उसी तरह से सजा रखा था जिस तरह कोई स्टूडेंट सजा सकता था, कबाड़ से खरीदे गए एक दुसरे से मेल न खाने वाले सामानों से। एक छोटी सी मेज थी, कुछ टूटी कुर्सियां, और जमीन पर एक छोटे आकार का गद्दा पड़ा हुआ था। खुली जगह पर बराक की किताबें और अखबार भरे थे। वह अपनी सूट जैकेट रसोई में कुर्सी के ऊपर टांगता था और फ्रिज में बहुत कम सामान रखता था। वह घर जैसा नहीं था लेकिन चूँकि मैं सब कुछ अपनी तेज़ी से घूमती रोमांस के चश्मे से देख रही थी इसलिए वह घर जैसा ही लग रहा था।

बराक ने मेरे अन्दर उत्सुकता जगा दी थी। मैंने पहले जिनके साथ भी डेट किया था वह उनमें से किसी जैसा नहीं था, खासकर इसलिए क्योंकि वह बहुत सुकून से रहता था। वह खुले तौर पर प्यार जताता था। उसने मुझे कहा था कि मैं सुन्दर थी। वह मुझे अच्छा महसूस करवाता था। मेरे लिए वह एक एक सींग के जानवर जैसा था- इस हद तक अस्वाभाविक लगता था कि लगता ही नहीं था कि सच हो। वह कभी भौतिक बातों के बारे में बात नहीं करता था, जैसे घर खरीदना है या कार या नए जूते। उसके पैसे अधिकतर किताबें खरीदने में खर्च होते थे, जो उसके लिए पवित्र वस्तु जैसी थीं, जो उसके दिमाग को नर्म बनाए रखती थी। वह देर रात में पढ़ता था, अक्सर मेरे सोने के बाद, वह इतिहास और जीवनियाँ पढ़ता

था और टोनी मॉरिसन भी। वह रोज कई अख़बार पढ़ता था, आगे से पीछे तक। वह नई पुस्तक समीक्षाओं के ऊपर नजर रखता था, अमेरिकन लीग के बारे में पता रखता था और साउथ साइड का नगर प्रमुख क्या राय रखता था इसके बारे में भी उसको पता रहता था। वह उतने ही जोश के साथ पोलिश चुनावों के बारे में बोल सकता था और रोजर एबर्ट ने कौन सी फिल्म क्यों लिखी इस बारे में भी।

एयरकंडिशनर नहीं होने के कारण हमें रात में खिड़की खोलकर सोना पड़ता था, ताकि उमस भरे अपार्टमेंट को कुछ ठंडा बनाया जा सके। हमने आराम में जो पाया था उसको चुपचाप रहने के लिए त्याग दिया था। उन दिनों 53 स्ट्रीट देर रात की गतिविधियों के लिए जाना जाता था वहां से नहर पार करने वाले जाते रहते थे। लगभग हर घंटे खिड़की के बाहर पुलिस की सायरन बजने लगती या कोई चिल्ला चिल्ला कर गालियाँ बकने लगता था, जिससे मेरी नींद खुल जाती। मुझको इससे परेशानी होती थी। बराक को नहीं। मुझे समझ में आ गया था कि उसको अराजकता से कोई परेशानी नहीं होती थी, जबकि मुझे होती थी, वह सबको बड़ी सहजता से समेटने के लिए तत्पर रहता था। एक रात जब मेरी नींद खुली तो मैंने देखा कि वह छत की तरफ देख रहा था, बाहर की स्ट्रीटलाईट की रौशनी में उसका चेहरा दमक रहा था। वह परेशान लग तरह था, मानो किसी बड़ी निजी बात के बारे में गंभीरता से सोच रहा हो। क्या हमारे रिश्ते के बारे में? पिता की मृत्यु के बारे में?

"अरे, तुम वहां क्या सोच रहे हो?" मैंने फुसफुसाकर कहा। उसमे मुड़कर मेरी तरफ देखा और कुछ शर्माते हुए मुस्कुराकर कहा, "अरे, मैं आर्थिक असमानता के बारे में सोच रहा था।"

यह एक सीख थी। और इस बात की कि किस तरह से बराक का दिमाग काम करता था। किसी बड़े और अमूर्त विचार पर वह ध्यान टिका लेता था, पता नहीं उसको कैसे लगता था कि वह इस बारे में कुछ कर सकता था। मैं यह कहना चाहती हूँ कि यह मेरे लिए नया था। अभी तक, मैंने ऐसे अच्छे लोगों से मिलती रहती हूँ जो महत्वपूर्ण बातों की क़द्र तो करते हैं लेकिन उनका ध्यान मुख्य रूप से अपने करियर को बनाने तथा अपने परिवार के लिए कुछ करने के ऊपर केन्द्रित रहता था। बराक बहुत अलग था। वह रोज-ब-रोज की मांग के मुताबिक़ रहता तो था लेकिन साथ ही ख़ासकर रात में उसके विचार और प्रखर हो जाते थे।

अपना ज़्यादातर समय हम अभी भी ज़ाहिर है, काम में ही बिताते, सिडली और ऑस्टिन की शानदार खामोशी में। हर सुबह जहाँ मैं अपने ख्वाब से निकलकर अपने जूनियर वकील के ओहदे पर लौट आती थी, पूरे कर्त्तव्य के साथ मैं अपने दस्तावेजों के ढेर में देखने लगती थी और उन कंपनियों के ग्राहकों की मांग के बारे में विचार करने लगती थी जिनसे मैं कभी मिली भी नहीं होती थी। बराक नीचे साझा कक्ष में अपने कागजातों में खोया रहता था, जहाँ उसको साथ काम करने वाले लल्लो चप्पो करते रहते थे क्योंकि वह उनको बहुत प्रभावित करने वाला लगता था।

अभी भी मैं उचित अनुचित के द्वंद्व में फंसी हुई थी। इसलिए मैं इस बात के ऊपर जोर देती थी कि हमारा बनता हुआ रिश्ता सहयोगियों की नज़र से दूर रहे, हालाँकि इससे कुछ हुआ नहीं। बराक जितनी बार भी मेरे दफ़्तर आता था मेरी सहायिका लोरेन उसको देखकर ऐसे मुस्कुराती थी मानो वह उसका परिचित हो। जब हम जोड़े के रूप में पहली बार बाहर निकले तो उसी रात हम पकड़े गए थे। यह पहले किस के ठीक बाद की बात है, हम उसके बाद आर्ट इंस्टिट्यूट गए और फिर स्पाईक ली की फिल्म "डू द राईट थिंग्स" वाटर पार्क प्लेस में देखने पहुंचे, जहाँ हम फर्म के एक बहुत आला सहयोगी से टकरा गए, न्युट मिनो से, उनके साथ उनकी पत्नी जोसेफिन भी थीं। हम सब पॉप कॉर्न की लाइन में खड़े थे। उन्होंने हमारा अभिवादन गर्मजोशी से किया, बल्कि उन्होंने जताया कि उनको अच्छा लगा, और इस बारे में उन्होंने किसी तरह की टिप्पणी नहीं कि हम साथ-साथ थे। लेकिन हम वहां साथ-साथ थे।

उन दिनों काम करना ऐसा लगता था कि ध्यान भंग हो गया हो, लेकिन एक दूसरे के पास फिर से आने के पहले हम लोगों को काम तो करना पड़ता था। ऑफिस से निकलकर मैं और बराक लगातार बातें करते थे, हाइड पार्क में शॉर्ट्स और टी शर्ट पहनकर घूमते रहते और बातें करते और हम खाना कम ही खाते लेकिन घंटो घंटो खाते रह जाते थे। हम स्टीवी वांडर के हर एल्बम के बारे में बात करते और उसके बाद हम लोगों ने मर्विन गे के हर एल्बम के बारे में बातें की। मैं उसके प्यार में पागल थी। वह जिस तरह धीरे-धीरे बोलता था और जब मैं कोई मज़ेदार कहानी सुनाती थी तो वह जिस तरह से आँखें करता था मुझे बहुत पसंद था। मुझे उसकी यह बात अच्छी लगने लगी थी कि वह समय की परवाह किये बिना एक स्थान से दूसरे स्थान पर जाता रहता था।

हर दिन हमें कुछ नया-नया पता चलता: मैं कब्स की दीवानी थी जबकि उसको व्हाइट सॉक्स पसंद था। मैं मैक और चीज को पसंद करती थी, और वह उसको सख़्त नापसंद करता था। उसको अपराध कथाओं वाली नाटकीय फ़िल्में पसंद थीं, जबकि मुझे रोमांस कॉमेडी। वह बाएं हाथ से लिखता था और बहुत अच्छा लिखता था; जबकि मैं दायें हाथ से घसीटकर लिखती थी। उसके कैम्ब्रिज जाने से पहले उस महीने हम लोगों ने सभी स्मृतियों और अपने विचारों को साझा किया, बचपन की बेवकूफ़ियों, टीन एज के दौर की नादानियों और उन विफल रोमांसों की चर्चा जिनकी वजह से हम दोनों एक हुए थे। बराक मेरे बचपन के दिनों से बहुत प्रभावित था- साल दर साल, दशक दर दशक हम युक्लिड एवेन्यू में एक सा जीवन ही जीते रहे, माँ-पापा, क्रेग और मैं एक ही घर के चार कोनों में रहते। बराक जब सामुदायिक संगठन का काम देखता था तब वह बहुत समय चर्चों में बिताता था, जिसके कारण सामूहिक धर्म में उसकी आस्था थी, लेकिन वह उतना पारंपरिक भी नहीं था। उसने मुझे एक बार शुरू के दिनों में ही कहा था कि शादी बिला वजह की ज़रूरत से ज्यादा प्रचारित संस्था है।

मुझे याद नहीं है कि उस साल गर्मियों में मैंने बराक को अपने परिवार से मिलवाया था या नहीं, लेकिन क्रेग का कहना है कि मैंने किया था। उसका कहना है कि एक शाम हम दोनों

युक्लिड एवेन्यू के घर में आये थे। क्रेग भी आया हुआ था और माँ-पापा के साथ सामने वाले पोर्च में बैठा हुआ था। उसने याद करते हुए कहा कि बराक दोस्ताना था और आत्मविश्वास से भरपूर भी और उसने कुछ मिनट इधर-उधर की बातें की फिर हम मेरे अपार्टमेंट से कुछ लाने के लिए चले गए।

मेरे पापा ने बराक को देखते ही पसंद कर लिया, लेकिन फिर भी उनको उसका अजीब होना पसंद नहीं आया। आखिरकार, उन्होंने यह देखा था कि किस तरह मैंने अपने स्कूल के ब्वॉयफ्रेंड डेविड को प्रिंसटन के गेट पर छोड़ दिया था। उन्होंने यह भी देखा था कि कॉलेज में फुटबॉल टीम के खिलाडी केविन को किस तरह मैंने जैसे ही फर वाले शुभंकर के ड्रेस में देखा तो छोड़ दिया था। मेरे माँ-पापा बहुत अधिक जुड़ाव से पहले जानना चाहते थे। उन्होंने मुझे इस तरह से पाला पोसा था ताकि मैं अपनी ज़िंदगी खुद जी सकूं, और मैंने वही किया भी था, मैं बहुत अधिक एकाग्र थी और बहुत अधिक व्यस्त भी। मैंने अपने माँ पापा से कई बार यह भी कहा था कि मेरे जीवन मे किसी पुरुष के लिए जगह बनाना कठिन है।

क्रेग के मुताबिक़ जब पापा ने बराक और मुझे जाते हुए देखा तो सर हिलाकर हंसने लगे।

"अच्छा आदमी है," उन्होंने कहा। "लेकिन बहुत बुरा है इसलिए यह बहुत चलेगा नहीं।"

अगर मेरा परिवार चौकोर था तो बराक ज्यामिती का विस्तृत टुकड़ा था, जिसकी परिधि समुद्र के पार तक थी। उसने सालों इसकी रेखाओं में अर्थ भरने में लगाए थे। उसकी माँ, ऐन दुन्हम 1960 में हवाई में कॉलेज में पढ़ने वाली सत्रह साल की लड़की थी जब कीनिया के विद्यार्थी बराक ओबामा से उनको प्यार हो गया था। उनकी शादी ज़्यादा नहीं चली और उलझन भरी भी- ख़ासकर इस कारण से क्योंकि यह पता चला कि उनके नए पति की नैरोबी में एक और पत्नी थी। तलाक के बाद ऐन ने जावा के एक भूगर्भशास्त्री लोलो सोतोरो से विवाह किया और जकार्ता चली गई- साथ में छोटे बराक ओबामा को भी- मेरे बराक ओबामा को लेती गई, जो तब छः साल का था।

जैसा कि बराक ने मुझे बताया कि वह इंडोनेशिया में ख़ुश था और अपने नए सौतेले पिता के साथ उसकी अच्छी बनने लगी थी कि उसकी माँ को बराक की पढ़ाई को लेकर चिंता होने लगी। 1971 में ऐन दुन्हम ने अपने बेटे को ओआहु वापस भेज दिया जहाँ वह उनके माता-पिता के साथ रहकर एक निजी स्कूल में पढने लगा। वह कई सालों तक इंडोनेशिया और ओआहु के बीच आती जाती रहीं। बराक ओबामा जब दस साल के थे तो वे एक बार हवाई की यात्रा पर गए जहाँ उसके पिता- जो हर लिहाज से मज़बूत दिमाग वाले भी थे और उनको खूब शराब पीने की भी आदत थी- अनुपस्थित थे और उनकी कोई दिलचस्पी भी नहीं थी।

लेकिन बराक ओबामा को बहुत प्यार किया जाता था। ओआहु में उसके नाना-नानी बराक और उनकी छोटी बहन माया को बहुत प्यार करते थे। उसकी माँ अभी भी जकार्ता

में रह रही थीं लेकिन दूर से ही पूरा सहयोग देती थीं। बराक जकार्ता में अपनी एक सौतेली बहन ओमा के बारे में भी बहुत प्यार से बात करता। जिन दिनों वह बड़ा हो रहा था तब उसके जीवन में मुझसे कहीं कम स्थिरता थी लेकिन वह इस बात का रोना कभी नहीं रोता था। उसकी कहानी उसी की कहानी थी। उसके परिवार के जीवन ने उसको आत्मनिर्भर बनाया और बहुत अधिक उम्मीदों से भर दिया। सच्चाई यह है कि अपने इस अस्वाभाविक बचपन को उसने इतनी सफलतापूर्वक संभाला कि ऐसा लगता था कि वह और अधिक सहन करने के लिए तैयार था।

एक उमस भरी शाम मैं उसके साथ गई क्योंकि उसको अपने एक पुराने दोस्त की मदद करने जाना था। समुदाय प्रबंधक के रूप में उसके साथ काम करने वाले एक पुराने साथी ने उससे कहा था कि क्या वह सुदूर दक्षिण की तरफ रोजलैंड में प्रशिक्षण कार्यक्रम का नेतृत्व कर सकता था। वह इलाका 1980 के दशक के मध्य में स्टील मिलों के बंद होने के कारण ठप पड़ गया था। बराक के लिए एक रात के लिए अपने पुराने काम पर लौटना और शिकागो का हिस्सा बनना स्वागत के योग्य था, जहाँ वह कभी काम करता था। जब हम चर्च में गए तब दोनों ने ही दफ़्तर वाले कपड़े ही पहन रखे थे, तब मुझे यह सूझा कि मैंने इस बारे में अधिक नहीं सोचा था कि एक समुदाय प्रबंधक काम क्या करता था। हम सीढ़ियों से उतरकर नीची छत वाले बेसमेंट में पहुंचे, जहाँ करीब पंद्रह अश्वेत, जिनमें अधिकतर महिलायें थीं, बैठे थे। सभी फोल्डिंग चेयर पर बैठे थे, वह कमरा शायद दिन में डे केयर सेंटर का काम करता था। गर्मी के मारे सभी हाथ से पंखा झल रहे थे। मैं पीछे की तरफ बैठ गई जबकि बराक सामने की तरफ गया और उसने सभी लोगों से हेलो कहा।

उनके लिए वह नौजवान और वकील जैसा लग रहा था। मैं यह देख रही थी सभी उसको समझने का प्रयास कर रहे थे। वे यह समझने का प्रयास कर रहे थे कि वह कोई रायशुमारी करने वाला बाहरी था या उसके पास देने के लिए कोई काम की राय थी। वहां का माहौल मेरे लिए बहुत परिचित था। मैं अपनी नानी रॉबी के साथ साप्ताहिक ओपेरेता वर्कशॉप में शामिल होती थी, जो अफ्रीकी मेथोलोजिस्ट चर्च था और वहां का माहौल यहाँ से बहुत अलग नहीं था। यहाँ जो महिलायें बैठी थीं वह उन महिलाओं से अलग नहीं थीं जो रॉबी के क्वायर में गाती थीं या जो साउथसाइड की मृत्यु के बाद कासरोल लेकर आई थीं। वे सभी अच्छे इरादों वाली, सामुदायिक मानसिकता वाली महिलायें थीं, जिनमें अधिकतर या तो एकल माँ थीं या दादियाँ-नानियाँ, ये उस तरह की महिलाएं होती हैं जो कोई मदद के लिए आगे नहीं आता है तो ये तत्काल आ जाती हैं।

बराक ने अपना जैकेट उतारकर कुर्सी पर टांग लिया और अपनी घड़ी उतार कर रख दी, उसको सामने मेज पर अपने सामने रख दिया ताकि वह उसमें समय देखता रह सके। अपना परिचय देने के बाद उसने बातचीत शुरू की जो करीब एक घंटे तक चली। उसने लोगों से उनकी कहानियां कहने और आसपास के जीवन को लेकर उनकी चिंताओं को सामने रखने के लिए कहा। बदले में बराक ने अपनी कहानी भी सुनाई और उसको सामुदायिक

प्रबन्धन के सिद्धांतों से जोड़ा। वह वहां उनको यह बात समझाने के लिए गया था कि हमारी कहानी एक दूसरे से मिलती जुलती थी, और इस जुड़ाव से यह संभव था कि असंतोष दूर होता और इससे कुछ उपयोगी निकल कर आता। उसने कहा कि यहाँ तक कि वे भी उस छोटे से चर्च के अन्दर बैठे छोटे समूह के लोग भी जिनको देखकर ऐसा लग रहा था कि उनके इलाके के बारे में लोग भूल गए थे, वे भी वास्तविक राजनीतिक सत्ता बना सकते थे। उसने चेतवानी देते हुए कहा कि इसके लिए कोशिश करनी होती है। इसके लिए रणनीति बनाने और उसके लिए अपने आसपास के लोगों को सुनना पड़ता है उन समुदायों में विश्वास का निर्माण करना होता है जिनमें विश्वास की कमी होती है। इसका मतलब होता है लोगों से यह कहना कि आप उनको थोड़ा समय देने या अपनी कमाई का थोड़ा सा हिस्सा देने के लिए नहीं मिले। इसमें दर्जनों या सैकड़ों अन्य तरीके से न कहना शामिल होता है तब जाकर हाँ सुनने को मिलता है जिससे बदलाव शुरू होता है(जो किसी संगठनकर्ता के काम का बड़ा हिस्सा होता था)। लेकिन उसने उन लोगों को इस बात का यकीन दिलवाया कि वे भी प्रभावी हो सकते थे। वे बदलाव ला सकते थे। उसने इस प्रक्रिया को काम करते हुए देखा था, हमेशा सहजता से नहीं, एल्टगेल्ड गार्डन पब्लिक हाउसिंग प्रोजेक्ट के दौरान, जहाँ ऐसा ही एक समूह नए मतदाता के रूप में नाम दर्ज करवा पाने में सफल रहा था, वे निवासियों को जुटाकर शहर के अधिकारियों के पास इस शिकायत के लिए ले गए कि एस्बेस्टस दूषित हो रहा था, और मेयर के दफ़्तर को इसके लिए मनाया गया कि वे आस पड़ोस के लिए एक रोजगार प्रशिक्षण केंद्र खुलवा दें।

मेरी बगल में भी एक भारी भरकम महिला ने अपने बच्चे को घुटने पर रखा और अपने संदेह को छुपाने के लिए कुछ नहीं किया। उसने अपनी ठोढ़ी उठाकर बराक को देखा और उसके निचले होंठ हिले मानो यह कहना चाह रही हो कि हमें क्या करना चाहिए यह बताने वाले तुम कौन होते हो?

लेकिन इस तरह के संदेहों से वह परेशान नहीं होता था, ठीक उसी तरह जिस तरह से लम्बे समय तक विपरीत परिस्थितियों के कारण वह परेशान नहीं हुआ था। बराक युनिकोर्न था, आख़िरकार, अपने अस्वाभाविक नाम के अनुरूप, अपने विवादित अतीत, अपनी नस्लीयता के स्पष्ट रूप से पहचान में न आने के कारण, अपने गायब पिता के कारण, अपने अलग तरह के दिमाग के कारण। उसको अपने आपको साबित करने के लिए काम करना पड़ता था, चाहे वह जहाँ भी जाता।

वह जो विचार प्रस्तुत कर रहा था उसको बेच पाना आसान नहीं था, न ही उसको होना चाहिए था। रोजलैंड को एक के बाद एक झटके लगे थे, श्वेत परिवारों के वहां से जाने से लेकर, स्टील उद्योग में आई गिरावट से लेकर स्कूलों की खराब होती हालत से लेकर ड्रग व्यापार के बढ़ने तक। शहरों के सामुदायिक जीवन में काम करते हुए बराक ने बताया कि उसका सामना अक्सर ऐसे लोगों से होता था जो बहुत गहरे उदास रहते थे- खासकर अश्वेत लोग- समय के साथ हजारों तरह की निराशा के कारण उनमें एक तरह की गहरी निराशा

घर कर जाती थी। मैं इस बात को समझती थी। यह सब मैंने आपने आस पड़ोस में देखा था, अपने परिवार में भी। एक कड़वाहट, विश्वास की कमी। यह मेरे दादा और नाना दोनों में थी, जो इसकी वजह से उनको हुआ था कि उनको अपने बहुत से लक्ष्यों को छोड़ना पड़ा था, और उनको बहुत से समझौते करने पड़े थे। यह दूसरी क्लास में पढ़ाने वाले उस परेशान अध्यापक में भी था जिसने एक तरह ब्रायन मावर स्कूल में हम लोगों को पढ़ाना ही छोड़ दिया था। यह उन पड़ोसियों के अन्दर भी था जिन्होंने अपने लॉन की छंटाई छोड़ दी थी और जो इस बात की परवाह भी नहीं करते थे कि स्कूल के बाद उनके बच्चे कहाँ जाते थे। यह हमारे स्थानीय पार्क में लापरवाही से फेंके गए कचरे के एक-एक हिस्से में था और शाम से पहले पी जाने वाली शराब के एक एक औंस में था। यह हर उस चीज में थी जिनको हम यह समझते थे कि अब ठीक नहीं किया जा सकता, जिनमें हम भी आते।

बराक ने रोजलैंड के लोगों से हिक़ारत की भाषा में बात नहीं की, न ही वह उनको जीतने की कोशिश कर रहा था, न ही वह अपनी सुविधाओं को छिपाने की कोशिश कर रहा था और न ही यह बताने की वह उनसे अधिक अश्वेत था। अश्वेत लोगों के भय और हताशा के बीच, उनकी बेदखली और असहायता के बीच वह बड़ी ढिठाई से तीर को दूसरी तरफ दिखा रहा था।

मैं इस तरह की कभी नहीं रही जो अफ्रीकी अमेरिकी होने की निराशा में जीती हो। मुझे सकारात्मक सोच के साथ पाला पोसा गया था। मेरे माँ-पापा यह चाहते थे और वे इस बात को लेकर अडिग थे कि वे हमें सफल देखना चाहते थे और मैंने इसको अपनाया था। सैंटिटा जैक्सन के साथ मैं ऑपरेशन पुश की रैली में गई थी और मैंने अश्वेत लोगों के लिए उसके पापा के आह्वान को सुना था कि वे अपने गर्व को कभी न भूलें। मेरा उद्देश्य हमेशा यह था कि अपने आस पड़ोस से आगे की तरफ देखूं, और इस परिस्थिति से निकल जाऊं। और मैं निकली। मैंने अपने लिए आईवी लीग की दो डिग्रियां हासिल की। सिडली ऑस्टिन में मेरे पास अपनी सीट और मेज थी। मैंने अपने माँ पापा और दादा-दादी, नाना-नानी को गर्व करने का मौका दिया था। लेकिन बराक को सुनते हुए मैं इस बात को समझने लगी कि उसके उम्मीद का संस्करण मुझसे काफी आगे था: किसी बंधी बंधाई जगह से अपने आपको आगे निकाल लेना एक बात थी और यह बात मुझे समझ में आ गई। लेकिन यह बात और थी कि आप उस स्थान को ही उस परिस्थिति से बाहर निकालने का प्रयास करें।

मैं एक बार फिर इस अहसास से भर गई कि वह कितना ख़ास था। धीरे धीरे, चर्च में मेरे आसपास बैठी उन महिलाओं ने भी हामी में सिर हिलाना शुरू कर दिया, उसकी बातों को सुनकर हामी भरने लगीं कि यह सही कह रहा है आदि।

जब वह अपनी बात समाप्त करने वाला था तब उसकी आवाज़ की गहराई बढ़ गई थी। वह कोई प्रचारक नहीं था लेकिन वह सच में कोई उपदेश दे रहा था- एक नजरिया दे रहा था। वह हमारे निवेश के लिए दांव दे रहा था। उसके हिसाब से विकल्प यह था कि या तो आप छोड़ दें या बदलाव के लिए काम करें। "हमारे लिए क्या अच्छा है?" बराक ने कमरे में जुटे लोगों से कहा। "हमें जो दुनिया मिली है क्या हमें उसी से संतुष्ट हो जाना चाहिए या

दुनिया को जैसा होना चाहिए उसको बनाने के लिए काम करना चाहिए?"

यह एक मुहावरा था जो उसने तब किताब में पढ़ा था जब उसने संगठनकर्ता के रूप में काम करना शुरू किया था, और यह उसके साथ सालों तक बना रहा। यह एक तरह से उस तरह का मुहावरा था जिसके बारे में यह कहा जा सकता था कि इसने बराक को प्रेरित किया। वैसी दुनिया जैसी कि उसे होनी चाहिए।

मेरी बगल में जो महिला बैठी थी जिसकी गोद में बच्चा था उसने भी हामी भरते हुए "आमीन" कहा।

आमीन, मैंने भी मन ही मन सोचा क्योंकि मैं भी संतुष्ट हो गई थी।

अगस्त के मध्य में लॉ स्कूल लौटने के पहले बराक ने मुझसे कहा कि वह मुझे प्यार करता था। यह भावना हमारे बीच इतनी जल्दी और इतने स्वाभाविक रूप से थी कि इसको लेकर कुछ ख़ास यादगार नहीं है बल्कि वह पल ही यादगार है। मुझे ठीक से याद नहीं कि यह कब और कहाँ हुआ। यह कहना इतना प्यारा और सार्थक लग रहा था कि हम दोनों ही हैरान रह गए। हालाँकि हम एक दूसरे को महज़ कुछ महीने से ही जानते थे, और यह अव्यवहारिक भी लग रहा था लेकिन हम प्यार में थे।

लेकिन अब हम लोगों को नौ सौ मील से भी अधिक की दूरी बर्दाश्त करनी थी जो हमारे बीच आने वाली थी। बराक की पढ़ाई ख़त्म होने में अभी दो साल बाकी थे और उसका कहना था कि उसको ऐसा लगता था कि पढ़ाई पूरी करने के बाद वह शिकागो में ही रहेगा। ऐसी कोई उम्मीद नहीं थी कि मैं वहां कि अपनी ज़िंदगी को छोड़ दूँ। सिडली में मैं अभी भी नई ही थी इसलिए मुझे पता था कि मेरे पेशे के लिए इसके बाद का जीवन बहुत मायने रखता था- मेरी उपलब्धियां इस बात को तय करेंगी कि मुझे सहयोगी बनाया जाए या नहीं। खुद लॉ स्कूल में पढ़ाई करने के कारण मैं जानती थी कि आगे बराक कितना व्यस्त होने वाला था। उसको हार्वर्ड लॉ रिव्यू का संपादक चुना गया था। वह विद्यार्थियों द्वारा चलाया जाने वाला मासिक पत्र था और जिसको देश के प्रमुख कानूनी प्रकाशनों में एक माना जाता था। उसका संपादक चुना जाना सम्मान की बात थी, लेकिन इसके साथ यह भी जैसे लॉ की पढ़ाई करते हुए ही पूर्णकालिक नौकरी में आ जाना।

इसके बाद हमारे पास क्या रह गया? हमारे पास फोन रह गया। इस बात को ध्यान रखिये कि यह बात 1989 की थी जब फोन आपकी जेबों में नहीं होता था। तब मैसेज नहीं किये जा सकते थे; किस के लिए कोई इमोजी नहीं होता था। फोन के लिए तब समय और दोनों की एक साथ मौजूदगी का होनी जरूरी था। फोन घर से रात में किये जाते थे जब आप बहुत थके होते और आपको सोने की तलब हो रही होती थी।

जाने से पहले बराक ने मुझे कहा कि उसको चिट्ठी लिखना अच्छा लगता था।

"मैं फोन पर बहुत बात करने वाला आदमी नहीं हूँ," उसने कहा। मानो इससे सब हो जाएगा।

लेकिन इससे कुछ भी नहीं सहज हुआ। पूरी गर्मियों के दौरान हमने बातें करते हुए समय बिताया। मैं यह नहीं कहना चाहती कि हमारा प्यार डाक विभाग की गति से नहीं चल सकता था। हम दोनों के बीच यह भी एक छोटा सा अंतर था। बराक चिट्ठियों में अपना दिल उड़ेल देता था। वह चिट्ठियों के सहारे पला बढ़ा था, उसकी माँ इंडोनेशिया से उसको एयर मेल लिखा करती थी जिसके सहारे उसकी ज़िंदगी चलती थी। जबकि मैं मुंह पर बात करने वाली लड़की थी, में साउथसाइड के घर इतवार को होने वाले डिनर खाते खाते बड़ी हुई थी जहाँ आपको इसके लिए चिल्लाना पड़ता था कि कोई आपको भी सुन ले।

हमारे परिवार में हम खूब बातें करते थे। मेरे पापा ने हाल में ही अपनी शारीरिक बीमारी को देखते हुए एक वैन खरीदी थी, लेकिन अभी भी वह जितना संभव हो सके अपने भाई बहनों के घर मुलाक़ात करने जाते थे। दोस्त, पडोसी, भाइयों और भाइयों के भाई युक्लिड एवेन्यू नियमित रूप से आते थे और लिविंग रूम से पापा के रिक्लाइनर के बगल में बैठकर उनको कहानियां सुनाते या उनसे सलाह लेते। यहाँ तक कि हाईस्कूल के जमाने का मेरा ब्वॉयफ्रेंड भी कई बार उनसे सलाह लेने आता था। मेरे पापा को फोन से भी कोई परेशानी नहीं थी। सालों तक मैंने देखा था कि वे मेरी दादी से हालचाल पूछने के लिए उनको रोज फोन किया करते थे।

मैंने बराक को यह बताया कि अगर वह चाहता है कि हमारा रिश्ता कायम रहे तो उसको फोन पर बात करने की आदत डाल लेनी चाहिए। "अगर मैं तुमसे बात नहीं कर सकती तो मुझे अपनी बात सुनाने के लिए किसी और लड़के को तलाश करना पड़ेगा," मैंने उससे हल्के से मज़ाक करते हुए कहा।

और इस तरह बराक फोन पर बात करने वाला लड़का बन गया। फॉल आते आते जितना संभव होता हम उतनी बात करते, हम दोनों ही अपनी अपनी दुनियाओं के कामकाज में उलझे हुए थे लेकिन हम अपने रोज रोज के जीवन के बारे में विस्तार से एक दूसरे से साझा करते थे, मैं इस बात पर सहानुभूति प्रकट करती कि उसको कॉर्पोरेट टैक्स का ढेर पढना पड़ रहा था, या इस बात के ऊपर हँसते कि किस तरह दफ़्तर की हताशा को दूर करने के लिए मैं काम के बाद एरोबिक्स करके निकालती थी। महीने गुजरते गए और हमारी भावनाएं वैसी ही बनी रहीं और विश्वसनीय भी। मेरे लिए वह जीवन का ऐसा मुद्दा बना गया जिसके बारे में कोई सवाल नहीं किया जा सकता था।

सिडली एंड ऑस्टिन में मैं शिकागो ऑफिस की भर्ती टीम की सदस्य थी, मुझे हार्वर्ड लॉ स्कूल के विद्यार्थियों को समर एसोशियेट की नौकरी के लिए इंटरव्यू लेने के काम पर रखा गया था। यह एक तरह से लुभाने की प्रक्रिया होती थी। जब मैं विद्यार्थी थी तब मैंने भी कॉर्पोरेट लॉ औद्योगिक परिसर की बेताबी और ताकत को महसूस किया था। मुझे डिक्शनरी जैसी मोटी एक किताब दी गई थी जिसमें देश भर की लॉ फर्म के नाम लिखे हुए थे और मुझे यह बताया गया कि इनमें से हर फर्म यह चाहता था कि उनके यहाँ हार्वर्ड लॉ स्कूल का पढ़ा हुआ वकील आये। ऐसा लगता था कि अगर आपके ऊपर हार्वर्ड स्कूल का ठप्पा है तो

आप के पास देश के किसी भी शहर में कानून के क्षेत्र में काम करने के मौके होते थे, चाहे वह डलास का विशाल लॉ फर्म हो या न्यूयॉर्क का बुटिक रियल एस्टेट फर्म। अगर आपकी इनमें से किसी में भी दिलचस्पी होती तो आप कैम्पस इंटरव्यू मैं बैठ सकते थे। अगर वहां सफल हो जाते तो आपको आगे उड़ान भरने लायक मान लिया जाता, जिसमें हवाई जहाज का टिकट, फ़ाइव स्टार होटल में कमरा तथा फर्म के दफ़्तर में एक बार और इन्टरव्यू का मौका शामिल होता था। इसके अलावा, मेरे जैसे भर्तीकर्ताओं के साथ खाने पीने के मौके भी शामिल होते थे। हार्वर्ड में मैंने भी सैनफ्रांसिस्को औए लॉस एंजेल्स की उड़ान के मौके लिए थे, एक तो इसलिए क्योंकि मैं वहां मनोरंजन कर को लेकर होने वाले काम को देखना चाहती थी और दूसरे इसलिए क्योंकि मैं कभी कैलिफोर्निया गई नहीं थी।

अब जबकि मैं सिडली में नियुक्ति सम्बन्धी अनुभव को हासिल करने के लिए कुर्सी की दूसरी तरफ बैठी थी तो मेरा लक्ष्य सिर्फ यही नहीं था कि ऐसे लॉ स्टूडेंट्स को काम पर लाऊँ जो न केवल स्मार्ट हों, काम में दक्ष हों, बल्कि पुरुष और श्वेत से अलग भी कुछ हों। भर्ती करने वालों की टीम में एक और अफ्रीकी अमेरिकी महिला थी जिसका नाम था मर्सिडीज लैंग, जो मुझसे सीनियर थीं। मर्सिडीज मुझसे दस साल बड़ी थी और और मेरी बहुत अच्छी दोस्त और सलाहकार बन गई थीं। मेरी ही तरह, उनके पास भी दो आइवी लीग डिग्रियां थीं और नियमित तौर पर ऐसी जगहों पर बैठती थीं जहाँ कोई भी उनकी तरह नहीं दिखता था। हम इस बात से सहमत थे कि संघर्ष इस बात का नहीं था कि हम इसके आदी बन जाएँ और इसको स्वीकार कर लें। भर्ती के लिए जो मीटिंग हुआ करती थीं उनमें मैं इस बात के ऊपर खूब बहस करती थी कि युवा प्रतिभाओं की भर्ती करते हुए हमें अपने दायरे को विस्तार देना चाहिए। पुरानी परम्परा यह चली आ रही थी कि हार्वर्ड, येल,स्टैनफोर्ड, नार्थवेस्टर्न, यूनिवर्सिटी ऑफ़ शिकागो, यूनिवर्सिटी ऑफ़ इलिनॉय जैसी चुनिन्दा जगहों से ही लोगों को काम पर लिया जाए- फर्म के अधिकतर वकीलों ने भी इन्हीं जगहों से डिग्रियां ली थीं। यह एक चक्र जैसा था: वकीलों की एक पीढ़ी वकीलों की नई पीढ़ी को भर्ती करती थी और वह ऐसे लोगों की भर्ती करती जिनमें उनको अपनी छवि दिखाई पड़ती थी, जिसके कारण किसी तरह की विविधता के लिए जगह ही नहीं रह जाती थी। यह सिर्फ सिडली की ही बात नहीं थी बल्कि, देश की हर बड़ी फर्म में यह समस्या थी(चाहे उसकी पहचान की गई हो या नहीं)। नेशनल लॉ जर्नल के सर्वेक्षण में यह पाया गया था कि बड़ी फर्मों में अफ्रीकी-अमेरिकी वकीलों की तादाद सहायक वकीलों के स्तर पर तीन प्रतिशत भी नहीं थी जबकि साझीदारों के स्तर पर यह संख्या एक प्रतिशत से भी कम थी।

इस असमानता के इलाज के रूप में मैंने अपनी कंपनी वालों के ऊपर इस बात के लिए जोर डाला कि हम अन्य राज्य के कॉलेजों के पढ़ने वाले विद्यार्थियों के बारे में भी विचार करें और खासकर ऐसे कॉलेजों के जो ऐतिहासिक रूप से अश्वेत माने जाते रहे हों, जैसे होवार्ड यूनिवर्सिटी। जब भर्ती करने वाली टीम शिकागो के एक कांफ्रेंस रूम में विद्यार्थियों के रेज्यूमे देखने के लिए बैठती थी तब मैं इस बात के ऊपर आपत्ति करती थी अगर किसी विद्यार्थी

को ट्रांसक्रिप्ट में बी ग्रेड के कारण या किसी कम प्रतिष्ठित कॉलेज में पढने के कारण ख़ारिज किया जा रहा हो। मैं जोर देकर कहती थी कि अगर हम इस बात को लेकर गंभीर थे कि अल्पसंख्यक वकीलों को लाया जाए तो हमें उम्मीदवारों को अधिक सम्पूर्णता में देखना चाहिए। हमें इस बारे में भी सोचना चाहिए कि उनको ज़िंदगी में किस तरह के मौके मिले और उन्होंने उनका उपयोग किस तरह किया, न कि इस आधार पर कि संभ्रांत अकादमिक सीढ़ी पर वे कितनी ऊंचाई तक चढ़ पाए। यहाँ बात यह नहीं थी कि फर्म के उच्च स्तर को कम किया जाए: बल्कि यह समझने की थी कि किसी नए वकील की संभावनाओं को परखने के लिए पुराने ढंग के कठिन मानकों को ही नहीं अपनाना चाहिए बल्कि हम लोगों को सभी तरह के लोगों में से उनका चुनाव करना चाहिए जो कंपनी की सफलता में अपना योगदान दे सकें। बजाय इसके कि हम अधिक विद्यार्थियों को ख़ारिज कर दें, हमें अधिक से अधिक विद्यार्थियों का इन्टरव्यू करना चाहिए।

इस वजह से मुझे भर्ती अभियान के लिए कैम्ब्रिज जाना अच्छा लगता था, इससे मुझे कुछ प्रभाव हासिल होता था ताकि मैं इन्टरव्यू के लिए हार्वर्ड के विद्यार्थियों का चुनाव कर सकूं। जाहिर है, यह मुझे बराक से मिलने का बहाना भी देता था। जब मैं पहली बार गई तो वह कार से मुझे लेने के लिए आया था, पीले रंग की दैतसुन कार थी जो उसने पढ़ाई के लिए मिले लोन के अपने बजट से खरीदी थी। जब उसने चाबी घुमाई तो कार तेज़ आवाज़ के साथ हिलने लगी। मैंने उसकी तरफ अविश्वास से देखा।

"तुम यह चलाते हो?" गाड़ी की आवाज़ के बीच मैंने तेज़ आवाज़ में कहा। उसने मुझे उसी शरारती अंदाज में देखा जिसे देखकर मैं हर बार पिघल जाती थी। "इसे एक या दो मिनट दो," उसने कार में गियर लगाते हुए कहा, व्यस्त सड़क पर गाड़ी लाते हुए वह बोला, "और यह शायद कभी धोखा न दे।"

मैं तुरंत इस बात को समझ गई थी कि कार की सतह में चार इंच का छेद था जिससे मुझे नीचे की ज़मीन दिखाई दे रही थी।

बराक के साथ ज़िंदगी कभी उबाऊ नहीं रहती थी। मैं यह बात तब भी जानती थी। वह केले के रंगवाली पीली कार थी और कुछ हद तक रोंगटे खड़ी करने वाली भी। मुझे तब यह भी सूझा कि कहीं यह आदमी पैसे ही न कमा पाए। वह सोमरविले में एक कमरे के अपार्टमेंट में रहता था, लेकिन जब मैं सिडली की तरफ से भर्ती के दौरों के लिए जाती थी तब मुझे कैम्पस के सामने चार्ल्स होटल में ठहराया जाता था, जहाँ हम बेहद शानदार चादरों पर सोते थे और बराक जो अपने लिए शायद ही कभी खाने के लिए कुछ पकाता था, को सुबह की क्लास जाने से पहले खाने के लिए गर्मागर्म नाश्ता मिल जाता था। शाम के समय वह मेरे कमरे में आ जाता था और अपना होमवर्क पूरा करता था, होटल के मोटे टेरी कॉटन के चोगे में बैठकर।

उस साल क्रिसमस पर हम हवाई जहाज से होनुलुलु गए। मैं पहले कभी हवाई नहीं गई थी और यह पक्का था कि मैं जाना चाहती थी। मैं शिकागो की रहने वाली थी जहाँ सर्दियों का मौसम अप्रैल तक खिंच जाता था, जहाँ आपको कार में बर्फ काटने की कुदाल रखनी

पड़ती थी। मेरे पास काफी गर्म कपड़े थे। मुझे सर्दियों से निकल जाना बहुत अच्छा लगता था। कॉलेज के दिनों में मैं अपने बहामास के दोस्त डेविड के साथ बहामा के सफ़र पर गई थी, एक बार सुजैन के साथ जमैका गई थी। दोनों ही बार मैंने अपनी त्वचा पर हलकी हवा को महसूस किया था और जब भी मैं समुद्र के पास जाती थी तो मुझे बहुत ख़ुशी महसूस होती थी। शायद यह कोई संयोग नहीं था कि द्वीपों पर पले लोग मुझे आकर्षित करते थे।

किंगस्टन में मुझे सुजैन, पाउडर जैसे सफ़ेद तटों पर ले गई जहाँ हम मोतियों जैसी लहरों को निहार रहे थे। वह बड़ी सफाई से हमें भीड़ भरे बाजार से निकाल ले गई थी जो रेहड़ी वालों से भरा था।

यह खाकर देखो," वह मुझे अपने लहजे में ग्रिल्ड मछली खाने के लिए बढाते हुए कहती, या गन्ना देते हुए या आम के कटे हुए टुकड़े बढ़ाते हुए। वह चाहती थी कि मैं सब कुछ चखकर देखूं कि वहां प्यार करने के लिए कितना कुछ था।

बराक के साथ यह कोई अलग बात नहीं थी। अब तक उसको यहाँ मैदानी इलाकों में रहते हुए एक दशक से अधिक हो चुका था लेकिन अभी भी हवाई उसके लिए बहुत मायने रखता था। वह चाहता था कि मैं सब कुछ देख लूं, होनुलुलु की सड़कों के किनारे ताड़ के पेड़ों से लेकर वैकिकी बीच के तिकोन से लेकर शहर के चारों तरफ से घिरे हरे पहाड़। एक सप्ताह के लिए हम परिवार के दोस्त से ली हुई फ़्लैट में रह रहे थे और हम हर दिन समुद्र के किनारे जाते थे, तैरते थे और धूप में लेटकर आराम करते थे। मैं बराक की सौतेली बहन माया से मिली, जो उन्नीस साल की थी और स्मार्ट थी और बर्नार्ड से डिग्री हासिल कर रही थी। उसके गाल गोल गोल थे और आँखें बड़ी और भूरी, बाल घने थे जो कन्धों के पास घुंघराले थे। मैं उसके नाना-नानी मैडेलिन और स्टैनली दुन्हम से मिली, या जिनको वह "टूट्स एंड ग्रैम्प्स" कहता था। वे उसकी इमारत में रहते थे जिसमें उन्होंने बराक को पाला था, छोटा सा अपार्टमेंट जिसमें इण्डोनेशियाई सजावट की गई थी, जो ऐन ने सालों के दौरान भेजी थी।

और मेरी मुलाकात ऐन से भी हुई, जो मोटी थी, उनके बाल काले और घुंघराले थे और बराक की ही तरह उनकी ठुड्डी उभरी हुई थी। उन्होंने चांदी के गहने पहन रखे थे, बाटिक की चमकदार ड्रेस और भारी भरकम सैंडल जो मेरे ख़याल से ऐन्थ्रोपोलोजिस्ट पहनते थे। मेरे प्रति उनका रुख बहुत दोस्ताना था और वह यह जानने में दिलचस्पी ले रही थीं कि मेरी पृष्ठभूमि क्या थी और मैं काम क्या करती थी। यह साफ़ था कि वह अपने बेटे को बहुत प्यार करती थी- लगभग उसके ऊपर गर्व करती थीं- और ऐसा लगता था कि उनको उसके साथ बैठकर बातें करना बहुत अच्छा लगता था- वह उनसे शोध निबंध के बारे में और किताबें बदलने के बारे में ऐसे बताती थीं मानो किसी पुराने दोस्त से मिल रही हों।

परिवार में सब उनको अभी भी बैरी बुलाते थे, जो मुझे बहुत प्यारा लगा। हालाँकि उन लोगों ने कंसस में अपना घर 1940 के दशक में ही छोड़ दिया था लेकिन उसके नाना नानी मुझे ऐसे लग रहे थे जैसे मिडवेस्टर्नर भूले से वहां आ गए हों, जैसा कि बराक मुझे

उनके बारे में बताता था। ग्रैम्प्स लम्बे तगड़े भालू जैसे थे और मजेदार चुटकुले सुनाते थे। टूट एक ठिगनी मोटी सफ़ेद बालों वाली महिला थीं और जो एक स्थानीय बैंक में वाइस प्रेसिडेंट हो गई थीं, उन्होंने हमारे लिए लंच में टूना सलाद का सैंडविच बनाया। शाम में उन्होंने रिज क्रैकर्स पेश किये और डिनर टीवी ट्रे पर रख दिया ताकि सभी न्यूज देखते हुए खा सकें या स्क्रैबल का खेल खेल सकें। उनका परिवार साधारण मध्यवर्गीय परिवार था, बहुत हद तक मेरे अपने परिवार की तरह।

इसमें मेरे और बराक दोनों के लिए राहत की कोई बात थी। क्योंकि हम अलग थे लेकिन हम बहुत मज़ेदार ढंग से एक हो जाते थे। यह ऐसा था मानो हमारे बीच की सहजता तथा आकर्षण के पीछे का कारण समझ में आ गया था।

हवाई में बराक का गंभीर और दिमाग वाला हिस्सा कुछ पीछे चला गया था और उसकी जगह उसका तफरीह वाला रूप उभर आया था। वह घर में आया था और घर ऐसी जगह थी जहाँ उसको किसी को कुछ साबित नहीं करना था। शाम में हमें देर हो चुकी थी लेकिन इससे कोई फर्क नहीं पड़ता था- मुझे भी नहीं। बराक के हाईस्कूल के ज़माने का दोस्त बॉबी पेशेवर मछली मारने वाला था और वह एक दिन नाव से हम लोगों को समुद्र में तैराने के लिए ले गया और फिर एक दिन यूँ ही सैर करवाने के लिए ले गया। बराक को इतने चैन से मैंने कभी नहीं देखा था, नीले आकाश के नीचे ठंडी बियर के साथ अपने एक पुराने दोस्त के साथ बैठकर समय बिताते हुए, न दिन के समाचार की कोई फिक्र न ही लॉ स्कूल की पढ़ाई की चिंता, न ही यह फ़िक्र कि आय की असमानता को दूर करने के लिए क्या किया जाना चाहिए। सूरज की रौशनी से नहाए द्वीप ने हम दोनों के बीच भी खुलापन ला दिया था, कुछ तो इसलिए क्योंकि इतना समय हम लोगों के पास पहले कभी नहीं रहा था।

मेरे बहुत से दोस्तों ने संभावनाओं को बाहर से अन्दर की तरफ़ देखा, पहले पहनने ओढ़ने तथा फिर आर्थिक संभावनाओं के ऊपर ध्यान लगाया। अगर उनको यह पता चलता कि उन्होंने जिस आदमी का चुनाव अपने लिए किया था वह अच्छी तरह से बात नहीं कर पाता है या उसको भावुकता पसंद नहीं हो, तो उनको ऐसा लगता था कि शादी की शपथ सारी समस्या को समाप्त कर देगी। लेकिन मेरे जीवन में बराक सम्पूर्ण मनुष्य के रूप में आया था। पहली बातचीत से ही उसने मुझे यह बता दिया था कि वह अपने डर या कमजोरियों को लेकर कहने में सजग नहीं रहता था और उसको सच कहना अच्छा लगता था। काम के दौरान मैंने पाया था कि वह विनम्र था और बड़े हित के लिए अपनी ज़रूरतों का त्याग करने के लिए तैयार रहता था।

और अब हवाई में मैं यह देख रही थी कि उसका व्यक्तित्व अनेक छोटे छोटे रूपों में दिखाई दे रहा था। स्कूल के दिनों के दोस्तों के साथ उसकी अभी भी दोस्ती थी जो यह बताती थी कि वह रिश्तों को अहमियत देता था। अपनी मजबूत इरादों वाली माँ के प्रति उसके समर्पण से यह समझ में आता था कि वह महिलाओं और उनकी आजादी का सम्मान करता था। इस बात के ऊपर उससे बात किये बिना ही मैं यह ज़ान गई थी कि वह किसी ऐसी साथी को संभाल सकता था जिसके अपने सपने हों और अपनी आवाज़ भी। कुछ ऐसी बातें

थीं जो आप रिश्तों में नहीं सिखा सकते थे, ऐसी बातें जिनको प्यार भी न तो बना सकता है न ही बदल सकता है। अपनी दुनिया को खोलते हुए बराक मुझे यह दिखा रहा था जो कुछ भी मैं जानना चाहती थी कि वह किस तरह का जीवनसाथी बन सकता था।

एक दोपहर हमने कार मांगी और चलाते हुए हम ओआहु के उत्तरी तट तक गए, जहाँ हम तट पर बैठकर लहरों के साथ सर्फर्स को खेलते हुए देखने लगे। हम घंटों वहां बैठे रहे, बातें करते हुए, एक लहर दूसरे लहर पर चढ़ती रही। सूरज पीछे क्षितिज पर डूब रहा था और तट पर घूमने आये लोग अपने अपने सामान समेट कर घर जा रहे थे। हम बातें करते रहे जबकि आकाश पहले गुलाबी हुआ फिर बैंगनी और फिर अचानक अँधेरा हो गया, हमें कीड़े काटने लगे और हमें भूख भी लग आई थी। मैं हवाई आई थी ताकि बराक के अतीत के बारे में कुछ जान सकूं लेकिन हम वहां बैठे भविष्य के बारे में बातें कर रहे थे, कि हम किस तरह के घर में रहना चाहते थे, हम किस तरह के माता पिता बनना चाहते थे। मुझे यह सब बात करना कुछ साहसी और काल्पनिक जैसा लग रहा था, लेकिन मुझे आश्वस्ति भी मिल रही थी कि अब हम रुकने वाले नहीं थे, और हो सकता है कि हम जीवन भर इसी तरह से बातें करते रहें।

वापस शिकागो लौटकर एक बार फिर बराक से दूर होकर, मैं अभी भी कई बार हैप्पी आवर की बैठकों में जाती थी लेकिन अब देर रात तक रुकती नहीं थी। पढ़ने को लेकर बराक की दीवानगी ने मेरे अन्दर किताबों को लेकर एक नई तरह का प्यार जगा दिया। अब मुझे शनिवार की रात काउच पर लेटकर किताब पढ़ना अच्छा लगता था।

जब मैं बोर होने लगती थी तो अपनी पुरानी दोस्तों को फोन कर लेती थी, अब जबकि मेरा एक ब्वॉयफ्रेंड था लेकिन अभी भी मेरी सहेलियां ही थीं जो मेरे जीवन को स्थिर बनाए रखती थीं। सैंटिटा जैक्सन अब रोबर्टा फ्लैक के समूह की बैक अप गायिका के रूप में देश भर में घूमती रहती थी, लेकिन जब हमारा मन होता था, हम बातें कर लेते थे। करीब एक साल पहले मैं अपने माँ-पापा के साथ लिविंग रूम में बैठी हुई थी, हम गर्व से भर गए थे जब हमने देखा कि सैंटिटा और उसकी बहन 1988 में डेमोक्रेटिक पार्टी के राष्ट्रीय सम्मलेन में अपने पिता का परिचय करवा रही थी। जैक्सन ने राष्ट्रपति चुनाव के लिए प्रयास किया था और प्रारंभिक दौर में करीब दर्जन भर प्राथमिक मतदाता मंडलों को साथ कर लिया था लेकिन अंत में नामांकन माइकेल दुकाकिस के पक्ष में हुआ। इस बीच उसने हम जैसे घरों को उम्मीद और उत्साह के नए स्तर से भर दिया था, जबकि दिल ही दिल में हम यह जानते थे कि उनके सफल होने की सम्भावना बहुत कम थी।

मैं वेरना विलियम्स से नियमित रूप से बात करती थी जो लॉ स्कूल के दिनों से ही मेरी अच्छी दोस्त थी, जो हाल तक कैम्ब्रिज में रह रही थी। वह बराक से कई बार मिली थी और उसको पसंद करती थी और वह मुझे इस बात के लिए बहुत चिढ़ाती थी कि मैंने उच्च मानक को गिरा दिया और एक सिगरेट पीने वाले को अपने जीवन में आने दिया। एंजेला कैनेडी और मैं अभी भी खूब हँसते थे, जबकि वह न्यू जर्सी में टीचर थी और एक बड़े बच्चे को पाल

रही थी और खुद को सँभालने की कोशिश कर रही थी जबकि उसकी शादी धीरे धीरे बिखर रही थी। हम दोनों एक दूसरे को किशोर लड़की के रूप में जानते थे, अब हम बड़े हो चुके थे, हमारा जीवन बड़ों वाला था और हमारी चिंताएं भी बड़ी थीं। कई बार हम लोगों को यह सोचकर बहुत अजीब लगता था।

इस बीच, सुजैन वैसी ही बिंदास थी जैसी तब थी जब हम प्रिंसटन में साथ साथ रहते थे। वह मेरी ज़िंदगी में आती जाती रहती थी, वह अभी भी अपने दिन को तभी महत्व देती थी कि उसमें उसको मज़ा आ रहा था या नहीं। हम बहुत बहुत दिनों तक एक दूसरे से कोई बात नहीं करते थे, लेकिन बड़ी सहजता से अपनी दोस्ती के धागे को सुलझा लेते थे। हमेशा की तरह मैं उसको स्क्र्युजे बुलाती थी और वह मुझे मिशे। हमारी दुनिया उसी तरह से अलग-अलग थी जिस तरह से स्कूल के दिनों में थी, जब वह इटिंग क्लब पार्टियों में जाती रहती थी और अपने गंदे कपड़े बिस्तर के नीचे सरका देती थी और मैं समाजशास्त्र के 201 नोट्स की कलर कोडिंग करती रहती थी। तब भी सुजैन बहन जैसी थी जिसकी ज़िंदगी मैं अपनी अंतनिर्हित भिन्ताओं के बावजूद दूर से ही देख सकती थी वह पागलपन से भरी थी, आकर्षक थी, और मेरे लिए हमेशा मायने रखती थी। वह मुझसे सलाह लेती थी और बदमाशी से उसको नज़रअंदाज़ कर देती थी। क्या एक अय्याश और लगभग मशहूर पॉप स्टार के साथ डेट करना गलत था? क्यों, हाँ यह होगा, लेकिन वह करेगी, *क्यों नहीं*? मुझे सबसे दुःख तब हुआ था जब उसने कॉलेज की पढ़ाई के बाद एक आईवी लीग बिजनेस स्कूल में पढने का मौका गंवा दिया था, कारण यह था कि उसको लगता था कि वहां बहुत अधिक काम होगा और मौज मस्ती कम। उसके बाद उसने स्टेट स्कूल से एक ऐसे कोर्स में एमबीए किया जहाँ तनाव कम था, जो मुझे लगता था कि आलस भरा फ़ैसला था।

कई बार सुजैन के विकल्प उसके एकदम ख़िलाफ लगते थे जिस तरह से मैं चीजों को देखती थी, सहज रहना और अधिक की आकांक्षा न करने के पक्ष में फैसला। लेकिन अब मैं यह कह सकती हूँ कि तब मैंने उसको गलत समझा था। हालाँकि, तब मुझको ऐसा लगता था जैसे मैं सही थी।

जब बराक के साथ मैं डेट करने लगी तो मैंने सुजैन को यह बताने के लिए फोन किया। वह इस बात से बहुत ख़ुश हो गई कि मैं बहुत ख़ुश थी- ख़ुशी उसके लिए पैमाना था। उसके पास अपने बारे में सुनाने को भी कुछ था: वह फेडरल रिजर्व में कंप्यूटर विशेषज्ञ की अपनी नौकरी छोड़कर यात्रा के लिए निकल रही थी- हफ़्तों के लिए नहीं, बल्कि महीनों के लिए। सुजैन और उसकी माँ एक तरह से दुनिया के सफ़र पर निकलने वाली थीं। कारण वही, *क्यों नहीं*?

मैं यह नहीं समझ पाई कि सुजैन को यह पता था या नहीं कि अचेतन रूप में उसके शरीर की कोशिकाओं के साथ कुछ अजीब हो रहा था, चुपचाप उसके साथ कुछ घटित हो रहा था। मुझे यही पता था कि 1989 के फॉल में जब मैं चमड़े के पम्प शू पहनकर सिडली के कांफ्रेंस रूम में घंटों बैठकर मीटिंग करती रहती थी, सुजैन और उसकी माँ इस कोशिश में रहती थी कि कम्बोडिया में उनके कपड़ों पर करी न गिर जाए, या सुबह के समय वे ताजमहल

के अन्दर डांस करती होती थीं। जब मैं अपने चेक बुक संभाल रही होती थी, ड्राई क्लीनर्स से कपड़े ले रही होती थी, और युक्लिड एन्क्लेव में पेड़ से पत्तों को गिरते हुए देख रही होती थी सुजैन बैंकोक की गर्म, उमस भरे माहौल में टुक टुक पर घूम रही होती थी, और मेरे ख़याल से ख़ुशी से चिल्ला रही होती। असल में मैं यह नहीं जानती थी कि वह किस तरह से सफ़र कर रही थी या कहाँ-कहाँ घूम रही थी, क्योंकि वह उस तरह की लड़की नहीं थी जो पोस्ट कार्ड भेजकर संपर्क में रहे। वह अपने जीवन में बहुत व्यस्त थी, दुनिया उसको जो कुछ भी दे रही थी, उसको वह पूरी तरह से महसूस कर रही थी।

जब वह मेरीलैंड में अपने घर आई और उसको मुझसे बात करने का समय मिला तो ख़बर अलग तरह की थी- उसकी जो छवि थी उससे इतना अलग था कि मुझे विश्वास ही नहीं हुआ।

"मुझे कैंसर है" सुजैन ने मुझ से कहा, रुआंसे होने के कारण उसकी आवाज़ भारी लग रही थी, "काफी बढ़ा हुआ है।"

उसको डॉक्टरों ने बताया था, उसको काफी बढे हुए रूप में लिम्फोमा था, जो उसके अंगों को खा रहा था। उसने इलाज के बारे में पूरी योजना बताई, जिससे इस बात की उम्मीद जग सकती थी कि नतीजा क्या हो सकता था, यह सुनकर मैं बहुत खुश हो गई। फोन रखने के पहले उसने बताया कि भाग्य बड़ा क्रूर था क्योंकि उसकी माँ भी बहुत बीमार हो गई थी।

मैं यह पक्के तौर पर नहीं कह सकती कि मैंने कभी इस बात के ऊपर यकीन किया था कि जीवन में सब कुछ अच्छा होता था, लेकिन मुझे हमेशा यही लगता था कि आप किसी भी तरह की समस्या से निकलने की राह निकाल सकते थे। मेरे इस विचार को पहली बड़ी चुनौती मिली सुजैन को कैंसर होने से, मेरे आदर्श बिखर गए। क्योंकि मैंने अभी तक अपने मुकाम को हासिल नहीं किया था लेकिन मुझे अपने भविष्य का पता था। मेरे सामने एक एजेंडा था जिसको मैं कॉलेज के शुरुआती दिनों से ही ध्यान में रखकर चल रही थी, जो साफ़ सुथरे तरीके से वहां पहुँचने को लेकर था।

मेरे और सुजैन के लिए वह कुछ इस तरह था: हम दोनों एक दूसरे की शादी में शान से जाते, हमारे पति एक दूसरे से ज़ाहिर है बहुत अलग अलग होते लेकिन फिर भी वे बहुत हद तक एक जैसे होते। हम दोनों के बच्चे एक समय होंगे, हम परिवार के साथ जमैका के बीच पर जायेंगे, एक दूसरे के लालन पालन की शैली को लेकर कुछ आलोचनात्मक रहेंगे, और जब बच्चे बड़े होंगे तो हम दोनों एक दूसरे के बच्चों की पसंदीदा आंटी बनेंगी। उसके बच्चों के जन्मदिन पर मैं किताबें दूंगी, वह मेरे बच्चों को पोगो स्टिक्स देगी। हम लोग हँसेंगे और एक दूसरे से राज़ साझा करेंगे, फिर एक दूसरे को आँखें नचा नचाकर कहेंगी कि हम एक दूसरे को कैसा पागल समझते थे। एक दिन अचानक हम दोनों को यह समझ में आएगी कि हम दो बूढी स्त्रियाँ बन चुकी थीं जो सदा अच्छी दोस्त बनी रहीं, इस बात से दुखी कि समय कितना बीत गया।

मेरे लिए दुनिया ऐसी होनी चाहिए थी।

पीछे मुड़कर देखने पर जो बात मायने रखने वाली लगती है वह यह है कि सर्दियों और वसंत के दौरान मैंने बस अपना काम किया। मैं वकील थी और वकीलों का काम काम करना था। हम हर वक्त काम करते थे। हम लोग उतने समय तक ही अच्छी तरह रहते थे जितने समय के लिए हमें भुगतान किया जाता था। कोई विकल्प नहीं था, मैंने अपने आप से कहा। काम जरूरी था, मैंने अपने आप से कहा। और इस वजह से मैं शिकागो के बीचोबीच हर सुबह जाती रही, कॉर्पोरेट दफ़्तरों के टावर वन फर्स्ट नेशनल प्लाज़ा में। अपना सर झुकाए मैं चुपचाप अपने भुगतान के बराबर काम में लगी रहती थी।

मेरीलैंड में सुजैन अपनी बीमारी के साथ जी रही थी, वह डॉक्टरों से मिल रही थी, ऑपरेशन करवा रही थी, साथ ही साथ अपनी माँ का ध्यान रखने की कोशिश भी कर रही थी जो खुद भी कैंसर के उग्ररूप का सामना कर रही थीं, जिसके बारे में डॉक्टर्स का कहना यह था कि सुजैन के कैंसर से उनके कैंसर का कोई सम्बन्ध नहीं था। यह दुर्भाग्य था, वह इस हद तक अचानक हुआ था कि उसके बारे में सोचते हुए भी डर लगता था। सुजैन का शेष परिवार आपस में उस तरह से जुड़ा हुआ नहीं था, सिवाय उसके रिश्ते की दो बहनों के जो जितना संभव होता था उसकी मदद करने की कोशिश करती थी। एंजेला कई बार न्यू जर्सी से उसको देखने चली जाती थी, लेकिन उसको अपनी नौकरी और बच्चे को भी देखना होता था। मैंने लॉ स्कूल के जमाने की मेरी दोस्त वेरना से कहा कि उसको जब वक्त मिले वह जाकर उससे मिल आया करे। जब हम हार्वर्ड में थे तो वेरना सुजैन से कई दफा मिली थी, और यह महज़ संयोग की बात थी कि वह सिल्वर स्प्रिंग में रहती थी, जिसकी बिल्डिंग सुजैन के पार्किंग के सामने ही थी।

वेरना से इसकी उम्मीद करना बहुत अधिक था, क्योंकि अभी हाल में ही उसके पापा की मृत्यु हुई थी और वह अपने ही दुःख में उलझी हुई थी। लेकिन वह सच्ची दोस्त थी, एक सहिष्णु दोस्त। मई में एक दिन उसने फोन करके बताया कि जब वह उससे मिलने गई तो क्या हुआ था।

"मैंने उसके बाल बनाये," वह बोली।

वह सुजैन जिसको बाल झाड़े जाने की ज़रूरत पड़ रही थी उसको मुझसे हर बात बता देनी चाहिए थी, लेकिन मैं सच से बचती रही थी। मेरे अन्दर कुछ था जो अभी भी यही कह रहा था कि ऐसा कुछ नहीं हो रहा था। मुझे ऐसा लगता था कि चाहे उसके स्वास्थ्य के बारे में कुछ भी कहा जाए, सुजैन की सेहत में सुधार होगा।

आखिरकार एंजेला ने जून में मुझे फोन किया और सीधे मुद्दे पर आई। "अगर तुम आना चाहती हो मिशे तो बेहतर होगा कि आ जाओ," वह बोली।

तब तक सुजैन को अस्पताल ले जाया गया था। वह इतनी कमजोर हो चुकी थी कि बात भी नहीं कर पा रही थी, कभी उसको होश आता कभी बेहोश हो जाती। अब कुछ नहीं बचा था जो मुझे इस बात को ख़ारिज करने देता। मैंने फोन रखा और हवाई जहाज का टिकट खरीद लिया। मैंने पूरब की तरफ उड़ान भरी, टैक्सी पकड़ कर अस्पताल गई, लिफ्ट से चढ़कर सही फ्लोर पर गई, गलियारे को पार किया और उसके कमरे में, और उसको वहां

देखा, वह बिस्तर पर लेटी हुई थी जबकि एंजेला और उसकी बहन उसका ध्यान रख रहे थे, सभी चुप थे। पता चला कि सुजैन की माँ कुछ दिन पहले ही गुजर गई थीं, और अब सुजैन बेहोश थी। एंजेला ने मेरे उसके बिस्तर के पास आने के लिए जगह बनाई।

मैं सुजैन को घूरकर देख रही थी, उसके दिल के आकार के चेहरे को, उसकी लाल भूरी त्वचा को, यह देखकर कुछ राहत मिली कि उसके मुलायम गालों और लड़कियों जैसे उभरे होंठों पर यौवन की सुन्दरता बाक़ी थी। बीमारी से लग ही नहीं रहा था कि उसके चेहरे पर कोई असर पड़ा था। उसके काले बाल अभी भी सुन्दर घने थे, किसी ने उसमें दो चोटी बना दी थी जो उसकी कमर तक पहुँच रही थी। उसके दौड़ने वाले पैर कम्बल के नीचे थे। वह जवान लग रही थी। वह युवा लग रही थी, प्यारी, सुन्दर छब्बीस साल की लड़की जो शायद नींद में थी।

मुझे अफ़सोस हुआ कि मैं पहले क्यों नहीं आई। अपनी उतार-चढ़ाव वाली दोस्ती के दौरान मुझे कई बार अफ़सोस हुआ था, जब मैं जोर देकर उससे कहती कि वह गलत कदम उठा रही थी, जबकि शायद वह सही होती थी। मुझे अचानक इस बात से ख़ुशी हुई कि हर बार उसने मेरी सलाह नहीं मानी। मुझे इस बात की ख़ुशी हुई कि किसी चमकदार बिजनेस स्कूल की डिग्री लेने के लिए उसने ज़रूरत से ज्यादा मेहनत नहीं की। कि वह एक लगभग प्रसिद्ध पॉप स्टार के साथ वीकेंड मनाने गई, महज मजे के लिए। मैं खुश थी कि वह अपनी माँ के साथ ताजमहल गई और उसने वहां का सवेरा देखा। सुजैन ने उस तरह से जीवन जिया जिस तरह से मैं नहीं जी पाई।

उस दिन मैं उसकी हाथ थामे देख रही थी कि उसकी सांस उखड़ रही थी, साँसों के बीच लम्बे लम्बे अंतराल आ रहे थे। एक समय ऐसा आया जब नर्स ने हमें देखकर गर्दन हिला दी। यह हो रहा था, सुजैन जा रही थी। मेरा दिमाग जैसे खाली हो गया। मुझे कुछ भी गहराई से नहीं सूझ रहा था। जीवन और उसके न होने के बारे में मुझे कुछ समझ में नहीं आ रहा था। मैं पागल हो गई थी।

यह कहना कि यह अनुचित हुआ कि सुजैन महज छब्बीस साल की उम्र में बीमार पड़ी और दुनिया को छोड़कर चली गई बहुत आसान बात होगी। लेकिन यह सच था, उतना ही ठंडा और क्रूर। आखिरकार अस्पताल के कमरे में उसके शरीर को छोड़ कर आने के बाद मैं यह सोच रही थी: वह चली गई और मैं अब भी यहीं हूँ। बाहर गलियारे में अस्पताल का गाउन पहने लोग घूम रहे हैं जो सुजैन से अधिक बड़े और बीमार थे, लेकिन वे अभी यहीं थे। मैंने वापस शिकागो जाने के लिए एक भरी हुई फ्लाईट में जगह ली, व्यस्त हाइवे से गाड़ी चलाती हुई वापस आई, एलेवेटर में चढ़कर अपने दफ़्तर पहुंची। मैंने देखा कि अपनी अपनी कार में सभी खुश दिखाई दे रहे थे, गर्मियों के कपड़े पहने पटरी पर चल रहे थे, आराम से कैफे में बैठे हुए, दफ़्तरों में मेजों पर काम करते, किसी को पता नहीं था कि सुजैन के साथ क्या हुआ था- वे यह भी नहीं जानते थे कि क्या पता कुछ देर में उनकी भी मृत्यु हो जाए। मुझे बुरा लग रहा था, किस तरह संसार आगे बढ़ रहा था। किस तरह सभी यहीं हैं, सिवाय मेरी सुजैन के।

10

उस साल गर्मियों में मैंने एक डायरी रखनी शुरू कर दी। मैंने कपड़े की जिल्द की हुई एक काली पुस्तिका खरीदी जिसके ऊपर बैंगनी फूल बने थे और उसको अपने बिस्तर के बगल में रख लिया। जब मैं सिडली और मार्टिन के काम से बिजनेस ट्रिप पर जाती थी तो उस डायरी को अपने साथ ले जाती थी। मैं न तो रोज लिखती थी, न ही सप्ताह में लिखने वाली लेखिका थी: जब मेरे पास समय होता था तो मैं कलम उठाकर अपने उमड़ते-घुमड़ते भावों को रूप देती थी। मैंने एक सप्ताह में ही कई बार लिखा और फिर डायरी को महीने भर या उससे भी अधिक समय के लिए पड़े रहने दिया। मैं अपनी प्रकृति से अंतर्मंथन करने वाली नहीं थी। अपने विचारों को लिखने का विचार मेरे लिए नया था- यह आदत मेरे लिए नई थी, मेरे ख़याल से यह आदत मेरे अन्दर बराक से आई, जिसके लिए लिखना उपचार की तरह था, अपने विचारों को साफ़ करने के लिए और सालों से बीच बीच में वह डायरी लिखता रहता था।

वह गर्मी की छुट्टियों में हार्वर्ड से शिकागो आया, इस बार किसी और के साथ रहने के बजाय वह सीधे युक्लिड एन्क्लेव मेरे अपार्टमेंट में आ गया। इसका मतलब यही नहीं था कि हम सच में यह सीख रहे थे कि जोड़े के रूप में किस तरह साथ-साथ रहा जाए बल्कि बराक मेरे परिवार को अधिक नजदीकी से जान गया। वह मेरे पापा के साथ खेल के बारे में बातें करता था और एक दिन उनके साथ वाटर प्लांट भी गया। वह कई बार गैराज से सामान लाने में मेरी माँ की मदद कर देता था। यह अच्छा लगता था। क्रेग ने बराक को अच्छी तरह से जितना हो सकता था समझ लिया था- उसने उसको सप्ताहांत के बास्केटबॉल खेल में शामिल कर लिया था, जो वह अपने दोस्तों के साथ खेलता था जिनमें अधिकतर उसके कॉलेज के पूर्व खिलाड़ी थे। असल में, उसने यह मेरे आग्रह पर किया था। बराक के बारे में क्रेग की राय मेरे लिए मायने रखती थी, और मेरे भाई को यह फन आता था कि लोगों को किस तरह समझा जाए, खासकर खेल के सन्दर्भ में। बराक ने परीक्षा पास कर ली। वह कोर्ट में बहुत सहज था, और यह भी जानता था कि सही पास किस समय दिया जाए, लेकिन जब वह अपनी रौ में होता था तो वह शूट मारने से डरता भी नहीं था। “वह बॉल पर कब्जा नहीं करता था,” क्रेग ने कहा, “लेकिन वह मारना जानता था।”

बराक ने शहर के मध्य में एक फर्म में समर असोशियेट का काम करना शुरू कर दिया था, लेकिन इस बार वह शिकागो में कम दिन के लिए रहा। आने वाले अकादमिक साल के लिए उसको हार्वर्ड लॉ जर्नल का अध्यक्ष निर्वाचित किया गया था, जिसका मतलब यह था कि उसको तीन-तीन सौ पन्नों के आठ अंक निकालने थे और काम शुरू करने के लिए उसको जल्दी से कैम्ब्रिज वापस जाने की ज़रूरत थी। रिव्यू का नेतृत्व करने की प्रतियोगिता हर साल बड़ी कठिन होती थी, इसके लिए काफी मेहनत से पुनरीक्षण किया जाता था और फिर अस्सी विद्यार्थी संपादकों द्वारा मतदान किया जाता था। उस पद के लिए चुना जाना किसी के लिए भी बड़ी उपलब्धि होती थी। यह पता चला कि पत्रिका के 103 साल के इतिहास में बराक पहला अफ्रीकी-अमेरिकी था जो इसके लिए चुना गया था- यह इतनी बड़ी उपलब्धि थी कि इसके बारे में *न्यूयॉर्क टाइम्स* में भी प्रकाशित हुआ। साथ में बराक की मुस्कुराती हुई फोटो भी छपी थी जिसमें वह विंटर कोट और स्कार्फ़ पहने मुस्कुरा रहा था।

दूसरे शब्दों में कहूँ तो मेरा ब्वॉयफ्रेंड अब बड़ा आदमी हो चुका था। उस समय वह मोटी तनख्वाह पर किसी भी लॉ फर्म का हिस्सा बन सकता था, लेकिन वह सोच रहा था कि डिग्री मिलने के बाद वह नागरिक अधिकारों की वकालत करेगा, चाहे उसको अपनी पढ़ाई के लिए लिए गए ऋण को चुकाने में दोगुना समय ही क्यों न लगाना पड़े। एक तरह से वह जिन लोगों को भी जानता था उससे यही चाहते थे कि वह रिव्यू के पहले संपादकों की तरह उच्चतम न्यायालय में क्लर्कशिप के लिए आवेदन करे। लेकिन बराक की इसमें दिलचस्पी नहीं थी। वह शिकागो में रहना चाहता था। वह अमेरिका में नस्लों के बारे में एक किताब लिखने की योजना बना रहा था, और उसका कहना था कि वह ऐसी कोई नौकरी करना चाहता था जो उसके मूल्यों के अनुरूप हों, जिससे इस बात की बहुत सम्भावना थी कि वह कॉर्पोरेट लॉ के लिए काम न करे। वह जिस निश्चिन्तता के साथ बात करता था उससे मैं हैरान रह जाती थी।

उसके अन्दर जो जन्मजात आत्मविश्वास था वह तारीफ़ के काबिल था, लेकिन ईमानदारी से कहूं, तो मेरे लिए उसके उद्देश्यपूर्ण भावों के साथ, उसके इन्हीं विचारों के साथ उसके साथ एक ही बिस्तर पर सोना, सुबह नाश्ता करना, कुछ ऐसी बात थी मुझे जिसके अनुकूल बनना था। इसलिए नहीं कि वह इसकी शान झाड़ता था, बल्कि इसलिए क्योंकि यह सब इतना जीवंत था। उसकी निश्चितता की मौजूदगी में, उसके इस विचार के साथ कि वह दुनिया में किसी तरह का बदलाव ला सकता था, मैं कुछ नहीं कर पाती थी बल्कि उसकी तुलना में कुछ कमतर महसूस करने लग जाती थी। अपने उद्देश्य के लिए उसकी जो भावना थी वह एक तरह से मेरे अपने विचारों के लिए बेइरादा चुनौती जैसी थी।

इसलिए डायरी। इसके एकदम पहले पन्ने पर मैंने बहुत अच्छी लिपि में उसको शुरू करने के कारणों को लिखा:

एक, कभी कभी मैं इस बात को लेकर बहुत उलझन में पड़ जाती हूँ कि मैं क्या चाहती हूँ कि मेरा जीवन किस दिशा में जाए। मैं किस तरह की इंसान होना चाहती हूँ? मैं इस दुनिया में किस तरह अपना योगदान करना चाहती हूँ?

दो, मैं बराक के साथ एक गंभीर रिश्ते में हूँ और मुझे लगता है कि मुझे अपने आपको कुछ बेहतर रूप देना चाहिए।

यह छोटी सी फूलों वाली डायरी मेरे साथ कई स्थानों पर गई और दशकों तक बनी रही। आठ साल तक यह व्हाइट हाउस में मेरे ड्रेसिंग टेबल की शेल्फ़ में रही, अभी हाल तक, जब मैंने अपने नए घर में एक बक्से से इसको निकाला ताकि अपने आपसे फिर से परिचय हासिल कर सकूं कि जब मैं युवा वकील थी तो किस तरह की थी। आज मैं उन पंक्तियों को पढ़ती हूँ और यह देखती हूँ कि मैं उन दिनों ठीक-ठीक अपने से क्या कहना चाह रही थी- जिसके बारे में कोई स्पष्टवादी महिला मेंटॉर साफ़-साफ़ मुझे बता देती। वास्तव में, यह आसान था: पहली बात यह कि मुझे वकील होने से नफ़रत थी। मैं इस काम के लायक नहीं थी। मुझे यह काम करते हुए खालीपन महसूस होता था जबकि मैं इस काम में बहुत अच्छी थी। यह स्वीकार करना दुखी करने वाला था, जबकि मैं बहुत मेहनत से काम करती थी और मैं किस कदर कर्ज में डूबी थी। आगे बढ़ने के लिए आँख मूंदकर गाड़ी चलाते हुए, सब कुछ सही तरीके से करने की आवश्यकता के कारण, मैं सड़क पर लगे साइन को नहीं देख पाई और मैंने गलत दिशा ले ली।

दूसरी बात यह कि मैं एक ऐसे आदमी से बहुत गहराई से और बेहद ख़ुशी ख़ुशी प्यार करती थी और वह इतना बुद्धिमान था और इतना महत्वाकांक्षी था कि शायद वह मेरी महत्वाकांक्षा को निगल जाता। मुझे वह आता हुआ दिखाई दे रहा था, जैसे बहुत तेज़ लहर की आहट पैरों के नीचे महसूस होती है। मैं इस रास्ते से हटने वाली नहीं थी- मैं बराक के लिए इस कदर समर्पित थी, उसको इतना अधिक प्यार करती थी- लेकिन मेरे लिए यह जरूरी था कि मैं जल्दी से अपने दो पैरों के सहारे आगे बढ़ूँ।

इसका मतलब था कि एक नए पेशे का चुनाव किया जाए, और जिस बात से मैं बहुत अधिक परेशान थी वह यह थी कि मुझे इस बारे में कुछ भी ठीक से अंदाजा नहीं था कि मैं करना क्या चाहती थी। किसी कारण से स्कूल में पढ़ाई के दौरान मैंने अपनी भावनाओं के सहारे यह नहीं सोचा था और यह भी नहीं कि उसके सहारे मैं किस तरह का काम करूँ जो सार्थक हो। जब मेरी उम्र कम थी तब मैंने कुछ भी नहीं खोजा। बराक की वयस्कता, मुझे समझ में आ गया कि कुछ तो इस कारण आई थी कि उसने कई साल समुदाय के प्रबंधक के रूप में काम किया था, और उसके पहले भी जब वह असंतुष्ट था तब उसने कॉलेज के तत्काल बाद मैनहट्टन के एक बिजनेस फर्म के लिए शोधकर्ता के रूप में काम किया था। उसने कुछ कोशिश की, हर तरह के लोगों को जाना, और साथ ही अपनी प्राथमिकतायें भी तय की। जबकि मुझे भटकने से इतना डर लगता था, सम्मान के लिए मैं इतनी बेचैन थी

और पैसों के भुगतान के लिए एक जरिया तलाश रही थी कि मैं बिना सोचे समझे वकालत की दुनिया में आ गई।

एक साल के दरम्यान मैंने बराक को पाया और सुजैन को खो दिया, और इन दो घटनाओं के एक साथ होने का असर इतना अधिक था कि मैं चकरा गई। सुजैन की अचानक हुई मृत्यु के कारण मैं जाग उठी और मुझे यह विचार सूझा कि मैं अपने जीवन में अधिक ख़ुशी और अर्थ भरना चाहती थी। मैं इस तरह से अपने आप में संतुष्ट होकर नहीं रह सकती थी। मैंने इस उलझन का श्रेय भी बराक को दिया और उसको इस बात के लिए दोष भी दिया। "अगर मेरे जीवन में कोई ऐसा आदमी न रहा होता जो लगातार मुझसे यह सवाल करता रहता कि मुझे क्या प्रेरित करता है और क्या मुझे किस बात से दर्द होता है," मैंने अपनी डायरी में लिखा, "तो क्या मैं अपने आप यह कर पाती?"

मैं इस बारे में सोचने लगी कि मुझे क्या करना चाहिए, मेरे अन्दर क्या खूबियाँ हैं। क्या मैं अध्यापिका बन सकती थी? कॉलेज प्रशासिका? क्या मैं इस तरह का कोई कार्यक्रम चला सकती थी जो स्कूल के बाद बच्चों के लिए हो, उसका पेशेवर रूप जो मैंने प्रिंसटन में चर्नी के लिए किया था? मैं किसी न्यास या अलाभकर संस्था में काम करना चाहती थी। मैं ऐसे बच्चों की मदद करना चाहती थी जिनकी मदद करने वाले न हों। मैं यह भी सोचती थी कि मुझे एक ऐसा काम ढूँढ़ना चाहिए जिसमें मेरा मन भी लगे और जो मुझे स्वयंसेवी काम करने, कला के लिए, या बच्चे पैदा करने के लिए समय भी दे। असल में मैं ऐसी ज़िंदगी चाहती थी जो अपने आप में सम्पूर्ण हो। मैंने ऐसे मुद्दों की सूची बनाई जिनमें मेरी दिलचस्पी थी: शिक्षा, किशोरावस्था में गर्भवस्था, अश्वेत का आत्मसम्मान। अधिक संतुष्टि देने वाले काम के साथ मैं जानती थी कि वेतन भी कम हो जाएगा। उसके बाद मैंने अगली सूची बनाई, जो उन चीजों की थी जो मेरे लिए जरूरी खर्चे थे- सिडली के वेतन से मैं जो शानो शौकत उठा रही थी, उसको छोड़ देने पर मेरे पास क्या बच जाएगा, जैसे वाइन सर्विस का सब्सक्रिप्शन और हेल्थ क्लब की सदस्यता। मुझे 600 डॉलर महीना पढ़ाई के लिए गए ऋण की क़िस्त के रूप में देनी पड़ती थी, 407 डॉलर कार का भुगतान करना पड़ता था, खाने, गैस, बीमा, के अलावा मुझे 500 डॉलर महीने का चाहिए होता घर के किराए के लिए अगर मैं अपने माँ पापा के घर से बाहर कोई घर किराए पर लेती।

कुछ भी असंभव नहीं था, लेकिन कुछ भी आसान नहीं लग रहा था। मैंने मनोरंजन कर के क्षेत्र में अवसर के लिए लोगों से पूछना शुरू कर दिया, मुझे लगता था कि शायद यह मजेदार हो और इससे मुझे कुछ वेतन भी मिल जाए शायद। लेकिन दिल ही दिल में मेरे कुछ चल रहा था: मैं वकालत करने के लिए नहीं बनी थी। एक दिन मैंने *न्यूयॉर्क टाइम्स* में एक लेख पढ़ा जो अमेरिकी वकीलों में बड़े पैमाने पर बढ़ रही थकान, तनाव, नाखुशी को लेकर था- खासकर महिला वकीलों के, मैंने उसके नोट्स बनाए। "कितनी दुखी करने वाली बात है," मैंने अपनी डायरी में लिखा।

अगस्त महीने में मैंने काफ़ी वक़्त वाशिंगटन डीसी के एक होटल में किराए के एक कांफ्रेंस रूम में बिताया, मुझे एक केस की तैयारी के लिए वहां भेजा गया था। सिडली एंड ऑस्टिन रासायनिक समूह यूनियन कार्बाइड की एक संपत्ति की बिक्री से जुड़े अविश्वास के मामले में उसकी तरफ़ से प्रतिनिधित्व कर रही थी। मैं करीब तीन सप्ताह तक वाशिंगटन में रही लेकिन शहर को बहुत कम देख पाई, क्योंकि मेरी ज़िंदगी पूरी तरह से एक कमरे में सिडली के सहयोगियों के साथ बैठे बैठे कट रही थी। हम फ़ाइल के बक्से खोलते रहते थे जो कंपनी के मुख्यालय की तरफ़ से आता था, और उसके अन्दर हज़ारों पन्ने के काग़जातों का अध्ययन कर रहे थे।

आप ऐसा सोच भी नहीं सकते कि मैं इस तरह की इंसान थी जिसको पोलीएथर पोलिओल व्यापार से जुड़ी गुत्थियों को समझने से दिमागी शांति मिलती रही हो, लेकिन मैंने किया। मैं अभी वकालत के पेशे में ही थी, लेकिन काम की विशिष्टता और जगह के बदलाव ने मेरे ध्यान को इतना भंग कर दिया कि वह बड़ा सवाल एक बार फिर मेरे दिमाग में घूमने लगा।

आख़िरकार, रासायनिक मामले का निपटारा अदालत के बाहर ही हो गया, जिसका मतलब यह था कि इतने सारे काग़ज़ातों की समीक्षा का कोई नतीजा नहीं निकला। कानूनी क्षेत्र की यह एक उबाऊ लेकिन ऐसा समझौता होता है जिसकी उम्मीद की जाती रहती है, जहाँ यह कोई असामान्य बात नहीं है कि आप किसी ऐसे मुक़दमे की तैयारी करें जो कभी लड़ा ही न जाए। उस शाम मैंने अपने शिकागो घर जाने के लिए उड़ान ले ली। इस बात को जानते हुए कि मुझे अपने रोज रोज की दिनचर्या में वापस जाना था और अपनी उलझन की धुंध में लिपटना था मेरे अन्दर डर बैठने लगा।

मेरी माँ इतनी स्नेहमयी थीं कि वह ओ हेयर एयरपोर्ट पर आई थीं। उनको देखने भर से मुझे राहत महसूस हुई। अब उनकी उम्र पचास साल से कुछ अधिक हो गई थी। वह शहर के केंद्र में एक बैंक में वह पूर्णकालिक रूप से एक्जीक्यूटिव सहायक के रूप में काम कर रही थीं, जिसके बारे में उन्होंने यह बताया था कि मूल रूप से वह ऐसी जगह थी जहां पुरुषों का समूह अलग अलग मेजों पर बैठा रहता था और वे इस पेशे में इसलिए आ गए थे क्योंकि पहले उनके पिता भी बैंकर थे। मेरी माँ बहुत हुनर वाली थीं। वह बेवकूफ़ों को बर्दाश्त नहीं कर पाती थीं। वह अपने बालों को छोटा रखती थीं और व्यवहारिक कपडे पहनती थीं। उनको देखकर सामर्थ्य और शांति झलकती थी। जैसा कि तब था जब क्रेग और मैं छोटे थे। तब वह हमारी निजी ज़िंदगी से कभी नहीं उलझती थी। उनका प्यार भरोसा से आता था। जब आपकी फ्लाईट आती तो वह लेने आ जाती। वह गाडी में बिठाकर घर ले जातीं और अगर भूख लगी हो तो खाना परोस देती थीं। उनका एक जैसा मिज़ाज मेरे लिए आश्रय जैसा था, ऐसी जगह जिसकी छांह में मैं आराम कर सकती थी।

जब हम गाडी से शहर की तरफ बढ़े तो मैंने राहत की सांस ली।

"तुम ठीक तो हो?" माँ ने पूछा।

मैंने सड़क की धुंधली रौशनी में उनकी तरफ देखा। "पता नहीं," मैंने कहना शुरू किया। "यह महज़... ।"

और इसके साथ मैंने अपनी भावनाएं उनके सामने रख दी। मैंने उनसे कहा कि मैं अपने काम से ख़ुश नहीं थी, जबकि यह पेशा मैंने खुद चुना था- लेकिन मैं बुरी तरह से दुखी थी। मैंने उसको अपनी बेचैनी के बारे में बताया कि मैं एक बड़े बदलाव के लिए कितनी बेचैन थी, लेकिन मैं इस बात से चिंतित भी थी कि मैंने पर्याप्त कमाई कर पाऊँगी या नहीं। मैं बिना सोचे समझे अपनी भावनाओं को व्यक्त कर रही थी। मैंने एक बार और सांस भरी। "मैं संतुष्ट नहीं हूँ," मैंने कहा।

अब मैं सोचती हूँ कि माँ को कैसा लगा होगा जिनको तब नौकरी करते नौ साल हो गए थे। यह नौकरी उन्होंने मूल रूप से इसलिए की थी ताकि मेरी कॉलेज की पढ़ाई का खर्च पूरा कर सकें, उन्होंने सालों इसलिए नौकरी नहीं की थी ताकि मेरे स्कूल के कपड़े सिलने के लिए, खाना पकाने के लिए, और मेरे पापा के कपड़े धोने के लिए खाली रह सकें, जो हमारे परिवार की ख़ुशी के लिए रोज आठ घंटे तक जलशोधन संयंत्र के बॉयलर पर नज़र रखते थे। मेरी माँ, जो अभी एक घंटे गाड़ी चलाकर मुझे लेने के लिए एयरपोर्ट आई थीं, जो अपने घर के ऊपर वाले हिस्से में मुझे बिना किराया दिए रहने दे रही थीं, जिनको अगली सुबह बहुत जल्दी इसलिए उठाना था ताकि मेरे असमर्थ पिता को काम पर जाने के लिए तैयार होने में मदद कर सकें। वे इस बात के लिए शायद ही तैयार थीं कि संतुष्टि को लेकर मेरी चिंता के ऊपर ध्यान दे सकें।

संतुष्टि, मुझे लगता है कि उनको अमीरों के चोंचले लगते थे। मुझे इसमें संदेह है कि मेरे माँ पापा ने तीस साल साथ रहने के दौरान इस बारे में शायद ही कभी चर्चा की हो।

मेरी माँ मुझे इस आधार पर नहीं समझने वाली थीं कि मुझे काम कितना उबाऊ लगता था। वह ऐसी भी नहीं थी कि अपने त्याग को लेकर कोई भाषण दे। मैंने जो भी फैसला किया उन्होंने उसका चुपचाप समर्थन किया था। हालाँकि इस बार उन्होंने मुझे तिरछी नजर से घूरकर देखा, हाइवे से उतरकर हमारे पड़ोस में आने के लिए कार का सिग्नल दबाया, और हल्के सी हँसी। "अगर तुम मुझसे पूछना चाहती हो," उन्होंने कहा, "मेरा कहना यह है कि पहले पैसे बना लो और अपनी ख़ुशी के बारे में उसके बाद सोचो।"

कुछ सच ऐसे होते हैं जिनका हम सामना करते हैं कुछ को नज़रअंदाज़ कर देते हैं। अगले छः महीने मैंने बजाय किसी आकस्मिक बदलाव के चुपचाप अपने आपको सशक्त बनाने का काम किया। काम पर मैं अपने विभाग के प्रभारी सहयोगी से मिली और उनसे कहा कि वे मुझे अधिक चुनौतीपूर्ण काम दिया करें। मैंने उन परियोजनाओं के ऊपर ध्यान लगाया जो मुझे अधिक सार्थक लगती थीं, जिसमें गर्मियों के दौरान काम करने के लिए अधिक विविध और युवा सहायकों की नियुक्ति का काम भी था। इस बीच, मैं अख़बार में आने वाली नौकरियों के ऊपर ध्यान लगाए रहती थी और पूरी कोशिश करती थी कि ऐसे लोगों के साथ

मेलजोल बढाऊँ जो वकील नहीं थे। मैंने यह महसूस किया कि मैं किसी न किसी तरह से खुद को सम्पूर्ण महसूस करने के लिए काम कर रही थी।

युक्लिड एन्क्लेव में घर में नई सच्चाइयों के सामने मैं असहाय महसूस कर रही थी। पापा का पैर फूलना शुरू हो गया था और इसका कोई कारण समझ में नहीं आ रहा था। उनकी त्वचा चितकबरी और गहरे रंग की हो गई थी। हालाँकि, मैं जब भी पूछती थी कि उनको कैसा महसूस हो रहा था तो उनका जवाब वही होता था, और उसी तरह आश्वस्त करवाने के भाव से जिस भाव से वे सालों से मुझे देते आ रहे थे।

"मैं ठीक हूँ," वे ऐसे जवाब देते थे मानो यह सवाल कुछ मायने नहीं रखता हो। उसके बाद वे विषय बदल देते थे।

शिकागो में फिर से सर्दियाँ आ गई थीं। सुबह मेरी नींद तब खुलती थी जब पड़ोसी शीशों से बर्फ़ हटा रहे होते थे। हवा बहने से बर्फ़ जमा हो जाती थी। सूरज धुंधला और मद्धिम दिखाई देता था। सिडली के दफ़्तर में सैंतालीसवें माले से मैं मिशीगन झील के ऊपर जमी बर्फ़ और ऊपर ताम्बई रंग के आकाश को देखती रहती थी। मैं ऊनी कपड़े पहनकर गर्माहट की उम्मीद करती थी। मिडवेस्ट में जैसा कि मैंने कहा, सर्दियों का इन्तजार रहता है- राहत के लिए, चिड़ियों के गाने के लिए, बर्फ़ के बीच से पहले बैंगनी फूल के निकलने के लिए। आपके पास इसके अलावा कोई चारा नहीं रहता कि आप इस दौरान बातें करते रहें।

मेरे पापा के मज़ाकिया स्वभाव में कोई बदलाव नहीं आया था। क्रेग बीच बीच में पारिवार के साथ डिनर के लिए आता था, और हम टेबल के आसपास बैठकर खूब हँसते थे। हालाँकि इसमें अब क्रेग की पत्नी जैनिस भी शामिल हो गई थी। जैनिस ख़ुशमिज़ाज और मेहनती थी, वह टेलीकम्युनिकेशन विश्लेषक थी जो शहर के बीचोबीच दफ़्तर में काम करती थी और जो हर किसी की तरह पापा से बहुत प्रभावित थी। इस बीच क्रेग प्रिंसटन के बाद शहरी पेशेवरों के सपनों के लिए आदर्श जैसा बन गया था। वह एमबीए कर रहा था और कॉन्टिनेंटल बैंक में उपाध्यक्ष था। उसने और जैनिस ने हाइड पार्क में एक सुन्दर फ़्लैट खरीदा था। वह बढ़िया सिले हुए सूट पहनता था और लाल रंग की पोर्श 944 कार में बैठकर डिनर के लिए जाता था। मैं तब उसके बारे में जानती भी नहीं थी, लेकिन वह इनमें से किसी भी बात से खुश नहीं था। मेरी ही तरह उसके अन्दर भीं संकट धीरे धीरे उबल रहा था और आने वाले सालों में वह भी इस सवाल से जूझने वाला था कि क्या उसका काम सार्थक था, या उसकी जो उपलब्धियां थी क्या ये वही उपलब्धियां थीं जो वह जो पाना चाहता था। हालाँकि हम यह जानते थे कि हमारे पिता इस बात से कितने खुश थे कि उनके बच्चों ने क्या हासिल किया इसलिए हम खाने की मेज पर अपनी असंतुष्टि को प्रकट नहीं होने देते थे।

जाते समय क्रेग, पापा को चिंता भरी नजर से देखता और सामान्य तौर पर उनके स्वास्थ्य के बारे में पूछता तो उनका वही जवाब होता था, "मैं ठीक हूँ।"

मुझे लगता है कि हम लोगों ने इसको स्वीकार कर लिया था, क्योंकि मैं स्थिर हो रही थी, और स्थिर होना ही तो हम चाहते थे। पापा एमएस के साथ बरसों रहे थे और और उन्होंने

हमेशा अच्छा बने रहना समझ लिया था। हम इस बात को समझकर ख़ुश होते थे, लेकिन साफ़ दिख रहा था कि उनकी सेहत गिर रही थी। वह ठीक थे, हम एक दूसरे से कहते थे, क्योंकि अब भी रोज सुबह उठकर वे काम कर जाते थे। वह ठीक थे क्योंकि उस रात उन्होंने मांस का दूसरा टुकड़ा खाने में लिया था। वह ठीक थे, ख़ासकर अगर आप उनके पैरों को ध्यान से नहीं देखते।

माँ से मेरी कई बार गर्मागर्म बहस हुई थी इस बात को लेकर कि पापा डॉक्टर के पास क्यों नहीं जाते थे। लेकिन मेरी ही तरह वह भी हार मान चुकी थीं। वह उनको समझा समझाकर हार चुकी थीं। मेरे पिता के लिए डॉक्टर कभी अच्छी खबर लेकर नहीं आये थे और इसीलिए वे उनको नज़रअंदाज़ करते थे। उनको जितना बात करना पसंद था उतना ही उनको अपनी समस्याओं के बारे में बात करना नापसंद था। उनको यह आत्मरति लगता था। वह इसको अपने ही तरीक़े से करना चाहते थे। अपने भारी होते पैर के लिए उन्होंने माँ से कहा कि वह उनके लिए बड़े जूते खरीद दें।

उस साल जनवरी से लेकर फ़रवरी तक डॉक्टरों के यहाँ नहीं जाने को लेकर उनकी स्थिति बनी रही। पापा दर्द के साथ घर में अल्युमिनियम की छड़ी लेकर धीरे धीरे चलते थे, बीच बीच में वे सांस लेने के लिए रुकते भी थे। सुबह में उनको बिस्तर से बाथरूम, बाथरूम से रसोई, और अंत में पीछे के दरवाजे से नीचे तीन सीढ़ियां उतर कर गैराज जाने में पहले से अधिक वक्त लगने लगा था, जहाँ से वे गाड़ी चलाकर अपने दफ़्तर के लिए निकल जाते थे। घर में जो भी हो रहा था उसके बावज़ूद वे इस बात पर जोर देते थे कि फिल्ट्रेशन संयंत्र में सब कुछ ठीक चल रहा था। एक बॉयलर से दूसरे बॉयलर जाने के लिए वे मोटर से चलने वाले एक स्कूटर का सहारा लेते थे और उनको इस बात के ऊपर गर्व था कि उनकी ज़रूरत बनी हुई थी। छब्बीस सालों में एक बार भी ऐसा नहीं आया था जब उन्होंने कोई शिफ़्ट छोड़ी हो। अगर बॉयलर अधिक गर्म हो जाता था तो मेरे पापा का यह दावा था कि वे उन कुछ कर्मचारियों में थे जो इतने अनुभवी थे कि उसको संभाल कर होने वाली तबाही को टाल सकते थे। उनकी सकारात्मकता का ही प्रमाण था कि उन्होंने हाल में ही अपना नाम प्रोन्नति के लिए बढ़ाया था।

मेरी माँ और मैं उस बात को समझने की कोशिश कर रहे थे जब हमने अपनी आँखों से जो देखा तो उन्होंने जो जवाब दिया। इसको मान पाना मुश्किल होता जा रह था। शाम में पापा घर में अधिकतर समय टीवी पर हॉकी और बास्केटबॉल के मैच देखने में बिताते थे, उनको कुर्सी पर बैठे हुए देखकर लगता था कि वे बहुत थके हुए और कमजोर लगने लगे थे। हम लोगों ने ध्यान से देखा तो उनके पैर के अलावा उनके गरदन के पास भी कुछ फूला हुआ दिखाई दे रहा था। इसकी वजह से उनकी आवाज़ में एक अजीब तरह की खरखराहट आ गई थी।

एक रात हम लोगों ने एक तरह से हस्तक्षेप किया। क्रेग कभी भी कुछ ऐसा नहीं करता था जो बुरी लगे, जबकि मेरी माँ ने लगता है कि पापा की सेहत के मसले पर अपनी तरफ से समझौता कर लिया था। इस तरह की बातचीत के दौरान सख़्ती से बात करने का जिम्मा मेरे

ऊपर आता था। मैंने अपने पापा से कहा कि वे हमारी खातिर कुछ मदद लें और मैंने सुबह के वक्त डॉक्टर को बुलाने की योजना बनाई है। बड़ी रुखाई से मेरे पापा इसके लिए तैयार हो गए, उन्होंने वादा किया कि अगर मैंने डॉक्टर से समय लिया तो वे जायेंगे। मैंने उनसे यह आग्रह किया कि वे अगली सुबह देर तक सोयें ताकि उनके शरीर को कुछ आराम मिल सके।

उस रात जब माँ और मैं बिस्तर पर सोने के लिए जा रहे थे तो हमें इस बात से राहत महसूस हो रही थी कि आखिरकार हमलोगों ने उनके ऊपर कुछ हद तक काबू कर लिया था।

मेरे पापा ने हालाँकि अपनी निष्ठा को बाँट लिया। उनके लिए आराम करने का मतलब था एक तरह से हार मान लेना। जब सुबह के समय मैं नीचे आई तो मैंने देखा कि माँ पहले ही काम पर जा चुकी थीं और पापा रसोई में मेज पर बैठे हुए थे और उनकी छड़ी उनके पास रखी हुई थी। उन्होंने नेवी ब्लू रंग की अपनी वर्दी पहन रखी थी और जूते पहनने की कोशिश कर रहे थे। वह काम के लिए जा रहे थे।

"डैड, मुझे लगा कि आप आराम करने जा रहे थे। मैं आपके डॉक्टर का समय ले रही हूँ..."

उन्होंने कंधे उचकाये। "मुझे पता है, स्वीटी," वह बोले, उनकी आवाज़ से साफ़ लग रहा था कि उनकी गर्दन में दर्द कुछ और बढ़ गया था। "लेकिन फिलहाल मैं ठीक हूँ।"

उनका अक्खड़पन उनके स्वाभिमान से इतना गुंथा हुआ था उनकी जिद गर्दन की इतनी तहों के नीचे से बोलता था कि मेरे लिए यह असंभव हो जाता था कि उनके ऊपर गुस्सा कर सकूं। उनको मनाना नामुमकिन था। मेरे माँ-पापा ने हमें इस तरह बड़ा किया था कि हम अपने जीवन का खुद ख़याल रखें, जिसका यह मतलब भी था कि हम इस बात का भरोसा करें कि वे अपनी ज़िंदगी का खुद ख़याल रखेंगे। इसलिए उस समय वे ध्यान रख रहे थे लेकिन बड़ी मुश्किल से अपने जूते पहन पाए। इसलिए मैंने उनको अपना काम खुद सँभालने के लिए छोड़ दिया। इससे मेरी चिंता कम हो गई। मैंने अपने पापा को किस किया, और वापस ऊपर चली गई ताकि दफ़्तर जाने के लिए तैयार हो जाऊं। मैंने यह सोचा कि मैं दिन में माँ को फोन करूँगी और उनसे बात करने की कोशिश करूँगी कि किस तरह से रणनीति बनाई जाए और इस आदमी को एक दिन काम पर न जाने के लिए मजबूर किया जा सके।

मुझे घर के पिछले दरवाजे के बंद होने की आवाज़ आई। कुछ मिनट के बाद, जब मैं रसोई में लौटी तो मैंने पाया कि रसोई खाली थी। मेरे पिता की छड़ी पिछले दरवाजे के पास पड़ी हुई थी। मैं वहां गई और मैंने दरवाजे में शीशे लगे छेद से बाहर देखा, जहाँ से गैराज तक की जगह दिखाई देती थी। मैं बस यह पक्का करना चाहती थी कि उनकी वैन थी या गई।

लेकिन वैन वहीं थी, और इसलिए मेरे पापा भी। उन्होंने विंटर जैकेट और टोपी पहन रखी थी और उनकी पीठ मेरी तरफ थी। उनको वैन में बैठने से पहले सीढ़ी की तरफ झुकने की ज़रूरत पड़ती थी। मुझे उनके शरीर में उस कोण से झुकाव दिखाई दे रहा था, उनका सर

आधा झुका हुआ था। वह रेलिंग पकड़ कर झुके हुए थे। वह इतने अधिक परेशानी में नहीं थे बस उनको आगे बढ़ पाने में थोड़ी मुश्किल हो रही थी। ऐसा साफ़ तौर पर लग रहा था कि वह पीछे मुड़कर अन्दर आने के लिए ताक़त जुटा रहे थे।

मैं उनको हार की उस हालत में देख रही थी।

बीस से अधिक साल तक उस बीमारी के साथ जीना कैसा रहा होगा, बिना किसी तरह की शिकायत के जीना जबकि उनका शरीर धीरे धीरे उस बीमारी की चपेट में आ रहा था। अपने पापा को सीढ़ी पर उस तरह झुके हुए देखने से मुझे ऐसा दर्द हुआ जैसा कभी नहीं हुआ था। मेरा दिल कह रहा था कि बाहर दौड़ कर जाऊं और उनको वापस गर्म घर में ले आऊँ। लेकिन मैंने अपने आपको रोका, यह जानते हुए कि इससे उनके सम्मान को एक और झटका लगता। मैंने गहरी सांस ली और दरवाजे से पीछे की तरफ मुड़ गई।

जब वे काम से वापस आयेंगे तब मैं उनका ध्यान रखूंगी, मैंने सोचा। मैं जूते उतारने में उनकी मदद करुँगी, उनको पानी लाकर दूंगी, कुर्सी तक लेकर जाऊँगी। हम दोनों के बीच इस बात को लेकर खामोश सहमति रहेगी कि अब बिना कुछ कहे उनको कुछ मदद ले लेनी चाहिए।

ऊपर अपने अपार्टमेन्ट में फिर से पहुंचकर मैं बैठी पिछले दरवाजे की आवाज़ का इन्तजार करती रही। मैंने पांच मिनट इन्तजार किया, फिर पांच मिनट और, उसके बाद मैं नीचे गई और शीशे के उन छेद से फिर बाहर देखा, मैं यह देखना चाहती थी कि मेरे पापा अपने पैरों पर खड़े हुए या नहीं। लेकिन अभी सीढ़ी खाली थी। किसी तरह मेरे पापा शरीर के कुछ हिस्सों के फूले होने के बावजूद सीढ़ियों से नीचे उतरे और बर्फ भरे रास्ते को पार करते हुए वैन तक गए और शायद अब तक वे फिल्ट्रेशन संयंत्र के आधे रास्ते तक पहुँच भी गए हों। वह हार मानने वाले नहीं थे।

कई महीनों से बराक और मैं शादी करने के बारे में सोच रहे थे। हमें साथ हुए डेढ़ साल हो चुके थे और हम साथ साथ बने हुए थे। ऐसा लग रहा था कि हमारा प्यार अटूट था। वह हार्वर्ड के फाइनल सेमेस्टर में था और लॉ रिव्यू के काम में भी बहुत उलझा हुआ था लेकिन जल्दी ही वह मेरी तरफ आया और इलिनॉय बार में काम की तलाश में आया। योजना यह थी कि वह युक्लिड एवेन्यू वापस आएगा, और इस बार वह अधिक स्थायी रूप से आना चाहता था। मेरे लिए यह एक और कारण था जिसकी वजह से सर्दियाँ जल्दी ख़त्म नहीं हो सकती थीं।

हम लोगों ने अमूर्त तरीके से इस बारे में बात की कि शादी के बारे में हमारे विचार क्या थे, और मुझे कई बार इस बात से चिंता होती थी कि शादी करने को लेकर हमारे विचार कितने अलग होते थे। मैं बचपन से जिस तरह के आदमी के साथ शादी करने के ख़याल को लेकर बड़ी हुई थी- उसी तरह से जिस तरह से बच्चों को एक छवि दी जाती थी, उस ज़माने से जिस जमाने में मैं अपनी गुड़िया को एक लड़की के रूप में देखती थी। बराक शादी के

ख़िलाफ नहीं था, लेकिन वह किसी तरह की जल्दी में नहीं था। उसके लिए हमारे प्यार का मतलब अभी सब कुछ नहीं था। यह एक ऐसे आधार के लिए काफी था कि हम साथ साथ खुश और सम्पूर्ण जीवन बिताएं- चाहे हम अंगूठी पहनें या नहीं।

ज़ाहिर है, हम दोनों का लालन-पालन जिस तरीके से हुआ था हम उसी की उत्पाद थे। बराक ने यह देखा था कि शादी क्षणभंगुर होती है: उसकी माँ ने दो बार शादी की, दो बार तलाक लिया, और दोनों ही मामलों में उन्होंने अपना जीवन जीना सीखा। वह अपने कैरियर और छोटे-छोटे बच्चों को बचाए रख पाई। मेरे माँ-पापा बहुत जल्दी प्यार और शादी के बंधन में बंध गए। उन दोनों के लिए कोई भी फैसला सामूहिक होता था, दोनों कोई भी काम करते तो मिलकर ही करते। तीस सालों के दौरान शायद ही कोई रात उन्होंने अलग बिताई हो।

बराक और मैं क्या चाहते थे? हम एक आधुनिक सम्बन्ध चाहते थे जो हम दोनों के लिए उपयुक्त हो। उसके लिए शादी एक ऐसे प्यार भरे गठजोड़ का नाम था जिसमें दो लोग अलग अलग जीवन जी तो सकें लेकिन किसी तरह के स्वतंत्र सपने या महत्वाकांक्षा को न जियें। मेरे लिए शादी दो लोगों का एक हो जाना था, दो लोगों की पहचानों का एक हो जाना, अपने लक्ष्य या एजेंडा के ऊपर परिवार का हो जाना। मैं ठीक वैसा ही जीवन तो नहीं चाहती थी जिस तरह का जीवन मेरे माँ-पापा का था। मैं यह भी नहीं चाहती थी कि एक ही घर में ही हमेशा रहूँ, एक ही नौकरी करूँ, और अपने लिए किसी जगह का दावा न करूँ। लेकिन मैं यह जरूर चाहती थी कि साल दर साल दशक दर दशक हम साथ साथ रहें जिस तरह से वे बने रहे। "मैं निजता के उस महत्व को समझती हूँ जिसमें अपनी रुचियाँ हों, अपनी महत्वाकांक्षाएं और सपने भी हों"। मैंने यह बात अपनी डायरी में लिखी। "लेकिन मैं यह नहीं मानती हूँ कि एक आदमी के सपने दो लोगों की ख़ुशी की कीमत पर होने चाहिए।"

जब मौसम गर्म हुआ तो बराक शिकागो आया और हमारे पास वीकेंड साथ बिताने का मौका आया तब हम लोगों ने अपनी अपनी भावनाओं के बारे में बात की। मुझे इन्तज़ार करना था, हालांकि इन्तजार मुश्किल होता जा रहा था। मैं स्थायी होने के जबरदस्त भाव से पीड़ित थी। अपने अपार्टमेन्ट के लिविंग रूम मुझे कई बार नीचे के तले से अपने माँ पापा के फुसफुसाने की आवाज़ सुनाई देती थी। मैंने सुना कि मेरे पापा ने कोई कहानी सुनाई थी जिसे सुनकर माँ हँस रही थीं। मैंने उनको टीवी बंद करते हुए और सोने जाते हुए सुना। मेरी उम्र सत्ताईस साल हो चुकी थी, और ऐसा समय भी था जब मैं सम्पूर्ण होना चाहती थी। मैं हर वह चीज हासिल करना चाहती थी जिसे मैं प्यार करती थी और बड़ी क्रूरता से उसको जमीन पर रख देती थी। उस समय तक मैं इतना कुछ खो चुकी थी कि यह जान सकूं कि अभी और आने वाला था।

मैंने ही अपने पापा के लिए डॉक्टर से समय लिया, लेकिन आखिरकार मेरी माँ उनको वहां लेकर गई- वह भी एम्बुलेंस से। उनका पैर बहुत फूल गया था और इस हद तक फूल गया था और नाजुक हो गया था कि आखिरकार उन्होंने यह माना कि उन पैरों पर चलना उनको

ऐसे लगता था मानो वे सुइयों पर चल रहे हों। जब जाने का समय आया तो वह उनके ऊपर खड़े भी नहीं हो पा रहे थे। मैं उस दिन काम पर गई थी लेकिन मुझे मेरी माँ ने बाद में बताया-पापा को भारी भरकम चिकित्सा कर्मचारी घर से उठाकर ले गए, जाते समय वे उनके साथ भी मज़ाक करने की कोशिश कर रहे थे।

उनको सीधे यूनिवर्सिटी ऑफ़ शिकागो के अस्पताल ले जाया गया। उसके बाद उनके दिन कष्ट में बीते, वे कभी खून चढ़वाते रहे, उनकी नाड़ी देखी जाती रही, खाने की प्लेट बिना खाए रह जाती, उनको देखने डॉक्टर आ जा रहे थे। इस सबके बीच मेरे पापा का बदन फूलता जा रहा था। उनका चेहरा फूल गया था, उनकी गर्दन मोटी हो गई थी, उनकी आवाज़ कमजोर हो गई थी, कुशींग सिंड्रोम की पहचान की गई थी, जिसका सम्बन्ध एमएस से हो सकता था और नहीं भी हो सकता था। खैर जो भी कारण रहा हो, वे उस सीमा को पार कर गए थे कि रोकथाम के लिए इलाज किया जा सकता। उनका अन्तःग्रासी तंत्र पूरी तरह से बर्बाद हो चुका था। स्कैन करवाने से पता चला कि उनकी गर्दन में मांस बढ़ गया था और जो इतना बड़ा हो चुका था कि उसी से एक तरह से उनका दम घुटता जा रह था।

"पता नहीं मेरा ध्यान कैसे नहीं गया," मेरे पापा ने डॉक्टर से कहा। वे सच में उलझन में लग रहे थे, मानो उनको ऐसा कोई भी लक्षण महसूस नहीं हुआ हो जिसकी वजह से उनकी हालत यहाँ तक पहुंची हो, मानो उन्होंने हफ़्ते-महीनों, अगर सालों नहीं तो, उस दर्द को नज़रअंदाज़ करते हुए न जिया हो।

उनके साथ रहने के लिए हम लोग बारी बारी से अस्पताल में रहते थे- मैं, क्रेग, माँ, जैनिस। हम दिन ब दिन आते और डॉक्टर उनको दवाओं से ढक रहे थे, उनके शरीर से नलियाँ लगा दी गई थीं, और मशीनें लगी हुई थीं। हम इस बात को समझने की कोशिश कर रहे थे कि विशेषज्ञ क्या कह रहे थे लेकिन हमें कुछ ख़ास समझ में नहीं आ रहा था। हम पापा के तकिये को ठीक ठाक करते और हम उनसे बिलावजह कॉलेज, बास्केटबॉल और बाहर के मौसम के बारे में बात करते, हम यह सोचते कि उनको सुनाई दे रहा था क्योंकि अब वे बोल नहीं पा रहे थे। हमारा परिवार योजना बनाने वालों का था, लेकिन अभी लग रहा था जैसे सभी योजनायें नाकाम हो गई हों। धीरे धीरे हमारे पापा हम लोगों से दूर जा रहे थे, किसी अदृश्य समुद्र के नीचे। हम उनको पुरानी यादों के सहारे वापस बुलाने की कोशिश कर रहे थे, हम देखते कि उनकी आँखों की चमक कम होती जा रही थी। हम द्युस और एक क्वार्टर को याद करते कि किस तरह हम उसके पीछे की विशाल सीट पर लुढ़कते रहते थे और पापा लम्बी ड्राइव पर ले जाते थे। आपको याद है कि आपने हमें बॉक्सिंग ग्लव्स दिए थे, और ड्यूक्स हैप्पी हॉलिडे होम के स्विमिंग पूल की? और यह कि आप किस तरह से रॉबी के ओपेरेता कार्याशाला के लिए सामान तैयार करते थे? हम याद करते कि किस तरह नए साल के मौके पर माँ हम लोगों के लिए फ्रायड श्रिम्प बनाती थीं?

एक शाम जब मैं पहुंची तो पाया कि पापा अकेले थे, माँ रात के लिए घर गई हुई थीं, नर्सें बाहर गलियारे में अपने अड्डे पर बैठी हुई थीं। कमरे में शान्ति थी। अस्पताल के पूरे माले

पर शान्ति थी। यह मार्च का पहला सप्ताह था। सर्दियों की बर्फ अभी पिघली ही थी, जिसकी वजह से शहर में लगातार सीलन महसूस होती रहती थी। मेरे पापा तब करीब दस दिन तक अस्पताल में रहे। उनकी उम्र पचपन साल थी। लेकिन वे बूढ़े आदमी की तरह लगने लगे थे। उनकी आँखें पीली हो गई थीं, और हाथ इतने भारी कि हिलाए नहीं हिल रहे थे। वे जागे हुए थे लेकिन बोल नहीं पा रहे थे, यह सूजन की वजह से था या भावनाओं के कारण, यह मैं नहीं जान पाई।

मैं उनके बिस्तर के बगल की एक कुर्सी पर बैठकर यह देख रही थी कि उनको सांस लेने में दिक्कत हो रही थी। जब मैंने अपना हाथ उनके हाथ पर रखा तो उन्होंने उसे प्यार से सहला दिया। हम चुपचाप एक दूसरे को देख रहे थे। कहने को बहुत कुछ था लेकिन यह भी लग रहा था मानो हमने सब कुछ कह दिया हो। केवल एक सच बच गया था। हम अंत के करीब पहुँच रहे थे। वह अब ठीक नहीं हो पायेंगे। वे मेरी पूरी ज़िंदगी की कमी को महसूस कर रहे थे। मैं उनकी स्थिरता, उनकी सहजता, रोज रोज की ख़ुशी को खो रही थी। मैंने पाया कि मेरी आँखों से आंसू बहे जा रहे थे।

मेरी तरफ देखते हुए पापा ने मेरे हाथ का पिछला हिस्सा उठा लिया और उसको अपने होंठों के पास ले जाकर बार बार चूमने लगे। यह उनका कहने का तरीका था कि ख़ुश रहो, रोना मत। वह दुःख और हड़बड़ाहट महसूस कर रहे थे, लेकिन कहीं गहरे वे यह सन्देश भी साफ़ तौर पर दे रहे थे। उन चुम्बनों के साथ वह यह कह रहे थे कि उन्होंने मुझे पूरे दिल से प्यार किया था, कि मैं जिस तरह की महिला बनी उसके ऊपर उनको गर्व था। वह कह रहे थे कि वह इस बात को जानते थे कि उनको डॉक्टर के पास जल्दी जाना चाहिए था। वह माफ़ी मांग रहे थे। वह विदा मांग रहे थे।

उस रात जब तक उनको नींद आई तब तक मैं बैठी रही। उस बर्फीली अँधेरी रात में मैं गाड़ी चलाती हुई युक्लिड एन्क्लेव पहुंची, जहाँ मेरी माँ पहले ही बत्ती बुझा चुकी थी। हम लोग घर में अकेले थे। बस मैं और माँ और भविष्य में जो भी होने वाला था। क्योंकि जब तक सूरज निकला तब तक वे जा चुके थे। मेरे पिता- फ्रेज़र रॉबिन्सन III को दिल का दौरा पड़ा और वे उस रात गुजर गए, हम लोगों को सब कुछ देकर।

11

जब कोई गुजर जाता है तो जीना तकलीफ़देह लगने लगता है। तकलीफ़ होती है। गलियारे से गुजरते हुए या फ्रिज खोलते हुए। मोज़े पहनते हुए तकलीफ होती है या दांत साफ़ करने में। भोजन बेस्वाद लगता है। रंग महसूस नहीं होते, संगीत से तकलीफ होती है, और इसी तरह से स्मृति भी। आप किसी ऐसे चीज की तरफ देखते हैं जो वैसे आपको सुन्दर महसूस होती हो- सूर्यास्त के समय का बैंगनी आकाश या बच्चों का भरा मैदान- और यह आपके दुःख को और बढ़ा देता है। इस तरह से तकलीफ़ इतना अकेला होता है।

पापा की मृत्यु के अगले दिन हम साउथ साइड के कब्रिस्तान में गए- मैं, मेरी माँ और क्रेग- ताबूत लेने और सेवा देने के लिए। *इंतजाम करने के लिए*, जैसा कि कब्रिस्तान में सेवा देने वाले कहते हैं। मुझे वहां जाने के बारे में अधिक कुछ याद नहीं है सिवाय इसके कि हम कितने शांत थे, शांत अपने अपने दुःख में। फिर भी हम खरीददारी के उस अश्लील संस्कार के लिए घर से निकले ताकि हम सही बक्सा खरीद सकें जिसमें पापा को दफना सकें, क्रेग और मेरे बीच बड़े होने के बाद एक ही बार लड़ाई हुई।

झगड़ा इस वजह से हुआ: मैं वहां का सबसे महंगा ताबूत खरीदना चाहती थी, जिसमें अलग से हैंडल और गद्दा भी लगवाना चाहती थी। उसे खरीदने के पीछे मेरा कोई ख़ास तर्क नहीं था। यह कुछ ऐसा करने जैसा था जब करने को कुछ और न हो। हमारी परवरिश का व्यवहारिक हिस्सा हमें इस बात की अनुमति नहीं देता था कि कुछ दिन बाद अंतिम संस्कार के समय हम लोगों से मामूली बातें करें। मैं आसानी से इस तरह की बातों से दिलासा नहीं पा सकती थी कि मेरे पापा बेहतर जगह गए होते, या देवदूतों में बैठे थे। मुझे बस यही लगता था कि उनके लिए एक अच्छा ताबूत खरीदा ज़ाना चाहिए।

जबकि क्रेग का यह कहना था कि पापा साधारण ताबूत चाहते- बुनियादी और व्यवहारिक तथा इससे अधिक कुछ भी नहीं। यह हमारे पापा के व्यक्तित्व के माकूल होता, यह उसका कहना था। इससे अधिक कुछ भी खरीदना दिखावा करने जैसा होगा।

वह चुप हो गया,लेकिन फिर जल्दी ही फट पड़ा, अंतिम संस्कार के निदेशक ऐसे जता रहे थे जैसे वे सुन ही न रहे हों और माँ अपनी दर्द की धुंध से हमें बड़ी बेरहमी से देख रही थी।

हम कारण के लिए चिल्ला रहे थे जिसका वास्तविक तर्क से कोई लेना देना नहीं था। हम दोनों में से कोई नतीजे के बारे में सोच भी नहीं रहा था। अंत में, हम लोगों ने पिता को दफनाने के लिए एक बीच के ताबूत से समझौता किया- न बहुत तड़क भड़क वाला, न ही बहुत साधारण- और न ही इसके बारे में हमने कोई और बात की। हम एक बेतुकी और अनुचित बहस कर रहे थे क्योंकि मौत के सामने धरती की हर चीज बेतुकी और अपर्याप्त लगने लगती है।

बाद में हम माँ को गाड़ी से युक्लिड एन्क्लेव लेकर आये। हम तीनों नीचे रसोई की मेज पर बैठे, थके हारे, हमारा दुःख और बढ़ गया जब हमारी नजर उस चौथी खाली कुर्सी पर पड़ी। देखते देखते हम रोने लगे, हम लोग तब तक वहां बैठे रोते रहे जब हम थक नहीं गए और हमारे आंसू नहीं सूख गए। मेरी माँ ने दिन भर कुछ नहीं कहा था, अब बोल पड़ी।

“हमारी तरफ़ देखो,” वह कुछ गुस्से में बोली।

और उन्होंने जब यह कहा तो उसमें एक तरह की भारहीनता भी थी। वह इस तरफ इशारा कर रही थीं कि हम रॉबिन्सन सच में बर्बाद हो गए- अपनी फूली हुई आँखों और बहती नाकों की वजह से हम पहचाने भी नहीं जा रहे थे। हम अपनी ही रसोई में दुखी और असहाय महसूस कर रहे थे। हम कौन थे? क्या हम यह नहीं जानते थे? क्या उन्होंने यह हमें दिखाया नहीं था? वह हम लोगों को हमारे अकेलेपन से बाहर निकालने के लिए इस तरह के रूखे शब्द कह रही थी, क्योंकि ऐसा केवल माँ ही कर सकती थी।

माँ ने मेरी तरफ देखा और मैंने क्रेग की तरफ, और अचानक वह पल मज़ेदार लगने लगा। जैसा कि हम जानते थे कि पहली हंसी सामान्य तौर पर खाली कुर्सी से आती थी। हम सोच सोच कर धीर धीरे हंसने लगे। मुझे समझ में आया कि यह अजीब लग रहा था, लेकिन यह उससे बेहतर लग रहा था जब हम अब रो रहे थे। बात यह है कि वे होते तो उनको अच्छा लगा होता और यह सोचकर हम हंसने लगे।

. . .

पिता को खोने के कारण मैं इस कदर अस्त व्यस्त हो गई थी कि मेरे पास बैठकर यह सोचने का समय भी नहीं था कि जीवन को किस तरह से जीना चाहिए। मेरे पापा की जब मृत्यु हुई थी तब वे पचपन साल के थे। सुजैन छब्बीस साल की थी। सबक साफ़ था: जीवन छोटा है और इसको बर्बाद नहीं करना चाहिए। अगर मैं मर जाऊं तो लोग मुझे कानूनी कागजातों को लिखने के लिए याद न करें या उन कंपनियों के ट्रेडमार्क को बचाने के लिए जिनके मैंने बचाए। मैं निश्चित महसूस कर रही थी कि मेरे पास दुनिया को देने के लिए कुछ अधिक था। अब कुछ करने का समय आ गया था।

मैं अभी भी इस बात को लेकर निश्चित नहीं थी कि मैं क्या करने वाली थी। मैंने अपने लिए एक परिचय पत्र टाइप किया और शिकागो भर में लोगों को भेज दिया। मैंने न्यासों के प्रमुखों को लिखा, समुदायों को ध्यान में रखकर काम करने वाले गैर सरकारी संगठनों को,

शहर के बड़े विश्वविद्यालयों को, ख़ासकर उनके कानूनी विभागों को- इसका कारण यह नहीं था कि मैं कानूनी काम करना चाहती थी बल्कि मुझे इस बात की उम्मीद थी कि वे शायद मेरी चिट्ठी का जवाब दें। शुक्र की बात यह थी कि अनेक लोगों ने मुझे जवाब दिया, कुछ ने साथ लंच करने के लिए आमंत्रित किया। किसी ने मीटिंग के लिए बुलावा भेजा, चाहे उनके पास देने के लिए कोई नौकरी हो या नहीं। 1991 के वसंत और गर्मियों के दौरान मुझे जो भी मिला और जिससे मुझे लगा कि सलाह लेनी चाहिए, मैंने सलाह ली। नई नौकरी खोजने से अधिक इसके पीछे कारण यह था कि अपनी समझ का विस्तार किया जाए कि क्या-क्या संभव था और दूसरों ने इस समस्या से कैसे निजात पाई। मुझे समझ में आ गया कि मेरी यात्रा का अगला चरण अपने आप उद्घाटित होने वाला नहीं था, कि मेरी शानदार अकादमिक डिग्रियां ऐसी नहीं थी कि उनके बल पर मुझे ऐसा काम मिले जो संतोष देने वाला हो। नौकरी की जगह एक करियर का चुनाव करने के लिए अलुम्नाई डायरेक्टरी के सम्पर्क वाले पन्ने को उलटने पलटने से ही कुछ नहीं होने वाला था। इसके लिए गहरी सोच और कोशिश की ज़रूरत थी। मुझे आगे बढ़ना था और सीखना था। और इसी वजह से मैं जिस किसी से मिलती अपनी पेशेवर उलझन को उसके सामने रखती। मैं उनसे यह पूछती थी कि उन्होंने क्या किया था और वे किनको जानते थे। मैं यह ईमानदार सवाल पूछती कि एक ऐसे वकील के लिए किस तरह का काम मिल सकता है जो वक़ालत करना न चाहता हो।

एक दोपहर मैं एक दोस्ताना सोच वाले आदमी आर्ट सुसमन के पास मिलने के लिए गई, जो यूनिवर्सिटी ऑफ़ शिकागो में कानूनी सलाहकार का काम करते थे। यह बात पता चली कि एक बार मेरी माँ ने एक साल तक उनके लिए सचिव का काम किया था, उनसे डिक्टेशन लेने और कानूनी विभाग का फ़ाइल सँभालने का काम। यह बात तब की थी जब मैं हाईस्कूल में सीनियर क्लास में पढ़ती थी। उसके बाद उन्होंने बैंक में काम करना शुरू कर दिया। आर्ट को यह सुनकर बहुत हैरानी हुई कि मैं कभी उनके कार्यस्थल पर नहीं गई थी- कि मैं यूनिवर्सिटी के प्राचीन गोथिक शैली में बने कैम्पस में इससे पहले कभी नहीं आयी थी, जबकि मैं उससे कुछ ही मील की दूरी पर रहते हुए पली बढ़ी थी।

अगर मैं ईमानदारी से कहूं तो मेरे पास कैम्पस में आने का कोई कारण नहीं था। मेरे पड़ोस के स्कूल से बच्चों को फ़ील्ड ट्रिप पर वहां नहीं लाया जाता था। मेरे बचपन में अगर कोई ऐसा सांस्कृतिक कार्यक्रम होता होगा जो सभी के लिए खुला हो तो उसके बारे में मेरे परिवार वालों को पता नहीं रहा होगा। हमारा न तो कोई दोस्त था न ही ऐसा कोई परिचित जो वहां कभी पढ़ा हो या पढ़ता हो। यूनिवर्सिटी ऑफ़ शिकागो संभ्रांत स्कूल माना जाता था, और जब मैं बड़ी हो रही थी उस दौर में संभ्रांत का मतलब यह होता था कि वह *हमारे लिए नहीं है*। उसकी मटमैली पत्थर की दीवार की एक तरह से आसपास की सड़क की तरफ पीठ थी। उसके पास से ड्राइव करते हुए मेरे पापा अक्सर आँखें नचाकर विद्यार्थियों के झुण्ड को एलिस एवेन्यू की सड़क को मस्ती में पार करते देखते थे तो इस बात पर हैरानी जताते थे कि इतने स्मार्ट लोग भी सड़क ठीक से पार करना क्यों नहीं सीख पाए।

साउथ साइड के अधिकतर निवासियों की तरह मेरे परिवार वालों को भी यूनिवर्सिटी के बारे में ख़ास जानकारी नहीं थी, जबकि मेरी माँ वहां एक साल ख़ुशी ख़ुशी काम भी कर चुकी थी। जब क्रेग और मेरा कॉलेज के बारे में सोचने का समय आया तो हम दोनों में से किसी ने भी यूनिवर्सिटी ऑफ़ शिकागो में आवेदन भी नहीं किया। पता नहीं क्यों हमारे दिमाग में यह अटक गया था कि प्रिंसटन अधिक सुविधाजनक जगह थी।

यह सब सुनकर आर्ट को यकीन ही नहीं हो रहा था। "क्या तुम सच में यहाँ कभी नहीं आई?" वह बोला। "कभी नहीं?"

"नहीं, एक बार भी नहीं।"

इस बात को जोर से कहने में भी एक अजीब सी शक्ति थी। मैंने इस बारे में पहले अधिक नहीं सोचा था, लेकिन अब मुझे ऐसा महसूस हो रहा था कि अगर मैंने यूनिवर्सिटी ऑफ़ शिकागो में पढ़ाई की होती तो मैं एक अच्छी विद्यार्थी रही होती, काश शहर में विभाजन इतना अधिक नहीं हुआ होता- काश मुझे स्कूल के बारे में पता होता और और स्कूल को मेरे बारे में। यह सोचते हुए मुझे अन्दर से चुभन महसूस हुई, अप्रत्यक्ष रूप से एक मकसद मिल गया। मैं जहाँ से आई थी और मैंने अपना जो किया उसकी वजह से मुझे एक निश्चित सार्थक उद्देश्य मिल गया। मैं साउथ साइड की अश्वेत थी और इस कारण मुझे यह समझ में आ गया कि मैं ऐसी समस्याओं की पहचान कर सकती थी जिसको आर्ट सुसमन समझ भी नहीं सकते थे ऐसी समस्याएं थीं भी।

कई साल जब मुझे मौका मिलता तो यूनिवर्सिटी के काम करते हुए मैं समुदाय से जुड़ी समस्याओं को सीधे तौर पर पहचान सकती थी, लेकिन फिलहाल आर्ट ने कृपापूर्वक मुझे अपना रेज्यूमे देने के लिए कहा।

"मेरे ख़याल से तुमको सुसान शेर से बात करनी चाहिए," उन्होंने मुझे कहा और बेइरादा उस दिन मुझे प्रतिक्रिया में कुछ प्रेरणा मिली थी। सुसान मुझसे करीब पंद्रह साल बड़ी थी। वह एक बड़ी लॉ फर्म में सहयोगी थीं लेकिन आख़िरकार वह कॉर्पोरेट जगत से बाहर आ गई। उसी तरह जिस तरह मुझे उम्मीद थी कि निकल जाऊँगी, हालाँकि वह अभी भी शिकागो नगर शासन के लिए वकालत करती थी। सुसान की आँखें धूसर थीं, वह ऐसी गोरी थी जैसी विक्टोरियाई रानियाँ होती थीं, और ऐसे हंसती थी जिसका अंत शरारत के साथ होता था। वह आत्मविश्वास से भरपूर थीं, बहुत हुनरमंद भी और ऐसी थी जो ज़िंदगी भर के लिए दोस्त बन सकती थी। "मैं तुमको अभी ही रखना हहती हूँ," आखिरकार जब हम मिले तो उसने मुझसे कहा। "लेकिन तुमने अभी कहा कि तुम वकील बनना नहीं चाहती।"

बल्कि सुसान ने मुझे जो प्रस्ताव दिया वह जैसे एक और भाग्यशाली मुलाक़ात थी, उसने मुझे और मेरे प्रस्ताव को सिटी हॉल की अपनी एक नई सहकर्मी की तरफ बढ़ा दिया- वह एक और कॉर्पोरेट वकील थी जिसके अन्दर सामाजिक काम करने का कीड़ा था। यह लड़की साउथ साइड की थी, और यह वह थी जिसने मेरे जीवन की दिशा बदल दी, एक बार नहीं कई बार। "तुमको असल में जिससे मिलने की ज़रूरत है," सुसान ने कहा, "वह वैलेरी जैरेट है।"

वैलेरी जैरेट अभी हाल में ही शिकागो के मेयर के दफ़्तर में डिप्टी चीफ़ ऑफ़ स्टाफ़ नियुक्त हुई थी और शहर के अफ्रीकी-अमेरिकी समुदाय में उसकी गहरी पहुँच थी। सुसान की तरह उसने भी लॉ कॉलेज की पढ़ाई के बाद एक प्रसिद्ध कंपनी में नौकरी पाई लेकिन उसको यह बात जल्दी ही समझ में आ गई कि उसको इस नौकरी से निकल जाना चाहिए। वह सिटी हॉल चली गई, मुख्य रूप से इस कारण से क्योंकि वह हैरोल्ड वाशिंगटन से बहुत प्रभावित थी, जो 1983 में मेयर बने थे जब मैं कॉलेज में पढ़ाई करने गई हुई थी और इस पद पर पहुँचने वाले वह पहले अफ्रीकी-अमेरिकी थे। वाशिंगटन बहुत बातूनी नेता थे और ऊर्जा से भरपूर थे। मेरे माँ पापा उनको बहुत प्यार करते थे क्योंकि वे साधारण से भाषण में भी शेक्सपियर के उद्धरण देते थे और साऊथ साइड के आयोजनों में वे जिस तरह से मुंह भर-भर कर फ्रायड चिकेन खाते थे। सबसे बढ़कर यह कि वे डेमोक्रेटिक तंत्र को पसंद नहीं करते थे जिसने लम्बे समय तक शिकागो पर राज किया, शहर के फायदेमंद अनुबंध राजनीतिक दानकर्ताओं को दिए और सामान्य तौर पर अश्वेतों को पार्टी से तो जोड़े रखा लेकिन उनको आधिकारिक मतदाता सूची में नहीं बढ़ने दिया।

वाशिंगटन ने अपना चुनाव अभियान शहर के राजनीतिक माहौल को सुधारने तथा उपेक्षित इलाकों को बेहतर बनाने के इर्द गिर्द रखा और वे थोड़े अंतर से चुनाव जीत गए। उनकी शैली स्पष्ट थी और उनका मिजाज साहसी। वे अपने भाषण और विद्वत्ता से अपने विरोधियों को शांत कर देते थे। वे अश्वेत थे और दिमाग से सुपर हीरो थे। वे नियमित तौर पर और साहस के साथ सिटी कौंसिल में पुराने श्वेत सदस्यों से लड़ते रहते थे और उनको चलते फिरते नायक के रूप में देखा जाता था, ख़ास तौर पर अश्वेत आबादी में, जो उनके नेतृत्व में प्रगतिशीलता की छाप देखते थे। बराक को सबसे पहले उनकी ही दृष्टि से प्रेरणा मिली थी जब वह 1985 में शिकागो संगठनकर्ता के रूप में काम करने आये थे।

वेलेरी भी वाशिंगटन से प्रभावित थी। 1987 में जब उन्होंने वाशिंगटन के साथ काम करना शुरू किया था तब वह तीस साल की थी, जब वाशिंगटन ने अपना दूसरा कार्यकाल शुरू किया था। उसकी एक बड़ी बेटी भी थी और जल्दी ही उसका तलाक भी होने वाला था, जिसकी वजह से वह समय इस लिहाज़ से बहुत असुविधाजनक था कि एक प्रमुख लॉ फर्म को छोड़कर नगर प्रशासन के काम में आने के लिए वेतन में कटौती को अपनाया जाए। और उसको नौकरी स्वीकार किये अभी कुछ महीने ही हुए थे कि एक त्रासदी हुई: कम आय वालों के लिए घर के बारे में प्रेस कांफ्रेंस करने के तीस मिनट बाद हेराल्ड वाशिंगटन को अचानक दिल का दौरा पड़ा और अपनी मेज पर ही उनका देहांत हो गया। उसके बाद के घटनाक्रम में सिटी कौंसिल द्वारा वाशिंगटन के स्थान पर एक अश्वेत को नगर प्रमुख बनाया गया, लेकिन उसका कार्यकाल अपेक्षाकृत छोटा रहा। इस कदम से बहुत से अफ्रीकी-अमेरिकियों ने यह देखा कि तेजी से शिकागो की राजनीति का वही पुराना ढर्रा लौटने लगा जो अश्वेतों के लिए अपमानजनक था। मतदाताओं ने रिचर्ड एम डेली को निर्वाचित किया, जो एक पूर्व मेयर रिचर्ड जे. डेली के पुत्र थे, जिनको शिकागो के व्यवसायियों के साथ गठजोड़ चलाने का जनक माना जाता था।

हालाँकि वेलेरी को नए प्रशासन से परेशानी थी लेकिन उसने सिटी हॉल में बने रहने का फैसला किया, वह कानून विभाग से निकल कर सीधे मेयर डेली के दफ़्तर से जुड़ गई। उसको वहां आकर ख़ुशी हुई, किसी और चीज़ से अधिक इस बात के लिए कि वह उसके काम से बहुत अलग था। उसने मुझे बताया कि किस तरह से कॉर्पोरेट लॉ के क्षेत्र से निकल कर सरकार के काम में आना राहत की तरह महसूस हुआ। बड़ी-बड़ी इमारतों की ऊपरी मंजिलों पर वकालत की अवास्तविक दुनिया से निकलकर वास्तविक दुनिया में आने से-सचमुच की वास्तविक दुनिया में आने की राहत।

शिकागो का सिटी हॉल तथा काउंटी बिल्डिंग एक सपाट छत वाली ग्यारह माले की मटमैली ग्रेनाईट की बड़ी इमारत है जो उत्तर में क्लार्क तथा लासल्ले के बीच के ब्लाक में बनी है। इसके आसपास जो ऑफिस टावर बने हैं उसके सामने यह इमारत छोटी है लेकिन भव्य है। सामने विशाल खम्भे बने हुए हैं, और इसका गूंजने वाला गलियारा मुख्य रूप से संगमरमर का बना हुआ है। काउंटी का काम पूर्व की तरफ मुंह वाली आधी इमारत से चलता है जबकि सिटी का काम पश्चिम वाले आधे हिस्से में चलता है, जहाँ मेयर के अलावा सिटी कौंसिल के सदस्य और सिटी क्लर्क बैठते हैं। उस उमस भरे गर्म दिन मे जब मैं वैलेरी के पास नौकरी के लिए इंटरव्यू देने आई थी तब पता चला कि सिटी हॉल चिंतनीय और प्रेरक रूप से लोगों से भरा हुआ था।

वहां जोड़े शादी के लिए आ रहे थे और लोग अपनी-अपनी गाड़ियों का पंजीकरण करवा रहे थे। कुछ लोग नाली के गड्ढों, अपने मकान मालिकों, अपनी सीवर लाइनों और ऐसी तमाम बातों के बारे में शिकायत कर रहे थे जिससे उनको लगता था कि शहर में सुधार हो सकता था। कुछ बच्चे स्ट्रोल में बैठे तो बुजुर्ग व्हील चेयर में बैठकर आये थे। वहां पत्रकार थे, लॉबिंग करने वाले थे और बेघरबार लोग भी थे जो गर्मी से बचने के लिए वहां बैठे थे। इमारत के बाहर सड़क पर कार्यकर्ता तख्तियां दिखा रहे थे और नारे भी लगा रहे थे, मुझे याद नहीं आ रहा है कि वे किस बात को लेकर गुस्से में थे। मुझे जो याद है वह यह कि उस जगह की नियंत्रित अस्तव्यस्त स्थिति को देखकर कुछ हैरान भी हुई और मैं जोश में भी आ गई। सिटी हॉल लोगों का ही था। वहां शोर शराबे का माहौल था जो मैं सिडली में कभी महसूस नहीं कर पाई थी।

वेलेरी ने उस दिन मुझसे बात करने के लिए बीस मिनट समय निकाला था लेकिन हमारी बातचीत डेढ़ घंटे तक चलती रह गई। दुबली, हलकी रंगत वाली उस अफ़्रीकी अमेरिकी महिला ने सुन्दर सिला हुआ सूट पहन रखा था, वह बहुत मुलायम अंदाज़ में बात करती थी और बहुत ही शांत स्वभाव की थी, उसकी भूरी आँखों की चमक स्थिर थी और इसके ऊपर उसकी बहुत प्रभावी पकड थी कि शहर का काम किस तरह होता था। उसको अपने काम में मजा आता था और उसने यह छिपाने की भी कोशिश नहीं की कि सरकारी कामकाज में किस तरह दफ़्तरशाही होती है। उसके बारे में कुछ ऐसी बात थी जिससे मुझे तत्काल राहत महसूस हुई। सालों बाद वेलेरी ने मुझे कहा कि उसको इस बात से बहुत हैरानी

हुई कि मैंने उस दिन इंटरव्यू की सामान्य प्रक्रिया को उलट दिया था- कि मैंने अपने बारे में कुछ बुनियादी, काम की सूचनाएं तो दी लेकिन वैसे मैंने ही उसको पूछ-पूछ कर परेशान कर दिया। मैं इस बात को समझना चाहती थी कि उसने जो काम किया था उसके बारे में उसकी भावना कैसी थी और मेयर अपने कर्मचारियों के प्रति कितना जवाबदेह था। मैं उस काम की उपयुक्तता अपने लिए समझ रही थी और वह मुझे अपने लिए परख रही थी।

अब इसको पीछे मुड़कर देखने पर मुझे पक्का लगता है कि मुझे एक दुर्लभ मौका मिला था एक ऐसी महिला से बात करने का जिसकी पृष्ठभूमि मेरी जैसी ही थी लेकिन जो अपने करियर के क्षेत्र में मुझसे कुछ साल आगे थी। वेलेरी जिस तरह से शांत, साहसी और होशियार थी उस तरह के बहुत कम ही लोगों से मैं मिली थी। वह ऐसी महिला थी जिससे सीखा जा सकता था, जिसके नजदीक रहा जा सकता था। यह बात मैं तत्काल समझ गई थी।

मुझे जाने से पहले उसने मुझे नौकरी देने की पेशकश की। उसने मुझे अपने साथ काम करने के लिए आमंत्रित किया, मेरे तैयार होने पर शुरुआत में मेयर डेली के सहायक के रूप में। ऐसे में मैं वकालत के पेशे में नहीं रह जाती। मेरा वेतन 60 हजार डॉलर होता जो सिडली एंड ऑस्टिन की मेरी तनख्वाह से करीब आधी हो जाती। उसने मुझे कहा कि मैं कुछ समय लेकर इस बारे में सोचूं कि क्या मैं इस तरह के बदलाव के लिए तैयार थी। सोचने की बारी मेरी थी, छलांग मुझे लगानी थी।

मैं कभी सिटी हॉल को बहुत सम्मान की नजर से नहीं देखती थी। अश्वेत के रूप में परवरिश होने के कारण और साउथ साइड में रहने के कारण मुझे राजनीति में ख़ास दिलचस्पी नहीं थी। राजनीति का इस्तेमाल हमेशा अश्वेत आबादी के खिलाफ़ किया जाता रहा, ताकि उनको अलग थलग रखा जा सके, हमें अशिक्षित रखा जा सके, बेरोजगार रखा जा सके, और हमें कम वेतन दिया जा सके। मेरे दादा दादी को जिम क्रो कानून के खौफ़ के साए तले तथा घर के मामले में भेदभाव के साथ रहना पड़ा था और इस कारण वे किसी भी तरह की सत्ता में यकीन नहीं रखते थे(साउथ साइड, अगर आप को याद हो तो यह सोचते थे कि यहाँ तक कि डेंटिस्ट भी उनको पकड़ने के लिए आ सकते थे)। मेरे पिता लगभग पूरा जीवन शहर के कर्मचारी रहे। उनको डेमोक्रेटिक क्षेत्रों के लिए कप्तान के रूप में भर्ती किया गया था ताकि उनकी पदोन्नति पर भी विचार किया जाए। उनको इस तरह से काम करना बहुत पसंद भी था क्योंकि इसमें सामाजिक मेल जोल होता था लेकिन सिटी हॉल के गठजोड़ के कारण उनको हमेशा ही हटा दिया जाता था। और अब मैं अचानक सिटी हॉल में नौकरी के बारे में सोच रही थी। वेतन में होने वाली कटौती के कारण मैं संकोच में थी लेकिन अन्दर से मैं बहुत अधिक करना चाहती थी। मुझे एक अलग तरह का दर्द था कि यह उस दिशा में एक कदम होता जो मेरे उस भविष्य से बहुत अलग होने वाला था जिसके बारे में मैंने योजना बनाई थी। मैं नौकरी में जाने के लिए लगभग तैयार थी, लेकिन सिर्फ एक कारण से। यह बात केवल मेरे बारे में ही नहीं थी। जब वेलेरी ने कुछ दिन बाद मुझे जानने के लिए फोन किया तो मैंने बताया कि मैं अभी भी उस प्रस्ताव के ऊपर विचार कर रही थी। उसके

बाद मैंने एक आख़िरी और शायद अजीब सवाल पूछा, "क्या मैं आपको अपने मंगेतर से मिलवा सकती हूँ?"

मेरे ख़याल से यहाँ से हमें वापस चलना चाहिए, हम वापस उस साल की गर्मियों के भारी मौसम में चलते हैं जब पापा की मौत के बाद धूल भरी हवाओं का मौसम था। बराक हवाई जहाज से उड़कर शिकागो आया था ताकि वह पापा के अंतिम संस्कार से पहले जितना हो सके मेरे साथ रह सके। उसके बाद वह वापस अपनी पढ़ाई पूरी करने के लिए हार्वर्ड चला गया। मई के आखिर में ग्रेजुएशन पूरी करने के बाद उसने अपना सामान पैक किया, पीले रंग की दत्सुन बेच दी, और वापस शिकागो आ गया, सीधा 7436 युक्लिड एवेन्यू में मेरी बांहों में। मैं उसको प्यार करती थी, वह मुझे प्यार करता था इस बात को मैं महसूस भी करती थी। हम लोगों ने अलग-अलग रहते हुए प्रेमी के रूप में दो साल बिताए थे, और अब हम साथ-साथ रहने वाले प्रेमी बन गए थे। इसका मतलब यह था कि एक बार फिर से हम वीकेंड में देर तक बिस्तर पर पड़े रहने वाले थे, अख़बार पढ़ते और ब्रंच खाने बाहर जाते और हम जो भी सोचते थे एक दूसरे से उसके बारे में बातचीत करते। हम लोग सोमवार, मंगलवार, बुधवार, वृहस्पतिवार को भी डिनर साथ साथ ही करते। हम साथ घर के सामानों की खरीदारी करते और टीवी के सामने बैठकर गंदे कपड़े सहेजते। कई बार शाम को जब मैं अपने पापा को याद करके रोने लगती थी तो बराक मुझे गले से लगा लेता और मेरे माथे को चूम लेता था।

बराक इस बात से बहुत राहत महसूस कर रहा था कि वह लॉ स्कूल से निकल आया था। वह अकादमिक जगत के अमूर्त संसार से निकलकर कुछ ऐसा करना चाहता था जिसमें उसका मन लगे और जो वास्तविक भी हो। उसने न्यूयॉर्क के एक प्रकाशक को नस्ल और पहचान विषय पर नॉन-फिक्शन की किताब लिखने का करार दिया था, जो ऐसे आदमी के लिए बहुत बड़े वरदान की तरह था जो किताबों को पूजता था। उसको एडवांस भी दिया गया था और किताब लिखने के लिए एक साल का समय दिया गया था।

जैसा कि हमेशा होता था, बराक के पास बहुत से विकल्प थे। उसके बारे में लॉ स्कूल के प्रोफेसरों ने भावुक होकर लिखा था जब वह लॉ रिव्यू का अध्यक्ष बना था और उसके बारे में *न्यूयॉर्क टाइम्स* में रपट आई थी। इन वजहों से ऐसा लगता था कि उसके सामने अवसरों की बाढ़ आ जाती। यूनिवर्सिटी ऑफ़ शिकागो ने उसको बिना भुगतान वाला एक फेलोशिप का प्रस्ताव दिया था जिसमें उसको एक साल के लिए एक छोटा सा दफ़्तर मिलने वाला था। इसके पीछे विचार यह था कि वह वहीं बैठकर अपनी किताब लिखे और हो सकता था कि वह लॉ स्कूल में अनुबंध के आधार पर पढ़ाने भी लगता। सिडली एंड ऑस्टिन में मेरे सहकर्मियों को अभी भी इस बात की उम्मीद थी कि बराक पूर्णकालिक रूप से वहां आ जाए, जिसके लिए उसको आठ या उससे कुछ अधिक हफ़्तों के लिए एक मेज दे दी जाती ताकि वह जुलाई में होने वाली बार की परीक्षा में बैठ सके। वह अब यह भी सोच रहा था कि डेविस, मिनेर, बर्नहिल एंड गैलैंड में नौकरी की जाए, जो जनहित से जुड़ी एक छोटी सी फर्म थी

जो नागरिक अधिकारों और उचित आवासों के लिए काम करती थी और उसके वकीलों का हेरोल्ड वाशिंगटन के साथ गहरा रिश्ता था, जिनसे बराक भी बहुत प्रभावित था।

उस आदमी को कुछ अन्दर ही अन्दर थामे हुए था जिसके पास अनंत मौके थे, जो इस बात के लिए समय या ऊर्जा खर्च नहीं करना चाहता था कि क्या ये मौके कभी ख़त्म भी हो जायेंगे। बराक को अब तक जो भी काम दिया गया था उसको उसने बड़े कर्त्तव्य भाव से पूरा किया था। लेकिन वह अपनी उपलब्धियों को, या अपनी प्रगति को दूसरों के मुकाबले रखकर नहीं देख रहा था जिस तरह से कि बहुत से लोग करते थे- या कई बार मैं खुद भी करती थी। वह बहुत खूबसूरती से जिन्दगी की चूहा दौड़ से खुद को अलग रखे हुए था या उस तरह की तमाम भौतिकताओं से जो तीस साल के आसपास के वकीलों में होनी चाहिए, एक ऐसी कार जो शर्मिंदा न करे, उपनगर में अहाते वाला घर और शहर में एक शानदार फ़्लैट। मैंने उसके इस गुण को पहले भी देखा था, लेकिन अब जब हम साथ-साथ रह रहे थे और मैं अपने जीवन का पहला वास्तविक मोड़ लेने वाली थी तो मुझे इसका महत्व और समझ में आ रहा था।

कुल मिलाकर, बराक विश्वास करता था जबकि दूसरे नहीं करते थे। उसका यह सहज विश्वास था कि अगर आप अपने सिद्धांतों पर अडिग रहते हैं तो सब चीजें ठीक हो जाती। मैंने इस बारे में बहुत से लोगों से बहुत सावधानी और समझदारी के साथ बातचीत की थी कि मैं किस तरह खुद को उस करियर से बाहर निकालूँ जिसमें मैं सभी दुनियावी मानकों से बहुत अच्छा कर रही थी। मैं जिनको भी बताती थी कि मुझे ऋण चुकाना था, मैंने अभी तक घर नहीं खरीदा था तो उनके चेहरे पर चिंता और सावधानी बरतने के भाव आ जाते थे। मैं अपने पिता के बारे में सोचने से खुद को नहीं रोक पाती थी जिन्होंने जानबूझकर अपने लक्ष्यों को साधारण रखा था ताकि हमें घर में स्थिरता प्रदान कर सकें। अभी भी मैं माँ की इस सलाह को अपने कान में महसूस करती रहती थी: पहले पैसा कमा लो और बाद में अपनी ख़ुशी के बारे में सोचना। मेरी चिंता को यह बात भी बढ़ा देती थी जो मेरी दिली ख्वाहिश थी और जो सभी भौतिक सुखों से ऊपर थी: मैं यह जानती थी कि देर सबेर मैं यह चाहती थी कि मेरे बच्चे हों। और अगर मैंने एक नए क्षेत्र में काम करना शुरू कर दिया तो यह किस तरह से काम करेगा?

बराक जब से शिकागो आया तब से वह मेरे लिए राहत का सबब बन गया। वह मेरी चिंताओं को सुनता था, जब मैं उसको यह बताती थी कि मेरे ऊपर किस तरह की आर्थिक जिम्मेदारियां थीं तो वह ध्यान से सुनता था, और जब मैंने उसको यह बताया कि मैं बच्चे चाहती थी तो उसने भी इस बात की पुष्टि की वह भी बच्चों के लिए बहुत उत्साहित था। उसने इस बात को मान लिया कि वह यह नहीं समझ पा रहा था कि हम किस तरह से अपने जीवन को चला पायेंगे, खासकर ऐसी स्थिति में जबकि हम दोनों में से कोई भी वकालत के पेशे को लेकर सहज नहीं था। लेकिन असली बात यह थी कि हम लोग वैसे गरीब नहीं थे और हमारा भविष्य संभावनाओं से भरा था, हो सकता है कि और भी अधिक संभावनाओं से भरा हो कि इसको आसानी से नियोजित न किया जा सकता हो।

एक वही अकेला था जो मुझे यह कह रहा था कि मैं आगे बढ़ूँ, अपनी चिंताओं को पीछे छोड़ उस दिशा में आगे बढ़ूँ जिससे मुझे लगता है कि ख़ुशी मिलेगी। यह सही था कि मैं अनजान दिशा में बढ़ूँ, क्योंकि अनजान मुझे मार देने वाला नहीं होता, इससे शील्ड्स/रॉबिन्सन परिवार के लिए बड़ा अच्छा समाचार मिलेगा कि मैं डैंडी और साउथसाइड के पास चली जाऊं।

चिंता मत करो, बराक कहता, *तुम यह कर सकती हो*। हम कुछ कर लेंगे।

अब बार परीक्षा के बारे में कुछ शब्द: यह ज़रूरी होता है, अगर कोई नया नया वक़ालत की पढ़ाई पूरी करके वकालत करना चाहता हो तो उसको यह परीक्षा पास करनी होती है, और इस परीक्षा का विषय और इसकी संरचना अलग अलग राज्यों में अलग अलग तरह की है। हर राज्य का अनुभव भी अलग अलग तरह का होता है- दो दिन में यह परीक्षा बारह घंटे की होती है, जिसमें आपसे यह उम्मीद की जाती है कि आप वकालत के सभी पहलुओं के बारे में जानते हों, इसको सभी जगहों पर बहुत कठिन के रूप में जाना जाता है। बराक इस परीक्षा में बैठने के बारे में सोच रहा था जबकि मैंने यह परीक्षा तीन साल पहले इलिनॉय में दी थी। उस साल गर्मियों में जब मैंने हार्वर्ड की पढ़ाई पूरी की थी। उस साल में सिडली में एसोशियेट के रूप में वह मेरा पहला साल था। काम के बाद मैं पढ़ाई करती, बार रिव्यू क्लासों में भी जाती थी और प्रैक्टिस टेस्ट के लिए मोटी सी किताब से अभ्यास भी करती थी।

उसी साल गर्मियों में क्रेग और जैमिस की शादी हुई जो उसके शहर डेनवर से हो रही थी। जैमिस ने कई कारणों से मुझे ब्राइड्समेड बनने के लिए कहा था, जिनमें से यह कारण कम मायने नहीं रखता था कि मैंने सात साल प्रिंसटन और हार्वर्ड में लगातार पढ़ते हुए बिताए थे। मैं बड़ी जल्दी से और व्यग्रता के साथ उस भूमिका में आ गई। मैंने शादी के लिए पहने जाने वाले जोड़े के ऊपर मेहनत की और विवाह पूर्व जश्न का आयोजन संभाला। शादी वाले दिन को अधिक से अधिक ख़ुशी भरा बनाने के लिए मैं कोई कसर नहीं छोड़ रही थी। मैं इस बात से बहुत अधिक उत्साहित थी कि मेरा भाई शादी की शपथ ले रहा था। दूसरे शब्दों में मैं इस बात का ध्यान रख रही थी कि कहीं कुछ गड़बड़ न हो जाए।

वह पुराना ज़माना था जब परीक्षा के परिणाम डाक से आते थे। उस साल फॉल में एक दिन जब शादी और परीक्षा दोनों हो चुकी थी, मैंने अपने काम से ही पापा को फोन किया कि क्या वे देखकर यह बता सकते थे कि चिट्ठी आई या नहीं। चिट्ठी आई थी। अब मैंने पूछा कि क्या मेरे लिए कोई चिट्ठी आई थी। आई थी। क्या यह चिट्ठी इलिनॉय स्टेट बार असोसियेशन से आई थी? क्यों, हाँ, लिफ़ाफ़े के ऊपर तो यही लिखा था। उसके बाद मैंने कहा कि क्या वे खोलकर मुझे बताएँगे, उसके बाद मैंने फाड़ने की आवाज़ सुनी और दूसरी तरह से लम्बी चुप्पी रही।

मैं फेल हो गई थी।

अपने पूरे जीवन में मैं एक बार भी किसी परीक्षा में फेल नहीं हुई थी, अगर तक कि आप किंडरगार्टन के वैसे पलों को न शामिल करें जब क्लास में टीचर हाथ में कार्ड लेकर उसके ऊपर लिखे शब्द को पढ़ने के लिए कहती थीं, और मैं व्हाइट शब्द का उच्चारण नहीं

कर पाई थी। लेकिन बार की परीक्षा में मैं फेल हो गई थी। मुझे शर्म आ रही थी, निश्चित रूप से मैंने वैसे सभी लोगों को नीचा दिखाया था जिन्होंने मुझे पढ़ाया, उत्साह बढ़ाया और नौकरी दी। मुझे गलती करने की आदत नहीं थी। अगर कोई आदत थी तो ये कि मैं किसी काम को बहुत अधिक ही कर लेती थी, खासकर जब परीक्षा के लिए तैयारी की बात आती थी, लेकिन इस मामले में मैं तैयारी नहीं कर पाई। अब मैं सोचती हूँ तो लगता है कि इसका कारण वह अरुचि थी जो लॉ स्कूल में पढ़ाई के दौरान मुझे हो गई थी। एक विद्यार्थी के रूप में बहुत परेशान थी और मैं इस विषय से बहुत बोर हो चुकी थी जो विषय के रूप में मुझे बहुत गूढ़ लगता था और वास्तविक जीवन से बहुत दूर का लगता था। मैं लोगों के बीच रहना चाहती थी न कि किताबों के। इसी कारण से लॉ स्कूल में पढ़ाई का मेरा बेहतरीन समय स्कूल लीगल ऐड ब्यूरो के लिए स्वयं-सेवा करते हुए गुजरा, जहाँ मैं किसी के लिए खड़ी हो सकती थी कि उसकी सामाजिक सुरक्षा की जांच हो या कोई मकान मालिक बदमाशी कर रहा हो तो मैं उसकी भी मदद कर सकती थी।

लेकिन फिर भी मैं फेल होना नहीं चाहती थी। इसका दंश मेरे साथ कई महीनों तक रहा, जबकि सिडली में मेरे कई सहकर्मियों ने भी बताया कि वे पहली बार में बार परीक्षा पास नहीं कर पाए थे। बाद में, उस साल फॉल में मैंने पढ़ाई की और आसानी से परीक्षा पास कर गई। आखिरकार, गर्व के मुद्दे के अलावा जो मेरी तबाही थी उसके ऊपर कोई फ़र्क नहीं पड़ा।

कई साल बाद, हालाँकि स्मृतियाँ मुझे बराक को अतिरिक्त उत्सुकता के साथ देखने के लिए बाध्य कर रही हैं। वह बार पुनरीक्षण की कक्षाओं में जा रहा था और बार पुनरीक्षण सम्बन्धी अपनी किताबें लेकर घूम रहा था। लेकिन वह उनको उतना नहीं पढ़ रहा था जितना कि मुझे लगता था कि उसको पढना चाहिए था- खैर, मुझे वैसे भी पता था कि मैं क्या जानती थी। लेकिन मैं इसके लिए उसको कहने वाली नहीं थी, न ही अपने आपको उदाहरण की तरह पेश करके उससे यह कहने वाली थी कि क्या गलत हो सकता था। हम इतने अलग अलग बने थे, वह और मैं। एक बात थी बराक का दिमाग सूचनाओं का पिटारा था, जिससे जब जो चाहे आंकड़ा वह निकाल सकता था। मैं उसके "तथ्य पुरुष" कहती थी, क्योंकि वह बातचीत में आये हर मोड़ के लिए इतने आंकड़े जुटा देता था। उसकी याददाश्त फोटोग्राफिक थी। सच्चाई यह थी कि मुझे इस बात की चिंता नहीं थी कि वह बार की परीक्षा में पास करेगा या नहीं और चिढ़ाने वाली बात यह थी कि वह भी इस बात को लेकर चिंतित नहीं था।

इसलिए हम लोगों ने जल्दी जश्न मना लिया, उसी दिन जिस दिन उसकी परीक्षा समाप्त हुई- 31 जुलाई 1991 को। हम लोगों ने शहर के मुख्य भाग में एक रेस्तरां गोर्डन में टेबल बुक किया। यह हमारी पसंदीदा जगह थी, ख़ास ख़ास मौकों पर आने के लिए। गर्मियां बहुत बढ़ी हुई थीं और हम ख़ुश थे।

गोर्डन में बराक और मैं हमेशा खाने का हर कोर्स मंगवाते थे। हम लोगों ने मार्टीनी पी और साथ में कुछ हल्का फुल्का खाया, हम लोगों ने अपने खाने के साथ पिया जाने वाला वाइन चुना। हम लोग आराम आराम से बातें कर रहे थे। जब हमारा भोजन समाप्त होने

वाला था तब बराक ने मुस्कुराते हुए शादी की बात उठाई। उसने मेरा हाथ अपने हाथ में लेते हुए कहा कि वह मुझे इस कदर प्यार करता है कि उसको कोई कारण नहीं दिखाई देता है। अचानक, मुझे लगा कि मेरे गालों पर खून तेज हो गया। यह कुछ ऐसा था जैसे किसी ने मेरे बटन को दबा दिया हो- उस बड़े लाल बटन की तरह जो आपको किसी तरह की आणविक सुविधा के साथ दिखाई देती है जिसके पास चेतवानी के निशान बने होते हैं और उसको खाली करने सम्बन्धी नक़्शे बने होते हैं। सच में? क्या हम अभी करने वाले थे?

असल में, हमलोग होने वाली शादी के बारे में कई बार पहले भी बात कर चुके थे, और कुछ भी नहीं बदला था। मैं परम्परावादी थी जबकि बराक नहीं था। यह साफ़ था कि हम दोनों में से कोई भी प्रवाह में बहने वाला नहीं था। लेकिन फिर भी, इसके कारण हम रुकते नहीं थे, आखिरकार हम दोनों ही वकील थे इसलिए इस मुद्दे को जोर शोर से उठाते थे। आसपास खेलकूद के कपड़ों में पुरुष थे और महिलायें चमकदार कपड़ों में थीं, इसलिए मैंने पूरी कोशिश की कि अपनी आवाज़ को शांत बनाए रख सकूं।

"अगर हम एक दूसरे के लिए प्रतिबद्ध हैं," जितनी सहजता से हो सकता था मैंने कहा, "तो हम इस रिश्ते को औपचारिक रूप क्यों नहीं दे सकते? इससे तुम्हारे सम्मान का कौन सा हिस्सा चला जाएगा?"

इसके बाद हम लोगों ने पुरानी बहसों के सभी जाने पहचनाने तर्क रखे। क्या शादी मायने रखता था? इसका महत्व क्यों है? उसे क्या हो गया था? मुझे क्या हो गया था? अगर हम लोग इसको सुलझा नहीं पाए तो हमारा भविष्य क्या होगा? हम लोग लड़ नहीं रहे थे लेकिन हम बहस कर रहे थे, और वह भी वकील वाले अंदाज में। हम एक दूसरे को चुन-चुन के जवाब दे रहे थे, एक दूसरे का परीक्षण कर रहे थे। हालाँकि यह साफ़ था कि मैं अधिक गुस्से में थी। मैं ही अधिक बातचीत कर रही थी।

इस बीच हमारा वेटर डेजर्ट की प्लेट लेकर आ गया, चांदी के वर्क से ढका हुआ। उसने उसे मेरे सामने रख दिया और ऊपर का ढक्कन हटा दिया, मेरा तो देखने के मन ही नहीं हो रहा था, लेकिन जब मैंने नीचे देखा तो पाया कि एक एक गहरे रंग का वेलवेट बॉक्स रखा हुआ था, जिसके अन्दर चौकलेट केक होना चाहिए था। लेकिन उसके अन्दर हीरे की अंगूठी थी।

बराक ने मुझे शरारती ढंग से देखा। उसने मुझे फंसाया था। सब उसकी चाल थी। मुझे एक पल लगा कि अपने गुस्से को त्याग कर ख़ुशी भरे सदमे में डूब जाऊं। उसने मुझे भड़काया था क्योंकि इसके बाद जब तक हम रहते हम शादी के ऊपर बहस नहीं करने वाले थे। मामला निपट चुका था। वह एक घुटने पर झुक गया और आवाज़ को भावुक बनाते हुए बोला क्या मैं उससे शादी करने का उसे सम्मान दूंगा। बाद में, मुझे यह पता चला कि वह पहले ही मेरी माँ और भाई से उनकी स्वीकृति के लिए मिल चुका था। जब मैंने हाँ कहा, तो ऐसा लगा जिससे रेस्तरां में मौजूद एक-एक आदमी ताली बजा रहा था।

एक या दो मिनट के लिए मैं अपनी उंगली में अंगूठी को देखते हुए अवाक रह गई। मैंने बराक को देखकर इस बात की पुष्टि की कि यह सब सही था। वह मुस्कुरा रहा था। उसने

मुझे पूरी तरह से हैरान कर दिया था। एक तरह से जीत हम दोनों की ही हुई थी। "अच्छा," वह बोला, "अब इससे तुमको चुप हो जाना चाहिए।

मैंने बराक को हाँ कहा और उसके कुछ समय बाद ही मैंने वेलेरी जैरेट को भी हाँ कह दिया। सिटी हॉल में काम करने का प्रस्ताव मैंने स्वीकार कर लिया। हाँ कहने से पहले मैंने इस बात को पक्का किया कि बराक और वेलेरी की मुलाक़ात करवाई जाए जिसके लिए मैंने उनसे आग्रह किया। इसके लिए एक डिनर आयोजित किया जहाँ हम तीनों बात कर सकें।

मैंने ऐसा कई कारणों से किया। एक कारण तो यह था कि वेलेरी मुझे अच्छी लगी थी। उससे प्रभावित होकर ही मैंने नौकरी में जाने का निर्णय लिया, मैं उसको और अच्छी तरह जानना चाहती थी। मैं जानती थी कि बराक भी उससे प्रभावित होगा। सबसे बढ़कर मैं यह चाहती थी कि वह वेलेरी की कहानी सुने। बराक की ही तरह उन्होंने भी अपना बचपन का कुछ हिस्सा किसी अलग देश में बिताया था, उन्होंने ईरान में अपना बचपन बिताया था। जहाँ उनके पिता डॉक्टर थे- वह स्कूल में पढ़ाई करने के लिए अमेरिका आ गई। उनका नज़रिया भी उसी तरह स्पष्ट था जिस तरह बराक का था। मेरे सिटी हॉल में काम करने को लेकर बराक की अपनी चिंताएं थीं। वेलेरी की ही तरह वह भी हेरोल्ड वाशिंगटन की नेतृत्व क्षमता से बहुत प्रभावित था, जब वे मेयर थे, लेकिन रिचर्ड एम डेली के पारम्परिक नेतृत्व में उसकी अधिक आस्था नहीं थी। यह उसके अन्दर का समुदाय प्रबंधक था: जब वाशिंगटन मेयर थे तब भी जमीन से जुड़े कार्यक्रमों के लिए उसको बहुत संघर्ष करना पड़ता था और कई बार उनको सफलता नहीं भी मिलती थी। हालाँकि वह मुझे नौकरी करने के लिए प्रेरित ही कर रहा था लेकिन उसको थोड़ी चिंता इस बात की थी कि कहीं डेली के मातहत काम करके मैं भ्रमित न हो जाऊं या शक्तिहीन।

किसी भी तरह की चिंता को कहने के लिए वेलेरी सही इंसान थी। उसने वाशिंगटन के साथ काम करने के लिए एक तरह से अपने पूरे जीवन को पुनर्स्थापित किया और उसके कुछ समय बाद ही वाशिंगटन नहीं रहे। वाशिंगटन की मृत्यु के बाद आये शून्य ने उसको शायद भविष्य के लिए सावधान कर दिया, वह जिसके बारे में मैंने पाया कि मुझे भी अमेरिका भर में लोगों को समझाना पड़ा: शिकागो में हम लोगों ने गलती यह की थी कि हम लोगों ने सुधार की सारी ज़िम्मेदारी एक आदमी के ऊपर डाल दी थी जबकि हमने उसके समर्थन के लिए राजनीतिक ढांचा तैयार नहीं किया था। मतदाता, विशेषकर उदारवादी और अश्वेत वाशिंगटन को एक तरह से अपने बचावकर्ता के रूप में देखते थे। एक प्रतीक के रूप में, एक ऐसे आदमी के रूप में जो सब कुछ बदल सकता था। उन्होंने इस ज़िम्मेदारी को बहुत प्रशंसा के भाव से उठाया, बराक और वेलेरी जैसे लोगों को इसके लिए प्रेरित किया कि वे निजी क्षेत्र से निकलकर सामुदायिक काम और सार्वजनिक सेवा के लिए आगे आयें। लेकिन जब वाशिंगटन का निधन हुआ तो उन्होंने जो ऊर्जा पैदा की थी उसका भी अंत हो गया।

मेयर के दफ़्तर में रहने के फैसले के बारे में वेलेरी को कुछ सोचना पड़ा, लेकिन उसने हम लोगों को यह समझाया कि उसको यह लगा कि यह फैसला सही था। उसने बताया कि उसकी भावना का समर्थन डेली ने भी किया क्योंकि उसको लगता था कि वह शहर के लिए अच्छा काम कर रही थी। उसने बताया कि उसकी निष्ठा वाशिंगटन के सिद्धांतों में थी, न कि उस आदमी में। प्रेरणा अपने आप में कुछ नहीं होती जब तक कि आप मेहनत नहीं करते। यह विचार मेरे और बराक के अन्दर इस कदर गूंजता रहा कि उस डिनर के बाद हमें लगा कि हमारे बीच कुछ मज़बूत हो गया था: वेलेरी जैरेट अब हमारी ज़िंदगी का हिस्सा थी। हम लोगों ने इस बारे में कभी चर्चा नहीं की लेकिन ऐसा लग रहा था कि हम तीनों किसी रूप में इसके लिए तैयार थे कि हम एक दूसरे को लम्बी दूरी तक ले जायेंगे।

एक और अंतिम बात करनी थी, अब चूँकि हमारी सगाई हो चुकी थी, अब मैंने एक नई नौकरी कर ली थी और बराक ने डेविस, मिनेर, बर्नहिल एंड गैलेंड को हामी दे दी थी, जनहित से जुडी यह फर्म उसके साथ बात कर रही थी: इसलिए हम लोगों ने छुट्टी ली, या अगर सही तरीके से कहें तो हम लोग एक तरह से तीर्थयात्रा के लिए निकल पड़े। अगस्त के आखिरी दिनों में एक बुधवार हम हवाई जहाज में बैठकर शिकागो से बाहर गए। जर्मनी के शहर फ्रैंकफर्ट में हवाई अड्डे पर हमें लम्बे समय तक इन्तजार करना पड़ा, उसके बाद आठ घंटे की फ्लाईट में बैठकर हम नैरोबी पहुंचे। सुबह होने ही वाली थी, जब हम कीनियाई चांदनी में बाहर निकले तो हमें वह एक अलग ही दुनिया लग रही थी।

मैं जमैका, बहामास, और कुछ बार यूरोप भी गई थी, लेकिन घर से इतनी दूर मैं पहली बार ही आई थी। मुझे उस सुबह ही नैरोबी का विदेशी होना समझ में आ रहा था या कहूं कि अपना विदेशी होना समझ में आ गया। यह बहुत सनसनी की बात थी कि मैं अपने प्यार के लिए आई थी और मैंने अधिक दूरी की यात्रा की थी, जिस तरह से नई जगह अपने आप बिना किसी बनावट के संकेत दे देती है। हवा में उससे अलग तरह का भार था जिसको आपको आदत नहीं थी: इसमें एक तरह की गंध थी जिसको आप पहचान नहीं सकते थे। लकड़ी के जलने की हलकी सी गंध या डीजल की, या पेड़ में पकते किसी मिठास की, वही सूरज निकला लेकिन आप जिस सूरज को जानते थे यह उससे कुछ अलग था।

बराक की सौतेली बहन औमा हमें लेने के लिए एयरपोर्ट आई थी, उसने गर्मजोशी के साथ हम दोनों का स्वागत किया। दोनों कम ही मिले थे, जिसकी शुरुआत छः साल पहले हुई थी जब औमा शिकागो आई थी, लेकिन दोनों में गहरी छनती थी। औमा बराक से एक साल बड़ी है। उसकी माँ ग्रेस केजिया जब गर्भवती थीं तब 1959 में बराक ओबामा सीनियर पढ़ने के लिए हवाई गए थे(उनको एक बेटा भी था, अबोंगो, जो तब छोटा बच्चा था)। जब 1960 के दशक में बराक सीनियर लौटकर कीनिया आये तो बराक सीनियर और केजिया को दो और बच्चे हुए।

औमा का रंग गेंहुआ था और उसके दांत बहुत सफ़ेद थे और वह ब्रिटिश शैली में अंग्रेजी बोलती थी। उसकी हँसी बड़ी और राहत पहुंचाने वाली थी। कीनिया आने के बाद सफ़र के कारण मैं इतनी थकी हुई थी कि बात भी नहीं कर पा रही थी लेकिन औमा की खटारा फॉक्सवैगन में पिछली सीट पर बैठकर शहर में घूमते हुए मैं यह देख रही थी कि किस तरह वह भी बराक की तरह झट से मुस्कुरा देती थी, उसका माथा भी उसी तरह गोल था जिस तरह बराक का था। औमा का दिमाग भी परिवार जैसा ही था: वह कीनिया में पली बढ़ी थी, और वहां लौटकर आती रहती थी। लेकिन उसने जर्मनी में पढ़ाई की थी और अभी भी वहीं रह रही थी, वह पीएचडी की पढ़ाई कर रही थी। उसको बहुत अच्छी तरह अंग्रेजी, स्वाहिली, जर्मन और अपनी स्थानीय भाषा लुओ आती थी। हम लोगों की तरह वह भी वहां आई हुई थी।

औमा ने हम लोगों के रहने के लिए एक दोस्त के खाली अपार्टमेंट में इंतजाम किया था, जो एक छोटा सा एक कमरे का फ़्लैट था, जो किसी अनजान से इलाक़े में था और उस बिल्डिंग को बाहर से गुलाबी रंग में पोता गया था। कुछ दिन जेट लैग के कारण हम लोगों को ऐसा महसूस हो रहा था मानो हम आधी गति में चल रहे हों। या हो सकता है कि यह नैरोबी की गति हो जो शिकागो से अलग ही एक तर्क से चलता था। इसकी सड़कें, ब्रिटिश स्टाइल के गोल चक्कर, जो पैदल चलने वालों, बाइकर्स, कार और एक छोटी बसनुमा मतातुस से भरे हुए हर कहीं दिखाई दे रहे थे। उनको चमकदार रंग में रंगा गया होता था और उनके ऊपर देवताओं के चित्र बने होते थे। उसके ऊपर सामान भरे होते थे और उनमें इतनी भीड़ होती थी कि सवारी बाहर की तरफ लटके रहते थे।

मैं अब अफ्रीका में थी। यह मादक था, गंदा था और मेरे लिए एकदम नया था। औमा की आसमानी रंग की फॉक्सवैगन कार इतनी पुरानी थी कि उसके इंजन को गियर में लाने के लिए उसको धक्का लगाना पड़ता था। मैं गलत सलाह के कारण सफ़ेद रंग के स्नीकर्स ले आई थी, पहले ही दिन हम लोगों ने इतना धक्का लगाया कि नैरोबी की दालचीनी की गंध वाली धूल के कारण वह जूता गहरे भूरे रंग का हो गया था।

बराक नैरोबी में मुझसे अधिक सहज था। वह एक बार पहले भी वहां आ चुका था। मैं वहां किसी सैलानी की अजीब फ़ितरत के साथ चल रही थी, यह समझते हुए कि हम वहां बाहरी थे, जबकि हमारी त्वचा भी अश्वेत थी तब भी लोग हमें घूर घूर कर देखते थे। जाहिर है, मैं यह तो जानती थी कि मैं इसके अनुकूल नहीं हो पाऊंगी लेकिन मुझे लगता था कि इस महादेश के बारे में मैं यह सोचते हुए बड़ी हुई थी वह हमारी प्राचीन मातृभूमि थी और उसके कारण मेरे अन्दर सम्पूर्णता का भाव पैदा होगा। लेकिन जाहिर है, अफ्रीका में हमारा कुछ भी नहीं है। यह बहुत अजीब बात है जो समझ में आती है कि अफ्रीकी अमेरिकी होने के कारण अफ्रीका में बीच बीच जैसा महसूस होता था। इसके कारण एक ऐसी उदासी मुझे महसूस हो रही थी कि मुझे लग रहा था कि दोनों ही जगहों पर मेरी जड़ें नहीं थी।

कई दिनों बाद भी मुझे ऐसा लग रहा था मानो मैं अव्यवस्थित महसूस कर रही थी, और हम दोनों का गला खराब हो गया था। बराक और मेरे बीच न जाने किस बात के लिए

लड़ाई भी हो गई थी। कीनिया में हम अद्भुत चीजें देख रहे थे लेकिन हम थके भी हुए थे, जो आखिरकार गुस्से में बदल गया। "मैं बराक से बहुत गुस्सा हूँ," मैंने अपनी डायरी में लिखा। "मुझे नहीं लगता है कि हमारे बीच कुछ भी सामान्य है।" मैंने अपने विचार वहां रखे। अपनी हताशा को दर्शाने के लिए मैंने पूरे पन्ने पर अपने दर्द को बयान किया।

किसी नए जोड़े की तरह हम लड़ना सीख रहे थे। हम अक्सर नहीं लड़ते थे। लेकिन हम जब लड़ते थे तब वह अक्सर बहुत छोटी-छोटी बातों पर होता था, अन्दर दबी हुई छोटी-छोटी बातों का गुस्सा तब उभर कर आता था जब हम दोनों में से कोई एक बहुत थका हुआ होता था या तनाव में होता था। लेकिन हम लड़ते थे। और अच्छा हो या बुरा लेकिन जब मैं गुस्से में होती थी तो मैं चिल्लाने लगती थी। मुझे जब कोई चीज बुरी लगती थी तो उसकी भावना इतनी अधिक शारीरिक होती थी कि ऐसा लगता था जैसे मेरे शरीर में आग लग गई हो और इतनी जोर-जोर से मैं बोलने लगती थी कि कई बार बाद में मुझे याद भी नहीं रहता था कि मैंने उस पल कहा क्या था। जबकि इस दौरान बराक शांत और तार्किक बना रहता था, और वह बड़ी सफाई से बोलता था (और मुझे इसी वजह से चिढ़ मचती थी)। यह समझने में हमें सालों लग गए कि हम इसी तरह बने थे, कि हम दोनों अपने-अपने जेनेटिक कोड का योग थे और हमारे अन्दर जो भी था वह हमारे अभिभावकों का था और उनके पहले उनके अभिभावकों का। समय के साथ हम लोगों ने सीख लिया कि किस तरह चिढ़ और कभी कभार आने वाले गुस्से से निपटा जाए। अब जब हम लड़ते हैं तो यह कम नाटकीय होता है, अधिक वाकपटु होता है, और हमेशा एक दूसरे के लिए प्यार के कारण होता है, चाहे कितना भी गुस्सा हो, तब भी, सामने होते हैं।

नैरोबी में अगली सुबह जब हम जगे तो नीले आसमान के नीचे हम अधिक ऊर्जा से भरपूर थे, हमें जेट लैग का असर कम महसूस हो रहा था और हम ख़ुशमिज़ाज लग रहे थे। हम औमा से शहर के बीचोबीच ट्रेन स्टेशन पर मिले, जहाँ से हम पैसेंजर ट्रेन में बैठकर शहर के बाहर पश्चिम की तरफ बढ़े, ओबामा के पैतृक घर की तरफ़। हम एक केबिन में खिड़की के पास बैठे जो कीनियाई लोगों से भरा हुआ था, जिनमें से कुछ के पास बास्केट में जिन्दा मुर्गा था तो कोई बड़ा सा फर्नीचर लेकर यात्रा कर रहा था, जो उसने शहर से खरीदा था। मैं एक बार फिर हैरान थी कि किस तरह शिकागो की एक लड़की जो मेज पर काम करती वक़ील का जीवन जी रही थी अचानक ऐसी हो गई। उसकी बगल में जो आदमी बैठा है वह एक दिन मेरे दफ़्तर में आया जिसका अजीब सा नाम था, मुस्कान अद्भुत, और इस आदमी ने सब कुछ बदल दिया। हम खिड़की से चिपके बैठे थे जब किबेरा का विशाल समुदाय सामने से गुजरा, जो अफ्रीका की सबसे बड़ी झोपड़पट्टी है। हम उसकी झोपड़ियाँ देख रहे थे जिनकी छत टीन से बनी थी, रास्तों में कीचड़ भरा था और नालियां खुली हुई थीं, और ऐसी गरीबी जो मैंने पहले न कभी देखी थी, न ही इस बारे में कभी कल्पना की थी।

हम कई घंटे तक ट्रेन में बैठे रहे। बराक ने तो एक किताब खोल ली लेकिन मैं खिड़की से आँखें गड़ाए बाहर देख रही थी, नैरोबी की झोपड़पट्टी के बाद हरे भरे गाँव दिखाई देने

लगे और ट्रेन उत्तर की तरफ शहर किसुमु में रुकी, जहाँ मैं औमा और बराक भीषण गर्मी में नीचे उतरे, जहाँ से हम मट्टू में बैठकर अनाज के खेतों के बीच से होते हुए उनकी दादी के गाँव कोगेलो पहुंचे।

मुझे हमेशा याद रहेगा कि कीनिया के इस हिस्से की मिटटी लाल थी। वह ऐसी लाल थी कि वह इलाका लगभग प्राचीन लग रहा था। गहरे रंग वाले बच्चों के चेहरे और बालों से वह मिटटी किस तरह चिपकी हुई थी जो सड़क के किनारे खड़े होकर हमारा अभिवादन कर रहे थे। मुझे याद है कि जब हम बराक की दादी के घर के पास पहुंचे तो मैं पसीना-पसीना हो गई थी और मुझे बहुत प्यास लगी हुई थी। घर बहुत अच्छी तरह कंक्रीट से बना हुआ था और जहाँ वह सालों से रह रही थीं, पास के खेतों में सब्जियां उगाती थीं और उनके पास कई गायें थीं। वे उनको ग्रैनी सारा बुलाते थे। वह एक छोटी और हट्टी-कट्टी महिला थीं जिनकी आँखें चमकदार और हँसी खनकदार थी। वह अंग्रेजी नहीं बोलती थीं, केवल लुओ भाषा बोलती थी, और वह इस बात से ख़ुश थीं कि हम उनसे मिलने के लिए इतनी दूर से आये। उनके बगल में खड़ी होकर मैं बहुत लम्बी लग रही थी। वह मुझे बहुत उत्सुकता के साथ देख रही थीं। मानो यह जानने की कोशिश कर रही हों कि मैं कहाँ से आई थी और किस तरह सहजता से मैं उनके दरवाजे पर आ गई। मेरे लिए उनका पहला सवाल यह था कि "तुम्हारे माँ पापा में से श्वेत कौन हैं?"

हँसते हुए मैंने उनको औमा की मदद से समझाया कि मैं पूरी तरह से अश्वेत थी, उसी तरह से अश्वेत जिस तरह हम कभी अमेरिका आये थे।

ग्रैनी सारा को यह सब मजेदार लग रहा था। ऐसा लग रहा था कि उनको सब कुछ मजेदार लग रहा था। वह बराक को इसके लिए चिढ़ा रही थीं कि वह उनकी भाषा नहीं बोल पा रहा था। मुझे उनका वह ख़ुशफहम मिजाज बहुत अच्छा लगा। शाम होने पर उन्होंने हमारे लिए मुर्गा काटकर मांस बनाया और उसको मकई के आटे के साथ पेश किया जिसको उगुली कहा जाता था। इस बीच छोटे ओबामा का अभिवादन करने के लिए गाँववाले और रिश्तेदार आते रहे और वे सगाई के लिए हमें बधाई भी दे रहे थे। शाम ढलने के बाद रात होने पर मैंने जमकर खाना खाया, गाँव में बिजली नहीं थी और जिसके कारण आकाश में तारे खूब चमकते हुए दिखाई दे रहे थे। उस जगह पर मेरा होना किसी चमत्कार जैसा लग रहा था। एक साधारण से बेडरूम में मैं बराक के साथ थी, हमारे आसपास के मकई के खेतों से झींगुरों की आवाज़ें आ रही थीं, उन जानवरों की सरसराहट जिनको हम देख नहीं पा रहे थे। मुझे याद है कि आसपास इतना खुला आसमान और फैली हुई धरती देखकर मुझे डर भी लग रहा था, साथ ही उस छोटे से घर में अच्छा और सुरक्षित महसूस हो रहा था। मेरे पास एक नई नौकरी थी, एक मंगेतर और इतना बड़ा परिवार- कीनिया में प्यारी दादी भी थीं। यह सही बात थी: मैं अपनी दुनिया से निकल आई थी और फिलहाल सब अच्छा लग रहा था।

12

बराक और मैंने 1992 में शनिवार की एक धूप भरी दोपहर में शादी कर ली। साउथ साइड में ट्रिनिटी युनाइटेड चर्च में में हम दोनों तीन सौ से अधिक दोस्तों और परिजनों के बीच एक हो गए। यह बड़ी शादी थी, और चूँकि हम शिकागो में शादी कर रहे थे तो उसको बड़ी होनी ही थी। मेहमानों की सूची में कोई कमी नहीं की गई थी। मेरी जड़ें काफी गहरी थीं। मेरे सिर्फ रिश्ते के भाई बहन नहीं थे बल्कि उनके भी दूर के भाई बहन आये थे और उनके बच्चे भी, उनमें ऐसे कोई नहीं थे जिनको मैं कभी छोड़ना चाहती और इन्हीं लोगों ने मेरे उस दिन को सार्थक और ख़ुशियों से भरा बना दिया।

मेरे पिता के छोटे भाई बहन वहां आये थे। माँ की तरफ से तो पूरा परिवार ही आया था। मेरे स्कूल के पुराने दोस्त और पड़ोसी आये थे, प्रिंसटन के लोग आये, व्हिटनी यंग के लोग थे। मेरे हाईस्कूल के असिस्टेंट प्रिंसिपल की पत्नी मिसेज स्मिथ आई थीं जो अभी युक्लिड एन्क्लेव में मेरे घर के सामने रहते थे। उन्होंने शादी की तैयारियों में मेरी मदद की, जबकि सामने की सड़क पर रहने वाले हमारे पडोसी मिस्टर एंड मिसेज थॉम्पसन और उनके जैज बैंड ने उस दिन बाद में हमारे रिसेप्शन पर संगीत का आयोजन भी किया। सैंटिटा जैक्सन, जो काले रंग के ड्रेस में थी, मेरी मेड ऑफ़ ऑनर थी। मैंने सिडली के पुराने सहकर्मियों को और सिटी हॉल के नए सहकर्मियों दोनों को बुलाया था। बराक की नई कंपनी के लॉ पार्टनर आये थे तो उसके पुराने संगठनकर्ता दोस्त भी आये थे। बराक के साथ हवाई में पढने वाले शरारती दोस्त कीनिया से आये उसके थोड़े से रिश्तेदारों के साथ खूब घुले मिले थे। उन लोगों ने खूब रंगीन चमकदार पूर्वी अफ्रीकी हैट पहना हुआ था। दुःख की बात थी कि हम लोगों ने कुछ समय पहले ही ग्रैम्प्स- बराक की दादी- को खो दिया था, पिछले साल सर्दियों में कैंसर से उनका देहांत हो गया था। लेकिन बराक की माँ और उसकी नानी शिकागो आई थीं, औमा और माया भी आई थी, अलग महादेश में रहने वाली बराक की सौतेली बहनें जो बराक के प्यार में आई थीं। यह पहली बार था जब हम दोनों के परिवार वाले मिले थे, और यह अनुभव बहुत ख़ुश करने वाला था।

हम लोग प्यार से घिरे हुए थे- एक तरफ बहुसांस्कृतिक ओबामा परिवार का प्यार तो दूसरी तरह साउथ साइड के रॉबिन्सन परिवार का प्यार था। वे सभी आपस में घुले मिले दिख

रहे थे। चर्च के अन्दर सब साथ बैठे थे। क्रेग जब मुझे मंच की तरफ लेकर जा रहा था तब मैंने कसकर उसकी कुहनी को थाम रखा था। जब हम सामने पहुंचे तो मेरी नजर माँ के ऊपर पड़ी। वह सामने वाली कुर्सी पर बैठी थीं, जमीन तक लटके ड्रेस में वह गजब लग रही थीं जो हम दोनों ने साथ ही खरीदा था, उनकी ठुड्डी उठी और उनकी आँखों में गर्व झलक रहा था। हमें आज भी पिता की याद रोज आती थी, हालाँकि वह यही चाहते थे इसलिए हमने सब कुछ जारी रखा।

बराक जब सुबह उठा तो उसको बुरी तरह जुकाम हुआ था, लेकिन वह जैसे ही चर्च पहुंचा चमत्कारिक तरीके से वह ठीक हो गया। वह अब मुझे देखकर मुस्कुरा रहा था, चमकती आँखों से, वह अपनी जगह पर खड़ा था, किराए का चोगा पहने और नए चमकते जूतों में। शादी मुझसे अधिक उसके लिए रहस्यमय थी, लेकिन पिछले चौदह महीने से जब से हमारी सगाई हुई थी तभी से वह पूरी तरह से उसमें डूबा हुआ था। हम लोगों ने सभी चीजों का चुनाव बहुत ध्यान से किया था। बराक ने पहले तो यह कह दिया था कि शादी की तैयारियों में उसकी कोई दिलचस्पी नहीं थी, लेकिन उसने बाद में बड़े प्यार से, आगे बढ़ बढ़ कर तैयारियों में हिस्सा लिया, फूलों के चुनाव से लेकर एक घंटे बाद साउथ शोर कल्चरल सेंटर में नाश्ते के लिए क्या दिया जाना था इस बारे में भी उसने अपनी राय रखी। हम लोगों ने अपना वेडिंग सोंग चुना, जिसको सैंटिटा ने अपनी जबरदस्त आवाज़ में गाया, साथ में पियानो बजाने वाला पियानो बजा रहा था।

यह स्टीवी वांडर का गीत था "यू एंड आई (वी कैन कॉन्कर द वर्ल्ड)"। इस गीत को मैंने पहली बार शायद तीसरी या चौथी कक्षा में सुना था, जब साउथ साइड ने मुझे उपहार में टॉकिंग बुक अल्बम दिया था, वह मेरा पहला रिकॉर्ड अल्बम था और जो मुझे बहुत ही पसंद था। मैंने उसको उनके ही घर में रखा था और मैं जब भी उनके घर जाती थी तो मुझे बजाने की अनुमति दी जाती थी। उन्होंने मुझे सिखाया था कि किस तरह रिकॉर्ड को सुरक्षित रखना चाहिए, किस तरह उसकी धूल को साफ़ किया जाना चाहिए, किस तरह उसकी सुई को उठाना चाहिए और किस तरह सही जगह पर रखा जाना चाहिए। आम तौर पर वह मुझे संगीत के साथ अकेला छोड़ देते थे, वह वहां कम ही आते थे ताकि मैं अकेले में वह सब सीख सकूं जो कुछ उस अल्बम से सीखा जा सकता था। मैं बार बार उसकी पंक्तियों को दुहराती रहती थी। वेल, इन माई माइंड, वी कैन कंकर द वर्ल्ड/इन लव/ यू एंड आई, यू एंड आई..।

तब मेरी उम्र नौ साल की थी और मुझे न तो प्यार के बारे में कुछ पता था न ही प्रेम में वादे का, न ही दुनिया को जीतने के बारे में। मैं बस यही कर सकती थी कि मन ही मन मैं इस बारे में अनुमान लगाती थी कि प्यार कैसा लगता होगा और उसके साथ एक दिन कौन आएगा जो मुझे ख़ुशी देगा। क्या यह माइकेल जैक्सन होगा? कब्स समूह का जोसे कार्देनाल होगा? क्या वह कोई मेरे पापा जैसा होगा? मैंने उसके बारे में कल्पना करना भी नहीं शुरू किया था कि वह आदमी कौन होगा जो मेरे मैं के लिए तुम बन जाएगा।

लेकिन अब हम यहाँ थे।

ट्रिनिटी चर्च कि बहुत अच्छी प्रतिष्ठा रही है। बराक जिन दिनों संगठनकर्ता का काम देखता था तभी उसने यहाँ जाना शुरू कर दिया था। शहर के बहुत से पेशेवर अफ्रीकी अमेरिकी पेशेवरों को देखकर हम दोनों ने हाल में ही वहां सदस्यता ले ली थी। चर्च के पेस्टर श्रीमान जेरेमी राइट को बहुत भावुक उपदेशक माना जाता था जो सामाजिक न्याय की बात करते थे और वे हमारे विवाह के समारोह का संचालन कर रहे थे। उन्होंने हमारे दोस्तों और परिजनों का स्वागत किया तथा हमारे वेडिंग बैंग को खड़ा किया ताकि सभी उसे देख सकें। उन्होंने बड़े प्रभावी तरीके से यह कहा कि दो लोगों के एक होने का क्या मतलब होता है और ध्यान रखने वाले समुदाय द्वारा उसको देखने का क्या मतलब होता है, उन लोगों द्वारा जो मेरे और बराक के हर आयाम से परिचित हों।

तब मुझे इस बात की शक्ति समझ में आई जो हम कर रहे थे। संस्कारों का महत्व समझ में आया- क्योंकि हम वहां खड़े थे लेकिन हमारा भविष्य अभी भी लिखा नहीं गया था, जो हम जानते थे वह सब भी अनजाना था, हम लोगों ने एक दूसरे का हाथ थाम रखा था और हम शपथ ले रहे थे।

वहां जो भी हो रहा था हम लोगों ने उसमें साथ-साथ कदम रखा। आज के दिन की योजना बनाने में मैंने बहुत मेहनत की थी। मेरे लिया यह बहुत मायने रखता था कि सब कुछ बहुत शालीनता से हो जाए, लेकिन मैं यह समझ गई थी कि जो बात सही में मायने रखती थी, जो बात मैं सदा याद रखने वाली थी वह यह पकड़ थी। इससे मुझे संतोष मिला वह कभी किसी और चीज़ से नहीं मिला था। मुझे इस शादी में विश्वास था, इस आदमी में विश्वास था। इस बात की घोषणा करना इस संसार के सबसे आसान कामों में एक था। बराक के चेहरे पर देखने से मुझे यह विश्वास हो गया कि वह भी ऐसा ही महसूस कर रहा था। हम दोनों में से कोई उस दिन नहीं रोया। न ही किसी की आवाज़ कांपी। अगर कुछ था तो हम थोड़े से घबड़ाए हुए थे। इसके बाद हम लोग सभी लोगों के साथ रिसेप्शन की तरफ़ बढे। हम लोगों ने खाना खाया, पिया और तब तक डांस करते रहे जब तक कि ख़ुशी के मारे हम पूरी तरह थक नहीं गए।

. . .

हमारे लिए हनीमून आराम के लिए था, हम सड़क के रास्ते उत्तरी कैलिफोर्निया गए, जिसमें वाइन, नींद, मड बाथ और अच्छा खाना सब शामिल था। शादी के अगले दिन हम सैन फ्रांसिस्को गए, वहां हम लोगों ने कई दिन नापा में बिताए, उसके बाद हम हाइवे 1 से होते हुए नीचे की तरफ, वहां किताबें पढने, समुद्र की नीली लहरों को उठते गिरते देखने के लिए, और अपने दिमाग को साफ़ करने के लिए पहुंचे। वह बहुत शानदार रहा, इस बात के बावजूद कि बराक को फिर से जुकाम हो गया, मड बाथ के कारण जो सुखद भी नहीं लगा और बकवास भी।

एक व्यस्त साल के बाद हम दोनों वापसी के लिए ज़रूरत से अधिक तैयार थे। बराक ने मूल रूप से यह सोचा था कि वह हमारी शादी से पहले के महीनों में अपनी किताब को पूरा करेगा और अपने नए लॉ फर्म के लिए काम करेगा। लेकिन उसने इनको अचानक आने वाले समय के लिए टाल दिया। 1992 के अप्रैल में किसी समय उसको राष्ट्रीय निर्दलीय संगठन प्रोजेक्ट वोट के नेताओं ने जो ऐसे राज्यों में मतदाताओं के पंजीकरण के लिए अभियान चलाना चाहते थे जहाँ अल्पसंख्यकों का मतदान प्रतिशत बहुत कम होता था, संपर्क किया। उन्होंने पूछा था कि क्या बराक नवम्बर में आने वाले चुनाव को ध्यान में रखते हुए इलिनॉय में इस प्रक्रिया की शुरुआत कर सकता था और इसके लिए अश्वेत मतदाताओं का पंजीकरण कर सकता था। ऐसा अनुमान था कि करीब चार लाख अफ़्रीकी अमेरिकी इस राज्य में थे जो *वोट!* देने के योग्य थे लेकिन उनका पंजीकरण नहीं हुआ था, और उनमें से अधिकतर लोग शिकागो के आसपास रहते थे।

वहां वेतन तो बहुत कम था लेकिन वह नौकरी बराक की अपनी मान्यताओं के अनुकूल थी। 1983 में इसी तरह से शिकागो में मतदाताओं के पंजीकरण का अभियान चला और जिसका असर यह हुआ कि हेराल्ड वाशिंगटन सत्ता में आये। 1992 में दांव काफी ऊंचे थे: एक और अफ़्रीकी अमेरिकी उम्मीदवार कैरोल मोसेले ब्राउन ने बहुत कम अंतर से अमेरिकी सीनेट के लिए डेमोक्रेटिक पार्टी की उम्मीदवारी हासिल करके सभी लोगों को हैरान कर दिया था और बहुत कांटे की इस लड़ाई में अपनी दावेदारी पक्की कर ली थी। राष्ट्रपति पद के लिए बिल क्लिंटन जॉर्ज बुश के खिलाफ चुनाव लड़ रहे थे, अल्पसंख्यक मतदाताओं के लिए यह ऐसा समय नहीं था कि वे इसमें भागीदारी से दूर रहें।

यह कहना कि इस काम में बराक ने खुद को शामिल कर लिया अपने आप में कम कहना होगा। प्रोजेक्ट वोट का मकसद यह था कि प्रति सप्ताह दस हजार मतदाताओं को जोड़ा जाए। यह काम वैसा ही था जो वह तब करता था जब वह जमीनी स्तर का संगठनकर्ता था: उस साल वसंत और गर्मियों के दौरान वह और उसके कर्मचारी बहुत से चर्च के बेसमेंट में गए, घरों में गए और उन्होंने उन मतदाताओं के बारे में बात की जिनका पंजीकरण नहीं हुआ था। वह सामुदायिक नेताओं से नियमित रूप से मिलते तथा अमीर दानकर्ताओं से उन्होंने कई बार अपनी बात कही, ताकि वे रेडियो विज्ञापन बनवाने और सूचनापूर्ण ब्रोशर छपवाने के लिए मदद करें, जिनको अश्वेत इलाकों तथा सार्वजनिक आवास योजना के लोगों में बांटा जा सके। संगठन का सन्देश अचल और स्पष्ट था, और जैसा कि मैं जानती थी बराक दिल से जो महसूस करता था उसमें वही दिखाई दे रहा था: मतदान की अपनी ताकत थी। अगर आप चाहते थे कि बदलाव हो तो चुनाव वाले दिन आप घर में नहीं बैठे रह सकते।

शाम के समय बराक हमारे घर युक्लिड एवेन्यू आता तो अक्सर सोफे पर पसर जाता, उससे सिगरेट की गंध आती थी क्योंकि वह जब मेरी आँख से दूर होता था तो अभी भी सिगरेट पीता था। वह थका हुआ लगता था लेकिन कभी परेशान नहीं लगता था। वह बहुत ध्यान से इस बात के ऊपर नज़र रखता था कि कितने लोगों का पंजीकरण हुआ: गर्मियों के

उस मौसम में सप्ताह के सात हजार के औसत से पंजीकरण हो रहा था जो प्रभावी था लेकिन वह अभी भी लक्ष्य से पीछे चल रहा था। उसने इसके लिए रणनीति बनाई कि किस तरह इस सन्देश को आगे तक ले जाया जाए, अधिक स्वयंसेवकों को किस प्रकार जोड़ा जाए, और ऐसे लोगों की तलाश की जाए जो अभी तक नहीं मिल पाए थे। ऐसा लग रहा था कि उसको चुनौतियाँ रुबिक की समस्यापूर्ति जैसी लग रही थी जिसको तभी सुलझाया जा सकता था जब सभी ब्लाक को सही जगह कर दिया जाये। उसने मुझे बताया कि सबसे मुश्किल अठारह से तीस साल के नौजवानों को समझाना होता है क्योंकि ऐसा लगता था कि सरकार में उनको बिलकुल यकीन नहीं रह गया था।

इधर मैं पूरी तरह से सरकार का हिस्सा बन चुकी थी। मैंने मेयर के दफ़्तर में काम करते हुए एक साल पूरा कर लिया था, शहर के अलग अलग विभागों में तालमेल का काम करते हुए, जिनमें स्वास्थ्य और मानव सेवा विभाग भी शामिल थे। काम बहुत बड़ा था और लोग इतना समझते थे कि उनको उत्साहित किया जा सकता था और वे लगभग हमेशा ही मजेदार होते थे। जबकि मैं एक समय एक शांत बंद दफ़्तर में बैठकर लिखते हुए समय बिताती थी जिसके सामने नहर का नजारा होता था। अब मैं जिस दफ़्तर में काम करती थी उसमें खिड़की भी नहीं थी और जो सिटी हॉल के ऊपरी माले पर था, जहाँ दिन भर नागरिक शोर मचाते हुए आते रहते थे।

मैं यह सीख रही थी कि सरकार के मुद्दे बहुत अधिक और कभी ख़त्म होने वाले नहीं होते थे। मैं विभिन्न विभागों के प्रमुखों के साथ मीटिंग करती, शहर के कमिश्नर के कर्मचारियों के साथ काम करती, कई बार शिकागो के आस पड़ोस में उन शिकायतों के बारे में भी लिखती थी जो शहर के मेयर को निजी तौर पर प्राप्त होती थीं। मैं गिरे हुए पेड़ों को देखने जाती थी जिनको हटाये जाने की ज़रूरत होती थी, आस-पड़ोस के पेस्टर से बात करती थी जो ट्रैफिक या कूड़े के निष्पादन की समस्या से परेशान रहते थे, और अक्सर समुदायों के आयोजन में मेयर के दफ़्तर का प्रतिनिधित्व करते थे। एक बार वरिष्ठ नागरिकों के पिकनिक में नार्थ साइड में मुझे दो लोगों की बहस रुकवानी पड़ी। ऐसा कोई भी काम कॉर्पोरेट वकील नहीं करता, और इस बजह से मुझे यह जरूरी लग रहा था। शिकागो का अनुभव मुझे जिस तरह से हो रहा था उस तरह से मैंने कभी उसका अनुभव नहीं किया था।

मैं मूल्यों को लेकर भी बहुत कुछ सोच रही थी। सुसान शेर और वेलेरी जैरेट की मौजूदगी में, उन दो औरतों में मैं यह देखती थी कि दोनों ही आत्मविश्वास से उतनी ही भरपूर थी और साथ ही उतनी ही मानवीय भी। सुसान मीटिंग को बहुत मजबूती और कायदे से संचालित करती थी। जब कमरे में बहुत से अलग अलग राय वाले लोग होते थे तो वेलेरी अपने दिमाग की बात कभी नहीं कहती थी। बहुत कायदे से वह लोगों को उस राय की तरफ ले आती थी जिस तरफ उसकी अपनी राय होती थी। वह तेजी से चलती धूमकेतु की तरह थी, एक ऐसी महिला जो सचमुच में ऊंचाई पर जा रही थीं। मेरी शादी से कुछ ही दिन पहले उनको शहर के आर्थिक विकास सम्बन्धी विभागों के कमिश्नर के पद पर नियुक्त किया गया।

हनीमून से लौटने के बाद से मैं काम पर जाने लगी।

मैं सुसान से अधिक वेलेरी के लिए काम करती थी, लेकिन दोनों के काम को मैं बहुत ध्यान से देखती थी, उसी तरह से जिस तरह कॉलेज के दिनों में मैं अपनी मेंटॉर चेर्नी के काम को ध्यान से देखती थी। ये उस तरह की महिलायें थीं जिनको अपनी आवाज़ के बारे में पता था और ये उसके इस्तेमाल से डरती भी नहीं थीं। समय आने पर वे विनम्र और मज़ाकिया भी हो जाती थीं लेकिन वे प्रचार से भी नहीं घबड़ाती थीं और अपने नज़रिये की ताकत के बारे में दुबारा सोचती भी नहीं थीं। साथ ही, वे कामकाजी माताएं थीं। इस नज़रिए से भी मैंने उनको क़रीब से देखा था और जानती थी एक दिन मैं भी यह होने वाली थी। कितनी भी बड़ी मीटिंग चल रही हो अगर वेलेरी की बेटी के स्कूल से कोई फोन आता था तो वह मीटिंग से निकलते हुए हिचकती नहीं थीं। इसी तरह सुसान भी दिन में ही निकल पड़ती थी अगर उसके किसी बेटे को बुखार आ जाए या प्रीस्कूल म्यूजिक शो में दूसरे बेटे का प्रदर्शन होने वाला हो। वे अपने बच्चों की प्राथमिकताओं को ध्यान में रखने के लिए कभी शर्मिंदा भी नहीं होती थीं, चाहे इसके कारण कभी कभार दैनिक कामकाज में बाधा ही क्यों न आ जाये। वह कभी घर और दफ़्तर को उस तरह बांटकर नहीं रखती थी जिस तरह कि सिडली में पुरुष पार्टनर रखते थे। मुझे पता नहीं कि सुसान और वेलेरी के लिए इस तरह बांटकर रखने का विकल्प भी था, क्योंकि एक तो दोनों तलाक़शुदा थीं और दोनों की अपनी भावनात्मक और आर्थिक चुनौतियाँ भी थीं। वे पूरी तरह से दुरुस्त होने की कोशिश में नहीं रहती थीं, लेकिन किसी न किसी तरह बेहतरीन होने में कामयाब हो जाती थीं। दोनों के बीच गहरी और आपसी मदद का रिश्ता था, जिसका भी मेरे ऊपर अच्छा प्रभाव पड़ा था। वे कभी भी कोई बहाना बना सकती थीं और दोनों ही शानदार ढंग से, शक्तिशाली ढंग से, और निर्देशित तरीके से अपने आप में बनी रहती थीं।

बराक और मैं उत्तरी कैलिफोर्निया के अपने हनीमून से जब लौटकर आये तो अच्छी और बुरी दोनों तरह की ख़बरें मिली। अच्छी ख़बर नवम्बर में होने वाले चुनाव से जुड़ी थी, जिसमें जो हुआ वह एक तरह से उत्साहवर्धक बदलाव था। बिल क्लिंटन ने इलिनॉय और पूरे देश में अच्छी जीत दर्ज की, उन्होंने राष्ट्रपति बुश को एक कार्यकाल के बाद ही बाहर का रास्ता दिखा दिया। कैरोल मोसेले ब्राउन की भी निर्णायक जीत हुई, वह सीनेट की सीट पर पहुँचने वाली पहली अमेरिकी अफ्रीकी महिला बनी। बराक के उत्साह को अधिक बढ़ाने वाली बात यह भी थी कि मतदाताओं की संख्या में बहुत अधिक वृद्धि हुई: प्रोजेक्ट वोट ने सीधे तौर पर 110, 000 नए मतदाताओं का पंजीकरण किया था, और उसके प्रोजेक्ट वोट अभियान के कारण भी हो सकता है कि मतदान के प्रतिशत में वृद्धि हुई हो।

दशकों में पहली बार शिकागो में पांच लाख से अधिक अश्वेत मतदाताओं ने मतदान किया था, जिससे यह बात साबित हुई कि उनमें सम्मिलित रूप से यह शक्ति थी कि वे राजनीतिक नतीजों को आकार दे सकते थे। इसने कानून बनाने वालों और भविष्य के

नेताओं को साफ़ सन्देश दिया और उस भावना को फिर से स्थापित किया जो ऐसा लग रहा था कि हेराल्ड वाशिंगटन की मृत्यु के साथ ख़त्म हो गई थी: कि अफ्रीकी अमेरिकी मतदातों का भी महत्व था। राजनीतिक रूप से यह किसी के लिए भी महंगा पड़ सकता था कि अश्वेत मतदाताओं की ज़रूरतों और चिंताओं की उपेक्षा करें। इसके अन्दर भी अश्वेत समुदाय के लिए भी सन्देश था, जो यह याद दिलाने वाला था कि प्रगति संभव थी और हमारी क्षमता भी मापने लायक थी। यह सब बराक के लिए उत्साहवर्धक था। चाहे यह कितना ही थकाने वाला क्यों न रहा हो, लेकिन वह इस काम को प्यार करता था क्योंकि इसके कारण उसको शिकागो की जटिल राजनीतिक संरचना समझ में आ गई और यह बात भी कि उसकी संगठन क्षमता बड़े पैमाने पर काम आ सकती थी। उन्होंने ज़मीन से जुड़े नेताओं के, नागरिकों, चुनाव अधिकारियों के साथ गठजोड़ किया और चमत्कारी ढंग से इसके अच्छे नतीजे निकले। मीडिया के अनेक माध्यमों ने प्रोजेक्ट वोट के प्रभावी असर को रेखांकित किया। *शिकागो* मैग्जीन के एक लेखक ने बराक के लिए लिखा "लम्बा, प्यारा और काम में धुनी," उसका सुझाव यह था कि इसको किसी दिन इस पद के लिए चुनाव लड़ना चाहिए, जिस विचार को उसने कंधे उचकाकर झाड़ दिया।

और बुरी ख़बरों में यह थे: उस लम्बे प्यारे और काम के धुनी आदमी से मैंने अभी शादी की थी और वह किताब लिखने की तय सीमा को पार कर गया था। वह मतदाताओं के पंजीकरण के काम में इतना खोया हुआ था कि किताब का कुछ हिस्सा ही दे पाया। जब हम कैलिफोर्निया से घर लौटे तो पाया कि प्रकाशक ने उसका अनुबंध रद्द कर दिया था, उन्होंने उसके लिटररी एजेंट से कहलवाया कि 40 हजार डॉलर की राशि जो उसको अग्रिम के रूप में दी गई थी उसे वापस करना पड़ेगा।

अगर वह घबड़ाया भी होगा तो मेरे सामने उसने ऐसा नहीं किया। मैं सिटी हॉल की अपनी नई भूमिका में अपने आपको ज़माने में व्यस्त हो गई थी, जिसमें मीटिंग का काम अधिक होता था और सीनियर सिटीजंस की पिकनिक में कम, जो कि मेरी पिछली नौकरी में था। हालांकि मैं कॉर्पोरेट वकील की तरह दिन रात काम नहीं कर रही थी लेकिन सिटी हॉल में रोज-रोज के कोलाहल से शाम तक मैं थक जाती थी, इसलिए मेरी इसमें कोई दिलचस्पी नहीं रहती थी कि घर में किसी तरह का तनाव मोल लूं, और मैं यह चाहती थी कि एक ग्लास वाइन लूं, दिमाग की चाबी बंद कर दूँ और काउच पर बैठकर टीवी देखूं। प्रोजेक्ट वोट में बराक के बहुत अधिक जुड़ जाने के कारण मैंने अगर कुछ सीखा था तो यह कि उसकी चिंताओं की चिंता करने का कोई मतलब नहीं था- कुछ तो इसलिए कि यह उसके कामों में सबसे जरूरी काम था। अस्तव्यस्त माहौल से मुझे चिढ होती थी लेकिन ऐसा लगता था इससे बराक को ऊर्जा मिलती थी। वह सर्कस के किसी बाजीगर जैसा था जिसको तश्तरी नचाना अच्छा लगता था: अगर अब कुछ बहुत शांत हो जाता था तो वह इसको इस बात का संकेत समझता था कि अभी बहुत कुछ करना था। वह बहुत अधिक कामों के लिए एक साथ हामी भर देता था, वह समय और ऊर्जा की सीमाओं को समझे बगैर नई-नई परियोजनाओं के

लिए हामी भर देता था। उदाहरण के लिए, वह कई गैर सरकारी संगठनों के बोर्ड में काम करने को भी हाँ कर देता, आने वाले वसंत में यूनिवर्सिटी ऑफ़ शिकागो में अल्पकालिक रूप से पढ़ाने के लिए भी और साथ ही, वह एक लॉ फर्म में पूर्णकालिक रूप से काम करने की योजना भी बना रहा था।

और फिर किताब का काम था। बराक के एजेंट को यह बात पक्के तौर पर लगती थी कि वह इस आइडिया को किसी और प्रकाशक को बेच दे सकता था, लेकिन उसको किताब जल्दी पूरी करनी पड़ती। पढ़ाने का काम शुरू होने वाला था और उसको उस लॉ फर्म से छूट मिली हुई थी जो एक साल से पूर्णकालिक रूप से उसके काम शुरू करने का इन्तजार कर रहा था। इसलिए वह एक समाधान लेकर आया जो उसको पूरी तरह से उपयोगी लग रहा था। वह एकान्त में रहकर किताब लिखेगा, वह कहीं किराए पर एक केबिन ले लेगा ताकि उसके काम में बाधा न आये और जमकर काम करेगा। यह उसी तरह की बात थी कि रात-रात भर जगकर वह कॉलेज में पेपर लिखता था इसलिए केवल बराक ही यह आकलन कर सकता था कि उसको किताब पूरी करने में दो एक महीने लगते। हमारी शादी के छः सप्ताह बाद उसने मुझे यह बात एक रात बताई, अंत में उसने सूचना का अंतिम रूप सुनाया: उसकी माँ ने उसके लिए एक अच्छा केबिन तलाश लिया था। बल्कि उन्होंने वह केबिन उसके लिए किराए पर ले भी लिया था। वह सस्ता था, शांत था और समुद्र तट पर था। जो इंडोनेशिया के द्वीप बाली में था, मुझसे नौ हजार मील की दूरी पर।

सुनने में यह कोई ख़राब सा चुटकुला लगता है, नहीं? तब क्या होता है जब कोई एकान्तप्रिय व्यक्ति खूब मिलनसार घरेलू महिला से शादी कर लेता है जिसको एकांत जरा भी अच्छा नहीं लगता?

जवाब, मुझे लगता है कि किसी शादी के दौरान उठने वाले हर तरह के सवाल का यह सबसे अच्छा और उपयुक्त जवाब हो सकता है, चाहे मुद्दा कुछ भी हो: आप उसके अनुकूल होने के रास्ते निकाल लेते हैं। अगर आप सदा के लिए उस रिश्ते में बंधे हैं तो सच में कोई चारा नहीं होता।

जिसका मतलब यह हुआ कि 1993 की शुरुआत में बराक ने हवाई जहाज से बाली द्वीप की यात्रा की और वहां करीब पांच सप्ताह अकेले अपने विचारों के साथ रहते हुए अपनी किताब के ऊपर काम किया, *ड्रीम फ्रॉम माई फादर* पर। पीले रंग के कानूनी पन्नों को अपनी उबड़ खाबड़ लिखावट से भरते हुए, नारियल के पेड़ों के बीच उठती-गिरती लहरों को देखते हुए वह अपने विचारों को सघन रूप देता। जबकि मैं युक्लिड एवेन्यू में अपने घर में थी, अपनी माँ के घर में छत वाले हिस्से में रह रही थी, जबकि एक बार फिर शिकागो का दुसाध्य जाड़ा गिरने लगा था। पेड़ों और रास्तों पर बर्फ जमने लगी थी। मैं इस सबके बीच अपने आपको व्यस्त बनाए रखने की कोशिश में लगी रहती थी। दोस्तों से मिलती, शाम के समय एक्सरसाइज करने के लिए जाती। काम के दौरान और शहर में सामान्य रूप से मिलने जुलने

पर मैं एक अजीब शब्द बोलने लगी थी- मेरा पति। *मेरा पति और मैं जल्दी ही घर खरीदने की योजना बना रहे हैं।* मेरा पति लेखक है और एक किताब लिखने में लगा हुआ है। यह उस आदमी को लेकर बहुत अच्छी यादें थी जो वहां था नहीं। मुझे बराक की बहुत बुरी तरह याद आ रही थी। लेकिन जितना हो सकता था मैंने अपनी स्थिति को तार्किक रूप से समझने का प्रयास किया, खुद को यह समझाती रही कि भले इस समय हम नए शादीशुदा थे लेकिन हो सकता है कि यह दूरी शायद अच्छे के लिए ही हो।

उसको अपनी किताब को पूरा न कर पाने की परेशानी थी और वह उससे लड़ने के लिए बाहर गया था। शायद यह मेरे प्रति उसकी करुणा थी कि ताकि इस अस्तव्यस्तता को वह मुझसे दूर बनाए रखे। मैंने एक ऐसे आदमी से शादी की थी जो अलग तरह से सोचता था, मुझे यह खुद को याद दिलाते रहना पड़ता था। वह अपना काम बहुत दिमाग के साथ और कार्यकुशलता के साथ कर रहा था, भले ही बाहर से यह समुद्र तट पर मनाई जाने वाली छुट्टी की तरह लग रही थी- मेरे साथ हनीमून मनाने के बाद वह अपने साथ ही हनीमून(बहुत अकेलापन होने पर मैं खुद को इस तरह सोचने से रोक नहीं पाती थी) मना रहा था।

तुम और मैं, तुम और मैं, तुम और मैं। हम इसको अपनाना सीख रहे थे, ताकि हम के रूप में हम मज़बूती से और सदा के लिए बंधे रह सकें। हालाँकि हम वही दो लोग बने रहे, हम लोग सालों तक वही जोड़े बने रहे, अब हमारे ऊपर नई चिप्पियाँ लगा दी गई थीं। एक दूसरे तरह की पहचान जो हमारे ऊपर चिपका दी गई थी। वह मेरा पति था, मैं उसकी पत्नी। चर्च में खड़े होकर हम दोनों ने जोर-जोर से यह एक दूसरे से और दुनिया भर से कहा था। मुझे ऐसा महसूस हुआ मानो हम दोनों ने एक दूसरे को नई चीजों की सौगंध दी हो।

बहुत सी महिलाओं को जिनमें मैं भी हूँ, "पत्नी" शब्द बहुत भारी लगता है। इसका एक इतिहास रहा है। अगर आप 1960 या 1970 के दशक में बड़े हुए हों तो जिस तरह से मैं बड़ी हुई, तो पत्नी शब्द उनके जैसी लगती थी जिस तरह की श्वेत महिलायें टेलीविज़न सिटकॉम में दिखाई देती थीं- लाल, बनी संवरी, कसे हुए वस्त्र पहने। वे घर में रहती थीं, बच्चों पर नाराज होती रहती थीं, और स्टोव पर खाना बनाती रहती थीं। वह कभी-कभार शेरी पीती थीं और वैक्यूम क्लीनर बेचने आये सेल्समैन से चुहल करती थीं, लेकिन उनका सारा उत्साह यहीं ख़त्म हो जाता था। जाहिर है, विडंबना की बात यह थी कि मैं इस तरह के सीरियल युक्लिड एवेन्यू में लिविंग रूम में टीवी पर देखती थी, जबकि मेरी अपनी घर में रहने वाली माँ घर में बिना किसी शिकायत के डिनर बनाती थीं और मेरे स्पष्टवादी पिता दिन भर काम के बाद घर आ जाते थे। मेरे माँ-पापा का रवैया वैसा ही था जैसा हम टीवी पर देखते थे। असल में बराक ओबामा कई बार मजाक में कहते भी हैं कि मेरी परवरिश उस तरह से हुई थी जैसे *लीव आईटी टू बीवर* का अश्वेत संस्करण हो, और साउथ शोर के रॉबिन्सन का घर उतना ही स्थिर और ताजगी भरा था जिस तरह से मेफिल्ड यू.एस.ए. के क्लीवर परिवार का। हालाँकि यह सही था कि हम लोग क्लीवर परिवार का गरीब संस्करण थे, मेरे पापा की सिटी वर्कर की वर्दी मिस्टर क्लीवर के सूट के सामने कुछ नहीं थी। बराक इस तरह

की तुलना कुछ ईर्ष्या के साथ करता था क्योंकि उसका अपना बचपन बहुत अलग तरह का था, लेकिन वह उसी तरह की जमी जमाई अवधारणा की तरफ ले जाता था कि अफ़्रीकी-अमेरिकी मूल रूप से टूटे परिवारों में रहते हैं, यानी हमारे परिवार उसी तरह से स्थिर, मध्यवर्गीय सपने को जी पाने में असमर्थ थे जिस तरह से हमारे जैसे श्वेत परिवार जीते थे।

जब मैं बच्ची थी तो मुझे निजी रूप से द *मेरी टेलर मूर शो* बहुत पसंद था, जिसे मैंने बहुत अच्छी तरह से देखा था। मेरी नौकरी करती थी, उसका बहुत अच्छा वार्डरोब था, और उसके बाल बहुत अच्छे थे। वह टीवी की अन्य स्त्रियों के विपरीत स्वतंत्र और मजेदार थी, और उसकी समस्याएं भी दिलचस्प होती थीं। वह जिस तरह की बातचीत करती थी वह बच्चों और घर के बारे में नहीं होती थीं। वह अपने बॉस को अपने आसपास नहीं फटकने देती थी, और अपने लिए पति ढूंढने को लेकर भी वह तत्पर नहीं रहती थी। वह बहुत जवान लगती थी तथा बड़ी भी लगती थी। वह इन्टरनेट के बहुत पहले का ज़माना था जब दुनिया एक तरह से इन चैनलों के माध्यम से ही दिखाई देती थी। तब इन बातों का कुछ मतलब होता था। अगर आप लड़की होती और आपका अपना दिमाग होता और मन में इस तरह की भावना होती कि आप पत्नी से बड़ी कुछ होना चाहती थीं तो उनके लिए मेरी टेलर मूर किसी देवी से कम नहीं थी।

और अब यह मैं थी, उनतीस साल की, उसी अपार्टमेंट में बैठी हुई थी जिसमें मैंने सारे टीवी सीरियल्स देखे थे और जहाँ धीरज से निस्वार्थ स्वभाव वाली मिसेज मरियन रॉबिन्सन ने यह सब कुछ खिलाया था। मेरे अन्दर शिक्षा, अपने होने का स्वस्थ भाव और महत्वाकांक्षा का भाव इतना अधिक था और अपने अन्दर इस तरह के भाव को पैदा करने एक लिए मैं अपनी माँ की खासतौर पर शुक्रगुजार थी। जब मैंने किंडरगार्टन की पढ़ाई भी नहीं शुरू की थी तब उन्होंने मुझे पढ़ना सिखा दिया था, जब मैं किसी छोटी बिल्ली की तरह उनकी गोद में पड़ी रहती थी तब वह मुझे शब्दों को बोलना सिखाती रहती थीं, लाइब्रेरी से लाइ गई किताब *डिक एंड जेन* को पढ़ते हुए। वह बहुत ध्यान से हमारे लिए खाना बनाती थीं, हमारे प्लेट में ब्रोकोली और ब्रुसेल्स के उबले टुकड़े रख देती थीं और यह सुनिश्चित करती थीं कि हम उन्हें खाएं। वह मेरी गुड़िया के लिए हाथ से कपड़े सिल देती थीं। बात यह थी कि उन्होंने बहुत मेहनत से काम किया था और हमें सब कुछ दिया। उन्होंने हमारे परिवार को और अपने आपको परिभाषित करने दिया। अब मैं इतनी बड़ी हो गई हूँ कि इस बात को समझती हूँ कि उन्होंने जितने घंटे मुझे और क्रेग को दिए वे वे घंटे थे जो वह अपने आपको नहीं देती थीं।

जिस तरह से पर्याप्त रूप से मुझे जीवन में सब कुछ मिला उसके कारण एक तरह की मानसिक पीड़ा होती थी। मुझे इस तरह से बड़ा किया गया कि मैं आत्मविश्वास से भरपूर रहूँ और किसी तरह की सीमा को न मानूं, जो चाहे मानूं और मैं जो भी चाहती थी पक्का मिल जाता था। और मुझे सब कुछ चाहिए था, जैसा कि सुजैन कहती थी, क्यों नहीं? मैं मेरी टेलर मूर की बिंदास करियर स्त्री भी होना चाहती थी और साथ ही एक पत्नी और माँ के रूप में आत्म-त्याग और स्थिरता से भरी ज़िंदगी जीना भी चाहती थी। मैं काम की ज़िंदगी और

घर की ज़िंदगी दोनों चाहती थी, लेकिन पूरी तरह से एक वादे के साथ कि दोनों में से कोई दूसरे के ऊपर हावी न हो जाए। मैं यह भी चाहती थी कि एकदम अपनी माँ जैसी बन जाऊं और उसकी तरह नहीं भी बनना चाहती थी। यह अजीब और गुमराह करने वाली बात थी जिसके ऊपर सोचा जाए। क्या मैं कुछ भी हो सकती थी? क्या मुझे कुछ भी होना चाहिए? मुझे कुछ पता नहीं था।

इस बीच बराक बाली से लौटकर आ गया। वह सांवला लग रहा था और वह अपने साथ थैला भरकर कानूनी कॉपी के पन्ने लाया था। उसने अपने अकेलेपन को साहित्यिक जीत में बदल लिया था। किताब मूल रूप से पूरी हो गई थी। कुछ महीने के अन्दर ही उसके एजेंट ने किताब को एक नए प्रकाशक को बेच दिया, जिसने उसका क़र्ज़ उतार दिया और प्रकाशन की योजना भी पक्की की। मेरे लिए यह बात अधिक मायने रखती थी। कुछ घंटों के अन्दर ही हम नवविवाहित जीवन के सामान्य ढर्रे पर लौट आये। बराक आ गया था, अपने अकेलेपन से बाहर निकलकर, मेरी दुनिया में वापस आ गया था। मेरा पति। मैं जो चुटकुले सुनाती थी वह उनको सुनकर हँसता था। वह मेरे दिन के बारे में सुनना चाहता था, और मुझे सोते समय किस देता था।

महीनों गुजरते गए, हम खाना पकाते, काम करते, हँसते, और योजना बनाते। उस साल वसंत के बाद हमारे पास इतने पैसे हो गए थे कि हम एक छोटा सा अपार्टमेंट खरीद सकें। हम 7436 युक्लिड अपार्टमेंट से निकल कर हाइड पार्क के एक सुन्दर, रेल रोड जैसे घर में आ गए जिसमें लकड़ी की फर्श थी और एक छोटा सा फ़ायर प्लेस भी, जो हमारी ज़िंदगी को आगे ले गया। बराक के जोश दिलाने से मैंने एक बार और खतरा उठाया और एक बार फिर से नौकरी बदल ली। इस बार मैंने आख़िरी बार वेलेरी और सुसान तथा सिटी हॉल को अलविदा कहा और एक गैर सरकारी संगठन के साथ काम शुरू किया जो कि मुझे हमेशा से आकर्षित करता था। इसमें मुझे नेतृत्वकर्ता की भूमिका मिली जिसमें मेरे लिए आगे बढ़ने का मौका था। अपने जीवन के बारे में मैंने अभी बहुत कुछ नहीं जाना था- लेकिन फ़िलहाल इस तरह के सारे सवाल मेरे दिमाग में पीछे चले गए थे, जहाँ वे कुछ समय के लिए शांत बैठ गए थे, किसी भी तरह की चिंता को पीछे छोड़कर, क्योंकि अब हम दोनों एक थे, और हम ख़ुश थे। और ख़ुशी हर चीज़ की शुरुआत के लिए ज़रूरी होती है।

13

अपनी नई नौकरी में मैं घबड़ाई हुई थी। मुझे पब्लिक एलाइज नामक एक संगठन के शिकागो में नवगठित इकाई के कार्यकारी निदेशक के रूप में काम पर लिया गया था। वह संगठन भी अपने आपमें नया ही था। यह एक तरह से एक स्टार्ट अप कंपनी के अन्दर का स्टार्ट अप था, और मैं एक ऐसे क्षेत्र में काम करने वाली थी जिसके बारे में मुझे कुछ पता नहीं था। पब्लिक एलाइज का गठन एक साल पहले ही वाशिंगटन डीसी में किया गया था और यह वनेस्सा किर्स्च और कटरीना ब्राउन के दिमाग की उपज थी, जो कॉलेज से अभी निकली ही थीं और जो यह चाहती थीं कि वह अधिक से अधिक लोगों को गैर सरकारी संगठन और जन सेवा के क्षेत्र में आने के लिए मदद उपलब्ध करा सके। बराक की उन दोनों से एक सम्मलेन में मुलाकात हुई थी औए वह उनके बोर्ड के सदस्य बन गए और बाद में उन्होंने उन दोनों को यह सुझाया कि वे नौकरी के लिए मुझसे बात करें।

उसके लिए जो ढांचा अपनाया गया था वह वही था जो टीच फॉर अमेरिका में अपनाया गया था, जो अपने आप में उस समय नया था: पब्लिक एलाइज ने प्रतिभाशाली युवाओं को नौकरी पर रखा था। उनको अच्छी तरह से ट्रेनिंग दी और खूब बढ़िया से उनको परामर्श दिया गया और दस-दस महीने के लिए सामुदायिक संगठनों और लोक संगठनों में वेतन के साथ सीखने के लिए काम पर रखा गया। उम्मीद यह की जा रही थी कि वे लोग सार्थक तरीके से अपना योगदान कर पायेंगे।

इसके पीछे बड़ा लक्ष्य यह था कि इस तरह के अवसर भर्ती होने वालों को इस संबंध में अनुभव देगा कि वे आने वाले समय में गैर सरकारी संगठनों और सार्वजनिक संस्थाओं में काम कर सकें और इस तरह से नए सामुदायिक नेतृत्व के निर्माण में सहयोग दे सकें।

मुझे यह विचार बहुत अच्छा लगा। मुझे अभी भी याद था कि जब प्रिंसटन में मैं सीनियर क्लास में पढ़ रही थी तो हम लोगों में से बहुत से विद्यार्थियों ने एमसीएटी और एलएसएटी की परीक्षाएं दी या कॉर्पोरेट प्रशिक्षण कार्यक्रम के लिए इंटरव्यू की तैयारी करते रहे। हम लोगों ने एक बार भी यह नहीं सोचा कि बहुत सी ऐसी नौकरियां भी थीं जहाँ जनता के नजरिये से काम किया जा सकता था। पब्लिक एलाइज का यही मकसद था, वह इसी को ठीक करने के उद्देश्य से काम कर रही थी। वह एक साधन थी जिसका काम यह था कि जब

युवा नौकरी के लिए सोचे तो उसके सामने की दुनिया विस्तृत हो। लेकिन जो बात मुझे विशेष रूप से पसंद आई वह यह कि इसके संस्थापकों का ध्यान इसके ऊपर कम था कि आईवी लीग के विद्यार्थियों को शहरी क्षेत्रों में काम पर लगाया जाए बल्कि इसके ऊपर था कि जो वहां थे उन्हीं प्रतिभाओं की तलाश की जाए और उनको संवारा जाए जो वहां पहले से ही रह रही थी। इससे जुड़ने के लिए कॉलेज की डिग्री नहीं चाहिए थी। आपके पास महज़ हाईस्कूल का डिप्लोमा होना चाहिए या जीईडी। आपकी उम्र सत्रह साल से अधिक होनी चाहिए और तीस साल से कम, और उसके अन्दर कुछ हद तक नेतृत्व क्षमता होनी चाहिए, चाहे तब तक के जीवन में उन्होंने उसका कोई उपयोग नहीं किया हो।

पब्लिक एलाइज संभावनाओं की बात करता था- उनकी तलाश, उनका संवर्धन, और उनको काम में लाना। यह एक तरह का जनादेश था कि ऐसे युवाओं की तलाश की जाए जिनके अच्छे गुणों के ऊपर कहीं किसी ने ध्यान न दिया हो और उनको कुछ करने का मौका दिया जाए। मेरे लिए यह नौकरी सौभाग्य की तरह थी। सिडली में सैन्तालीसवीं मंज़िल की खिड़की से आतुरता से बाहर देखते हुए जो एक एक पल मैंने बिताया था, यहाँ एक मौका आखिरकार आया था जिसमें मैं उसका इस्तेमाल कर सकती थी जो मैं जानती थी। मुझे इस बात का अंदाजा था कि किस तरह अप्रत्यक्ष प्रतिभाएं मेरे घर के आसपास जो अनखोजी रह गई और मुझे अच्छी तरह इस बात का पता था कि उसको कैसे तलाश करना था।

जब मैं अपनी नई नौकरी में आई तो मैं अक्सर अपने बचपन में चली जाती थी और विशेषकर उन महीनों में जब मैंने ब्रायन मावर स्कूल के बेसमेंट में एक घटिया क्लास रूम में पढ़ते हुए बिताया था, जब मेरी माँ ने कोशिश कर मुझे वहां से निकलवाया था उस समय मुझे यही महसूस हुआ था कि मेरा सौभाग्य अच्छा था। उसके बाद से मेरा भाग्य तेजी से करवट लेता गया, लेकिन मैं करीब उन 20 बच्चों के बारे में सोचती थी जिनको उसी कक्षा में बेरुखी दिखाने वाली और पढ़ाने में रूचि न दिखाने वाली अध्यापिका के सहारे छोड़ दिया गया था। मुझे पता था कि मैं उन लोगों से अधिक स्मार्ट नहीं थी। मुझे वक़ील होने का लाभ भी था। बड़े होने के बाद मैं उसके बारे में अक़्सर सोचती थी, जब लोग मेरी उपलब्धियों के लिए मुझे शाबाशी देते थे, मानो इस सबके पीछे अजीब और क्रूर औचकता थी। हालाँकि इसमें उनकी कोई गलती नहीं थी, लेकिन दूसरी कक्षा में पढ़ने वाले बच्चों की एक साल की पढ़ाई मारी गई। अब तक मैंने इतना देखा है कि यह समझ सकूं कि कितनी जल्दी कोई छोटी सी कमी भी आपको आगे ले जा सकती है।

उधर वाशिंगटन डीसी में पब्लिक एलाइज के संस्थापकों ने पंद्रह सहयोगियों के लिए जो शहर के अलग अलग संगठनों में काम कर रहे थे उनको सिखाने के लिए कक्षा का आयोजन किया। उन्होंने इतना धन जुटा लिया था कि शिकागो में एक नई शाखा की शुरुआत करें। इस तरह वह पहला संगठन बन गया जिसको राष्ट्रपति क्लिंटन द्वारा शुरू किये गए अमेरिका कॉर्प्स सेवा कार्यक्रम के तहत संघीय कोष मुहैया करवाया गया। तब जाकर मैं परिदृश्य पर आई। मैं बहुत जोश में थी और चिंतित भी। काम के बारे में तय करते हुए हालाँकि मुझे गैर

सरकारी संगठन के बारे में एक नई बात पता चली: इसमें काम के लिए वेतन न के बराबर मिलता है। मुझे आरम्भ में इतना कम वेतन देने की पेशकश की गई, उससे भी बहुत कम जो मुझे शिकागो शहर के लिए काम करते हुए मिलते थे, जो पहले ही उससे आधा था जो मैं वकील के रूप में कमा रही थी। इतनी कम राशि थी कि मैं हाँ कहने की स्थिति में नहीं थी। इसके कारण मुझे पब्लिक एलाइज जैसे गैर सरकारी संगठनों के लिए एक नया खुलासा हुआ, जिनको नौजवान लोग चलाते हैं उनके लिए बहुत से उदार हृदय, भावनाओं से भरे हुए लोग बड़ी मेहनत से काम करते हैं: मेरे विपरीत, उन लोगों में एक बात यह थी कि वे उसके लिए काम करना वहन कर सकते थे, वे सुविधाओं में पले होते थे, जिनको शायद स्टूडेंट लोन नहीं चुकाना होता था, जिनको उत्तराधिकार में देखभाल के लिए कुछ मिला होता था और इसलिए उनको भविष्य के लिए कुछ बचाने की फ़िक्र नहीं होती थी।

यह बात साफ़ हो गई कि अगर मैं उस कबीले का हिस्सा बनना चाहती थी तो मुझे अपने हिसाब से बात करनी होगी, उनको बताना होगा कि मुझे वेतन के रूप में कितना चाहिए, जो जाहिर है उससे काफी अधिक होता जो वे दे सकते थे। यही मेरी वास्तविकता थी। मैं अपनी ज़रूरतों को बताने में संकोची नहीं हो सकती थी। मुझे अपने नियमित खर्चों के अलावा हर महीने 600 डॉलर स्टूडेंट लोन के चुकाने पड़ते थे। इसके अलावा मेरी शादी एक ऐसे आदमी से हुई थी जिसके ऊपर खुद ही लॉ स्कूल के ऋण का बोझ था। संस्था के प्रमुखों को जब मैंने यह बताया कि मैंने स्कूल की पढ़ाई के लिए कितना कर्ज लिया था और वह मासिक किस्तों में कितना चुकाना होता था तो उनको यकीन ही नहीं हो रहा था। लेकिन वे बड़े साहस के साथ बाजार में गए और उनको नया कोष मिल गया और मैं उनके साथ काम करने की स्थिति में आ सकी।

और इसके साथ, मैंने भागमभाग शुरू कर दी। मैं बेचैन थी कि मुझे जो चुनौती दी गई थी मैं उसके ऊपर खरी उतर पाऊँ। असल में, यह मेरे लिए पहला ही मौका था जमीन से कुछ खड़े करने का: सफलता या असफलता पूरी तरह इस बात के ऊपर निर्भर करती थी कि मैं किस कदर प्रयास करती, न कि मेरा बॉस या किसी और के प्रयासों पर। 1993 के वसंत में मैंने बड़ी मेहनत से इस बात की कोशिश की कि एक दफ़्तर जमा सकूं, कुछ कर्मचारियों को काम पर लिया जाए ताकि फॉल के मौसम के आते आते एलाइज की क्लास शुरू की जा सके। मिशीगन एवेन्यू की इमारत में हमें सस्ते में दफ़्तर के लिए जगह मिल गई और एक कॉर्पोरेट कंसल्टिंग फर्म, जो अपने दफ़्तर का नवीकरण कर रही थी, से मैं सेकेण्ड हैंड फर्नीचर लेने में सफल रही।

इस बीच, मैंने और बराक ने शिकागो में जितने भी सम्पर्क बनाये थे, मैंने उन सभी से मदद मांगनी शुरु की, दानकर्ताओं से लेकर ऐसे लोगों की तलाश तक जो लम्बे समय तक संस्थागत सहयोग दे सके। यह कहने की ज़रूरत नहीं है कि जनसेवा के क्षेत्र में कोई भी ऐसा व्यक्ति हो सकता था जो आने वाले सालों में अपने संगठन में हमारे किसी प्रशिक्षु को काम पर रख सके। वेलेरी जैरेट ने मेयर के दफ़्तर तथा स्वास्थ्य विभाग में नियुक्तियों में मदद

की, जहाँ एलाइज को पड़ोस आधारित बाल-टीकाकरण की योजना के लिए काम करना था। बराक ने समुदाय संगठनकर्ताओं के अपने संपर्कों को सक्रिय किया ताकि हमें वकीली सहायता, प्रचार तथा अध्यापन संबंधी गतिविधियों में मदद मिल सके। सिडली के अनेक पार्टनर्स ने हमें चेक दिए और प्रमुख दानदाताओं से मिलवाया।

मेरे लिए सबसे उत्साह की बात थी अपने लिए खुद सहयोगियों की तलाश। राष्ट्रीय संगठन की मदद से हमने देश भर के कैम्पसों में आवेदन के लिए विज्ञापन दिलवाए जबकि हम ऐसी प्रतिभाओं की भी तलाश में थे जो अपने घर के पास ही हों। मैंने और मेरी टीम के लोग शिकागो के सामुदायिक कॉलेजों और कुछ प्रमुख शहरी हाईस्कूलों में गए। हम लोग कब्रिनी ग्रीन हाउसिंग प्रोजेक्ट में गए, सामुदायिक बैठकों में गए तथा हमने ऐसी योजनाओं का प्रचार किया जो एकल माताओं को लेकर काम करने वाला था। हम जिससे भी मिलते उससे पूछते, पास्टर से लेकर प्रोफ़ेसर तक और पास के मैकडोनाल्ड स्टोर के मैनेजर तक, हम उनसे कहते कि वे ऐसे सबसे दिलचस्प नौजवान के बारे में बताएं जिनको वे जानते थे। नेता कौन थे? कौन था जो उससे बड़ा करना चाहता था जो वह था या थी? ये वे लोग थे जिनको हम चाहते थे कि आवेदन के लिए प्रेरित करें, हम उनसे यह कहते कि वे एक मिनट के लिए उन बाधाओं को भूल जाएँ जो ऐसी चीजों को असंभव बना देती हों, इस बात का वादा करते हुए कि एक संगठन के रूप में हम जो कर सकते थे करेंगे- चाहे बच्चों की देखभाल के लिए भत्ता देने या बस पास देने की बात हो- ताकि उनकी ज़रूरतें पूरी हो सकें।

फॉल का मौसम आते-आते एलाइज के सत्ताईस साथी पूरे शिकागो में काम कर रहे थे। वे सिटी हॉल से लेकर साउथ साइड समुदाय संस्था से लेकर लैतिनों यूथ तक, जो पिल्सेन में एक वैकल्पिक स्कूल था, में इंटर्नशिप कर रहे थे। एलाइज एक उत्साह से भरपूर टीम थी, जो आदर्शवादी लोगों का समूह था, जिसकी महत्वाकांक्षा थी, और जिसमें अलग अलग पृष्ठभूमियों के लोग थे। हमारे बीच पहले किसी गैंग में काम करने वाले लोग भी थे, एक लैटिन अमेरिकी लड़की थी जो शिकागो के दक्षिण पश्चिम इलाक़े की रहने वाली थी और जिसने हार्वर्ड से पढ़ाई की थी। बीस साल के आसपास की एक और लड़की थी जो रोबर्ट टेलर होम्स में रहती थी, एक बच्ची पाल रही थी और अपनी पढ़ाई के लिए पैसे बचाने की कोशिश भी कर रही थी। ग्रांड बुलेवार का छब्बीस वर्षीय एक आदमी था जिसमें स्कूल की पढ़ाई तो छोड़ दी लेकिन लाइब्रेरी में पढ़ पढ़ कर बाद में उसने लाइब्रेरी में डिप्लोमा भी हासिल किया।

हर शुक्रवार एलाइज का पूरा समूह किसी मेजबान के यहाँ जुटता था, वे दिन भर एक दूसरे से पूछताछ करते, एक दूसरे से जुड़ते और पेशेवर विकास से संबंधित वर्कशॉप में जाते थे। मुझे ऐसे दिन सबसे अधिक पसंद आते थे। मुझे बहुत अच्छा लगता था जब एलाइज आते और कमरे में शोर भर जाता। वे एक कोने में अपना झोला रखते और एक के ऊपर एक पहने गए गरम कपडे उतारकर घेरा बनाकर बैठ जाते। मुझे उनके मसले सुलझाने में आनंद आता था, चाहे वह एक्सेल में काम करने की बात हो या यह पता करना हो कि ऑफिस में

काम करने के लिए किस तरह के कपड़े पहनने चाहिए, या किस तरह से ऐसे कमरे में अपनी बात कहने की हिम्मत जुटाएं जब वहां अधिक शिक्षित और अधिक आत्मविश्वास से भरे लोग हों। कई बार मुझे किसी साथी को ऐसी सलाह देनी पड़ जाती थी जो ख़ुशी लायक नहीं होती थी। अगर मुझे किसी साथी के बारे में यह पता चलता कि वह अच्छी तरह काम नहीं कर रहा था या अपनी ज़िम्मेदारियों को गंभीरता से नहीं समझ रहा था तो मैं सख्ती से उनको यह बता देती थी कि हम बेहतर की उम्मीद करते थे। जब साथी इस बात से निराश हो जाते थे कि कोई सामुदायिक बैठक ठीक तरह से आयोजित न की गई हो, या उनकी संस्था में कुछ ऐसे उपभोक्ता हों जो मुश्किल खड़ी करने वाले हों तो मैं उनको इस बात की सलाह देती थी कि उनका उद्देश्य क्या था। उनको मैं उनके अपने सौभाग्य के बारे में याद दिलाती थी।

सबसे बढ़कर, हम जब भी कुछ सीखते थे या किसी तरह की प्रगति होती थी तो उसकी ख़ुशी मनाते थे। और ऐसे मौके बहुत आते थे। एलाइज के सभी रंगरूट गैर सरकारी संगठन या जनसेवा के क्षेत्र में काम करने के लिए नहीं जाते थे या उन बाधाओं को पार नहीं कर पाते थे जो कम सुविधाओं वाली पृष्ठभूमि से आने के कारण आती थीं। लेकिन मैं यह देखकर हैरान रह जाती हूँ कि हमारे कितने रंगरूट जनता की भलाई के क्षेत्र में काम करने में सफल रहे और उन्होंने अपने आपको उस क्षेत्र के प्रति समर्पित कर दिया। कुछ पब्लिक एलाइज से ही जुड़ गए; कुछ इस समय सरकारी संगठनों में नेता हैं और गैरसरकारी संगठनों में भी। अपनी स्थापना के पच्चीस साल बाद भी पब्लिक एलाइज अभी भी मजबूत बना हुआ है, जिसकी शिकागो में कई शाखाएं हैं और अन्य शहरों में भी दर्जनों शाखाएं हैं और जिसके अनेक पूर्व विद्यार्थी देश भर में फैले हुए हैं। यह जानते हुए कि मैंने कुछ ऐसे टिकाऊ संगठनों को बनाने में कुछ योगदान दिया, वह मेरे पेशेवर जीवन का सबसे आनंददायक पल है।

मैं आधे थके हुए नए अभिभावक की तरह पब्लिक एलाइज के लिए काम पर जाती थी। मैं हर रात यह सोचते हुए सोती थी क्या कुछ किया जाना था और हर सुबह मैं जागते ही दिमाग में आने वाले दिन, सप्ताह, महीने के लिए किये जाने वाले कामों को दोहरा लेती थी, जिनकी योजना पहले ही बनाई जा चुकी होती थी। वसंत के मौसम में सत्ताईस रंगरूटों को प्रशिक्षण देने के बाद हम लोगों ने फॉल में चालीस नए रंगरूटों को भर्ती किया और उसके बाद हम बढ़ते ही गए। पीछे मुड़कर देखने पर लगता है कि यह सबसे अच्छा काम था जो मैंने कभी किया हो। कोई छोटी सी जीत होने पर भी मैं कितना खुश महसूस करती थी- चाहे वह किसी देशी अच्छे स्पैनिश भाषी के लिए अच्छी नौकरी हो या किसी को अनजान क्षेत्र में काम करते हुए भय महसूस हो रहा हो तो उसको किस तरह दूर करना हो, इस जीत को भी अच्छी तरह हासिल किया जाता था।

वास्तव में, अपने जीवन में पहली बार मुझे ऐसा महसूस हो रहा था कि मैं सच में कुछ सार्थक काम कर रही थी, जो सीधे तौर पर दूसरों के जीवन को प्रभावित करने वाला था, जबकि मैं अपने शहर और यहाँ के लोगों से जुडी भी रह पा रही थी। इससे मुझे इस बात की भी बेहतर समझ बनी कि जब बराक ने प्रोजेक्ट वोट के लिए काम किया था तो वह कैसा

महसूस कर रहा होगा। जब वह एक कठिन लड़ाई में फंस गया था जो उसका सब कुछ ले रहा था- ऐसी लड़ाई ही उसको अच्छी लगती थी। इस बात को वह समझता था कि इस तरह की लड़ाई आपका सब कुछ निचोड़ लेती थी लेकिन आपको वह सब देती भी थी जो आपको चाहिए होता था।

जबकि मैंने पब्लिक एलाइज के काम पर ध्यान लगा रखा था बराक अपने हिसाब से एक बने बनाए ढर्रे का काम कर रहा था। वह यूनिवर्सिटी ऑफ़ शिकागो में नस्लवाद और कानून विषय पढ़ा रहा था और दिन में अपने लॉ फर्म में काम भी करता था, जिनमें से अधिकतर मामले मतदान के अधिकार और नौकरी में भेदभाव से जुड़े होते थे। वह कई बार समुदाय द्वारा आयोजित कार्यशालाओं में भी जाता था, कई बार शुक्रवार को वह पब्लिक एलाइज के रंगरूटों के साथ सत्र भी करता था। बाहर से ही दिखाई देता था कि वह एक बौद्धिक था, जो नागरिक अधिकारों में यकीन रखने वाला तीस साल के आसपास का एक युवक था, जिसने अपने सिद्धांतों के लिए कई अच्छे अवसरों को मना कर दिया। जहाँ तक मैं जानती हूँ उसने ऐसा ही किया था। उसने बहुत अच्छी तरह संतुलन बना रखा था। वह एक वक़ील था, अध्यापक था, और एक संगठनकर्ता भी। और वह जल्दी ही एक लेखक बनने वाला था क्योंकि उसकी किताब प्रकाशित होने वाली थी।

बाली से लौटकर आने के बाद बराक ने एक साल से भी अधिक समय अपनी किताब का दूसरा प्रारूप लिखने में बिताया। वह उस दौरान लिखता था जब वह अपनी नौकरियों में से एक नहीं कर रहा होता था। वह देर रात उस छोटे से कमरे में बैठकर लिखता था, अपने अपार्टमेंट के पीछे जिस कमरे को हम लोगों ने स्टडी में बदल लिया था- जिसको मैं किताबों की भीड़ से भरा बंकर या प्यार से गुफा कहती थी। कई बार मैं अन्दर जाती, उसके कागजों के ढेर के ऊपर चलकर उसकी कुर्सी के सामने जमीन पर बैठ जाती थी और वह काम करता रहता था। कोशिश करती कि उसको कोई चुटकुला सुनाकर बहलाऊँ, या मुस्कुराकर, उसको चिढ़ाकर उस बाहर की दुनिया से अन्दर लाऊँ जिसमें वह उस समय विचर रहा होता था। मेरा इस तरह आना उसको अच्छा लगता था, लेकिन उसी हालत में जब मैं बहुत देर तक नहीं रुकती थी।

मैं यह समझ गई थी कि बराक उस तरह का आदमी था जिसको इस तरह की गुफा की ज़रूरत होती है, एक छोटी सी बंद जगह जहाँ वह बिना किसी तरह की बाधा के पढ़ लिख सके। यह किसी अंडे की तरह है जो सीधे उसके विशाल दिमाग के आकाश में खुलता। वहां समय गुजारने से लगता है कि उसको ऊर्जा मिलती थी। इसको ध्यान में रखते हुए हम जिस घर में भी रहे, वहां इस तरह की एक जगह जरूर बनाई- कोई खामोश सा कोना या परकोटा। आज भी जब हम हवाई में किराए के घर में जाते हैं या मार्था के वाइनयार्ड में तो बराक सबसे पहले ऐसे किसी खाली कमरे की तलाश में जाता है जिसको वह छुट्टियों के दौरान अपनी गुफा की तरह बना सके। वहां वह उन छः या सात किताबों को उलटता

पलटता रहता है जिनको वह एक साथ पढता है और नीचे फ़र्श पर अखबारों को फेंकता रहता है। उसके लिए ऐसी गुफा जैसी बनाई जगह पवित्र स्थान की तरह होती है जहाँ जाकर उसके अन्दर का दिमाग काम करता है और स्पष्टता आती है। मेरे लिए, यह अस्तव्यस्तता का माहौल रहता है। वह जहाँ भी रहता है, एक दरवाजा रहता है ताकि मैं उसको बंद कर सकूं। ज़ाहिर कारणों से।

ड्रीम्स फ्रॉम माई फादर आख़िरकार प्रकाशित हुई, 1995 की गर्मियों में। किताब की अच्छी समीक्षायें आई लेकिन उतनी बिकी नहीं। लेकिन ठीक था। महत्वपूर्ण बात यह थी बराक ने अपने जीवन की कहानी लिख डाली। अपने एफ्रो-कंसान-इण्डोनेशियाई-हवाई-शिकागो की पहचान के टुकड़ों को जोड़ते हुए उसने अपने बारे में इस तरह सम्पूर्णता से लिखा। मुझे उसके ऊपर गर्व था। अपने लेखन में उसने अपने अदृश्य पिता के बारे में एक साहित्यिक कृति लिखी। इस किताब में उन तक जिस तरह पहुंचा गया है वह एकतरफा है। जाहिर है, बराक ने अकेले हर दूरी को पाटने का प्रयास किया है और हर उस रहस्य को समझने का प्रयास भी किया है जो सीनियर ओबामा ने कभी जगाया होगा। लेकिन यह भी देखा जाना चाहिए कि वह वैसे भी इसको इसी तरह करता। मुझे समझ में आ गया था कि जब वह बच्चा था तभी से वह सब कुछ अकेले ही करने की कोशिश करता था।

. . .

किताब पूरी हो जाने के बाद बराक के जीवन में नई जगह बनी, और इस वजह से हमेशा की तरह बराक उसको जल्दी जल्दी भरने की ताक़ में लग गया। निजी तौर पर वह एक कठिन समाचार से जूझ रहा था, उसकी माँ ऐन को गर्भाशय का कैंसर हो गया था और उनको इलाज के लिए जकार्ता से वापस होनुलुलू लाया गया था। जहाँ तक हम जानते थे कि उनका इलाज अच्छी तरह हो रहा था और उनको जो कीमोथेरेपी दी जा रही थी, वह असर काम कर रही थी। माया और टूट दोनों ही हवाई में उनकी देखभाल में लगे हुए थे, और बराक बीच बीच में जाता रहता था। लेकिन उनकी बीमारी का पता बाद में चला था, कैंसर तब तक बहुत बढ़ चुका था, और यह समझ पाना मुश्किल था कि क्या होगा। मैं जानती थी कि इसका भार बराक के सर पर भारी था।

इस बीच, शिकागो में राजनीति फिर से तेज़ होने लगी। 1995 के वसंत में मेयर डेली तीसरी बार निर्वाचित हुए और अब सब 1996 के चुनावों की तैयारी कर रहे थे। जिसमें इलिनॉय के नए यू.एस. सीनेटर का चुनाव होने वाला था और राष्ट्रपति क्लिंटन दूसरी बार राष्ट्रपति का चुनाव लड़ने वाले थे। सनसनीख़ेज़ बात यह थी कि हमारे जो निर्वाचित एक कांग्रेसमैन थे उनके ऊपर सेक्स अपराध के लिए जांच चल रही थी, जिसके कारण राज्य के दूसरे जिले में एक डेमोक्रेटिक उम्मीदवार की जगह खाली थी, जिसके अंतर्गत शिकागो के साउथ साइड का इलाका ही अधिकतर आता था। एक लोकप्रिय स्टेट सीनेटर एलिस पामर, जो हाइड पार्क और साउथ शोर का प्रतिनिधित्व करती थी और जिनको बराक प्रोजेक्ट वोट

के दिनों से ही जानता था, ने निजी तौर पर लोगों से यह कहना शुरू कर दिया था कि वह इसके लिए लड़ना चाहती थी, जिसके कारण स्टेट सीनेट की उनकी सीट खाली हो जाती, जिससे इस बात की सम्भावना हो गई थी कि बराक इससे चुनाव लड़ सकता था।

क्या उसकी रूचि होगी? क्या वह लड़ेगा?

मैं इस बात को तब नहीं जान पाई, लेकिन ये सवाल अगले एक दशक तक हमारे जीवन में छाए रहे, हम जो भी करते उसके पीछे यह ढोल की तरह बजता रहा। *क्या वह लडेगा? क्या वह लड़ सकता है? क्या वह लड़ा?* क्या उसको लड़ना चाहिए? लेकिन इन सबसे बढ़कर एक सवाल और आता था, जो खुद बराक ने रखा था, जब किसी भी पद के लिए लड़ने की बात आई तो उसने यह सवाल रखा। यह सवाल उसने मुझसे पहली बार तब पूछा जब उसने मुझे एलिस पामर और उनकी खाली होने वाली सीट के बारे में बताते हुए कहा कि उसको ऐसा लग रहा था कि वह महज वकील/प्रोफ़ेसर/संगठनकर्ता/लेखक ही नहीं रहेगा, बल्कि इन सब चीजों के साथ निर्वाचित प्रतिनिधि भी हो सकता था: "इस बारे में तुम क्या सोचती हो मिशे?"

मेरे लिए इस बात का जवाब इतना मुश्किल नहीं था। मुझे ऐसा नहीं लगता था कि चुनाव लड़ने का बराक का विचार कोई बहुत अच्छा था। हर बार यह सवाल आने पर मेरी उस समय की प्रतिक्रिया कई बार थोड़ी अलग अलग होती थी लेकिन असल बात वही रहती थी जैसे कि सेकोइया का पेड़ जमीन में गड़ा होता है, लेकिन जैसा कि आप देख सकते हैं इससे कुछ भी नहीं रुका।

1996 में जब इलिनॉय सीनेट की बात उठी तब मेरा तर्क यह था कि मैं नेताओं को बहुत पसंद नहीं करती और इसलिए मुझे यह विचार ख़ास नहीं लगता है कि मेरा पति नेता हो। राज्य की राजनीति के बारे में मैं जितना जानती थी उसका बहुत कुछ वही होता था जो मैं अखबारों में पढ़ती थी, और इनमें मुझे कुछ भी कारगर नहीं लगता था। सैंटिटा जैक्सन के साथ दोस्ती से मैंने यही देखा था कि जो नेता होता है उसको घर से बाहर बहुत रहना पड़ता है। कुल मिलाकर, मैं यही समझती थी कि नेता बख्तरबंद कछुआ की तरह होते हैं, मोटी खाल वाले, धीरे धीरे चलने वाले और अपने हित के बारे में अधिक सोचने वाले। बराक बहुत ईमानदार था, साहसपूर्ण योजनाओं से भरपूर होता था, बहुत मेहनत करता था, मनमुटाव हो जाता था जो स्प्रिंगफ़ील्ड में गुम्बद वाली ईमारत के अन्दर तक चलता रहता।

मैं अपने दिल में यह मानती थी कि अच्छे आदमी के लिए अपना प्रभाव छोड़ने के कई जरिये होते थे। ईमानदारी से बताऊँ तो मैं यह सोचती थी कि लोग उसको ज़िंदा खा जायेंगे।

हालाँकि, मेरी अपनी अंतरात्मा में एक और प्रति तर्क चल रहा था। अगर बराक को ऐसा लगता था कि वह राजनीति में कुछ कर सकता था तो मुझे उसके रास्ते में नहीं आना चाहिए? मैं बिना आजमाए ही उसको इस विचार से हटने के लिए कहने वाली कौन होती थी? आखिरकार, वही आदमी था जिसमें मुझे आगे बढ़ने में मदद की थी जब मैं लॉ का अपना पेशा छोड़ना चाहती थी। सिटी हॉल में जाकर मेरे नौकरी करने को लेकर उसकी

अपनी चिंताएं थीं लेकिन फिर भी उसने मेरा साथ दिया था, और जो इस समय कई तरह की नौकरियां कर रहा था। जिसका कुछ कारण तो यह भी था कि पब्लिक एलाइज में पूर्णकालिक रूप से जाने के कारण मेरे वेतन में जो कटौती हुई थी। हम छः साल से साथ थे, लेकिन उसने एक बार भी मेरी काबिलियत या मेरी क्षमता के ऊपर कभी शक नहीं किया। हर बार वह एक ही बात कहता: *चिंता मत करो। हम सब कर लेंगे।*

इसलिए मैंने उसके पहली बार चुनाव लड़ने को लेकर सहमति दे दी, साथ में मैंने उसको सावधान भी किया। "मुझे लगता है कि तुमको बहुत निराशा होगी," मैंने उसको चेतावनी देते हुए कहा। "अगर तुम निर्वाचित हो गए, और वहां पहुँच गए और कुछ भी काम नहीं होगा, चाहे तुम कितनी भी कोशिश कर लो। यह तुमको पागल बना देगा।"

"हो सकता है," बराक ने हैरानी से कंधे उचकाते हुए कहा। "लेकिन हो सकता है कि मैं कुछ अच्छा भी कर जाऊं। क्या पता?"

"हाँ, यह भी बात है," मैंने भी कंधे उचकाते हुए वापस कहा। उसके उत्साह को कम करने का मेरा कोई इरादा नहीं था। "क्या पता?"

. . .

यह किसी के लिए कोई ख़बर नहीं थी, लेकिन मेरा पति राजनेता बन गया था। वह एक अच्छा इंसान था जो दुनिया पर अपनी छाप छोड़ना चाहता था, और इसके बावजूद कि मुझे संदेह था उसने यह तय किया कि इस रास्ते पर आगे बढ़ने का यह सबसे अच्छा माध्यम था। इस हद तक उसको भरोसा था।

इलिनॉय सीनेट के लिए बराक 1996 के नवम्बर में निर्वाचित हुआ और दो महीने बाद अगले साल की शुरुआत में उसने शपथ ग्रहण की। मुझे हैरानी हुई कि जैसे-जैसे अभियान आगे बढ़ा मुझे मजा आने लगा। मैंने उसके नामांकन के लिए हस्ताक्षर जुटाने में मदद की, मैं अपने पुराने पड़ोस में शनिवार के दिन जाकर लोगों का दरवाजा खटखटाती थी, राज्य और सरकार के बारे में उनकी जो राय होती थी उसको सुनती थी, ऐसी बातें जिनके बारे में उनको लगता था कि ठीक किये जाने की ज़रूरत थी। मेरे लिए यह सब उन दिनों के सप्ताहांत की याद दिलाते थे जब मैं अपने पिता के पीछे-पीछे लोगों के घरों की सीढ़ियां चढ़ती थी जब वे उस इलाके के प्रधान होने के कारण अपने कर्त्तव्य को निभाने के लिए जाते थे। इससे अधिक मेरी ज़रूरत नहीं थी और मैं इस बात से सहज थी। मैं प्रचार को अपने एक शौक की तरह अपना सकती थी, जब सुविधा होती कर देती, मज़े करती और फिर अपने कामकाज में लौट जाती।

बराक द्वारा अपनी उम्मीदवारी घोषित करने के कुछ दिनों बाद ही होनुलुलू में बराक की माँ का निधन हो गया। वह इतनी अचानक गुजरी कि बराक उनसे अंतिम बार मिलने के लिए भी नहीं जा पाया। इस बात से वह टूट गया। यह ऐन दुन्हम ही थीं जिन्होंने उसको साहित्य की समृद्धि और तार्किक बातों की शक्ति से परिचित करवाया था। उनके बिना वह

जकार्ता की बारिश को नहीं देख पाता या बाली के जल मंदिरों को। वह इस बात की कभी सराहना करना नहीं सीख पाता कि एक महादेश से दूसरे महादेश में जाना कितना आसान और मजेदार होता था, और अनजान जगहों को किस तरह अपनाना चाहिए। वह एक अभियानकर्ता की तरह थीं, जहाँ दिल करता चली जाती। मैंने यह देखा था कि उनका छोटा बड़ा रूप बराक में भी था। उनको खोने की पीड़ा हम लोगों को उसी तरह हुई जिस तरह अपने पिता के खोने के बाद मुझे हुई थी।

अब चूँकि सर्दियाँ थीं और सदन का सत्र चल रहा था इसलिए सप्ताह में अधिकतर हम अलग ही रहते थे। बराक सोमवार की रात को चार घंटे ड्राइव करके स्प्रिंगफ़ील्ड जाता था और वहां के एक सस्ते होटल में रुक जाता था जहाँ कई अन्य सदस्य भी रुकते थे। आमतौर पर वह गुरुवार को देर तक वापस आ जाता था। स्टेटहाउस में उसका एक छोटा सा दफ़्तर था और शिकागो में उसके पास एक अल्पकालिक कर्मचारी भी था। लॉ फर्म में उसने अपने काम को भी जारी रखा ताकि कर्ज चुकाया जा सके। लॉ स्कूल में पढ़ाने के लिए उसने अन्य विषयों को भी जोड़ लिया था। जिन दिनों वह स्प्रिंगफ़ील्ड नहीं जाता था उन दिनों वह पढ़ाता था और जब सत्र नहीं चल रहा होता था तब वह अधिक क्लास लेता था। जब वह राज्य की राजधानी में रहता था तब हम हर रात फोन पर बात करते, एक दूसरे की बात सुनते और दिन में क्या क्या हुआ इसकी चर्चा करते। शुक्रवार को शिकागो में हमारे लिए हर बार डेट की रात होती थी, जहाँ अक्सर हम अपना काम ख़त्म करके साथ शहर के मध्य में जिनफंदेल नामक एक रेस्तरां में बैठते थे।

मुझे उन रातों की याद बहुत तड़प के साथ आती थी, क्योंकि रेस्तरां में मद्धिम, गर्म रौशनी होती थी, और किस तरह यह बात प्रसिद्ध हो गई थी कि मैं समय पर आने के लिए समर्पित थी। मैं अक्सर सबसे पहले आती थी। मैं बराक का इन्तज़ार करती, और चूँकि वह काम के सप्ताह का अंतिम दिन होता था। और अब तक मुझे इसकी आदत पड़ चुकी थी इसलिए मुझे इस बात से परेशानी नहीं होती थी कि वह देर से आता था। मैं जानती थी कि आख़िरकार वह आएगा, लेकिन जैसे ही मैं उसको आते हुए देखती तो हमेशा की तरह मेरा कलेजा मुंह को आ जाता था। वह आता और होस्टेस को सर्दी वाला जैकेट थमाता और टेबल की तरफ बढ़ जाता, जब उसकी आँख मेरी आँखों से टकराती तो वह मुस्कुरा उठता। वह मुझे किस करता और उसके बाद अपने सूट का जैकेट उतारकार कुर्सी से लटकाता और तब जाकर कुर्सी पर बैठ जाता। मेरा पति। यह हमारी दिनचर्या बन चुकी थी। हम आम तौर पर हर शुक्रवार एक तरह की चीजों के ही आर्डर करते- पॉट रोस्ट, ब्रुसेल्स स्प्राउट, और मैश्ड पोटैटो- और जब ऑर्डर आता तो हम एक-एक कौर खाते।

यह हमारा स्वर्णिम काल था, हमारी शादी के संतुलन का, वह अपने मकसद में लगा था और मैं अपने मकसद में। स्प्रिंगफील्ड में सीनेट के सत्र में एक सप्ताह के आरंभिक दिनों में बराक ने सत्रह नए बिल पेश किये- शायद यह एक रिकॉर्ड था, और यह कम से कम इस बात को समझने के लिए काफी है कि वह कुछ करने के लिए कितना बेचैन था। कुछ बिल तो

पास हो गए, लेकिन कई विधेयकों को रिपब्लिकन पार्टी के बहुमत वाले उस सदन में तत्काल गिरा दिया गया। उनको राजनीतिक मतभेदों के कारण गिरा दिया गया जिसकी वजह से उसके नए सहोगियों में नकारात्मक भावना बढ़ गई। मैंने उन आरंभिक महीनों में यह देखा और जैसी कि मैंने भविष्यवाणी की थी, राजनीतिक संघर्ष बहुत था। और यह उदास करने वाला था, जिसमें संघर्ष होते, धोखाधड़ी, गंदे समझौते करने होते और कई बार इस तरह से समझौता करना पड़ता था कि तकलीफ़ होती थी। लेकिन मैंने यह भी देखा कि बराक की अपनी भविष्यवाणी भी सही रही। वह कानून निर्माण के इस संघर्ष के लिए बहुत उपयुक्त था, वह बड़े से बड़े तूफ़ान में भी आराम से शांत बना रहता था। वह बाहरी होने के कारण अभ्यस्त था, हार को भी आराम से हवाई की लहरों की तरह आने जाने देता। वह आशावान बना रहता था, वह इस बात को लेकर निश्चिंत रहता था कि एक न एक दिन उसका नजरिया किसी न किसी तरह स्वीकृत होकर रहेगा। उसकी आलोचना भी हो रही थी, लेकिन इस बात का उसके ऊपर कोई प्रभाव भी नहीं पड़ रहा था। ऐसा लगता था कि वह इसके लिए ही बना था। उसको जितना बजाया जाता, वह उतना ही चमकदार बनकर निकलता, ताम्बे के किसी पुराने बर्तन की तरह।

मैं भी संक्रमण के दौर से गुजर रही थी। मैंने एक नई नौकरी शुरू कर दी थी। खुद को हैरान करते हुए कि मैंने पब्लिक एलाइज को छोड़ दिया, उस संगठन को जिसको मैंने इतने प्यार से बढ़ाया था। तीन साल तक उस काम को मैंने पूरे जोश के साथ किया, बड़े से बड़े और छोटे से छोटे काम की जिम्मेदारी उठाते हुए, यहाँ तक कि फोटोकॉपी मशीन में कागज़ लगाने का काम भी। पब्लिक एलाइज प्रगति कर रही थी, और संघीय अनुदान तथा फ़ाउंडेशन की मदद मिलते रहने के कारण यह पक्का हो गया था यह संस्था लम्बे समय तक चलती रहेगी। तब मुझे लगा कि मुझे अच्छी भावना को बनाए रखते हुए अलग हो जाना चाहिए। और ऐसा ही हुआ 1996 में फॉल के मौसम में एक नया अवसर न जाने कहाँ से आ गया। यूनिवर्सिटी ऑफ़ शिकागो की वकील आर्ट सुसमन जिनसे कुछ साल पहले मेरी मुलाकात हुई थी, ने मुझे फोन किया और वहां आये एक अवसर के बारे में मेरी राय पूछी।

स्कूल को एक एसोसियेट डीन की ज़रूरत थी जो सामुदायिक संबंधों के ऊपर ध्यान रखे, लम्बे समय के लिए शहर की बेहतरी के लिए काम करने के लिए तैयार हो, खासकर साउथ साइड के पड़ोस में जो यूनिवर्सिटी के पास ही था। सामुदायिक सेवा कार्यक्रमों के माध्यम से आस पड़ोस के बच्चों को सामुदायिक काम से जोड़ने का लक्ष्य था। पब्लिक एलाइज के काम की तरह यह काम भी उस यथार्थ से जुड़ा हुआ था जो जीवन मैंने निजी तौर पर जिया था। जैसा कि मैंने सालों पहले आर्ट से यह कहा था कि यूनिवर्सिटी ऑफ़ शिकागो मेरे अन्दर वैसी रूचि नहीं जगाता था जैसा कि पूर्वी तट के स्कूल जागते थे जहाँ मैंने पढ़ाई की थी। कारण यह था कि हम जहाँ रहते थे इस यूनिवर्सिटी की पीठ उस तरफ थी। मुझे यह बात प्रेरक लगी कि यूनिवर्सिटी की दीवारों को नीचा करने की कोशिश की जाए, अधिक विद्यार्थी शहर के साथ जुड़ें और शहर के नागरिक यूनिवर्सिटी के साथ।

प्रेरणा के अलावा, इस बदलाव के अन्तर्निहित कारण भी थे। यूनिवर्सिटी जिस तरह की संस्थानिक दृढ़ता देती थी वह अभी भी अपेक्षाकृत नई गैर सरकारी संस्था में संभव नहीं था। मेरा वेतन बेहतर था, काम के घंटे भी सही थे, तथा फोटोकॉपी मशीन में कागज़ रखने और लेजर प्रिंटर को ठीक करवाने के लिए दूसरे लोग थे। अब मैं बत्तीस साल की हो गई थी और अब इस बारे में अधिक सोचने लगी थी कि मुझे किस तरह का भार उठाना चाहिए। जिनफंदेल में जब हम डेट के लिए रात में मिलते थे तब हम लोग हमेशा इस बारे में बातें करते थे कि हम सालों तक किस रूप में रहने वाले थे- हम किस तरह प्रभाव पैदा कर सकते थे, किस तरह हम दोनों अन्तर पैदा कर सकते थे। अपने समय और अपनी ऊर्जा को किस तरह से सही तरह से काम में ला सकते थे।

मेरे लिए एक बार फिर वही पुराना सवाल उभरने लगा था कि मैं कौन थी और मैं अपने जीवन में क्या चाहती थी, उनको ठीक करना मेरे दिमाग में सबसे प्रमुखता से चल रहा था। मैंने नया काम इसलिए लिया था ताकि अपने जीवन में कुछ और जगह बना पाऊँ, इसके अलावा स्वास्थ्य सम्बन्धी सुविधाएँ इतनी अच्छी थीं जितनी अच्छी कभी नहीं मिली थी। और यह बात मायने रखती थी। जब मैं और बराक एक शुक्रवार के दिन मोमबत्ती की रौशनी में हाथ में हाथ थामे टेबल पर आमने-सामने बैठकर पॉट रोस्ट खा चुके थे और मीठा आने वाला था। हमारी ख़ुशी में एक सिलवट पड़ गई थी। हम माँ-बाप बनने की कोशिश कर रहे थे और सब कुछ ठीक नहीं चल रहा था।

यह समझ में आया कि दो एक-दूसरे को समर्पित सामाजिक आदमी जो एक दूसरे से गहराई से प्यार करते हों वे अपनी मर्जी से गर्भाधान भी नहीं कर सकते, उर्वरता जीती नहीं जा सकती है। बल्कि पागल करने वाली बात यह है कि प्रयास करने और फल मिलने के बीच कोई सीधा सम्बन्ध भी नहीं होता। हम लोगों ने बहुत कोशिश की लेकिन मैं गर्भवती नहीं हो पाई। पहले पहल तो मैंने खुद को समझाया कि यह सब इत्मीनान न होने के कारण हो रहा था, बराक स्प्रिंगफ़ील्ड आता जाता रहता था। इसलिए हमारे प्रयास उन दिनों में नहीं हो पाते थे जिन दिनों में उर्वरता अधिक होती है, बल्कि उसके इलिनॉय सदन के सत्रों के आधार पर होती थी। मुझे लगा कि इस बात को ठीक करने की कोशिश करनी चाहिए।

लेकिन हमने जो सुधार किया उससे भी कुछ नहीं हुआ, यहाँ तक कि बराक दूसरे प्रांत में देर से मतदान करके भी वापस आया ताकि वह उन दिनों में मेरे साथ सम्बन्ध बना सके जब मैं उर्वर थी। इसके बाद गर्मियों की छुट्टी के लिए जब सीनेट का कामकाज बंद हुआ तब वह सारा समय मेरे पास ही रहता था लेकिन तब भी नहीं हुआ। सालों तक हमने इस बात की सावधानी बरती थी कि मैं कहीं गर्भवती न हो जाऊं, अब मैं पूरी तरह से इसके उलट काम में लगी हुई थी। इसको मैंने मिशन की तरह लिया। एक बार हमने प्रेगनेंसी का टेस्ट करवाया तो वह सकारात्मक आया और हम सभी दुःख भूल कर खूब खुश हो गए। लेकिन दो हफ़्ते बाद मेरा गर्भ गिर गया और मैं शारीरिक रूप से असहज महसूस करने लगी और हमारे अन्दर जो

सकारात्मकता आई थी वह जाती रही। जब मैं महिलाओं को बच्चों के साथ जाते हुए देखती तो मेरे अन्दर भी बच्चे की तड़प आ जाती थी, साथ ही मुझे ऐसा भी लगने लगता था कि मेरे अन्दर इसकी कमी थी। राहत की बात यह थी कि मैं और बराक क्रेग और उसकी पत्नी के घर से एक ब्लाक की दूरी पर ही रह रहे थे, जिसके अब दो प्यारे बच्चे थे, लेसली और अवेरी। मुझे उनके यहाँ जाकर उनके साथ खेलने और उनको कहानियां सुनाना अच्छा लगता था।

जब आप किसी चीज़ की शुरुआत करते हैं तो आपको उनके बारे में शुरू में कोई नहीं बताता, जबतक कि आप उससे घिर नहीं जाते, मुझे गर्भपात से इसकी शुरुआत करनी चाहिए। गर्भपात अकेला कर देने वाला, दर्द भरा और आपके उत्साह को तोड़ देने वाला होता है और इसका असर पूरे शरीर पर पड़ता है। जब आपको होता है तो आपको लगेगा कि इसमें जरूर आपकी कोई गलती रही होगी, जो कि नहीं होता है। या कोई त्रासदी जो उस समय बहुत तोड़ देने वाली लगती है, लेकिन यह वैसी भी नहीं होती है। जो बात आपको कोई नहीं बताता है वह यह कि गर्भपात होता रहता है, आपको जितना लगता है उससे अधिक स्त्रियों का होता है लेकिन इस बात को लेकर अधिक बात होती नहीं है। मुझे भी इस बारे में तभी पता चला जब मैंने अपने कुछ दोस्तों को यह बताया कि मेरा गर्भपात हो गया था। उन्होंने मुझे प्यार और दिलासा दिया और अपने गर्भपात की कहानी भी सुनाई। इससे मेरा दर्द कम तो नहीं हुआ, लेकिन अपने संघर्षों की बात बताकर उन्होंने मुझे दिलासा देने का काम किया, जिससे मुझे यह बात समझ में आई कि जो मुझे हुआ था वह एक जैविक समस्या भर थी, एक अंडाणु था, जिसको शायद अच्छे ही कारण से निकल जाना पड़ा।

इममें से मेरी एक दोस्त मुझे उर्वरता के एक डॉक्टर के पास भी लेकर गई जिससे उसने और उसके पति ने इलाज करवाया था। बराक और मैं जांच के लिए गए, और जब हम बैठे तो डॉक्टर ने कहा कि हम दोनों के साथ ऐसी कोई समस्या नहीं दिखाई दे रही थी। यह रहस्य बना ही रह गया कि हम गर्भाधान क्यों नहीं कर पा रहे थे। उसने मुझे यह सुझाव दिया कि मैं कुछ महीने क्लोमिड नामक दावा लूं, जो अंडाणु बढ़ा देती थी। जब यह काम नहीं आया तो उसने मुझे कृत्रिम गर्भाधान के लिए सलाह दी। हम लोग भाग्यशाली थे कि यूनिवर्सिटी के बीमा के कारण ज्यादातर खर्च उसके तहत हो गया।

ऐसा महसूस हो रहा था कि कोई बड़ी लॉटरी लग गई हो, बस इसमें विज्ञान का हाथ था। जब तक प्रारंभिक मेडिकल जांच हुई, तब तक दुर्भाग्य से सदन का पूर्ण सत्र आरम्भ हो गया, जिसकी वजह से मेरा प्यारा, ध्यान रखने वाला पति मुझे एक तरह से अपने हाल पर छोड़ गया ताकि मैं अपने प्रजनन तंत्र को पूरी तरह से ऊर्वर बना सकूं। इसके लिए कई सप्ताह तक रोज एक शॉट दिया गया। योजना यह थी कि पहले कुछ दिन दवाओं के सहारे मैं पहले अपनी बच्चेदानी को दबाऊँ और फिर किसी नई दवा से उसको उत्तेजित किया जाए। इसके पीछे यह विचार था कि इस तरह से वे उपयोगी अंडाणु पैदा कर सकेंगे।

इतना सब कुछ हो रहा था और इस क़दर अनिश्चितता थी कि मुझे चिंता हो रही थी, लेकिन मुहे बच्चा चाहिए था। यह एक ऐसी ज़रूरत थी जो हमेशा से थी। जब मैं बच्ची थी

तो जब मैं अपनी गुड़ियाओं के प्लस्टिक के बने चेहरे को चूमते-चूमते थक जाती थी तब मैं अपनी माँ से यह विनती करती कि वे एक असली बच्चा ला दें मेरे लिए। मैं उनसे यह वादा करती थी कि मैं सारा काम करूँगी। जब वह मेरी योजना के मुताबिक़ काम नहीं करती थीं तब मैं उनके अंडरवियर का ड्रावर छान मारती थी और उसमें परिवार नियोजन की गोली खोजने लगती थी कि अगर मैंने उसको छिपा दिया तो शायद मुझे कुछ फल मिल जाए। जाहिर है, मुझे नहीं मिलता था लेकिन जो बात मैं कहना चाह रही थी वह यह कि यह तमन्ना मुझे बहुत सालों से थी। मैं परिवार चाहती थी बराक परिवार चाहता था। यहाँ मैं अपने अपार्टमेंट के बाथरूम में अपनी सारी इच्छा के नाम पर यह कोशिश करती थी कि एक सीरिंज अपनी जांघ में घोंप लूं।

यह शायद पहली बार था जब मुझे राजनीति से चिढ़ महसूस हुई और उसके प्रति जो अटूट समर्पण बराक का था उसको लेकर भी। या शायद मैं स्त्री होने के भारी बोझ को महसूस कर रही थी। जो भी हो, वह जा चुका था, और मैं ही थी जो इस जिम्मेदारी जो उठाये हुए थी। मैं इस बात को अभी से ही समझ गई थी कि बलिदान मेरा अधिक होने वाला था। आने वाले सप्ताहों में वह अपना नियमित काम करता रहेगा जबकि मुझे रोज अल्ट्रासाउंड करवाने के लिए जाना पड़ता था ताकि एक अंडाणु की देखभाल कर सकूं। उसको अपना खून नहीं देना पड़ा। उसको अपनी जांच करवाने के लिए कोई मीटिंग रद्द नहीं करनी पड़ी। वह प्यार करता था, और ध्यान रखता था, वह मेरा पति था और जो कर सकता था कर रहा था। उसने आईवीएफ को लेकर समस्त साहित्य पढ़ लिया था और मुझसे रात भर इस बारे में बात करता था, लेकिन उसका असल में इतना ही कर्त्तव्य था कि डॉक्टर के दफ़्तर पहुंचकर स्पर्म देना। और उसके बाद अगर उसका मन हो तो जाकर वह मार्टीनी पी सकता था, इसमें उसकी कोई गलती नहीं थी, लेकिन यह समानता नहीं थी, और किसी भी ऐसी महिला के लिए जो समानता के मंत्र के साथ जी रही हो यह बात उलझन में डाल देने वाली हो सकती थी। यह मैं ही थी जिसने अपना सब कुछ बदला, अपनी भावनाओं और करियर के सपने को स्थगित किया, ताकि इस सपने को पूरा कर सकूं। मैं कुछ पाने के एक छोटे से पल में फंसी हुई थी। क्या मुझे यह चाहिए था? हाँ, मुझे इसकी चाह बहुत अधिक थी। और इसलिए मैंने सूई लगाई औए उसको अपनी चमड़ी में धंसा लिया।

करीब आठ सप्ताह बाद मैंने एक ऐसी आवाज़ सुनी जिसने मन से विरोध के सभी बिन्दुओं को हटा दिया: अल्ट्रासाउंड ने एक शानदार, जलीय धड़कन को कैद किया, जो जो मेरे शरीर की गर्म गुफा से आ रही थी। हम गर्भ से थे। यह सच हो गया था। अचानक जिम्मेदारी और उससे जुड़े त्याग मुझे एकदम अलग लग रहे थे, जैसे कोई भूदृश्य नए रंग ले रहा हो, या घर के सभी फर्नीचर नए सिरे से लगाए जा रहे हों ताकि सब कुछ अपनी-अपनी जगह पर लगे। मैं अपने अन्दर के रहस्य के साथ चलती रहती थी। यह मेरा सौभाग्य था, स्त्री होने का उपहार। जो मेरे अन्दर था उसकी सम्भावना से मैं चमक उठती थी।

मैं सारा समय इसी तरह से महसूस करती थी, हालांकि, पहले तीन महीने की थकान ने मुझे निढाल कर दिया था, जबकि मैं अपने काम में व्यस्त रहती थी और बराक राज्य की राजधानी की साप्ताहिक यात्राओं पर। हमारा अपना अपना बाहरी संसार था, लेकिन अब कुछ अंदरूनी तौर पर हो रहा था। एक बच्ची बड़ी हो रही थी, एक छोटी बच्ची (क्योंकि बराक तथ्य में यकीन रखता था जबकि मैं योजना बनाती थी, इसलिए उसके लिंग का पता लगाना जरूरी था)। हम उसको देख नहीं सकते थे, लेकिन वह थी। फॉल के बाद सर्दियाँ आयी और फिर वसंत, बच्चे का आकार बढ़ता जा रह था। यह बात मैं महसूस करती थी-मुझे बराक से ईर्ष्या होती थी कि वह इस प्रक्रिया से दूर था, जो अब पूरी तरह से उलट गई थी। वह बाहर था, जबकि मुझे इस प्रक्रिया को जीना था। मैं इस प्रक्रिया में थी, उस नए बनते जीवन के साथ अविभाज्य रूप से जुडी हुई, जो कभी मेरे पेट में कुहनी या तलवों से मारता था। मैं कभी अकेली नहीं होती थी, कभी अकेलापन महसूस नहीं करती थी। वह हमेशा साथ रहती थी, हमेशा, चाहे मैं कार चलाकर काम पर जा रही होऊं, या सलाद के लिए सब्जियां काट रही होती थी, या रात में बिस्तर पर लेटकर *व्हाट टू एक्स्पेक्ट व्हेन यू आर एक्सपेक्टिंग* के पन्ने नौ सौवीं बार पलट रही होती थी।

शिकागो की गर्मियां मेरे लिए ख़ास थी। मुझे यह पसंद है कि किस तरह से शाम में आकाश में रौशनी फ़ैल जाती है, किस तरह से मिशिगन झील में बोट चलने लगते हैं और दिल इतना खुश रहता है कि सर्दियों के संघर्षों की याद भी नहीं आती। मुझे यह पसंद है कि किस तरह गर्मियों में राजनीति मंद पड़ जाती और जीवन में मौज मस्ती शुरू हो जाती।

जबकि असलियत में हमारा किसी चीज पर कोई वश नहीं था, आखिर के दौर में ऐसा लगने लगा था कि हम लोगों ने सही समय चुना था। 4 जुलाई 1998 की सुबह सुबह मुझे जचगी का पहला दर्द हुआ। मैं यूनिवर्सिटी ऑफ़ शिकागो के अस्पताल में चली गई, मेरी देखभाल के लिए हवाई से एक हफ़्ते के लिए माया भी आ गई थी और मेरी माँ थीं। यह उससे घंटों पहले की बात थी जब शहर में बारबेक्यू के कोयले जलने लगते और लोग झील के किनारे अपने कम्बल बिछाना शुरू करते, झंडे हिलाते हुए पानी के ऊपर शहर की ओर से की जाने वाली आतिशबाजी का इन्तज़ार करते रहते। हम लोगों को उस साल इन चीजों की कमी बहुत महसूस हो रही थी, उस आतिशबाजी के मंजर में खोये हुए। हम देश के बारे में नहीं सोच रहे थे बल्कि परिवार के बारे में सोच रहे थे और मालिया ऐन ओबामा के बारे में, जो कहीं भी किसी के भी घर जन्मी बच्चियों के रूप में दुनिया में आई सबसे प्यारी दो लड़कियों में एक थीं।

14

मातृत्व मेरे लिए प्रेरणा बन गई। यह मेरे हर दिन के जीवन की गतिविधियों, फैसलों को निर्धारित करने लगी। मुझे न तो समय लगा न ही कुछ सोचना पड़ा। मैंने माँ की अपनी नई भूमिका को पूरी तरह अपना लिया। मैं विस्तार में यक़ीन रखती थी और अगर बच्चे में विस्तार नहीं हो तो क्या बच्चा। मैं और बराक छोटी मालिया का ध्यान से अध्ययन करते रहते थे, उसकी गुलाब की पंखुड़ियों जैसे होंठों के रहस्य को समझते, उसके गहरे अस्पष्ट माथे को देखते रहते और वह जिस तरह इधर उधर नजर दौड़ाती थी, जिस तरह से वह इधर उधर अपने छोटे छोटे पैरों को फेंकती रहती थी। हम उसको नहाते, झूला झुलाते और अपनी छाती से लगाए रखते। हम उसके खाने, उसके सोने के घंटों, उसकी एक एक आवाज़ का ध्यान रखते थे। उसके हर गीले डायपर का हम ऐसे मुआयना करते थें मानो उससे उसके कुछ रहस्यों के बारे में पता चल जाए।

वह एक छोटी बच्ची थी, एक ऐसी इंसान जो हमारे हवाले थी। मैं हर समय उसकी ज़िम्मेदारी को संभाले रहती थी, पूरी तरह से उसकी सेवा में रहती थी। मैं घन्टों उसको देखते हुए बिता सकती थी। जब घर में कोई बच्चा होता है तो समय का पता ही नहीं चलता, कुछ भी अपने कायदे से नहीं चलता। एक दिन ऐसा लगता है जैसे बीत ही न रहा हो, और अचानक आप पाते हैं कि छः महीने बीत गए। बराक और मैं इस बात के ऊपर हँसते थे कि माँ-पापा बनने के बाद हमारी हालत क्या हो गई। अगर हम पहले डिनर करते समय इस बात के ऊपर गंभीरता से बहस करते थे कि किशोरों के लिए न्याय व्यवस्था कैसी थी, इस बात की तुलना करते हुए कि मैंने पब्लिक एलाइज के साथ काम करते हुए क्या सीखा जिनमें कुछ विचारों को वह सदन में पेश किये जाने वाले सुधार विधेयक में रखना चाहता होता था। और अब हम उतने ही जोश के साथ इस बारे में चर्चा करते थे कि क्या मालिया़ अपनी चुसनी के ऊपर बहुत अधिक निर्भर हो गई थी और हम उसकी तुलना इस बात से करते थे कि किस तरह उसको सुलाने के अन्य तरीके हो सकते थे। अधिकतर नए माँ-पापाओं की तरह हम लोग बहुत अधिक लगाव रखने वाले और कुछ उबाऊ थे, और हम किसी भी बात से ख़ुश नहीं हो पा रहे थे। शुक्रवार रात को हम जब डेट पर जिनफंदेल में डिनर के लिए जाते थे तो हम इस बात का ध्यान रखते थे कि अपने

ऑर्डर को किस प्रकार कम करें कि हम जल्दी से वहां से खाकर निकल सकें, इससे पहले कि वह बेचैन हो जाए।

मालिया के जन्म के कई महीने बाद मैं यूनिवर्सिटी ऑफ़ शिकागो में काम पर लौट आई। मैंने इसके लिए बात कर ली कि मैं आधे दिन के लिए आया करूँगी, क्योंकि मैं यह समझती थी कि स्थिति मेरे लिए अच्छी थी- क्योंकि अब मैं पेशेवर महिला भी हो सकती थी और एक अच्छी माँ भी- मेरी टेलर मूर/मरियन रॉबिन्सन की तरह मैं भी चाहती थी कि मेरे जीवन में भी वही संतुलन बना रहे। बच्चों के देखभाल के लिए हमें एक महिला मिल गई ग्लोरिना कासबेल, जो बहुत प्यार करने वाली, ध्यान रखने में विशेषज्ञ और मुझसे करीब दस साल बड़ी थी। उसका जन्म फिलिपीन्स में हुआ था और उसने नर्स के रूप में प्रशिक्षण लिया था और उनके अपने दो बच्चे भी थे। ग्लोरिना- "ग्लो"- नाटे कद की, भरी-पूरी महिला थी जिसके बाल छोटे व्यवहारिक तरीके से कटे थे और वह सुनहरे फ्रेम का चश्मा लगाती थी और जो महज बारह सेकेण्ड में डायपर बदल सकती थी। उसमें नर्स की तरह बहुत अधिक काम करने की क्षमता थी, कुछ भी कर सकने वाली ऊर्जा थी और वह अगले कुछ सालों तक हमारे परिवार की महत्वपूर्ण और प्यारी सदस्य बनी रही। उसकी सबसे अच्छी बात यह थी कि वह मेरी बच्ची को बहुत दिल से प्यार करती थी।

जो बात मैं नहीं समझ पाई- और यह भी मेरे लिए उसी तरह की बात रही कि जो हम में से बहुत से लोग देर से सीखते हैं- वह बात यह थी कि अल्पकालिक नौकरी, वह भी जो पहले की पूर्णकालिक नौकरी का ही सिकुड़ा हुआ रूप हो तो यह एक तरह का फंदा हो जाता है। या कम से कम यह मेरे लिए ऐसा ही रहा। काम करते हुए मैं पहले की ही तरह सभी बैठकों में जाती थी और मेरी अधिकतर ज़िम्मेदारियां भी वही थीं। एक ही वास्तविक अंतर यह था कि मैं पहले के मुकाबले आधा वेतन ले पा रही थी और चौदह घंटे सप्ताह के अन्दर सब कुछ करने की कोशिश कर पा रही थी। अगर कोई मीटिंग देर तक चल जाती थी तो मैं तेजी से घर की तरफ भागती थी जिससे मैं मालिया को लेकर(मालिया बेचैन और खुश होती थी और मैं पसीने से तरबतर और तेजी से हवा कर रही होती) दोपहर में नार्थ साइड के एक म्यूजिक स्टूडियो विगलवर्म्स पहुँच सकूं। मुझे ऐसा महसूस होता था कि मैं दो पाटन के बीच में फंस गई हूँ। मुझे बड़ी ग्लानि होती थी जब मुझे घर में क्लास लेनी होती थी। जब दफ़्तर में बैठकर यह सोचती थी कि कहीं मालिया को मूंगफली से एलर्जी तो नहीं हो गई। अल्पकालिक काम का मतलब था अधिक आज़ादी। लेकिन इसकी वजह मुझे ऐसा महसूस होता रहता था कि मैं सब कुछ आधा ही कर पा रही थी, कि मेरी ज़िंदगी की सभी रेखाएं धुंधली पड़ चुकी थीं।

इस बीच, ऐसा लगता था कि बराक ने तरक्क़ी का शायद ही कोई मौका छोड़ा। मालिया के जन्म के कुछ महीने बाद वह सीनेट में चार साल के लिए पुनर्निर्वाचित हुआ, उसको 89 प्रतिशत मतों के साथ जीत हासिल हुई। वह लोकप्रिय था, सफल था, वह योजनाएं बनाने में माहिर था, और अब वह यह बड़ी-बड़ी चीजों के बारे में भी सोचने लगा था- जैसे अमेरिकी कांग्रेस के लिए चुनाव लड़ना। उसको यह उम्मीद थी कि उसको चार बार से निर्वाचित हो रहे

डेमोक्रेट उम्मीदवार बॉबी रश के स्थान पर टिकट मिल सकता था। क्या मुझे ऐसा लगता था कि यह अच्छा विचार था कि वह कांग्रेस के लिए चुनाव लड़े? नहीं, मैं ऐसा नहीं सोचती थी। क्योंकि मुझे उसकी जीत की संभावना कम लगती थी। कारण यह था कि बॉबी रश जाना माना नाम था और बराक को एक तरह से कोई नहीं जानता था। लेकिन अब वह राजनेता था और डेमोक्रेटिक पार्टी के अन्दर उसकी पहुँच थी उसके सलाहकार थे, समर्थक थे, जिनमें से कुछ उसको ऐसी सलाह दे रहे थे कि उसको लड़ना चाहिए। किसी ने प्रारम्भिक सर्वेक्षण किया था और जिससे ऐसा लगता था कि वह जीत सकता था। और यह बात मैं अपने पति के बारे में पक्के तौर पर जानती थी: आपने उसके सामने कोई अवसर रखा, कोई ऐसा अवसर जिसका प्रभाव क्षेत्र बड़ा हो, और आप यह उम्मीद करें कि वह भाग खड़ा होगा। लेकिन वह छोड़ नहीं सकता है। वह नहीं छोड़ेगा।

1999 के अंत में जब मालिया की उम्र करीब अठारह माह थी, तो हम उसको क्रिसमस के अवसर उसकी परदादी टूट से मिलवाने के लिए हवाई की यात्रा पर जाने वाले थे, वह अब सतहत्तर साल की हो चुकी थीं और वह उसी इमारत में रह रही थीं जिसमें दशकों से रह रही थीं। यह एक पारिवारिक यात्रा थी- साल में एक बार टूट अपने पोते और परपोती को देखती थीं। शिकागो में एक बार फिर से ठण्ड पड़ने लगी थी, जिसके कारण हवा से गर्मी और आकाश से नीलापन जा रहा था। घर और काम दोनों में एक तरह की घबड़ाहट महसूस हो रही थी, हम लोगों ने वाइकिकी बीच के पास एक साधारण होटल में कमरा आरक्षित करवाया था और जाने के लिए दिन गिनना शुरू कर दिया था। लॉ स्कूल में उस सेमेस्टर के लिए बराक के पढ़ाने का काम पूरा हो गया था, और मैंने काम से छुट्टी ले रखी थी। लेकिन बीच में राजनीति आ जा रही थी।

इलिनॉय सीनेट में बड़ी बहस छिड़ी हुई थी, जिसमें बड़े अपराध से संबंधित बिल के प्रावधानों को सुलझाने का प्रयास किया जा रहा था। इसलिए बजाय छुट्टी के लिए आने के वह विशेष सत्र के लिए चला गया जहाँ उसका लक्ष्य था कि क्रिसमस से पहले मतदान कर दिया जाए। बराक ने मुझे स्प्रिंगफ़ील्ड से फोन किया, यह कहा कि हैं अपनी यात्रा को कुछ दिन के लिए टालना पड़ेगा। यह कोई बड़ी खबर नहीं थी लेकिन मैं यह समझ गई कि यह अब उसके हाथ से निकल चुका था। मैंने यह किया कि हम आखिरकार वहां गए। मैं यह नहीं चाहती थी कि टूट क्रिसमस अकेली मनाएं, और इसके अलावा, बराक और मुझे रुकने की ज़रूरत थी। मैं यह सोच रही थी कि हवाई की यात्रा हम दोनों को काम से दूर करके सांस लेने का मौका देगी।

वह अब आधिकारिक रूप से कांग्रेस के लिए लड़ रहा था, जिसका मतलब था कि वह शायद ही कभी उससे निकल सकता था। बाद में उसने एक स्थानीय अख़बार को इंटरव्यू में यह कहा कि पिछले छः माह से वह कांग्रेस के लिए प्रचार में लगा हुआ है और इस दौरान वह चार दिन से भी कम समय मालिया और मेरे साथ बिता पा रहा था। यह चुनाव प्रचार

की दर्द भरी वास्तविकता थी। उनकी सारी जिम्मेदारियों के ऊपर बराक एक-एक मिनट करके समय गिन रहा था जो बार-बार उसको इस बात की याद दिला रही थी कि कितने घंटे और मिनट मार्च में प्राथमिक चुनाव के रह गए थे, वह इन मिनटों और घंटों को किस तरह से कम से कम सिद्धांत रूप में इस तरह से उपयोग में ला सकता था कि इसका असर उसके अंतिम नतीजों पर पड़े। जो बात मैं इस चुनाव प्रचार अभियान से सीख पा रही थी कि कोई उम्मीदवार प्रचार के काल में जितने मिनट या घंटे अपने परिवार के साथ बिताता था उसको एक तरह से समय की बर्बादी माना जाता था।

मैं अब इतनी बेहतर हो चुकी थी कि किस तरह से इस चुनाव के रोज़-रोज़ के उतार-चढ़ाव से खुद को अलग ही बनाए रखूँ। चुनाव लड़ने के बराक के फैसले को मैंने भगवान की कृपा की तरह देखा था और मैंने यही रुख अपनाया था कि इस सबके बीच में न आया जाए। मैं यह सोच रही थी कि राष्ट्रीय राजनीति में आने की कोशिश में वह सफल हो जायेगा तो इससे प्रेरणा लेकर वह कुछ और करेगा। एक आदर्श दुनिया में(वैसे भी मेरे आदर्श संसार में) बराक किसी संस्था का प्रमुख बन सकता था, जहाँ वह अपने मन के मुद्दों के लिए कारगर काम भी कर सकता था और रात को खाने के लिए घर भी आ सकता था।

हम 23 दिसंबर को हवाई के लिए जहाज से उड़े, जब सदन का कामकाज छुट्टियों के लिए रुक गया, हालाँकि प्रस्ताव अभी भी पारित नहीं हुआ था। लेकिन मेरे लिए राहत की बात यह थी कि वह आ पाया। वाइकिकी बीच मालिया को बहुत अच्छा लगा। वह तट-रेखा पर उठती गिरती रहती थी। लहरों को पैर से मारती थी और ख़ुशी के मारे थक जाती। हम लोगों ने ख़ुशी ख़ुशी टूट के अपार्टमेंट में क्रिसमस मनाया, हम तोहफे खोल रहे थे और पांच हजार टुकड़ों वाले जिगसा पजल के प्रति उनके समर्पण को देख रहे थे जो वह कार्ड टेबल पर खेलने वाली थी। जैसा कि हमेशा होता था ओहाऊ के हरे जल और ख़ुशमिज़ाज लोगों के कारण हम अपनी रोज-रोज की चिंताओं से मुक्त हो चुके थे, हम खुश थे और हमारी त्वचा पर लगने वाली गर्म हवा और अपनी बेटी की ख़ुशी को ही सब कुछ समझ रहे थे। जैसा कि अख़बार की सुर्खियाँ हम लोगों को यह याद दिला रही थी कि हम नई सहस्राब्दी की सुबह की तरफ बढ़ रहे थे और 1999 के साल के अंतिम दिनों को बिताने के लिए हम एक अच्छी जगह पर थे।

सब कुछ तब तक ठीक ठाक ही चल रहा था कि बराक को इलिनॉय से फोन आया। उसको यह बताया गया कि सदन का सत्र अचानक शुरू होने वाला था ताकि अपराध बिल को पारित किया जा सके। अगर वह मतदान करना चाहता था तो उसके पास स्प्रिंगफ़ील्ड पहुँचने के लिए महज अड़तालीस घंटे थे। एक और घड़ी अब चलने लगी। मैं डूबते दिल से यह देख रही थी कि बराक काम में लग गया, उसने हमारे टिकट दुबारा बुक किये और हम अगले ही दिन जाने वाले थे, और हमारी छुट्टी ख़त्म हो गई। हम लोगों को जाना था। हमारे पास कोई चारा नहीं था। मैं यह सोच रही थी कि काश मैं मालिया के साथ अकेली रह जाती लेकिन उसमें मज़ा क्या आता? मुझे जाने को लेकर किसी तरह की ख़ुशी नहीं

हो रही थी लेकिन मैं एक बार फिर यह बात समझ गई थी कि राजनीति इसी तरह से कम करती है। मत महत्वपूर्ण था- बंदूक पर नियंत्रण के नए उपायों को लेकर मतदान होना था और जिसका बराक ने बढ़चढ़कर समर्थन किया था- और इसके कारण मत विभाजन इतना अधिक था कि एक मत कम पड़ने से भी हो सकता था कि बिल पास न हो पाए। हम घर जा रहे थे।

लेकिन कुछ अयाचित हुआ। रातोरात मालिया को बहुत तेज बुखार हो गया। दिन में उसने लहरों के साथ खूब मस्ती की थी, लेकिन अब, बारह घंटे बाद, वह निढाल पड़ी हुई थी। उसकी आँखें सूजी हुई थी और दर्द से कराह रही थी। वह अभी भी इतनी छोटी थी कि इस बारे में कुछ कह नहीं सकती थी। हम लोगों ने उसको टाइलेनॉल दिया लेकिन उससे भी कुछ फर्क नहीं पड़ा। वह एक कान को खींच रही थी, जिससे मुझे संदेह हुआ कि उसको संक्रमण हो गया था। इसका मतलब क्या था समझ में आने लगा। हम बिस्तर पर बैठे, मालिया को नींद में बेचैनी की हालत में देख रहे थे। हमारी फ्लाईट कुछ ही घंटे बाद थी। मैंने देखा कि बराक के चेहरे पर चिंता की रेखा आ गई। वह दो ज़िम्मेदारियों के बीच फंसा हुआ लग रहा था। हम अब जो फैसला करना चाहते थे उसके लिए हमारे पास समय भी था।

"ज़ाहिर है कि यह हवाई जहाज में उड़ नहीं सकती," मैंने कहा।

"मैं जानता हूँ।"

"हम लोगों को फिर से फ्लाईट बदलनी होगी।"

"मुझे पता है।"

जो बात कही नहीं जा रही थी वह यह थी कि उसको जाना था। वह घर से बाहर निकल कर कैब पकड़ कर एयरपोर्ट जा सकता था और हवाई जहाज पकड़कर समय पर स्प्रिंगफ़ील्ड जाकर वोट भी दे सकता था। वह अपनी बीमार बेटी और झल्लाई पत्नी को प्रशांत महासागर के पास छोड़कर जा सकता था और अपने सहकर्मियों के साथ शामिल हो सकता था। यह एक विकल्प था। लेकिन यह सुझाकर मैं शहीद नहीं बनना चाहती थी। मैं इस बात को स्वीकार करना चाहती हूँ कि मालिया के साथ जो भी हो रहा था उसकी अनिश्चितता में बने रहने के प्रति मैं अति संवेदनशील थी। अगर बुखार कहीं और बढ़ गया तो? अगर उसको अस्पताल ले जाने की ज़रूरत हुई तो? इस बीच, दुनिया भर में हम लोगों से अधिक घबड़ाए हुए लोग थे जो घर से बाहर निकल रहे थे, कैश जुटा रहे थे, पानी के बर्तन भर रहे थे कि अगर कहीं y2k के सम्बन्ध में की गई भविष्यवाणी सही हो गई और कंप्यूटर बग के कारण कहीं नेटवर्क नई सहस्राब्दी में जुड़ नहीं पाए तो उसके कारण बिजली और संचार की व्यवस्था गड़बड़ हो गई तो क्या होगा। ऐसा होनेवाला नहीं था, लेकिन फिर भी। क्या वह सच में जाने के बारे में सोच रहा था?

पता चला कि नहीं। वह नहीं गया। वह कभी नहीं जाता।

मैंने यह नहीं सुना कि उसने उस दिन सदन में अपने सहयोगी को फोन पर क्या बताया, उसको यह समझाया कि वह अपराध बिल के लिए होने वाले मतदान में नहीं आ सकता था।

मैंने इसकी परवाह नहीं की। मेरा ध्यान बस अपनी बच्ची के ऊपर बना हुआ था। और जब बराक ने फोन रखा वह भी उसी के ऊपर ध्यान जमाकर बैठ गया। वह हमारी छोटी बच्ची थी। हम लोगों के लिए सबसे पहले वही थी।

आखिरकार 2000 का साल बिना किसी घटना के बीत गया। कुछ दिनों के आराम और दवाइयों के बाद यह पता चला कि मालिया के कान में जो संक्रमण हुआ था वह ठीक हो गया था, हमारी बच्ची अपने सामान्य जीवन में लौटकर उछलकूद मचा रही थी। ज़िंदगी चलती रही। वह हमेशा से ही चल रही थी। होनुलुलु में एक और नीले आसमान वाले दिन में हम हवाई जहाज में चढ़कर शिकागो के लिए उड़ गए, हम सर्दियों के मौसम में आ गए, और उस माहौल में जिसमें बराक राजनीतिक दुर्घटना की तरफ बढ़ रहा था।

राज्य के सदन में अपराध विधेयक पास नहीं हो पाया, पांच वोट से वह गिर गया। मेरे लिए ज्यादा हिसाब किताब नहीं था: अगर बराक समय पर हवाई से आ भी जाता तो भी उसके वोट से नतीजे नहीं बदलने वाले थे। लेकिन फिर भी उसकी अनुपस्थिति को लेकर उसकी आलोचना हुई। कांग्रेस के प्रारंभिक चुनाव में उसके विरोधी उसकी आलोचना में यह कह रहे थे कि यह आरामपसंद विधायक था, जो हवाई में छुट्टियाँ मना रहा था और जो बन्दूक के नियंत्रण जैसे मुद्दे पर भी मतदान के लिए नहीं आ पाया।

पदासीन कांग्रेसमैन बॉबी कैश के परिवार के एक सदस्य की मौत बन्दूक से हुई हिंसा में ही हुई थी और जिस वजह से बराक की छवि के ऊपर असर पड़ा। कोई इस बात को समझना नहीं चाह रहा था कि वह हवाई का ही रहने वाला था और वह वहां अपनी विधवा दादी माँ से मिलने के लिए गया था, या यह कि उसकी बेटी बीमार पड़ गई थी। मतलब सिर्फ वोट से ही था। प्रेस में हफ़्तों तक इसकी निंदा होती रही। शिकागो ट्रिब्यूनल के सम्पादकीय पृष्ठ ने उन सीनेटरों की निंदा की जो उस दिन मतदान नहीं कर पाए थे, उसने उन लोगों को रीढ़हीन कहा। बराक के एक अन्य प्रतिद्वंद्वी राज्य के एक सीनेटर डॉन ट्रोटर ने एक संवाददाता से यह कहा कि बच्चे का बहाना बनाकर काम पर नहीं जाना कमजोर व्यक्तित्व को ही दर्शाता है।

मुझे इन बातों की आदत नहीं थी। मुझे इसकी आदत नहीं थी कि विरोधी मेरे परिवार के जीवन की समाचार में चर्चा करें। मैंने इससे पहले कभी नहीं सुना था कि मेरे पति के चरित्र को लेकर इस तरह से चर्चा की गई हो। यह सोचकर तकलीफ़ हो रही थी कि मेरी नज़र में एक सही फ़ैसले, एक अच्छा फैसले की इतनी कीमत चुकानी पड़ सकती थी। हमारे पास के एक साप्ताहिक अख़बार में लिखे अपने स्तम्भ में बराक ने बड़ी शांति से अपने इस चुनाव का बचाव किया कि उसने मेरे और मालिया के साथ ठहरने का फ़ैसला किया था। "हम लोग राजनेताओं को पारिवारिक मूल्यों के बारे में बात करते हुए खूब सुनते हैं," उसने लिखा। "उम्मीद करता हूँ कि आप लोग इस बात को समझेंगे कि आपका राज्य सीनेटर उन मूल्यों को जितना संभव हो सके, जीने की कोशिश कर रहा है।"

यह सन् 1965 में किसी महीने की मेरे परिवार की तस्वीर है जो किसी समारोह में हिस्सा लेने के लिए सज-धजकर तैयार है। गौर से देखिए, मेरा भाई क्रेग मेरी कलाई को कितने स्नेह से पकड़े हुए है और उसके चेहरे पर सुरक्षात्मक भाव हैं।

हम अपनी मां की चाची रॉबी शील्ड्स के अपार्टमेंट के ऊपर रहते हुए पले बढ़े जो इस तस्वीर में मुझे गोद में लिए हुए दिख रही हैं। उन सालों में उन्होंने मुझे पियानो सिखाया, हम दोनों में तीखी तकरार होती थी लेकिन वो हमेशा मेरे व्यक्तित्व को निखारती रहीं।

मेरे पिता फ्रेज़र रॉबिन्सन बीस सालों से ज्यादा तक शिकागो शहर के लिए काम करते रहे। वे झील के किनारे एक जल-शोधन संयंत्र के ब्वॉयलर में काम करते थे। उनकी मल्टिपुल स्केलेरोसिस नाम की बीमारी उनके लिए चलने-फिरने में अत्यधिक दिक्कतें पैदा करती थी। फिर भी उन्होंने एक दिन भी काम पर जाना नहीं छोड़ा।

मेरे पिता की ब्यूक इलेक्ट्रा 225 जिसे हम लोग ड्यूस और क्वार्टर कहते थे-उनकी प्रसन्नता और गौरव का कारण थी। उससे हमारी कई खुशनुमा यादें जुड़ी थीं। हर गर्मी में हम मिशिगन में ड्यूक हैप्पी ह्वोलीडे रिजॉर्ट छुट्टी मनाने जाते थे। ये तस्वीर वहीं की है।

जब सन् 1969 में मैंने किंडरगार्टेन में जाना शुरू किया तो शिकागो के साउथ साइड का मेरा इलाका नस्लीय विविधता वाले मध्यमवर्गीय परिवारों से भरा हुआ था। लेकिन धीरे-धीरे समृद्धि आती गई और लोग उपनगरीय इलाकों की तरफ वहां से जाने लगे। यह एक ऐसी परिघटना थी जिसे आमतौर पर “व्हाइट फ्लाइट” कहा जाता था। वहां की आबादी का स्वरूप तेज़ी से बदलने लगा। मेरे पांचवी कक्षा तक पहुंचते-पहुंचते वहां से विविधता ख़त्म हो चुकी थी। ऊपर में: मेरी किंडरगार्टेन कक्षा की तस्वीर है जिसमें मैं तीसरी कतार में हूं, दाहिने से दूसरी। **नीचे**: मेरी पांचवी कक्षा, मैं तीसरी कतार में केंद्र में हूं।

मैं यहां प्रिंसटन में हूं(बाएं)। मैं कॉलेज जाते वक्त काफी विचलित थी लेकिन मैंने वहां की नज़दीकी दोस्त पाए जिसमें सुज़ैन एलेले(ऊपर) भी शामिल थी जिसने मुझे ख़ुश रहने के ढेर सारे मंत्र दिए।

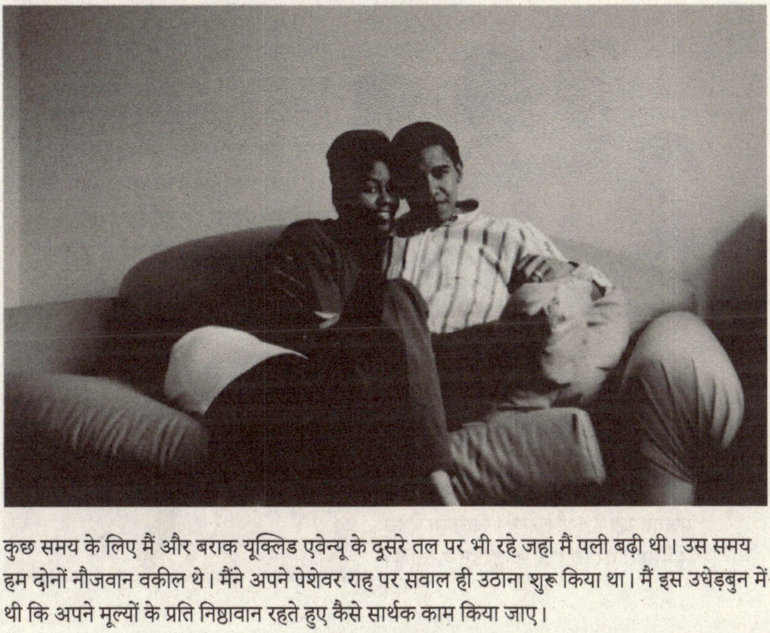

कुछ समय के लिए मैं और बराक यूक्लिड एवेन्यू के दूसरे तल पर भी रहे जहां मैं पली बढ़ी थी। उस समय हम दोनों नौजवान वकील थे। मैंने अपने पेशेवर राह पर सवाल ही उठाना शुरू किया था। मैं इस उधेड़बुन में थी कि अपने मूल्यों के प्रति निष्ठावान रहते हुए कैसे सार्थक काम किया जाए।

3 अक्टूबर 1992 को हुई मेरी शादी मेरी ज़िंदगी के सबसे ख़ुशनुमा दिनों में से एक थी। मेरे पिता की जगह क्रेग मुझे विवाह स्थल तक ले ले गया, मेरे पिता की डेढ़ साल पहले मृत्यु हो चुकी थी।

अपने प्रेम संबंध के शुरुआती दिनों में ही मैं जान गई थी कि बराक एक बेहतरीन पिता साबित होंगे। उन्होंने हमेशा खुद को बच्चों के लिए समर्पित किया था और उन्हें ये अच्छा भी लगता था। जब सन् 1998 में मालिया का जन्म हुआ तो हम दोनों के पैर ज़मीन पर नहीं थे। हमारी ज़िंदगी सदा के लिए बदल गई।

साशा का जन्म मालिया से तीन साल बाद हुआ जिसने मेरे परिवार को संपूर्ण कर दिया। उसके ख़ूबसूरत गाल थे और वह ऊर्जा से भरपूर थी। क्रिसमस के समय बराक के हवाई स्थित घर जाना हमारे लिए महत्वपूर्ण परंपरा बन गई। उस समय हम उसके परिवार से घुलते मिलते थे और वहां के उष्ण मौसम का लुत्फ़ उठाते थे।

मालिया और साशा का जुड़ाव हमेशा से मजबूत रहा है। और उनका प्यारा सा चेहरा हमेशा से मेरे दिल को आह्लादित करता है।

मैंने पब्लिक एलाइज के शिकागो चैप्टर में तीन साल तक कार्यकारी निदेशक के तौर पर काम किया। वह एक ऐसी संस्था थी जो सार्वजनिक सेवा के क्षेत्र में नौजवानों को करियर बनाने में मदद करती थी। यहां मैं शिकागो के मेयर रिचर्ड एम. डेले के साथ एक समारोह में युवा सामुदायिक नेताओं के साथ तस्वीर में(दाहिनी तरफ़) दिख रही हूं।

बाद में मैंने यूनिवर्सिटी ऑफ शिकागो मेडिकल सेंटर में काम करना शुरू कर दिया जहां मैंने सामुदायिक संबंधों को मजबूत बनाने की कोशिश की और एक ऐसी सेवा की स्थापना की जिसने शिकागो के साउथ साइड में हज़ारों लोगों को सस्ती दर पर स्वास्थ्य सेवाएं हासिल करवाने में मदद की।

एक पूर्णकालिक कामकाजी मां के तौर पर जिसका पति अक़्सर परिवार से दूर रहता था, मैं उन संघर्षों से रूबरू थी जिसे बहुत सारी महिलाएं अनुभव करती हैं-मैं परिवार और नौकरी की ज़रूरतों के बीच संतुलन बनाने में लगी रहती थी।

वेलेरे जैरेट(बाएं) से मेरी पहली मुलाकात 1991 में हुई जब वह शिकागो के मेयर के ऑफिस में डेपुटी चीफ़ ऑफ स्टाफ़ थी। जल्द ही वह मेरी और बराक दोनों की भरोसेमंद दोस्त और सलाहकार बन गई। यहां हम दोनों की तस्वीर है जो 2004 के अमेरिकी सीनेट चुनाव प्रचार के समय की है।

समय-समय पर हमारे बच्चे बराक के चुनाव अभियान के दौरान हम से मिलने आते रहे। तस्वीर में मालिया प्रचार अभियान बस की खिड़की से देख रही है जब उसके डैडी भाषण दे रहे हैं। यह बात 2004 की है।

बराक ने इलिनॉय में स्प्रिंगफील्ड के एक बेहद सर्द भरे दिन में फरवरी 2007 में अपने राष्ट्रपति पद की दावेदारी का एलान किया। मैंने साशा के लिए एक बड़ी सी गुलाबी टोपी ख़रीदी थी और मुझे लग रहा था कि कहीं ये उसके सिर से फिसल न जाए। लेकिन किसी तरह उसने उसे सिर पर टिकाए रखा।

यहां हम लोग प्रचार अभियान में हैं जहां हमारे साथ प्रेस के दर्जन भर से अधिक लोग हैं।

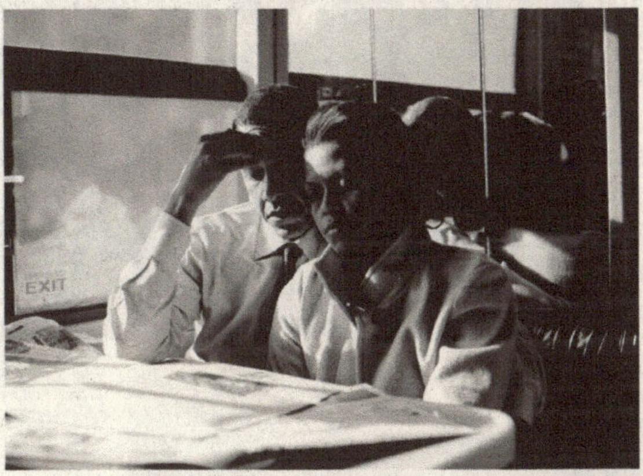

मैं चुनाव प्रचार को पसंद करती थी और मैं उन संपर्कों से ऊर्जा ग्रहण करती थी जो मैंने पूरे अमेरिका के मतदाताओं के साथ बनाए थे। जब भी मुझे मौका मिलता मैं आराम करने का समय निकाल लेती।

आम चुनाव के निकट के महीनों में मुझे प्रचार अभियान के लिए प्रयोग में लाए जाने वाले हवाई जहाज में बैठने की इजाज़त मिल गई जिसने मेरे सम्पूर्ण सामर्थ्य में इजाफ़ा किया और यात्राओं को मज़ेदार बना दिया। यहां मेरे साथ तस्वीर में है(बाएं से) मेरी नज़दीकी टीम के सदस्य: क्रिस्टेन जेविस, केटी मैककोर्मिक लिलिवेल्ड, चॉन रिज(उस दिन के हमारे फ्लाइट अटेंडेंट) और मेलिसा विंटर।

जो बिडेन बराक के लिए कई वजहों से एक महत्वपूर्ण सहयोगी थे। उसकी एक वजह ये भी थी कि हमारे दो परिवार तत्काल एक दूसरे से जुड़ गए। जिल और मैं शुरू से ही इस मुद्दे पर बात करने लगी कि कैसे हम सैनिकों के परिवार वालों की सहायता करना चाहते थे। यह तस्वीर 2008 की है जिसमें हम पेंसिलवानिया में चुनाव अभियान के मध्य विराम लेकर एक ब्रेक पर है।

चुनाव अभियान के दौरान एक कठिन वसंत और गर्मियों के बाद मैंने सन् 2008 में डेनवर में डेमोक्रेटिक नेशनल कंवेशन में भाषण दिया जिसमें मुझे पहली बार एक विराट प्राइम-टाइम श्रोता वर्ग के समक्ष अपनी कहानी बयां करने की इजाज़त दी गई। उसके बाद साशा और मालिया भी मंच पर आई और हम सब ने वीडियो के माध्यम से बराक को हेलो कहा।

4 नवंबर 2008 को- चुनाव की रात- मेरी मां मेरियन रॉबिन्सन बराक के साथ बैठी है और दोनों चुनाव नतीजों को चुपचाप देख रहे हैं।

उस समय मालिया 10 साल की और साशा महज 7 साल की थी जब जनवरी 2009 में उनके पिता को राष्ट्रपति पद की शपथ दिलाई गई। साशा इतनी छोटी थी कि उसे पूरे समारोह के दौरान दिखने के लिए एक विशेष प्लेटफॉर्म पर खड़ा करना पड़ा।

आधिकारिक रूप से संयुक्त राज्य अमेरिका के राष्ट्रपति(प्रेसीडेंट ऑफ द युनाइटेड स्टेट या पोटस) और फर्स्ट लेडी ऑफ द युनाइटेड स्टेट या फ्लोटस यानी बराक और मैंने उस रात दस इनागुरल बॉल्स में हिस्सा लिया और हरेक में मंच पर नृत्य किया। मैं पूरे दिन चले समारोहों से थक गई थी लेकिन जेसन वू के डिजायन किए गए उस शानदार गाउन ने मुझे और मेरे पति-मेरे बेहतरीन दोस्त और सभी बातों में मेरे पार्टनर को ऊर्जा से भर दिया जो हर पल को अंतरंग बना देने में माहिर है।

लौरा बुश ने व्हाइट हाउस में मेरा और मेरी बेटियों का स्वागत किया। उनकी अपनी बेटियां जेना और बारबरा वहां मौजूद थी और उन्होंने साशा और मालिया को उस जगह के मज़ेदार हिस्सों को दिखलाया जिसमें ये भी शामिल था कि फिसलन भरे बरामदे को कैसे एक स्लाइड के रूप में इस्तेमाल किया जाए।

साशा का छोटा सा चेहरा जो बैलिस्टिक प्रूफ ग्लास से झांक रहा है, तब का है जब उसके स्कूल का पहला दिन था। यह तस्वीर आजतक मुझे याद है। उस समय मुझे चिंता रहती थी कि यह अनुभव मेरे बच्चों को कैसे प्रभावित करेगा।

अपने जीवन में अमेरिका खुफिया सेवा के एजेंटों की निरंतर उपस्थिति को स्वीकार करने में हमें कुछ वक्त लगा। लेकिन समय के साथ उनमें से बहुत सारे हमारे बढ़िया दोस्त बन गए।

विल्सन जर्मन(तस्वीर में) पहले पहल सन् 1957 में व्हाइट हाउस में काम करने आए थे। बहुत सारे बटलर्स और आवासीय कर्मचारियों की तरह ही उन्होंने कई राष्ट्रपतियों के अधीन काफी गरिमा के साथ काम किया।

व्हाइट हाउस गार्डेन को पोषण और स्वस्थ जीवन के प्रतीक के रूप में डिजाइन किया गया था- एक ऐसा मंच जहां से मैं लेट्स मूव! जैसी बड़ी शुरुआतों को अंजाम दे सकूं। लेकिन मैं इस जगह को इसलिए भी प्यार करती थी क्योंकि यहीं बच्चों के साथ मेरे हाथ मिट्टी से सनते थे और हम मिट्टी में काम करते थे।

मैं चाहती थी कि व्हाइट हाउस एक ऐसी जगह बने जहां हर कोई सहज महसूस कर सके और बच्चे मस्ती कर सकें। मैंने उम्मीद की कि वे अपनी कहानियों का प्रतिबिंब हम में देखेंगे और फर्स्ट लेडी के साथ डबल डच उछल-कूद भी करेंगे।

बराक और मैंने महारानी एलिज़ाबेथ के साथ एक विशेष किस्म का जुड़ाव विकसित कर लिया जो बराक को उसकी स्पष्टवादी दादी की याद दिलाती थीं। कई यात्राओं के दौरान उन्होंने मुझे दर्शाया कि विनम्रता, प्रोटोकॉल या औपचारिकता से ज्यादा महत्वपूर्ण है।

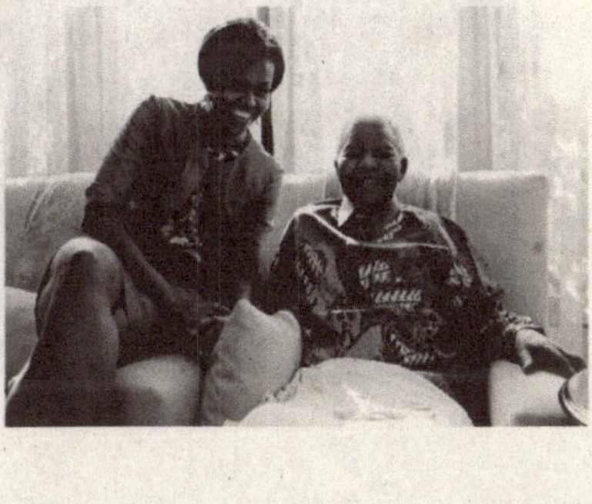

नेल्सन मंडेला से मुलाकात ने मुझे वो दृष्टिकोण दिया जो मैं कुछ साल पहले अपनी व्हाइट हाउस यात्रा के दौरान खोज रही थी। वो ये था कि वास्तविक परिवर्तन धीरे-धीरे होता है और इसमें महज़ महीने या साल नहीं लगते, बल्कि कई दशक और जीवन लग जाते हैं।

मेरे लिए एक आलिंगन औपचारिकता को दूर करने और जुड़ाव का एक माध्यम है। इस तस्वीर में मैं ऑक्सफ़ोर्ड यूनिवर्सिटी में लंदन के एलिज़ाबेथ गैरेट एंडरसन स्कूल की लड़कियों के साथ हूं।

सैन्यकर्मियों और उनके परिवार वालों की आशावादिता और उनके धैर्य को मैं कभी नहीं भूल पाऊंगी जिनसे मैं वॉल्टर रीड मेडिकल सेंटर की यात्रा के दौरान मिली थी।

हादिया पेंडल्टन की मां क्लियोपाट्रा कॉले-पेंडल्टन ने जीवन में हर काम अच्छा किया था लेकिन वह अपने बच्चे को बंदूक की हिंसा से नहीं पाई पाई। हादिया के अंतिम संस्कार से पहले शिकागो में मैं उनसे मिली और मैं इस बात से काफी दुखी थी कि उनके साथ कितना गलत हुआ।

मैं जल्दी से जल्दी घर पहुंचने की कोशिश करती थी ताकि स्कूल से आने वाली अपनी बेटियों का स्वागत कर सकूं। अपने ऑफिस से ठीक ऊपर रहने का यह एक फ़ायदा था।

बराक हमेशा अपने कामकाज और परिवार के लिए समय के बीच एक स्वस्थ दूरी बनाए रखते थे। वह लगभग हर रात डिनर के लिए सीढ़ियों से चढ़कर ऊपर आते और घर में हमारे साथ संपूर्ण रूप से रहते। सन् 2009 में मैंने और लड़कियों ने उस बंधन को तोड़ दिया और उनके जन्मदिन पर उसके ओवल ऑफिस में जाकर उन्हें ताज्जुब में डाल दिया।

हमने मालिया और साशा से किया अपना वो वादा निभाया जिसमें हमने कहा था कि अगर बराक राष्ट्रपति बन जाते हैं तो हम एक कुत्ता लाएंगे। बल्कि हम दो कुत्ते ले आए। बो(तस्वीर में) और सन्नी ने हर बात को और पूरे माहौल को हल्का-फुल्का बना दिया।

हर वसंत में मैं उम्मीद करती थी कि मेरा शुरुआती भाषण स्नातकों को प्रेरित करेगा और उन्हें उनकी अपनी कहानियों की ताकत का एहसास कराएगा। यहां मैं 2012 में वर्जिनिया टेक में बोलने की तैयारी कर रही हूं। पृष्ठभूमि में पांच साल तक मेरी चीफ़ ऑफ़ स्टाफ़ रही टीना चेन दिख रही हैं जैसा कि वो अक़्सर दिखती थी- अपने फोन पर एक साथ कई काम करते हुए।

हमारे कुत्ते व्हाइट हाउस के ज्यादातर हिस्सों में डोलते रहते थे। उन्हें गार्डन में उछल-कूद करने में खासकर आनंद आता था और रसोई में भी। यहां वे पेंट्री में खानसामा जॉर्ज डाविला के साथ दिख रहे हैं, शायद इस उम्मीद में कि कुछ खाने को मिल जाए।

हम अपने उन सारे कर्मचारियों के प्रति अत्यधिक आभारी हैं जिन्होंने हमारे जीवन को आठ साल तक सरल बनाए रखा। हमने उनके बच्चों और बच्चों के बच्चों से मेलजोल स्थापित किया और उनके साथ कई समारोहों को मनाया जैसा कि यहां हमने सहायक उपशिक्षक रेगी डिक्सन के साथ उनके जन्मदिन पर 2012 में किया।

हम असमान्य विशेषाधिकारों और कुछ असमान्य चुनौतियों वाले प्रथम परिवार थे। अपनी लड़कियों के लिए मैंने और बराक ने एक सामान्यता का भाव बनाए रखने की कोशिश की। **ऊपर बाएं से:** मालिया, बराक और मैं साशा के बॉस्केटबॉल टीम द वाइपर्स के लिए तालियां बजा रहे हैं। **ऊपर बाएं:** लड़कियां ब्राइट स्टार में आराम फरमा रही हैं जो प्रथम महिला के जहाज का प्रतीक नाम है।

हमने सुनिश्चित किया कि हमारी लड़कियों को किशोरावस्था के सारे अनुभव हासिल हों जैसे वो कार चलाना सीखना भले ही उसका मतलब ये था कि आपको खुफिया सेवा के एजेंटों के साथ कार चलाना सीखना होगा।

चार जुलाई हमारे लिए विशेष जश्न का दिन है चूंकि यह मालिया का जन्मदिन भी है।

अगर जीवन में मैंने एक बात सीखी है तो वो है अपनी आवाज की शक्ति का एहसास। जहां तक हुआ मैंने सच बोलने की कोशिश की और उन लोगों की कहानियों पर प्रकाश डालने की कोशिश की जिन्हें अक़्सर नज़रअंदाज़ कर दिया जाता है।

सन् 2015 में मेरा परिवार कांग्रेस सदस्य जॉन लेविश और नागरिक अधिकार आन्दोलन की अन्य बड़ी हस्तियों के साथ उस अभियान की पचासवीं सालगिरह के अभियान के जुलुस में शरीक हुआ। यह दृश्य अलबामा के सेल्मा में एडमंड पेटस पुल का है। उस दिन मुझे याद आया कि हमारे देश ने कितनी यात्रा तय की है और उसे अभी कितनी यात्रा तय करनी बाकी है।

ऐसा लग रहा था कि बच्चे के कान के दर्द के कारण बराक ने तीन साल जो राज्य के सीनेट में काम किया था, सब धुल गया। उसने राज्य प्रचार कोष में सुधार के लिए काम किया था जिसके कारण निर्वाचित प्रतिनिधियों पर सख्त नैतिक नियम लागू हो गए थे। उसने टैक्स में कटौती तथा गरीब मजदूरों के लिए ऋण के लिए लड़ाई लड़ी थी तथा उसने इसके ऊपर ध्यान एकाग्र किया था कि वरिष्ठ नागरिकों के लिए दवाई की कीमतों को कम किया जाए। उसने रिपब्लिकन और डेमोक्रेट सभी सीनेटरों का विश्वास जीता था। लेकिन संघर्ष में नीचे उतरकर हमले किये जा रहे थे।

प्रचार के आरम्भ से ही बराक के विरोधी और उनके समर्थक ऐसी बातों के प्रचार में लगे हुए थे जिससे अफ्रीकी-अमेरिकी मतदाताओं में अविश्वास फ़ैल जाए। उनका यह कहना था कि बराक को हाइड पार्क के श्वेतों ने आगे किया था, यानी श्वेत यहूदियों ने ताकि अपने पसंदीदा उम्मीदवार को साउथ साइड से उतारा जा सके। “बराक को कुछ हद तक हमारे समुदाय में अश्वेत चेहरे वाले श्वेत के रूप में देखा जा रहा है।” डॉन ट्रोटर ने शिकागो रीडर को कहा। उसी प्रकाशन को बोलते हुए बॉबी रश ने कहा, “वह पढाई के लिए हार्वर्ड गया और पढ़ा-लिखा बेवकूफ बन गया। हम ऐसे लोगों से प्रभावित नहीं होते जिनके पास संभ्रांत संस्थान डिग्री है।” दूसरे शब्दों में, वह हम लोगों में से एक नहीं है। बराक उनकी तरह वास्तविक अश्वेत आदमी नहीं था- ऐसा आदमी जो उनकी तरह बोलता हो, उनकी तरह दिखता हो, और उतनी किताबें पढ़ने वाला आदमी वैसा हो भी नहीं सकता था।

जो बात मुझे सबसे अधिक परेशान कर रही थी वह यह थी कि बराक ने सब कुछ साउथ साइड के अभिभावकों को समझाया था और यह बताया था कि वह उनके बच्चों के लिए क्या चाहता था। जो बात बॉबी रश और जेसे जैक्सन तथा बहुत से अश्वेत नेताओं द्वारा बरसों से कही जा रही थी: उसने शिक्षा जरूर पाई थी लेकिन वह अफ्रीकन-अमेरिकन समुदाय को छोड़कर नहीं गया था बल्कि अब वह उनकी सेवा करने की कोशिश कर रहा था। यह चुनाव जरूर गर्मागर्म होने वाला था लेकिन बराक के ऊपर तमाम गलत कारणों से हमले किये जा रहे थे। मैं यह देखकर हैरान थी कि किस तरह हमारे नेता उसको अपनी सत्ता के लिए खतरे के रूप में देख रहे थे, उसके प्रति अविश्वास को भड़काने के लिए वे नस्ल और वर्ग को लेकर तमाम पिछड़ी हुई और अबौद्धिक सोच को बढ़ावा दे रहे थे।

मुझे इससे बहुत तकलीफ़ हो रही थी।

बराक ने अपनी तरफ से इसको मुझसे अधिक सकारात्मक रूप में लिया, उसने स्प्रिंगफ़ील्ड में यह देखा था कि किस तरह से घटिया राजनीति की जाती थी और अपने राजनीतिक लक्ष्यों को पूरा करने के लिए किस तरह से सत्य को तोड़ मरोड़ कर पेश किया जाता था। वह चोटिल तो हुआ था लेकिन वह हार मानने वाला नहीं था। उस साल सर्दियों के दौरान वह प्रचार करता रहा, सप्ताह में स्प्रिंगफ़ील्ड आता जाता रहता था और बड़ी ईमानदारी से अपने खिलाफ अभियान का मुकाबला कर रहा था। यहाँ तक कि चंदा मिलना भी कम हो गया और बॉबी रश की तरफ अधिक से अधिक चंदा जा रहा था। प्राथमिक

चुनावों के दिन नज़दीक आते जा रहे थे। मालिया और मैं उसको शायद ही देख पा रहे थे, हालाँकि वह रोज शाम हम लोगों को गुड नाईट कहने के लिए फोन करता था।

मैं पहले से भी कहीं अधिक इस बात के लिए आभारी थी कि हम कुछ दिन चुराकर बीच पर गए थे, मैं जानती थी कि दिल ही दिल बराक भी ऐसा ही सोच रहा था। इस सारे शोर शराबे के बीच, इतनी रातें हम लोगों से दूर बिताने के बावजूद वह हम लोगों की परवाह करना नहीं भूला। हर बार जब वही फोन रखता था एक तरह पीड़ा का आभास उसकी आवाज़ में होता था। यह ऐसा था मानो हर दिन उसको मजबूर होकर एक बार और मतदान करना पड़ता था, घर और राजनीति के बीच, राजनीति और परिवार के बीच।

मार्च में बराक डेमोक्रेटिक प्रारंभिक चुनाव में हार गया और जिसमें बॉबी रश की शानदार जीत हुई।

इस सबके बीच मैं अपनी बेटी को सीने से चिपकाये रही।

. . .

और तब हमारी दूसरी बेटी का जन्म हुआ। नताशा मरियन ओबामा का जन्म 10 जून 2001 को शिकागो यूनिवर्सिटी मेडिकल सेंटर में हुआ। एक दौर के आईवीएफ के बाद, बहुत ही साधारण तरीके से मैं गर्भवती हो गई, और बहुत सहज डेलिवरी भी हुई, जबकि मालिया जो अब तीन साल की थी घर पर मेरी माँ के साथ इन्तजार कर रही थी। हमारा नया बच्चा बहुत सुन्दर, एक मेमने के बच्चे जैसी थी उसके सर पर खूब बाल थे और चौकन्नी भूरी आँखें- हमारे चौकोर का चौथा कोण। बराक और मैं मानो चाँद पर आ गए थे।

हम ने उसको साशा बुलाना शुरू किया। मैंने यह नाम इसलिए चुना था क्योंकि मुझे ऐसा लगता था कि वह बहुत होशियार थी। साशा नाम की लड़की बेवकूफ़ नहीं बन सकती थी। सभी अभिभावकों की तरह मैं अपने बच्चों के लिए इतना चाहती थी। यह दुआ करती रहती थी कि उनको किसी तरह की तकलीफ़ न पहुंचे। मैं यह उम्मीद करती थी कि वे बड़ी होकर होशियार और ऊर्जा से भरपूर बनें, अपने पापा की तरह सकारात्मक बनें, और माँ की तरह मेहनती। सबसे बढ़कर मैं यह चाहती थी कि वे मज़बूत बनें, उनके अन्दर एक तरह की सख्ती हो, इस तरह का कि जिससे वह आगे बढती रहें, चाहे किसी भी तरह के हालात हों। मुझे कुछ नहीं पता था कि हमारे लिए क्या होने वाला था, हमारा पारिवारिक जीवन किस तरह का होगा- सब कुछ अच्छा होगा या सब कुछ बुरा होगा, या जैसा कि सब लोगों के साथ होता है इसमें दोनों का मिला जुला रूप होगा। मेरा काम यह पक्का करना था कि वे इसके लिए तैयार रहें।

यूनिवर्सिटी का काम मुझे निचोड़ लेता था, जिसके कारण मैं अच्छी तरह नहीं रह पाती थी और पैसों की भी मुश्किल होती जा रही थी क्योंकि बच्चों की देखभाल का खर्च बढ़ गया था। साशा के जन्म के बाद मैं इस बात को लेकर बहस कर रही थी कि मुझे काम पर जाना चाहिए या नहीं, मैं यह सोचती थी कि अगर मैं घर में रहूँ तो अपने परिवार की अच्छी तरह

देखभाल कर सकती थी। हमारी आया ग्लो को देखभाल के लिए अधिक वेतन वाली एक नौकरी मिल गई और उसने हिचकते हुए यह फैसला किया कि उसको जाना चाहिए। जाहिर है, मैं उसके ऊपर इल्ज़ाम नहीं दे सकती, लेकिन ग्लो के जाने के कारण मेरी कामकाजी माँ के दिल में सब कुछ फिर से नए तरीके से हो रहा था। उसने मेरे परिवार की जिस तरह से देखभाल की थी उसी के कारण मैं अपना काम कर पा रही थी। वह मेरे बच्चों को इस तरह से प्यार करती थी मानो उसके अपने ही बच्चे हों। जिस रात उसने हम लोगों को नोटिस दिया उस रात मैं बहुत रोई। मैं यह जानती थी कि उसके बिना मेरे लिए सब कुछ कर पाना बहुत मुश्किल हो जाएगा। मैं यह जानती थी कि हम कितने भाग्यशाली थे कि हमारे पास इतने साधन थे कि हम उसको काम पर रख पाए। लेकिन अब उसके जाने के बाद ऐसा लग रहा था मानो मेरा एक हाथ कट गया हो।

मुझे अपनी छोटी बच्चियों के साथ रहना अच्छा लगता था। घर में बिताए हर पल और घंटे का महत्व मैं समझती थी, खासकर बराक का आना जाना इतना अनिश्चित बना रहता था। मैंने एक बार फिर अपनी माँ के उस फैसले के बारे में सोचा जब उन्होंने मेरे और क्रेग के साथ घर में समय बिताने का फ़ैसला किया था। यह जरूर है कि मैं उनके जैसा जीवन जीने की कल्पना करती थी- मैं यह सोचती थी कि पाइनसोल के घोल से खिड़की धोना और हमारे कपड़े बनाना मज़ाक की बात थी- लेकिन जिस तरह की ज़िंदगी मैं जी रही थी वैसे में वह जीवन अनोखा और सँभालने लायक लगता था, और जिसको आजमाने को जी चाहता था। मुझे यह विचार पसंद आता था कि दो की जगह एक चीज को संभाला जाए, कि मेरा दिमाग घर और दफ़्तर के झंझटों से भरा न रहे। और ऐसा लगता था कि हम आर्थिक रूप से भी ऐसे रहने में सक्षम थे। बराक लॉ स्कूल में अंशकालिक से सीनियर लेक्चरर बन गया था, जिसकी वजह से हमें यूनिवर्सिटी के लैब स्कूल में पढाई के लिए ब्रेक मिल गया, जहाँ मालिया जल्दी ही प्री स्कूल की पढ़ाई शुरू करने वाली थी।

लेकिन तब सुसान शेर का फोन आया, मेरी पुरानी मेंटॉर और सहकर्मी। वह इस समय जेनरल काउन्सिल थीं और शिकागो मेडिकल सेंटर की उपाध्यक्ष थीं, जहाँ कुछ दिन पहले ही साशा का जन्म हुआ था। केंद्र में नए अध्यक्ष आये थे जिनकी सब तारीफ़ करते थे, और उनकी सबसे बड़ी प्राथमिकता यह थी कि समुदायों तक पहुँच बढ़ाई जाए। वह सामुदायिक मामलों के लिए एक कार्यकारी निदेशक की तलाश में थे। वह एक ऐसी नौकरी थी जो मेरे लिए ही बनी लगती थी। क्या मैं इंटरव्यू देना चाहती थी?

मैंने इस बारे में बहस की कि क्या मुझे अपना रेज्यूमे भेजना चाहिए। यह बहुत बड़ा मौका लग रहा था, लेकिन उन दिनों मैंने यह कहना शुरू कर दिया था, मैं, जो कि हम सब चाहते होते हैं- घर में ही रहूँ तो अच्छा है। खैर जो भी हो, यह मेरे लिए बहुत इतराने का मौका नहीं था। ऐसा मौका नहीं था कि मैं अपने बाल ड्राई करके बिजनेस सूट पहनती। साशा को देखने के लिए मुझे रात में कई बार उठना होता था, जिसके कारण मैं कम सो पाती थी और इस वजह से सफाई भी कम हो पाती थी। मैं अभी भी सफाई को लेकर बहुत पाबन्द थी,

लेकिन मैं लड़ाई हार रही थी। हमारा फ़्लैट बच्चों के खिलौनों से भरा रहता था, बच्चों की किताबों से, और डायपर के पैकेट से। घर से बाहर हर बार निकलने पर झोले में भर भर कर सामान लाना पड़ता: कुछ खिलौने और सभी के लिए अतिरिक्त कपड़े।

लेकिन माँ बनने के साथ बहुत अच्छी दोस्तियाँ भी आईं। मैं कुछ कामकाजी महिलाओं के संपर्क में आई, जिनसे बातचीत हो जाती थी और सामाजिक मेलजोल भी। हम सभी तीस साल से कुछ अधिक उम्र की थीं और अलग अलग पेशों में काम करती थीं, बैंकिंग से लेकर गैर सरकारी संगठन तक। हम में से कई के बच्चे भी एक ही समय में हुए। जितने बच्चे उनके हुए हम उतने ही पाबन्द होते गए। हम लोग एक दूसरे से लगभग हर सप्ताहांत पर मिलते। हम एक दूसरे के बच्चों को देखते, सब मिलकर चिड़ियाघर जाते, या डिज़्नी ऑन आइस के टिकट एकसाथ खरीदते। कई बार शनिवार को हम किसी के खेलने के कमरे में सभी बच्चों को एक साथ डालकर वाइन की बोतल खोल लेते।

इनमें से सभी महिलायें शिक्षित थीं, महात्वाकांक्षी थीं, अपने बच्चों के प्रति समर्पित थीं, और आम तौर पर इस उलझन में रहती थीं कि सबको एक साथ कैसे लेकर जाया जाए। हम लोगों में से कुछ अल्पकालिक काम करती थीं, कुछ पूर्णकालिक, कुछ अपने बच्चों के साथ घर में ही रहती थीं। कुछ अपने बच्चों को हॉट डॉग और कॉर्न चिप्स खाने देती थीं, कुछ ऐसी थीं जो अनाज का बना खाना ही खाने देती थीं। कुछ के पति ऐसे थे जो गृहकार्य में बहुत अधिक शामिल रहते थे; कुछ के पति मेरे जैसे थे, जिनको बहुत अधिक काम रहता था और वे अधिकतर बाहर ही रहते थे। मेरी कुछ दोस्त बहुत ख़ुश थीं, कुछ बदलाव लाने का प्रयास कर रही थीं, अलग तरह का संतुलन बिठाने का प्रयास कर रही थीं। हम सभी लगातार जांच परख में लगे रहते थे, एक क्षेत्र को दुरुस्त करते थे ताकि जीवन का दूसरा पहलू ठीक हो जाए।

दोपहरों को हम लोगों के साथ बैठने ने मुझे यह सिखा दिया कि मातृत्व का कोई फार्मूला नहीं था। किसी एक नजरिये को सही या गलत नहीं कहा जा सकता। यह देखना उपयोगी था। इस बात के बावजूद कि कौन कहाँ और क्यों रहता था, खेलने के कमरे में सभी छोटे बच्चे ख़ुश रहते थे और अच्छी तरह बड़े हो रहे थे। हम जब भी जुटते तो मुझे महसूस होता था कि हम सभी महिलाओं की सम्मिलित शक्ति अपने बच्चों के लिए भला कर रही थी: अन्त में, चाहे जो हो जाए, मैं यह जानती थी कि हम लोग एक दूसरे को बाहर निकलने में मदद कर पायेंगे और हम सब ठीक रहेंगे।

बराक और अपने दोस्तों से बात करने के बाद मैंने यह तय किया कि यूनिवर्सिटी अस्पताल की नौकरी के लिए इंटरव्यू देना चाहिए, कम से कम यह देखना चाहिए कि यह काम है क्या। मुझे ऐसा लगता था कि मैं इस नौकरी के लिए उपयुक्त थी। मुझे पता था कि मेरे अन्दर कौशल था और काम करने का पर्याप्त जज्बा भी। लेकिन अगर मुझे यह नौकरी करनी थी तो मुझे इस काम को ऐसी शर्तों पर करना था जो मेरे परिवार के उपयुक्त हों। मैंने सोचा कि अगर बेकार की मीटिंग्स का बोझ न हो, मुझे अपना समय सहेजने की छूट दी

जाए, जब ज़रूरी हो तो मुझे घर से काम करने की छूट दी जाए, ऑफिस से डे केयर जाने दिया जाए या जब जरूरी हो तो बच्चों के डॉक्टर के पास।

साथ ही, मैं अब अल्पकालिक रूप से बिलकुल काम नहीं करना चाहती थी। अब बहुत हो चुका था। मुझे पूर्णकालिक नौकरी चाहिए थी, जिसमें वेतन इतना हो कि मैं बच्चों की देखभाल और घर में आया का खर्च उठा सकूं- ताकि साफ़ सफाई का काम मुझे न करना पड़े और समय मिलने पर मैं उसको अपने बच्चों के साथ बिता सकूं। साथ ही, मैं इस बात को भी नहीं छिपाना चाहती थी कि मेरा जीवन किस क़दर उलझा हुआ था, एक बच्ची थी जिसकी उम्र दूध पीने की थी और दूसरी तीन साल की जो प्री स्कूल में पढ़ती थी। इसके अलावा मेरे पति का उतार-चढ़ाव भरा राजनीतिक जीवन भी था और इस तरह से मैं घर के हर पहलू को संभालती थी।

मैंने कुछ ढिठाई से शायद अस्पताल के नए अध्यक्ष माइकेल रिओर्दन के सामने इन्टरव्यू में यह सब कह दिया। मैं अपने साथ तीन महीने की साशा को भी लेकर गई थी। मुझे यह ठीक से याद नहीं है कि कारण क्या था, कि मुझे उस दिन बच्चे की देखभाल के लिए आया नहीं मिल पाई थी या मैंने उसके लिए कोशिश ही नहीं की। साशा अभी बहुत छोटी थी और इसलिए अभी उसको मुझसे बहुत कुछ चाहिए होता था। वह मेरे जीवन की सच्चाई थी- प्यारी, एक ऐसी बोलती हुई सच्चाई जिसको नजरअंदाज़ नहीं किया जा सकता था- इस वजह से मुझे यह जरूरी लगा कि चर्चा के दौरान एक तरह से उसको मेज़ पर रख कर बात करूँ। यह मैं हूँ, मैं कह रही थी, और यह मेरी बच्ची है।

यह चमत्कारी बात लगी कि मेरे होने वाले बॉस ने इस बात को लगता था कि समझ लिया। जब मैंने साशा को अपनी गोद में रख कर, इस उम्मीद के साथ कि उसका डायपर कहीं बहने न लगे, उनसे यह कह रही थी कि क्यों समय की बंदिश का न होना मेरे लिए जरूरी था तो उनको अगर इस बात से कोई आपत्ति रही भी हो तो उन्होंने कहा नहीं। जब मैं इन्टरव्यू से बाहर निकली तो मुझे अच्छा महसूस हो रहा था और पक्का लग रहा था कि मुझे यह नौकरी मिलने वाली थी। इससे फ़र्क नहीं पड़ता था कि नतीजा क्या निकलता लेकिन मैं यह जानती थी कि अपनी ज़रूरतों के बारे में बताकर मैंने अच्छा ही किया था। मुझे लगा कि सब कुछ साफ़ साफ़ कहने की अपनी शक्ति होती है और एक बच्ची थी जो शोर मचाने लगी, जिसके कारण हम दोनों को घर वापस जाना पड़ गया।

यह हमारे परिवार का नया गणित था: हमारे दो बच्चे थे, तीन नौकरियां थीं, दो कार, एक फ़्लैट और ऐसा लगता था कि समय ही नहीं था। मैंने अस्पताल की नई नौकरी कर ली, बराक पढ़ाता रहा और सीनेट में बना रहा। हम दोनों ही कई गैरसरकारी संगठनों के बोर्ड में थे, और इसके बावजूद कि कांग्रेस के प्राथमिक चुनाव में बराक की हार हो गई थी वह अभी भी उच्च पद के लिए लड़ने में दिलचस्पी रखता था। जॉर्ज डब्ल्यू बुश अब राष्ट्रपति थे। 9/11 को हुए आतंकी हमले के कारण पूरा देश सदमे और त्रासदी में था। अफगानिस्तान में युद्ध

चल रहा था, अमेरिका में नए कलर कोड वाला खतरे से बचाव के लिए व्यवस्था अपनाई गई थी, और ओसामा बिन लादेन कहीं गुफा में छुपा हुआ था। हमेशा की तरह बराक समाचारों को ध्यान से देख रहा था, सामान्य कामकाज करते हुए इन बातों को लेकर चुपचाप अपने विचार भी बना रहा था

मुझे ठीक से याद नहीं है कि पहली बार कब उसने इस बात की सम्भावना व्यक्त की थी कि वह यूएस सीनेट का चुनाव लड़ सकता था। यह विचार अभी नया ही था और वास्तविक फैसला लेने में अभी कई माह का समय बाकी था लेकिन यह साफ़ था कि बराक के दिमाग में यह बात चल रही थी। मुझे अपनी प्रतिक्रिया याद है। मैं उसकी तरफ अविश्वास से देखती रही, मानो यह कहना चाहती हूँ कि क्या तुम पहले से ही बहुत व्यस्त नहीं हो?

राजनीति से मेरी अरुचि बढती जा रही थी, वह इस कारण से कम था कि स्प्रिंगफ़ील्ड में क्या हुआ या डी.सी. में क्या हुआ बल्कि उसका कारण अधिक यह था कि राज्य सीनेट में पांच साल के कार्यकाल के दौरान बराक की व्यस्ततता इतनी अधिक बढ़ गई थी कि मुझे चिढ़ होने लगी थी। मालिया और साशा बड़ी हो रही थी और इस कारण काम और बढ़ गया था, जिसके कारण मैं लगातार काम में लगी रहती। बराक और मैं बच्चों के जीवन को आरामदेह और बेहतर बनाने के लिए जो भी कर सकते थे कर रहे थे। हमारे घर में बच्चों की एक नई आया आ गई थी। मालिया यूनिवर्सिटी ऑफ़ शिकागो के लैब स्कूल में पढ़ते हुए खुश थी, वह वहां दोस्त बना रही थी और अपना छोटा कैलेण्डर बना रही थी जिसमें जन्मदिन और वीकेंड स्विमिंग क्लास के बारे में लिखती थी। साशा अब एक साल की हो गई थी, लड़खड़ाते हुए पैरों पर चलने लगी थी, कुछ शब्द बोलने लगी थी और खूब मुस्कुराने लगी थी। वह मालिया और उसकी चार साल की उम्र की दोस्तों को लेकर बहुत दिलचस्पी रखती थी और उनके साथ रहना चाहती थी। अस्पताल में मेरा काम सही चल रहा था। हालाँकि मैंने यह पाया था कि इस सबके बीच ऊपर रहने के लिए मुझे लग रहा था कि सुबह पांच बजे उठकर किसी के उठने के पहले कुछ घंटे कम्प्यूटर पर काम कर लिया जाए।

जिसकी वजह से शाम के वक़्त मैं कुछ उखड़ी रहती थी और जिसकी वजह से कई बार रात में उल्लू की तरह आने वाले अपने पति से मेरी लड़ाई हो जाती थी, जो गुरुवार की रात में स्प्रिंगफ़ील्ड से आता था और परिवार के जीवन में घुसने की कोशिश करने लगता, जितने समय नहीं रहता था उसकी भरपाई करने की कोशिश करने लगता। लेकिन समय हम लोगों के लिए एक मुद्दा था। समय पर कोई काम न करने को लेकर बराक को पहले मैं प्यार से चिढ़ाया करती थी लेकिन अब भड़क जाया करती थी। मुझे पता था कि गुरुवार के दिन उसको अच्छा लगता था। मुझे उसका जोश समझ में आ जाता था जब वह फोन करके कहता था कि मेरा काम हो गया है और मैं घर आ रहा हूँ। मैं समझती थी कि यह कहने के पीछे उसका इरादा अच्छा ही रहता था कि "मैं रास्ते में हूँ!" या "बस पहुँचने वाला हूँ।" और कई बार मैं इन शब्दों के ऊपर यकीन कर लेती थी। मैं लड़कियों को रात में नहा देती थी, लेकिन सोने का समय टालती रहती थी ताकि वे डैड को गले लगाने का इन्तज़ार कर लें। या

मैं उनको डिनर करवाकर उनको बिस्तर पर सुला देती थी और खुद खाने के लिए इन्तज़ार करती रहती थी। मोमबत्ती जलाकर मैं बराक के साथ खाने के लिए इन्तज़ार करती रहती थी।

और फिर मैं इन्तज़ार करती रहती। इतनी देर तक इन्तज़ार करती कि साशा और मालिया की आँखें झपक जाती थीं और मुझे उनको लेकर बिस्तर पर जाना पड़ता था। या मैं अकेली इन्तजार करती रहती थी, भूखी, धीरे धीरे चिढ़ मचती रहती थी क्योंकि मेरी आँखें भारी होने लगती थीं, और मोमबत्ती का मोम टेबल पर पिघलता रहता था। रास्ते में हूँ, मैं अब यह सीख रही थी कि बराक के अनंत आशावाद से उपजा था, जो इस बात का संकेत होता था कि वह घर आने के लिए किस क़दर बेचैन था लेकिन जब वह सच में आ जाता था तो यह जताने के लिए कुछ भी नहीं करता था। घर पहुँचने ही वाला हूँ, असल में यह बताने के लिए नहीं होता था कि वह घर से कितनी दूर था बल्कि उसकी मानसिक अवस्था का परिचायक था। कई बार वह रास्ते में ही होता था कि उसको रुककर कार में बैठने से पहले किसी सहकर्मी से पैंतालीस मिनट की बातचीत करनी पड़ जाती थी। कई बार वह घर पहुँचने ही वाला होता था लेकिन यह बताना भूल जाता था कि वह जिम में वर्कआउट के लिए रुक गया था।

हमारी ज़िंदगी में, बच्चों के आने से पहले, इस तरह की निराशा छोटी जान पड़ती थी, लेकिन एक कामकाजी माँ, जिसका पति आधे समय के लिए ही घर में होता था और जिसको सुबह होने से पहले उठाना पड़ता था, इसलिए मुझे ऐसा लगता था कि कहीं मेरा धैर्य न जवाब दे जाए, और किसी दिन मैं बरस न पडूँ। जब बराक घर आता तो या तो मैं गुस्से में रहती थी या घर की सारी बत्तियां बुझाकर सोने के लिए जा चुकी होती थी।

हम उन्हीं मानदंडों के आधार पर जीते हैं जो हम जानते हैं। बराक के बचपन में, उसके पिता जा चुके थे और उसकी माँ आती-जाती रहती थी। वह उसके प्रति समर्पित तो थीं, लेकिन वह उसको अपने से जोड़ कर नहीं रखती थीं, और जहाँ तक उसकी बात थी तो उसको इसमें कुछ बुरा भी नहीं लगता था। उसका साथ देने के लिए पहाड़ थे, समुद्रतट थे और उसका अपना दिमाग था। बराक की दुनिया में स्वतंत्रता का मतलब होता था। यह हमेशा था और सदा रहेगा। जबकि मैं अपने घर के माहौल में पली-बढी थी, अपने छोटे से अपार्टमेंट में, अपने छोटे से साउथसाइड के आसपडोस में, जहाँ नाना, नानी, मामा सब आसपास रहते थे। इतवार की रात खाने पर सब एक मेज पर भीड़ बनाकर बैठते थे। तेरह साल के प्यार के बाद हमें यह सोचने की ज़रूरत थी कि इसका मतलब क्या था।

जब बात इस पर आ जाती तो जब वह नहीं होता था तो मुझे अच्छा नहीं लगता था। इसलिए नहीं कि वह शादी के प्रति पूरी तरह से समर्पित नहीं था- यह सब निश्चित रूप से मेरे जीवन में मायने रखता था- मैं एक ऐसे परिवार में पली-बढ़ी थी जिसमें सभी हर समय मौज़ूद रहते थे, इसलिए जब कोई नहीं आता था तो मुझे बहुत तकलीफ़ पहुँचती थी। मुझे अकेलेपन

की बीमारी थी और अब मुझे इसलिए भी गुस्सा आता था कि लड़कियों को भी उसकी ज़रूरत थी। हम चाहते थे कि वह हमारे पास रहे। जब वह चला जाता था तो हमें उसकी याद आती थी। मुझे दुःख इस बात से होता था कि वह इस बात को समझता नहीं था कि हमें कैसा महसूस होता था। मुझे डर था कि उसने अपने लिए जो रास्ता चुना था, और अभी भी उस रास्ते पर आगे बढ़ने के लिए वह मुतमईन था, उसके कारण हमारी सारी ज़रूरतें ख़ाक हो जाने वाली थीं। जब उसने पहली बार मुझे यह कहा था कि वह राज्य सीनेट का चुनाव लड़ना चाहता था तब फैसला करने वाले हम दो ही थे। मुझे कुछ नहीं पता था कि राजनीति के लिए हाँ करने का मतलब आगे चलकर मेरे लिए क्या होने वाला था, जब हमारे दो बच्चे भी हो जाने वाले थे। लेकिन अब मैं इस बात को अच्छी तरह समझ गई थी कि राजनीति परिवार का भला कभी नहीं करती। जब मैं हाईस्कूल में पढ़ती थी तब मैंने इसकी एक झलक देखी थी, जब मेरी दोस्ती सैंटिटा जैक्सन के साथ थी, और मैंने यह तब भी देखा था जब हवाई में मालिया के बीमार रहने के कारण बराक ने रुकने का फैसला किया था तो उसके राजनीतिक प्रतिद्वंद्वियों ने किस तरह उसकी अनुपस्थिति का फ़ायदा उठाया था।

कई बार, समाचार पढ़ते हुए मैं यह पाती थी कि मैं उन लोगों की छवियों को देखने में लगी रहती थी जिन्होंने राजनीति को अपना जीवन बना लिया, क्लिंटन, गोर, बुश, केनेडी की पुरानी तस्वीरें- और यह सोचती रहती थी कि इनके पीछे की कहानियां क्या थीं। क्या सब कुछ सही था? खुश? क्या उनकी मुस्कानें वास्तविक थीं?

घर में, हमारी हताशा अक़्सर और गहराई से उभर आती थी। बराक और मैं एक दूसरे को बहुत गहराई से प्यार करते थे, लेकिन ऐसा लग रहा था कि हमारे रिश्ते के बीच कहीं एक गाँठ पड़ गई थी और वह गाँठ हम खोल नहीं पा रहे थे। मेरी उम्र अड़तीस साल हो गई थी और मैंने बहुत सी शादियाँ इस तरह से टूटते हुए देखी थी और इसलिए हमारे रिश्ते के लिए मैं बहुत बचाव मुद्रा में रहती थी। मेरे कई नज़दीकी दोस्त थे जिनके रिश्तों में छोटी-छोटी बातों जैसे किसी छोटी सी समस्या के ऊपर ध्यान न दे पाने या आपस में संवाद की कमी के कारण टूटन आ गई और फिर कभी जुड़ नहीं पाई। कुछ साल पहले मेरा भाई क्रेग अस्थायी रूप से उसी घर में रहने के लिए वापस आ गया था जहाँ हम बड़े हुए थे, जब उसकी अपनी शादी भी धीरे धीरे और दर्द भरे रूप से टूटने लगी थी। तब वह आकर माँ के ऊपर वाले घर में रहने लगा था।

पहले बराक काउन्सलिंग के लिए जाने को लेकर झिझक रहा था। उसकी आदत थी कि जटिल समस्याओं के ऊपर वह खुद ही दिमाग लगाता था और उसको सुलझाता था। किसी अजनबी के सामने बैठना उसको अगर नाटकीय नहीं तो असहज महसूस हो रहा था। क्या वह जाकर रिश्तों के बारे में कुछ किताबें खरीद कर नहीं ला सकता था? उसके सामने बात करने के बजाय हम आपस में ही बात कर सकते थे? लेकिन मैं सच में बात करना चाहती थी, सुनना चाहती थी, और यह मैं देर रात या उस दौरान नहीं करना चाहती थी जब हम बेटियों के साथ रहते थे। मैं कुछ ऐसे लोगों को जानती थी जिन्होंने काउन्सलिंग सेशन

किये थे और वे इसके बारे में खुलकर बात करते थे तो उनका यह कहना था कि इससे उनको कुछ फ़ायदा हुआ था। इसलिए मैंने शहर के केंद्र में एक मनोवैज्ञानिक से मिलने का समय बुक किया जिसके बारे में मुझे एक दोस्त ने बताया था। बराक और मैं उससे मिलने के लिए कई बार गए।

हमारा काउंसिलर- मान लीजिये उसको वुडचर्च कहते हैं- एक मधुर बोलने वाला श्वेत आदमी था, जिसने अच्छे विश्वविद्यालयों में पढ़ाई की थी और हमेशा खाकी पहनता था। मुझे ऐसा लगता था कि वह मेरी और बराक की बातों को सुनेगा और फिर तत्काल मेरी सारी शिकायतों को वाजिब ठहराएगा। क्योंकि पिछली कुछ शिकायतें एकदम सही थीं। मुझे ऐसा लगता है कि बराक ने भी अपनी शिकायतों के बारे में ऐसा ही सोचा होगा।

काउन्सलिंग को लेकर मुझे एक बड़ी बात पता चली: किसी की बात को वैध नहीं ठहराया गया। किसी का पक्ष नहीं लिया गया। जहाँ तक हमारी असहमतियों की बात थी तो डॉ। वुडचर्च किसी तरह का फैसला नहीं सुनाते थे। बल्कि वह बहुत ध्यान और सब्र के साथ सुनते थे, हम दोनों को भावनाओं के ज्वार के बीच मनाते थे, हमारे हथियारों को हमारे घावों से हटा देते थे। जब हम एक दूसरे से अधिक तर्क वितर्क करने लगे तो उन्होंने चेतवानी दी कि इसके बारे में गहराई से सोचें कि हम जिस तरह का महसूस कर रहे थे उस तरह का क्यों महसूस कर रहे थे। धीरे धीरे, घंटों बातचीत के बाद, गाँठ खुलने लगी। हर बार बराक और मैं जब उनके दफ़्तर से निकलते थे तो हम एक दूसरे से अधिक जुड़ाव महसूस करते थे।

मैं इस बात को समझने लगी कि ख़ुश रहने के और भी रस्ते थे, और जरूरी नहीं था कि बराक राजनीति छोड़कर किसी फाउंडेशन में नौ बजे से छः बजे तक की नौकरी कर ले(कम से कम हमारे काउन्सलिंग सेशन ने मुझे यह समझा दिया कि यह बेकार की उम्मीद थी)। मैं यह समझने लगी कि मैं किस तरह से अपने अन्दर की नकारात्मकता को बढ़ा रही थी। मैंने यह धारणा पाल ली थी कि मेरे साथ सब कुछ अनुचित हुआ था, मुझे मेहनत बहुत करनी पड़ती थी, और हार्वर्ड के पढ़े वकील की तरह अपने दावे को पुख्ता करने के लिए प्रमाण जुटाती रहती थी। अब मैंने एक नई सम्भावना को आजमाया: यह संभव था कि बजाय इसके कि कोई मुझे खुश होने की अनुमति दे, मुझे अपने आप में ही खुश होना चाहिए। मैं इस बात से बहुत गुस्से में रहती थी कि वह एक्सरसाइज करने क्यों जाता था, तो अब मैंने यह देखना शुरू किया कि मैं किस तरह से रोज-रोज जिम जाने की कोशिश करूँ। मैंने बहुत अधिक ऊर्जा इस बात में लगाईं कि वह डिनर के समय तक घर आ जाए। अब इस बात से कोई फ़र्क नहीं पड़ता था कि मैं उसके साथ डिनर करती हूँ या उसके बिना।

यह मेरा मुख्य बिंदु था, अपने आपको को कैद करने का कारण। जैसे कोई पर्वतारोही पहाड़ की चोटी से फिसलने ही वाला हो तभी मैंने अपनी कुल्हाड़ी जमीन पर गाड़ दी। इसका मतलब यह नहीं था कि बराक ने अपने अन्दर कुछ सुधार नहीं किये- कांसेलिंग ने उसकी भी इस बात में मदद की कि किस तरह से हम जो बातचीत करते थे उसमें कमी थी, और उसने उसको बेहतर बनाने के लिए काम भी किया- लेकिन मैंने अपने अन्दर भी सुधार किये, इससे

मुझे मदद मिली और इसके कारण हमें मदद मिली। शुरुआत मैंने इससे की कि मैंने फिर से जिम जाना शुरू कर दिया। बराक और मैं एक ही जिम में जाते थे, जिसके हंसमुख और प्रेरक ट्रेनर का नाम था कोर्नेल मैक्लेलन। मैंने कोर्नेल के साथ कई साल अभ्यास किया था, लेकिन बच्चे हो जाने के बाद मेरी सारी दिनचर्या बिगड़ गई। इसको ठीक करने के लिए मेरी सदा साथ देने वाली माँ ने मदद की, जो अभी भी पूरे दिन का काम करती थीं। वह सप्ताह में कई दिन सुबह 4.45 बजे हमारे घर आ जाती थीं ताकि मैं सुबह पांच बजे अपनी एक सहेली के साथ कोर्नेल के यहाँ जा सकूं और उसके बाद 6.30 बजे तक घर वापस आ सकूं ताकि लड़कियों को उठाकर उनके दिन की शुरुआत कर सकूं। इस नए बदलाव से सब कुछ बदल गया: शांति और शक्ति, जिन दो चीजों के बारे में मुझे लग रहा था कि मैं खोती जा रही थी दोनों वापस आ गई।

जहाँ तक डिनर के लिए घर आने की बात थी तो मैंने नई सीमा बना ली, ऐसी सीमा जो मेरे और बेटियों के लिए हितकर थी। हमने अपना शेड्यूल बनाया और उसका पालन किया। हर रात खाना 6:30 बजे। सात बजे स्नान। उसके बाद किताबें, गले लगना वगैरह और ठीक आठ बजे बिजली बंद। यह दिनचर्या बहुत सख़्त थी, जिसकी वजह से बराक के ऊपर इस बात की जिम्मेदारी रहती थी कि वह समय पर आ पाता है या नहीं। मुझे इस बात का अधिक मतलब समझ में आता था कि डिनर को रोक कर रखा जाए या उनींदी बच्चियों को गले मिलने के लिए रोक कर रखा जाए। यह मेरी पुरानी ख़्वाहिश के मुताबिक़ ही थी कि वह मजबूत इंसान के रूप में बड़ी हों, स्थिर रहें तथा किसी भी तरह की पुरानी पितृसत्तावादी व्यवस्था के अनुकूल न बनें : मैं यह नहीं चाहती थी कि वे जीवन में कभी इस बात में यकीन करें कि ज़िंदगी तभी शुरू होती है जब घर का पुरुष घर आ जाए। हम डैड का इन्तज़ार नहीं करते थे। यह अब उसकी ज़िम्मेदारी थी कि हमारे समय के मुताबिक़ आये।

15

शिकागो के क्लाइबोर्न एवेन्यू, शहर के बीच से उत्तर की तरफ, बहुत अजूबा स्वर्ग जैसा था, ऐसा लगता था जैसे उसको कामकाजी माँ-पिता के लिए बनाया गया था, ऐसा लगता था कि उसको मेरे लिए ही बनाया गया था: आदर्श, पूरी तरह से अमेरिकी, सब सामान मिलने वाला मॉल। उसमें बेबी गैप था, बेस्ट बाय, जिम्बोरी और एक सीवीएस, साथ में मुट्ठी बार कुछ और दुकानें थीं, छोटे-बड़े, जो उपभोक्ताओं की तात्कालिक ज़रूरतों को ध्यान में रखकर खोली गई थीं। इसी तरह की दुकाने आसपास भी थीं। यह मेरी जगह थी। मैं यहाँ कार पार्क कर सकती थी, एक दो दुकानों में जाती, बुर्रितो का एक कटोरा उठाती थी और साठ मिनट के अन्दर अपनी मेज पर वापस आ जाती थी। लंच टाइम में मैं वहां जाकर खुश हो जाती थी, मोज़े बदलने हों, शनिवार को मेरी पांच साल की बेटी को बर्थडे पार्टी में जाने के लिए तोहफा खरीदना हो, जूस के बक्से लेने हों या एक बार सर्व किये जा सकने वाले कप।

साशा और मालिया की उम्र अब तीन और छः साल हो चुकी थी, वे स्मार्ट थीं और तेजी से बढ़ रही थीं। उनकी ऊर्जा के सामने मैं बेजान पड़ जाती थी। जब कभी कभी शोपिंग प्लाज़ा आती थीं तो यह ऊर्जा और बढ़ आती थी। कई बार ऐसा भी होता था कि मैं अपनी पार्क कार में कार रेडियो बजाकर अपना फ़ास्ट फ़ूड अकेले खा रही होती थी, राहत की सांस लेती हुई, अपनी कार्यकुशलता से प्रभावित होकर। छोटे बच्चों के साथ यही जीवन था। कई बार यह भी उपलब्धि जैसी लगती। मैं एप्पलसौस खा रही थी। मैं खाना खा पा रही थी। सब अभी भी ज़िंदा थे।

देखो मैं किस तरह सब कुछ संभाल रही हूँ, मैं उन पलों में यह कहना चाह रही थी, अपने दर्शकों या सुनने वालों से जो कोई नहीं थे। क्या सब देख रहे हैं कि *मैं इसे खींच पा रही हूँ?*

चालीस साल की उम्र में मैं ऐसी थी, कुछ कुछ जून क्लीवर, कुछ-कुछ मेरी टेलर मूर। अपने अच्छे दिनों में मैं अपने आपको इस बात का श्रेय देती थी कि मैंने यह होने दिया। मेरे जीवन का संतुलन बाहर से ही अच्छा लगता था, और तभी जब आप नज़र घुमाकर देखें, लेकिन तब भी कुछ था जो संतुलन जैसा दिखता था। अस्पताल की नौकरी अच्छी हो गई थी, चुनौतीपूर्ण थी, संतोषजनक थी और मेरे सोच के अनुकूल भी। असल में मुझे हैरानी हुई

यूनिवर्सिटी मेडिकल सेन्टर जैसे प्रतिष्ठित संस्थान के बारे में जानकर, जहाँ साढ़े नौ हज़ार कर्मचारी काम करते थे, जिसको मूल रूप से शिक्षाविदों द्वारा चलाया जाता था, जो मेडिकल शोध करते थे और पेपर लिखते थे। लेकिन आम तौर पर उनको भी अपने आसपास की आबादी से इतना डर लगता था कि वे कैम्पस के सामने की सड़क पर जाते भी नहीं थे। मुझे यही डर प्रेरित करता था। इसके कारण मैं सुबह के समय बिस्तर से उठ जाती थी।

मैंने अपना अधिकतर जीवन इन्हीं बाधाओं के साथ बिताया- आसपास के श्वेत लोगों की घबड़ाहट को देखते हुए। यह देखते हुए कि जिन लोगों के पास भी कुछ साधन हो जाते थे वे उन इलाकों से दूर रहने के लिए चले जाते थे जो संभ्रांत इलाके होते थे और जो बहुत दूर बसे होते थे। यह एक आमंत्रण था जो इन बातों को ख़त्म करने के लिए था, जहाँ मैं कर सकती थी वहां बाधाओं को गिराना- अधिकतर लोगों को इस सम्बन्ध में प्रेरित करते हुए कि वे एक दूसरे को जान सकें। मुझे मेरे नए बॉस की तरफ से पूरा सहयोग मिल रहा था, उन्होंने मुझे यह आज़ादी दे रखी थी कि मैं अपने कार्यक्रम तय करूँ, अस्पताल और उसके आसपास के समुदाय के बीच मजबूत सम्बन्ध बनाऊँ। शुरू में मेरे साथ एक आदमी काम कर रहा था। लेकिन अब मेरी टीम में बाईस लोग थे। मैंने ऐसे कार्यक्रम बनाए जिसमें मैं अस्पताल के कर्मचारियों और न्यासियों को साउथ साइड के आसपास लेकर जाती थी, उनको सामुदायिक केंद्र और स्कूलों में ले जाती थी, उनको ट्यूटर, मेंटर, साइंस फेयर जजों के रूप में जोड़ती। यह कोशिश करती कि वे स्थानीय बारबेक्यू के ठिकानों पर जाएँ। हम स्थानीय बच्चों को अस्पताल के कर्मचारियों से जोड़ते थे, ऐसे कार्यक्रम बनाते जिसमें स्थानीय लोग अस्पताल के लिए स्वयसेवी के रूप में काम करें, और मेडिकल स्कूल के माध्यम से समर अकेडमिक इंस्टिट्यूट के साथ काम करें, समुदाय में विद्यार्थियों को इसके लिए प्रेरित किया जाए कि वे चिकित्सा को पेशे के रूप में अपनाएँ। इस बात को समझते हुए कि अस्पताल को अपने संविदा सम्बन्धी काम के लिए अल्पसंख्यकों और महिला आधारित व्यवसायों को काम में लेना चाहिए, मैंने ऑफ़िस ऑफ़ बिज़नेस डायवर्सिटी की भी स्थापना की।

अंत में, यह मुद्दा था कि लोगों को देखभाल की ज़रूरत बड़ी बेताबी से थी। साउथ साइड में दस लाख से अधिक लोग रहते थे और वहां चिकित्सा सुविधा पहुँचाने वालों की कमी थी, यह बताने की ज़रूरत नहीं है कि यह आबादी असंतुलित रूप से ऐसी स्थायी रूप की अवस्थाओं से प्रभावित थी जो आमतौर पर गरीबों को होता है- जैसे दमा, मधुमेह, तनाव, दिल की बीमारी। बड़ी संख्या में लोगों का बीमा नहीं था और बहुत से लोग मेडीएड के ऊपर निर्भर थे। मरीज नियमित तौर पर यूनिवर्सिटी अस्पताल के इमरजेंसी रूम में भरे रहते थे, उनको सामान्य किस्म की बीमारियाँ ही थीं लेकिन इतने लम्बे समय से उनका इलाज नहीं हुआ था कि उनको तत्काल चिकित्सा सुविधा की ज़रूरत थी। समस्या बहुत स्पष्ट थी, महँगी थी, अपर्याप्त थी, और उससे जुड़े सभी लोगों के लिए तनाव से भरी थी। आपातकालीन सेवा वालों के जाने से किसी के स्वास्थ्य की दीर्घ अवधि के लिए सुधार की दिशा में भी कुछ खास नहीं हुआ। इस समस्या का समाधान मेरे लिए बहुत मायने रखता

था। अन्य बातों के अलावा, हम मरीजों को समझाने वालों को भी काम पर रखने लगे- दोस्ताना, मददगार स्थानीय लोग जो मरीजों के साथ बैठकर इमरजेंसी रूम में बैठ सकें, सामुदायिक स्वास्थ्य केन्द्रों में उसके बाद देखभाल के लिए समय दिला सकें और उनको इस बारे में सलाह दे सकें कि नियमित रूप से इलाज के लिए वे कहाँ जा सकते हैं जहाँ सुविधाएँ अच्छी हों और कम दर पर उपलब्ध हों।

मेरा काम दिलचस्प था और संतोष देने वाला था, लेकिन मुझे फिर भी इस बात का ध्यान रखना था कि यह मुझे खा न जाए। मुझे इस बात का इल्म था कि मैं अपनी लड़कियों के लिए उत्तरदायी थी। हम लोगों ने यह तय किया था कि बराक अपने करियर में इसी तरह आगे बढ़े, उसको इसकी आज़ादी दी जाए कि वह अपने सपने को आकार दे, इसलिए मुझे काम में अपनी गतिविधियों को कम करना था। इसलिए मैंने जानबूझकर अपनी महत्वाकांक्षा को कुछ कम कर लिया। ऐसे मौकों पर मैं पीछे हट जाने लगी जिन मौकों पर मैं आम तौर पर आगे बढ़ जाती। मुझे नहीं पता है कि मेरे आसपास किसी ने यह कहा था कि मैं पर्याप्त काम नहीं कर रही थी, लेकिन मैं यह जानती थी कि ऐसे कई मौके आये जब मैं काम में आगे बढ़ सकती थी लेकिन मैंने किया नहीं। कुछ छोटी मोटी परियोजनाएं थीं जो मैंने नहीं लिए। कुछ युवा कर्मचारी थे जिनको मैं बेहतर तरीके से सिखा सकती थी लेकिन मैंने नहीं सिखाया। आप अक़्सर यह सुनते हैं कि कामकाजी माँ होने के क्या समझौते होते थे। यह मेरे थे। कभी मैं ऐसी महिला थी जो हर काम में खुद को झोंक देती थी, लेकिन अब मैं अधिक चौकन्नी रहती थी, अपना समय बचाती रहती थी, यह जानते हुए कि मुझे घर के लिए भी पर्याप्त ऊर्जा बचाए रखनी थी।

. . .

मेरे लक्ष्य अधिकतर होते थे सामान्य स्थिति और स्थिरता को बनाए रखना, लेकिन बराक के लक्ष्य ये नहीं होते थे। इस बात को समझने के बाद हम बेहतर तरीक़े से समझने लगे और इसको होने दिया। एक यिन, एक यांग। मैं दिनचर्या और व्यवस्था के लिए मरी जाती थी, वह नहीं। वह समुद्र में रह सकता था: मुझे नाव चाहिए होती थी। जब वह घर में मौज़ूद होता था उस वक्त वह पूरी तरह से होता था; फ़र्श पर बच्चों के साथ खेलता था, रात में मालिया को जोर-जोर से हैरी पॉटर पढ़कर सुनाता, मेरे चुटकुलों पर हँसता और मुझे गले से लगाता, हम लोगों को अपने प्यार और स्थिरता की याद दिलाकर वह फिर से तीन चार दिनों या अधिक दिनों के लिए गायब हो जाता था। हम कभी-कभी उसके शेड्यूल में सेंध लगा देते थे, खाना खाते थे और दोस्तों से मिलते। वह कई बार मुझे ख़ुश करने के लिए मेरे साथ *सेक्स एंड सिटी* देखता था। मैं कई बात उसकी खातिर सोपरानोस देखती थी। मैंने यह सोच लिया था कि उसका इस तरह जाना भी उसके काम का हिस्सा ही था। मुझे यह अच्छा नहीं लगता था, लेकिन इस बात के लिए मैंने लड़ना छोड़ दिया था। बराक दिन का अंत दूर किसी होटल में बिता सकता था जहाँ सभी तरह की राजनीति होती थी और उसके खुले बंद सिरे होते थे,

जबकि मैं घर की शांति में रहती- पूर्णता के भाव के साथ मैं रोज मालिया और साशा को बिस्तर में सुला देती थी और रसोई में बर्तन धोने की आवाज़ आती रहती थी।

मेरे पास बराक की अनुपस्थिति के अनुकूल हो जाने के अलावा और कोई विकल्प नहीं था, क्योंकि ये ख़त्म होने वाले नहीं थे। अपने नियमित कामों के अलावा वह एक बार फिर से चुनाव प्रचार कर रहा था, इस बार युएस सीनेट में सीट के लिए। चुनाव 2004 के फॉल में था।

स्प्रिंगफ़ील्ड में वह धीरे धीरे बेचैन होता जा रहा था। राज्य सरकार की चक्करदार गति के कारण वह इस बात को समझ गया था कि वह बेहतर ढंग से वाशिंगटन में रहते हुए काम कर सकता था। वह इस बात को जानता था कि मेरे पास इस बात के बहुत से कारण थे कि मैं सीनेट के लिए उसके चुनाव लड़ने का विरोध करूँ, और वह यह भी जानता था कि इसके जवाब में उसको तर्क देना होता। 2002 के मध्य में हम लोगों ने एक अनौपचारिक बैठक बुलाई जिसमें करीब दर्जन भर हमारे करीबी लोग आये थे। हम सब ब्रंच के लिए वेलेरी जैरेट के घर पर मिले। हम यह सोच रहे थे कि हम लोग इस बारे में सब बातें करेंगे और यह भी देखेंगे कि लोग क्या कहते थे।

वैलेरी हाइड पार्क के पास ही एक बहुमंजिली इमारत में रहती थी। उसका फ़्लैट साफ़ सुथरा और आधुनिक था। सफ़ेद दीवार के साथ सफ़ेद फर्नीचर और चमकदार आर्किड का कवर बहुत आकर्षक लग रहा था। उस समय वह एक रियल इस्टेट कंपनी की कार्यकारी उपाध्यक्ष थी तथा शिकागो यूनिवर्सिटी मेडिकल सेंटर की न्यासी थी। उसने पब्लिक एलाइज में मेरे काम को समर्थन दिया था और बराक के कई अभियानों के लिए धन जुटाने में उसने मदद की थी, वह हमारे हर कदम को अपने विस्तृत नेटवर्क के माध्यम से बढ़ावा देती थी। इसकी वजह से और अपनी गर्मजोशी और बुद्धिमान होने के कारण वेलेरी ने हमारे जीवन में दिलचस्प जगह बना ली थी। हमारी दोस्ती जितनी निजी थी उतनी ही पेशेवर भी। और वह जितनी मेरी दोस्त थी उतनी ही बराक की भी, जो मुझे लगता है कि किसी भी युगल के जीवन में बहुत कम होता है। मेरे पास ताकतवर माताओं का दल था तो उसको जब थोड़ा समय मिलता तो वह अपने दोस्तों के साथ बास्केटबॉल खेलता था। और हमारे कुछ बहुत अच्छे दोस्त थे जो युगल थे। उनके बच्चे हमारे बच्चों के दोस्त थे, ऐसे परिवार जिनके साथ हम छुट्टी पर जाना पसंद करते। लेकिन वेलेरी अलग तरह की थी, वह हम सभी के लिए अलग अलग बड़ी बहन जैसी थी, जो खड़े रहने में हमारी मदद करती थी और जब हमें दुविधा होती थी तो वह उनसे निकलने में हमारी मदद करती थी। वह हम लोगों को साफ़ साफ़ देखती थी, वह हमारे लक्ष्यों को साफ़ साफ़ देखती थी, और हम दोनों को लेकर रक्षात्मक थी।

उसने भी मुझे निजी तौर पर कहा था कि वह भी इस बात को लेकर निश्चित नहीं थी कि बराक को सीनेट के लिए चुनाव लड़ना चाहिए या नहीं, इसलिए उस दिन ब्रंच के लिए जाते समय मुझे लग रहा था कि मेरे पास अपने तर्क तैयार थे।

लेकिन मैं गलत थी।

सीनेट की लड़ाई में एक ख़ास तरह का मौका था, बराक ने उस दिन बताया। उसको लगता था कि वह जीत सकता था। उसके सामने पिटर फिट्जेराल्ड रुढ़िवादी रिपब्लिकन पार्टी के उम्मीदवार थे, जबकि राज्य में डेमोक्रेटिक पार्टी के समर्थक बहुत बढ़ रहे थे और इस वजह से उसको अपनी पार्टी का समर्थन जुटाना भी मुश्किल हो रहा था। इस बात की सम्भावना थी कि प्रारम्भिक चुनाव में कई उम्मीदवार लड़ेंगे, जिसका मतलब यह था कि बराक बहुमत मिलने पर ही जीत जाता और उसको डेमोक्रेटिक पार्टी का उम्मीदवार बनाया जाता। जहाँ तक धन की बात थी तो उसने मुझे इस बात के लिए भरोसा दिलाया कि उसको हमारे निजी धन को छूने की ज़रूरत नहीं थी। जब मैंने यह कहा कि अगर हमारा घर वाशिंगटन और शिकागो दोनों स्थानों पर हो गया तो हम खर्च किस तरह चलाएंगे। उसने जवाब दिया, "चिंता मत करो, मैं एक और किताब लिखूंगा, और यह किताब बड़ी किताब होगी। वैसी किताब जो पैसे बनाए।"

यह सुनकर मुझे हँसी आ गई। मैं जिन लोगों को जानती थी उनमें बराक अकेला ऐसा आदमी था जिसको इस तरह का विश्वास था कि एक किताब लिखने से किसी तरह की समस्या का समाधान किया जा सकता था। वह "जैक एंड द बीनस्टॉक" के छोटे बच्चे जैसा था, मैंने चिढाते हुए कहा, जो चंद जादुई दानों की बदौलत परिवार का भरण-पोषण करने की सोच रहा था। उसको पक्के दिल से यह लगता था कि इससे कुछ निकलेगा, चाहे कोई और यकीन करे या न करे।

बाकी सभी मोर्चों पर, बराक के तर्क पूरी तरह मज़बूत थे। जब वह बोल रहा था तब मैंने वेलेरी की तरफ देखा। मैं यह समझ गई थी कि वह जल्दी जल्दी उसके सामने अपना पक्ष रख रहा था। हम जो भी सवाल उसकी दिशा में फेंकते उसके पास हर सवाल का जवाब था। मैं जानती थी कि वह बात तो सही कर रहा था, जबकि मैं उससे लड़ रही थी कि वह अब तक हम लोगों से कितने घंटे दूर रहता था, ऐसे में डीसी जाने की भयानक बात ही नहीं करनी चाहिए। हालाँकि हम लोगों ने यह तर्क रखा कि उसके राजनीतिक पेशे का असर हमारे परिवार पर बहुत दिनों से पड़ रहा था, लेकिन मैं बराक पर भरोसा करती थी, उसको प्यार करती थी। वह अभी से ही दो परिवारों को चलाने वाला आदमी था, उसका ध्यान मेरे और बेटियों तथा साउथ साइड चुनाव क्षेत्र के दो लाख मतदाताओं के बीच बंटा रहता था। क्या उसको इलिनॉय राज्य के साथ साझा करना इतना अलग होगा? मैं कुछ नहीं जानती थी, लेकिन मैं उसकी इच्छाओं के रास्ते में नहीं आ सकती थी जो उसको और भी अधिक कोशिश करने के लिए प्रेरित करती थी।

इसलिए उस दिन हम लोगों ने समझौता किया। वेलेरी इसके लिए तैयार हो गई कि वह सीनेट चुनाव में बराक के प्रचार के लिए वित्त का विभाग संभालेगी। मैं मान गई बस एक शर्त पर, जो मैंने जोर जोर से कहा ताकि सब सुन लें: अगर वह यह चुनाव हार गया तो इसको राजनीति छोड़कर कोई और काम करना होगा। अगर चुनाव के दिन ऐसा नहीं हुआ तो यह सबका अंत होगा।

सही में यह सचमुच का अंत होगा।

उसके बाद बराक के लिए किस्मत से कुछ सकारात्मक हुआ। एक, पीटर फिट्ज़ेराल्ड ने यह तय किया कि वह चुनाव में हिस्सा नहीं लेंगे, जिससे उन्होंने मेरे पति जैसे नौजवानों के लिए जगह बना दी। उसके बाद कुछ अजीब यह हुआ कि प्राथमिक चुनाव के लिए डेमोक्रेटिक पार्टी और रिपब्लिकन पार्टी के जो नेता आगे चल रहे थे वे अपनी पूर्व पत्नियों को लेकर विवादों में आ गए। चुनाव होने में अभी महज कुछ महीने ही रह गए थे और बराक के खिलाफ रिपब्लिकन पार्टी का भी कोई उम्मीदवार नहीं था।

यह बात पक्की थी कि वह बहुत अच्छी तरह प्रचार कर रहा था, पिछली बार कांग्रेस के चुनाव में हार से उसने बहुत कुछ सीखा था। उसने प्राथमिक चुनाव के सात प्रतिद्वंद्वियों को हराकर आधे से अधिक मतों के साथ उम्मीदवारी हासिल की। राज्य भर में यात्रा करके संभावित उम्मीदवारों के साथ बातचीत करने में भी वह वही आदमी था जिसको मैं घर में जानती थी – मज़ेदार और आकर्षक, स्मार्ट और पूरी तरह से तैयार। टाउन हॉल के मंचों से और चुनाव की बहसों के दौरान वह जिस तरह से अलंकृत शब्दों में जवाब देता था कि सबको यही लगता था कि वह सीनेट के मंच से बोल रहा हो। तमाम प्रयासों के बावजूद अभी बराक का सीनेट पहुँचने का रास्ता साफ़ नहीं दिखाई दे रहा था।

यह सब उससे पहले की बात थी जब जॉन केरी ने 2004 में उसको डेमोक्रेटिक राष्ट्रीय सम्मलेन में अध्यक्षीय भाषण देने के लिए बुलाया, जिसका आयोजन बोस्टन में हुआ था। केरी उस समय मासचुसेट्स से सीनेटर थे, जिनका राष्ट्रपति पद के लिए जॉर्ज डब्ल्यू. बुश से मुक़ाबला था।

मेरा पति इन सबके बीच ऐसा था जिसको कोई नहीं जानता था- वह एक राज्य का विधायक था और बोस्टन में जिस तरह से पंद्रह हजार की भीड़ मौजूद थी वैसी भीड़ के सामने उसने कभी भाषण भी नहीं दिया था। उसने कभी टेली प्रोम्प्टर का उपयोग नहीं किया था, वह कभी प्राइम टाइम टेलीविज़न लाइव नहीं आया था। वह नौसिखुआ था। वह उस पेशे में आया अश्वेत था जो ऐतिहासिक रूप से श्वेत लोगों का पेशा समझा जाता था। वह आदमी न जाने कहाँ से आ गया था, जिसका अजीब सा नाम था और अजीब सी पिछली कहानी थी, और इस उम्मीद में था कि सामान्य डेमोक्रेट के साथ तार जोड़ सके। जैसा कि बाद में टीवी नेटवर्क के विश्लेषकों ने माना कि लाखों लोगों के सामने बराक ओबामा को बोलने के लिए चुनना बहुत बड़ा जुआ था।

फिर भी अपने उत्सुक और लच्छेदार ढंग से वह ऐसा लग रहा था मानो उसी पल के लिए बना हो। मैं इस बात को जानती थी क्योंकि मैं इस बात को जानती थी कि किस तरह से उसका दिमाग लगातार काम कर रहा था। सालों से मैंने यह देखा था कि वह किताबों में डूबा रहता, अख़बारों में, विचारों में, उसमें जैसी नई ऊर्जा आ जाती थी अगर वह किसी ऐसे आदमी के साथ बात करता था जिससे उसको किसी तरह का नया अनुभव या ज्ञान हासिल होता था। वह सब कुछ बारीकी से समझता था। अब मैं यह देख रही थी कि वह जो बना

रहा था वह एक विजन था- और वह कोई छोटा विजन भी नहीं था। मुझे उसके साथ रहने के लिए अपने साझा जीवन में न चाहते हुए भी इसी के लिए जगह बनानी पड़ी थी। ऐसे में मुझे कई बार गुस्सा भी आता था लेकिन मैंने कभी बराक में विश्वास नहीं खोया। जब से मैं बराक को जानती थी वह इसके ऊपर चुपचाप काम कर रहा था, और मेहनत के साथ काम कर रहा था। और अब शायद जितनी बड़ी संख्या में उसको सुनने वाले चाहिए थे ताकि वह जो संभव करना चाहता था इसके अनुरूप हों। वह इसके लिए तैयार था। बस उसको बोलने भर की देर थी।

"ज़रूर अच्छा भाषण रहा होगा," उसके बाद से मेरा यह तकिया कलाम बन गया। यह मेरे और बराक के बीच का मज़ाक था, जो जुलाई 27, 2004 की उस रात के बाद से मैं अक़्सर और विडंबना के साथ कहती थी।

मैंने अपनी बेटियों को घर में माँ के साथ छोड़ दिया और बोस्टन में भाषण के समय उसके साथ रहने के लिए हवाई जहाज पकड़ लिया, जब बराक स्टेज की रोशनियों में लाखों लोगों की नजरों के सामने आया तो मैं कन्वेंशन सेंटर में पीछे की तरफ खड़ी थी। वह कुछ घबड़ाया हुआ था और मैं भी, हालाँकि हम लोग पूरी तरह से अडिग थे कि यह दिखाई न दे। खैर बराक इसी तरह काम करता था। जितना दबाव उसके ऊपर होता था वह उतना ही शांत हो जाता था। वह कई हफ़्तों से अपनी टिप्पणियां लिख रह था। इलिनॉय के मतदान के दौरान भी वह इसके ऊपर काम करता रहा था। उसने अपने शब्दों को याद कर लिया था, और उसने उनका अभ्यास बहुत ध्यान से किया था। उसने इस हद तक याद कर लिया था कि उसको किसी तरह के टेलीप्रोम्प्टर की ज़रूरत नहीं पड़ती बशर्ते कि वह घबड़ा जाता या अचानक वह पूरी तरह से सब कुछ भूल जाता। लेकिन ऐसा कुछ हुआ नहीं। बराक टीवी कैमरे के सामने बाहर सुनने वालों की तरफ देख रहा था, मानो वह अन्दर से शुरू करने वाला था, वह मुस्कुराया और उसने बोलना शुरू कर दिया।

उस रात वह सत्रह मिनट तक बोला, वह बताता रहा कि वह कौन था और कहाँ से आया था- उसके दादा जीआई थे और पैटन सेना के लिए लडे थे, उसकी दादी ने युद्ध के दौरान कारखाने में काम किया, उसके पिता कीनिया में भेड़ चराते हुए बड़े हुए थे, उसके माता पिता के असम्भाव्य प्यार के बारे में, उनके इस विश्वास के बारे में कि अच्छी शिक्षा उनके बेटे का भला कर सकती थी क्योंकि न वह अमीर जन्मा था न ही वे अच्छे संपर्कों वाले थे। उसने बड़ी ईमानदारी से और सफाई के साथ अपने आपको न केवल एक बाहरी बताया बल्कि एक तरह से अमेरिकी कहानी का रूप बनाकर पेश किया। उसने सुनने वालों को इस बात की याद दिलाई कि देश को सीधे तौर पर लाल और नीले में नहीं अलग-अलग किया जा सकता, बल्कि हम एक सामान्य मानवता से एक थे, इसलिए बाध्य थे कि पूरे समाज का ध्यान रखें। उसने नकार के ऊपर उम्मीद का आह्वान किया। वह उम्मीद के साथ बोला, उसने उम्मीद दिखाई, और एक तरह से उसका गान किया, लगभग।

इस सत्रह मिनट के दौरान बराक ने गहराई के साथ और आसान शब्दों में अपनी बात रखी, सत्रह मिनट तक उसने उम्मीद का प्रदर्शन किया। जब उसने अपना भाषण ख़त्म किया, जॉन केरी और उसके साथ उम्मीदवार जॉन एडवर्ड के लिए कुछ कहा और लोग खड़े होकर तालियाँ पीट रहे थे। तालियों की आवाज़ गूँज रही थी। मैं स्टेज पर चढ़ गई, चौंधिया देने वाली रौशनी में सफ़ेद सूट पहने, ताकि बराक को बधाई कहते हुए गले से लगा लूं और उसके बाद घूमकर हमने उत्तेजित सुनने वालों को देखकर हाथ हिलाया।

जबरदस्त ऊर्जा थी, आवाज़ ऐसी कि कुछ सुनाई नहीं दे रहा था। अब यह बात गुप्त नहीं थी कि बराक एक अच्छा इंसान था और जिसका दिमाग बड़ा था और जनतंत्र में जिसकी गहरी आस्था थी। उसने जो कर दिखाया था उसके ऊपर मुझे गर्व था, हालाँकि मुझे कोई हैरानी नहीं हुई। यही वह आदमी था जिसके साथ मैंने शादी की थी। सबसे बढ़कर मुझे उसकी क्षमताओं का पता था। पीछे मुड़कर देखने में मुझे ऐसा लगता है कि उसी समय मैंने इस विचार को पीछे किया कि इस रास्ते से लौटा जा सकता था, यह कि वह केवल मेरा और बच्चियों का था। मुझे यह वाहवाही के बीच सुनाई दे रहा था। *और ज़्यादा, और ज़्यादा, और ज़्यादा*।

मीडिया ने बराक के भाषण के बारे में बहुत बढ़चढ़कर लिखा। "मैंने अभी अभी पहले अश्वेत राष्ट्रपति को देखा," क्रिस मैथ्यूज ने एनबीसी के साथी टिप्पणीकार से कहा। अगले दिन *शिकागो ट्रिब्यून* की हेडलाइन थी, "असाधारण"। बराक का सेल फोन जो बजना शुरू हुआ तो बंद ही नहीं हो रहा था। केबल के विशेषज्ञ उसको रॉक स्टार कह रहे थे और यह कि रातोरात सफलता, मानो वह बरसों से उस दिन के लिए काम नहीं कर रहा हो, मानो उस भाषण के कारण वह बना हो न कि अपनी मेहनत से वहां पहुंचा। फिर भी, वह भाषण किसी नई चीज़ की शुरुआत थी, केवल उसके लिए नहीं, बल्कि हमारे पूरे परिवार के लिए। हम अलग तरह से लोगों की निगाहों में आ गए थे और दूसरे लोगों की उम्मीदें हमारी तरफ थीं।

यह सब अविश्वसनीय लग रहा था। मैं बस यही कर सकती थी कि इन बातों को लेकर मज़ाक कर सकती थी।

"जरूर अच्छा भाषण रहा होगा," जब लोग सड़कों पर बराक को रोककर ऑटोग्राफ मांगने लगते और उससे कहते कि उसने जो बात कही थी वह उनको बहुत अच्छी लगी तो मैं कंधे उचकाकर कहती। जब हम शिकागो के एक रेस्तरां से बाहर निकले तो हमने पाया कि बाहर लोगों का हुजूम हमारा इन्तजार कर रहा होता था तो मैं कंधे उचकाकर कहती, "जरूर अच्छा भाषण रहा होगा।" यही बात मैं तब कहती थी जब पत्रकारों ने महत्वपूर्ण राष्ट्रीय मुद्दों पर बराक के विचार पूछने शुरू किये, जब बड़े राजनीतिक रणनीतिकार उसके आसपास घूमने लगे, जब नौ साल पहले उसकी प्रकाशित किताब *ड्रीम्स फ्रॉम माई फादर* का पेपरबैक संस्करण आया और *न्यूयॉर्क टाइम्स* के बेस्टसेलर लिस्ट में आ गया।

"ज़रूर अच्छा भाषण रहा होगा," मैंने तब कहा जब मुस्कुराती, जोश से भरी ओपराह विनफ्रे हमारे घर आई और एक दिन अपनी पत्रिका के लिए हमारा इंटरव्यू करने में लगी रही।

हमें क्या हो गया था? मुझे कुछ भी समझ में नहीं आ रहा था। नवम्बर में बराक अमेरिकी सीनेट के लिए निर्वाचित हो गया। राज्य भर में उसको सत्तर प्रतिशत वोट मिले थे, इलिनॉय के इतिहास में यह सबसे बड़ा अंतर था और उस साल सीनेट चुनाव में जीत का सबसे बड़ा अंतर था। उसको अश्वेतों, श्वेतों और लैटिनो के बीच काफी अच्छे मत मिले थे: स्त्री और पुरुष, अमीर और गरीब, शहरी, कस्बाई और ग्रामीण। एक समय हम थोड़ी देर के लिए एरिजोना गए तो वहां हमारे चाहने वालों ने हमें घेर लिया। मेरे लिए यह सब सच था और अजीब तरह की प्रसिद्धि थी: उसको अब श्वेत भी महत्व देने लगे थे।

मेरे लिए जो भी कुछ सामान्य बचा हुआ था मैंने उसको समेटा और खुद को उससे लपेट लिया। जब हम घर में होते थे तो सब कुछ वैसे ही सामान्य रहता था। जब हम अपने दोस्तों या परिवारवालों के साथ होते तब भी सब कुछ ऐसा ही रहता था। बच्चों के साथ हमेशा वही रहता था। लेकिन बाहर, सब कुछ बदल गया था। बराक अब हर समय डी.सी. आता जाता रहता था। उसका एक सीनेट दफ़्तर था और कैपिटल हिल के एक साधारण से भवन में एक अपार्टमेंट था, एक बेडरूम का छोटा सा अपार्टमेंट जो हमेशा किताबों और अखबारों से भरा होता था, घर से बाहर की उसकी गुफा। जब भी लड़कियों के साथ मैं मिलने आती थी तो वह यह जताता भी नहीं था कि वह चाहता था कि हम वहां रहें, बल्कि हम चारों के लिए होटल में कमरा बुक कर देता था।

मैं शिकागो में अपनी दिनचर्या में लीन थी। जिम, काम, घर, वही सब। डिशवाशर में बर्तन। तैराकी सीखना, सॉकर, बैले। मैं हमेशा की तरह तालमेल बिठाए हुए थी। बराक का अब वाशिंगटन में अपना जीवन था, सीनेटर होने के कारण एक तरह की गंभीरता के साथ वह कामकाज करता था। लेकिन मैं वही थी, अपना वही सामान्य जीवन जी रही थी। एक दिन मैं बेबी गैप की दुकान से जल्दी में आकर अपनी पार्क की हुई कार में बैठकर कुछ खा रही थी कि मेरे दफ़्तर की सेक्रेट्री ने मुझे फोन किया और मुझसे कहा कि क्या मैं एक फोन ले सकती थी। उधर डीसी से किसी महिला का फोन था- किसी का जिससे मैं कभी नहीं मिली थी, एक साथी सीनेटर की पत्नी का, उन्होंने कई बार मुझसे बात करने की कोशिश की थी।

"ज़रूर बात करवा दो," मैंने जवाब दिया।

और फिर सीनेटर की पत्नी की आवाज़ आई, शांत और गर्मजोशी से भरी।

"हेलो," उन्होंने कहा, "मुझे बहुत ख़ुशी है कि आख़िरकार आपसे बात हुई।"

मैंने भी कहा कि मैं भी बात करके बहुत ख़ुश हूँ।

"मैंने आपको फोन स्वागत करने के लिए किया है," वह बोली। "और आपको यह बताने के लिए कि हम आपको किसी ख़ास मौके के लिए आमंत्रित करना चाहते हैं।"

उसने मुझे फोन किया था कि मैं किसी तरह की निजी संस्था की सदस्य बन जाऊं, एक क्लब, जिसके बारे में मैं जितना समझ पाई थी वह वाशिंगटन के प्रमुख लोगों की पत्नियों के लिए था। वे अक्सर दिन के खाने पर मिलती और रोजमर्रा की बातों की चर्चा करती थीं।

"यह लोगों से मिलने के लिए अच्छी जगह है, और मैं यह जानती हूँ कि जब आप शहर में नए होते हैं तो यह आसान नहीं होता," वह बोली।

मेरे जीवन में कभी किसी ने मुझे क्लब का सदस्य बनने के लिए नहीं आमंत्रित किया था। जब मैं हाईस्कूल में पढ़ती थी तब मैं अपने दोस्तों को देखती थी कि वे जैक एंड जिल ग्रुप के साथ स्काई ट्रिप पर जाते थे। प्रिंसटन में मैं कई बार सुजैन के लौटकर आने का इन्तजार करती थी क्योंकि जब वह आती थी तो ईटिंग क्लब पार्टियों के मज़ेदार किस्से सुनाया करती थी। ऐसा लगता था कि सिडली के आधे वकील कंट्री क्लब के सदस्य थे। मैं इन क्लबों में कई बार गई थी, पब्लिक एलाइज के लिए धन उगाहने, बराक के लिए धन उगाहने। आपको इन क्लबों के बारे में जल्दी ही इस बात का पता चल जाता था कि यहां खूब पैसा होता था। उससे जुड़ने का कुछ मतलब होता था।

यह उसी तरह का प्रस्ताव था जो उसने मुझे दिया था, और तब भी मैं उस प्रस्ताव को ठुकराते हुए बहुत ख़ुश थी।

"शुक्रिया," मैंने कहा। "यह बहुत प्यारी बात है कि आपने ऐसा सोचा। लेकिन हम लोगों ने यह फ़ैसला ले रखा है कि मैं वाशिंगटन नहीं जाऊँगी।" मैंने उसको बताया कि मेरी दो छोटी छोटी बेटियां थीं जो शिकागो में स्कूल में पढ़ रही थी और मैं अपनी नौकरी से बहुत लगाव महसूस करती थी। मैंने उसको बताया कि बराक वाशिंगटन में रहने वाला था और जब उसको समय मिलता तो वह शिकागो आता। मैंने उसको यह नहीं बताया कि शिकागो से हमको इतना प्यार था कि हम वहां एक घर खरीदने वाले थे। शुक्र की बात है कि उसकी किताब के नए संस्करण से उसको अच्छी रॉयल्टी मिलने लगी थी और उसको दूसरी किताब लिखने का प्रस्ताव भी मिला था- यह बराक के जादुई शब्दों का कमाल था।

सीनेटर की पत्नी सुनती रही, मुझे सुनती रही। उसके बाद उसने फिर से मधुर आवाज़ में कहना शुरू किया, "यह शादी के लिए बहुत मुश्किल हो सकती है, जानती हो न। शादियाँ टूट भी जाती हैं।"

अब मुझे उसकी बात समझ में आई। वह वाशिंगटन में स्वयं कई साल से रह रही थी। उसके कहने का मतलब यह था कि जब वह अपने पति से दूर रहती थी तो उसको डर सा लगता था। कहने का मतलब यह था कि मैं एक खतरनाक फ़ैसला ले रही थी, सीनेटर की पत्नी होने का एक ही सही तरीका था, और मैं गलत फ़ैसला ले रही थी।

मैंने फिर से शुक्रिया कहा, फ़ोन रखकर ठंडी साँस ली। इसमें से कोई भी चीज़ मेरी पहली पसंद नहीं थी। इसमें से कुछ मेरा चुनाव नहीं था। मैं अब उसकी तरह ही एक सीनेट की पत्नी थी- श्रीमती ओबामा, उसने पूरी बातचीत के दौरान मुझे इसी नाम से पुकारा था- लेकिन इसका मतलब यह बिलकुल नहीं था कि सिर्फ़ उसका साथ देने के लिए मैंने सब कुछ छोड़ दिया था। वास्तव में, मैं कुछ भी छोड़ना नहीं चाहती थी।

मैं ऐसे कई सीनेटर को जानती थी जो अपने पति या पत्नियों के साथ डी. सी. के बजाय अपने घर वाले शहर में ही रहना चाहते थे। मैं जानती थी कि सीनेट, अपने चौदह महिलाओं

के साथ इतना प्राचीन नहीं दिख रहा था जितना एक समय में हुआ करता था। लेकिन फिर भी, मुझे यह एक तरह की ढिठाई लगी कि दूसरी औरतें मुझे यह कहेंगी कि मैं ग़लत थी कि मैं अपने बच्चों को उसी स्कूल में रखना चाहती थी और अपनी नौकरी भी बचाना चाहती थी। चुनाव के कुछ सप्ताह बाद, मैं बराक के साथ एक दिन के लिए नवनिर्वाचित सीनेटरों और उनके पति-पत्नियों के लिए आयोजित एक अभिनन्दन समारोह में शामिल होने वाशिंगटन गई थी। उस साल हम में से बहुत कम लोग उस आयोजन में शामिल हुए थे, और एक छोटे से परिचय के बाद सभी नेता एक तरफ़ चले गए। वहीं उनके पति-पत्नियों को दूसरे कमरे में ले जाया गया। मेरे दिमाग़ में एक सवाल उठा यह जानते हुए कि राजनेता और उनके परिवार वालों से यह उम्मीद की जाती थी कि वे कठोर संघीय नीतियों से बँधे रहे और उन्हें हर छोटी बात जैसे किस से वे उपहार लेंगे या वाशिगटन से आने या जाने के किराए तक के बारे में निर्देश दिया जाता था। मैंने सोचा कि हम इस बात पर बातचीत करेंगे कि प्रचारकों के साथ हमारा सामाजिक सम्बंध किस तरह का होगा या फिर भविष्य के प्रचार के लिए उगाहे जाने वाले पैसे की वैधता आदि के बारे में।

हमें वहाँ जो देखने को मिला वह कैपिटल का इतिहास और बनावट पर एक विस्तृत शोध था और साथ ही सीनेट के लिए बनाए गए अधिकारिक चीनी पैटर्न की जानकारी और थोड़ी बहुत हल्की बातचीत के बाद दोपहर का खाना। यह सब कुछ घंटे तक चला। यह सब कुछ मज़ेदार होता अगर मैंने अपने काम से एक दिन की छुट्टी नहीं ली होती और अपने बच्चों को मेरी माँ के पास छोड़कर नहीं आई होती। अब मैं एक राजनीतिज्ञ की पत्नी बनने जा रही थी तो मैं इसे गम्भीरता से लेना चाहती थी। मैं राजनीति को लेकर बहुत ज़्यादा सावधान नहीं थी, लेकिन किसी चीज़ को बिगाड़ना भी नहीं चाहती थी।

सच्चाई यह थी कि वाशिंगटन ने अपनी सजावटी परम्परा और गम्भीर आत्म-सम्मान के कारण मुझे उलझन में डाल दिया था। इसका श्वेत रंग और इसकी पुरुषप्रधानता और दूसरी तरफ़ दोपहर की खाना खाती औरतों के कारण वाशिंगटन ने मुझे उलझन में डाल दिया था। इस उलझन के केन्द्र में डर था, क्योंकि मैं जितना ज़्यादा इनमें शामिल होने के चुनाव से बचती थी, मैं उतना ही इन सब में फँस रही थी। मैं पिछले बारह सालों से श्रीमती ओबामा थी, लेकिन अब इसका अर्थ कुछ अलग होने लगा था। कम से कम कुछ जगहों पर अब मैं ऐसी श्रीमती ओबामा थी जिसका क़द कम था, एक ऐसी पत्नी जो अपने पति द्वारा परिभाषित होती है। मैं बराक ओबामा की पत्नी थी, एक राजनीतिक हीरो, सीनेट में एक मात्र अश्वेत आदमी- एक आदमी जिसने आशा और सहिष्णुता की बात इतने तीखेपन और ज़ोरदार तरीक़े से कही थी कि अब उम्मीद भरी एक भीड़ उसके पीछे थी।

मेरा पति अब एक सीनेटर था लेकिन ऐसा लग रहा था कि लोग उसके ऊपर भी कुछ चाहते थे। इसके बजाय सब लोग यह जानना चाहते थे कि क्या वह 2008 में राष्ट्रपति पद के लिए लड़ेगा। इस सवाल में किसी तरह की लड़खड़ाहट नहीं थी। प्रत्येक रिपोर्टर ने यह पूछा था। लगभग हर वह आदमी जो उससे सड़क पर मिला था, उसने पूछा था। अस्पताल

में मेरे सहकर्मी यूँ ही खड़े मिल जाते और बातों बातों में यह सवाल कर देते थे ताकि उन्हें ख़बर जल्दी मिल सके। यहाँ तक मालिया जो उस समय साढ़े छह साल की थी और गुलाबी रंग का वेल्वेट वाला ड्रेस पहनकर उस समय बराक के बग़ल में खड़ी थी जब वह डिक चेनी की अध्यक्षता में सीनेट का शपथ ग्रहण कर रहे थे, वह भी यह जानना चाहती थी। हालाँकि दूसरों के ठीक विपरीत पहली कक्षा में पढ़ने वाली हमारी बेटी इतनी समझदार थी कि उसे पता था यह सब कितनी जल्दी है।

"डैडी, क्या आप राष्ट्रपति बनने के लिए कोशिश करने वाले हैं?" उसने पूछा था। "आपको नहीं लगता है कि पहले और उप-राष्ट्रपति या ऐसा ही कुछ बनना चाहिए?"

इस मामले में मैं मालिया के साथ थी। उम्र भर व्यवहारवादी होने की वजह से मैं हमेशा से ही धीमी गति और चीज़ों के व्यवस्थित जाँच का परामर्श देती हूँ। मैं जन्म से ही लम्बे और विवेकशील इंतज़ार की प्रशंसक रही हूँ। इस मामले में, मुझे अच्छा महसूस होता था जब मैं यह सुनती थी कि बराक अपने जिज्ञासुओं को एक शांत क़िस्म की विनम्रता के साथ, राष्ट्रपति पद को लेकर किए जाने वाले सवाल के जवाब के रूप यह कहते थे कि वह अपना सिर नीचे करके एक सीनेटर के रूप में कड़ी मेहनत करने की योजना बना रहे हैं। वह अक्सर लोगों को यह याद दिलाते थे कि वह एक अल्पसंख्यक दल के निचले पद के सदस्य हैं, सबसे पीछे खड़ा होकर खेलने वाले खिलाड़ी। और वह कभी-कभी यह भी जोड़ते कि उनके दो बच्चे हैं जिन्हे पालने की ज़रूरत है।

लेकिन ढोल पहले से ही बज रहा था। इसे बंद करना बहुत मुश्किल था। बराक जो लिख रहे थे उसका मतलब था- आशा की ढिठाई- अपनी आस्था और दूरदर्शिता के माध्यम से अपने देश के बारे में सोचना, देर रात में अपने क़ानूनी दस्तावेज़ों पर उन्हें शब्द देना। वह सच में संतुष्ट थे, उन्होंने मुझसे कहा था, कि वह जहाँ हैं वहीं रुकेंगे, समय के साथ अपना प्रभाव बढ़ाएँगे, सीनेट के शोरगुल में अपनी बारी का इंतज़ार करेंगे लेकिन तभी तूफ़ान आ गया।

अगस्त 2005 के आख़िरी सप्ताह में अमेरिका के तटीय किनारे पर हरिकेन कटरीना आ गया, इसने न्यू ऑर्लिंज़ के तटीय, निचले क्षेत्रों को पानी से भर दिया। अपने बर्बाद हो चुके घरों की छतों पर लोग खड़े थे- ज़्यादातर अश्वेत लोग। उसका परिणाम भयावह था, मीडिया की रिपोर्ट में यह दिखाया जा रहा था कि अस्पताल में अतिरिक्त संसाधन नहीं है, पीड़ित परिवारों के झुंडों को बड़े छत के नीचे रखा गया था, आपातकाल में काम करने वाले कर्मचारी आपूर्ति की कमी से पंगु हो चुके थे। अंत में क़रीब अठारह सौ लोगों की मृत्यु हो गई और क़रीब पचास हज़ार लोग अपनी जगह से विस्थापित हो गए। यह एक ऐसी त्रासदी थी जो संघीय सरकार की प्रतिक्रिया की देरी से गम्भीर हो गई थी। यह हमारे देश के संरचनात्मक विभाजन का एक हृदय विदारक भंडाफोड़ था, विशेषरूप से चीज़ों के ख़राब होने की स्थिति में अफ़्रीकी-अमेरिकी और सभी प्रजातियों के ग़रीब लोगों के लिए गम्भीर और एकतरफ़ा बँटवारा।

आशा अब कहाँ थी?

मैंने कटरीना के बारे में दिखाई जाने वाली ख़बरों को मन में एक अजीब सी घबराहट के साथ देखा था, इस तथ्य को जानते हुए कि अगर यह त्रासदी शिकागो तक पहुँच गई तो मेरे कई सारे चाचा और चाची, मेरे भाई-बहन और पड़ोसियों को इसी सब से गुज़रना होगा। बराक की प्रतिक्रिया भी कम भावनात्मक नहीं थी। हरिकेन आने के एक सप्ताह बाद, वह पूर्वराष्ट्रपति जॉर्ज डब्ल्यू. बुश से मिलने बिल और हिलेरी क्लिंटन के साथ ह्यूस्टन चले गए जो उस वक़्त सीनेट में उनके सहकर्मी थे। वे लोग न्यू ऑर्लिंज़ से निकाले गए हज़ारों लोग, जिन्हें ऐस्ट्रडोम में रखा गया था, उनके साथ समय बिताने गए थे। इस आभा ने उनके भीतर एक तरह की आग पैदा कर दी, एक चिड़चिड़ेपन वाली भावना कि वह अब तक कुछ ख़ास नहीं कर पा रहे हैं।

यह एक ऐसी सोच थी जो मेरे अंदर एक साल या उससे ज़्यादा के बाद पैदा हुई थी जब डंके की चोट सच में तेज़ हो गई थी और हम दोनों पर दिया जाने वाला दबाव बहुत तेज़ हो गया था। हम अपने सामान्य काम कर रहे थे लेकिन बराक राष्ट्रपति पद के लिए उम्मीदवारी करेंगे या नहीं इस सवाल से हमारे आसपास का माहौल गरम हो जाता था। "*वह कर सकते हैं? क्या वह करेंगे?*" 2006 की गरमियों में चुनाव की बात करने वाले लोग सवालों का एक खुला पत्र लेकर चलने लगे थे जिसमें उनका नाम सम्भावित उम्मीदवार के तौर पर दर्ज होता था, हालाँकि निर्णायक रूप से हिलेरी क्लिंटन पहली पसंद थीं। वसंत आने तक, "आशा की धृष्टता" के प्रकाशन के साथ बराक की प्रतिष्ठा बढ़नी शुरू हो गई और किताब के कारण कई तरह के मीडिया में जाने का अवसर भी अधिक मिलने लगा। उनके मतों की संख्या अचानक ही डेमोक्रेट पार्टी के दो पूर्व उम्मीदवार अल गोर और जान केरी के बराबर और ज़्यादा होने लगी थी - यह उनके सामर्थ्य का प्रमाण था। मुझे मालूम था कि वह दोस्तों, सलाहकारों, और चढ़ा देने वालों से निजी बातचीत कर रहे थे और सभी को यह इशारा दे रहे थे कि वह इस विचार के बारे में सोच रहे हैं। लेकिन एक बातचीत थी जिससे वह बच रहे थे और वह मेरे साथ की जाने वाली बातचीत थी।

बेशक वह जानते थे कि मैंने कैसा महसूस किया था। हमने दूसरे संदर्भों के साथ इसके बारे में घुमा-फिरा कर बात की थी। हम बहुत लम्बे समय तक दूसरे लोगों की उम्मीदों के साथ जी चुके थे कि वे अब हमारी हर बातचीत का हिस्सा हो गए थे। रात के खाने पर हमारे परिवार के साथ बैठने की बराक की क्षमता। बच्चियों के साथ उनके स्कूल तक जाना और मेरे साथ काम करने की बराक की क्षमता। यह तब मौजूद था जब हम यह सब नहीं चाहते थे और इससे सब कुछ में एक आश्चर्य क़िस्म की ऊर्जा आ जाती थी। मेरे विचार से मेरा पति पहले से ही बहुत ज़्यादा अच्छा कर रहा था। अगर वह राष्ट्रपति पद के लिए सोच भी रहा है तो मैं आशा कर रही थी कि वह विवेकपूर्ण रास्ते को अपनाएगा, धीरे धीरे इसकी तैयारी करेगा, सीनेट में अपना समय देगा और तब तक इंतज़ार करेगा जब तक हमारी बेटियाँ बड़ी नहीं हो जाती हैं - शायद 2016 तक।

चूँकि मैं उसे जानती थी, मुझे हमेशा ऐसा लगता था कि बराक की नज़रें हमेशा कहीं किसी दूर क्षितिज पर होती थीं। दुनिया के बारे में उसकी सोच कि यह कैसी होनी चाहिए। सिर्फ़ एक बार, मैं चाहती थी कि वह जैसा जीवन है उसमें संतुष्ट हो जाए। मुझे यह समझ में नहीं आया था कि वह साशा और मालिया को किस तरह देखता था, जो अब पाँच और आठ साल की थीं, अपनी छोटी चोटियों और अपार चुलबुलाहट के साथ और उनके बारे में बिलकुल दूसरे तरीक़े से महसूस करता। मुझे यह कभी कभी सोच कर दुःख होता है कि उसने ऐसा किया।

हम आगे पीछे वाले झूले पर सवार थे, एक तरफ़ श्रीमान और दूसरी तरफ़ श्रीमती। अब हम अच्छे घर में रहते थे, जो केनवूड के पड़ोस में जॉर्जियन ईंटों से बना हुआ था और जिसकी एक चौड़ी छत थी और अहाते में लम्बे पेड़ लगे थे- बिलकुल उसी तरह की जगह जिसे मैं और क्रेग अपने पिता के ब्यूक में बैठकर रविवार को घूमने जाते वक़्त घूरते रहते थे। मैं अक्सर अपने पिता और हमारे लिए उनके द्वारा किए गए कामों के बारे में सोचती थी। मैं व्याकुलता की हद तक चाहती थी कि काश वह जीवित होते, और यह देखते कि कैसे चीज़ें अपना खेल दिखा रही हैं। क्रेग अब पूरी तरह से ख़ुश था: भटकाव से निजात पाकर, बैंक निवेशक के रूप में अपने पेशे को छोड़कर अपने पहले प्रेम बास्केट्बॉल को वापस पाकर। उत्तर–पश्चिम में कुछ सालों तक सहायक के रूप में काम करने के बाद अब वह रोड द्वीप के ब्राउन विश्वविद्यालय में मुख्य कोच था और वह फिर से शादी करने जा रहा था, केली मैकक्रम के साथ जो पूर्वी तटीय क्षेत्र की एक बहुत ही सुंदर और व्यावहारिक लड़की थी और कॉलेज के नामांकन विभाग की डीन भी। उसके दो बच्चे अब लम्बे और आत्मविश्वास से भरे हुए थे, अगली पीढ़ी के जीते जागते उदाहरण।

मैं एक सीनेटर की पत्नी थी लेकिन उससे परे और ज़्यादा महत्वपूर्ण बात यह थी कि मेरा एक पेशेवर जीवन था और वह मेरे लिए बहुत मायने रखता था। पिछले वसंत में यूनिवर्सिटी ऑफ शिकागो मेडिकल सेंटर के उपाध्यक्ष के रूप में मेरी पदोन्नति हुई। मैंने अपने पिछले कुछ साल एक योजना के विकास में लगाए थे जिसे साउथ साइड स्वास्थ्य सेवा सहयोगी के नाम से जाना जाता था और जो पहले से पंद्रह सौ से ज़्यादा रोगियों को अपने साथ जोड़ चुका था जो हमारे आपातकाल विभाग में आकर पैसे के बिना इलाज करवा सकते थे। मेरा काम निजी था। मैंने ईआर में अपने कुछ अश्वेत दोस्तों को उन मामलों पर बात करते हुए देखा जिन्हें अभी तक नज़रअन्दाज़ किया जा रहा था - मधुमेह के ऐसे रोगी जिनके रक्त संचार की समस्या पर ध्यान नहीं दिया गया था और अब उनके पैर काटने की ज़रूरत थी। उदाहरण के लिए- मैं बिना यह सोचे नहीं रह सकती हूँ कि किस प्रकार मेरे अपने पिता उनके चिकित्सीय नियोजनों को अपने स्तर पर सफल नहीं बना पाते थे, अपने एमएस के हर लक्षण को उन्होंने दबाया ताकि किसी तरह का तमाशा ना हो या इसमें पैसे न लगें या किसी तरह की काग़ज़ी कार्रवाई न करनी पड़े या वे ख़ुद को किसी अमीर श्वेत डॉक्टर के द्वारा नीचा दिखाए जाने से बचा सकें।

मुझे अपना पेशा पसंद था और हालाँकि यह पूरी तरह से अच्छा नहीं था लेकिन मुझे अपना जीवन भी पसंद था। जैसे ही साशा प्राथमिक स्कूल में जाने के लिए तैयार हुई मुझे ऐसा महसूस हुआ कि मेरे जीवन का एक बिलकुल नया चरण शुरू होने वाला है और मैं फिर से अपनी महत्वाकांक्षा के बारे में सोचते हुए अपने जीवन के नए उद्देश्य तय कर सकती हूँ। राष्ट्रपति पद के लिए किया जाने वाला अभियान क्या करेगा? यह सब कुछ निगल जाएगा। मैं समय से पहले ही इस बात को समझ रही थी। इन ग्यारह सालों में बराक और मैं अब तक कुल पाँच अभियानों में साथ रह चुके थे और सभी अभियानो के दौरान मुझे अपनी प्राथमिकताओं को तय करने के लिए बहुत अधिक दबाव से गुज़रना पड़ा था। उनमें से प्रत्येक अभियान ने मेरी आत्मा पर एक दाग़ छोड़ा था और मेरी शादी पर भी। राष्ट्रपति पद के लिए उम्मीदवारी, मुझे डर था कि हमें वास्तव में बर्बाद कर देगी। बराक हमसे और दूर चले जाएँगे इससे भी ज़्यादा जब वह स्प्रिंगफ़ील्ड या वाशिंगटन में नौकरी कर रहे थे - आधे सप्ताह के लिए नहीं, बल्कि पूरे सप्ताह के लिए। बीच में छुट्टियों के साथ लगातार चार या आठ सप्ताह के लिए नहीं बल्कि एक समय में कई महीनों के लिए। इससे हमारे परिवार के साथ क्या होगा? हमारी बच्चियों पर प्रचार का असर कैसा होगा?

बराक के इर्दगिर्द हवा के उस दबाव को नज़रअन्दाज़ करने के लिए जो कुछ भी करना था मैंने किया, तब भी जब यह स्पष्ट था कि अब वापसी नहीं है। केबल के समाचार विशेषज्ञ उनकी संभावनाओं पर बहस कर रहे थे। रूढ़िवादी स्तम्भ लेखक डेविड ब्रुक्स ने *न्यूयॉर्क टाइम्स* में चौंका देने वाला लेख लिखा था जिसका शीर्षक था- "दौड़ो, बराक, दौड़ो"। अब वह जहाँ भी जाते उन्हें पहचान लिया जाता था, लेकिन मेरे पास अब भी अदृश्यता का वरदान था। अक्टूबर के महीने में एक दिन मैं दुकान की क़तार में खड़ी थी कि तभी मेरी नज़र *टाइम* मैगज़ीन पर गई और मैंने उसे देखने के लिए अपना सिर उस तरफ़ घुमाया: यह मेरे पति की चेहरे के नज़दीक से खींची गई तस्वीर थी, उसके बग़ल में शीर्षक था, "बराक ओबामा के अगले राष्ट्रपति बनने का क्या-क्या कारण हो सकते हैं?"

मैं यह उम्मीद कर रही थी कि एक समय ऐसा आएगा जब बराक ख़ुद ही सभी तरह की अटकलबाजियों को ख़त्म करने के लिए ख़ुद को इस झमेले से बाहर कर देंगे और मीडिया का सारा आकर्षण दूसरी तरफ़ करवा देंगे। लेकिन उन्होंने ऐसा नहीं किया। वह ऐसा नहीं करेंगे। वह चुनाव लड़ना चाहते थे। वह ऐसा चाहते थे और मैं नहीं चाहती थी।

जब भी कोई रिपोर्टर यह पूछता था कि क्या वह राष्ट्रपति पद की लड़ाई में शामिल होंगे, बराक इसका विरोध कर देते और सिर्फ़ कह देते कि "मैं अब भी इसके बारे में सोच रहा हूँ। यह एक पारिवारिक निर्णय है।" जो इस बात के लिए संकेत था कि, "अगर मिशेल कहे कि मैं लड़ सकता हूँ, सिर्फ़ तभी।"

रातों में जब बराक वाशिंगटन में थे और मैं बिस्तर पर अकेली लेटी होती थी, तब मुझे ऐसा एहसास होता था कि शायद मैं दुनिया के विरोध में हूँ। मैं बराक को अपने परिवार के लिए चाहती थी। बाक़ी सभी दूसरे लोग उन्हें देश के लिए चाहते थे। उनके पास सलाहकारों

की समिति थी - डेविड ऐक्सेलरॉड और रॉबर्ट गिब्ज़, अभियान के दो रणनीतिज्ञ जिन्होंने उनके सीनेट में चुने जाने के समय बहुत महत्वपूर्ण भूमिका निभाई थी; ऐक्सेलराॅड की ही कम्पनी के एक दूसरे सलाहकार डेविड प्लूफ़, उनके कर्मचारियों के प्रमुख पीट राउज़; और वैलरी- ये सभी लोग एहतियातन समर्थन में थे। लेकिन उन्होंने यह भी स्पष्ट कर दिया कि राष्ट्रपति के चुनावी अभियान में कुछ भी आधा-अधूरा नहीं होता है। बराक और मुझे दोनों को पूरी तरह मैदान में उतरना होगा। उनसे की गई मांगें कल्पनातीत होने वाली थीं। सीनेट के रूप में अपने कर्तव्यों से चुके बिना उन्हें एक तट से दूसरे तट तक प्रचार कार्यक्रम का निर्माण करना होगा और उसे बनाए रखना भी होगा, नीतियों के लिए एक मंच का विकास करना होगा और साथ ही बहुत अधिक पैसों का भी इंतज़ाम करना होगा। मेरा काम प्रचारों को अपना शांतिपूर्ण समर्थन देना भर ही नहीं होगा बल्कि मुझे इसमें हिस्सा भी लेना होगा। मुझसे यह उम्मीद की जाएगी कि मैं और मेरे बच्चे हमेशा ही लोगों को दिखाई देने के लिए, उनसे मिलने के लिए और उनसे हाथ मिलाने के लिए उपलब्ध रहें। मुझे इसका अहसास हुआ कि इस बड़े कारण के समर्थन में अब सब कुछ उसके बारे में होगा।

यहाँ तक कि क्रेग भी, जिसने मेरे जन्म के दिन से मेरी रक्षा की थी वह भी राष्ट्रपति पद की सम्भावित उम्मीदवारी से उत्साहित था। एक शाम उसने मुझे यूँ ही फ़ोन किया। "सुनो, मिश," उसने कहा जैसा कि वह अक्सर ही बास्केटबॉल खेलने वाले अन्दाज़ में कहता था। "मैं जानता हूँ तुम इसे लेकर चिंतित हो, लेकिन अगर बराक को इसका अवसर मिल रहा है तो उसे इस अवसर को लेना ही होगा। तुम यह सब कुछ देख सकती हो, है न?"

यह अब मुझ पर निर्भर था। सब कुछ मुझ पर ही निर्भर था। मैं एक ऐसे आदमी से प्यार करती थी जो बिना किसी भोलेपन के आशावादी था, विरोध से निडर, और दुनिया की जटिलता के जकड़ा हुआ। आश्चर्यजनक रूप से उन्हें इस बात से अनभिज्ञ रखा गया था कि कितना कुछ करने के लिए बचा हुआ था। वह इस सोच की आशंका में था कि उसे लम्बे समय के लिए मुझे और अपनी बेटियों को छोड़ना होगा, उसने कहा था। लेकिन वह मुझे इस बात की भी याद दिलाते रहता था कि हमारा प्यार कितना ज़्यादा सुरक्षित था। "हम यह सब सम्भाल सकते हैं, है न?" एक रात उसने मेरा हाथ पकड़ते हुए कहा जब हम दोनों ऊपर की स्टडी में बैठे थे और अंतत: हमने इस बारे में बात करनी शुरू कर दी थी। "हम मज़बूत हैं और हम स्मार्ट भी हैं, और हमारे बच्चे भी। हम सब ठीक रहेंगे। हम इसे बर्दाश्त कर सकते हैं।"

उसके कहने का मतलब था कि हाँ प्रचार खर्चीला होगा। कई चीज़ें होगी जो हमें छोड़नी होगी- समय, एक दूसरे का साथ, हमारी निजता। किस माला में इन सब चीज़ों की ज़रूरत होगी इसका अनुमान लगाना अभी जल्दबाज़ी होती, लेकिन निश्चय ही बहुत अधिक माला में होगी। मेरे लिए यह अपनी बचत राशि को जाने बिना अपने पैसे ख़र्च करने जैसा था। हम लोगों में किस माला में लोच था? हमारी सीमा क्या थी? अंत में हमारे पास क्या बचेगा? अकेले इन सब बातों की अनिश्चतता ही डराने के लिए पर्याप्त थी, एक ऐसी चीज़ जो हमें डूबा सकती थी। सब के बावजूद मैं एक ऐसे परिवार में बड़ी हुई थी जो आगे की

चिंता में विश्वास करता था - उस आग ने हमारे घर में छेद कर दिया था और अब उसका असर हर चीज़ पर दिख रहा था। श्रमजीवी वर्ग वाले परिवार में विकलांग माँ बाप के साथ बड़े होने के कारण मैंने सीखा था कि योजना और दूरदर्शिता बहुत अधिक महत्व रखती है। यह स्थायित्व और ग़रीबी के अंतर का अर्थ हो सकती थी। इसका अंतर हमेशा कम महसूस होता था। एक महीने तनख़्वाह न पाने का मतलब होता था कि आप बिना बिजली के हैं; एक दिन होमवर्क न करने का मतलब था कि आप दूसरों से पिछड़ जाएँ और आपको कॉलेज से बाहर हो जाना पड़ सकता था।

पाँचवी कक्षा की एक दोस्त को घर में आग लगने के कारण खो देने से, सुज़ैन को वयस्क होने से पहले मरती देखकर मैंने यह सीखा था कि यह दुनिया बेतरतीब और क्रूर हो सकती है, और यह कि कड़ी मेहनत हमेशा सकारात्मक परिणाम को सुनिश्चित नहीं करती। मेरी यह सोच आगे चलकर ही बदली, हालाँकि अब भी अपनी सड़क पर बने इस अपने पक्के मकान में बैठकर न चाहते हुए भी मैं वह सब कुछ बचाना चाहती थी जो हमारे पास है - अपनी बेटियों की देखभाल करना चाहती थी और बाक़ी सब कुछ भूल जाना चाहती थी, कम से कम तब तक जब तक वे थोड़ी और ज़्यादा बड़ी न हो जाएँ।

और फिर इसका एक दूसरा हिस्सा भी था, और बराक और मैं दोनों इसके बारे में जानते थे। हमने विशेषाधिकार के तहत दूर से कैटरीना के कारण हुई बर्बादी को देखा था। हमने देखा था कि किस तरह माता-पिता अपने बच्चों को ऊपर उठाकर उन्हें बाढ़ के पानी से बचा रहे थे और सुपरडोम में स्थित अमानुषिक अनैतिकता के माहौल में अफ्रीकी-अमेरिकी परिवार एक दूसरे को पकड़ कर एक साथ रहने की कोशिश कर रहे थे। मेरे विभिन्न पेशों में- सिटी हॉल से विश्विद्यालय के सार्वजनिक गठबंधन तक - मुझे यह देखने में मदद मिली थी कि किस तरह कुछ लोगों के लिए मौलिक स्वास्थ्य सेवा और घर जैसी चीज़ें सुरक्षित रखना मुश्किल होता है। मैंने तार सी पतली रेखा देखी थी जो चीज़ों के मिलने और उनके हाथ से चले जाने के अंतर को अलग करती थी। उधर बराक अपने हिस्से का ज़्यादातर समय फ़ैक्टरी से निकाले गए मज़दूरों की बातें सुनने में, मिलिटेरी के जवान योद्धाओं की आजीवन विकलांगता के संघर्ष सुनने में और ऐसी मांओं की कहानियाँ सुनने में लगाया था जो अपने बच्चों को कम सुविधा वाले स्कूलों में भेजकर तंग आ चुकी थीं। हम समझ गए थे, दूसरे शब्दों में, हम कितने ज़्यादा भाग्यशाली थे और हम दोनों ने एक दायित्व महसूस किया कि हम आत्मसंतुष्ट नहीं हो सकते हैं।

इस बात को जानते हुए कि इसे मानने के सिवाय मेरे पास कोई दूसरा विकल्प नहीं है, मैंने अंतत: दरवाज़ा खोल दिया और इस सम्भावना को अंदर आने की अनुमति दे दी। बराक और मैंने इस विचार पर बातें की, सिर्फ़ एक बार ही नहीं लेकिन कई बार, क्रिसमस की यात्रा के दौरान हवाई में टूट से मिलने की हमारी यात्रा तक। हमारे बीच होने वाली कुछ बातचीत गुस्सा और आँसुओं से भरी होती थी और उनमें से कुछ बहुत ज़्यादा सकारात्मक। यह उस बातचीत का विस्तार भर था जो हम दोनों के बीच सत्रह सालों से हो रही थी। *"हम कौन थे?*

हमारे लिए क्या मायने रखता था? हम क्या कर सकते थे?"

अंत में, यह इस रूप में आया: मैंने हाँ कहा क्योंकि मुझे विश्वास था कि बराक एक महान राष्ट्रपति हो सकते हैं। वह उसी तरह आत्म-दृढ़ थे जैसे कई लोग होते हैं। उनके पास इस काम को करने के लिए समझ और अनुशासन दोनों था, इस प्रक्रिया को कठिन बनाने वाली हर चीज़ को झेलने का स्वभाव, और एक असाधारण स्तर की सहानुभूति जो उन्हें देश की ज़रूरत को समझने के लिए उन्हें सतर्क रख सकता था। वे अच्छे और दिमाग़ी रूप से तेज़ लोगों से भी घिरे हुए थे जो उनकी मदद के लिए तैयार थे। मैं उन्हें रोकने वाली कौन थी? इस सम्भावना के सामने कि बराक एक ऐसे राष्ट्रपति बन सकते हैं जो लाखों लोगों की ज़िंदगी को बेहतर बनाने में मदद करेंगे, मैं अपनी ज़रूरतों या कई मायने में अपनी बेटियों की ज़रूरतों को आगे रख सकती थी?

मैंने हाँ कहा था क्योंकि मैं उससे प्यार करती थी और वह जो भी कर सकता था उसमें मेरा विश्वास था।

मैंने हाँ कहा था लेकिन ठीक उसी समय मैं एक दर्द भरी सोच से भी जूझ रही थी, जो मैं बाँटने के लिए तैयार नहीं थी: मैंने प्रचार में उसकी मदद की थी, लेकिन मैं निश्चित थी कि वह यह सब अकेले नहीं कर पाएगा। वह अक्सर और बड़े ही जोश से अपने देश की विषमताओं को ख़त्म करने के बारे में बात करता था और विचारों का उच्च स्तर तय करने की बात करता था जिसके बारे में उसका विश्वास था कि बहुत सारे लोगों में यह जन्म से ही होता है। लेकिन मैंने उन विभाजनों को इस रूप में देखा था कि वे मेरी आशा को तार-तार करने के लिए काफ़ी थे। इस सब के बावजूद बराक अमेरिका में एक अश्वेत आदमी थे। मैंने सच में नहीं सोचा था कि वे जीत सकते हैं।

16

करीब करीब उसी पल से जब हम इस बात से राज़ी हुए कि बराक को चुनाव लड़ना चाहिए बराक एक तरह से गायब इंसान बन गया, जिस इंसान को मैं जानती थी उसका एक बेहद सक्रिय रूप। एक ऐसा इंसान जिसको अचानक हर समय हर जगह उपस्थित रहना होता था, वह उस बड़ी कोशिश के जुनून में था। प्राथमिक चुनावों के शुरू होने में एक साल से भी कम का वक्त था, जिसकी शुरुआत आयोवा से होनी थी। बराक को जल्दी जल्दी अपने लिए कर्मचारी रखने थे, ऐसे चंदा देने वालों को प्रभावित करना था जो बड़ी राशि दें, और यह देखना था कि अपनी उम्मीदवारी को किस तरह सबसे मुखर रूप में सामने रखे। लक्ष्य यह था कि लोगों की नजरों में आया जाए और चुनाव के दिन तक रहा जाए। शुरूआती क़दमों से ही चुनाव में जीत या हार तय हो जा सकती थी।

इस पूरे प्रचार अभियान की देखरेख एक्सेलरॉड और प्लौफे कर रहे थे जो इसमें बहुत गहराई से जुड़े थे, एक्स, जैसा कि सभी उसको बुलाते थे, की आवाज मधुर थी, वह बहुत विनम्र था, और उसकी मूंछें ऊपरी होठ तक फैली थीं। वह पहले शिकागो ट्रिब्यून में संवाददाता था जो बाद में राजनीतिक परामर्श के क्षेत्र में आ गया और वह बराक के लिए मैसेज और मीडिया का काम देख रहा था। प्लौफे उनतालीस साल का था, और उसकी मुस्कान लड़कों जैसी थी तथा उसको आंकड़ों और रणनीति से बहुत प्यार था। टीम तेजी से बढती जा रही थी, अनुभवी लोग जुड़ते जा रहे थे जो पैसों का ध्यान रखते थे और आगे के आयोजनों की रूपरेखा बनाते थे।

किसी ने यह सुझाव दिया कि बराक को अपनी उम्मीदवारी की घोषणा औपचारिक रूप से स्प्रिंगफ़ील्ड से करनी चाहिए। सब इस बात से राज़ी हो गए कि अमेरिका के मध्यवर्ती इलाके से प्रचार अभियान की शुरुआत करना बिलकुल सही होगा क्योंकि हम अलग तरह से प्रचार करना चाहते थे- ऐसा प्रचार अभियान जिसको आमतौर पर ऐसे लोगों द्वारा चलाया जाना था जो राजनीति के लिए नए थे। यह बराक की उम्मीद का केंद्र था। समुदाय के प्रबंधक के रूप में काम करने के दौरान बराक ने यह देखा था कि हमारे जनतंत्र में किस कदर बहुत से लोगों को ऐसा महसूस होता था कि न तो उनकी

आवाज़ सुनी जाती थी और उनको मताधिकार से वंचित रखा जाता था। प्रोजेक्ट वोट ने उनकी इस सम्बन्ध में मदद की कि अगर उन लोगों को भागीदारी के लिए सशक्त बनाया गया तो क्या कुछ बदल सकता था। राष्ट्रपति पद के लिए उनकी उम्मीदवारी उनके इस विचार की सबसे बड़ी परीक्षा होने वाली थी। क्या उसका सन्देश बड़े पैमाने पर काम करेगा? क्या अधिक लोग मदद के लिए आयेंगे? बराक को इस बात का पता था कि वह अस्वाभाविक उम्मीदवार था। इसलिए वह अलग तरह से अपना प्रचार अभियान चलाना चाहता था।

योजना यह बनी कि बराक ओल्ड स्टेट कैपिटल की सीढियों से अपनी घोषणा करेंगे, जो एक ऐतिहासिक जगह थी जो देखने में किसी भी अन्य सम्मलेन स्थल से अधिक प्रभावी लगती। लेकिन इसकी वजह से उसको घर से बाहर रहना पड़ता, इलिनॉय के बीचोबीच, फरवरी महीने के मध्य में, जब तापमान अक़्सर शून्य से नीचे रहता था। यह फैसला मुझे अच्छे उद्देश्य से लिया गया लगा, लेकिन अव्यवहारिक लग रहा था, और इसने प्रचार अभियान दल में मेरे आत्मविश्वास को बढाने के लिए कुछ ख़ास नहीं किया, जो एक तरह से हम लोगों के जीवन को चला रही थी। मुझे इस बात से ख़ुशी नहीं थी, क्योंकि मैं यह कल्पना कर रही थी कि बर्फ और बर्फीली हवा के बीच मैं और लड़कियां मुस्कुराने की कोशिश किस तरह से कर रही थीं। बराक बजाय ठण्ड को महसूस करने के जोश से भरा हुआ लग रहा था। मैं उन लोगों के बारे में सोच रही थी कि जो उस दिन घंटों ठण्ड में बाहर खड़े होने के बजाय घर में रहना पसंद करने वाले थे। मैं मिडवेस्ट की थी: मैं ज़ानती थी कि मौसम सब कुछ बिगाड़ सकता था। मैं इस बात को भी जानती थी कि बराक के लिए यह अच्छा नहीं होता कि उसकी शुरुआत ठंड में हो।

एक महीने पहले हिलेरी क्लिंटन ने अपनी उम्मीदवारी घोषित कर दी थी, वह आत्मविश्वास से भरपूर लग रही थी। जॉन एडवर्ड जो नार्थ कैरोलिना में केरी के साथ पहले उम्मीदवारी कर चुके थे, उन्होंने उससे भी एक महीने पहले ही अपनी उम्मीदवारी घोषित की थी, उन्होंने अपनी उम्मीदवारी न्यू ओरलायंस के अपने घर के बाहर से बोलते हुए घोषित की थी जो कैटरिना में तबाह हो गया था। कुल मिलाकर, नौ डेमोक्रेट अपनी उम्मीदवारी रख रहे थे। मुकाबला भीषण और भीड़ भरा था।

बराक की टीम खुले में घोषणा करने के बारे में सोच विचार कर रही थी, लेकिन जगह वही थी। मैंने इस बात के ऊपर जोर दिया कि टीम कम से कम बराक के पोडियम के नीचे हीटर लगा दे ताकि नेशनल न्यूज़ में वह बहुत असहज दिखाई न दे। इसके अलावा, मैं खामोश ही थी। किसी चीज के ऊपर मेरा ख़ास नियंत्रण नहीं था। रैलियों की योजनायें बनाई जा रही थीं, रणनीतियां तैयार की जा रही थीं, स्वयंसेवक तैयार किये जा रहे थे। प्रचार अभियान चल रहा था और उसमें किसी तरह की फेरबदल नहीं होने वाला था।

शायद यह मेरे अंतर्मन में विचार आया, मेरा ध्यान किसी ऐसी चीज की तरफ़ गया जिसको मैं काबू में कर सकती थी वह यह कि घोषणा वाले दिन के लिए मालिया और साशा

के लिए सर में पहनने के लिए टोप ले लूं। मैंने उन दोनों के लिए विंटर कोट लिया, लेकिन मैं हैट खरीदने के बारे में तब तक भूली ही रही जब तक कि बहुत देर नहीं हो गई।

जब घोषणा की तारीख़ आई, मैं काम के बाद वाटर टावर पार्क के डिपार्टमेंट स्टोर्स में जाने लगी, जहाँ सीजन के मध्य में जो विंटर वियर आया हुआ था उनमें जा जा क्लियरेंस के रैक में तलाश कर रही थी। बहुत दिन नहीं हुए थे जब मैं इस बात को लेकर कम चिंतित रह गई थी कि मालिया और साशा भविष्य के राष्ट्रपति की बेटियों जैसी लगें बल्कि मैं इस बात को पक्का करना चाहती थी कि उनको देखकर यह लगे कि उनकी एक माँ है। अंततः, शायद तीसरी बार में जाकर, मुझे कुछ मिला- दो बुने हुए हैट, मालिया के लिए सफ़ेद और साशा के लिए गुलाबी, दोनों ही महिलाओं के साइज की स्माल साइज की हैट थीं जो मालिया के सर में बहुत सुन्दर लग रहा था लेकिन साशा के पांच साल के चेहरे पर कुछ झूल सा रहा था। वे फैशन में नहीं थे लेकिन वे बहुत प्यारे लग रहे थे, और सबसे बड़ी बात थी कि इलिनॉय का मौसम जैसा भी रहता उनको पहनने से उन लड़कियों को गर्मी महसूस होती। यह एक छोटी सी जीत थी, लेकिन यह जीत मेरी थी।

फ़रवरी 10, 2007 को घोषणा करने का दिन था- उस दिन सुबह के समय बादल नहीं थे और वह एक रौशन दिन था, वह सर्दियों के मध्य का एक चमकता हुआ शनिवार था जो उससे कहीं अच्छा लग रहा था जैसा कि पहले महसूस हो रहा था। हवा का तापमान करीब बीस डिग्री था, और हल्की हवा बह रही थी। हमारा परिवार स्प्रिंगफ़ील्ड में एक दिन पहले ही आ गया था, और हम शहर के बीचोबीच के होटल में तीन कमरे के सुईट में रह रहे थे, वह होटल में उस मंजिल पर था जिसको पूरी तरह से प्रचार अभियान के लिए किराए पर ले लिया गया था और वहां करीब दर्जन भर और परिवार भी ठहरे हुए थे जो परिवार और दोस्तों के थे जो शिकागो से आये थे।

हम अभी से राष्ट्रीय प्रचार अभियान के दबाव को महसूस कर रहे थे। अनजाने में बराक की घोषणा को उसी दिन रख दिया गया था जिस दिन ब्रॉडकास्टिंग की दुनिया के महारथी ताविस स्माइली द्वारा स्टेट ऑफ़ ब्लैक यूनियन नामक मंच का आयोजन किया जाता था, जो इसकी वजह से गुस्से में भी थे। उन्होंने प्रचार अभियान के कर्मचारियों से अपनी नाखुशी भी जाहिर कर दी थी। उन्होंने यह कहा था कि इस कदम से ऐसा लगा कि अफ्रीकी-अमेरिकी समुदाय के लिए सम्मान नहीं दिखाया गया और इससे हो सकता था कि बराक की उम्मीदवारी को नुक्सान हो। मैं इस बात से हैरान थी कि पहला हमला हमारे ऊपर अश्वेत समुदाय की तरफ़ से ही आया था। उसके बाद, घोषणा के एक दिन पहले रोलिंग स्टोन ने बराक के ऊपर एक लेख लिखा जिसमें रिपोर्टर ने ट्रिनिटी चर्च शिकागो जाने के बारे में भी लिखा। हम वहां के अभी भी सदस्य थे, लेकिन हमारी बेटियों के जन्म के बाद से हमारा वहां जाना काफी कम हो गया था। उसमें जो अंश उद्धृत किया गया था वह बहुत पहले श्री जेरेमी राईट ने अपने व्याख्यान में कहा था जो हमारे देश में अश्वेतों के साथ होने वाले बर्ताव

को लेकर था, जिसमें यह बात थी कि अमेरिका ईश्वर की परवाह करने से अधिक श्वेत वर्चस्व को बनाए रखने में यकीन रखता था।

वैसे तो बराक के बारे में जो लिखा गया था वह बहुत सकारात्मक था लेकिन मैगज़ीन के कवर पर जो पंक्ति लिखी हुई थी वह थी "बराक ओबामा की अतिवादी जड़ें," जिसके बारे में मैं समझ गई कि संकीर्ण मीडिया द्वारा तत्काल इसको हथियार बना लिया जाएगा। यह एक तरह से बहुत बड़ी दुर्घटना होने वाली थी, वह भी प्रचार अभियान की शुरुआत से ऐन पहले और ख़ास तौर पर इसलिए क्योंकि श्री राईट बराक के भाषण से पहले आह्वान करने जा रहे थे। बराक के लिए बहुत मुश्किल वक्त था, उसने फादर से फोन करके कहा कि क्या वह चर्चा के केंद्र से पीछे हट जायेंगे, और उसकी जगह हमें मंच के पीछे से निजी तौर पर आशीर्वाद दें। श्री राईट की भावनाएं आहत हुई, लेकिन वे शायद यह बात समझ गए थे कि क्या कुछ दांव पर था, इसलिए हम लोगों को ऐसा लग रहा था कि वह अपनी निराशा के ऊपर चिंतित होने के बगैर हमें समर्थन देंगे।

उस सुबह मुझे यह बात समझ में आई कि हम ऐसे पल में पहुँच गए थे जहाँ से लौटने की कोई गुंजाईश नहीं थी। हम एक तरह से अमेरिकी लोगों के सामने अपने परिवार को रख रहे थे। वह दिन प्रचार अभियान के हिसाब से बहुत बड़ा दिन होने वाला था और जिसके लिए हम हफ़्तों से तैयारी कर रहे थे। और जिस तरह हर आयोजक घबड़ाया हुआ होता है, इसलिए जब सही में समय आया तो डर के मारे मेरे पाँव जमीन पर नहीं ठहर रहे थे, कि अगर कोई नहीं आया तो। बराक के विपरीत मुझे संदेह होता रहता था। जिस तरह की चिंताएं मुझे बचपन से रहती थीं अभी भी वही थीं। अगर हम अच्छा नहीं कर पाए तो? हो सकता है कि हमें जितनी बातें बताई गई बढ़ा चढ़ा कर बताई गई हों। हो सकता कि बराक अपने लोगों में उतना लोकप्रिय न हों जितना कि उसके लोगों को लग रहा था। हो सकता है कि अभी उसका वक्त न आया हो। मैंने सभी शंकाओं को एक तरफ़ रखने की कोशिश करते हुए ओल्ड कैपिटल के बगल के रास्ते से मंच की तरह बढ़ना शुरू किया मुझे अभी भी सामने का कुछ दिखाई नहीं दे रहा था। इसलिए मुझे कर्मचारी उसके बारे में बता रहे थे, मैंने मालिया और साशा को माँ और के विल्सन को सौंप दिया- "मामा के" बराक की पुरानी सलाहकार थी जो हाल के बरसों में हमारे बच्चों की दूसरी दादी की भूमिका में आ गई थीं।

लोगों का जमावड़ा ठीक ही लग रहा था, ऐसा मुझे बताया गया। लोग सुबह होने के पहले से ही वहां जुटने लगे थे। योजना यह थी कि बराक पहले बाहर आये, और कुछ मिनट के बाद मंच पर मैं और बेटियां भी आ जाएँ, कुछ सीढियां चढ़कर हम भीड़ की तरफ़ मुड़कर हाथ हिलाएं। मैंने यह बात पहले ही साफ़ कर दी थी कि बीस मिनट के भाषण के दौरान हम वहां नहीं रुकने वाले थे। दो छोटे बच्चों से इस बात की उम्मीद करना कि वे खामोश बैठी रहें और ऐसी जताती रहें कि उनकी उसमें दिलचस्पी भी थी, बहुत बड़ी उम्मीद थी। अगर वे ऊबी हुई दिखाई देती या उनमें से किसी को छींक आ जाती या शरारत करने लगती तो इससे बराक का कोई लाभ नहीं होने वाला था। मेरे साथ भी यही बात थी। मैं जानती थी कि मुझे

उस बने बनाए ढर्रे को अपनाना था, किसी गुडिया की तरह बनी ठनी पत्नी के रूप में चेहरे पर मुस्कान लिए, अपने पति की तरफ ऐसे देखना मानो एक एक शब्द को ध्यान से सुन रही हो। मैं ऐसी नहीं थी और मैं ऐसी कभी नहीं हो सकती थी। मैं मददगार तो हो सकती थी, लेकिन रोबोट नहीं।

समझाए जाने और श्री राईट के साथ एक पल प्रार्थना करने के बाद बराक ने आगे बढ़कर सुनने वालों का अभिवादन किया, उसका स्वागत ऐसी जोरदार तालियों के साथ किया गया कि उसकी आवाज मुझे कैपिटल हिल के अन्दर तक सुनाई दे रही थी। मैं साशा और मालिया को खोजने के लिए अन्दर गई तो मैंने पाया कि साशा और मालिया अभी से घबड़ाई हुई दिखाई दे रही थीं। "तुम दोनों तैयार हो?" मैंने कहा।

"मम्मी, मुझे गर्मी लग रही है," साशा ने अपने गुलाबी हैट को हटाते हुए कहा।

"नहीं स्वीटी। तुमको इसको पहने रहना है। बाहर बहुत ठण्ड है।" मैंने हैट लिया और उसके सर पर वापस रख दिया।

"लेकिन हम बाहर नहीं हैं, हम अन्दर हैं," वह बोली।

यह साशा थी, गोल चेहरे वाली हमारी सच्चाई को बयान करने वाली। मैंने उसके तर्क के ऊपर ध्यान नहीं दिया। बल्कि मैंने पास खड़े एक कर्मचारी को घूर कर देखा, उस नौजवान को मैं यह सन्देश देना चाहती थी जिसको जरूर अपना कोई बच्चा नहीं था: हे भगवान, अगर तुमने अभी कार्यक्रम की शुरुआत नहीं की तो हम इन दोनों को खोने वाले थे।

दया दिखाते हुए उसने सर हिलाया और हम लोगों को लेकर प्रवेश मार्ग की तरफ बढ़ गया। यह समय आ गया था।

तब तक मैं बराक के साथ कई राजनीतिक कार्यक्रमों में जा चुकी थी और मैंने कई बार उसको मतदाताओं के बड़े समूहों के साथ संवाद करते हुए देखा था। मैं प्रचार अभियान की शुरुआत के समय थी, धन उगाही और चुनाव की रात की पार्टी के लिए भी गई थी। वहां मैं यह देखती थी कि सुनने वालों में बड़ी संख्या में पुराने दोस्त होते थे और पुराने समर्थक भी। लेकिन स्प्रिंगफ़ील्ड की बात ही अलग थी।

जिस समय हम मंच पर आये मेरी तो जैसे सांस ही थम गई। मेरा ध्यान पूरी तरह से साशा के ऊपर था, मैं इस बात को पक्का करना चाहती थी कि वह मुस्कुराती रहे और अपने जूते वाले पैरों पर गिर न पड़े। "ऊपर देखो स्वीटी!" मैंने उसका हाथ थामते हुए कहा। "मुस्कुराओ!" मालिया हम लोगों से आगे ही थी, उसकी ठुड्डी ऊँची थी और जब अपने पापा के साथ खड़ी होकर वह हाथ हिला रही थी तो उसके चेहरे पर बड़ी सी मुस्कान थी। जब तक हम लोग सीढ़ियों से ऊपर नहीं चढ़ गए तब तक दर्शकों को देख भी नहीं पाई थी, या कम से कम देखने की कोशिश कर रही थी। भीड़ बहुत बड़ी थी। ऐसा लग रहा था कि उस दिन पंद्रह हजार से अधिक लोग आये हुए थे। वे तीन सौ साठ डिग्री के वृत्त में फैले हुए थे, वे कैपिटल के सामने खड़े होकर हमारा उत्साह बढ़ा रहे थे।

मैंनें कभी भी शनिवार का दिन किसी चुनावी सभा में नहीं बिताया था। किसी खुले

जिम में या हाई स्कूल के ऑडिटोरियम में बड़े बड़े वादों को सुनने के लिए जाने की बात मुझे कोई खास प्रभावित नहीं करती थी। मैं सोचती थी कि इतने लोग यहाँ क्यों जुटे थे? वे अतिरिक्त मोज़े पहनकर ऐसी ठण्ड में घंटों क्यों खड़े रहते थे? मैं यह तो सोच सकती थी कि लोग किसी ऐसे बैंड को सुनने के लिए आकर जुटें जिनके एक गाने को वे साथ-साथ गुनगुना सकते थे या बर्फ़ में उस टीम के खेल को देखने के लिए जुट जाएँ जिसके खेल को वे बचपन से पसंद करते आ रहे हों। लेकिन राजनीति? मैंने अब तक जो अनुभव किये थे यह अनुभव उनसे अलग था।

मुझे ऐसा लगने लगा जैसे हम ही बैंड थे। हम वह टीम थे जो फ़ील्ड में आने वाले थे। सबसे अधिक मुझे अचानक ज़िम्मेदारी का भाव हुआ। हम कुछ न कुछ इनमें से सबके ऋणी थे। हम उनसे उम्मीद मांग रहे थे, और अब हमलोगों को उन उमीदो पर खरा उतरना था जो वे लेकर आये थे, और उस उत्साह को बीस महीने तक पचास राज्यों में और वहा व्हाइट हाउस तक ले जाना था। मुझे ऐसा नहीं लगता था कि यह संभव था, लेकिन अब मुझे लग रहा था कि यह मुमकिन था। मुझे समझ में आया कि जनतंत्र की यही मांग थी और उसकी प्रतिक्रिया भी यही थी, और हमें एक-एक करके लोगों के साथ संपर्क बनाना था। *आप हमारे लिए आइये, हम आपके लिए आयेंगे*। बराक की जीत के मेरे पास पंद्रह हज़ार और कारण हो गए थे।

अब मैं पूरी तरह से समर्पित थी। हमारा पूरा परिवार समर्पित था, इसके बावजूद कि यह कुछ डरावना भी लग रहा था। हमारे आगे क्या था हम ने इस बारे में अभी सोचना भी शुरू नहीं किया था। लेकिन हम लोग वहां थे- बीचोबीच- हम चारों भीड़ और कैमरे के सामने खड़े थे, कोट पहने और एक छोटे सर पर बहुत बड़ा हैट लिए।

. . .

हिलेरी क्लिंटन एक गंभीर और प्रभावी प्रतिद्वंद्वी थीं। हर चुनाव के बाद देश की डेमोक्रेटिक पार्टी के संभावित प्राथमिक उम्मीदवारों में उनकी बढ़त मजबूत होती जा रही थी, बराक उनसे दस या बीस अंक पीछे था और एडवर्ड बराक से कुछ अंक पीछे। डेमोक्रेटिक के मतदाता क्लिंटन को जानते थे और वे जीत के लिए व्याकुल थे। बहुत कम लोग मेरे पति के नाम का उच्चारण भी कर सकते थे। हम सभी- बराक और मैं और प्रचार अभियान समिति के सदस्य- उसकी उम्मीदवारी की घोषणा के बहुत पहले इस बात को समझ गए थे कि इसके बावजूद कि वह राजनीति के लिए सही था बराक हुसैन ओबामा नामक एक अश्वेत उम्मीदवार हमेशा ही एक बड़ा दावेदार साबित होने वाला था।

यह बाधा हम अश्वेत समुदाय में भी महसूस कर रहे थे। उसी तरह जिस तरह मुझे शुरू में बराक की उम्मीदवारी को लेकर लगा था। बहुत से अश्वेत लोगों को भी ऐसा नहीं लगता था कि बराक जीत सकता था। अनेक लोगों को अभी भी ऐसा मुश्किल लग रहा था कि एक अश्वेत आदमी को ऐसे इलाकों में भी जीत मिल सकती थी जो मूल रूप से श्वेत आबादी का

इलाका था। जिसका मतलब यह था कि वे लोग अक़्सर सुरक्षित उम्मीदवारों पर दांव लगाते, जो उसके बाद उनके लिए सब से काम का होता। बराक के सामने एक चुनौती यह भी थी कि बिल क्लिंटन के साथ लम्बे अरसे से जो अश्वेत मतदाता जुड़े हुए थे उनका विश्वास किस तरह से जीता जाए, जो अफ्रीकी अमेरिकी समुदाय के साथ बहुत सहज महसूस करते थे और इस वजह से उन्होंने कई सम्पर्क बनाए थे। बराक ने इलिनॉय भर में अलग अलग समुदायों में अच्छी छवि अर्जित की थी, जिनमें राज्य के दक्षिणी इलाके के श्वेत ग्रामीण इलाके भी थे। उसने साबित कर दिया था वह अलग अलग समुदायों तक पहुँच बना सकता था, लेकिन बहुत से लोग उसके बारे में अभी भी इस बात को नहीं समझ पा रहे थे।

बराक का बहुत गहन परीक्षण हो रहा था, सूक्ष्मदर्शी चश्मे से। हम इस बात को जानते थे कि अश्वेत उम्मीदवार होने के कारण हम किसी तरह की गलती करने का जोखिम नहीं उठा सकते थे। हम लोगों को हर काम दो बार करना पड़ रहा था। बराक के लिए, और हर ऐसे उम्मीदवार के लिए जिसका नाम क्लिंटन नहीं था, नामांकन जीतने की एक ही उम्मीद थी कि वह खूब सारा धन उगाह ले और उसको तेजी से खर्च करना शुरू कर दे, शुरुआती प्राथमिक चुनावों में जबरदस्त प्रदर्शन करते हुए प्रचार अभियान को ऐसी गति दे कि वह क्लिंटन के निशान से आगे निकल जाए।

हम लोगों को आयोवा से उम्मीदें थीं। हम लोगों को या तो इसको जीतना था या बैठ जाना था। यह अधिकतर ग्रामीण क्षेत्र था और यहाँ की आबादी में 90 प्रतिशत से अधिक श्वेत थे। देश की राजनीति के तापमान को बताने के लिए वह ऐसी जगह बन गया था जहाँ के परिणाम की सभी उत्सुकता से प्रतीक्षा कर रहे थे और शायद उसको शिकागो में बैठे एक अश्वेत आदमी के लिए ऐसी जगह नहीं माना जा रहा था जहाँ से वह अपने आपको साबित करे लेकिन यह सच्चाई थी। 1972 से प्राथमिक चुनावों के लिए मतदान की शुरुआत आयोवा से ही होती आई थी। दोनों पार्टियों के सदस्य क्षेत्रीय स्तर पर आयोजित बैठकों में सर्दियों के मध्य में मतदान करते आये थे, और पूरा देश उसे बहुत ध्यान से देखता था। अगर देस मोइनेस और दुबुक में आप अपनी तरफ ध्यान आकर्षित कर पाने में सफल रहे तो आपकी उम्मीदवारी अपने आप ओरलैंडो और एल. ए. में मायने रखने वाली हो जाती। हम इस बात को भी जानते थे कि हम लोगों ने अगर आयोवा में अच्छा प्रदर्शन किया तो इससे देश भर के अश्वेतों में भी यह सन्देश जायेगा कि अब भरोसा करने में कोई परेशानी नहीं थी। असल बात यह थी कि बराक पड़ोस के इलिनॉय में सीनेटर था, जिसे उसका नाम कुछ जाना पहचाना था और उसको इलाके के बड़े मुद्दों के बारे में पता था, और डेविड प्लौफे को इस बात का भरोसा था कि आयोवा में हमारी थोड़ी बढ़त थी- जिस प्रदर्शन को हमें मज़बूत बनाने की आवश्यकता थी।

इस बात का मतलब यह था कि मुझे हर सप्ताह आयोवा जाना पड़ता, ओ हारे से मैं अहले सुबह युनाईटेड एयर्लाइन्स की उड़ान पकड कर जाती थी और एक दिन में तीन या चार सभाएं करती थीं। मैंने यह बात प्लौफे से पहले ही कह दी थी कि मुझे प्रचार करने में ख़ुशी

थी लेकिन हमारे बीच इस बात का भी समझौता था कि वह मुझे समय पर शिकागो वापस भेज दें ताकि मैं लड़कियों को रात में सुला सकूं। मेरी माँ इस बात के लिए राज़ी हो गई थी कि वह अपने काम के घंटों को कम कर लेंगी ताकि मेरे घर से बाहर रहने की स्थिति में वह बच्चों के साथ रह सकें। बराक भी आयोवा में कई घंटे समय लगा रहा था, हालाँकि हम दोनों शायद ही कहीं एक साथ होते थे। मैं एक तरह से उम्मीदवार के लिए स्थानापन्न जैसी थी, जिससे लोग आयोवा के कम्युनिटी सेंटर में मिलते थे जबकि वह या तो सेदार फॉल में प्रचार कर रहा होता या न्यूयॉर्क में धन उगाही के प्रचार अभियान में लगा होता था। जब यह सच में यह बहुत ज़रूरी हो जाता तो प्रचार अभियान से जुड़े लोग हम दोनों को एक साथ कर देते।

बराक के साथ अब बहुत से स्टाफ चलते थे जो हर चीज़ का ध्यान रखते थे और मुझे इसके लिए धन दिया गया था कि मैं अपने लिए दो लोगों का स्टाफ़ रख लूं, जिसको देखते हुए मैं सप्ताह में दो या तीन दिन ही अभियान के लिए दे रही थी और जो मुझे बहुत अधिक लग रहा था। मुझे यह नहीं पता था कि मुझे किस तरह की मदद की ज़रूरत थी। बराक के लिए योजना बनाने वाले व्यक्ति ने मुझे मेलिसा विंटर के बारे में बताया जो मेरे साथ जुड़ने वाली पहली स्टाफ़ थी और जो बाद में चलकर मेरी चीफ़ ऑफ़ स्टाफ बनी। वह कैपिटल हिल में सीनेटर जो लिबरमैन के साथ काम कर चुकी थी, और सन 2000 में जब उन्होंने उप राष्ट्रपति का चुनाव लड़ा था तब उन्होंने उनके साथ काम किया था। मैंने मेलिसा का इंटरव्यू शिकागो में अपने लिविंग रूम में लिया- वह सुनहरे बालों वाली लड़की थी, चश्मा लगाती थी, पैंतीस साल से अधिक की उम्र थी। मैं उससे बहुत प्रभावित हुई। वह बहुत तेज़ बुद्धि की थी और किसी भी चीज़ के विस्तार तक समझने की उसको बीमारी थी, जिसके बारे में मैं यह जानती थी कि मेरे लिए मायने रखता था क्योंकि मैं अस्पताल में पहले से ही व्यस्त चली आ रही अपनी दिनचर्या के साथ प्रचार अभियान को मिलाने की कोशिश कर रही थी। वह बहुत तेज़ थी, बहुत अधिक कार्यकुशल थी और तेज़ी से काम करती थी। वह पहले से ही राजनीतिक माहौल में काम कर चुकी थी इसलिए वह उसकी गति और उसकी ज़रूरतों से घबड़ाती नहीं थी। वह मुझसे महज कुछ साल ही छोटी थी, इसलिए वह मुझे जिन अधिक युवा प्रचारकर्मियों के साथ मैंने काम किया था उनके मुकाबले मुझे अधिक दोस्त या सहयोगी की तरह प्रतीत होती थीं। वह एक ऐसी महिला बन गई जिसके ऊपर मैं भरोसा करने लगी- जो कि मैं आज भी करती हूँ- और वह एक तरह मेरे जीवन के हर हिस्से से जुड़ी हुई है।

केटी मैकोर्मिक हमारी तिकड़ी से जुड़ने वाली तीसरी महिला बनी। वह मेरी कम्युनिकेशन डायरेक्टर बनी। वह अभी तीस साल की भी नहीं हुई थी लेकिन वह अभी तक एक बार राष्ट्रपति के चुनाव प्रचार अभियान में हिस्सा ले चुकी थीं और एक बार हिलेरी क्लिंटन के लिए भी काम कर चुकी थी जब वह देश की प्रथम महिला थी, जिसके कारण उसकी जो विशेषज्ञता थी वह दो तरह से प्रासंगिक हो गई। साहसी, बुद्धिमान, और हमेशा अच्छी तरह तैयार होकर रहने वाली केटी रिपोर्टर्स और टीवी वालों के साथ हेलमेल रखने की प्रमुख थी

और इस बात का ध्यान रखती थी कि सभी आयोजनों के बारे में अच्छी तरह से खबर छपे- और वह अपने साथ चमड़े का ब्रीफकेस लेकर चलती थी जिसमें वह स्टेन रिमूवर, ब्रेथ मिंट, सिलाई का किट और नायलोन का एक अतिरिक्त जोड़ा रखकर चलती थी जिसकी वजह से हवाई जहाज और आयोजन में जाने के बीच मैं किसी तरह की गड़बड़ नहीं करती थी।

कई सालों से मैं इसके बारे में समाचार पढ़ती थी कि राष्ट्रपति पद के उम्मीदवार आयोवा में प्रचार करते थे, जिसके कारण मैंने अपने आप यह समझ लिया था कि उन आयोजनों में लोग जितनी चाहे कॉफ़ी पीते हैं और जो चाहे खा सकते थे। मतदाताओं के लिए क्या मायने रखता था और कौन सी बात महज़ नुमाइश थी मैं इस बात को लेकर अभी पूरी तरह निश्चित नहीं थी।

बराक के सलाहकारों ने मुझे आयोवा के रहस्य को समझाने की कोशिश की, उन्होंने मुझे यह समझाया कि हमारा उद्देश्य मूल रूप से वह था कि राज्य के प्रत्येक कोने में रहने वाले डेमोक्रेट्स के साथ समय व्यतीत करूँ, छोटे छोटे समूहों के सामने भाषण दूँ, स्वयंसेवकों को उत्साहित रखूँ, तथा समुदाय के नेताओं को जीतने की कोशिश करूँ। उन्होंने बताया कि आयोवा वाले राजनीति में नई धारा को हवा देने की अपनी भूमिका को बहुत गंभीरता से लेते थे। वे उम्मीदवारों के बारे में अपनी तरफ से पूरी तैयारी रखते थे और उनसे नीति सम्बन्धी गंभीर सवाल पूछते थे। महीनों ध्यान से नज़र रखने के कारण वे ऐसे नहीं थे कि उनको महज मुस्कान या हाथ मिलाने से जीता जा सके। मुझे यह बताया गया कि कई बार वे किसी उम्मीदवार से आमने सामने बात करने के लिए महीनों तक इन्तज़ार करते थे तब जाकर किसी एक को मतदान करने के बारे में विचार बनाते थे। जो बात उन्होंने मुझे नहीं बताई कि आयोवा में मुझे सन्देश क्या देना था। मुझे कोई पटकथा नहीं दी गई थी, बोलने के लिए बिंदु नहीं दिए गए थे, न ही किसी तरह की सलाह दी गई थी।

मेरा पहला एकल प्रचार अभियान अप्रैल के आरम्भ में देस मोइनेस के एक साधारण से घर में हुआ। कुछ दर्जन लोग लिविंग रूम में सोफे और फोल्डिंग चेयर पर बैठे थे जो उस मौके के लिए मंगवाया गया था, जबकि कुछ लोग जमीन पर पालथी मारकर बैठे हुए थे। जब मैंने बोलने की तैयारी करते हुए कमरे का मुआयना किया, तो जो मैंने देखा उस बात से मुझे हैरानी नहीं होनी चाहिए थी। लेकिन मुझे हैरानी हुई, थोड़ी सी हुई। कोने में मेज पर क्रोशिया की बुनी वैसी ही नैपकीन रखी हुई थी जिस तरह की नैपकीन मेरी दादी शील्ड्स अपने घर में इस्तेमाल करती थीं। मुझे मिटटी की वैसी ही मूर्तियाँ देखने को मिली जिस तरह की मूर्तियाँ रॉबी ने हमारे युक्लिड एन्क्लेव वाले घर में नीचे अपने आले पर रखा हुआ था। सामने बैठा एक आदमी मुझे देखकर गर्मजोशी से मुस्कुरा रहा था। मैं आयोवा में थी लेकिन मुझे कहीं यह भी लग रहा था जैसे मैं घर में ही थी। मुझे ऐसा लग रहा था कि आयोवा के लोग शील्ड्स और रॉबिन्सन की तरह थे। वे बेवकूफ़ नहीं बनते थे। वे ऐसे लोगों के ऊपर भरोसा नहीं करते थे जो बड़ी-बड़ी बातें करते थे। वे किसी नकली आदमी को दूर से ही पहचान लेते थे।

मेरा काम यह था, मुझे समझ में आया कि मैं अपने जैसी ही रहूँ, और मैंने वही किया।

"मुझे अपने बारे में बताने दीजिये। मैं मिशेल ओबामा हूँ। शिकागो के साउथ साइड में पली बढी, दोमंजिला इमारत के दूसरे माले पर एक अपार्टमेंट में जो बहुत कुछ इसी तरह का था। मेरे पिता शहर के वाटर पम्प ऑपरेटर थे। मेरी माँ घर में रहकर मुझे और मेरे भाई का पालन पोषण करती थी।"

मैंने हर विषय के बारे में बात की- अपने भाई के बारे में, और उन मूल्यों के बारे में जिनके बीच हम बड़े हुए, उस वकील के बारे में जिससे मैं काम के दौरान मिली जिसकी बड़ी मांग थी, और उस आदमी के बारे में जिसने अपनी जमीन से जुड़ी विश्वदृष्टि के कारण मेरा दिल जीत लिया, वह आदमी जो उस सुबह घर में मोज़े फैलाकर चला गया था और जो कई बार नींद में खर्राटे भी भरता था। मैंने उसको यह बताया कि किस तरह अस्पताल में मेरा काम चल रहा था और उस दिन किस तरह मेरी माँ ने स्कूल से लड़कियों को उठाया था।

मैंने राजनीति के बारे में अपनी बातों को भी बहुत मीठा करके नहीं बताया। राजनीति में अच्छे लोगों के लिए कोई जगह नहीं थी। मैंने उनसे यह भी कहा कि किस तरह से मैं इस बात को लेकर संघर्ष कर रही थी कि बराक को चुनाव बिलकुल ही नहीं लड़ना चाहिए, और इस बात को लेकर मुझे फ़िक्र हो रही थी इस तरह लोगों की नज़रों में आने से हमारे परिवार के ऊपर किस तरह का असर पड़ेगा। लेकिन मैं उनके सामने खड़ी थी क्योंकि मुझे अपने पति के ऊपर भरोसा था और इस बात के ऊपर कि वह क्या कर सकता था। मैं यह जानती हूँ कि वह कितना पढ़ता था और कितनी गहराई से बह सभी बातों को लेकर सोचता था। मैंने कहा कि वह ठीक उस तरह का स्मार्ट, सज्जन राष्ट्रपति था जिसको मैं अपने देश के लिए चुनना चाहती, हालाँकि अपने स्वार्थ के कारण मैंने इतने साल उसको अपने घर से जोड़े रखा।

उसके बाद कई सप्ताहों तक मैंने यही कहानी डेवनपोर्ट, सेदार रैपिड्स कौंसिल ब्लफ्स, यूनियन हॉल, वियतनाम युद्ध के बुजुर्गों के आश्रय स्थलों में, और जब मौसम गर्म हुआ तो लोगों के घरों के पोर्च के सामने या सार्वजनिक पार्कों में खड़े होकर कही। मैं अपनी कहानी जितना ही अधिक सुनाती थी उतनी ही मेरी आवाज़ सहज होती जा रही थी। मुझे अपनी कहानी पसंद थी। मुझे कहानी सुनाते हुए सहज महसूस होता था। और यह कहानी मैं उन लोगों को सुना रही थी जो त्वचा के रंग में भिन्नता के बावजूद मुझे मेरे परिवार की याद दिलाते थे- डाक विभाग के कर्मचारियों को जिनके सपने डैंडी के सपनों की तरह ही बड़े थे; रॉबी की तरह सभ्य विचारों वाली पियानो टीचर: घर में रहकर बच्चों का लालन पालन करनी वाली महिलायें जो मेरी माँ की ही तरह पीटीए की बैठकों में सक्रिय रहती थीं; अच्छे अच्छे पदों पर काम करने वाले कर्मचारी जो अपने परिवारों के लिए कुछ भी कर सकते थे, जैसे मेरे पापा थे। मुझे न अभ्यास करना पड़ता था न ही नोट्स बनाना पड़ता था। मैं वही कहती थी जो मुझे महसूस होता था।

इस बीच, संवाददाता और कुछ जाने पहचाने लोग भी मुझसे इसी तरह के सवाल पूछने लगे: पांच फुट ग्यारह इंच के होने से कैसा लगता था, आइवी लीग में पढ़ी लिखी अश्वेत महिला अधिकतर श्वेत आयोवा वासियों से बात कर रही थी? इससे कितना अजीब महसूस हो रहा था?

मुझे इस तरह के सवाल कभी अच्छे नहीं लगे। इसके साथ हमेशा शरारती किस्म की मुस्कान रहती थी और यह भाव कि इस बात को गलत अर्थ में मत लेना, जिस तरह से लोग तब बात करते हैं जब वे नस्ल के मसले को उठाते हैं। यह एक विचार था, जो मुझे लगा कि चल गया था, यह मानते हुए कि जो अलगाव था वह किसी को भी दिखाई देता था।

मुझे खास तौर पर इस बात पर गुस्सा आता था कि यह सवाल इतना अनैतिक था कि मैं कैसा अनुभव कर रही थी और मैं जिन लोगों से मिल रही थी वे किस तरह का अनुभव कर रहे थे- वह आदमी जिसकी छाती पर मक्के के बीज वाला लोगो होता था, कॉलेज जाने वाला वह विद्यार्थी जो काले और सुनहरे रंग के पुलोवर में होता था, या वह रिटायर इंसान जो आइसक्रीम बकेट लेकर आई थी जिसमें उसने कुकीज को हमारे उगते हुए सूरज के प्रचार लोगो के साथ सजा रखा था। ये लोग मेरे भाषण के बाद मुझसे मिलना चाहते थे, वे इस बात को लेकर बात करने के लिए बेचैन रहते थे कि हम क्या साझा करते थे- यह कहने के लिए उनके पिता भी एमएस के साथ थे, या उनके नाना नानी मेरे नाना नानी जैसे ही थे। कई लोगों ने हमें यह कहा कि वे इससे पहले किसी राजनीति में हिस्सा नहीं बने लेकिन हमारा प्रचार अभियान इस तरह का था कि उनको ऐसा लगता था कि उनको भी इसका हिस्सा बनना चाहिए। वे स्थानीय दफ़्तर में स्वयंसेवा करने के बारे में सोच रहे थे, और वे अपने पति/पत्नी या पड़ोसी को भी साथ आने के लिए कह रहे थे।

वे जिस तरह के बात करते थे वह स्वाभाविक लगता था। मैं यह देखती थी कि मैं बहुत स्वाभाविक रूप से लोगों के गले लग जाती थी और वे भी बदले में मुझे कसकर भींच लेते थे।

उन्हीं दिनों मैं मालिया को लेकर बच्चों के डॉक्टर से चेक अप करवाने के लिए लेकर गई, जो हम हमेशा तीन या छः महीने के बाद करवाते रहते थे क्योंकि जब वह बच्ची थी तभी से उसको दमा हो गया था। दमा तो काबू में था लेकिन डॉक्टर ने मुझे चेतावनी दी थी कि उसकी लम्बाई, वजन और उम्र का अनुपात बढ़ता जा रहा था। उन्होंने कहा कि यह कोई संकट की बात नहीं थी लेकिन यह एक ऐसी प्रवृत्ति थी जिसके ऊपर ध्यान देने की ज़रूरत थी। अगर हमने कुछ आदतों में बदलाव नहीं किया तो यह समस्या समय के साथ विकराल हो जाती, जिससे उच्च रक्तचाप या टाईप टू डायबिटीज का खतरा था। उन्होंने मेरी तरफ सख़्ती से देखते हुए यह कहा कि यह बीमारी सामान्य थी और इसका निदान भी संभव था। देश भर में बच्चों में मोटापे की बीमारी बढ़ रही थी। उसने बहुत से ऐसे मामले देखे थे, और उनमें से अधिकतर अफ़्रीकी-अमेरिकी कामकाजी परिवारों के थे।

किसी सदमे की तरह हमारे पास यह खबर आई। मैंने इस बात का पूरा ध्यान रखा था

कि मेरी बेटियां खुश रहें, संतुष्ट रहें। इसमें मैंने क्या गलत किया? अगर मुझे यह बदलाव दिखाई नहीं दिया तो मैं किस तरह की माँ थी?

डॉक्टर से आगे बात करने के बाद मैंने वह सब देखना शुरू किया जिस तरह की परिस्थितियों में हम थे। बराक हर समय घर से बाहर होता था, घर में मेरे लिए सुविधा सबसे महत्वपूर्ण विकल्प था। हम लोग बाहर अधिक खाते थे, खाना पकाने का समय कम ही होता था। अक़्सर काम से लौटते हुए मैं खाना पैक करवा कर ले आती थी। सुबह मैं लड़कियों के लंच बॉक्स को खाने से भर देती थी। वीकेंड में हम अक़्सर बैले के बाद और सॉकर के पहले मैकडोनाल्ड जाते थे। डॉक्टर का कहना था कि इन सब चीजों का अधिक होना असल समस्या थी।

साफ़ था, कि कुछ बदलाव लाये जाने की ज़रूरत थी, लेकिन मुझे यह समझ में नहीं आ रहा था कि किया कैसे जाए। हर समाधान समय की मांग करता है- किराना की दूकान में समय, रसोई में समय, सब्जी काटने में लगने वाला समय या चिकेन को तैयार करने में लगने वाला समय- यह सब ऐसे वक्त में हो रहा था जबकि ऐसा लग रहा था कि समय मेरे जीवन से ख़त्म होता जा रहा था।

मुझे तब एक बातचीत का ध्यान आया जो कुछ सप्ताह पहले मेरी एक पुरानी दोस्त के साथ हुआ था जिसके साथ मैं हवाई जहाज में टकरा गई थी। उसने यह बताया था कि उसने और उसके पति ने सैम कस नामक एक युवा को काम पर रखा था जो घर में नियमित तौर पर स्वास्थ्यवर्धक खाना पकाया करता था। यह संयोग की बात थी कि बराक और मैं सैम से सालों पहले किसी और दोस्त के माध्यम से मिल चुके थे।

मैं ऐसी इंसान नहीं मानी जाती थी जो किसी को इस काम के लिए रखे कि वह घर आकर घरवालों के लिए भोजन पकाने का काम करे। यह अजीब लगता था, ऐसी बात जिसके ऊपर साउथ साइड के मेरे रिश्तेदार संदेह से देखते। बराक, जिसके पास कभी नीचे छेद वाली दैतसुन कार थी, को भी यह आइडिया अच्छा नहीं लगा। वह समुदाय प्रबंधक के रूप में जीने का आदी था और यह बात उसके मुताबिक़ नहीं थी, न ही राष्ट्रपति पद के उम्मीदवार के रूप में वह ऐसी छवि दर्शाना चाहता था। लेकिन मुझे यह बुद्धिमानी भरा फैसला लगता था। जिसको करने की ज़रूरत थी। अस्पताल में मेरी जगह कोई और काम नहीं कर सकती थी। बराक ओबामा की पत्नी के रूप में चुनाव प्रचार अभियान में कोई और नहीं जा सकती थी। सोने के वक्त साशा और मालिया की माँ की जगह भी कोई और नहीं ले सकती थी। लेकिन हो सकता था कि सैम कस हमारे लिए डिनर तैयार कर दे।

मैंने सैम को इसके लिए काम पर रख लिया कि वह सप्ताह में दो तीन बार आकर हमारे घर में खाना बना दे, जो हम उस रात खा सकें, और कुछ फ्रिज में रखकर अगले दिन खा सकें- वह ओबामा के घर में एक पराया था- छब्बीस साल का श्वेत था जिसने अपने सर का मुंडन करवा रखा था जो चमकता रहता था और वह लगभग पांच बजे आता था- लड़कियों को उसके मजेदार चुटकुले वैसे ही अच्छे लगते थे जैसे उसका बनाया खाना। उसने उनको

बता दिया था कि किस तरह सब्जियां काटी जाती हैं, उसने हमारे हर समय एक जैसे लगने वाले घर को किराने की दुकान में बदल दिया था और उसको मौसम के साथ सुसंगत भी बना दिया था। वह वसंत के मौसम में ताजे मटर को लेकर श्रद्धा से भर जा सकता था, जून में जब रेस्पबेरी पकती थी तब उनको लेकर। वह लड़कियों को आड़ू या आलूबुखारा देने के पहले उनके पक जाने का इन्तज़ार करता था। क्योंकि वह जानता था कि ये फल हो सकता था कि कैंडी की जगह ले लें। भोजन और स्वास्थ्य से जुड़े मुद्दों को लेकर सैम का नज़रिया पढ़ा लिखा था, जैसे वह बताता था कि किस तरह खाद्य सामग्री उद्योग ने परिवारों को प्रोसेस्ड फ़ूड इस नाम पर बेचा कि यह सुविधाजनक होता था, और उसके कारण किस हद तक स्वास्थ्य से जुड़ी समस्याएं हो सकती थीं। मैं प्रभावित थी, क्योंकि ये विचार कुछ हद तक उसी तरह के थे जिस तरह के काम मैं अस्पताल व्यवस्था में करती थी, और जिस तरह से कामकाजी माँ होने के कारण परिवार को खिलाने के लिए मुझे समझौते करने पड़ते थे।

एक शाम रसोई में मैंने और सैम ने कई घंटे बात करते हुए बिताए हम दोनों इस बारे में बातें कर रहे थे कि अगर बराक कभी राष्ट्रपति बन पाने में कामयाब रहा तब प्रथम महिला के रूप में मैं इन मुद्दों को उठाने की कोशिश करूँगी। एक विचार से दूसरा विचार आया। अगर हम व्हाइट हाउस में सब्जियां उगायें और ताजा खाने को प्रचारित करने का प्रयास करें। अगर हम इसको कुछ बड़ा करने के बुनियाद की तरह देखें, बच्चों के सम्पूर्ण स्वास्थ्य को लेकर प्रयास की दिशा में इसको ले जाएँ, जिससे हो सकता है कि अभिभावक उन खतरों से बच जाएँ जिनका सामना मुझे अभी करना पड़ रहा था?

हम बहुत देर तक बातें करते रहे। मैंने सैम को देखा और राहत की साँस ली। "मुश्किल बस यही है कि हमारा आदमी मतदान में तीस अंक नीचे चल रहा है," मैंने कहा और हम दोनों उदास हो गए। "यह कभी नहीं जीतने वाला है।"

यह एक सपना था, लेकिन मुझे अच्छा लग रहा था।

जहाँ तक प्रचार अभियान की बात थी तो हर दिन ऐसा लग रहा था मानो एक नई दौड़ में दौड़ना हो। मैं अभी भी किसी तरह की सामान्यता और स्थिरता को पाने की कोशिश कर रही थी, लड़कियों के लिए नहीं बल्कि अपने लिए। मैं दो ब्लैकबेरी फोन रखती थी- एक काम के लिए और दूसरा फोन अपने निजी जीवन और राजनीतिक कामों के लिए, जो अभी, अच्छा हो या बुरा, बुरी तरह घुल मिल गए थे। बराक से रोज फोन पर मेरी जो बात होती थी वह संक्षिप्त और हालचाल के लिए होती थी- *कहाँ हो तुम? कैसा चल रहा है? बच्चे कैसे हैं?*- अब तक हम दोनों को इसकी आदत पड़ चुकी थी कि अपने निजी मसलों के बारे में या थकान के बारे में बातचीत नहीं करते थे। उसके बारे में बात करने का कोई मतलब भी नहीं था, क्योंकि हम ऐसे भी उनके लिए कुछ नहीं कर सकते थे। ज़िंदगी घड़ी की सूई के सहारे चल रही थी।

नौकरी में मैं वह सब कर रही थी जो कर सकती थी कई बार मैं टोयोटा कोरोला की पिछली सीट पर बैठे-बैठे अस्पताल के अपने कर्मचारियों से पूछती रहती थी, वह कार

ऐन्थ्रोपोलोजी के एक विद्यार्थी की थी जो आयोवा में चुनाव प्रचार में स्वयंसेवा कर रहा था। या मैं न्यू हैम्पशायर में बर्गर किंग या प्लाईमाउथ के खामोश कोने से यह काम करती थी। स्प्रिंगफ़ील्ड में बराक द्वारा घोषणा किये जाने के कुछ महीने बाद और अपने कर्मचारियों की मदद से मैंने यह तय किया कि पार्ट टाइम काम के घंटे की दिशा में जाया जाए, क्योंकि इसी तरह से नौकरी चल सकती थी। मेलिसा, केटी के साथ सप्ताह में दो या तीन दिन साथ साथ रहने के कारण हमारा परिवार कुशल बन गया था। सुबह के समय हम एयरपोर्ट पर मिलते थे और सुरक्षा जांच से गुजरते, जहाँ सारे प्रहरी मेरे नाम से परिचित हो गए थे। अब मुझे अक़्सर पहचान लिया जाता था, खासकर अफ्रीकी-अमेरिकी महिलाओं द्वारा, जिनके सामने गेट से जब मैं गुजरती थी तो वे मुझे मिशेल मिशेल कहकर बुलाती थीं।

कुछ चीज़ें इतनी तेजी से बदल रही थीं कि शुरू-शुरू में उनको समझ पाना भी मुश्किल था। कई बार मुझे ऐसा महसूस होता था मानो मैं किसी विचित्र से संसार में चल रही हूँ, अजनबियों को ऐसे हाथ हिला रही हूँ मानो वे मुझे जानते हों, हवाई जहाज में बैठती थी जो मुझे मेरे समान्य जीवन से बाहर ले जाते थे। मुझे अब सब जानने लगे थे। और मुझे इस वजह से जाना जाने लगा था कि किसी ऐसे आदमी की पत्नी थी जो राजनीति से जुड़ा हुआ था, जो इस बात को और भी अजीब बना देता था।

चुनाव प्रचार अभियान के दौरान आयोजनों में लोगों से दुआ सलाम करते हुए चलना ऐसा था मानो किसी तूफ़ान में तनकर खड़ा रहा जाए। मैंने यह पाया था कि अजनबी लोग बड़े उत्साह के साथ आगे बढ़कर आते थे और मेरी तरफ हाथ बढ़ा देते थे, मेरे बालों को छूते थे, लोग बिना किसी तरह की चेतावनी दिए मेरी तरफ कलम, कैमरा या बच्चों को बढ़ा देते थे। मैं मुस्कुराती, हाथ मिलाती और उनकी कहानियां सुनते हुए आगे बढ़ने की कोशिश करती रहती थी। अंततः जब मैं उससे निकलती थी तो मेरे गालों पर किसी की लिपस्टिक के दाग होते थे या मेरी ब्लाउज पर किसी के हाथ के निशान, ऐसा लगता था मानो मैं अभी किसी ऐसी सुरंग से निकल कर आई होऊं जिसमें हवा बह रही हो।

इस बारे में सोचने के लिए मेरे पास बहुत समय नहीं होता था लेकिन मुझे इस बात की चिंता होती थी कि जैसे-जैसे बराक ओबामा की पत्नी के रूप में मेरी पहचान उभरती जा रही थी मेरे व्यक्तित्व के अन्य पहलू ओझल होते जा रहे थे। जब मैं संवाददाताओं से बात करती थी तो वे शायद ही मेरे काम के बारे में पूछते। वे मेरे बारे में यह तो लिखते थे कि "हार्वर्ड शिक्षित," लेकिन मेरे परिचय को यहीं तक छोड़ देते थे। कुछ समाचारपत्रों में इस तरह की ख़बरें छपी थीं कि मुझे अस्पताल के काम में इसलिए नहीं लाया गया था क्योंकि मैंने बड़ी मेहनत की थी बल्कि इसलिए क्योंकि मेरे पति का राजनीतिक कद बढ़ता जा रहा था, जिसको पढ़कर मुझे बहुत तकलीफ़ होती थी। अप्रैल में एक दिन मेलिसा ने मुझे फोन किया और बताया कि *न्यूयॉर्क टाइम्स* में मौरीन दौड ने एक तीखा स्तम्भ लिखा था। जिसमें उसने मुझे "दक्षिण शिकागो की राजकुमारी" कहकर बुलाया था। उसने लिखा था कि जब मैं सार्वजनिक रूप से बराक के बारे में यह बताती हूँ कि किस तरह उसने मोजे नहीं उठाये या

बटर वापस फ्रिज में रख दिया तो मैं उसको प्रभावहीन बना रही थी। मेरे लिए यह बात हमेशा से रही थी कि लोग बराक को इंसान के रूप में देखें न कि किसी और संसार से आये तारणहार के रूप में। मौरीन दौड ने यह लिखा था कि मैं झूठी मुस्कान लिए रहती थी और प्यार भरी नज़र से देखती थी। मुझे यह पढ़कर बहुत तकलीफ़ हुई कि इस तरह की आलोचना एक पेशेवर महिला ने की, जिसने इस बात की परवाह भी नहीं की कि मुझे जाने बल्कि मुझे अजीब तरह से नकारात्मक रूप से दिखाने की कोशिश की थी।

मैंने कोशिश की कि इसको निजी तौर पर नहीं लूं लेकिन कई बार ऐसा मुश्किल हो जाता था।

प्रचार अभियान से जुड़ी हर घटना के साथ, हर प्रकाशित लेख के साथ, हर इस तरह के संकेत के साथ कि हमारी जमीन मज़बूत हो रही थी, हमारे ऊपर और हमले होने लगते थे। बराक के बारे में में अजीब अजीब तरह की अफ़वाहें उड़ाई जा रही थीं कि उसकी शिक्षा एक कट्टरपंथी मदरसे में हुई थी और सीनेट में उसने कुरान की शपथ ली थी, कि उसने निष्ठा की शपथ लेने से इनकार कर दिया था, कि जब राष्ट्र गान होता था तब वह अपने हाथ दिल पर नहीं रखता था, कि उसका एक नजदीकी दोस्त था जो 1970 के दशक से घरेलू आतंकवादी था। इस तरह के झूठ का पर्दाफ़ाश प्रतिष्ठित समाचार माध्यमों द्वारा किया जाता था लेकिन गुमनाम ईमेल द्वारा ऐसी बातों को न केवल उन लोगों द्वारा बढ़ावा दिया जा रहा था जो इसके पीछे थे बल्कि आस पड़ोस के लोग, सहकर्मियों और बुजुर्गों द्वारा भी आगे बढ़ाया जा रहा था जिनको सच और झूठ में अंतर भी नहीं पता होता था।

बराक की सुरक्षा ऐसी बात थी जिसके बारे में मैं सोचना भी नहीं चाहती थी, बात करना तो बहुत दूर की बात थी। हम में से बहुत लोग रात में समाचारों में हत्या की ख़बरों को सुनते हुए बड़े हुए थे। कैनेडी की हत्या हुई थी। मार्टिन लूथर किंग जूनियर की हत्या हुई थी। रोनाल्ड रीगन को गोली मारी गई थी, जॉन लेनन को गोली मारी गई थी। अगर आप बहुत अधिक सरगर्मी फैला देते हैं तो आपको एक तरह का खतरा तो रहता ही है। लेकिन फिर, बराक अश्वेत आदमी था। उसके लिए खतरा कोई नई बात नहीं थी। "गैस स्टेशन जाते समय भी उसको गोली मारी जा सकती थी," जब कोई इस बात को उठाता था तो मैं उससे कहती थी।

मई के आरम्भ में बराक को सीक्रेट सर्विस की सुरक्षा प्रदान की गई। यह पहली बार था कि राष्ट्रपति पद के उम्मीदवार को डेढ़ साल के लिए वही सुरक्षा दी जाती थी, उसके राष्ट्रपति पद का उम्मीदवार बनने से पहले जिससे यह पता चलता था कि उसके लिए यह खतरा कितना गंभीर था। बराक अब काले रंग की एसयुवी में चलता था जो उसको सरकार की तरफ से दिया गया था, उसके पीछे पीछे सूट पहने, कान में इयरपीस लगाए और बन्दूक लिए पुरुष और स्त्रियाँ चलते थे। घर पर हमारे पोर्च के सामने एक बंदूकची खड़ा रहता था।

जहाँ तक मेरी बात थी तो मुझे शायद ही कभी असुरक्षा महसूस होती थी। मैं लगातार यात्राएं कर रही थी, और खूब भीड़ भी जुट रही थी। पहले जहाँ मैं घर में दी जाने वाली

छोटी छोटी पार्टियों में बोलती थी अब हाई स्कूल के जिम में सैकड़ों लोगों के सामने बोलने लगी थी। आयोवा के कर्मचारियों ने मुझे बताया कि मेरे भाषणों के कारण समर्थन के बहुत से शपथ पत्र मिलने लगे थे(हस्ताक्षरित समर्थक कार्ड के रूप में वे जुटाए जाते थे और उनसे बड़े ध्यान से बाद में संपर्क भी किया जाता है)। एक समय तो ऐसा भी आया जब प्रचार अभियान के दौरान मुझे ऐसे व्यक्ति के रूप में देखा जाने लगा जो आखिर में सब कुछ सेट कर देती थी।

प्रत्येक दिन एक नया सबक इस बात को लेकर मिलता था कि किस तरह से कारगर तरीके से आगे बढ़ा जाए, बीमारी या किसी तरह की गड़बड़ी के आने पर किस तरह रफ़्तार कम न होने दिया जाए। सड़क किनारे वैसे आकर्षक दिखाई देने वाले ठिकानों पर संदिग्ध किस्म का खाना मिल जाने के बाद मैंने मैकडोनाल्ड के चीजबर्गर के मुलायम होने को महत्व देना शुरू कर दिया। कस्बों की बीहड़ यात्रा के दौरान मैंने यह सीखा कि किस तरह अपने कपड़ों को खराब होने से बचाने के लिए ऐसे खाने पीने के सामान साथ लेकर चला जाए जो बिखर जाए न कि बहकर आ जाए। इस बात को मैं समझती थी कि खाने के दाग के साथ मैं तस्वीरों में नहीं दिखाई दे सकती थी। मैंने अपने आपको इसके लिए प्रशिक्षित किया कि पानी पीने की मात्रा को नियंत्रित रखूँ, इस बात को समझते हुए कि सड़क पर बाथरूम जाने के लिए रुकने का समय नहीं होता था। आधी रात के बाद सड़कों पर आने वाली ट्रक की आवाजों के बीच मैंने सोना सीख लिया था(क्योंकि होटल की पतली दीवारों के कारण ऐसा होता था), और साथ ही बगल के कमरे में हनीमून मना रहे जोड़े को नजरअंदाज करना भी सीख लिया था।

तमाम उतार चढ़ावों के बावजूद मुझे कई बार महसूस होता है पहले साल का चुनाव प्रचार अभियान गर्म यादों और ठहाकों से भरा रहा। जितना हो सकता था मैं साशा और मालिया को चुनाव दौरे में अपने साथ लेकर आती थी। वे बहुत मजे से सफ़र करते थे। न्यू हैम्पशायर के बाहर हो रहे एक मेले की व्यवस्तता में मैं प्रचार अभियान से जुड़े एक कर्मचारी के पास उन्हें छोड़कर अपनी टिप्पणी दर्ज़ करने के लिए गई ताकि इस बीच लड़कियां कुछ खेलकूद लें और उसके बाद हम लोगों को एक फोटोशूट के लिए फिर से एक साथ होना था। एकाध घंटे के बाद मैंने साशा को देखा और मैं घबड़ा गई, उसके चेहरे पर अच्छी तरह से सफ़ेद और काला रंग पेंट किया हुआ था। वह एक पांडा बियर बनी हुई थी, और इस बात से वह खुश थी। मेरा दिमाग तत्काल रूप से इस बात पर गया कि मैगजीन का क्रू फोटो के लिए हमारा इन्तजार कर रहा था, अब वह कार्यक्रम रद्द करना पड़ गया। लेकिन जब मैंने अपनी बच्ची का छोटे पांडा जैसा चेहरा देखा तो मैं बहुत खुश हुई। मेरी बेटी प्यारी थी और खुश थी। अब मैं बस यही कर सकती थी कि पास के रेस्टरूम में जाऊं और रगड़ कर उसका चेहरा साफ़ कर दूँ।

बीच बीच में, हम साथ साथ सफ़र भी करते थे, केवल हम चार। प्रचार अभियान वालों ने आयोवा में कुछ दिनों के लिए एक आरवी भी किराए पर ले लिया था, ताकि छोटे शहरों की यात्रा हम अच्छी तरह से कर सकें, बीच बीच में उनो गेम भी खेल सकें। एक दिन

हम लोगों ने आयोवा स्टेट फेयर में बिताया, कार की बम्पर पर चढ़कर, पानी के गुब्बारे फोड़ते हुए ताकि हमें कपड़े के जानवर मिल जाएँ, जबकि फोटोग्राफर अलग अलग एंगल से तस्वीरें उतार रहे थे। असली मजा तब शुरू हुआ जब बराक को अगली मंजिल तक ले जाया गया, और जिससे मैं और लड़कियां प्रेस, सुरक्षा और कर्मचारियों की नजरों से दूर रह गई, जो अब उसके साथ चलते थे, आसपास सब कुछ उत्तेजित बनाए हुए। उसके जाने के बाद हम लोगों को आगे अपने आप ही जाना था, हवा हम लोगों को चीरती हुई जा रही थी और हम बड़े से पीले रंग के टाट के झूले में झूल रहे थे।

सप्ताह दर सप्ताह, मैं आयोवा आती रही, हवाई जहाज की खिड़की से बदलते मौसम को देखते हुए, क्योंकि नीचे की धरती सोयाबीन और मक्के की फसल से हरी लगने लगी थी मुझे उन खेतों की ज्यामिति अच्छी लगती थी। मुझे वे सड़क दिखाई देते थे जो आकाश रेखा के साथ होड़ लगाते चलते रहते थे। मुझे इस राज्य से प्यार हो गया था, जबकि हमारे तमाम काम के बावजूद ऐसा लग रहा था कि हम वहां से जीत नहीं सकते थे।

साल का काफी वक़्त बीत गया था। बराक और उसकी टीम ने आयोवा में काफी संसाधन खर्च किया था, लेकिन अधिकतर गणनाओं में वह या तो हिलेरी के पीछे दूसरे नंबर पर आ रहा था या एडवर्ड के भी पीछे तीसरे नंबर पर। लड़ाई नजदीकी लग रही थी, लेकिन बराक हारता हुआ दिख रहा था। राष्ट्रीय स्तर पर यह तस्वीर और बुरी लग रही थी बराक हिलेरी से लगातार पन्द्रह से बीस अंक पीछे चल रहा था जब भी मैं एयरपोर्ट पर जाती थी या प्रचार अभियान के बीच में रेस्तरां में रुकती थी तो इस सच्चाई से मेरा सामना होता था, जहाँ केबल न्यूज़ पर इस बारे में समाचार आते रहते थे।

कई महीने पहले, सीएनएन, एमएसएनबीसी और फ़ॉक्स न्यूज़ के लगातार शोर शराबे से तंग आकर मैंने शाम में घर आने पर इन चैनलों को बंद कर दिया था, बदले में मैं ई! या एचजीटीवी देखती थी। सच बताऊँ तो दिन के अंत में इससे अच्छा कुछ नहीं होता कि आप यह देखें कि एक युवा जोड़ा नैशविले में अपने सपनों का घर पा रहा है या या कोई होने वाली दुल्हन अपने जोड़े को हाँ कर रही है।

सही बताऊँ, तो मैं विश्लेषकों के ऊपर यकीन नहीं करती, और मुझे यह भी पक्का नहीं पता था कि चुनाव में क्या होगा। लेकिन दिल ही दिल में मुझे ऐसा लगता था कि वे गलत थे। शहरी स्टूडियो के अन्दर से जो माहौल दिखाई देता था वह उससे बहुत अलग होता था जो मैं चर्च हॉल या या आयोवा के अन्य केन्द्रों में देखती थी। विश्लेषक "बराक स्टार्स" नामक हाई स्कूल के उन समूहों से नहीं मिलते थे जो फुटबॉल के अभ्यास या नाटक के बाद के समय में स्वयंसेवा करते थे। वे अपनी उन दादियों के हाथ थाम कर नहीं चल रहे थे जो अपने मिश्रित नस्ल वाले पोते के लिए बेहतर भविष्य चाहती थीं। न ही उनको जमीन पर काम करने के लिए बनाये गए हमारे संगठन के बारे में पता था। हम लोग एक बहुत बड़े ज़मीनी अभियान के तंत्र बनाने की प्रक्रिया में थे- जिसमें आख़िरकार सैंतीस दफ़्तरों में दो सौ कर्मचारी काम कर रहे थे- जो आयोवा के इतिहास का सबसे बड़ा तंत्र था।

हमारी तरफ युवा थे। हमारे संगठन की ऊर्जा और आदर्श बाईस से लेकर पच्चीस साल के बीच के युवा थे जो सब कुछ छोड़कर आयोवा चुनाव प्रचार के लिए आये थे उनमें से सभी के अन्दर वही जोश था जिसके कारण बराक ने सालों पहले शिकागो नौकरियों का आयोजन किया था। उनके अन्दर वह क्षमता थी और वह भावना भी जिसको चुनाव के लिए अभी तक आजमाया नहीं गया था। मैं जब भी जाती थी तो इसको महसूस करती थी, उम्मीद की एक किरण जो उन लोगों से बातचीत करने से आती थी तो पक्के रूप से इस बात में यक़ीन रखते थे, जो हर शाम तीन चार घंटे मतदाताओं के घर जाते थे, उनके बीच सूत्र बनाते थे, और वह छोटे-छोटे और संकीर्ण शहरों में भी इस तंत्र को बनाते थे। जबकि वे दिल से सूअर पालन या आव्रजन व्यवस्था को ठीक करने सम्बन्धी मेरे पति की योजनाओं को दिल से समझते थे।

मेरे लिए, जो युवा लोग क्षेत्र में हमारे प्रचार अभियान को चला रहे थे उनमें आने वाली पीढ़ी के नेता होने की सम्भावना थी। वे बदमाश नहीं थे, और अब वे सब एक थे। वे लोग मतदाताओं को जनतंत्र से सीधे तौर पर अधिक अच्छी तरह जोड़ रहे थे। साथ ही सड़क के किनारे चल रहे अपने दफ़्तरों से या वेबसाईट के माध्यम से वे अपने स्तर पर बैठकों का आयोजन करते थे, अपने फोन बैंक रखते थे। जैसा कि बराक कहता था, हम जो कर रहे थे यह महज़ एक चुनाव के लिए नहीं था। यह राजनीति को भविष्य के लिए बेहतर बनाने के लिए था। उसमें पैसों का जोर कम हो, यह अधिक से अधिक लोगों की पहुँच में हो, और आखिरकार अधिक उम्मीद भरा हो। अगर हम नहीं भी जीत पाते तो भी हम जिस तरह से प्रगति कर रहे थे वह मायने रखती थी। किसी न किसी तरह यह किया गया काम, काम आना ही था।

जब मौसम फिर से ठंडा होने लगा तो बराक यह जानता था कि उसके लिए एक आख़िरी मौका था आयोवा में अपनी दौड़ में तेजी लाने का और वह यह था कि जेफरसन-जैक्सन डिनर में मजबूती से मौजूदगी दर्ज करवाई जाए, जो हर राज्य में डेमोक्रेटिक पार्टी का सालाना अवसर होता था। आयोवा में राष्ट्रपति चुनाव के दौरान इसका आयोजन नवम्बर के आरम्भ में हुआ, जनवरी में होने वाले मतदान से करीब आठ सप्ताह पहले, और इसको राष्ट्रीय मीडिया में जगह दी जा रही थी। इसमें मूल बात यह थी कि प्रत्येक उम्मीदवार एक भाषण देता था- बिना किसी तरह के नोट के, बिना किसी टेलीप्रॉम्पटर के- और साथ ही, जितना संभव हो सके उतने समर्थकों को जुटाया जाए। कुल मिलाकर, यह एक विशाल और मुक़ाबले की रैली थी।

महीनों से, केबल न्यूज़ के विश्लेषक इस बात के ऊपर संदेह व्यक्त कर रहे थे कि मतदान के समय आयोवा के लोग बराक के लिए आयेंगे या नहीं, वे इस बात के संकेत दे रहे थे कि बराक एक प्रभावशाली और बहुत अलग तरह का उम्मीदवार था लेकिन वह फिर भी उत्साह को मतों में नहीं बदल सकता था। जेफ़रसन जैक्सन डिनर हमारी तरफ़ से उनको

जवाब था। करीब तीन हज़ार समर्थक राज्य के अलग हिस्सों से हमारे लिए आये थे, जो इस बात को दर्शाता था कि हम संगठित और सक्रिय दोनों थे- उससे कहीं अधिक मज़बूत थे जितना कि कोई सोच सकता था।

उस रात मंच पर जॉन एडवर्ड्स ने क्लिंटन के ऊपर हमला बोला, उन्होंने इशारों इशारों में यह कहा कि ईमानदारी और विश्वास मायने रखता था। दांत निकालकर जो बिडेन ने ओबामा के प्रभावी समर्थकों का अभिवादन करते हुए यह कहा कि "हेलो शिकागो, हिलेरी क्लिंटन ठण्ड से मुकाबला कर रही थीं, वह बराक के पीछे भी जा सकती थीं।" "बदलाव महज़ एक शब्द है," वह बोली। "अगर उसको संभव करने की क्षमता और अनुभव आपके पास नहीं हो।"

उस रात सबसे अंत में बराक ने भाषण दिया, अपने केन्द्रीय सन्देश के समर्थन में वह बहुत ज़ोरदार तरीके से बोला। कि हमारा देश निर्णायक पल में आ चुका है, और उससे आगे निकलने के मौके को बुश प्रशासन के कारण डर और असफल हो जाने का भय ही नहीं है बल्कि उसके पहले से ही जिस तरह ध्रुवीकृत तरीके से राजनीति की जाती रही है उसका भी हाथ था, जो क्लिंटन के दौर में हो रहा था। "मैं यह नहीं चाहता कि अगला साल या उसके बाद के चार साल उन्हीं लड़ाइयों को लड़ते हुए बिताऊँ जो हम 1990 के दशक में लड़ते आये थे," वह बोला। "मैं लाल अमेरिकी को नीले अमेरिकी के ख़िलाफ़ के खिलाफ लड़ाना नहीं चाहता हूँ, मैं अमेरिका का राष्ट्रपति बनना चाहता हूँ।"

हॉल तालियों की गडगडाहट से गूँज उठा, मैं ऊपर की मंजिल से गर्व के साथ देख रही थी।

"अमेरिका हमारा समय अभी है," बराक ने कहा। "हमारा समय अभी है।"

उस रात उसने जो प्रदर्शन किया उसने प्रचार अभियान को वह दिया जिसकी उसको ज़रूरत थी, वह उसको दौड़ में आगे ले गया। उसने आयोवा में हुए आधे से अधिक मतदानों में बढ़त बनाई और महा मतदान का दिन नजदीक आता जा रहा था और उसकी बढ़त मज़बूत होती जा रही थी।

क्रिसमस के बाद आयोवा प्रचार अभियान के कुछ ही दिन रह गए। ऐसा लग रहा था कि आधा साउथ साइड देस मोइनेस की बर्फीली ठण्ड में बस चुका था। मेरी माँ और मामा के भी आई थीं। मेरा भाई और केली आये थे, वे अपन साथ अपने बच्चों को लेकर भी आये थे। सिम कस भी वहां आया हुआ था। वेलेरी, जो फॉल में पहले ही बराक की सलाहकार के रूप में अभियान का हिस्सा बनी थी, भी वहां थी, साथ में सुसान थी और मेरी सहेलियां और उनके पति और बच्चे। मुझे बहुत अच्छा लगा जब अस्पताल में काम करने वाले मेरे सहकर्मी आये और सिद्‌ली और ऑस्टिन के दोस्त आये, बराक के साथ पढ़ाने वाले लॉ के प्रोफ़ेसर भी आये। और प्रचार अभियान की इस भावना को ध्यान में रखते हुए कि एक भी पल व्यर्थ न गंवाया जाए, वे सभी प्रचार अभियान को आख़िरी दौर में तेज करने में जुट गए, शून्य डिग्री तापमान में लोगों का घर-घर जाकर यह याद दिलाने लगे कि मतदान कब है। और बराक

के बारे में बाते करने लगे। प्रचार अभियान में और तेज़ी तब आई जब देश के अन्य हिस्सों से सैकड़ों समर्थक आये और जो स्थानीय समर्थकों के घर में अतिरिक्त कमरों में रह रहे थे, और पक्की सड़क से हटकर राज्य के छोटे से छोटे इलाक़ों में जा रहे थे।

मैं भी मुश्किल से ही देस मोइनेस में मौजूद रहती थी। दिन भर में पांच से छः कार्यक्रम होते थे जिसके कारण मैं राज्य भर में इधर से उधर जाती रहती थी, मेलिसा और केटी के साथ किराए के वैन में यात्रा करती थी जिसे हमारे स्वयंसेवक बारी बारी से चलाते थे। बराक भी यही काम कर रहा था, उसकी आवाज़ भारी होने लगी थी।

चाहे हमें कितने ही मील की यात्रा करनी पड़ती रही हो, लेकिन मैं इस बात को सुनिश्चित करती थी कि रात में आठ बजे साशा और मालिया के सोने से पहले पश्चिम देस मोइनेस में रेजिडेंस इन में लौटकर आ जाऊं, जो हमारा आधार होटल था। हालाँकि ज़ाहिर है कि उनको इस बात का ध्यान भी नहीं रहता था कि मैं वहां नहीं होती थी। दिन भर वे दोस्तों, रिश्ते के भाई बहनों से घिरी रहती थीं, और दिन भर उनकी देखभाल करने वाले भी रहते थे, वे होटल के कमरे में खेलती थीं या शहर में घूमने जाती थीं। एक रात मैंने कमरे का दरवाजा खोला और यह सोचा कि कुछ देर बिस्तर पर चुपचाप पड़ जाउंगी, लेकिन पाया कि कमरे में रसोई के बर्तन भरे थे। बिस्तर पर बेलन पड़ा था, गन्दा काटने वाला बोर्ड छोटी सी मेज पर पड़ा था, फर्श पर रसोई की कैंची पड़ी थी। लैम्प शेड और टीवी के ऊपर धूल जैसा कुछ था...। क्या आटा?

"सैम ने हम लोगों को पास्ता बनाना सिखाया," मालिया ने घोषणा की। "हम लोग उसी से थोड़ा जोश में आ गए।"

मैं हंसने लगी। मुझे इस बात की फ़िक्र हो रही थी कि लड़कियां हवाई में अपनी परदादी से दूर पहली बार क्रिसमस की छुट्टियाँ किस तरह बिताएंगी। लेकिन किस्मत से, एक बोरा आटा वाइकिकी के बीच टॉवल का अच्छा विकल्प बन गया।

कई दिन बाद एक गुरुवार को, महाचुनाव आया। बराक और मैं देस मोइनेस के शहर के केंद्र में लंच के लिए एक फ़ूड कोर्ट में गए और उसके बाद बहुत से मतदान केन्द्रों पर गए ताकि अधिक से अधिक मतदाताओं का अभिवादन कर सकूं। उस शाम बाद में, डिनर पर हमारे साथ कुछ दोस्त और परिवार थे। हमने उन लोगों का शुक्रिया अदा किया कि स्प्रिंगफ़ील्ड में नामांकन की घोषणा के बाद से ग्यारह महीनों के दौरान उन्होंने हमारा साथ दिया। मैंने खाना छोड़ा और जल्दी से निकल गई ताकि होटल के कमरे में पहुंच सकूं, चाहे जीते या हारे, देर रात देने के लिए मैं बराक का भाषण तैयार करने लगी। कुछ ही पल में, केटी और प्रचार अभियान के युद्ध रूम से ताजा ख़बर के साथ लौटी: "हम जीत गए थे!;"

हम ख़ुशी के मारे पागल हो गए थे, हम इतनी जोर जोर से चीख चिल्ला रहे थे कि सेक्रेट सर्विस वाले हमारे कमरे का दरवाजा खटखटाने लगे कि कहीं कुछ गड़बड़ तो नहीं हो गई।

वह उस साल की सबसे ठंडी रातों में एक रात थी लेकिन आयोवा वासी बड़ी तादाद में अपने अपने मतदान केन्द्रों पर मतदान के लिए उमड़ पड़े थे। चार साल पहले जितना

मतदान हुआ था उससे दोगुना मतदान हुआ। बराक को श्वेत, अश्वेत और युवा लोगों के बीच जीत हासिल हुई थी। आधे से अधिक मतदान करने वाले लोगों ने इससे पहले मतदान नहीं किया था, और ऐसा लगता है कि उसी समूह ने बराक की जीत को पक्का कर दिया था। केबल न्यूज़ के एंकर अंततः आयोवा आये थे और इस राजनीतिक युवा की तारीफ़ों के पुल बाँध रहे थे जिसने क्लिंटन के तंत्र को पराजित तो किया ही था, राष्ट्रपति पद के पूर्व उम्मीदवार को भी।

उस रात बराक जब जीत का भाषण दे रहा था, तो हम चारों- बराक, मैं, मालिया, साशा- हाई वी हॉल में मंच पर जब खड़े थे तब मुझे बहुत अच्छा लग रहा था, मैं कुछ परिष्कृत भी समझ रही थी अपने आपको। शायद, मैं यह सोच रही थी कि बराक इतने सालों से जो बात कर रहा था वह वास्तव में संभव था। स्प्रिंगफ़ील्ड की तमाम यात्राएं, उसकी तमाम हताशाएं कि वह कोई बड़ा असर नहीं छोड़ पा रहा था, उसका तमाम आदर्श, उसका यह अस्वाभाविक और ईमानदार विश्वास कि लोग इसमें सक्षम थे कि वे उन चीजों को पीछे छोड़कर आगे बढ़ सकें जो उनको बांटने वाली थी, अंत में राजनीति आम करती थी-शायद वह सही ही कह रहा था।

हमें कुछ ऐतिहासिक, कुछ बहुत बड़ी उपलब्धि हासिल हुई थी- केवल बराक नहीं, या मैं नहीं, बल्कि मेलिशा, और केटी, और प्लौफ़, एक्सलार्ड, और वेलेरी, और सभी युवा कर्मचारी, सभी स्वयंसेवक, प्रत्येक अध्यापक एवं किसान, और सेवानिवृत्त और हाई स्कूल में पढ़ चुके लोग उस रात वहां जो खड़े थे वह कुछ नए के लिए खड़े थे।

आधी रात के बाद मैं और बराक एयरपोर्ट गए ताकि आयोवा से बाहर जा सकें, हम यह जानते थे कि हम अब महीनों वहां नहीं आने वाले थे। लड़कियां और मैं शिकागो घर के लिए निकल गई, काम और स्कूल में वापस लौटने के लिए। बराक न्यू हैम्पशायर के लिए उड़ गया, जहाँ एक सप्ताह से भी कम समय में प्राथमिक मतदान होने वाले थे।

आयोवा ने हम सभी को बदल दिया था। आयोवा ने ख़ासतौर पर मुझे विश्वास दिया था। हमें जो मत मिले थे वे अब पूरे देश के साथ साझा किए जाने वाले थे। आने वाले दिनों में, आयोवा में जो क्षेत्र में हमारे आयोजक थे वे पूरे देश में फ़ैल जाने वाले थे- नेवादा और साउथ कैरोलिना से लेकर न्यू मेक्सिको, मिनिसोटा और कैलिफोर्निया तक- इस सन्देश को फैलाने के लिए जो अभी तक सिद्ध नहीं हुआ था, बदलाव सही में संभव था।

17

जब मैं पहली कक्षा में थी तब एक लड़के ने मेरे चेहरे पर एक ज़ोरदार घूँसा मारा था, उसकी मुट्ठी अचानक न जाने कहाँ से एक तेज़ गति वाले धूमकेतु की तरह आई। हम दोपहर के खाने के लिए पंक्ति में खड़े थे, हम सब उन बातों पर चर्चा कर रहे थे जो उस समय छ: या सात साल के बच्चों के लिए बहुत ज़्यादा ज़रूरी हो सकता था - कौन सबसे तेज़ दौड़ता है या फिर रंग वाले क्रेयोन पेंसिल के नाम ऐसे अजीब क्यों होते हैं - तभी धड़ाम, मेरे चेहरे पर कुछ आया। मुझे नहीं मालूम क्यों। मैं उस लड़के का नाम भूल गई हूँ, लेकिन मुझे याद है कि मैं किस तरह उसे दर्द में एक बेवक़ूफ़ की तरह खड़े होकर घूर रही थी, मेरे नीचे का होंठ सूज चुका था और मेरी आँखें गर्म आँसुओं से भर गई थीं। मैं इतनी हतप्रभ थी कि गुस्सा भी नहीं आया, मैं दौड़ते हुए माँ के पास घर चली गई।

उस लड़के को हमारे शिक्षक ने बात करने के लिए बुलाया। मेरी माँ निजी तौर पर उस लड़के को देखने के लिए स्कूल गईं, वह यह अंदाज़ा लगाना चाहती थीं कि और किस तरह का ख़तरा उससे हो सकता है। साउथसाइड, जो ज़रूर उस दिन हमारे घर कुछ ज़्यादा देर तक रुके होंगे, उन्होंने अपने दादा वाले गुण दिखाए और माँ के साथ वहाँ जाने के लिए ज़ोर देने लगे। मैं इसका हिस्सा नहीं थी कि इन बड़ों के बीच किसी प्रकार की बातचीत हुई थी। किसी तरह की सज़ा तय की गयी थी। मुझे उस लड़के की तरफ़ से शर्मिंदगी भरा माफ़ीनामा मिला और साथ यह भी निर्देशित किया गया कि भविष्य में उस लड़के को लेकर चिंता करने की ज़रूरत नहीं है।

“वह लड़का किसी बात से गुस्से में और डरा हुआ था जिसका तुमसे कोई लेना देना नहीं था,” बाद में हमारे रसोईघर में मेरी माँ ने मुझे बताया जब वह रात का खाना गर्म कर रही थीं। वह अपना सिर इस तरह हिला रही थी जैसे वह और भी बहुत कुछ जानती हों लेकिन मुझसे साझा नहीं करना चाहती हैं। “वह अपने जीवन में बहुत सारी समस्यायों से जूझ रहा है।”

बदमाशों के बारे में हमलोग इसी तरह बातें करते थे। जब मैं बच्ची थी तब यह सब समझना आसान था: बदमाश वे लोग होते हैं जिनके अंदर डरे हुए लोग छिपे होते हैं। मैं यह सब कुछ डीडी में देखा था, हमारे पड़ोस में रहने वाली मज़बूत लड़की में और यहाँ तक कि

डैंडी में यानी अपने दादा के भीतर भी, जो अपनी पत्नी के साथ भी क्रूर और अहंकारी हो सकते थे। वे बाहर निकल आ जाते थे क्योंकि वे हारा हुआ महसूस करते थे। अगर आप कर पाते तो आप उन्हें नज़रअंदाज़ करते थे और उनसे लड़ते थे अगर आपके पास कोई और रास्ता नहीं होता था। मेरी माँ जो सम्भवत: अपने दिमाग़ में जियो और जीने दो के नारे को लिख कर जीती थीं, उनके अनुसार इन सबसे बचने का तरीक़ा था कि आप कभी भी बदमाशों की बेइज़्ज़ती या ग़ुस्से को निजी रूप में न लें।

अगर आपने ऐसा किया - फिर, आपको सच में चोट पहुँच सकती है।

यह सब कुछ बाद में मेरी ज़िंदगी की वास्तविक समस्या बन गई। तब जब मैं लगभग चालीस साल की थी और अपने पति को देश के राष्ट्रपति के रूप में चुने जाने के लिए उसकी मदद कर रही थी, मैं फिर से पहली क्लास के उस दोपहर के खाने की लाइन में चली गई, यह याद करते हुए कि चोट खाना कितना ज़्यादा अस्पष्ट था, बिना किसी चेतावनी के अपने चेहरे पर चोट खाना कितना दर्दनाक होता है।

2008 में मैंने अपना ज़्यादातर समय घूंसों की चिंता न करने की कोशिश में बिताया।

यह सब कुछ उस साल की सुखद यादों के साथ शुरू होने वाला था क्योंकि मेरे पास वह भारी माला में है। आम चुनाव के लगभग चार महीने पहले हम चार जुलाई को मालिया के दसवें जन्मदिन पर ब्यूट, मोनटाना गए। ब्यूट, मोनटाना के दक्षिण पश्चिम कोने में बसा हुआ एक साहसी, एतिहासिक ताम्बे की खान वाला शहर है, जिसके किनारे पर गहरे चट्टानी पर्वतों की शृंखला थी जो दूर से ही दिखाई देती है। ब्यूट एक दो विकल्पों वाला शहर था जहाँ चुनावी अभियान के बाद यह हमारे पक्ष का राज्य हो सकता था। अंतिम चुनाव में मोनटाना जॉर्ज डब्ल्यू. बुश के पक्ष में गया था लेकिन यहाँ के लोगों ने एक डेमोक्रेटिक गवर्नर को भी चुना था। ऐसा लग रहा था कि बराक के दौरे के लिए यह एक अच्छी जगह है।

पहले से कहीं ज़्यादा अब हर समय यह जोड़ घटाव किया जा रहा था कि अपने हर दिन का हर एक मिनट बराक किस तरह बिताएँगे। उन पर नज़र रखी जा रही थी, उनका आकलन किया जा रहा था। लोगों ने यह ध्यान में रखना शुरू कर दिया कि वह किस राज्य में गये, ब्रेकफ़ास्ट में किस डाइनर में दिखे, खाने में अंडे के साथ उन्होंने किस तरह के मीट तैयार करने का आदेश दिया। अब उनके साथ लगभग पच्चीस लोगों की एक प्रेस टीम यात्रा करती थी, जो उसके प्रचार अभियान के जहाज़ की पिछली सीटों में भरी रहती, छोटे शहर वाले होटलों के ब्रेकफ़ास्ट वाले कमरों के गलियारों को भर देती। एक-एक जगह पर उनका पीछा करती, उनकी कलम हर चीज़ को अमर बना रही थी। अगर किसी राष्ट्रपति उम्मीदवार को सर्दी हो जाती है, इसकी भी ख़बर बनती है। अगर किसी ने महँगी जगह अपने बाल कटवाए या टीजीआई फ्राइडे में डीज़ॉन मस्टर्ड की माँग की (जैसा कि बराक ने भोलेपन में सालों पहले किया था, और जो न्यूयॉर्क टाइम्स के मुख्य समाचार बनने के योग्य था), इसकी भी ख़बर छापी जाती थी और फिर इंटरनेट पर सैकड़ों तरीक़ों से लोगों तक पहुँचती थी।

क्या उम्मीदवार कमज़ोर था? क्या वह घमंडी था? क्या वह धोखेबाज़ था? क्या वह एक असली अमेरिकी है?

यह सब प्रक्रिया का हिस्सा था, हमें समझ में आया - इस बात की जाँच करना कि कौन एक नेता और देश के प्रतीक दोनों रूप में खड़े होने के योग्य है। यह सब ऐसा था जैसे हर दिन आपकी आत्मा का एक्स-रे किया जा रहा हो, किसी भी तरह के दोष को पकड़ने के लिए बारीकी से बार बार जाँचा जा रहा हो। आप तब तक नहीं चुने जा सकते हैं जब तक आप अमरीकी नज़र की जाँच के प्रति पूरी तरह से समर्पित नहीं हो जाते, जो ख़ुद ही आपके पूरे इतिहास से गुज़रता है जिसमें आपका सामाजिक संबंध, पेशेवरपन और कर भुगतान सभी शामिल होता है। और वह नज़र तार्किक रूप से बहुत ज़्यादा गहन और जोड़-तोड़ के लिए पहले से ज़्यादा तैयार थे। हम अभी अभी उस समय में पहुँचे थे जहाँ प्रसिद्धि को मापा और मुद्रीकृत किया जा रहा था। फेसबुक कुछ दिन पहले ही मुख्य धारा में आया था। ट्विटर अपेक्षाकृत नया था। ज़्यादातर अमेरिकी नागरिकों के पास मोबाइल फ़ोन था और ज़्यादातर फ़ोन में कैमरा था। हम किसी ऐसे किनारे पर खड़े थे जिसके बारे में मुझे शक है कि हम में से किसी को भी उसकी पूरी समझ थी।

बराक अब सिर्फ़ डेमोक्रेटिक मतदाताओं का साथ पाने की कोशिश ही नहीं कर रहे थे; वह अब पूरे अमरीका से निवेदन कर रहे थे। आयोवा महा मतदान के बाद, इस प्रक्रिया में एक ऐसा समय आया जो एक सज़ा की तरह और कुरूप था क्योंकि यह दर्द देने वाला और परिभाषित करने वाला था। बराक और हिलेरी क्लिंटन ने 2008 की पूरी सर्दी और वसंत का समय हर राज्य और प्रांत का दौरा करने में बिताया, वे मत और मेहनत से हासिल किए मतों के बीच की लड़ाई के माध्यम से नई सीमाओं को तय करने वाले उम्मीदवार बन रहे थे। (जॉन एड्वर्ड, जो बिडेन और बाक़ी के अन्य उम्मीदवारों ने जनवरी के अंत तक सब कुछ ख़त्म कर दिया था)। दो उम्मीदवारों ने एक दूसरे की शक्ति को परखा था, बराक ने फ़रवरी में छोटी मगर अंततः निर्णायक बढ़त हासिल की थी। "क्या अब वह राष्ट्रपति हैं?" मालिया कभी -कभी मुझसे यह सवाल करती जब हम एक के बाद दूसरे मंच पर एक साथ खड़े होकर संगीत भरा आयोजन करते, उसका युवा मन बड़े उद्देश्य के अलावा कुछ और समझने के अयोग्य था।

"ठीक है, अब वह राष्ट्रपति हैं?"

"नहीं, बेटा, अभी नहीं?"

जून तक हिलेरी को यह एहसास नहीं हुआ था कि उनके पास जीतने के लिए कम संख्या में प्रतिनिधि हैं। इस बात की स्वीकृति में देरी ने अभियान के अमूल्य संसाधनों की बर्बादी की, और बराक को इस लड़ाई में उनके रिपब्लिकन विपक्षी जॉन मैककेन के विरोध में बोलने से रोकती रही। लम्बे समय से ऐरिज़ोना की सीनेटर रिपब्लिक पार्टी की सम्भावित उम्मीदवार बन गए और पूरे मार्च में मेवरिक युद्ध के हीरो के रूप में अपने ऐतिहासिक द्विदलीय योग्यता और राष्ट्रीय सुरक्षा में अपने अनुभव के आधार पर चुनाव लादने लगे।

इसका परिणाम यह हुआ कि वह जॉर्ज डब्ल्यू बुश से अलग होकर आगे बढ़ने लगे।

हम चार जुलाई को अपने दोहरे उद्देश्य के साथ ब्यूट में थे, क्योंकि अब लगभग हर चीज़ का दो उद्देश्य हो चुका था। बराक ने अपने पिछले चार दिन मिसूरी, ओहायो, कॉलराडो और उत्तर डकोटा में अपने चुनाव अभियान में बिताया था। बराक के पास बहुत कम समय था कि वे अपने चुनावी अभियान को रोक कर मालिया का जन्मदिन मनाने हमारे पास आते, और साथ ही वह उस ख़ास दिन मतदाताओं की नज़र से हट नहीं सकते थे जो देश का सबसे महत्वपूर्ण प्रतीकात्मक छुट्टी का दिन था। इसलिए, इसके बजाय हम उनके पास चले गए, जो दोनों चीज़ों को बचाने की एक छोटी सी कोशिश थी - जनता की नज़र में परिवार के साथ एक पूरा दिन बिताना। बराक की एक सौतेली बहन माया और उसके पति कॉनरैड अपनी बहुत ही प्यारी चार साल की छोटी सी बेटी सुहैला को लेकर हमारे साथ थे।

बड़ी छुट्टी वाले दिन जन्म लिए हुए बच्चे के अभिभावक जानते हैं कि निजी उत्सव और सार्वजनिक उत्सव के बीच पहले से ही एक निश्चित रेखा तय होती है जिसमें चलना होता है। ऐसा लग रहा था कि ब्यूट के अच्छे लोग यह समझ गए थे। मुख्य सड़क के किनारे के दुकानों के ऊपर "हैप्पी बर्थडे, मालिया" लिख कर टांगा हुआ था। जैसे ही हमारा परिवार चार जुलाई का परेड देखने के लिए एक इकट्ठा हुआ बाहर खड़े हुए लोग ज़ोर ज़ोर से चिल्लाकर पीटकर और बाँसुरी बजाते हुए उसे शुभकामनाएँ दे रहे थे और "यांकी डूडल" बजा रहे थे। जिन लोगों से मिले वे लड़की के प्रति उदार और हमारे प्रति सम्मानजनक थे, हालाँकि वे हमारे सामने यह कुबूल कर रहे थे कि किसी भी डेमोक्रैटिक के पक्ष में मतदान करना अपनी परम्परा से दूर जाने वाला पागलपन होगा।

उस दिन दूसरे पहर, अभियान कर्ताओं ने खुले मैदान में एक पिकनिक का आयोजन किया था जहाँ से फिसलने वाले पहाड़ दिखाई दे रहे थे जो महाद्वीपीय विभाजन को भी रेखांकित करते थे। उस भीड़ का असली मतलब हमारे सैकड़ों क्षेत्रीय समर्थकों की रैली से था और साथ ही मालिया के जन्मदिन का अनौपचारिक उत्सव भी। मैं उन सभी लोगों से प्रभावित थी जो वहाँ हमसे मिलने आए थे, लेकिन उसी समय मैं कुछ बहुत ज़्यादा महत्वपूर्ण और अंदरूनी भी महसूस कर रही थी जिसका उस जगह से किसी तरह का संबंध नहीं था जहाँ हम उस समय थे। मैं उस दिन आश्चर्यचकित कर देने वाली करुणा से प्रभावित थी जो आपके अंदर अभिभावक बनने से आ जाता है, समय को लेकर एक अजीब तरह की सूक्ष्मदर्शिता जो आपके साथ तब होता है जब आप अचानक ध्यान देते हैं कि आपके बच्चे अर्ध- वयस्क हो गए हैं, उनके अंग थुलथुल से ज़्यादा शिथिल हो गए हैं, उनकी आँखें चालाक हो रही हैं।

मेरे लिए 2008 का चार जुलाई विशेष महत्व वाली दहलीज़ है जिसे हमने पार किया था: दस साल पहले मैं और बराक इस विश्वास के साथ कि हम दुनिया के बारे में बहुत कुछ जानते हैं जबकि वास्तविक रूप से हम कुछ नहीं जानते थे, प्रसव वाले कमरे में गए थे।

पिछले दशक का ज़्यादा समय परिवार और मेरे काम में संतुलन बिठाने में और इसका

पता लगाने में चला गया कि किस तरह मैं मालिया और साशा के प्रति स्नेहिल और उपलब्ध रहूँ और साथ ही अपने काम में गम्भीर भी। लेकिन ध्रुव बदल गया था: अब मैं परवरिश और कुछ बिलकुल ही अलग और अधिक अस्पष्ट चीज़ों के साथ संतुलन बिठाने की कोशिश कर रही थी जिनमें राजनीति और बराक के कुछ महत्वपूर्ण करने की इच्छा शामिल थी। बराक के जीवन में होने वाली घटनाओं का आकार, अभियान की माँग, हमारे परिवार का मुख्य केंद्र सब कुछ बहुत तेज़ी से बड़ा होता हुआ महसूस हो रहा था। आयोवा बैठक के बाद, यह जानते हुए कि यहाँ रुककर और प्रभावी तरीक़े से काम करना अब असम्भव होगा, मैंने अस्पताल में अपने पद से छुट्टी लेने का निर्णय किया। चुनावी अभियान धीरे धीरे सब कुछ को अपने अंदर समाहित कर रहा था। आयोवा के बाद मैं इतनी ज़्यादा व्यस्त हो गई कि दफ़्तर जाकर अपनी चीज़ें लाने और सभी को ढंग से अलविदा कहने तक का समय भी मेरे पास नहीं था। अब मैं पूरे समय के लिए एक पत्नी और माँ थी, हालाँकि एक पत्नी जिसके पास उद्देश्य था और एक माँ जो उस उद्देश्य को अपने बच्चे को निगलने से बचाना चाहती थी। अपने काम से दूरी बनाए रखना मेरे लिए बहुत कष्टप्रद था लेकिन मेरे पास दूसरा कोई विकल्प नहीं था : मेरे परिवार को मेरी ज़रूरत थी, और यह सबसे अधिक मायने रखता था।

और अब मैं मोनटाना मे अभियान के इस पिकनिक में थी, और एक समूह की अगुवाई कर रही थी जिसमें सभी अपरिचित थे और सामने घास पर बैठकर अपने प्लेट में हैमबर्गर लिए हुए मुस्कुराती हुई मालिया के लिए "हैप्पी बर्थडे" गा रहे थे। मतदाताओं ने हमारी बेटियों को प्यारी लड़कियों और हमारे परिवार की नज़दीकी को ख़ुशी के रूप में देखा। लेकिन मैं अक़्सर ही सोचती थी कि हमारी बेटियों को यह सब कैसा लगता होगा, इन सबके बारे में उन दोनों की क्या सोच थी। मैं अपने भीतर के अपराधबोध को कम करने की कोशिश कर रही थी। अगले सप्ताह में हमने जन्मदिन के लिए एक वास्तविक पार्टी की योजना बनाई थी जिसमें मालिया के दोस्त हमारे शिकागो वाले घर में रात भर रुकने के लिए आते और किसी तरह की कोई राजनीति नहीं होती। और उस शाम हमने अपने होटल में एक निजी समारोह का आयोजन किया। फिर भी, जैसे ही दोपहर का समय बीता और हमारी बेटियाँ पिकनिक वाले मैदान से भाग गईं, वहीं बराक और मैंने सभी सम्भावित मतदाताओं से हाथ मिलाया और उनके गले लगे, मैं यह जानने कि कोशिश कर रही थी क्या वे दोनों बच्चियाँ इस पिकनिक को मस्ती के रूप में याद करेंगीं।

आजकल मैं अपने दिल में एक नई तरह की निर्दयता लिए हुए मालिया और साशा को देख रही थी। मेरी तरह ही अब उनके आसपास भी अपरिचित लोग थे जो उन्हें नाम से पुकारते थे और उन्हें छूना चाहते थे और उनके साथ तस्वीर खिंचवाना चाहते थे। सर्दियों के बाद सरकार ने मुझे और बच्चियों को लोगों के सामने उपस्थित होने के कारण गुप्त सुरक्षा सेवा मुहैया करवा दी थी, जिसका मतलब यह था कि साशा और मालिया जब भी स्कूल जाएँगी या गरमी की छुट्टियों में कैम्प जाएँगी जहाँ अक़्सर उन्हें मेरी माँ लेकर जाती थी, अब उनके पीछे दूसरी कार में गुप्त सेवाओं वाले लोग चलने वाले थे।

पिकनिक में भी हम सभी के अपने सुरक्षा एजेंट मौजूद थे जो किसी भी तरह के हमला को रोकने के लिए भीड़ को बाधित कर रहे थे, जो किसी शुभचिंतक के अतिउत्साहित होने पर या पास आने पर धीरे से उन्हें रोक रहे थे। सौभाग्य से, बच्चियों ने उन एजेंट को सुरक्षा गार्ड के रूप में कम और वयस्क दोस्त के रूप में ज़्यादा देखा, जो उनके प्रति दोस्ताना व्यवहार रखने वाले लोगों में नए जुड़े मेहमान थे जिनके साथ हम यात्रा करते थे और जिन्हें उनके कानों में लगे यंत्र और शांतिपूर्ण सतर्कता से ही पहचाना जा सकता था। साशा अक़्सर उन्हें "सीक्रेट पीपल" कहकर पुकारती थी।

बच्चियों ने उस अभियान को बहुत आरामदेह बना दिया था, क्योंकि वे परिणाम को लेकर बहुत अधिक उत्सुक नहीं थी। मेरे और बराक दोनों के लिए वे हमारे आसपास की राहत थीं - इस बात की याद दिलाते हुए कि अंत में समर्थकों की किसी भी भीड़ या वोट के धमाके से ज़्यादा महत्व हमारे परिवार का है। बेटियों ने भी अपने पिता के आसपास होने वाली उस भीड़भाड़ पर बहुत अधिक ध्यान नहीं दिया। उनका ध्यान बेहतर लोकतंत्र के निर्माण या व्हाइट हाउस में जाने के ऊपर बिलकुल भी नहीं था। वे वास्तव में जो चाहते थे (सच में, सच में चाहते थे) वह था कुत्ते का बच्चा। उन्हें शांत समय में अभियान के कर्मचारियों के साथ टैग या कार्ड वाले खेल खेलना पसंद था और साथ ही हर नई जाने वाली जगह पर आइस-क्रीम की दुकान खोजना भी। इसके अलावा सब कुछ बस एक शोर था।

आज मैं मालिया दोनों इस तथ्य के बारे में बातें करते हैं कि वह आठ साल की थी जब बराक ने स्पष्ट रूप से अपनी ज़िम्मेदारी महसूस की, और एक रात उसके बिस्तर में घुसते हुए उससे यह सवाल पूछा। "तुम्हें कैसा लगेगा अगर तुम्हारे पापा राष्ट्रपति के लिए चुनाव लड़ेंगे?" उन्होंने पूछा था। "क्या तुम्हें लगता है कि यह एक अच्छा विचार है?"

"ज़रूर, डैडी!" उसने जवाब दिया और उसके गालों को चूमा। चुनाव लड़ने का उसका यह निर्णय आने वाले समय में उसके जीवन की हर चीज़ को बदलने वाला था, लेकिन वह यह सब कैसे जानती? वह उसके बाद दूसरी तरफ़ लुढ़क गई और नींद में डूब गई।

उस दिन ब्यूट में हम वहाँ के क्षेत्रीय खान के संग्रहालय में गए जहाँ हमने पानी वाली बंदूक़ की लड़ाई वाला खेल खेला और घास पर सॉकर भी खेला। बराक ने अपना चुनावी भाषण दिया और हमेशा की तरह लोगों से हाथ मिलाया, लेकिन उन्होंने अंदर हमारे साथ भी समय बिताया। साशा और मालिया उसके ऊपर चढ़ गई, हँसती हुई उसे अपने सोच से हंसाती रही। मैंने उसकी मुस्कुराहट का हल्कापन देखा था, और इस बात के लिए उसकी सराहना की थी कि अपने आसपास के सभी विकर्षण से दूर होकर जब भी मौक़ा मिलता है वह सिर्फ़ एक पिता हो जाते हैं। जब हम एक जगह से दूसरी जगह जा रहे थे तब वह मेरे कंधे पर अपना हाथ रखे हुए था और साथ ही माया और कॉनरैड से बातचीत भी कर रहा था।

हम कभी भी अकेले नहीं थे। हमारे आसपास कर्मचारी थे, सुरक्षा एजेंट हमारी सुरक्षा कर रहे थे, प्रेस के सदस्य इंटरव्यू के लिए इंतज़ार कर रहे थे, दर्शक दूर से हमारी तस्वीरें खींच रहे थे। लेकिन अब यह सब कुछ हमारे लिए सामान्य हो गया था। अभियान के दौरान

हमारे दिन योजनाबद्ध हो गए थे और हमने अपनी निजता और स्वायत्तता धीरे धीरे अपने हाथों से फिसलते देखी थी। बराक और मैं दोनों ने ही अपने जीवन का लगभग हर पहलू बीस से अधिक लोगों के उस समूह को सौंप दिया था जो बहुत ज़्यादा होशियार और योग्य थे लेकिन फिर भी इस बात को नहीं समझ सकते थे कि अपने जीवन का नियंत्रण खोना कितना ज़्यादा कष्टप्रद और दर्द भरा होता है। अगर मुझे दुकान से किसी चीज़ की ज़रूरत होती तो मुझे इसके लिए किसी से कहना पड़ता था। अगर मैं बराक से बात करना चाहती थी, तब अक़्सर मुझे उसके किसी युवा कर्मचारी के माध्यम से अर्ज़ी भेजनी पड़ती थी। ऐसे कार्यक्रम और गतिविधि अचानक ही मेरे कैलेंडर में दिखाई देने लगते जिनके बारे में में ज़ानती भी नहीं थी।

लेकिन धीरे धीरे, जीवन को बचाने के लिए, हम अपने जीवन को सार्वजनिक रूप से जीना सीख रहे थे, और उस सच्चाई को स्वीकार कर रहे थे, जो था।

ब्यूट में दोपहर का समय ख़त्म होने से पहले, हमने टीवी पर इंटरव्यू दिया, हम चारों ने - मैं, बराक और हमारी बेटियाँ - यह कुछ ऐसा था जो हमने इसके पहले कभी नहीं किया था। आमतौर पर हमने इस पर ज़ोर दिया था कि प्रेस के लोग हमारी बेटियों से दूर रहें, और उन्हें तस्वीरों तक सीमित करके अभियान के आख़िरी दौर में जनता के सामने लाएँ। मैं नहीं जानती हूँ कि इस बार किस कारण से हमने हाँ कह दिया था। जहाँ तक मुझे याद है, अभियान के एक कर्मचारी ने कहा था कि यह बहुत अच्छा होगा अगर हम जनता के सामने बराक को एक अभिभावक के रूप में दिखा सकें, और उस पल मुझे इसमें कोई हानि नहीं दिखी थी। सब कुछ के बावजूद, वह हमारे बच्चों को प्यार करता था। वह सभी बच्चों से प्यार करता था। संक्षेप में यही कारण था कि हमें लगता था वह एक महान राष्ट्रपति बनेगा।

हम चारों लगभग पंद्रह मिनट तक ऐक्सेस हॉलीवुड के मारिया मेनूनोस के साथ बातें करते हुए बग़ीचे के उस बेंच पर बैठे रहे और हमने ऐसे कपड़े पहने थे जैसे कोई उत्सव हो। मालिया ने अपने बाल खोल लिए थे और साशा ने लाल रंग की ड्रेस पहनी थी। हमेशा की तरह वे शांत और प्यारे लग रहे थे। मेनूनोस बहुत ही उदार थी और उन्होंने बातचीत को बहुत ही हल्का रखा था जिसके कारण मालिया जो परिवार की सबसे छोटी प्रोफ़ेसर थी, हर सवाल में नम्रता से भाग ले रही थीं। उसने कहा कि उसे पिता कभी कभी शर्मिंदा कर देते हैं जब वह उसके दोस्तों से हाथ मिलाने की कोशिश करते हैं और उन्होंने हम सभी को तब भी बहुत परेशान कर दिया था जब उन्होंने अपने अभियान का सामान घर के दरवाज़े पर रख कर रास्ता बंद कर दिया था। साशा ने पूरी कोशिश की थी कि वह वहाँ स्थिर बैठी रहे और ध्यान लगाए रहे, और उसने पूरे इंटरव्यू के दौरान बस एक बार दख़ल दिया जब मुड़कर उसने मुझसे पूछा था कि "हेय, हमें आइसक्रीम कब मिलेगी?" इसके अलावा वह शांत बैठकर अपनी बहन को सुन रही थी और समय समय पर अपनी राय दे रही थी अगर उसके दिमाग़ में कुछ भी मिलता-जुलता आता था। "डैडी पहले ऐफ्रो थे!" एक समय पर उसने चिल्लाते हुए कहा और हम सब हँसने लग गए।

कुछ दिनों बाद, वह इंटरव्यू एबीसी पर चार भागों में प्रसारित हुआ, उत्साह से देखा गया और साथ ही ख़बरों के विभिन्न चैनलों पर "टीवी इंटरव्यू में ओबामा की बेटियों से पर्दा उठा" और "ओबामा की दोनों बेटियों ने सब कुछ बताया" के मुख्य समाचार के साथ प्रसारित हुआ। अचानक ही मालिया और साशा द्वारा छोटे बच्चों के रूप में कही गई बातें पूरी दुनिया के अख़बारों में छपने लगी।

तुरंत ही बराक और मैंने अपने किए पर पछतावा जताया। हालाँकि उस इंटरव्यू में कुछ भी अश्लील नहीं था। किसी भी प्रकार के आपत्तिजनक सवाल नहीं पूछे गए थे, न ही कुछ ख़ास बातें बताई गई थी। फिर भी हमें ऐसा महसूस हो रहा था कि हमने ग़लत निर्णय लिया था और इस बारे में उनकी समझ विकसित होने से बहुत पहले ही उनकी आवाज़ को सार्वजनिक मंच पर ला दिया था। वीडियो में ऐसा कुछ भी नहीं था जिससे साशा या मालिया को नुक़सान पहुँचता। लेकिन अब यह दुनिया में सबके सामने था और अब हमेशा के लिए इंटरनेट पर मौजूद रहेगा। हमने दो छोटी लड़कियों को ले लिया था जिन्होंने इस जीवन का चुनाव नहीं किया था, और बिना इसके बारे में सोचे हुए हमने उनके मुँह में यह सब ठूँस दिया था।

अब तक मैं पेट के बारे में थोड़ा बहुत जान गई थी। हम ख़ुद के ऊपर टिकी हुई नज़रों के साथ जी रहे थे। इसकी वजह से सब कुछ में एक आश्चर्यजनक ऊर्जा भर गई थी। मेरे पास ओपराह विन्फ्री के प्रोत्साहन भरे संदेश थे। मेरे बचपन का हीरो स्टीवी वंडर चुनावी अभियान के दौरान नाटक करने वहाँ पहुँच गया था, वह मज़ाक़ करते और मुझे इस तरह मेरे नाम से पुकारते जैसे हम दोनों एक दूसरे को हमेशा से जानते हों। हमारी तरफ़ दिए जाने वाले विशेष ध्यान की मात्रा अनुपातिक नहीं थी, विशेष रूप से इसलिए क्योंकि मुझे ऐसा महसूस होता था हमने इन सब के लिए बहुत ज़्यादा मेहनत नहीं की थी। हम बराक द्वारा दिए जाने वाले संदेश की शक्ति से आगे बढ़ रहे थे लेकिन मैं यह सब वादों और उस समय के प्रतीक के कारण भी जानती थी। अगर अमेरिका अपना पहला अश्वेत राष्ट्रपति चुनता है तो यह सिर्फ़ बराक के बारे में ही नहीं बल्कि पूरे देश के बारे में कुछ कहेगा। बहुत सारे लोगों के लिए और बहुत सारे कारणों से इसका महत्व बहुत अधिक था।

बेशक बराक को इसके लिए बहुत अधिक सहन करना पड़ा था - सार्वजनिक प्रशंसा के साथ पीठ पीछे होने वाली समीक्षा। आप जितना लोकप्रिय बनते हैं आपको नापसंद करने वाले लोग भी उतनी ही संख्या में बढ़ते हैं। यह सब लगभग एक अनलिखे नियम की तरह प्रतीत हो रहा था- विशेष रूप से राजनीति में जहाँ प्रतिद्वंदी विपक्ष के शोध में पैसे निवेश करते हैं - उम्मीदवार की पिछली ज़िंदगी की हर एक घटना के बारे में पता लगाने के लिए जाँच करने वालों को काम पर रखना ताकि वे पिछले जीवन का कुछ बुरा ढूँढ़ सकें।

हम दोनों अलग अलग बने हैं, मैं और मेरे पति, यही कारण है कि एक ने राजनीति का चुनाव किया और दूसरे ने नहीं। वह अभियान के दौरान उड़ने वाली अफ़वाहों और ज़हर

की तरह फैलने वाली ग़लत अवधारणाओं से अवगत थे लेकिन उनमें से शायद ही किसी से वह परेशान हुए। बराक ने अन्य अभियानों में अपना जीवन बिताया था। उसने राजनैतिक इतिहास की पढ़ाई की थी और और इसमें आने वाले प्रसंगों से ख़ुद को घेरा हुआ था। और सामान्य तौर पर वह एक ऐसा इंसान नहीं है जो कल्पना की तरह बेतुकी चीज़ जैसे शक या चोट की वजह से आसानी से विचलित हो जाए।

वहीं दूसरी तरफ़ मैं अब भी सार्वजनिक जीवन के बारे में सीख रही थी। मैं ख़ुद को एक साहसी, सफल औरत मानती थी लेकिन मैं वही बच्ची थी जिसने शिशु रोग विशेषज्ञ बनने की योजना बनाई थी और स्कूल में सौ प्रतिशत उपस्थिति का रिकॉर्ड भी बनाया था। दूसरे शब्दों में, मैं इसका ध्यान रखती थी कि लोग क्या कहते हैं। मैंने अपना पूरा बचपन अनुमति लेने, बेनागा स्वर्ण पदक प्राप्त करने और उलझन भरी सामाजिक स्थिति से बचने में लगा दिया था। समय के साथ, मैंने ख़ुद को मानकों और उपलब्धियों के आधार पर परखना बंद कर दिया लेकिन मेरा विश्वास था कि अगर मैं मेहनत और ईमानदारी से काम करूँ तो मैं बदमाशों को नज़रअन्दाज़ कर सकती हूँ और अपनी उपस्थिति जता सकती हूँ।

हालाँकि यह विश्वास अब पूर्ववत होने वाला था।

आयोवा में बराक की जीत के बाद, अभियान की श्रृंखला में मेरा संदेश और अधिक जोशपूर्ण हो गया था, लगभग रैलियों में जमा होने वाली भीड़ के अनुपात में ज़ोरदार। मैं सौ लोगों की बैठक से हज़ार और उससे भी अधिक लोगों की बैठकों में जाने लगी थी। मुझे याद है कि मैं मलीसा और केटी के साथ डेलवेर के एक ऐसे आयोजन में गई थी जहाँ लोग बाहर की इमारतों तक कतारबद्ध खड़े थे और एक ऐसे सभागार में जाने का इंतज़ार कर रहे थे जो पहले से ही खचाखच भरा हुआ था। इसने मुझे सबसे ज़्यादा ख़ुशी दी थी। मैंने इसे हर भीड़ के साथ प्रसारित किया: मैं उस हर एक चीज़ से भरी रहती थी जो बराक के अभियान में लोग उत्साह और सहभागिता के रूप में लेकर आते थे। मैं उनके निवेश और बराक के चुने जाने के लिए उन लोगों द्वारा किए काम को देखकर अभिभूत थी।

जब मेरे असली भाषण की बारी आई जिसका निर्माण आयोवा में किए गये चुनावी अभियान के सिद्धांत पर किया गया था और जिसका बहुत अच्छा प्रभाव हुआ था, मैंने इसके लिए एक ढीली संरचना का विकास कर लिया था, हालाँकि मैंने कभी भी टेलीप्रॉम्प्टर का इस्तेमाल नहीं किया ना ही इस बात की चिंता की कि मैं थोड़ा भटक रही हूँ। मेरे शब्द परिष्कृत नहीं थे। मैं अपने पति की तरह कभी भी अच्छी वक्ता नहीं बन पाई लेकिन मैंने अपनी बात दिल से कही थी। मैंने यह विस्तार से बताया कि किस तरह एक के बाद दूसरे सप्ताह में राजनीतिक प्रक्रिया को लेकर मेरा शक धीरे धीरे ख़त्म हुआ और इसकी जगह एक ऐसी चीज़ ने ले ली जो प्रोत्साहन और उम्मीद से भरी है। मैंने महसूस किया कि हम में से बहुत सारे लोग इसी समस्या से जूझ रहे हैं, हमारे बच्चों के भविष्य के एक लिए एक सी चिंता और सोच। और मेरी ही तरह बहुत सारे लोग यह विश्वास करते थे कि बराक ही एक मात्र ऐसा उम्मीदवार है जो वास्तविक परिवर्तन को लाने के योग्य है।

बराक इराक़ से अमेरिकी सेना को वापस लाना चाहता था। बहुत अधिक अमीर लोगों को जॉर्ज डब्ल्यू. बुश द्वारा दिए गये कर राहत को वह वापस लेना चाहता था। वह सभी अमेरिकी नागरिकों के लिए सस्ती स्वास्थ्य सेवाएँ चाहता था। यह महत्वाकांक्षाओं से भरा एक़ मंच था, लेकिन मैं जब भी समर्थकों से भरे किसी सभागार में जाती थी तब ऐसा लगता था कि शायद एक देश के रूप में हम अपने अतीत के मतभेद को भुलाकर इसे सम्भव बनाने के लिए तैयार हैं। उन कमरों में एक तरह का गर्व था, एकजुटता की भावना जो किसी भी इंसान के चमड़े के रंग से ऊपर उठ चुकी थी। आशावाद बहुत बड़ा था और यह स्फूर्तिदायक था। मैंने इसे एक लहर की तरह देखा था। "आशा वापस आ रही है।" मैं हर जगह यह घोषणा करती थी।

मैं एक दिन विस्कॉन्सिन में थी जब केटी की बराक के संचार टीम से एक फ़ोन आया जिसमें यह सूचना दी गई कि ऐसा लग रहा है जैसे कोई समस्या है। मैंने बेशक ही कुछ घंटे पहले मिल्वॉकी के उस हॉल में अपने भाषण के दौरान कुछ विवादास्पद कह दिया था। केटी भी मेरी ही तरह संदेह में थी। मैंने मिल्वॉकी में वही कहा था जो मैंने पहले मैडिसॉन के भीड़ के सामने कहा था और यह उससे भी अलग नहीं था जो मैं महीनों से विभिन्न जगहों पर भीड़ के सामने बोलती आ रही थी। इससे पहले कभी कोई समस्या नहीं हुई थी। अब क्यों होगी?

उस दिन बाद में हमने समस्या देखी। किसी ने मेरे लगभग चालीस मिनट की बातचीत को रिकॉड कर लिया था और उसे दस सेकंड के टुकड़े में बाँट दिया था जो संदर्भ से बिलकुल कटा हुआ था और उसमें कुछ शब्दों पर ही ज़ोर दिया गया था।

मिल्वॉकी और मैडिसॉन के भाषणों में से बनाए गए वे विडियो अचानक ही लोगों में बँटने लगे थे और उसमें उस हिस्से पर ध्यान दिया गया था जिसमें मैंने भावनाओं के प्रोत्साहित होने की बात की थी। उस दिन मैंने जो कुछ कहा था उसका पूरा संस्करण इस तरह था : "इन सालों में हमने जो सीखा है वह यह है कि उम्मीद अपनी वापसी कर रहा है! और मैं आपको एक बात बताना चाहती हूँ कि अपने वयस्क जीवन में पहली बार मुझे अपने देश पर गर्व हो रहा है। इसलिए नहीं क्योंकि बराक ने बहुत अच्छा किया है, बल्कि इस लिए कि मुझे लगता है लोग परिवर्तन के लिए भूखे हैं। मैं हमारे देश को उस दिशा में आगे बढ़ते देखने के लिए व्याकुल हूँ और अपनी निराशा और मायूसी में अकेला महसूस नहीं कर रही हूँ। मैंने ऐसे लोगों को देखा है जो कुछ सामान मुद्दों को लेकर एकजुट होने के लिए तत्पर हैं और इसे देखकर मुझे गर्व होता है। मैं इस बात की साक्षी होने को अपना सौभाग्य समझती हूँ।"

लेकिन इन सबमें से लगभग सबकुछ को काट दिया गया था, जिसमें आशा और एकता को लेकर मेरे संदर्भ और मैं इसे लेकर कितनी द्रवित थी यह सब भी शामिल था। बातों का भाव ख़त्म था; सभी कुछ एक बात की ओर ही निर्देशित थी। जो उस क्लिप में था - और अब वह भारी मात्रा में रेडियो और टीवी के बातचीत वाले कार्यक्रम में दिखाया जा रहा था, हमें जो बताया गया था वह इस प्रकार था: "अपने पूरे वयस्क जीवन में पहली बार, सच में मुझे अपने देश पर गर्व है।"

यह सब किस तरह हुआ इसे जानने के लिए मुझे ख़बर देखने की ज़रूरत नहीं थी। "वह देशभक्त नहीं है। *उसने हमेशा अमेरिका से नफ़रत की है। उसका असली रूप यही है। बाक़ी सब बस दिखावा है।*"

यह पहला धक्का था। और मैंने क़रीने से इसे अपने ऊपर ले लिया था। आराम से बोलने की कोशिश में, मैं यह भूल गई थी कि हर छोटे मुहावरे का वज़न कितना होता है। अनजाने में ही मैंने नफ़रत करने वाली को चालीस शब्दों वाली एक दावत दे दी थी। पहली कक्षा में पढ़ने वाले की तरह मैंने इसकी उम्मीद नहीं की थी।

उस रात मैं अपने घर शिकागो चली गई, मुझे अपराधबोध और खिन्नता का एहसास हो रहा था। मैं जानती थी कि मलीसा और केटी चुपचाप अपने ब्लैकबेरी के माध्यम से नकारात्मक ख़बरों पर अपनी नज़र रखे हुई हैं, हालाँकि वे इस बात का ख़्याल रख रही थी कि उन ख़बरों को मेरे साथ न बाँटा जाए, वे इस बात को समझ रही थीं कि इससे चीज़ें और ख़राब हो जाएँगी। इस समय हम तीनों ने इस साल के बेहतर हिस्से के लिए एक साथ काम किया था। हमने इतनी यात्रएं कि थी कि हम में से कोई भी इसकी गिनती नहीं कर सकता था, लगातार आगे बढ़ रही सुई की घड़ियों के साथ मैं दौड़ लगा रही थी ताकि उस रात मैं अपने बच्चों के पास घर जा सकूँ। हमने पूरे देश के सभागारों का दौरा किया था, न चाहते हुए भी जीवन में अब तक सबसे ज़्यादा फ़ास्ट फ़ूड खाया था, और अच्छी तरह हम चंदा उगाहने वाले लोगों के पास जाते थे जिनका घर इतना शानदार होता था कि हम वहाँ ख़ुद को बुद्धू साबित होने से बचने के लिए लगातार मेहनत करते थे। जहाँ बराक और अभियान में साथ देने वाली उनकी टीम निजी हवाई जहाज़ों, आरामदायक बसों में यात्रा करते थे, वहाँ हमलोग अब भी हवाई अड्डों की सुरक्षा पंक्तियों में धीरे-धीरे अपने जूते घसीटते हुए, संयुक्त और दक्षिण-पश्चिम जाने वाली बसों में बैठते हुए और कार्यकर्ताओं की आस्था पर विश्वास करते हुए कभी कभी एक दूसरे से मीलों दूर होने वाले आयोजन में हिस्सा लेते थे।

मुझे ऐसा महसूस होता था कि कुल मिलाकर हमलोग अच्छा काम कर रहे थे। मैंने केटी को कुर्सी पर खड़े होकर अपने से दोगुनी उम्र वाले फ़ोटोग्राफ़रों को बारी-बारी से आने ले लिए चिल्लाते हुए और लीक से हटकर सवाल करने वाले पत्रकारों को डाँटते हुए देखा था। मैंने तेज़ दिमाग़ वाली मेलिसा को देखा था कि किस तरह वह मेरे हर कार्यक्रम का ब्योरा रखना, विशेषज्ञ के रूप में मेरे एक ही दिन में होने वाले कई अभियानों का संयोजन करना, सम्भावित गहरी समस्यायों के बारे में अपने ब्लैकबेरी में शोध करना और साथ ही इसका ध्यान भी रखना कि मैं किसी भी स्कूल में होने वाले नाटक, अपने पुराने दोस्तों का जन्मदिन या जिम जाने का एक भी अवसर हाथ से न जाने देने जैसे हर एक काम बड़े ही अच्छे से कर रही थी। उन दोनों ने इस कोशिश में लगभग अपना सब कुछ लगा दिया था, अपने निजी जीवन को न्योछावर कर दिया था ताकि मैं अपने आप को बचाने की कोशिश कर सकूँ।

मैं हवाई जहाज़ की मद्धिम रोशनी के नीचे बैठ गई, और इस बारे में चिंता करने लग गई कि मैंने लगभग उन चालीस बेवक़ूफ़ी वाले शब्दों से सबकुछ गड़बड़ कर दिया।

घर पर, अपनी बच्चियों को सुलाने और अपनी माँ को कुछ देर आराम करवाने के लिए यूक्लिड एवेन्यू भेजने के बाद मैंने बराक को उसके फ़ोन पर कॉल किया। वह विस्कॉन्सिन प्राइमरी की शाम थी और वहाँ का चुनाव कड़ी चुनौती वाला दिख रहा था। राष्ट्रीय सम्मेलन के प्रतिनिधि के रूप में बराक वहाँ बहुत कम मतों से आगे बढ़ रहे थे लेकिन हिलेरी बराक की उसकी स्वास्थ्य योजना से लेकर हर चीज़ में और उनके साथ अक़्सर बहस न करने के लिए उनकी आलोचना वाले विज्ञापन प्रसारित करवा रही थी। दाँव काफ़ी ऊँचा लग रहा था। बराक का प्रचार अभियान हार का ख़तरा नहीं उठा सकता था। जो भी मेरे भाषण के कारण हुआ मैंने उसके लिए माफ़ी माँगी। "मुझे ज़रा भी एहसास नहीं था कि मैं कुछ ग़लत कर रही थी," मैंने कहा। "मैं यही सारी बातें महीनों से बोलती आ रही हूँ।"

उस रात बराक विस्कॉन्सिन और टेक्सस के बीच की यात्रा कर रहे थे। दूसरी तरफ़ मैं उनकी कम्पन को सुन पा रही थी। "देखो, ऐसा इसलिए हुआ क्योंकि वहाँ बहुत ज़्यादा भीड़ थी," उन्होंने कहा। "तुम अभियान की शक्ति बन गई हो, जिसका मतलब है कि लोग थोड़ा ही सही तुम्हारे पीछे ज़रूर पड़ेंगे। यह इन चीज़ों की प्रकृति भर है।"

जितनी बार भी हमने बात की वह अच्छे थे, उन्होंने मेरा समय देने के लिए मेरा शुक्रिया किया और साथ ही इसका दुःख भी जताया कि मुझे किसी भी तरह की हार से अकेले जूझना पड़ रहा है। "मैं तुमसे प्यार करता हूँ, जान" उन्होंने फ़ोन रखने से पहले मुझसे कहा। "मैं जानता हूँ कि यह सब मुश्किल है, लेकिन यह सब ख़त्म हो जाएगा। यह हमेशा ख़त्म हो जाता है।"

• • •

इस बारे में वह सही और ग़लत दोनों ही थे। 19 फ़रवरी 2008 को, बराक विस्कॉन्सिन प्राइमरी की सीट अच्छे अंतर से जीत गए, जिसका अर्थ यह था कि मैंने उन्हें किसी तरह की हानि नहीं पहुँचाई थी। उसी दिन, एक रैली में किंडी मैक्केन ने मुझ पर निशाना साधते हुए कहा कि, "मुझे अपने देश पर गर्व है। मैं आपके बारे में नहीं जानता हूँ कि आपने ये शब्द पहले सुने हैं या नहीं- मुझे अपने देश पर बहुत ज़्यादा गर्व है।" सीएनएन ने हमें "देशभक्ति के लिफ़ाफ़े" में खड़ा कर दिया था और ब्लॉगरों ने वही किया जो वे करते हैं। लेकिन लगभग एक सप्ताह में ही ऐसा लग रहा था कि सब शोर शराबा शांत हो गया। बार और मैंने प्रेस में अपनी टिप्पणियाँ दी, इस बात को स्पष्ट किया कि मुझे यह देख कर गर्व महसूस होता है कि अभियान के लिए बहुत सारे अमरीकी लोग फ़ोन कर रहे हैं, अपने पड़ोसियों से बातें कर रहे और लोकतंत्र में अपनी शक्ति को लेकर विश्वास हासिल कर रहे हैं, जो मेरे लिए पहली बार महसूस करने जैसा है। और उसके बाद हम आगे बढ़ गए। प्रचार के मेरे भाषणों में मैं इस बात पर अधिक ध्यान देने की कोशिश करने लग गई कि मैं उन शब्दों को किस तरह अपने मुँह से निकालूँ कि मेरे संदेश में परिवर्तन ना आए। मैं अब भी गर्वित और प्रोत्साहित थी। कुछ भी नहीं बदला था।

और एक हानिकारक बीज पहले से ही बोया जा चुका था - मेरे बारे में ऐसी धारणा कि मैं एक चिड़चिड़ी, प्रतिरोधी क़िस्म की इंसान हूँ और मेरे अंदर वह सुघड़ता नहीं ही जिसकी मुझेसे आशा की जा रही है। चाहे इसकी शुरुआत बराक के राजनीतिक विपक्षी की तरफ़ से हो या कहीं और से, लेकिन अफ़वाह और एकतरफ़ टिप्पणी ने लगभग हमेशा ही अपनी जगह बनाए रखी और प्रजाति के बारे में संदेश फैलाती रही जिसका उद्देश्य मतदान करने वाली जनता के मन एक प्रकार का गहरा और कुरूप डर पैदा करना था। "*अश्वेतों को सत्ता में मत आने दो। वे तुम्हारे जैसे नहीं हैं। उनका सपना तुम्हारा सपना नहीं हैं।*"

इसमें इस तथ्य द्वारा किसी प्रकार की मदद नहीं मिली कि एबीसी न्यूज़ ने उन्नतीस घंटों तक श्रद्धेय जेरेमियाह राइट के उपदेशों को प्रसारित किया था, और इसके साथ ही झगड़े वाली एक रील भी जोड़ दी थी जिसमें उपदेशको को प्रचण्डता के साथ कठोर और ग़लत तरीक़े से झुकाया जाना और श्वेत अमेरिका में मौजूद आक्रोश को दिखाया गया था, जैसे कि सभी दुखों के लिए श्वेत लोगों को ही ज़िम्मेदार ठहराया जा रहा हो। बराक और मैं यह सब देखकर बहुत निराश थे, उस व्यक्ति की एक बहुत ही घटिया और पागलपन वाली झलक देखकर जिसने हमारी शादी करवाई थी और हमारे बच्चों का नामकरण किया था। हमदोनों इस तरह के परिवार में पले बढ़े थे जिसके सदस्य नस्ल को एक विचित्र संदेह वाले चश्मे से देखते थे। मैंने डैडी के सिहरा देने वाले रोष का अनुभव किया था जिसे उन्होंने कई दशक तक अपनी त्वचा के रंग के कारण पेशेवर तरीक़े से सहा था, और साथ ही साउथसाइड की यह चिंता कि उनके पोते-पोती श्वेत लोगों के इलाक़े में सुरक्षित नहीं हैं। इस बीच बराक अपनी श्वेत नानी टूट की बातों को सुना करते थे जो अकसर नस्लीय पूर्वाग्रहों वाली बातें करती थीं और उन्होंने कई बार तो अपने अश्वेत पोते के सामने यह भी क़बूल किया कि उन्हें किसी भी अश्वेत इंसान को सड़क पर दौड़ता देखकर डर लगने लगता था। हम कई सालों तक अपने परिवार के बड़े लोगों की मानसिक संकीर्णता के साथ जीते रहे, और इस बात को स्वीकार करते रहे कि कोई भी सर्वश्रेष्ठ नहीं है विशेषकर वे जिनका जन्म अलगाव के समय में हुआ था। शायद यही वह वजह थी जिसने हमें श्रेद्धेय राइट के क्रोध भरे उपदेश की मूर्खता पर ध्यान देने के लिए बाध्य किया था, तब भी जबकि हम अभी तक उनके किसी भी उपदेश के सत्र में शामिल नहीं हुए थे। समाचार में उनके अपशब्दों की उग्रता को देखकर हमलोग भयभीत थे। यह पूरा मामला हमें इस बात कि याद दिला रहा था कि नस्ल को लेकर हमारे देश की कुरूपता किस प्रकार दो पक्षों में बाँटी जा सकती थी- यह कि अविश्वास और पूर्वाग्रह दोनों ही पक्षों में शामिल है।

इसी बीच किसी ने प्रिंसटन के मेरे द्वारा लिखे गए शोधपत्र को खोज निकाला जो लगभग मैंने दो दशक पहले लिखा था - यह एक सर्वेक्षण था जिसमें यह दिखाया गया था कि अफ्रीकी-अमेरिकी छात्र प्रिंसटन में आने के बाद अपनी नस्ल और पहचान को लेकर कैसा महसूस करते हैं। किसी भी कारण से मैं यह कभी नहीं समझ पाऊँगी कि रूढ़िवादी मीडिया क्यों मेरे उस लेख के साथ इस तरह का बर्ताव कर रहा था जैसे कि वह एक अश्वेत-सत्ता का

मेनिफ़ेस्टो हो, एक ख़तरा जिसे खोद के निकाला जा चुका हो। ऐसा लग रहा था जैसे इक्कीस वर्ष की उम्र में सामाजिक विज्ञान में ए का ग्रेड पाने और हॉर्वर्ड लॉ स्कूल में अपने लिए जगह बनाने की कोशिश करने की बजाय मैं श्वेत बहुसंख्यकों को उखाड़ फेंके जाने वाली एक योजना की तैयारी कर रही थी और अंततः अब अपने पति के माध्यम से उस योजना पर काम करने का मौक़ा मुझे मिला था। लेखक क्रिस्टफ़र हिचेन्स द्वारा लिखे गए ऑनलाइन स्तम्भ का शीर्षक था "क्या जेर्मीयह राइट की नाकामयाबी की ज़िम्मेदार मिशेल ओबामा हैं?" उन्होंने मेरे कॉलेज के समय के बारे यह कहा था कि मैं अश्वेत उग्र विचारकों से बुरी तरह से प्रभावित थी और उससे भी ज़्यादा एक बहुत ही घटिया लेखक थी। उन्होंने लिखा था, "इसके बारे में बताना उतना ही मुश्किल है जितना कि इसे पढ़ना और यह एक ग़लती होगी।" "क्रिया के संबंधों में इस निबंध को बिलकुल भी नहीं "पढ़ा" जा सकता है। ऐसा इसलिए क्योंकि यह किसी भी ज्ञात भाषा में नहीं लिखा गया है।"

मुझे न ही एक बाहरी के तौर पर दिखाया जा रहा था बल्कि पूरी तरह से "गैर" बताया जा रहा था, इतना बाहरी कि मेरी भाषा भी नहीं पहचानी जा सकती है। यह निश्चित रूप से एक संकीर्ण दिमाग़ वाला और अजीब क़िस्म की बेइज़्ज़ती थी, लेकिन उसके द्वारा मेरी समझ का मज़ाक़ बनाने का काम इसे बड़े स्तर पर ले गया था। बराक और मैं अब इतने विख्यात हो चुके थे कि हमारे लिए अदृश्य होना मुश्किल था लेकिन अगर लोग हमें एक दूसरे ग्रह के प्राणी और अतिक्रमण करने वाले की तरह देख रहे थे तो शायद हमारा सामर्थ्य ख़त्म हो सकता था। भले ही सीधे तौर पर ना भी कहा गया हो, लेकिन यह संदेश अक़्सर हम तक पहुँचता हुआ महसूस होता था: ये लोग यहाँ के नहीं हैं। बराक की एक तस्वीर जिसमें उन्होंने सिर पर पगड़ी बाँधी हुई थी और सोमालिया के पारम्परिक कपड़े पहने हुए थे और जिसे उन्होंने सीनेटर के रूप में केन्या के अधिकारिक दौरे में खिंचवाया था, उसे "ड्रज रिपोर्ट" में इस तरह दिखाया गया था कि जैसे इस पुराने सिद्धांत को उजागर किया जा रहा हो कि वह गुप्त रूप से एक मुसलमान हैं। कुछ महीने बाद इंटरनेट फिर से एक अनाम अफ़वाह से भर गया था जिसमें बराक की नागरिकता पर सवाल खड़े किए गए थे और इस विचार को फैलाया जा रहा था कि उनका जन्म हवाई में नहीं बल्कि केन्या में हुआ था और जिसके कारण वे राष्ट्रपति पद की उम्मीदवारी के लिए अयोग्य हो जाते।

जैसे जैसे हम ओहायो और टेक्सस, बेरमोंट और मिसिसिपी में अपने प्राइमरीज की तरफ बढ़ रहे थे मैं लगतार आशावाद और एकता के बारे में बात कर रही थी और अभियान के कार्यक्रम में अपने परिवर्तन के विचार को लेकर आसपास के लोगों की सकारात्मकता को महसूस कर रही थी। हालाँकि, ऐसा लग रहा था जैसे कि इन सब के दौरान मेरे ख़िलाफ़ इस्तेमाल किए गए अप्रभावी तथ्य भीड़ को अपनी तरफ़ आकर्षित करने के लिए किया जा रहा हो। फ़ॉक्स न्यूज़ में एक बहस मेरे "उग्रवादी गुस्से" पर हो रही थी। इंटरनेट पर और अधिक अफ़वाहें डाली जा रही थी जिसमें एक वीडियोटेप में मैं श्वेत लोगों को "व्हाइटी" कह कर सम्बोधित कर रही थी, और जो बाहर का था और पूरी तरह से ग़लत था। जून में जब

बराक अंतत: डेमोक्रेटिक पार्टी के उम्मीदवार के रूप में नामांकित हो गए तब मिनिसोटा के आयोजन में एक आनंद भरे भोज के साथ मैंने उनका अभिवादन किया था, जिसके कारण अगले दिन फ़ॉक्स समाचार के एक समीक्षक ने "आतंकियों के मुट्ठी का प्रहार" नाम से ख़बर छापी,फिर से जिसका उद्देश्य यह बताना था कि हम लोग ख़तरनाक थे। उसी नेटवर्क पर एक नई ख़बर मेरे लिए भी थी जिसका शीर्षक "ओबामा की बेबी मामा" था, जो अमेरिका की अश्वेत स्त्रियों के लिए अवमानना की तरह था, और इसमें उस भिन्नता की बात कि गई थी जो यहाँ तक कि मुझे मेरी शादी से भी बाहर का दिखा रहा था।

मैं टूट रही थी, न सिर्फ़ शारीरिक रूप से बल्कि भावनात्मक रूप से भी। उन चुटीले वक्तव्यों से दुःख पहुँचता है, हालाँकि मैं समझती थी कि इन सबका उस बात से दूर-दूर तक कुछ भी लेना देना नहीं था कि एक इंसान के रूप में मैं क्या थी। यह सब बिलकुल ऐसा लग रहा था जैसे कि वहाँ बाहर मेरा एक व्यंग्य चित्र मौजूद था जो डर पैदा कर रहा था, एक ऐसी औरत जिसके बारे में मैं लगातार सुन रही थी लेकिन उसे मैं जानती नहीं थी — एक बहुत लम्बी, बहुत ताक़तवर महिला, जो गॉडज़िला को भी हराने के लिए तैयार है, एक राजनीतिक पत्नी जिसका नाम मिशेल ओबामा था। दर्द से भरे हुए मेरे दोस्त भी कभी-कभी मुझे फ़ोन करते और अपनी चिन्ताएँ मेरे ऊपर डाल देते थे साथ ही मुझे यह सुझाव भी देते थे कि उनका सोचना है कि मुझे यह सब बराक के अभियान प्रबंधक को बता देना चाहिए या फिर यह चाहते थे कि वे जब भी मेरे बारे में या बराक या उनके अभियान की टीम के बारे कोई ग़लत ख़बर सुनते तो चाहते थे कि मैं उसकी सत्यता उनसे साझा करूँ। जब वह तथाकथित व्हाइटी टेप वाला अफ़वाह फैला था तब मेरी एक दोस्त जो मुझे जानती है उसने मुझे फ़ोन किया था और इस बात को लेकर चिंतित थी कि वह झूठ सच था। मुझे लगभग तीस मिनट लग गए उसे इस बात को समझाने में कि मैं एक नस्लवादी इंसान के रूप में नहीं बदल गई हूँ और जब हमारी बातचीत ख़त्म हुई और मैंनें फ़ोन रखा, उस समय तक मैं पूरी तरह से हतोत्साहित हो चुकी थी।

आमतौर पर, मैंने यह महसूस किया कि मैं कितनी भी आस्था पैदा कर लूँ या कड़ी मेहनत कर लूँ, मैं अपने विरोधियों की मुझे अमान्य करने की कोशिश को नाकाम नहीं कर पाऊँगी। मैं एक औरत थी, अश्वेत थी और मज़बूत भी, और कुछ लोगों के लिए यह एक पूर्वाग्रह था और जिसके अनुसार इसका अनुवाद सिर्फ़ "क्रोध" के रूप में ही हो सकता था। यह एक और घातक चलन था, एक ऐसा चलन जिसका प्रयोग हमेशा से अल्पसंख्यक औरतों को एक दायरे में सीमित करने के लिए किया जाता था, एक अचेतन इशारा जिसका मतलब यह था कि वह सब न सुना जाए जो हमें कहना है।

अब वास्तविक रूप से मुझे थोड़ा गुस्सा आना शुरू हो गया था, जिसके कारण मुझे बहुत बुरा लगने लगा था ऐसा लग रहा था जैसे मैं अपने दुश्मनों द्वारा की जाने वाली भविष्यवाणी को सच कर रही हूँ, ऐसा जैसे कि मैं हार मान चुकी हूँ। यह उल्लेखनीय है कि कैसे रूढ़िवाद एक वास्तविक जाल के रूप में काम करता है। कितनी "क्रोधित अश्वेत औरतें"

उस कहावत के वृतीय तर्क में पकड़ी जा चुकी होंगी? जब आपको नहीं सुना ज़ा रहा हो, तब आप अपनी आवाज़ तेज़ क्यों नहीं करते हैं?अगर आपको क्रोधित या भावुक के रूप में लिखा जा रहा है, क्या यही वह कारण नहीं है?

मैं इस नीचता से थक चुकी थी, इस बात को अपने दिमाग़ से बाहर फेंक चुकी थी कि यह सब कितना अधिक निजी बन गया था और महसूस भी हो रहा था ऐसा मैंने बिलकुल इस तरह से किया कि अब यह सब छोड़ने का कोई रास्ता नहीं बचा है। मई में किसी समय टेनेसी रिपब्लिक पार्टी ने एक ऑनलाइन वीडीओ प्रसारित किया, जिसमें विस्कॉन्सिन में मतदाताओं के सामने की गई मेरी टिप्पणी को दिखाया जा रहा था जिसमें मैंने कहा था कि "लड़कों, मुझे बचपन से ही गर्व है कि मैं एक अमेरिकी हूँ।" एनआरपी वेबसाइट ने इस कहानी को "मिशेल एक सम्पत्ति हैं या दायित्व?" शीर्षक के साथ छापा था। इसके नीचे बड़े अक्षरों में वह बहस साफ़ साफ़ दिखाई गई थी जो मेरे बारे में थी: "ताज़गी भरी ईमानदारी या बहुत अधिक स्पष्ट?" और "उसकी छवि: शानदार या भयभीत करने वाला?"

मैं आपको बता रही हूँ कि ये सभी बातें दुःख पहुँचाती हैं।

मैं कभी-कभी मेरी स्थिति का दोष बराक के चुनावी अभियान पर मढ़ देती थी। मैं समझती थी कि मैं किसी भी दूसरे उम्मीदवार की पत्नी या पति से ज़्यादा सक्रिय थी और इसकी वजह से ही मुझ पर ज़्यादा आक्रमण हो रहे थे। मेरी प्रवृति पलट कर जवाब देने की थी, फैलाए जा रहे झूठ और ग़लत सामान्यीकरण के विरोध में बोलने की या बराक को इस पर किसी तरह की टिप्पणी करने के लिए कहने की लेकिन उनकी प्रचार टीम हमेशा मुझसे यह कहती रहती थी कि प्रतिक्रिया न देना ज़्यादा बेहतर था, बस आगे बढ़ते रहना है और इन चोटों को सहजता से सहते रहना है। "यह बस राजनीति है" यह हमेशा कहा जाने वाला मंत्र था, बिलकुल इस तरह जैसे हम इस बारे में कुछ भी नहीं कर सकते थे, ऐसा जैसे कि हम सभी एक नए ग्रह जिसका नाम राजनीति है उसके एक नए शहर में रहने लगे हैं, जहाँ किसी भी तरह का सामान्य नियम काम नहीं करता है।

जब भी कभी मेरी आत्मा डूबने लग जाती, मैं उस समय ख़ुद को और अधिक सज़ा देने के लिए यह सोचने लग जाती थी: यह मेरा चुनाव नहीं था। मैंने कभी भी राजनीति को पसंद नहीं किया था। मैंने अपनी नौकरी छोड़ दी और इस प्रचार को अपना नाम सौंप दिया और अब मैं एक दायित्व थी? मेरी शक्ति कहाँ चली गई?

रविवार की एक शाम जब बराक बस एक रात के लिए शिकागो आए थे, तब अपनी रसोईघर में बैठकर मैंने अपनी सारी निराशा उनके सामने उड़ेल दी।

"मुझे यह सब करने की ज़रूरत नहीं है," मैंने उनसे कहा। "अगर मेरे रहने से प्रचार को नुक़सान पहुँच रहा है तो मैं वह किस कारण से हूँ?"

मैंने यह बताया कि मलिसा, केटी और मैं हम तीनों ही मीडिया के अनुरोधों की मात्रा के कारण मुझे ऐसा लग रहा था कि मैं पिछड़ रही हूँ और साथ ही हमारे पास उपलब्ध उस कम बजट में मुझे यात्राएँ भी करनी पड़ रही थी। मैं कुछ भी ग़लत नहीं करना चाहती थी और

बस समर्थन देना चाहती थी, लेकिन हमारे पास समय और संसाधन दोनों की कमी है और बचे हुए समय में हम प्रतिक्रिया नहीं करके बहुत कुछ दूसरा कर सकते हैं। और जब मेरे बारे में गहरी छानबीन का समय आ गया तब मैं निस्सहाय होने से तंग हो गई थी इस बात से तंग आ चुकी थी कि मुझे बिलकुल अलग एक ऐसे इंसान के रूप में देखा जा रहा है जो मैं हूँ ही नहीं। "मैं बस घर पर अपने बच्चों के साथ आराम से रह सकती हूँ, अगर यही बेहतर है तो," मैंने बराक से कहा। "मैं एक सामान्य पत्नी बनी रहूँगी जो बस बड़े आयोजनों में दिखाई देती है और मुस्कुराती है। शायद सब के लिए यह थोड़ा ज़्यादा आसान होगा।"

बराक ने सबकुछ सहानुभूतिपूर्वक सुना। मैं कह सकती हूँ कि वह थके हुए थे, ऊपर जाकर सोने के लिए बेचैन थे। मुझे कभी-कभी इस बात से नफ़रत होती थी कि किस तरह हमारे पारिवारिक जीवन और राजनीतिक जीवन के बीच की वह रेखा धुँधली हो गई थी। उनका दिन पल में कई तरह की समस्याएँ सुलझाने और सैकड़ों बातचीत करने से भरा हुआ था। मैं नहीं चाहती थी कि मैं भी एक ऐसी समस्या बन जाऊँ जिस पर उन्हें ध्यान देने की ज़रूरत पड़ जाए, लेकिन फिर मेरा अस्तित्व पूरी तरह से उनके अस्तित्व में गुम होता जा रहा था।

"तुम एक दायित्व नहीं बल्कि एक अनमोल सम्पत्ति हो मिशेल, तुम्हें इस बात को जानना होगा," उन्होंने एक घायल इंसान के रूप में कहा। "लेकिन अगर तुम यह सब रोकना चाहती हो या अपनी गति कम करना चाहती हो तो मैं इसे पूरी तरह समझता हूँ। तुम जो करना चाहती हो कर सकती हो।"

उन्होंने मुझसे कहा कि मैं कहीं भी उनके या उनके अभियान के उस तंत्र के प्रति कृतज्ञ महसूस नहीं करूँ। लेकिन अगर मैं आगे बढ़ते रहना चाहती हूँ लेकिन इसके लिए मुझे ज़्यादा समर्थन और संसाधन की ज़रूरत है तो उस पर उन्हें काम करना होगा।

मुझ इससे आराम मिला, लेकिन वह बहुत थोड़ा ही था। मुझे अब भी ऐसा महसूस हो रहा था कि खाने की पंक्ति में खड़ी मैं पहली क्लास की बच्ची हूँ जिसे बहुत मारा गया था।

लेकिन इसी के साथ हमने राजनीति को वहीं छोड़ दिया और थके हारे अपने बिस्तर में चले गए।

उसके कुछ दिनों बाद ही, मैं शिकागो में डेविड ऐक्सेलरॉड के दफ़्तर गई और वैलरी और उसके साथ वहाँ बैठकर मेरी सार्वजनिक उपस्थिति की कुछ वीडियो देखने लग गई। अब मुझे एहसास हो रहा है कि यह एक हस्तक्षेप था, मुझे यह दिखाने की एक कोशिश कि पूरी प्रक्रिया में कौन से हिस्से को मैं नियंत्रित कर सकती थी। उन दोनों ने इस बात के लिए मेरी सराहना की कि मैंने कितनी कड़ी मेहनत की थी और कितने प्रभावी तरीक़े से बराक के समर्थकों की रैली जुटाने में समर्थ थी। और तभी ऐक्स ने आवाज़ को बंद कर दिया, मेरी आवाज़ को हटाकर सिर्फ़ भाषण का वीडियो चला दिया ताकि हम नज़दीक से मेरे शारीरिक हाव-भाव को देख सकें, विशेष रूप से चेहरे के हाव-भाव को।

मैंने क्या देखा था? मैंने देखा कि मैं ज़ोर देकर दूसरों को प्रभावित करने और कभी न हारने वाली मुद्रा में बोल रही थी। मैंने हमेशा उन कठिन समयों के बारे में बात की थी जो अमेरिका के लोगों ने झेला था, और साथ ही हमारे स्कूलों और हमारी स्वास्थ्य-सेवा व्यवस्था की असमानता के बारे में भी। मेरे चेहरे से उस बात की गम्भीरता झलक रही थी जिसके बारे में मुझे लगता था कि वे सभी चीज़ें दाँव पर लगी हुई हैं, और यह कि हमारे देश के सामने जो विकल्प है वह कितना ज़्यादा महत्वपूर्ण है।

लेकिन यह बहुत अधिक गम्भीर और सख़्त था— लोगों द्वारा एक औरत से की जाने वाली उम्मीद की आदत के संबंध में। मैंने अपने हाव-भाव इस रूप में देखे कि एक अजनबी शायद उसे इस रूप में लेगा, विशेष रूप से तब जब इसे बिना किसी संदर्भ के संदेश के रूप में दिखाया जाएगा। मैं अब यह देख सकती थी कि विपक्षियों ने इन चित्रों का प्रयोग किस तरह किया था और जनता के सामने एक निराश और ख़तरनाक औरत के रूप में खड़ा किया था। बेशक यह भी एक दूसरे क़िस्म का पूर्वाग्रह था, एक और जाल। किसी भी औरत की आवाज़ की बेइज़्ज़ती करने का सबसे आसान तरीक़ा यह है कि उसे एक झगड़ालू के रूप में दिखा दो।

किसी ने भी बराक की आलोचना इसलिए नहीं की कि वह बहुत गम्भीर दिखाई दे रहे थे या ज़्यादा नहीं मुस्कुरा रहे थे। मैं एक पत्नी थी न कि उम्मीदवार, इसलिए स्वाभाविक तौर पर मुझसे थोड़ा कम गम्भीर होने की उम्मीद की जा रही थी, थोड़ा हल्के रहने की। और फिर भी अगर इस बात को लेकर कोई सवाल हो कि राजनीति की दुनिया में औरतों का प्रभाव किस प्रकार पड़ता है, तो आपको यह देखने की आवश्यकता है कि किस प्रकार नैन्सी पेलोसी, जो हाउस ऑफ रिप्रेजेंटेटिव की एक तेज़ और कड़क आवाज़ वाली वक़्ता हैं, को अक़्सर चालाक औरत के रूप में दिखाया जाता है या फिर हिलेरी क्लिंटन की केसे एक चिरस्थायी छवि बनाई गई जैसा कि टीवी विश्लेषक और विचार लेखकों ने प्रचार के दौरान की घटनाओं को बार-बार अलग-अलग तरीके से विश्लेषित किया। हिलेरी के औरत होने का इस्तेमाल हमेशा उनके विरोध में किया गया, और हर प्रकार के बुरे पूर्वाग्रह का प्रयोग हुआ। उन्हें घमंडी, पीड़ादायक और कुतिया कहा गया। उनकी आवाज़ को कानों में चुभने वाली आवाज़ के रूप में देखा गया और उनकी हँसी को बकवास। हिलेरी बराक की विपक्षी थी, जिसका मतलब यह था कि उस समय मुझे उनके प्रति किसी तरह का झुकाव महसूस नहीं करना चाहिए, लेकिन मैं ऐसा कर नहीं सकी और उनके खड़े होने और पुरुषवाद के ख़िलाफ़ लड़ने की उनकी योग्यता को सराहे बिना नहीं रह सकी।

उस दिन ऐक्स और वैलरी के साथ बैठकर वीडियो देखते समय मैंने महसूस किया कि मेरी आँखों में आँसू भर गए थे। मैं दुखी थी। मैं अब यह देख सकती थी कि राजनीति की दुनिया में प्रदर्शन के लायक एक ऐसा हिस्सा था जिसमें मैं अभी तक माहिर नहीं हुई थी। और मुझे बाहर निकलकर लोगों के बीच भाषण देते हुए लगभग एक साल हो चुका था। अब मुझे यह एहसास हो रहा है कि मैंने अभी तक का अपना सबसे बेहतर प्रदर्शन छोटी जगहों पर दिया है , जैसा कि मैंने आयोवा में दिया था। उस बड़े सभागार में अपनी बात का मर्म

पहुँचाना बहुत ज़्यादा मुश्किल था। ज़्यादा अधिक भीड़ में चेहरे की स्पष्टता बहुत अधिक ज़रूरी होती है जिस पर अभी मुझे काम करने की ज़रूरत थी। अब मुझे इस बात की चिंता था कि अब बहुत ज़्यादा देर हो चुकी है।

वैलरी जो पंद्रह साल से अधिक से मेरा दोस्त था, उसने मेरा हाथ पकड़ा।

"तुम लोगों ने इस बारे में मुझसे और पहले क्यों नहीं बात की?" मैंने पूछा। "तुमलोगों में से किसी ने मेरी मदद करने की कोशिश क्यों नहीं की?"

इसका जवाब यह था कि किसी ने भी इस पर उस तरह से ध्यान नहीं दिया था। बराक के प्रचार अभियान में यह सोच थी कि जब तक मैं कुछ नहीं कर रही हूँ तब तक सब कुछ ठीक कर रही हूँ। और अब जब मैं एक समस्या बन गई थी तब मुझे ऐक्स के दफ़्तर में हाज़िर किया गया था।

मेरे लिए यह महत्वपूर्ण मोड़ था। प्रचार अभियान का तंत्र मुख्य रूप से उम्मीदवार की सेवा के लिए होता है न कि पति या पत्नी या परिवार की सेवा के लिए। और बराक के कर्मचारियों ने जितनी मेरी मदद की और मेरे योगदान की सराहना की, उस अनुपात में उन्होंने कभी भी मुझे किसी विशेष प्रकार का निर्देश नहीं दिया था। उस समय तक किसी ने भी मेरे साथ यात्रा करके आयोजन में जाने का उपक्रम नही किया था। मुझे कभी भी मीडिया या भाषण बोलने का प्रशिक्षण नहीं दिया गया था। मैंने महसूस किया था कि जब तक मैंने इसके लिए ज़ोर नहीं लगाया था तब तक किसी ने भी मेरी तरफ़ ध्यान नहीं दिया।

इस बात को जानते हुए कि अब लोगों की नज़रें और अधिक पैनी और गहरी होंगी क्योंकि अब हम प्रचार के अंतिम छः-सात महीने में जाने वाले हैं, हम सब इस बात को लेकर सहमत हुए कि मुझे वास्तविक मदद की ज़रूरत थी। अगर मैं एक उम्मीदवार की तरह ही प्रचार करती रही तो मुझे मदद भी उम्मीदवार की तरह ही मिलने की आवश्यकता थी। मैंने ख़ुद को और अधिक व्यवस्थित होने से बचाया था और साथ ही बेहतर काम करने के लिए आवश्यक संसाधनों पर ज़ोर भी दिया था। प्राइमरीज के प्रचारों के अंतिम सप्ताह में, बराक के अभियान टीम ने मेरी टीम का विस्तार करते हुए उसमें एक अनुसूचक और एक निजी सहयोगी— क्रिस्टन जार्विस जो कि बराक के अमेरिकी सीनेट ऑफ़िस के पूर्व कर्मचारी थे और जिनकी सतत आचरण ने मुझे बहुत अधिक तनाव में भी संतुलित रखा था—और साथ ही, बिना किसी बकवास के, सीधी बात करना बताने वाले और राजनीतिक बातचीत के विशेषज्ञ जिनका नाम स्टेफ़नी कटर था के शामिल किया गया। केटी, मलिसा और स्टेफ़नी के साथ काम करने के कारण मेरे संदेश और प्रदर्शन को तेज़ होने में मदद मिली, और साथ ही मुख्य भाषण को तैयार करने में भी जो मैंने गर्मियों के समय डेमोक्रेटिक राष्ट्रीय सम्मेलन में दिया था। अंततः हमें अभियान वाले हवाई जहाज़ में भी चढ़ने की अनुमति मिल गई थी जिससे मैं और अधिक कुशलता से कहीं जा सकती थी। अब मैं हवाई उड़ानों के दौरान भी मीडिया को साक्षात्कार दे सकती थी, आयोजन में जाते समय रास्ते में ही अपने बाल बनावने और मेकअप करने का काम कर सकती थी या बिना किसी अतिरिक्त

ख़र्च के अपने साथ साशा और मालिया को भी ला सकती थी।

यह एक राहत थी। यह सब कुछ राहत भरा ही था। और मैं ऐसा सोचती हूँ कि इस सब के कारण मैं और अधिक मुस्कुरा रही थी और कम तनाव महसूस कर रही थी।

चूँकि हमने जनता के बीच जाने की योजना बना ली थी, स्टेफ़िनी ने मुझे यह सलाह दी कि मैं अपनी शक्तियों के साथ खेलूँ और उन बातों को याद करूँ जिनके बारे मैं बोलते समय मुझे बहुत मज़ा आता है, और जो मेरे पति और बच्चों के लिए मेरा प्यार था, काम करने वाली महिलाओं के साथ मेरा जुड़ाव, और शिकागो की वह गलियाँ जिन पर मुझे गर्व था। उसने यह पहचान लिया था कि मुझे मज़ाक़ करना पसंद था और फिर उसने मुझसे कहा कि अपने व्यंग्य को रोको मत। यह सब ठीक है, दूसरे शब्दों में, मैं जो थी वही रहना था। प्राइमरीज के प्रचारों के ख़त्म होने के थोड़े दिनों बाद ही, मैंने "दी व्यू" के सह मेज़बान के रूप में प्रवेश लिया, जहाँ मैंने वुपी गोल्ड्बर्ग, बारबरा वॉल्टर्ज़ और वहाँ बैठे दर्शकों के सामने खड़े अन्य मेज़बानों के साथ बहुत ही जीवंत और ख़ुशनुमा समय बिताया मैंने वहाँ अपने ऊपर हो रहे हमले के बारे में बातें की लेकिन अपनी बच्चियों के बारे में और अपनी मुट्ठी और पैंटी के नाली के बारे में बातें कर भी बहुत ज़्यादा हँसी थी। मुझे एक नए चैन और अपनी आवाज की नई शक्ति का एहसास हो रहा था। उस कार्यक्रम को मुख्यत: सकारात्मक टिप्पणियों के साथ प्रसारित किया गया था। मैंने उसदिन 148 डॉलर की कीमत वाली काले और सफ़ेद रंग की ड्रेस पहनी थी जिसे अचानक ही औरतें ख़रीदने के लिए लड़ाई करने लग गई।

एक ही समय में मैंने इसके प्रभाव और ख़ुद का आनंद लेना दोनों ही शुरू कर दिया था, और मुझे पहले से बहुत, बहुत ज़्यादा अधिक खुलेपन और आशावाद का एहसास हो रहा था। मैंने देश भर में मिलने वाले अमेरिकी लोगों से भी सीखने की कोशिश की, मैंने उनके साथ गोलमेज़ बैठके की जिसकी संरचना काम-परिवार के संतुलन को केंद्र में रख कर की गई थी, यह एक ऐसा मुद्दा था जिसमें मुझे बहुत अधिक रुचि थी। मेरे लिए सबसे ज़्यादा आदरणीय अनुभव वह था ओर मुझे मिलिटरी समुदाय में जाने से और सैनिकों की पत्नियों और पतियों से मिलने पर हुआ था— एक ऐसा समूह जिसमें ज़्यादातर औरतें थीं, हालाँकि कभी-कभी उसमें कुछ मर्द भी शामिल हो जाते थे।

"अपनी ज़िंदगी के बारे में मुझे बताइए" मैंने उनसे कहा। और फिर मैंने सुनना शुरू किया उन औरतों से जिनकी गोद में बच्चे थे, और उनमें से कुछ अब भी कम उम्र की थी, उन्होंने मुझे अपनी कहानियाँ सुनाई। कुछ लोगों ने एक साल में ही आठ या उससे भी अधिक बार हुए अपने तबादलों के बारे में बताया, कि कैसे हर बार उन्हें अपने बच्चों को संगीत अभ्यास या सम्पन्नता से जुड़े कार्यक्रम में फिर से जोड़ने के लिए शुरू से शुरू करने की ज़रूरत पड़ती थी। उन्होंने विस्तार से यह बताया कि किस तरह उन तबादलों के दौरान अपनी नौकरी को बनाए रखने में कितनी परेशानी होती थी: उदाहरण के लिए एक शिक्षक नए राज्य में नौकरी नहीं ढूँढ पाता था क्योंकि नए राज्य के स्कूल उसके पुराने राज्य के अनुभव सर्टिफ़िकेट को वैध नहीं मानते थे नाख़ून के उपचार करने वाले और थेरापिस्ट को

भी लाइसेन्स के मामले में इसी तरह की समस्या से जूझना पड़ता था। बहुत से नए माता-पिता अपने बच्चों के लिए सस्ती स्वास्थ्य सुविधा खोज पाने में अयोग्य थे। बेशक, यह सब कुछ चीज़ों और भावनाओं के बोझ के नीचे दब जाते हैं जिनका एहसास किसी अपने प्रियजन का काबुल या मोसुल या दक्षिण चीन वाले मालवाहक हवाई जहाज़ों में बारह महीने या उससे भी अधिक समय के लिए नियुक्त हो जाने से होता है। इन पति-पत्नियों से मिलने के बाद वे सभी दुःख भुला दिए गए जो मुझे महसूस हो रहे थे। उनके द्वारा किया गया त्याग मेरे त्याग की तुलना में बहुत ज़्यादा बड़ा था। मैं उन सभाओं में बैठी थी, बिलकुल तल्लीन होकर, इस तथ्य को समझते हुए कि सैनिक जीवन के बारे में मैं कितना कम जानती थी। मैंने ख़ुद से वादा किया कि अगर सौभाग्य से बराक चुने जाते हैं तो मैं इन परिवारों की बेहतर मदद के लिए कुछ रास्ते खोजूँगी।

इन सब के कारण मैं इस बात के लिए अपने अंदर और अधिक ऊर्जा को महसूस कर रही थी कि बराक और जो बिडेन जो डेलवेर के एक बहुत ही मिलनसार सीनेटर थे और जल्द ही जिन्हें बराक के पीछे रहने वाले दोस्त के रूप में घोषित किया जाने वाला था, उनके लिए मैं एक अंतिम धक्का लगाने में मदद करूँ। मैं अपनी प्रवृति को मानने के कारण फिर से शर्मिंदा महसूस कर रही थी, उन लोगों के साथ घिरे होने के कारण जो मेरे पीछे थे। सार्वजनिक आयोजनों में, छोटे समूहों या ज़्यादा भीड़ में भी मैं जिन लोगों से मिलती उनके साथ मंच के पीछे या रस्सियों के इर्दगिर्द कुछ देर तक बातें करके निजी सम्बंध बनाने पर ध्यान देती थी। जब मतदाता मुझे निजी तौर पर देखते थे तब उन्हें यह समझ में आ जाता था कि मेरे बारे में बनाई गई वह छवि गलत थी। मैंने यह सीखा था कि नज़दीक रहने पर नफ़रत करना मुश्किल होता है।

मैंने 2008 की गरमी तेज़ी से भागते हुए और कड़ी मेहनत करते हुए बितायी थी और मैं इस बात को लेकर निश्चिन्त थी कि मैं बराक के लिए कुछ सकारात्मक बदलाव कर सकती हूँ। अधिवेशन के नज़दीक आने के कारण, मैंने पहली बार भाषण लिखने वाली एक नौजवान महिला, जिसका नाम सारा हूरत्वितज था, के साथ काम किया जिन्होंने मेरे विचारों को तय सत्रह मिनटों में बोलने के लायक आकार दे दिया था। सावधानी पूर्वक एक सप्ताह तक की गई तैयारी के बाद, मैं अगस्त के अंतिम दिनों में डेन्वर के पेप्सी सेंटर के मंच पर चढ़ी, और लगभग बीस हज़ार दर्शकों के साथ लाखों टीवी में देख रहे दर्शकों के सामने खड़ी हो गई थी मैं दुनिया को अपनी असलियत बताने के लिए तैयार थी।

उस रात मेरे भाई क्रेग ने मेरा परिचय करवाया था। मेरी माँ स्काईबॉक्स की पहली कतार में बैठी थीं और थोड़े आश्चर्य में देख रही थी कि हमारे जीवन का क्षितिज कितना बड़ा हो गया था। मैंने अपने पिता के बारे में बात की—उनका कष्ट, उनकी दृढ़ता और किस तरह इन सब चीज़ों ने मुझे और क्रेग को तैयार किया। मैंने अमेरिकी लोगों को बराक की सबसे असली छवि और उनके दयालु दिल के बारे में बताने की कोशिश की। जब मैंने बोलना बंद किया तब लोग तालियाँ बजाए जा रहे थे, लगातार तालियाँ बजा रहे थे और मैंने एक बड़ी

राहत महसूस की शायद मैं यह जान रही थी कि मैंने अंततः लोगों के सामने अपनी छवि को बदलने की एक कोशिश कर ली थी।

निश्चय ही यह एक बड़ा पल था—बहुत बड़ा और सार्वजनिक और यूट्यूब पर यह दिन आसानी से खोजा जाने वाला बन गया था। लेकिन सच्चाई यह है कि ठीक उन्हीं वजहों से यह पल बहुत छोटा भी था। चीज़ों को लेकर मेरी सोच वापस जाना शुरू हो गई थी, जैसे कि एक सवेरा धीरे धीरे अंदर से बाहर की तरफ दिखाई देने लग रहा हो। मंच, सभागार, रोशनी, तालियाँ- सबकुछ मेरी कल्पना से भी ज़्यादा सहज होने लगी थी। अब मैं जो जीवन जी रही थी उसका कोई अभ्यास नहीं किया गया था, न ही उसकी कोई तस्वीर थी। दो पलों के बीच ऐसा समय भी था जहाँ कोई कुछ नहीं कर रहा था और न ही कोई राय बना रहा था और अब भी सम्भव था कि कुछ चौंका देने वाला हो जाए - जहाँ बिना किसी चेतावनी के आप शायद यह महसूस कर सकें कि आपके दिल के बसंत की एक छोटी सी कुंडी खुल गई है।

इन सब के लिए हमें चार जुलाई को वापस ब्युट और मोनटाना जाने की ज़रूरत है। वहाँ उस दिन अब दिन ख़त्म होने वाला था और अंततः सूरज पश्चिमी पहाड़ के पीछे छुप रहा था, और दूर कहीं पटाखे फूटने की आवाज़ सुनाई दे रही थी। उस रात के लिए हम इंटरस्टेट के बग़ल में हॉलिडे इन ऐक्सप्रेस में रुके थे, जहाँ बराक अगले दिन मिज़ुरी के लिए निकलने वाले थे और मैं बच्चियों के साथ वापस शिकागो हमारे घर वापस जाने वाली थी। हम थक चुके थे, हम सभी थके हुए थे। हमने परेड और पिकनिक सब कर लिया था। हम इतने लोगों से मिले थे कि ऐसा लग रहा था जैसे कि हम ब्यूट शहर के आख़िरी आदमी तक से मिल चुके थे। और अब हम एक छोटी सी सभा करने जा रहे थे जो सिर्फ़ मालिया के लिए थी।

इस समय आप मुझसे पूछते तो मैं शायद आपसे यह कहती कि अंत में हमारे पास उसके लिए कम समय था- चुनाव अभियान की उस आँधी में उसका जन्मदिन अंतिम चीज़ की तरह महसूस हो रहा था। हम होटल के बेसमेंट में फ़्लोरेसेंट रोशनी और नीची छत वाले सभागार में इकट्ठा हुए थे जहाँ हमारे साथ कोनराड, माया और सुहैला और उनके साथ मालिया से नज़दीकी बनाने वाले कुछ कर्मचारी भी थे और बेशक गुप्त सेवाओं वाले एजेंट जो हमेशा हमारे नज़दीक होते थे चाहे कुछ ही हो। हमारे पास कुछ गुब्बारे थे, पास के किराने की दुकान से लाया गया केक, दस मोमबत्तियाँ और आइसक्रीम का एक बड़ा सा दुब्बा। वहाँ कुछ गिफ़्ट भी ख़रीद कर लाए गए थे जिन्हें निश्चित रूप से मैंने नहीं ख़रीदा था। हालाँकि हमारी मनोदशा बिलकुल बेमेल नहीं थी, लेकिन हाँ उत्साह मनाने वाली भी नहीं थी। यह हमारे लिए बस एक बहुत लम्बा दिन था। बराक और मैंने एक दूसरे को बुझी हुई नज़रों से देखा जिसका मतलब था कि हम असफ़ल हो गए थे।

अंत में, हालाँकि बहुत सारी चीज़ों की तरह यह भी समझ का ही मामला था— हमारे सामने जो है उसे हम किस तरह देखने का निर्णय करते हैं। बराक और मैं दोनों ही सिर्फ़ हमारी ग़लतियों और कमियों पर ही ध्यान दे रहे थे, उस अंधेरे कमरे में आयोजित छोटी सी पार्टी में उनका प्रतिबिम्ब देख रहे थे। लेकिन मालिया कुछ और खोज रही थी। और उसे वह

मिल गया था। उसने दयालु चेहरे देखे, ऐसे लोग जो उसे प्यार करते थे, एक मलाई की मोटी परत वाला केक, एक छोटी बहन और उसके बग़ल में एक और बहन, और आगे आने वाला नया साल। उसने अपना पूरा दिन बाहर बिताया था। उसने परेड देख लिया था। कल एक हवाई यात्रा भी होने वाली थी।

वह उस तरफ़ बढ़ी जहाँ बराक बैठे थे और क़रीब जाकर उनकी गोद में कूद गई। "यह," उसने घोषणा की, "आज तक का सबसे अच्छा जन्मदिन है!"

उसने इस बात पर ध्यान नहीं दिया कि उसके माँ और पिता दोनों की आँखों में आँसू आ गए थे और वहाँ मौजूद आधे से ज़्यादा लोगों का गला रूँध गया था। क्योंकि वह सही थी। और अचानक हम सबने यह देख लिया था। उस दिन वह दस साल की थी और सब कुछ बहुत ही अच्छा था।

18

चार महीने बाद 4 नवम्बर 2008 को मैंने अपना मतदान बराक के पक्ष में किया। उस दिन अल्ल सुबह हम दोनों अपनी पोलिंग वाली जगह पर गए जो ब्यूला शूस्मिथ प्राथमिक विद्यालय के जिम में था और शिकागो में हमारे घर से कुछ घर दूरी पर स्थित था। हमने अपने साथ साशा और मालिया को भी ले लिया, वे दोनों स्कूल जाने के लिए तैयार थीं। यहाँ तक कि चुनाव वाले दिन भी - शायद विशेष रूप से चुनाव वाले ही दिन - मैंने सोचा कि स्कूल जाने का विचार सबसे अच्छा विचार है। स्कूल एक दिनचर्या थी। स्कूल एक आराम वाली जगह थी। हम जैसे ही वहाँ से गुज़रे फ़ोटोग्राफ़रों और टीवी कैमरा वालों का एक झुंड हमारे क़रीब जिम में आ गया, और वहाँ हमारे आसपास के लोग हर चीज़ के एतिहासिक गुणों की बात करने लग गए। मैं ख़ुश थी कि मैं दोपहर का खाना लेकर आई थी।

यह दिन किस तरह का होगा? यह एक बहुत ही लम्बा दिन होने वाला है। उसके आगे हम में कोई और कुछ नहीं जानता है।

बराक, जो हमेशा ही बहुत अधिक तनाव में रहते थे उस दिन सबसे अधिक सहज थे। उन्होंने वहाँ मतदान वाले सभी कर्मचारियों को नमस्ते किया, अपना बैलेट उठाया और अपने सामने आने वाले सभी लोगों से हाथ मिलाते हुए सहज दिखाई दे रहे थे। मेरा अनुमान है कि इन सब का मतलब था। यह सब प्रयास उनके नियंत्रण से बाहर जाने वाला था।

अपने वोटिंग केंद्र पर हम दोनों साथ साथ खड़े थे और वहीं हमारी बच्चियाँ हमारी तरफ़ झुक कर बहुत नज़दीक से हम दोनों को देख रही थी कि हम दोनों वहाँ क्या कर रहे हैं।

मैंने पहले भी कई बार बराक के पक्ष में मतदान किया था, प्राथमिक और आम चुनावों में, राज्य-स्तरीय और राष्ट्रीय सत्र के चुनावों में भी, और इस चुनाव के मतदान की प्रक्रिया भी मुझे कुछ अलग महसूस नहीं हो रही थी। मतदान मेरे लिए एक आदत थी, एक स्वस्थ पद्धति जिसका पालन मैं हर अवसर पर बहुत ही निष्ठा से करती थी। बचपन में मेरे माता-पिता मुझे अपने साथ मतदान केंद्र पर लेकर जाते थे और मैं भी साशा और मालिया को जब भी सम्भव हो अपने साथ मतदान केंद्र पर ले जाने का काम करती थी, इस उम्मीद के साथ कि इस प्रक्रिया की सहजता और महत्व को उनके अंदर पैदा किया जा सके।

मेरे पति के पेशे ने मुझे राजनीति और सत्ता के दाँव- पेंच का गवाह बनने का अवसर

दिया। मैंने देखा था कि किस तरह सिर्फ़ कुछ मतों से ही एक क्षेत्र में न कि सिर्फ़ एक उम्मीदवार दूसरे से पिछड़ जाता था बल्कि एक मूल्य व्यवस्था दूसरे से हार जाती थी। अगर पड़ोस के हर घर में कुछ लोग घर पर रुक जाते हैं तो हमें यह पता चल सकता है कि हमारे बच्चे स्कूलों में क्या सीखते हैं, स्वास्थ्य की देखभाल का कौन सा विकल्प हमारे पास उपलब्ध था, हमने युद्ध में अपने सैनिक भेजे थे या नहीं। मतदान सहज और अविश्वसनीय रूप से प्रभावी था।

उस दिन, मैंने संयुक्त राज्य अमेरिका के राष्ट्रपति के लिए अपने पति के नाम के आगे बने उस छोटे से बुलबुले को बहुत देर तक देखा। चुनाव अभियानों, आक्रमणों और थकान के लगभग इक्कीस महीने बाद यह पल था - यह अंतिम चीज़ थी जिसे मुझे करने की ज़रूरत थी।

बराक ने मेरी तरफ़ देखा और हँसे। "तुम अब भी ख़ुद को मानसिक रूप से तैयार करने की कोशिश कर रही हो?" उन्होंने कहा। "थोड़ा और समय की ज़रूरत है?"

यह सब कुछ बेचैनी के लिए नहीं था। चुनाव वाला दिन शायद हमारे लिए एक छोटी छुट्टी की तरह था, जो कुछ भी हुआ और जो आगे होने वाला था यह इन दोनों के बीच का एक वास्तविक पड़ाव था। आपने उड़ान भरी है लेकिन आप अभी पहुँचे नहीं हैं। अभी तक आप यह नहीं जान सकते हैं कि भविष्य कैसा होने वाला है। महीनों तक सब कुछ बहुत तेज़ी से होने के बाद अब यह एक पीड़ादायक धीमी गति वाला समय था। घर पर मैं परिवार और दोस्तों के लिए मेहमाननवाज़ी का काम कर रही थी जो हमारे घर आकर हल्की-फुलकी बातें करते और समय बिताने में हमारी मदद भी करते।

उस सुबह किसी समय बराक क्रेग और कुछ दोस्तों के साथ पास के जिम में बास्केटबाल खेलने चले गए जो चुनाव के दिनों का एक रिवाज बन गया था। अपनी बेचैनी को ख़त्म करने के लिए बराक को बास्केटबाल में एक ज़ोरदार झटका देने या झटका खाने से बेहतर कुछ भी नहीं लगता था।

"बस किसी को उनकी नाक मत तोड़ने देना" मैंने क्रेग से कहा जब वे दोनों दरवाज़े से बाहर निकल रहे थे। " तुम तो जानते ही हो, बाद में उन्हें टीवी पर जाना है।"

"हर चीज़ के लिए मुझे ही ज़िम्मेदार क्यों बनाया जाता है," क्रेग ने पलट कर कहा जैसा कि सिर्फ़ एक भाई ही कर सकता है। और उसके बाद वे दोनों चले गए।

अगर आप मतदान में विश्वास करते तो ऐसा लग रहा था कि बराक जीतने के लिए तैयार थे लेकिन मैं यह भी जानती थी कि आने वाली रात के लिए वे दो सम्भावित भाषणों पर भी काम कर रहे थे - एक जीत के लिए और दूसरा हार की स्वीकृति के लिए। अब तक हम राजनीति और मतदान के बारे में इतना समझ चुके थे कि इसे हल्के में नहीं लिया जा सकता है। हम उस घटना के बारे में जानते थे जिसे ब्रैड्ली इफ़ेक्ट कहा जाता है, जिसका नाम एक अफ़्रीकी-अमेरिकी उम्मीदवार टॉम ब्रैड्ली के नाम पर रखा गया था और जिन्होंने 1980 में कैलिफ़ोर्निया के गवर्नर पद के लिए चुनाव लड़ा था। जहाँ मतगणना में लगातार

यह दिखाया जा रहा था कि ब्रैड्ली आगे चल रहे थे वहीं चुनाव वाले दिन उनकी हार हो गई थी। इस घटना ने सबको आश्चर्य में डाल दिया था और साथ ही दुनिया को कट्टरता का नया पाठ पढ़ाया था, और यह ढाँचा देश भर में सालों तक कई उच्च स्तरीय चुनावों में दिखाई दिया जहाँ अश्वेत उम्मीदवारों ने चुनाव में भाग लिया था। इसके पीछे का सिद्धांत यह था कि जब अल्पसंख्यक उम्मीदवार की बात आती है तब मतदाता अक़्सर पर्यवेक्षकों से अपने पूर्वाग्रहों को छिपा लेते हैं और सिर्फ़ मतदान केंद्र पर ही अपनी इस निजता को दर्शाते हैं।

चुनाव अभियान के दौरान शुरू से अंत तक मैं ख़ुद से यही सवाल पूछती थी कि क्या अमेरिका एक अश्वेत राष्ट्रपति को चुनने ले लिए तैयार था, क्या यह देश इतना मज़बूत हो चुका था कि वह नस्लीय सोच और अपने पुराने पूर्वाग्रहों से परे देख सके। अंतत: हमें अब यह सब पता लगने वाला था।

मोटामोटी, आम चुनाव प्राइमरीज के चुनावों की तुलना में कम थकाऊ था। जॉन मैक्केन ने अपने उम्मीदवार साथी सारा पालीन को अलास्का के गवर्नर के रूप में चुनकर किसी प्रकार का एहसान नहीं किया था। बिना किसी तैयारी और अनुभव के कारण वह जल्द ही राष्ट्रीय स्तर की पंच लाइन बन गई थीं। और फिर मध्य- सितम्बर में, ख़बरें और बुरी हो गई थीं। अमेरिकी अर्थव्यवस्था नियंत्रण से बाहर होना शुरू हो गई थी जब लेहमैन भाइयों ने, जो देश के बड़े निवेशकों में से एक हैं, अचानक ही दीवालिया होने की घोषणा कर दी। दुनिया को अब एहसास हो रहा था कि वॉल स्ट्रीट के धुरंधर, सालों तक घरेलू क़र्ज़ के सहारे मुनाफ़ा कमा रहे थे। शेयरों में गिरावट आ गई थी। क्रेडिट का बाज़ार थम गया था। सेवानिवृति का फ़ंड ख़त्म चुका था।

इतिहास के इस क्षण में बराक सबसे उचित इंसान थे। एक ऐसे काम के लिए जो बिलकुल भी आसान नहीं होने वाला था लेकिन जिसने विकास दर में वृद्धि की, और इसके लिए भयानक स्तर वाले वित्तीय संकट का शुक्रगुज़ार होना चाहिए। मैं अब लगभग डेढ़ साल से पूरे अमेरिका में इस बात का ढिंढोरा पीट रही थी: कि मेरे पति शांत और तैयार थे। जटिलता ने उन्हें बिलकुल नहीं डराया। उनके पास एक ऐसा दिमाग़ है जो किसी भी प्रकार की जटिलता को सुलझा लेता है। बेशक मैं एकपक्षीय थी, और निजी तौर पर मैं चुनाव को हारने और हमारे पुराने जीवन के किसी रूप में वापस जाने के तैयार थी लेकिन मैं यह भी महसूस कर रही थी कि एक देश के रूप में वास्तविक रूप से हमें इस मदद की ज़रूरत थी। अब यह समय आ गया था कि कोई भी ऐसी चीज़ जो चमड़े के रंग की तरह ही एकपक्षीय हो उसके बारे में सोचना बंद कर दिया जाय। इस समय हम उन्हें उस दफ़्तर में नहीं बिठाकर बेवक़ूफ़ बनेंगे। तब भी, उन्हें विरासत में गड़बड़ी ही मिलेगी।

जैसे ही शाम होने वाली थी, मैंने महसूस किया कि मेरी उँगलियाँ शिथिल हो रही है और मेरे पूरे शरीर में एक बेचैनी दौड़ रही है। मैं खाना भी नहीं खा सकी। मेरी माँ और हमारे घर में रुके हुए दोस्तों के साथ छोटी- मोटी बात करने में भी मेरी रुचि ख़त्म हो गई थी। एक समय आया जब मैं सिर्फ़ ख़ुद के साथ समय बिताने के लिए ऊपर के कमरे में चली गई।

ऐसा हुआ कि कुछ ही देर में बराक भी वहाँ आ गए। यह साफ़ दिखाई दे रहा था कि उन्हें भी अपने लिए थोड़ा समय चाहिए था।

मैंने देखा कि हमारे बेडरूम से सटे बने हुए अपने छोटे से ऑफ़िस वाले कमरे में वे एक टेबल पर बैठे थे और जीत के अपने भाषण को देख रहे थे - वह उनकी जगह थी। मैं वहाँ गई और उनके कंधों को सहलाने लगी।

"तुम ठीक हो?" मैंने कहा।

"हाँ।"

"थक गए हो?"

"नहीं।" वह मुझे देख कर मुस्कुराए जैसे यह दिखाने की कोशिश कर रहे हों कि यह सच था। बस एक दिन पहले ही हमें यह खबर मिली थी कि हवाई में बराक की छियासी वर्षीय नानी टूट का कैन्सर के कारण लम्बे समय तक बीमार रहने के बाद देहांत हो गया था। इस बात को जानते हुए कि अपनी माँ को अलविदा नहीं कह सकने के बाद, बराक ने टूट के अंतिम दर्शन का फ़ैसला लिया। उस बार गर्मी के मौसग हम अपने बच्चों को उनसे मिलवाने ले गए थे, और वह फिर से दस दिन पहले वहाँ गए थे, अभियान के लम्बे दौरे को एक दिन के लिए रोककर चैन से बैठकर उनका हाथ थामने के लिए। इससे मुझे यह एहसास हुआ कि यह कितना दुखद था। बराक ने अपनी माँ को अपने राजनीतिक जीवन की शुरुआत में ही खो दिया था जब राज्य के सीनेटर के रूप में अपनी उम्मीदवारी घोषित किए हुए उन्हें बस दो ही महीने हुए थे। और अब जब वे सबसे ऊँची जगह पहुँच चुके हैं तब उनकी नानी इस लम्हे को देखने के लिए उनके पास नहीं थी। जिन लोगों ने उन्हें बड़ा किया था वे सभी अब जा चुके थे।

"चाहे कुछ भी हो, मुझे तुम पर गर्व है," मैंने कहा। "तुमने बहुत ज़्यादा अच्छा किया है।"

वह अपनी सीट से उठे और मुझे अपनी बाँहों में घेर लिया। "और तुमने भी," उन्होंने कहा और मुझे अपने नज़दीक खींच लिया। "हम दोनों ने अच्छा किया है।"

उस समय मैं सिर्फ़ यही सोच सकती थी कि अब भी उन्हें सब कुछ सम्भालना था।

घर पर परिवार के साथ खाना खाने के बाद हमलोग तैयार हुए और परिवार के सदस्यों और दोस्तों के छोटे से समूह के साथ शहर के निचले हिस्से में चुनाव के बाद की स्थिति का मुआयना करने हयात रिजेंसी के सुइट में चले गए जिसे आयोजकों ने हमारे लिए किराए पर लिया था। हमें अपना निजी समय और जगह देने की कोशिश करने के लिए अभियान के कर्मचारियों ने ख़ुद को होटल में कई जगह इकट्ठा कर लिया था। जो बिडेन के पास अपने परिवार और दोस्तों के लिए हॉल के दूसरी तरफ़ अपना ख़ुद का सुइट था।

पहला परिणाम केंद्रीय समय के अनुसार शाम को 6:00 बजे आया जिसमें केंटकी की जगह मैक्केन को मिली और वर्मांट में बराक आगे थे। पश्चिमी वर्जिनिया मैक्केन को मिला और उसके बाद साउथ केरोलिना भी। मेरा विश्वास थोड़ा सा डोल गया हालाँकि इसमें से

कोई भी अप्रत्याशित नहीं था। ऐक्स और प्लूफ़ जो कमरे में लगातार आना जाना कर रहे थे उनके अनुसार सूचनाओं का एक-एक क़तरा जो उन्हें मिल रहा था, सब कुछ भविष्यवाणी के अनुसार ही था। हालाँकि अब तक की सभी सूचनाएँ सकारात्मक थी, राजनीतिक बकबक वह अंतिम चीज़ थी जो मैं सुनना चाहती थी। यूँ भी किसी भी चीज़ पर हमारा कोई नियंत्रण नहीं था तो इन सब का अर्थ भी क्या था? हम रास्ते पर निकाल चुके थे और एक या दूसरे तरीक़े से हमें मंज़िल पर पहुँचना ही था। हम टीवी पर देख सकते थे कि हज़ारों लोग अभी से ही ग्रांट पार्क में इकट्ठा हो चुके थे और झील के सामने से लगभग एक मील दूर तक फैले हुए थे जहाँ जुम्बोट्रन परदे पर सूचनाओं का लाइव कवरेज हो रहा था और जहाँ बाद में बराक अपने दोनों भाषणों में कोई एक भाषण देने वाले थे। लगभग हर कोने में पुलिस कर्मचारी खड़े थे। झील में तटीय सुरक्षा की नावें घूम रही थीं और हमारे सिर के ऊपर हेलिकॉप्टर। ऐसा लग रहा था कि पूरा शिकागो अपनी सांसें रोक कर ख़बर के इंतज़ार में बैठा था।

कनेक्टिकट में बराक जीत गए। और फिर न्यू हैम्पशायर भी बराक को मिला। और उसके बाद मैसाचुसेट्स, मेन, डेलवेर और डी.सी। भी इलिनॉय की घोषणा बराक के पक्ष में हुई तब हमने सुना कि नीचे की सड़कों पर कार के हॉर्न की आवाज़ गूँजने लगी। मैंने सुइट के दरवाज़े के पास एक कुर्सी ढूँढी और अकेले बैठ गई और अपने सामने के दृश्य का सर्वेक्षण करने लगी। अब तक कमरा पूरी तरह से शांत हो चुका था, राजनीतिक टीम की बेचैनी भरी ख़बरों ने इंतज़ार करने वालों को थोड़ा समय दे दिया था और लगभग शालीन क़िस्म की शांति अपना ली थी। मेरी दाहिने तरफ़ हमारी बच्चियाँ लाल और काले कपड़े में सोफ़े पर बैठी हुई थीं और मेरी बाँयीं तरफ़ अपने सूट और कोट में लिपटे हुए बराक एक कोने में बैठे थे जो मेरी माँ के सोफ़े के बग़ल में था जहाँ वह शालीन काले रंग की ड्रेस पहनी थी और कानों में चाँदी के झुमके।

"ग्रैंडमा, क्या आप इसके लिए तैयार हैं?" मैंने बराक को कहते सुना।

कभी भी ज़्यादा न बोलने वाली मेरी माँ ने उन्हें कनख़ियों से देखा और सिकुड़ गई, जिसके कारण दोनों के चेहरे पर मुस्कान फैल गई। हालाँकि बाद में उन्होंने मुझे बताया कि वह उस वक़्त कैसा महसूस कर रही थीं, बराक की संवेदनशीलता से बहुत ज़्यादा प्रभावित। अमेरिका ने बराक को आत्म-विश्वासी और शक्तिशाली इंसान के रूप में देखा था लेकिन मेरी माँ उस जगह की गम्भीरता और आने वाले काम के अकेलेपन को भी पहचानती थी। अब वह एक ऐसे आदमी थे जिसकी न माँ थी, न ही पिता और अब वह मुक्त दुनिया के एक नेता के रूप में निर्वाचित होने वाले थे।

अगली बार उस तरफ़ देखने के बाद मैंने पाया कि मेरी माँ और बराक ने एक दूसरे का हाथ पकड़ा हुआ था।

ठीक दस बजे का समय था जब टीवी चैनलों ने अपने परदे पर मेरे हँसमुख पति का चेहरा दिखाना शुरू किया और यह घोषणा कर रहा था कि बराक हुसैन ओबामा संयुक्त राज्य

अमेरिका के चौवालीसवें राष्ट्रपति होंगे। हम सभी ने अपने पैर पटके और ज़ोर से चिल्लाने लगे। अभियान के हमारे कर्मचारी कमरे में आए और उनके साथ बिडेन परिवार भी, सभी एक दूसरे को गले लगा रहे थे। यह सब स्वप्निल था। मुझे ऐसा लग रहा था कि मैं अपने शरीर से बाहर हूँ और ख़ुद को प्रतिक्रिया देते हुए देख रही हूँ।

उन्होंने कर दिखाया। हम सबने कर दिखाया। यह लगभग असम्भव था लेकिन जीत का शोर सुनाई दे रहा था।

यह एक ऐसा पल था जिसमें मुझे महसूस हुआ कि हमारा परिवार एक तरह की तोप से होते हुए पानी कि एक दुनिया में चला गया है। चीज़ें थोड़ी धीमी तरल और बिगड़ी हुई महसूस हो रही थीं, हालाँकि हम दिए गए निर्देश के अनुसार तेज़ी से आगे बढ़ रहे थे सुरक्षा अधिकारियों द्वारा हमें सामान वाले लिफ़्ट में जाने को कहा जा रहा था, होटल के पिछले दरवाज़े से हमें निकालकर वहाँ खड़ी एक एसयूवी गाड़ी में बैठा दिया गया था। बाहर निकलने के बाद क्या मैंने साँस ली थी? क्या मैंने उस आदमी का शुक्रिया अदा किया था जिसने मेरे लिए दरवाज़ा खोला था? क्या मैं मुस्कुरा रही थी? मैं नहीं जानती हूँ। यह सब ऐसा था जैसे मैं अब भी वास्तविकता में जाने के लिए छलाँग लगा रही थी। मैंने सोचा कि इसमें से कुछ में बहुत ज़्यादा मेहनत वाला काम था। जैसा कि प्रत्याशित था यह एक बहुत लम्बा दिन था। मैं बच्चियों के चेहरे पर थकान देख सकती थी। मैंने उन्हें रात के इस अगले हिस्से के लिए तैयार कर दिया था और बता दिया था कि चाहे उनके पिता जीते या हारे हम बाहर बग़ीचे में एक बहुत बड़ा और शोर वाला जलसा करने वाले हैं।

अब हम पुलिस के संरक्षण में चल रहे मोटरकेड में झील के किनारे से होते हुए गुज़र रहे थे, और दक्षिण की दिशा में ग्रांट पार्क की तरफ़ तेज़ी से बढ़ रहे थे। अपने जीवन में इस सड़क से मैं सैकड़ों बार गुज़री हूँ, बस में विट्नी यंग से घर जाते हुए, सुबह जिम जाते हुए। यह मेरा शहर था, एक बहुत ही परिचित जगह लेकिन फिर भी उस रात वह अलग महसूस हो रहा था, किसी अपरिचित शांति में तब्दील। ऐसा लग रहा था कि हम समय और जगह से ऊपर उठ चुके थे सब कुछ एक सपने जैसा लग रहा था।

मालिया एसयूवी की खिड़की से बाहर झाँक रही थी और बाहर का सब कुछ अपने अन्दर समाहित कर रही थी।

"डैडी," उसने लगभग माफ़ी माँगने वाली आवाज़ में कहा। "सड़क पर कोई नहीं है। मुझे नहीं लगता है कि कोई भी आपके उत्सव में आएगा।"

मैंने और बराक ने एक दूसरे को देखा और हँसने लगे। यह वह समय था जब हमें समझ में आया कि सड़क पर सिर्फ़ हमारी कार थी। बराक अब निर्वाचित राष्ट्रपति थे। गुप्त सेवाओं वाले ने सबकुछ साफ़ करवा दिया था, झील के किनारे के सभी रास्तों को बंद कर दिया था, उस रास्ते में आने वाले सभी चौराहों को बंद कर दिया था - राष्ट्रपति के लिए एक मानक सुरक्षा, हमें जल्द ही समझ में आ गया था। लेकिन हमारे लिए यह सब नया था।

सब कुछ नया था।

मैंने मालिया के कंधे पर अपना हाथ रखा। "लोग वहाँ पहले से ही पहुँच गए हैं, स्वीटी," मैंने कहा। "चिंता मत करो, वे हमारा इंतज़ार कर रहे हैं।"

और लोग वहाँ थे। उस बग़ीचे में लगभग 200,000 से ज़्यादा लोग हमें देखने के लिए जुटे थे। जैसे ही हम गाड़ी से बाहर निकले पार्क के सामने बने हुए सफ़ेद रंग के टेंट में बने गुफानुमा रास्ते होकर मंच पर जाने के लिए हम लोगों को रास्ता दिखाया गया उस वक़्त हमें एक प्रत्याशित शोर सुनाई दे रहा था। हमारे अभिवादन के लिए वहाँ हमारे परिवार और दोस्तों का एक समूह इकट्ठा था और गुप्त सेवाओं के नियमों के कारण वे अब रस्सियों के पीछे खड़े थे। बराक ने अपनी बाहें मेरे चारों तरफ़ रख ली जैसे वह यह सुनिश्चित करना चाहते हों कि मैं अब भी वहाँ थी।

कुछ मिनट बाद हम मंच पर चढ़े, हम चारों, मैंने मालिया का हाथ पकड़ा हुआ था और बराक ने साशा का हाथ। मैंने एक बार में ही बहुत सारी चीज़ें देखीं। मैंने देखा कि मंच के चारों तरफ़ बुलेटप्रूफ़ शीशे की मोटी दीवार खड़ी कर दी गई थी। मैंने लोगों का हुजूम देखा, उनमें से बहुत सारे लोगों के हाथ में छोटे छोटे अमेरिकी झंडे थे। मेरा दिमाग़ इनमें से एक को भी नहीं समझ पा रहा था। यह सब बहुत अधिक बड़ा महसूस हो रहा था।

मुझे उस रात के बराक के भाषण का बहुत छोटा हिस्सा याद है। साशा, मालिया, साशा और मैंने उन्हें मंच के कोने से देखा जैसे ही वे अपनी बात कह रहे थे, शीशे के उस कवच में घिरे हुए, अपने शहर से घिरे हुए और अपने उनसठ लाख लोगों के मतदान के आश्वासन से घिरे हुए। मेरे पास जो बच गया था वह सहजता का बोध था, एक नई तरह की शांति, जो उस अनोखे गरम नवम्बर महीने की उस रात में शिकागो के झील के किनारे मुझे महसूस हो रही थी। महीनों तक भीड़ सी भरी हुई रैलियों, जोश से भरे चुनावी अभियानों, चीख़ने चिल्लाने, ताली बजाने के उस दौर से ग्रांट पार्क का माहौल बिलकुल अलग था। हम अमेरिका के उस विशाल उल्लासित भीड़ के सामने खड़े थे जो ख़ुद भी मर्मस्पर्शी रूप से चिंताशील थी। मुझे जो सुनाई दिया वह सापेक्षिक शांति थी। ऐसा लग रहा था जैसे मैं उस भीड़ के हर चेहरे को पहचान सकती थी। बहुत सारी आँखों में आँसू थे।

शायद वह शांति वही थी जिसकी कल्पना मैंने की थी या शायद हम सब ने की थी, यह देर रात का परिणाम था। यह लगभग मध्य रात्रि का समय था। और सब लोग इंतज़ार कर रहे थे। हमने बहुत, बहुत ज़्यादा लम्बे समय तक इंतज़ार किया है।

फिर उस से ज़्यादा

19

अमेरिका की भावी प्रथम महिला के लिए किसी तरह की कोई किताब नहीं लिखी गई है। तकनीकी रूप से यह कोई नौकरी नहीं है और न ही कोई आधिकारिक सरकारी पद। इसमें न तो कोई वेतन मिलता है और ना ही निभाये जाने वाले दायित्वों की कोई सूची होती है। यह राष्ट्रपति पद के साथ साथ चलने वाला एक अजीब सा पद है, एक ऐसी जगह जहाँ मेरे पहुँचने से पहले तैंतालीस अन्य महिलाएँ पहुँच चुकी थीं और उनमें से प्रत्येक ने इस पद को अपने तरीक़े से निभाया था।

मुझसे पहले की सभी प्रथम महिलाओं और उनके इस पद पर पहुँचने के बारे में मैं बहुत कम जानती थी। मैं जानती थी कि जैकी केनेडी ने अपना सारा समय व्हाइट हाउस को सजाने में लगाया था। मुझे याद आया कि रोस्लीन कार्टर कैबिनेट की बैठकों में हिस्सा लेती थीं, नैन्सी रीगन को मुफ़्त में मिलने वाली डिज़ाइनर कपड़ों को स्वीकार करने के कारण समस्या का सामना करना पड़ा था, और अपने पति के प्रशासन में नीतिगत भूमिका निभाने के लिए हिलेरी क्लिंटन का उपहास उड़ाया जा चुका था। एक बार, कुछ साल पहले, अमेरिकी सीनेटर की पत्नियों के लिए दोपहर के खाने के आयोजन में मैंने लगभग आधे सदमे और आधे विस्मय से लौरा बुश को शांत और मुस्कुराते हुए देखा जो लगभग सौ से अधिक लोगों के साथ आयोजन के लिए तस्वीरें खिंचवाने में लगी हुई थी। इस दौरान उन्होंने न तो एक बार भी अपना संयम खोया और न ही उन्हें किसी तरह के विराम की ज़रूरत थी। प्रथम महिलाएँ समाचारों में दिखाई जाती थीं, दूसरे देशों के उच्चाधिकारियों की पत्नियों के साथ चाय पीती थीं, वे छुट्टियों में आधिकारिक शुभकामनाएँ भेजती थीं और राजकीय रात्रिभोज में सुंदर गाउन पहनती थीं। मैं जानती थी कि वे आमतौर पर एक या दो सामाजिक सेवा के काम को भी चुनती थी और उसके लिए काम करती थीं।

मैं पहले ही समझ चुकी थी कि मुझे अलग छड़ी से मापा गया था। व्हाइट हाउस में पैर रखने वाली एकमात्र अफ्रीकी-अमेरिकी प्रथम महिला के रूप में, मैं लगभग बिना किसी शर्त के "अन्य" थी। मुझे मालूम था कि जो बात मेरे श्वेत पूर्ववर्तियों के लिए किसी भी प्रकार का पूर्व निर्धारित गरिमा थी तो मेरे लिए भी वही सामान अनुग्रह की सम्भावना वहां नहीं थी। प्रचार अभियान की रुकावटों के माध्यम से मैंने सीखा था कि मुझे पहले से अधिक बेहतर,

तेज़, चालाक और मज़बूत बनना होगा। मुझे अपनी गरिमा को कमाने की ज़रूरत होगी। मुझे इस बात की चिंता थी कि बहुत सारे अमेरिकी लोग मुझ में अपनी परछाईं नहीं देखेंगे, या मेरी यात्रा से ख़ुद को नहीं जोड़ेंगे। मेरे पास वह सुविधा नहीं थी कि बिना किसी आलोचना का पात्र बने धीरे-धीरे अपनी नई भूमिका में उतर जाऊँ। और जब निर्णय का समय आया, तब मैं एक अनजाने डर और नस्लीय रूढ़िवादिता के कारण कमज़ोर पड़ गई थी क्योंकि ये चीज़ें सार्वजनिक चेतना का हिस्सा थीं और किसी भी तरह के अफ़वाह और व्यंग्य से हड़कम्प मचाने के लिए तैयार बैठी थीं।

मैं प्रथम महिला होने के लिए नम्र और उत्साहित थी, लेकिन एक पल के लिए भी मैंने ऐसा नहीं सोचा कि मैं किसी चमक-दमक वाली और आसान भूमिका में घुसने जा रही हूँ। कोई भी व्यक्ति जिसके नाम के साथ "प्रथम" और "अश्वेत" शब्द जुड़ा हो, ऐसा नहीं करता। मैं उस पहाड़ के निचले हिस्से में खड़ी थी और जानती थी कि इस चढ़ाई को मुझे अपने पक्ष में लाने की ज़रूरत है।

मेरे लिए यह पुराने आंतरिक याद की तरह थी, एक ऐसी याद जो मुझे हाई स्कूल के पुराने समय में लेकर गई, जब मैं विट्नी यंग में शामिल होने गई थी और मैंने पाया कि मैं संदेहों से घिर गई हूँ। उस समय मैंने सीखा कि आत्मविश्वास ऐसी चीज़ है जिसे कभी कभी अपने भीतर से पैदा करने की ज़रूरत होती है। कई तरह के उतार- चढ़ाव के माध्यम से यह एक ही शब्द मैंने कई बार ख़ुद से दोहराए हैं।

"क्या मैं सक्षम हूँ? हाँ मैं हूँ।"

चुनाव और उद्घाटन के बीच के वे छिहत्तर दिन मेरे लिए बहुत महत्वपूर्ण महसूस हुए जिसमें मैंने जिस तरह की प्रथम महिला बनना चाहती थी उसके लिए तैयारियाँ शुरू कर दी। आख़िर मैंने ख़ुद को कॉरपोरेट लॉ से खींचकर बाहर किया था और ज़्यादा अच्छे और सामूहिक काम में लगाया था। मैं जानती थी कि अगर मैं इन कामों में सक्रिय रूप से शामिल हो पाई और अच्छे परिणाम हासिल कर पाई तो मैं बहुत ज़्यादा ख़ुश होऊंगी। मेरा सोचना था कि चुनावी प्रचार अभियान के दौरान सैनिक की पत्नियों से जो वादे मैंने किए थे उन वादों को पूरा करूँ - उनकी कहानियों को सबके सामने लाने में उनकी मदद करना और उनकी सहायता के तरीक़े ढूँढना। और बाग़ों में पौधे लगाने का मेरा विचार और बड़े स्तर पर बच्चों के स्वास्थ्य और पोषण को बेहतर करना।

इनमें से किसी को भी मैं हल्के स्तर पर नहीं रखना चाहती थी। मैंने इरादा कर लिया था कि मैं व्हाइट हाउस में एक बहुत ही सावधानी से सोचकर तैयार की गई रणनीति और मेरी सहयोग करने वाली एक टीम के साथ प्रवेश करूँगी। प्रचार अभियान की भयावहता, उन असंख्य तरीक़ों से जो लोगों ने मुझे भड़काने और अशांत करने के लिए अपनाया था, से जो मैंने एक बात सीखी वह यह थी कि किसी भी शून्य को भरने के लिए जनता का निर्णय काफ़ी होता है। अगर आप उससे बाहर नहीं निकलते और ख़ुद को परिभाषित नहीं करते हैं, और थोड़ी ही देर में दूसरों द्वारा ग़लत तरीक़े से परिभाषित कर दिए जाएँगे। ख़ुद को निष्क्रिय

भूमिका में लाने और कुछ भी करने के लिए बराक की टीम के निर्देश का इंतज़ार करने में मेरी बिल्कुल रुचि नहीं थी। पिछले साल के कठिन समय से गुज़रने के बाद, मुझे यह मालूम था कि मैं स्वयं को फिर से कभी इस तरह का धमाका करने की इजाज़त नहीं दे पाऊँगी।

मेरा दिमाग़ उन सभी चीज़ों पर दौड़ रहा था जिन्हें करने की ज़रूरत थी। इस परिवर्तन की योजना का कोई तरीक़ा नहीं था। समय से पहले किसी भी काम को करना धृष्टता के रूप में देखा जा सकता था। मेरी तरह योजना बनाने वाले एक इंसान के लिए चुपचाप बैठना मुश्किल हो रहा था। इसलिए अब हम अत्यधिक सक्रिय हो गए। साशा और मालिया की देखभाल करना मेरी पहली प्राथमिकता थी। मैं चाहती थी कि जितनी जल्दी और आराम से संभव हो सके वे दोनों व्यवस्थित हो जाएँ, जिसका अर्थ था हमारे वहाँ जाने की सभी जानकारियों को विस्तार से हासिल करना और वाशिंगटन में एक स्कूल खोजना, एक ऐसी जगह जहाँ दोनों ख़ुश रह सकें।

चुनाव के छ: दिन बाद मैं डी.सी. गई और कुछ स्कूलों के प्रशासनिक अधिकारियों से बैठक की। एक सामान्य स्थिति में हर जगह के सिर्फ़ अकादमिक और सांस्कृतिक बिंदुओं पर ही ध्यान देती लेकिन अब हम सामान्य माहौल की सम्भावना से बहुत दूर निकल चुके थे। सभी कारकों पर विचार विमर्श करने में हर तरह की समस्या थी - गुप्त सेवा मसविदा, आपातकालीन निकास व्यवस्था, अब हमारे बच्चों की निजता की सुरक्षा के लिए रणनीतियाँ क्योंकि अब उन पर पूरे देश की नज़र थी। ये सभी कारक बहुत ज़्यादा जटिल हो गए थे। अब बहुत ज़्यादा लोग शामिल थे; एक छोटे से निर्णय लेने के पहले भी बहुत ज़्यादा बातचीत की ज़रूरत थी।

शुक्र है कि चुनाव प्रचार अभियान के समय मेरे साथ रहने वाले मेरे कर्मचारियों - मलिसा, कैटी और क्रिस्टीन को अपने साथ रख पाई - वे लोग इस परिवर्तन के दौरान मेरे साथ काम कर रही थी। हमने तुरंत ही अपने परिवार की दिनचर्या का पता लगाना और नए कर्मचरियों - नियोजक, नीति विशेषज्ञ, मेरे नए पूर्वी विंग के दफ़्तर के लिए संवादक की नियुक्ति की शुरुआत के साथ ही परिवार के रहने की जगह पर काम करने के लिए लोगों का साक्षात्कार भी शुरू कर दिया। मेरी सबसे पहली नियुक्ति जॉस्लेन फ्राई की थी, जो मेरे लॉ स्कूल की पुरानी दोस्त थीं और एक बेहद उम्दा आलोचनात्मक दिमाग़ की मालकिन भी, ने मेरे द्वारा दिया गया नीति निदेशक का पद और साथ ही मेरे द्वारा शुरू की जाने वाली नई योजनाओं में मदद करने का प्रस्ताव भी स्वीकार कर लिया।

इस दौरान, बराक अपने कैबिनेट में ख़ाली जगहों को भरने और बहुत सारे विशेषज्ञों के साथ मिलकर अर्थव्यवस्था को बचाने के लिए काम कर रहे थे। अब तक लगभग दस लाख से अधिक अमेरिकी लोग बेरोज़गार हो चुके थे और कार उद्योग तेज़ी से नीचे गिर रहा था। उन सत्रों के दौरान मैं अपने पति के कठोर जबड़ों के उन जोड़ों की स्थिति को देख कर कह सकती थी कि स्थिति इतनी बदतर थी कि बहुत सारे अमेरिकी उसे समझ भी नहीं सकते थे।

उन्हें रोज़मर्रा की गुप्त ख़बरें, गुप्त गठबंधन और गुप्त ऑपरेशन के बारे में भी बताया जाता था, आमतौर पर जिनके बारे में जनता को जानकारी नहीं होती थी।

अब गुप्त सेवा आने वाले कुछ सालों तक हमारी सुरक्षा करने वाली थी और उस एजेन्सी ने हमारे लिए आधिकारिक कोड वाले नाम भी रख लिए थे। बराक "रेनेगेड" थे और मेरा नाम "रेनेसां" था। बच्चियों को पहले से विकल्प के लिए मंज़ूरी दी गई नामों की सूची में से अपना नाम चुनने की अनुमति थी। मालिया "रेडीयन्स" बन गई और साशा ने "रोज़बड" वाला नाम चुना। (मेरी माँ को बाद में उनका अनौपचारिक कोड नाम "रेनडाँस" दिया गया।)

मुझे सीधे बात करने के समय गुप्त सेवाओं के एजेंट आमतौर पर मुझे "मैम" कहकर सम्बोधित करते थे जैसे कि "इस तरफ़ मैम। कृपया पीछे आइए, मैम।" और "आपकी कार थोड़ी देर में यहाँ आ जाएगी।"

"मैम कौन है?" पहले मैं उनसे पूछना चाहती थी। मैम सुनकर मुझे ऐसा लगता था जैसे कोई बुज़ुर्ग महिला हो जिसके हाथों में पर्स और और उसकी एक निश्चित चाल हो, अच्छे जूते पहनी हो और शायद वह कहीं आसपास बैठी हो।

लेकिन वह मैम मैं थी। मैं मैम थी। यह एक बड़े बदलाव का हिस्सा था,वह बदलाव जिससे हम सब गुज़र रहे थे।

यह सब कुछ उस दिन मेरे दिमाग़ में था जब मैं स्कूल देखने के लिए वाशिंगटन की जा रही थी। मेरी एक बैठक के बाद, मैं बराक से मिलने रीगन राष्ट्रीय हवाई अड्डे पर गई जो वहाँ एक चार्टर्ड फ़्लाइट में शिकागो से आ रहे थे। नियम के अनुसार नवनिर्वाचित राष्ट्रपति को राष्ट्रपति और श्रीमती बुश द्वारा व्हाइट हाउस देखने के लिए आमंत्रित किया गया था और इसे इस तरह नियोजित किया गया था कि इसका संयोग स्कूल के साथ मेरी बैठकों के साथ बैठ जाय। मैं वहाँ निजी टर्मिनल पर खड़े होकर इंतज़ार कर रही थी कि तभी बराक का जहाज़ ज़मीन पर उतरा। मेरे बग़ल में कॉर्नीलीयस साउथॉल थे जो मेरी सुरक्षा प्रमुखों में से एक थे।

कॉर्नीलीयस चौकोर कंधे वाले पूर्व कॉलेज फ़ुट्बॉल खिलाड़ी थे जिन्होंने पहले राष्ट्रपति बुश की सुरक्षा टीम में काम किया था। मेरे सभी प्रमुख कर्मचारियों की तरह वे भी स्मार्ट, हर पल तैनात रहने के लिए प्रशिक्षित और एक मानव सेंसर थे। हालाँकि हम दोनों ने बराक की हवाई कार को ज़मीन पर उतरते हुए और डामर पर लगभग बीस फ़ीट की दूरी पर रुकते हुए देखा था, लेकिन इससे पहले कि मैं कुछ करती उन्हें वहाँ से ले जाया जा रहा था।

"मैम" उन्होंने कहा, ऐसा लग रहा था कि उनके कान में लगे उस यंत्र से कोई नई जानकारी मिली थी, "आपकी ज़िन्दगी हमेशा के लिए बदलने वाली है।"

जब मैंने उन्हें सवालिया निगाह से देखा तो उन्होंने अपनी बात बढ़ते हुए बोला, "बस इंतज़ार कीजिए।"

और फिर उन्होंने दाहिने तरफ़ इशारा किया और मैं देखने के लिए मुड़ी। किसी संकेत के बाद, कुछ बहुत बड़ा वहाँ कोने पर दिखाई दे रहा था: साँप की तरह सरकती हुई मोटर पर सवार आर्मी जिसमें पुलिस की गाड़ी और मोटरसाइकिल का जत्था भी शामिल था, एसयूवी

गाड़ियों की बड़ी तादाद, दो हथियारबद्ध लिमोज़ी जिस पर अमेरिकी झंडा भी लगा हुआ था, एक हैज़्मैट शमन ट्रक, मशीनगनों से लैस लड़ने के तैयार एक प्रतिरोधक टीम, एक एम्बुलेंस, आने वाली प्रक्षेपों को पहचानने के लिए सिग्नल लगे ट्रक, बहुत सारी पैसेंजर गाड़ियाँ, और पुलिस सहायकों का अन्य समूह। राष्ट्रपति का मोटरसाइकिल। वहाँ कम से कम बीस गाड़ियाँ थी जो वाद्ययंत्र के स्वरूप में वहाँ थी, कार के बाद कार, इससे पहले कि सभी गाड़ियाँ थोड़ी देर के लिए रूकती तभी लिमीसी कार बराक के हवाईजहाज़ के सामने जाकर रुक गई।

मैं कॉर्नीलीयस की तरफ़ मुड़ी। "क्या यह क्लाउन चार है?" मैंने कहा। "सच में, क्या वह अब इसमें ही अपनी यात्राएँ करेंगे?"

वे मुस्कुराए। "अपने पूरे शासनकाल में हर दिन, हाँ," उन्होंने कहा। "यह सब कुछ अब हमेशा ऐसा ही दिखाई देने वाला है।"

मैंने चश्मा लगाया: हज़ारों हज़ार किलो लौह धातु, कमांडो का पूरा जत्था, सब कुछ बुलेटप्रूफ़। मैं अब भी यह स्वीकार नहीं कर पा रही थी कि बराक की सुरक्षा अभी भी आधी ही दिखाई दे रही है। मुझे पता नहीं था कि वह भी हमेशा एक हेलिकॉप्टर के आसपास रहेंगे जो किसी भी समय उन्हें निकाल कर ले जाने के लिए तैयार होगा, यह कि तेज़ बंदूकधारी उनकी यात्रा के दौरान आनेवाले इमारतों की छतों पर हमेशा तैनात खड़े रहेंगे, यह कि एक निजी डॉक्टर हमेशा उनके साथ रहेगा, या यह कि जिस गाड़ी में वह यात्रा करेंगे उसमें हमेशा ख़ून का इंतज़ाम रहेगा ताकि किसी भी स्थिति में उन्हें ख़ून की आवश्यकता हुई तो समस्या नहीं होगी। बराक के शपथग्रहण समारोह के लगभग एक सप्ताह पहले राष्ट्रपति के लिमो को नए मॉडल में बदल दिया गया था - सही नाम था उसका बिस्ट - सात टन भारी सुविधाजनक गाड़ी, जिसमें एक ख़ुफ़िया आँसू गैस संयंत्र, बिना पंचर होने वाले पहिए और बंद वायु संचालन व्यवस्था भी थी जिसका काम उन्हें किसी भी तरह की जैविक या रासायनिक आक्रमण से बचाना था।

अब मैं धरती के सबसे अधिक और भारी पहरे वाले इंसान की पत्नी थी। यह एक साथ राहत देने वाला और परेशान करने वाला था।

मैंने कॉर्नीलीयस को देखा, जिसने मुझे लिमो की तरफ़ बढ़ने के लिए इशारा दिया।

"अब आप आगे जा सकती हैं, मैम," उसने कहा।

कुछ सालों पहले मैं बस एक बार व्हाइट हाउस के अंदर गई थी। सीनेट में बराक के दफ़्तर के द्वारा, मैं मालिया और साशा के साथ एक विशेष यात्रा पर गई थी और यह हमें हमारी वाशिंगटन यात्राओं के नाम प्रदान किया गया था और हमने सोचा था कि यह मज़ेदार होगा। व्हाइट हाउस सैर आमतौर पर स्व- निर्देशित होते हैं लेकिन इस सैर का नेतृत्व व्हाइट हाउस का एक क्यूरेटर कर रहा था जो हमारे उस छोटे समूह के साथ चल रहा था और व्हाइट हाउस के विशाल हॉल और सार्वजनिक कमरों की सैर करवा रहा था।

हम उस कटे- काँच वाले झूमर को घूर रहे थे जो पूर्वी कमरे की ऊँचे छत से लटककर

झूल रहा था, जहाँ भव्य पार्टियाँ और आयोजन किए जाते थे और जहाँ एक दीवार पर सोने के विशालकाय फ्रेम में जॉर्ज वाशिंगटन की लाल गाल और सौम्य अभिव्यक्ति वाली तस्वीर लगी हुई थी। अपने गाइड की बदौलत हमने यह जाना कि अठारहवीं शताब्दी के अंत में प्रथम महिला लेडी ऐबिगेल एडम्स ने इस विशाल जगह का प्रयोग अपने कपड़ों को लटकाने में करती थी और उसके सालों बाद, एक गृह-युद्ध के दौरान संघ के सैनिकों को यहाँ अस्थायी रूप से ठहराया गया था। कितनी प्रथम बेटियों की शादियों का आयोजन इस पूर्वी कमरे में किया जा चुका है। अब्राहम लिंकन और जॉन एफ. केनेडी की ताबूतों को भी यहाँ लोगों के अंतिम दर्शन के लिए रखा गया था।

मैं उस दिन अपने दिमाग़ में उन सभी राष्ट्रपतियों को याद कर सकती थी, और वह सब मिलाने की कोशिश कर रही थी जो मैंने अपने इतिहास के क्लास में पढ़ा था और साथ ही उन लोगों की कल्पना कर रही थी जो सच में इन विशालकाय कमरों में रहे थे। मालिया जो उस समय लगभग आठ साल की थी उस विशाल जगह को देखकर स्तब्ध थी, वहीं पाँच साल की उम्र वाली साशा वहाँ रखी चीज़ों को न छूने की हर सम्भव कोशिश कर रही थी जिन्हें छूना मना था। वह खेलते हुए हमारे साथ ही चल रही थी जहाँ हम ईस्ट रूम से ग्रीन रूम में गए जिसकी दीवारें पन्ना और रेशम से बनी हुई थी और जिसमें जेम्ज़ मैडिसॉन और 1812 के युद्ध की कहानियाँ थी और फिर ब्लू रूम में जिसमें फ्रेंच के फ़र्नीचर रखे हुए थे जिसमें ग्रोवर क्लीव्लंड की शादी की कहानी थी। लेकिन जब हमारे गाइड ने हमें यह कहते हुए इशारा किया कि अब हम रेड रूम की तरफ़ जाएँगे, साशा ने मुझे देखा और बच्चों वाली तेज़ आवाज़ में मुझसे कहा, "ओह नहीं, अब एक और रूम नहीं!" मैंने तुरंत उसे चुप कराया और माँ वाली नज़रों से उसे घूरा जिसका मतलब था, "मुझे शर्मिंदा मत करो।"

लेकिन सच कहें उसे कौन दोष देता? वह वास्तव में बहुत बड़ी जगह थी, व्हाइट हाउस जिसमें 132 कमरे, 35 बाथरूम और 28 ऐसी जगहें थीं जहाँ आग का प्रबंध किया जाता था, में कुल 6 तल थे, और यह सब इतिहास की कहानी से भरा हुआ था जो किसी भी एक यात्रा से कहीं ज़्यादा था। सच कहा जाए तो वहाँ असल जीवन की कल्पना करना बहुत मुश्किल था। कहीं बहुत नीचे, सरकारी कर्मचारी इमारत के अंदर और बाहर कर रहे थे वहीं कहीं बहुत ऊपर राष्ट्रपति और देश की प्रथम महिला अपने स्कॉटिश टेरीअर कुत्ते के साथ अपने पारिवारिक घर में थी। लेकिन हमलोग उस समय घर के बिल्कुल दूसरे हिस्से में खड़े थे, जो समय के साथ रुक गया था, जो उस जगह का संग्रहालय था, जहाँ प्रतीकवाद था और उसका महत्व भी था, जहाँ देश की बूढ़ी हड्डियों को प्रदर्शन के लिए रखा गया था।

दो साल बाद, मैं वहाँ फिर से पहुँच रही थी, इस बार बिल्कुल अलग दरवाज़े और बराक के साथ। अब उस जगह को देखने जा रहे थे जो बहुत जल्द हमारा घर होने वाला था।

राष्ट्रपति और श्रीमती बुश ने राजनयिक स्वागत कक्ष में हमारा स्वागत किया, जो साउथ हॉल के सामने था। प्रथम महिला ने मेरा हाथ बहुत ही गर्माहट के साथ पकड़ा। "प्लीज़ मुझे लौरा पुकारिए," उन्होंने कहा। उनके पति भी उसी तरह स्वागत भाव में थे, एक उदार टेक्सस

व्यक्तित्व जिसे देखकर लग रहा था कि उन्होंने किसी भी तरह की राजनीतिक कटु भावना पर जीत हासिल कर ली थी। पूरे प्रचार अभियान के दौरान बराक ने राष्ट्रपति के नेतृत्व की विस्तार से आलोचना की थी, और मतदाताओं से वादा किया था कि वे ऐसी बहुत सी चीज़ों को ठीक करेंगे जिन्हें वे ग़लतियों के रूप में देखते है। रिपब्लिकन के सदस्य होने के नाते बुश ने स्वाभाविक रूप से जॉन मैक्केन की उम्मीदवारी का साथ दिया था। लेकिन उन्होंने इतिहास के सबसे सरल राष्ट्रपति (सत्ता) परिवर्तन करने की प्रतिज्ञा ली थी। उन्होंने कार्यकारी शाखा के सभी विभागों को आनेवाले प्रशासन के लिए कार्य-स्थिति फ़ाइल बनाने का आदेश दे दिया। यहाँ तक कि देश की प्रथम महिला के लिए भी, कर्मचारियों ने सभी सूचियों, केलेंडरों और पत्राचार के नमूनों को एक जगह इकट्ठा करके रखा था ताकि मुझे उपाधियों के साथ करने वाले सामाजिक पत्राचार में इससे मदद मिल सके। इन सबके नीचे एक तरह की दयालुता थी, देश का सच्चा प्यार, जिसकी मैं हमेशा सराहना और प्रशंसा करूँगी।

हालाँकि राष्ट्रपति बुश ने कुछ भी सीधे तौर पर नहीं कहा था लेकिन मैं क़सम खा कर कह सकती हूँ कि मैंने उनके चेहरे पर राहत के निशान देखे थे, जो यह कह रहे थे कि उनका शासनकाल ख़त्म हुआ और अपने हिस्से की दौड़ उन्होंने ख़त्म कर ली है और अब जल्द ही अपने घर टेक्सस वापस जा सकते हैं। अब यह समय अगले राष्ट्रपति को दरवाज़े के अंदर आने देने का था।

जहाँ हमारे पति बातें करने के लिए ओवल ऑफ़िस की तरफ़ चले गए, लौरा मुझे लकड़ी के बने निजी लिफ़्ट की तरफ़ लेकर गई जो देश के प्रथम परिवार के लिए आरक्षित थी और जिसे टक्सीडो पहने हुए एक सभ्य अफ़्रीकी-अमेरिकी आदमी चला रहा था।

जैसे ही हम दो तल ऊपर परिवार के रहने वाली जगह पर पहुँचे, लौरा ने साशा और मालिया के बारे में पूछा। तब वह बासठ साल की थीं और व्हाइट हाउस में रहते हुए उन्होंने दो बड़ी बेटियों को पाला था। पूर्व स्कूल अध्यापक और एक पुस्तकालय अध्यक्ष के होने के नाते उन्होंने प्रथम महिला के अपने उस पद का उपयोग शिक्षकों की वकालत और शिक्षा को बढ़ावा देने के लिए किया था। उन्होंने अपनी गर्मजोशी से भरी नीली आँखों से मेरा परीक्षण किया।

"आपको कैसा महसूस हो रहा है?" उन्होंने पूछा।

"थोड़ा ज़्यादा ही भावुक," मैंने स्वीकार किया।

वह मुस्कुराईं जिसमें मुझे वास्तविक करुणा का एहसास हुआ। "मैं जानती हूँ। मेरा भरोसा कीजिए, सच में मैं जानती हूँ।"

उस पल मैं उनके द्वारा कही गई बातों के महत्व को नहीं समझ पाई थी लेकिन बाद में मैं अक़्सर उनके बारे में सोचती थी: मैं और बराक बिलकुल ही अनजाने और छोटे से समूह में शामिल हो रहे थे जो क्लिंटन, कार्टर, दो बुश, नैन्सी रीगन और बेट्टी फ़ोर्ड से बना हुआ था। इस पूरी धरती पर सिर्फ़ यही लोग थे जो यह जानते थे कि मैं और बराक किस स्थिति से गुज़र रहे थे, जिन्हें व्हाइट हाउस में हमारे जीवन के अनूठे आनंद और कठिनाइयों का अनुभव है। क्योंकि हम सभी एक दूसरे से बहुत अलग थे, हमने आपस के इस सम्बंध हमेशा बनाए रखा।

लौरा मुझे घर के हिस्सों में अंदर ले जा रही थी और एक के बाद एक दूसरे कमरे दिखा रही थीं। व्हाइट हाउस का यह निजी क्षेत्र लगभग बीस हज़ार वर्ग फ़ीट में था जिसमें उस मुख्य ऐतिहासिक संरचना का ऊपरी दो तल शामिल था - जिसे आप तस्वीरों में इसके प्रतिष्ठित सफ़ेद खम्भों से पहचान सकते हैं। मैंने भोजन कक्ष देखा जहाँ बैठकर देश के प्रथम परिवार ने खाना खाया था और अपना सिर उस साफ़ सुथरे रसोई घर में घुसाकर देखने लगी जहाँ के रसोईये रात के खाने की तैयारी के अपने काम पर लग चुके थे। मैंने सबसे ऊपरी तल पर मेहमानों का कमरा देखा, और उसे उस जगह के रूप में सोचने लग गई जहाँ मेरी माँ रह सकती थीं अगर हम उन्हें अपने साथ रहने के लिए राज़ी कर पाएं। (वहाँ एक छोटा सा जिम भी था, यह वह जगह थी जहाँ उस पूरे दौरे के दौरान बराक और राष्ट्रपति बुश मर्दों की बातचीत के हिस्से में सबसे ज़्यादा उत्तेजित थे।) मेरी सबसे ज़्यादा रुचि उन दो कमरों में थी जिन्हें देखकर मुझे लगा कि यह साशा और मालिया के लिए सबसे अच्छे साबित होंगे और जो मुख्य बेडरूम के तुरंत नीचे वाले हॉल के पास था।

मेरे लिए सबसे ज़्यादा महत्वपूर्ण बच्चियों के लिए आराम और उनके लिए घर की भावना थी। अगर हम पीछे मुड़कर सभी वैभव और परिस्थितियों को देखें तो यह सपनों की तरह कभी न सच होने वाले बड़े घर में रहने जाना जहाँ खाना बनाने के लिए रसोईये हो, बॉलिंग की जगह हो, स्वीमिंग पूल हो - बराक और मैं जो कर रहे थे वह कुछ ऐसा था जो कोई भी अभिभावक कभी नहीं करना चाहता है: बिना किसी पूर्व सूचना के अपने बच्चों को साल के बीच में ही उनके स्कूल से एक झटके में निकाल देना जिससे उन्हें प्यार था, उन्हें उनके दोस्तों से दूर ले जाना, और उन्हें नए घर और नए स्कूल में दाख़िला दिलवाना। मेरा दिमाग़ इस सोच से भरा हुआ था, हालाँकि मुझे यह मालूम था कि दूसरी माँओं और बच्चों ने यह सब कुछ पहले बड़ी सफलता के साथ किया है।

लौरा मुझे एक बहुत ही सुंदर और कम सामान वाले कमरे में ले गईं जो मुख्य बेडरूम के सामने था और जो परम्परागत रूप से प्रथम महिला के तैयार होने की जगह के रूप में इस्तेमाल होता था। उन्होंने खिड़की से रोज़ गार्डन और ओवल ऑफ़िस की तरफ़ इशारा किया, और यह कहा कि इससे उन्हें बाहर देखने की सुविधा मिलती थी और कभी-कभी उन्हें यह भी जानकारी मिलती थी कि उनके पति क्या काम कर रहे हैं। उन्होंने कहा कि हिलेरी क्लिंटन ने उन्हें यही दृश्य दिखाया था जब वह आठ साल पहले व्हाइट हाउस देखने आईं थीं। और उसके आठ साल पहले, उनकी सास बारबरा बुश ने हिलेरी को यह दृश्य दिखाया था। मैंने खिड़की के बाहर देखा और और ख़ुद को याद दिलाया कि मैं एक विनम्र निरंतरता का हिस्सा थी।

आने वाले महीनों में मैं इन महिलाओं के साथ एक जुड़ाव की शक्ति को महसूस करने वाली थी। हिलेरी ने शालीनता के साथ फ़ोन पर अपने ज्ञान को साझा किया था और चेलसी के लिए स्कूल के चुनाव के अपने अनुभव को मेरे साथ बाँटा था। मैंने रोसलीन कार्टर से मुलाक़ात की और नैन्सी रीगन से फ़ोन पर बात की। दोनों महिलाएँ गर्मजोशी से भरी थीं और

उन्होंने अपना सहयोग देने की पेशकश भी की। और हमारे पहले दौरे के कुछ सप्ताह बाद लौरा ने बड़े प्यार से मुझे साशा और मालिया के साथ दोबारा आने के लिए आमंत्रित किया जिस दिन उनकी बेटियाँ जेना और बारबरा वहाँ मौजूद हों और मेरे बच्चों को व्हाइट हाउस के "मज़ेदार हिस्सों" के बारे में बता सकें, उन्हें प्लश सीट से लेकर घर में ही बने सिनेमा हॉल और सबसे ऊपरी तल के हॉल वाले गलियारे में फिसलने तक की सभी जनकारियाँ दे सकें।

यह सब कुछ बहुत अधिक ख़ुशी देने वाला था। मैं अभी से ही उस दिन का इंतज़ार करने लग गई जब मैं यहाँ से हासिल ज्ञान को मेरे बाद आने वाली प्रथम महिला को दूँगी।

हमने हवाई में अपने पारम्परिक क्रिसमस की छुट्टियों के तुरंत बाद ही वाशिंगटन जाने का फ़ैसला लिया ताकि साशा और मालिया सर्दी की छुट्टियों के तुरंत बाद लौटने वाले अपने नई सहपाठियों के साथ अपना स्कूल शुरू कर सकें। उद्घाटन समारोह में अभी भी लगभग तीन सप्ताह का समय बचा था, जिसका मतलब था कि हमें अस्थायी व्यवस्था करनी थी, शहर के केंद्र में स्थित हे -ऐडम्स होटल के सबसे ऊपरी तल पर कमरे किराए पर लेना था। हमारे कमरे से लैफ़ेएट स्क्वेर और व्हाइट हाउस का उत्तरी बग़ीचा दिखाई देता था, जहाँ हम यह देख सकते थे कि उद्घाटन परेड की तैयारी के लिए बड़े - बड़े खभों वाले स्टैंड और लोहे के मंच लगाए जा रहे थे। होटल के उस तरफ़ सामने वाली इमारत में किसी ने "मालिया और साशा का स्वागत है" लिखकर लटका दिया था। यह सब कुछ देखकर मेरा दम थोड़ा घुटने लगा।

बहुत अधिक शोध, दो यात्राओं और बहुत सारी बातचीत के बाद हमने अपनी बेटियों का नामांकन सिडवेल फ्रेंड्ज़ में करवाया जो कि एक निजी क्वेकर स्कूल था और जिसकी छवि बहुत ज़्यादा अच्छी थी। साशा निचले स्तर की कक्षा दो की विद्यार्थी थी जो कि बिथेज़्डा, उपनगर मैरीलैंड में स्थित था, और मालिया मुख्य परिसर में पाँचवी कक्षा में बैठने वाली थी जो कि व्हाइट हाउस के उत्तर में कुछ ही मील की दूरी पर स्थित था। दोनों बच्चों को स्कूल जाने के लिए मोटरकेड की सवारी ही करनी थी, जिसके साथ गुप्त सेवाओं के एजेंट का एक समूह भी चलने वाला था जिनमें से कुछ दोनों बच्चों की कक्षाओं के बाहर दरवाज़े पर खड़े होकर उनकी प्रत्येक चाल,खेलकूद और खेलकूद अभ्यास पर नज़र रखने वाले थे।

अब हमलोग एक तरह के बुलबुले के अंदर जी रहे थे, जो आंशिक रूप से रोज़मर्रा की दुनिया से कटा हुआ था। मैं याद नहीं कर सकती हूँ कि आख़िरी बार कब मैं ख़ुद दौड़कर पास की दुकान में गई थी या यूँ ही मस्ती करने किसी बग़ीचे में। कहीं भी जाने से पहले यह ज़रूरी था कि सुरक्षा और समय सारणी पर बात की जाए। यह बुलबुला प्रचार अभियान के दौरान ही धीरे धीरे हमारे आस पास बनना शुरू हो गया था और चूँकि बराक की ख्याति बढ़ गई थी इसलिए यह ज़रूरी था कि हमारे और जनता के बीच की सीमाओं को बढ़ाया जाए- और कुछ मामलों में हमारे और हमारे दोस्तों और परिवार के सदस्यों के बीच भी। इस बुलबुले के अंदर रहना अजीब था, और एक ऐसा एहसास जिसमें मुझे विशेष रूप से आनंद नहीं आ रहा था, लेकिन मैं यह भी जानती थी कि यह सर्वश्रेष्ठ के लिए था। एक नियमित पुलिस की

गाड़ी के साथ हमारी गाड़ियों को अब ट्रैफ़िक सिग्नल पर नहीं रोका जाता था। हम बहुत कम ही स्थितियों में इमारत के आगे के गेट से अंदर या बाहर जाते थे, हमें सेवाओं के लिए बने प्रवेश द्वार से आना जाना पड़ता था या फिर बग़ल की गली से होकर। सुरक्षा के लिहाज़ से हम लोगों को जितना कम दिखाई दें उतना बेहतर था।

मुझे आशा थी कि साशा और मालिया के बुलबुले शायद अलग हों, और वे सुरक्षित रहें लेकिन बँधे हुए नहीं और यह कि उनका दायरा शायद हमारे दायरे से बड़ा होगा। मैं चाहती थी कि वे दोस्त बनाएँ, असली दोस्त - ऐसे बच्चों को ढूँढें जो उन्हें किसी अन्य कारणों से पसंद करते हों न कि सिर्फ़ इसलिए कि वे बराक ओबामा की बेटियाँ हैं। मैं चाहती थी कि वे सीखें, उनके जीवन में रोमांच हो, वे ग़लतियाँ करें और फिर सुधरें। मुझे आशा थी कि उनका स्कूल उनके लिए एक तरह का आश्रय होगा, एक ऐसी जगह जहाँ वे मुक्त होंगी। सिडवेल फ्रेंड्ज़ ने कई कारणों की वजह से हमसे गुज़ारिश की थी, जिनमें एक तथ्य यह भी शामिल था कि यह वही स्कूल था जहाँ चेल्सिया क्लिंटन ने पढ़ाई की थी जब उनके पिता राष्ट्रपति थे। वहाँ के कर्मचारी ऊँचे घरों के विद्यार्थियों की सुरक्षा का तरीक़ा जानते थे और वहाँ पहले से ही उस तरह की सुरक्षा व्यवस्थाएँ थीं जो साशा और मालिया के लिए ज़रूरी थी, जिसका मतलब यह था कि स्कूल के संसाधनों को लेकर हमें बहुत अधिक मेहनत करने की ज़रूरत नहीं थी। और इन सबसे ऊपर मुझे उस जगह का एहसास पसंद आया था। क्वेकर दर्शन का मूल समुदाय था, यह इस विचार पर बनाया गया था कि किसी भी एक व्यक्ति को दूसरे व्यक्ति पर हावी नहीं होना चाहिए, जो मुझे उस बड़े कोलाहल के लिए स्वस्थ संतुलन की तरह प्रतीत हो रहा था जिसने उनके पिता को अब घेर लिया था।

स्कूल के पहले दिन सर्दी के कोट पहनने में उनकी मदद करने से पहले मैंने और बराक ने अपने होटल में ही साशा और मालिया के साथ जल्दी ब्रेकफ़ास्ट कर लिया था। बराक ख़ुद को स्कूल के पहले दिन के व्यवहार को लेकर कुछ सुझाव देने से रोक नहीं पाए (मुस्कुराते रहना, नम्र रहना, अपने शिक्षकों की बात सुनना), और अंत में जैसे ही उन दोनों लड़कियों ने अपने बैंगनी बैग कंधों पर टांगकर उन्होंने कहा, "और हाँ अपनी नाक तो बिल्कुल मत खींचना!"

हॉल के रास्ते में मेरी माँ हमारे साथ आ गई और नीचे जाने के लिए हम लिफ़्ट में चले गए।

होटल के बाहर गुप्त सेवा वालों ने सुरक्षा तंबू लगा दिया था जिसका उद्देश्य हमें उन सभी लोगों की नज़रों से बचाना था जिनमें फ़ोटोग्राफ़र और टेलिविज़न वाले शामिल थे जो प्रवेश द्वार पर खड़े होकर हमारे परिवार के बदलाव के उस दौर की तस्वीरों के भूखे थे। बस एक रात पहले शिकागो से वापस आने के बाद, बराक यह आशा कर रहे थे कि वे बच्चियों के साथ उनके स्कूल तक जाएँगे लेकिन वे जानते थे इससे बहुत बड़ा तमाशा बन सकता था। उनके मोटरकेड का क़ाफ़िला बहुत बड़ा था। वे अब बहुत भारी हो चुके थे। जैसे ही साशा और मालिया ने उन्हें गले लगाया और गुड- बाय कहा मैंने उनके चेहरे पर उस दर्द को देख पा रही थी।

उसके बाद मैं और मेरी माँ बच्चियों के साथ उनके नए तरह के स्कूल बस में बैठ गए - एक काले रंग की एसयूवी जिसकी खिड़कियाँ रंगीन और बुलेटप्रूफ़ काँच से बनी हुई थीं। उस सुबह मैं बच्चों के साथ आत्मविश्वास दिखाना, मुस्कुराने और मज़ाक़ करने की कोशिश कर रही थी। हालाँकि भीतर ही भीतर मुझे बहुत ज़्यादा बेचैनी महसूस हो रही थी, ऐसा महसूस हो रहा था कि मेरा अंग एक इंच आगे जा रहा है। हम पहले ऊपरी स्कूल के परिसर में पहुँचे जहाँ मैंने और मालिया ने समाचार वालों के अनगिनत कैमरों को बेधा और स्कूल के अंदर घुस गये। हमदोनों ही सुरक्षा सेवा एजेंटों द्वारा तेजी से अंदर कर दिए गए थे। मालिया को उसकी नई शिक्षक के पास छोड़ने के बाद, मोटरकेड हमलोगों को बिथेज़्डा लेकर गई जहाँ मैंने साशा के साथ भी वही सब दोहराया, मैंने उसे नए क्लासरूम में नीची टेबल और चौड़ी खिड़कियों के साथ छोड दिया - मैंने सुरक्षित और ख़ुशनुमा जगह की प्रार्थना की।

मैं मोटरकेड में वापस बैठी और हे - ऐडम्ज़ वापस लौट गई, मैं अब भी अपने बुलबुले में ही थी। मेरा आगे का पूरा दिन व्यस्त था, हर एक मिनट बैठकों के लिए नियत था लेकिन मेरा दिमाग़ अपनी बेटियों पर अटक गया था। उनका दिन कैसा होगा? वे क्या खाएँगी? क्या उन्हें बेवक़ूफ़ बनाया जाएगा या वे घर जैसा महसूस करेंगी? बाद में मैंने मीडिया की एक तस्वीर देखी जिसमें साशा को सुबह स्कूल जाते हुए दिखाया गया था, उस तस्वीर ने मेरी आँखों में आँसू ला दिए थे। मुझे लगता है यह तब खीची गई थी जब मैं मालिया को स्कूल पहुँचाने गई थी और साशा कार में मेरी माँ के साथ बैठकर इंतज़ार कर रही थी। उसने अपना गोल छोटा सा चेहरा एसयूवी कार की खिड़की से चिपकाया हुआ था और बाहर घूर रही थी, बड़ी और दर्द भरी आँखें, जो फ़ोटोग्राफ़र और बाहर के लोगों को अपने भीतर समा रही थी, उसकी सोच को पढ़ा नहीं जा सकता था लेकिन उसकी अभिव्यक्ति शांत थी।

हम उनसे बहुत कुछ की माँग कर रहे थे। मैं इस सोच के साथ सिर्फ़ उस पूरे दिन ही नहीं बल्कि पूरे महीने और आने वाले कई सालों तक बैठी रही।

बदलाव की वह गति कभी भी धीमी नहीं पड़ी। मुझे एक साथ सैकड़ों फ़ैसले लेने थे और सभी बहुत ज़रूरी थे। मुझे नहाने के तौलिए से लेकर टूथपेस्ट, बर्तन धोने का साबुन, और व्हाइट हाउस में रहने वालों के लिए बीयर तक का इंतज़ाम करना था, उद्घाटन समारोह और उसके बाद के फ़ैन्सी बॉल आयोजन के लिए मेरे कपड़े का चुनाव, और मेहमान के रूप में हमारे शहर से लगभग 150 की संख्या में आने वाले दोस्तों और रिश्तेदारों के लिए रसद का इंतज़ाम भी करना था। मेरी बदलाव टीम की सदस्य मलिसा और अन्य लोगों को जो भी काम मैं सौंप सकती थी उन्हें सौंप दिया। हमने अपने घर और ओवल ऑफ़िस को फिर से सजने और बेहतर करने के लिए माइकल स्मिथ की नियुक्ति की जो एक आंतरिक साजसज्जा विशेषज्ञ हैं और जिन्हें हमने शिकागो के एक मित्र की मदद से खोजा था।

चुने गए राष्ट्रपति को घर बदलने और उसे अपने हिसाब से सजने के लिए संघीय कोष से 100,000 डॉलर की राशि दी जाती है लेकिन बराक ने ज़ोर देकर कहा कि हम हर चीज़

का भुगतान ख़ुद करेंगे, और उसके लिए हम उस धन का इस्तेमाल करेंगे जो हमें उनकी किताब की रॉयल्टी से मिली थी। जबसे मैं उन्हें जानती हूँ वे ऐसे ही है: जब पैसे और नैतिकता की बात आती है तब बहुत अधिक सतर्क, क़ानून द्वारा तय मापदंड से ख़ुद को ऊपर रखना। अश्वेत समुदाय में एक बहुत पुरानी कहावत है। आपको आधा भी अच्छा करने के लिए दुबारा मेहनत करनी पड़ेगी। व्हाइट हाउस में पहले अफ़्रीकी-अमेरिकी परिवार के रूप में हमें अपने नस्ल के प्रतिनिधि के रूप में देखा जाता था। हम जानते थे कि फ़ैसले में किसी भी तरह की ग़लती या कमी होने पर उसे वास्तविक रूप से बड़ा करके देखा जाएगा।

आमतौर पर अपनी नई भूमिका में मेरे द्वारा किये जा सकने वाले कामों की तुलना में उद्घाटन समारोह और घर को सजाने के विचार के प्रति मेरी रुचि कम थी। क्योंकि मैंने देखा था कि दरअसल कुछ करने की ज़रूरत नहीं थी। काम का उल्लेख नहीं होने का मतलब है काम की ज़रूरत नहीं होना और इस बात ने मुझे अपने कार्यक्रम के चुनाव की आज़ादी दी। मैं यह सुनिश्चित करना चाहती थी कि नए प्रशासन के बड़े उद्देश्यों में मैं अपनी मदद दे सकूँ।

मुझे राहत थी कि मेरे दोनों बच्चे स्कूल से पहले दिन, दूसरे दिन और तीसरे दिन ख़ुशी ख़ुशी वापस लौटे। साशा अपने साथ ऐसे होमवर्क लेकर लौटी थी जो उसने पहले कभी नहीं किया था। मालिया ने पहले से ही माध्यमिक स्कूल के कोरल संगीत कार्यक्रम में भाग लेने के लिए नामांकन करवा लिया था। उन्होंने बताया कि दूसरी कक्षाओं के बच्चों ने उन्हें देखने के बाद कभी कभी दोबारा भी देखा लेकिन सब अच्छे थे। उसके बाद हर दिन मोटरकेड से सिडवेल फ्रेंड्ज़ जाना एक दिनचर्या बन गया था। लगभग एक सप्ताह बाद, बच्चियाँ इतनी सहज हो गई थीं कि मेरे बिना सिर्फ़ मेरी माँ के साथ ही स्कूल जाने लगी जिसकी वजह से उन्हें स्कूल ले जाना और स्कूल से वापस ले आना कम मुश्किल हो गया और इसमें एजेंट, गाड़ियाँ और बंदूक़ों की संख्या भी अपने आप ही कम हो गयी।

मेरी माँ हमारे साथ वाशिंगटन नहीं आना चाहती थी लेकिन मैंने उन पर ज़ोर दिया। बच्चियों को उनकी ज़रूरत थी। मुझे उनकी ज़रूरत थी। मुझे ऐसा लगता था कि उन्हें भी हमारी ज़रूरत थी। पिछले कुछ सालों से वह लगभग हमारे जीवन के हर दिन का हिस्सा बन गई थीं उनकी व्यावहारिकता सभी की चिंताओं के लिए मरहम थी। इकहत्तर वर्ष की उम्र तक वह शिकागो के अलावा और कहीं नहीं रही थीं। वह साउथ साइड और यूक्लिड एवेन्यू के अपने घर को छोड़ने के लिए तैयार नहीं थीं। ("मैं उनलोगों को प्यार करती हूँ लेकिन मैं अपने घर को भी प्यार करती हूँ," उन्होंने चुनाव के बाद बिना किसी शब्द को छुपाए कहा। "व्हाइट हाउस मुझे संग्रहालय की याद दिलाता है और मुझे ऐसा लगता है कि आप संग्रहालय में सो कैसे सकते हैं?")

मैंने उन्हें यह बताने की कोशिश की कि अगर वह वाशिंगटन आ जाएँगी तो वह बहुत तरह के मज़ेदार लोगों से मिल सकती हैं, उन्हें ख़ुद से ना तो खाना बनाना होगा ना ही सफ़ाई करनी होगी, और व्हाइट हाउस के सबसे ऊपरी तल पर उन्हें इतनी जगह मिलेगी जितनी

उन्हें अपने घर में कभी नहीं मिली थी। इन सभी बातों का उनके लिए कोई मायने नहीं था। मेरी माँ पर सभी तरह की चकाचौंध और प्रचार प्रसार का कोई असर नहीं था।

मैंने अंतत: क्रेग को बुलाया। "तुम्हें मेरी ख़ातिर माँ से बात करनी पड़ेगी," मैंने कहा। "कृपया उन्हें इस बात के लिए तैयार करो।"

किसी तरह यह काम कर गया। ज़रूरत पड़ने पर क्रेग हमेशा कारगर साबित होता था।

मेरी माँ हमारे साथ अगले आठ साल तक वाशिंगटन में रहने वाली थीं लेकिन साथ ही वह यह भी कहती थी कि उनका यहाँ रहना अस्थायी है और वह तभी तक यहाँ है जब तक कि बच्चियाँ अच्छे से यहाँ व्यवस्थित न हो जाएँ। उन्होंने अपने चारों तरफ़ किसी तरह के बुलबुले को बनाने से भी इंकार कर दिया था। उन्होंने गुप्त सेवा सुरक्षा के लिए भी मना कर दिया और अपने व्यक्तित्व को सामान्य रखने और अपने क़दमों को हल्का रखने के लिए मीडिया से भी स्वयं को दूर रखा। उन्होंने व्हाइट हाउस के सफ़ाई कर्मचारियों को हतप्रभ कर दिया था इस बात पर ज़ोर देकर कि वह अपने कपड़े स्वयं धोएँगी, जब भी उन्हें किसी चीज़ की ज़रूरत पड़ती वह ख़ुद गेट से बाहर निकलकर नज़दीक के सीवीएस या फ़िलेने के बेसमेंट में चली जाती थीं, नए दोस्त बनाती थीं और अक़्सर दोपहर के खाने पर उनसे मिलती थीं। जब भी कभी अनजान आदमी उन्हें देखकर यह कहता कि वह मिशेल ओबामा की माँ जैसी दिखती हैं, वह अपने काम को आगे बढ़ाने से पहले रुककर बहुत ही विनम्रता से कहती, "हाँ, मुझे यह बात बहुत ज़्यादा सुनने को मिलती है"। जैसी वह हमेशा से थीं, मेरी माँ ने सभी काम अपने तरीक़े से ही किया।

उद्घाटन समारोह के लिए मेरा पूरा परिवार आया था। मेरी चाचियाँ, चाचा और भाई बहन सभी आए थे। हाइड पार्क से हमारे दोस्त आए थे और उनके साथ मेरी सहेलियाँ और उनके पति। सब के बच्चे भी साथ आए थे। हमने उद्घाटन सप्ताह में बड़ों और छोटों के लिए जुड़वा जलसे का इंतज़ाम किया था जिसमें बच्चों का संगीत, शपथ ग्रहण के बाद कैपिटल राइट में पारंपरिक भोजन के दौरान बच्चों के लिए अलग खाने की व्यवस्था और मूर्दे की खोज और व्हाइट हाउस में लगातार बच्चों की पार्टी लगातार चल रही थी वहीं हमलोग सभी उद्घाटन हॉल में चले गए।

प्रचार अभियान के आख़िरी कुछ महीनों में एक आशीर्वाद की तरह हमारा परिवार जो बिडेन के परिवार के साथ प्राकृतिक और सामंजस्यपूर्ण तरीक़े से घुलमिल गया था। हालाँकि कुछ महीने पहले तक वे एक दूसरे के राजनीतिक प्रतिद्वंदी थे, बराक और बिदेन का सम्बंध सहज था वे दोनों ही अपने काम की गम्भीरता और परिवार के सम्बंध में आसानी से संतुलन बना लेते थे।

मैं जो की पत्नी जिल को पसंद करती थी, मैं उसकी सौम्य दृढ़ता और उसके काम की नीतियों की प्रशंसक थी। उसने जो की पत्नी और उसकी बेटी की कार दुर्घटना में मौत के बाद 1977 में जो से शादी की और उसके दो बेटों की सौतेली माँ बन गई। बाद में उन दोनों

की एक अपनी बेटी भी पैदा हुई। जिल ने हाल ही में शिक्षा के क्षेत्र में अपना शोध ख़त्म कर डॉक्टरेट की उपाधि पाई थी और जो के सीनेटर रहने के दौरान ही नहीं बल्कि दो चुनावों के उसके प्रचार अभियान के दौरान भी उसने डेलवेर के कम्यूनिटी कॉलेज में पढ़ाना जारी रखा। मेरी तरह ही वह भी सैनिक के परिवारों की मदद के नए तरीक़े ढूँढती रहती थी। मेरे विपरीत, उसका इस मामले से सीधा भावनात्मक सम्बन्ध था: बो बिडेन, जो का बड़ा बेटा, राष्ट्रीय गॉर्ड के साथ इराक़ में तैनात था। उसे वाशिंगटन जाने और अपने पिता को उप-राष्ट्रपति बनते देखने के लिए कुछ दिनों की छुट्टी मिली थी।

और बिडेन के पोते पोती, पाँचों एक साथ, वे सभी बहुत ही चंचल थे और जो और जिल से बिलकुल अलग। वे डेन्वर के लोकतांत्रिक राष्ट्रीय सम्मेलन में आए थे और साशा और मालिया को अपने उपद्रवी जाल में फँसा लिया था, हमारी बच्चियों को जो के होटल के कमरे में सोने के लिए ज़िद भी की, वे सभी नए दोस्त बनाने के लिए अपने आसपास की राजनीतिक सरगर्मियों को नज़रअंदाज़ करके काफ़ी ख़ुश थे। बिडेन के बच्चों के आसपास रहने से हम हमेशा ही आभारी रहते हैं।

उद्घाटन वाले दिन कड़ाके की ठंड थी, तापमान कभी भी शून्य से ऊपर नहीं जा रहा था और हवा ऐसी चल रही थी जैसे कि पंद्रह डिग्री हो। उस दिन सुबह, मैं और बराक अपनी बेटियों, मेरी माँ, क्रेग और केली, माया और कॉनरेड और मामा काए के साथ चर्च गए थे। उस दौरान, हम बस यही सुनते रहे कि लोग सुबह के पहले से ही नैशनल हॉल के आगे क़तार में खड़े हो गए हैं और उद्घाटन कार्यक्रम के शुरू होने का इंतज़ार कर रहे हैं। उस दिन जितनी ठंड हो सकती थी उतनी थी, और मैं यह हमेशा याद रखूँगी कि उस दिन कितने लोग उस ठंड में मुझसे भी ज़्यादा देर तक खड़े थे और इस बात से आश्वस्त थे कि यह सब इस लायक है कि इतनी ठंड में खड़ा हुआ जा सकता है। बाद में हमने जाना कि उस दिन वहां लगभग बीस लाख लोग देश के सभी हिस्सों से आकर मॉल में जमा हुआ थे वहाँ अनेकता और ऊर्जा का एक समुद्र था और मुझे आशा है कि लोगों का वह हुजूम यू.एस. कैपिटल से आगे वाशिंगटन स्मारक होते हुए लगभग एक मील दूर तक फैला था।

चर्च के बाद मैं और बराक व्हाइट हाउस चले गए जहाँ हम जो और जिल के साथ राष्ट्रपति बुश, उपराष्ट्रपति डिक चेनी और उनकी पत्नियों से मिले और शपथ लेने के लिए मोटरकेडिंग में कैपिटल जाने से पहले हम सब चाय और कॉफ़ी पीने के लिए एक जगह इकट्ठा हुए। इससे पहले ही बराक को एक प्राधिकरण कोड दिया गया जिससे उन्हें देश के परमाणु हथियार और उनके प्रयोग सम्बंधित नियमों के रिपोर्ट प्राप्त करने की अनुमति मिल गई थी। अभी से वे जहाँ भी जाते, एक सैन्य सहयोगी उनके बहुत क़रीब पीछे पीछे चल देता और जिसके हाथ में प्रक्षेपण प्रमाणीकरण कोड और परिष्कृत संचार उपकरण वाली एक पैंतालीस पाउंड वाली अटैची होती जिसे परमाणु फ़ुट्बॉल के नाम से पुकारा जाता था। उसका वज़न भी बहुत ज़्यादा था।

मेरे लिए, समारोह भी एक और आश्चर्य भरा और धीमी प्रक्रिया वाला आयोजन था

और जिसका दायरा इतना बड़ा था कि मैं वहाँ हो रहे आयोजन की प्रक्रिया को पूरी तरह समझ भी नहीं सकी। आयोजन से पहले हमने अपनी शुरुआत कैपिटल के एक निजी कमरे से की जहाँ बच्चियों ने अपना नाश्ता खाया और बराक ने मेरे साथ बैठकर उस छोटे लाल बाइबल पर अपना हाथ रखने का अभ्यास किया जो 150 साल पहले अब्राहम लिंकन का था। उसी समय हमारे बहुत सारे दोस्त और रिश्तेदार बाहर के मंच पर अपने बैठने की जगह ढूँढ़ रहे थे। मुझे यह बात बाद में ध्यान में आई कि शायद इतिहास में ऐसा पहली बार हो रहा था कि इतने सारे अश्वेत लोग एक साथ किसी अमेरिकी शपथ ग्रहण में जनता के सामने बैठे थे और दुनिया भर के दर्शक उन्हें महत्वपूर्ण अतिथि की तरह देख रहे थे।

मैं और बराक दोनों इस बात को जानते थे कि बहुत सारे अमरीकी लोग विशेष रूप से जिन्होंने नागरिक अधिकार आंदोलन में हिस्सा लिया था उनके लिए इस दिन का क्या मतलब था। उन्होंने अपने अतिथियों में विश्व युद्ध -II में लड़ने वाले टस्केगी एयरमेन, इतिहास बनाने वाले अफ्रीकी अमेरिकी पाइलटों और ज़मीन के बटालियनों को भी शामिल किया था। उन्होंने नौ अश्वेत विद्यार्थियों के उस समूह, जिसे लिटिल रॉक नाइन के नाम से जाना जाता था, को भी आमंत्रित किया था। ये वही नौ विद्यार्थी थे जो 1957 में सर्वोच्च न्यायालय के “अश्वेत बनाम शिक्षा विभाग” के निर्णय के आधार पर अरकांसास के श्वेत बच्चों के स्कूल में दाख़िल हुए थे और उच्च सिद्धांत के नाम पर कई महीनों तक क्रूरता और दुर्व्यवहार को सहा था। अब वे सभी वरिष्ठ नागरिक हो चुके थे, उनके बाल सफ़ेद हो चुके थे और उनके कंधे झुक गए थे यह उन दशकों की निशानी थी या शायद वह वजन भी जो उनलोगों ने भविष्य की पीढ़ी के लिए अपने कंधों पर ढ़ोया था। बराक अक़्सर कहते थे कि वे व्हाइट हाउस की सीढ़ियों पर चढ़ने की ख़्वाहिश इसलिए कर पाए क्योंकि लिटल नाइन रॉक ने केंद्रीय उच्च विद्यालय की सीढ़ियों पर चढ़ने का साहस किया। हम जितनी भी निरंतरता से जुड़े हैं, उनमें से यह शायद सबसे महत्वपूर्ण था।

उस दिन लगभग दोपहर में हम अपनी बच्चियों के साथ देश के सामने खड़े हुए। वास्तव में मुझे बस एक छोटी सी चीज़ याद है - किस तरह ठीक उसी समय बराक के माथे पर सूर्य की किरणें पड़ीं, सर्वोच्च न्यायालय के मुख्य न्यायाधीश के शपथ ग्रहण की प्रक्रिया शुरू करते ही वहाँ मौजूद भीड़ में श्रद्धा भारी ख़ामोशी छा गई थी। मुझे याद है कि कैसे साशा जो वयस्कों के उस समुन्दर के सामने अपनी उपस्थिति दिखाने के लिए बहुत छोटी थी लेकिन दिखाई देने के लिए गर्व से स्टूल पर खड़ी थी। मुझे हवा की ताज़गी याद है। मैंने लिंकन की बाइबल उठाई और बराक ने अपना बायाँ हाथ उसपर रखा, अमेरिका के संविधान की रक्षा करने के लिए प्रण लेते हुए- एक दो और छोटे वाक्य, देश के हर मामले को पूरी तरह से गम्भीरता से लेने के लिए सहमत। यह बहुत भारी था और साथ ही ख़ुशी भरा भी, बराक ने उस समय जो उद्घाटन भाषण दिया था उसमें उनकी भावनाएँ झलक रही थी।

मैंने वही सच उन लोगों के चेहरों पर भी बार बार देखा जो उस आयोजन का साक्षी बनने के

लिए वहाँ ठिठुरते हुए खड़े थे। जहाँ तक मेरी नज़रें जा सकती थी उस हर दिशा में लोग खड़े थे। उन्होंने नैशनल मॉल और परेड की जगह वाले हर हिस्से को भर दिया था। मुझे ऐसा महसूस हो रहा था जैसे हमारा परिवार उनकी बाँहों में गिर रहा है। हम सभी एक समझौता कर रहे थे। आपको हम मिले हैं; हमने आपको पाया है।

मालिया और साशा ने बहुत जल्द यह सीख लिया था कि सार्वजनिक रूप से देखे जाने का मतलब क्या होता है। इसका एहसास मुझे तब हुआ जब हम राष्ट्रपति के लिमोज़ीन कार पर चढ़कर उद्घाटन परेड की अगुवाई करते हुए व्हाइट हाउस की तरफ़ धीरे-धीरे बढ़ने लगे। तब तक बराक और मैंने जॉर्ज और लौरा बुश को अलविदा कह दिया था जैसे ही वे मरीन हेलिकॉप्टर में बैठकर कैपिटल से जाने लागे हमने उन्हें देखकर हाथ हिलाया। हमने दोपहर का खाना भी खाया। सैकड़ों अतिथियों के साथ जिनमें उसके नए केबिनेट सहयोगी कांग्रेस के सदस्य, और सर्वोच्च न्यायालय के न्यायाधीश भी शामिल थे। कैपिटल के अंदर के उस हॉल में मुझे और बराक को बत्तख का मीट परोसा गया। वहीं लड़कियों को उनका पसंदीदा व्यंजन मिला - चिकेन फ़िंगर्स और मैक और चीज़ -वहाँ बग़ल वाले कमरे में बिदुन के बच्चों के साथ कुछ और बच्चे भी थे।

मैं यह देख कर अचम्भित थी कि उद्घाटन के दौरान किस तरह मेरी बच्चियों ने अपने आप को व्यवस्थित किया था। वे न तो कभी अस्थिर हुईं, न ही अनाड़ीपन दिखाया या न कभी मुस्कुराना भूलीं। अब भी हज़ारों लोग हमें सड़क के किनारे से और टेलिविज़न पर देख रहे थे जब हमारा मोटरकेड पेंसिलवानिया ऐवन्यू की तरफ़ बढ़ा, हालाँकि खिड़कियों में गहरे रंग के काँच की वजह से किसी को भी अंदर देखने में परेशानी हो रही थी। जब बराक और मैं परेड रूट पर थोड़ी दूर चलने के लिए बाहर निकले और हाथ हिलाकर जनता का अभिवादन किया, मालिया और साशा चलती हुई लिमो के गरम कवच में अंदर ही बैठे रहे। ऐसा लग रहा था कि उन्हें इस बात का एहसास हो गया कि अंतत: वे अपेक्षाकृत अकेली और दूसरों की नज़रों से बाहर हो गई हैं।

जब तक मैं और बराक वापस आकर गाड़ी में बैठे तब तक दोनों बच्चियाँ बेदम होकर हंस रही थीं और उन दोनों ने ख़ुद को औपचारिक सम्मान से मुक्त कर लिया था। उन्होंने अपनी टोपियाँ उतार फेंकी थी और एक दूसरे के बाल को बिगाड़ दिया था, वे आपस में बहनों की गुदगुदी भारी लड़ाई में उलझी हुई थीं। थकावट से चूर, अंत में वे दोनों सीट पर फिसल गई और बाक़ी का रास्ता पैरों को भांजते कार की स्टीरियो से भी तेज़ आवाज़ निकालने लगीं जैसे यह कोई पुराना दिन हो।

उस समय बराक और मुझे एक तरह की मीठी राहत महसूस हुई। अब हम प्रथम परिवार थे, लेकिन हम अब भी थे।

उद्घाटन वाले दिन जैसे ही सूरज डूबना शुरू हुआ तापमान और नीचे चला गया। बराक और मैंनें कभी न थकने वाले जो बिडेन के साथ अपना अगला दो घंटा व्हाइट हाउस

के सामने खड़े होकर बाहर का मुआयना करने में बिताया और पेंसिलवानिया ऐवन्यू पर हमारे सामने गुज़रने वाले सभी पचास राज्यों से आए हुए बैंड को देखते रहे। कुछ समय बाद मुझे अपने पैर के अँगूठों का एहसास होना बंद हो गया था हालाँकि किसी ने मुझे अपने पैर और टांगों पर रखने के लिए कम्बल भी दिया था। एक के बाद एक हमारे मेहमान शाम की डान्सिंग बॉल की तैयारी के लिए वहाँ से जाने लगे।

शाम के लगभग 7 बज चुके थे जब अंतिम बैंड ने अपना प्रदर्शन ख़त्म किया और उसके बाद बराक और मैं अंधेरे से होते हुए पहली बार अभ्यस्त निवासियों की तरह व्हाइट हाउस के अंदर गए। दोपहर के समय, कर्मचारियों ने रहने वाली जगह को ऊपर से नीचे तक बदल दिया था, बुश परिवार की चीज़ों को बाहर निकाल कर हमारी चीज़ों को अंदर रख दिया गया था। लगभग पाँच घंटों में, पूर्व राष्ट्रपति के कुत्तों के निशान से मालिया की ऐलर्जी को रोकने से मदद करने के लिए क़ालीनों को भाप दिखाया गया था। फ़र्नीचरों को लाकर व्यवस्थित ढंग से रख दिया गया था और फूलों की सजावट पूरी हो चुकी थी। जब तक हम ऊपर जाने वाली लिफ़्ट में चढ़े तब तक हमारे कपड़ों को आलमारी में क़रीने से रख दिया गया था; रसोई हमारे पसंदीदा व्यंजनों से भरा हुआ था। व्हाइट हाउस के वे सहयोगी जो वहाँ रहने वालों के कर्मचारी थे और जिनमें ज़्यादातर अफ़्रीकी अमेरिकी पुरुष थे और जिनकी उम्र हमारे बराबर या हमसे थोड़ी अधिक थे वे सभी हमारी किसी भी ज़रूरत को पूरा करने के लिए तत्पर खड़े थे।

मैं किसी भी चीज़ के लिए लगभग उत्साहहीन थी। हमें एक से भी कम घंटे के अंदर उद्घाटन के पहले डांस बॉल में शामिल होना था। मुझे याद है कि ऊपर जाने के बाद बेयरों के अलावा मैंने बहुत कम लोगों को वहाँ देखा था जो मेरे लिए अपरिचित थे। असल में मुझे याद है कि जैसे ही मैं बड़े से हॉल के गलियारे में बंद दरवाज़ों के बीच से गुज़र रही थी तो मुझे हल्के से अकेलेपन का एहसास हुआ था। पिछले दो सालों से मैं लगातार लोगों से घिरी हुई थी, मलिसा, कैटी और क्रिस्टन हमेशा बग़ल में रहते थे। अब अचानक, मुझे ऐसा लग रहा था कि मैं बहुत ज़्यादा अकेली हूँ। बच्चे पहले ही मस्ती भर शाम का मज़ा लेने घर के दूसरे हिस्से में जा चुके थे। मेरी माँ, क्रेग और माया हमारे घर में हमारे साथ रह रहे थे लेकिन रात के आयोजन में शामिल होने के लिए कार में बैठ कर जा चुके थे। मेरे बालों को सँवारने के लिए हेयरड्रेसर मेरा इंतज़ार कर रही थी, मेरा गाउन तख़्त से लटक रहा था। बराक नहाने और अपने टक्स को पहनने के लिए कहीं ग़ायब हो चुके थे।

हमारे परिवार के लिए यह एक अतुलनीय प्रतीकात्मक दिन था और मैं आशा करती हूँ कि देश के लिए भी होगा, लेकिन यह एक प्रकार से मैराथन था। मेरे पास गरम पानी से नहाने और अगले आयोजन में जाने के लिए सिर्फ़ पाँच मिनट थे। उसके बाद मैंने भुने हुए मांस और आलू के कुछ टुकड़े खाए जो सैम कास ने मेरे लिए तैयार किया था। मैंने अपने बाल और मेकअप को फिर से ठीक करवाया और उसके बाद मैंने एक रात पहले ख़रीदे हुए हल्के सफ़ेद रंग के रेशमी गाउन को पहन लिया जिसे जेसन वू नामक एक युवा

ने विशेष रूप से मेरे लिए तैयार किया था। उस ड्रेस में सिर्फ़ एक पट्टी थी और मुलायम ऑर्गैंज़ा फूल सिले हुए थे जिन्हें एक तरफ़ से दूसरी तरफ़ ले जाकर लगाया गया था, और उन सभी में छोटे छोटे पत्थर लगाए गए थे और उसका घेरा बहुत बड़ा था जो ज़मीन तक पहुँच रहा था।

मेरे पूरे जीवन में मैंने बहुत कम बार गाउन पहना था लेकिन जेसन वू के उस गाउन ने एक तरह का छोटा सा चमत्कार कर दिया था जिससे मुझे बहुत ही मुलायम, ख़ूबसूरती और खुलेपन का एहसास हो रहा था, और मुझे ऐसा लगने लगा कि अब दिखाने के लिए मेरे पास कुछ नहीं है। उस ड्रेस ने मेरे परिवार के कायापलट के सपने को सच कर दिया था इस पूरे अनुभव का वादे ने मुझे अगर एक पूरे भरे हुए बॉलरूम की जानकारी में नहीं बदल दिया था तो कम से कम उस औरत के रूप में ज़रूर बदल दिया था जो नए चरण में जाने के लिए सक्षम है। अब मैं फ़्लोटस थी - संयुक्त राज्य अमेरिका की प्रथम महिला - बराक के पोटस यानी प्रेसीडेंट ऑफ द यूनाइटेड स्टेट की। यह समय ख़ुशी मनाने का था।

उस रात बराक और मैं पास के एक बॉलरूम में गए थे, पहला शुरुआती बॉल जो आम लोगों के लिए पूरी तरह से खुला हुआ था जहाँ बीयान्से था - असली जीवन का बीयान्से - जो बहुत अच्छा बज रहा था, आर एंड बी शास्त्रीय गीत "ऐट लास्ट," का प्रस्तुतिकरण खुलकर किया था, जिसका चुनाव हमने अपने पहले डांस के लिए किया था। वहाँ से हम सभी राज्यों के घेरे में गए और उसके बाद मुख्य कमांडर के घेरे में और वहाँ से जवानों के घेरे में और ऐसे ही छः और घेरे में भी। हर घेरे में हमारा रुकना बहुत एक जैसा और कम समय के लिए ही था। एक बैंड ने "चीफ़ की जय हो" बजाया, बराक ने उस पर कुछ टिप्पणी की, वहाँ आए सभी लोगों के लिए हमने ख़ुशी ज़ाहिर करने की पूरी कोशिश की, और एक और बार हमने "ऐट लास्ट" गाने पर धीरे धीरे नाचना शुरू किया।

हर बार मैंने अपने पति को थामे रखा मेरी आँखें उसमें सुकून ढूँढ रही थीं। हम अब भी उसी झूले पर थे, यिन और यांग के जोड़े की तरह जहाँ हम पिछले बीस सालों से थे और अब भी आंतरिक और गहरे जड़ों वाले प्रेम में। यह एक ऐसी चीज़ थी जो मैं हमेशा दिखाना चाहती थी।

जैसे ही देर होने लगी, मैंने महसूस किया कि मैं अब थक रही हूँ।

उस शाम की सबसे बेहतर बात वह थी जो सबसे अंत में हमारे सामने आई - व्हाइट हाउस में हमारे सैकड़ों दोस्तों के साथ जोड़ों के लिए किया गया आयोजन। यह वह जगह थी जहाँ हमने अंततः सुस्ताना शुरू किया, थोड़ी शैम्पेन पी और हम कैसे दिख रहे हैं इसकी चिंता करना बंद कर दिया। और निश्चित रूप से मैंने अपने जूते उतार दिए थे।

जब तक हम वहाँ पहुँचे सुबह के 2 बज चुके थे। बराक और मैं ईस्ट रूम की तरफ़ मार्बल के उस फ़र्श पर चलते हुए आगे बढ़ रहे थे जहाँ पार्टी अपने चरम पर थी लोग शराब पीकर झूम रहे थे, उन्होंने अच्छे कपड़े पहने हुए थे और चमकते झूमरों के नीचे लहरा रहे थे। विंटन मार्सालिस और उसके बैंड ने उस कमरे में पीछे बने छोटे से मंच पर जैज़ संगीत

बजाया। मैंने वहाँ अपने जीवन के हर पड़ाव के दोस्तों को मौजूद देखा - प्रिन्स्टेन के मेरे दोस्त, हॉर्वर्ड के दोस्त, शिकागो के दोस्त, रॉबिन्सन परिवार और शील्ड्स गलॉर। ये वे लोग थे जिनके साथ मैं हँसना चाहती थी, और यह कहना चाहती थी कि "हम सब यहाँ तक कैसे पहुँच गए?"

लेकिन मैं थक चुकी थी। अब मैं अपनी सीमा पर पहुँच चुकी थी। मैं अगली सुबह के बारे में भी सोच रही थी, यह जानते हुए कि - अभी से कुछ घंटे बाद ही - हम राष्ट्रीय प्रार्थना सभा में जाएँगे और उसके बाद हम खड़े होकर लगभग दो सौ लोगों का अभिवादन करेंगे जो व्हाइट हाउस देखने आएँगे। बराक ने मेरी तरफ़ देखा और मेरे चेहरे को पढ़ने लगा। "तुम्हें ऐसा करने की ज़रूरत नहीं है," उनहोंनें देखा। "सब ठीक है।"

पार्टी में आए लोग मुझसे बातें करने के लिए आतुर मेरी तरफ़ आ रहे थे। और अब एक डोनर (जिसने चुनाव में चंदा दिया था) आया। वह एक बड़े शहर का मेयर था। "मिशेल! मिशेल!" लोग पुकार रहे थे। मैं इतनी थक चुकी थी कि मुझे लगा शायद मैं रो दूँगी।

चूँकि बराक अपनी सीमा से आगे बढ़ चुके थे और तुरंत कमरे में चले गए मैं कुछ देर के लिए वहीं जमी रही फिर जल्दी से भाग गई। मेरे पास प्रथम महिला के रूप में कुछ भी बोलने की ऊर्जा नहीं थी - जैसे कि मुझे माफ़ कीजिए या अपने दोस्तों को अलविदा कहने तक भी नहीं। मैं बस जल्दी से मेरे पीछे आने वाले एजेंट और बाक़ी की चीज़ों को नज़रन्दाज करते हुए भारी लाल क़ालीन पर चलती रही, मैंने लिफ़्ट ढूँढा और वहाँ पहुँच गई - अपरिचित हॉल और अपरिचित रूम में पहुँचकर मैंने अपने जूते उतारे, अपना गाउन उतारा और अपने नए अपरिचित बिस्तर में घुस गई।

20

लोग पूछते हैं कि व्हाइट हाउस में रहना कैसा लगता है। मैं कभी कभी कहती हूँ कि यह एक फ़ैन्सी होटल में रहने के जैसा है, एक ऐसा फ़ैन्सी होटल जिसमें दूसरे मेहमान नहीं होते हैं - सिर्फ़ आप और आपका परिवार। हर जगह ताज़े फूल होते हैं, जो लगभग हर दिन लाए जाते हैं। यह इमारत थोड़ी पुरानी और डराने वाली लगती है। यहाँ की दीवारें बहुत मोटी हैं और फ़र्श के तख्ते इतने सख़्त है कि घर में होने वाली आवाज़ को तुरंत सोख लेती है। खिड़कियाँ बड़ी और लम्बी हैं और उन पर बम को रोकने वाले काँच भी लगे हैं, हर वक़्त सुरक्षा कारणों से उन्हें बंद रखा जाता है जो आगे जाकर एक तरह का ठहराव पैदा करते हैं। इस जगह को बिना किसी गंदगी के साफ़ रखा गया था। द्वारपालों, रसोईयों, सफ़ाई कर्मचारियों, फूल वाले और बिजली मिस्त्री,पोताई वाले, प्लम्बर सभी बड़े ही आराम और शांति से आना जाना करते हैं और अपनी उपस्थिति को महसूस नहीं करवाते हैं, तब तक इंतज़ार करते हैं जबतक आप सोने से पहले कपड़े बदलने के लिए कमरे से बाहर नहीं चले जाते या आपके पलंग के बग़ल में रखे हुए गुलदान में ताज़े फूल लगा देते हैं।

सभी कमरे बहुत बड़े हैं। यहाँ तक कि बाथरूम और अलमारियाँ भी इतनी बड़ी बनाई गई हैं कि मैंने आजतक उतनी बड़ी कहीं नहीं देखी थी। बराक और मैं यह सोचकर आश्चर्य में थे कि इस जगह को घर जैसा बनाने में हमें हर कमरे से कितने फ़र्नीचर बाहर निकालने होंगे। हमारे सोने के कमरे में बस एक बड़े आकार का बिस्तर भर ही नहीं था - हमारे सिर के ऊपर चार बहुत ही सुंदर क़सीदे के साथ गेहुआं रंगे के कपड़े के बने झालर भी लगे हुए थे - बल्कि आग जलाने की जगह और बैठने के लिए कमरा भी था, जिसमें एक सोफ़ा, कॉफ़ी टेबल और कुछ गद्दे वाले कुर्सियाँ भी थीं। उस घर में रहने वाले हम पाँच लोगों के लिए पाँच बाथरूम थे, और उसके साथ ही दस अतिरिक्त बाथरूम भी। मेरे पास सिर्फ़ एक आलमारी ही नहीं थी बल्कि उससे सटे एक बड़ा सा एक पूरा कमरा था - वही कमरा जहाँ से लौरा बुश ने मुझे रोज़ गार्डन का दृश्य दिखाया था। समय के साथ वह मेरा दफ़्तर बन गया था, एक ऐसी जगह जहाँ मैं टीशर्ट और पजामा पहनकर सभी की नज़रों से दूर शांति से बैठकर पढ़ सकती थी, काम कर सकती थी या टीवी देख सकती थी।

मैं समझती थी कि हम कितने भाग्यशाली थे कि इस तरह से जी रहे थे। उस घर का

मुख्य सूट यूक्लिड एवेन्यू वाले हमारे अपार्टमेंट के ऊपरी तल से भी बड़ा था जहाँ मैं बड़ी हुई थी और जिसे मैंने अपने परिवार वालों के साथ साझा किया था। वहाँ मेरे बेडरूम के दरवाज़े बाहर मोनेट की तस्वीर टँगी थी और हमारे डाइनिंग रूम में ब्राँज़ डगा का ढाँचा। मैं साउथ साइड की बच्ची थी और अब उन बेटियों को बड़ा कर रही थी जो सबसे महँगे सज्जाकारों द्वारा बनाए गए कमरों में सो रही थीं और जो अपने मुख्य रसोईयों से अपने पसंद का नाश्ता बनाने का आदेश दे सकती थीं।

इस तरह के विचार मेरे मन में कभी कभी आते थे और इससे मेरा सिर चकराने लगता था।

अपने तरीक़े से मैंने उस जगह के नियमों को थोड़ा हल्का करने की कोशिश की। सफ़ाई कर्मचारियों से मैंने साफ़ साफ़ कह दिया था कि शिकागो की तरह ही यहाँ भी मेरी बेटियाँ हर सुबह अपना बिस्तर ख़ुद ठीक करेंगी। मैंने मालिया और साशा को भी निर्देश दे दिया था कि वे वैसे ही रहेंगी जैसे आज तक रहती आई थीं - विनम्र और विनीत और ज़रूरत से ज़्यादा कुछ नहीं माँगना या ऐसी चीज़ ही माँगना जो वे ख़ुद नहीं ले सकती हैं। लेकिन मेरे लिए भी वह इतना ही महत्वपूर्ण था कि हमारी बेटियाँ उस जगह की कुछ अंतरनिहित औपचारिकतों से मुक्त महसूस करें। "हाँ तुमलोग हॉल में अपनी गेंद फेंक सकती हो" मैंने उनसे कहा। हाँ, नाश्ता ढूँढने के लिए तुम लोग रसोई में छानबीन कर सकती हो। मैंने इस बात को सुनिश्चित किया कि उन्हें बाहर जाने और खेलने के लिए अनुमति की ज़रूरत ना पड़े। बर्फ़ गिरने वाले एक दोपहर जब मैंने खिड़की से उन दोनों को देखा तो मुझे यह देखकर दुख हुआ कि वे साउथ लॉन के ढलान पर प्लास्टिक के ट्रे के साथ चढ़ाई कर रही थीं जो उन्हें रसोई के कर्मचारियों से मिला था।

सच यही था कि इन सब में मेरी बेटियाँ और मैं सहायक खिलाड़ी थे, बराक द्वारा जुटाए गए विभिन्न सुखों के उपभोगी - महत्वपूर्ण था क्योंकि हमारी ख़ुशियाँ उनकी ख़ुशियों से जुड़ी तीन; एक कारण से सुरक्षित थी, वह यह कि हमारी सुरक्षा से समझौता नहीं किया जा सकता था, और यह उनके स्पष्ट सोच और देश को चलाने की उनकी योग्यता को भी प्रभावित करता। कोई यह कह सकता है कि व्हाइट हाउस एक इंसान के स्वास्थ्य, कौशल और सम्पूर्ण शक्ति पर चलता है - और वह है राष्ट्रपति। बराक अब ऐसे लोगों से घिरे हुए थे जिनका काम उन्हें एक नायाब रत्न के रूप में देखना था। कभी कभी यह किसी पुराने समय में वापस लौटने जैसा लगता था, जब एक घर पूरी तरह से एक आदमी की ज़रूरतों के हिसाब से घूमता था और यह उसके बिलकुल विपरीत था जो मैं चाहती थी कि हमारी बेटियाँ इसे ही सामान्य समझें। बराक भी इस आवभगत से असहज थे, हालाँकि उस पूरे तामझाम पर उनका थोड़ा बहुत नियंत्रण था।

उनके पास अब उसकी मेल को पढ़ने और उसका जवाब देने के लिए पचास कर्मचारी थे। ज़रूरत पड़ने पर अगर वह कहीं जाना चाहते तो उसके लिए उनके पास उड़ने के लिए तैयार एक मरीन हेलिकॉप्टर था, छः लोगों का एक समूह था जो मोटी मोटी किताबों की

रिपोर्ट तैयार करता था ताकि वे मुद्दों को लेकर सामयिक रहें और शिक्षित निर्णय ले सकें। उनके पास रसोईयों की एक टीम थी जो उनके आहार का ध्यान रखती थी, अनाज ख़रीदने वाले कुछ लोग भी थे जो विभिन्न अनाम दुकानों से अपनी पहचान और किसके लिए ख़रीदा जा रहा है इस सब को छुपाकर रसद चुनने और लाने का काम करते थे ताकि हमें किसी भी तरह के रसद समस्या से नुक़सान न पहुँचे।

जहाँ तक मैं जानती हूँ बराक को ख़रीददारी, खाना पकाने और घर के किसी भी तरह के सजावट में कोई दिलचस्पी नहीं रही। वह उन लोगों में से नहीं है जो अपने बेसमेंट में मशीने रखते हैं या जो रिसोत्तो या झालर वाले बाड़े बनाकर अपने काम के तनाव से मुक्त होते हैं। उनके लिए सभी प्रकार के एहसान और चिंताओं का ख़त्म होना ही ख़ुशी देता था, क्योंकि इससे उनका दिमाग़ ख़ाली हो जाता था, इससे उन्हें बड़ी चिंताओं से मुक्त होकर यूँ ही घूमने की आज़ादी मिलती थी जो वहाँ उस घर में बहुत ज़्यादा थी।

मेरे लिए सबसे बड़ा आश्चर्य यह था कि अब उनके पास तीन निजी मिलिटरी सेवक थे जिनके काम में उनके कपड़ों की आलमारी की देखभाल करना, यह सुनिश्चित करना कि उनके जूते चमक रहे हैं, उनकी क़मीज़ इस्तरी की हो, उनके जिम के कपड़े हमेशा धुले और तैयार हों आदि काम शामिल थे। व्हाइट हाउस का जीवन किसी भी दूसरे जीवन से बहुत अधिक भिन्न था।

"क्या तुमने देखा कि अब मैं कितना साफ़-सुथरा और सजा-धजा रहता हूँ?" बराक ने ख़ुशी भारी नज़रों से मुझसे कहा जब एक दिन हम सुबह के नाश्ते पर बैठे थे। "क्या तुमने मेरी आलमारी देखी है?"

"मैंने देखी है," मैंने मुस्कुराते हुए कहा। "और इसके लिए तुम्हें किसी तरह का श्रेय नहीं दिया जाएगा।"

दफ़्तर के अपने पहले महीने में बराक ने लिली लेडबेटर फेर पे एक्ट पर हस्ताक्षर किया जिसके तहत कर्मचारियों को लिंग, प्रजाति या उम्र जैसे कारकों के आधार पर भेदभाव से बचाया जा सकता है। उन्होंने पूछताछ के दौरान प्रताड़नाओं को ख़त्म करने का आदेश दिया और एक साल के अंदर गुआंतानामो की खाड़ी में क़ैद और पूछताछ में प्रताड़ना पर रोक लगवाने की कोशिश शुरू कर दी (जो अंततः असफल रही।) उन्होंने प्रचारकों के साथ व्हाइट हाउस के कर्मचारियों की बातचीत को नियंत्रित करने वाले नैतिक नियमों का कायापलट कर दिया, और सबसे महत्वपूर्ण बात यह थी कि उन्होंने बड़े आर्थिक प्रावधानों को कांग्रेस में पास करवाया हालाँकि किसी एक हाउस रिपब्लिकन ने भी उनके पक्ष में मतदान नहीं किया था। जहाँ मैं बैठी वहाँ से ऐसा लगता था कि वह किसी लुढ़कने वाली चीज़ पर हैं। जिन भी बदलावों का वादा उन्होंने किया था वे वास्तविक हो रहे थे।

और एक अतिरिक्त बोनस के रूप में वह रात के खाने पर समय से आ जाते थे।

मेरे और हमारी बच्चियों के लिए यह सब चौंकाने वाला था, यह ख़ुशनुमा बदलाव हमारे

जीवन में संयुक्त राष्ट्र अमेरिका के राष्ट्रपति के साथ व्हाइट हाउस में रहने से आया था जो शिकाग़ो में उस पिता के साथ रहने से ठीक उल्टा था जो सीनेट के रूप में घर से कहीं दूर काम करता था और अक़्सर ही मुख्यालय के लिए अभियानों में व्यस्त रहता था। लम्बे दिन के अंत में हमें पिता का साथ मिलता था। उनका जीवन अब और अधिक व्यवस्थित हो गया था। वे बहुत अधिक देर तक काम करते थे जैसा कि वे हमेशा से करते आ रहे थे, लेकिन शाम को ठीक 6:30 बजे परिवार के साथ खाना खाने के लिए लिफ़्ट के सामने होते थे, हालाँकि उन्हें अक़्सर ही तुरंत ओवल ऑफ़िस वापस जाना पड़ता था। मेरी माँ कभी-कभी रात के खाने पर हमारे साथ होती थीं, हालाँकि उन्होंने अपनी एक दिनचर्या बना ली थी, वे नीचे उतर कर मालिया और साशा के साथ स्कूल जाने से पहले हमें हेलो कहती थी लेकिन शाम को अक़्सर हमें अकेला छोड़ देती थीं, और ऊपर उनके कमरे के बग़ल में बने धूपघड़ी के सामने बैठकर रात का खाना खाती थी और उस समय ख़तरे की घंटी बजती रहती थी। हालाँकि हम उन्हें रुकने के लिए कहते थे लेकिन वह अक़्सर ही हाथ हिलाकर चली जाती थी। वे कहती थी कि "तुम सब को अपने समय की ज़रूरत है।"

व्हाइट हाउस के पहले कुछ महीनों तक मुझे ऐसा लगा कि हर चीज़ पर ध्यान देने की ज़रूरत है। शुरुआती अनुभवों में एक अनुभव यह था कि यहाँ रहना हमारे लिए महँगा हो सकता है। एक तरफ़ हम बिन किराए के घर में रह रहे थे और हमारे रहने और कर्मचारियों का ख़र्च सरकार दे रही थी, उसके अतिरिक्त बाक़ी के ख़र्च हम स्वयं करते थे जिसके कारण ऐसा लग रहा था कि हमारे ख़र्चे बढ़ रहे हैं विशेष रूप से जब हम हर चीज़ महँगे होटल के स्तर का इस्तेमाल करते थे। खाने की प्रत्येक चीज़ और टॉयलेट पेपर के रोल के लिए हमें बिल दिया जाता था। हमने हर उस मेहमान के लिए पैसा चुकाया था जो वहाँ एक रात के लिए रहने आते थे या जिन्होंने हमारे साथ खाना खाया था। और निचले स्तर के रसोई के कर्मचारियों के प्रति मुझे ज़्यादा सावधान रहना पड़ता था कि वे खाने में क्या परोस रहे हैं क्योंकि उनमें राष्ट्रपति को ख़ुश करने की बहुत गहरी उत्सुकता थी। जब बराक ने यूँ ही कह दिया था कि सुबह के नाश्ते में कुछ अनोखे फल और रात के खाने में सूशी उन्हें पसंद है तो रसोई के कर्मचारियों ने इसे लिख लिया और अक़्सर ही खाने में परोसने लगे। बाद में जब हमने बिल की जाँच की तो हमें पता लगा कि उनमें से कुछ चीज़ें विदेश से बड़ी क़ीमतों पर मँगाई जाती हैं।

शुरुआत के उन कुछ महीनों में मेरा ज़्यादा ध्यान मालिया और साशा के प्रति था। मैंने उनकी मनोदशा पर अपनी नज़र रखी। दूसरे बच्चों से उनकी बातचीत और उनकी भावनाओं को लेकर उनसे सवाल किया। हर बार जब वे नए दोस्त बनाने के बारे में बताते तो मैं यह कोशिश करती थी ज़रूरत से ज़्यादा प्रतिक्रिया न दूँ, हालाँकि मैं अंदर से ख़ुश होती थी। अब तक मुझे यह समझ में आ गया था कि व्हाइट हाउस में बच्चों के खेलने के लिए तारीख़ों को तय करने का कोई सीधा तरीक़ा नहीं है लेकिन धीरे धीरे हमने एक व्यवस्था तैयार कर ली थी।

मुझे एक निजी ब्लैकबेरी इस्तेमाल करने की अनुमति थी लेकिन मुझे यह सलाह भी दी गई थी कि मैं अपने दस सबसे ख़ास दोस्तों से ही बात करूँ - वे लोग जो बिना किसी उद्देश्य के मुझसे प्यार करते थे और मुझे सहारा देते थे। मेरी ज़्यादातर बातें मलिसा के माध्यम से होती थीं जो मेरे कर्मचारियों की उप-मुख्य थी और जो मेरे जीवन की रूप-रेखा किसी भी दूसरे व्यक्ति से ज़्यादा जानती थीं। उन्होंने मेरे सभी भाई बहनों और मेरे कॉलेज के दोस्तों का लेखा-जोखा रखा था। हमने लोगों को मेरे बदले उनका फ़ोन नम्बर और ईमेल दिया था ताकि सभी प्रकार के निवेदन उनके पास ही पहुँचे। समस्या यह थी कि अचानक से बहुत दूर के रिश्तेदार और दोस्त न जाने कहाँ से आ गए थे और उनके पास अनगिनत सवाल थे। क्या बराक किसी के ग्रैजुएशन समारोह में भाषण दे सकते हैं? क्या हम उस पार्टी में यह पैसा जुटाने वालों के कार्यक्रम में आ सकते हैं? इनमें कई बहुत अच्छे दिल वाले थे लेकिन एक बार में यह सब सम्भालना मेरे लिए बहुत मुश्किल हो रहा था।

हमारी बच्चियों के हर दिन के जीवन और उनके खानपान की मदद के लिए मैं अक़्सर ही युवा कर्मचरियों पर भरोसा करती थी। सिडवेल के शिक्षकों और प्रशासन से मेरी टीम पहले मिल चुकी थी और उन्होंने स्कूल के महत्वपूर्ण तिथियों, मीडिया के पूछताछ की प्रक्रिया का लेखाजोखा लिख लिया था और शिक्षकों द्वारा क्लासरूम में राजनीति या उस दिन की ख़बर के बारे में किए गए प्रबंधन को लेकर पूछे गए सवालों का जवाब भी दे दिया था। जैसे ही बच्चियों ने स्कूल के बाहर सामाजिक योजनाओं को बनाना शुरू कर दिया, मेरी निजी सहायक (या "बॉडी पर्सन" जैसा कि राजनीतिक बोलचाल में कहा जाता है) सम्पर्क का केंद्र बन गईं, वे दूसरे अभिभावकों के फ़ोन नम्बर, पिकनिक वाले दिन ले जाने और छोड़ने की व्यवस्था आदि सूचनाएँ एकत्रित करती थीं। जैसा कि मैं हमेशा ही शिकागो में करती थी, यहाँ भी मैंने बच्चियों के नए दोस्तों के अभिभावकों के बारे में जानने की कोशिश करने के लिए कुछ की माँओं को दोपहर के खाने पर आमंत्रित करने और कुछ की माँओं को स्कूल के आयोजनों के दौरान अपना परिचय दिया। बेशक ये मुलाक़ातें अजीब हो सकती थीं। मैं जानती थी कि ये नए परिचित मेरे और बराक के बारे में जो कुछ भी जानते थे उसे बदलने में एक मिनट लगता, मेरे बारे में वे जो भी सोचते थे उन्हें वह टीवी और ख़बरों से पता चला था, और अगर सम्भव होता तो वे मुझे सिर्फ़ मालिया या साशा की माँ के रूप में देखते।

लोगों को यह बताना बहुत अजीब था कि इससे पहले कि छोटी सी जूलिया के जन्मदिन की पार्टी में साशा आती उसके पहले गुप्त सेवा वालों को उस जगह की सुरक्षा जाँच करनी पड़ेगी। अपने बच्चे को हमारे यहाँ खेलने लाने वाले किसी भी माता-पिता या देखभाल करने वाले से सामाजिक सुरक्षा संख्या की आवश्यकता को बताना बहुत अजीब था। यह सब अजीब था लेकिन यह ज़रूरी था। मुझे यह बिल्कुल पसंद नहीं था कि किसी भी नए आदमी से मिलने के लिए मुझे एक अजीब सी रेखा पार करनी पड़ती थी लेकिन मुझे इस बात की राहत थी कि साशा और मालिया के लिए यह सब बहुत अलग था जो डिप्लोमैटिक रिसेप्शन रूम - या जिसे हम डिप रूम कहने लगे थे से उतरकर अपने दोस्तों का अभिवादन करती

थीं - उनका हाथ पकड़कर खिलखिलाते हुए उन्हें अंदर लेकर जाती थीं। बच्चे प्रसिद्धि की परवाह करते हैं लेकिन यह सब कुछ ही मिनट के लिए रहता है। उसके बाद वे सिर्फ़ मस्ती करना चाहते हैं।

मुझे शुरुआत में ही समझ में आ गया था कि मुझे अपने कर्मचारियों के साथ मिलकर हर साल फ़रवरी में होने वाले ईस्ट रूम में गवर्नर के साथ, ब्लाक टाई उत्सव सहित कई तरह के पारम्परिक उत्सवों की शृंखला की तैयारी करनी थी। वैसी ही तैयारियां वार्षिक ईस्टर एग रोल, परिवार के घर के बाहर के उत्सवों के लिए भी करना पड़ता था जिसका चलन 1878 में शुरू हुआ था और जिसमें हज़ारों लोग शामिल होते थे। वसंत के दौरान कांग्रेस और सीनेट के सदस्यों के जीवनसाथियों के सम्मान में रखे जाने वाले दोपहर के खाने में भी मैं शामिल होती थी - लगभग वैसा ही जैसा मैंने लौरा बुश को स्थिर और मुस्कुराते हुए प्रत्येक मेहमान के साथ तस्वीर खिंचवाते देखा था।

मेरे लिए, ये सामाजिक आयोजन एक तरह का भटकाव थे, मुझे आशा थी कि मैं और ज़्यादा प्रभावशाली काम कर सकती थी। मेरे लिए, इन सामाजिक घटनाओं से मुझे जो कुछ भी उम्मीद थी उससे अधिक ये मुझे विचलित करने वाले हो जाते थे, लेकिन मैंने यह भी सोचना शुरू कर दिया था कि किस तरह मैं कुछ नए तरीक़े इनमें शामिल कर सकती हूँ या कम से कम मैं उनमें से कुछ का आधुनिकीकरण तो कर ही सकती थी ताकि परम्पराओं की दीवार को थोड़ा ही सही झुकाया जाय। मैं यह सोच रही थी कि व्हाइट हाउस में हमारा जीवन इसके स्थापित इतिहास और परम्पराओं को खोए बिना आगे बढ़ सकता था। समय के साथ बराक और मैंने इस दिशा में क़दम उठाने शुरू कर दिए मसलन, अफ़्रीकी अमेरिकी कलाकारों की अमूर्त कलाएँ और उनके काम को वहाँ टांगना, उदाहरण के लिए प्राचीन फ़र्नीचरों के साथ समकालीन फ़र्नीचर भी रखवाना। ओवल ऑफ़िस में बराक ने विंस्टन चर्चिल की प्रतिमा को हटाकर मार्टिन लूथर किंग जूनियर की प्रतिमा लगवा दी। और हमने व्हाइट हाउस के बैरों को ख़ाकी और गोल्फ़ वाली क़मीज़ का विकल्प के साथ ऐसे दिन जब सामाजिक आयोजन न हो उस दिन अनौपचारिक कपड़े पहने का विकल्प दे दिया।

बराक और मैं दोनों जानते थे कि व्हाइट हाउस के लोकतांत्रिकरण के लिए हमलोग अच्छा काम करना चाहते थे, ताकि इस जगह को कम अभिजात्य बनाकर खुले माहौल वाला बना सके। हम जब भी किसी तरह का आयोजन करते मैं चाहती थी कि हर दिन काम करने वाले लोग भी शामिल हों न कि बस काले-सफ़ेद कपड़े पहने लोग। और मैं चाहती थी कि बहुत ज़्यादा बच्चे शामिल हों क्योंकि बच्चे हर चीज़ को बेहतर बना देते हैं। मैंने उम्मीद की थी कि मैं ईस्टर एग रोल के उस आयोजन को अधिक से अधिक लोगों तक पहुँचा सकूँ - मैं शहर के स्कूल के बच्चों और मिलिटरी के परिवारों के कई सत्र जोड़ना चाहती थी जहाँ उन्हें कांग्रेस के सदस्यों और अन्य मुख्य अतिथियों के बच्चों और पोते-पोतियों के साथ शामिल होने की गारंटी मिले। और अंत में, अगर मैं जाकर सीनेट के सदस्यों की पत्नियों (ज़्यादातर)

के साथ बैठ सकती थी और खाना खा सकती थी तो क्या मैं उन्हें समुदाय की सेवाओं से जुड़े अभियानों के शहर में बाहर मिलने के लिए आमंत्रित नहीं कर सकती थी?

मैं जानती थी कि मेरे लिए क्या मायने रखता था। मैं किसी तरह की सजावट की वस्तु नहीं बनना चाहती थी जो पार्टी में जाकर फ़ीते काटे। मैं ऐसी चीज़ें करना चाहती थी जिसका उद्देश्य हो और जो लम्बे समय तक चलने वाला हो। मैंने निर्णय ले लिया था कि मेरी पहली कोशिश बग़ीचा होगा।

मैं कभी से बागवान नहीं थी अपने जीवन में कभी भी नहीं, लेकिन सैम कास और हमारे परिवार की कोशिशों का शुक्रिया कि हम घर में बेहतर खाना खाते थे, मुझे मालूम था कि स्ट्राबेरी जून में सबसे ज़्यादा रसीले होते हैं, और यह कि गहरे रंग वाले लेटुस के पत्ते ज़्यादा पोषण वाले होते हैं और यह भी कि ओवेन में केल चिप्स बनाना ज्यादा मुश्किल नहीं होता है। मैंने अपनी बेटियों को बसंती मटर के सलाद और फूलगोभी मैक और चीज़ खाते देखा और मैं समझ गई कि अभी से हाल तक खाने के बारे में हम जो भी जानते थे उनमें से ज़्यादा चीज़ें खाद्य -उद्योग के बक्से में बंद, जमे हुए या किसी अन्य तरीक़े से सुविधा के लिए तैयार किए गए खानों के प्रचार के माध्यम से था, चाहे वह टीवी पर दिखाए गए विज्ञापन गीतों के माध्यम से हो या दुकानों के माध्यम से चालाकी से पैक किए गए डब्बों से जिनका उद्देश्य माता-पिता को परेशान करना हो - ताज़े गाजर का कड़क टुकड़ा या खेतों से तुरंत तोड़े गए टमाटर की मिठास।

व्हाइट हाउस में बग़ीचा लगाना इस समस्या के प्रति मेरी प्रतिक्रिया थी और मुझे उम्मीद थी कि यह किसी बड़े काम की शुरुआत का प्रतीक था। बराक का प्रशासन अपना पूरा ध्यान सस्ती स्वास्थ्य सेवाओं की उपलब्धता को बेहतर करने में था और मेरे लिए यह बग़ीचा स्वस्थ जीवन के लिए एक समानांतर संदेश देने का तरीक़ा था। मैंने इसे एक शुरुआती परीक्षण के रूप में देखा था, एक कोशिश के रूप में जो मुझे प्रथम महिला के रूप में पूरा करने के लिए दृढ़ निश्चय लेने में मदद कर सकता था, इस नए काम में ख़ुद को स्थापित करने का एक सही रास्ता। मैंने इसकी कल्पना के बाहर खुले में होनी वाली कक्षा के रूप में की थी, एक ऐसी जगह जहाँ बच्चे आकर खाद्य पदार्थ उगाने के बारे में सीख सकें। सतह पर, यह बग़ीचा बहुत ही मौलिक और अराजनैतिक लग रहा था, हाथ में कुदाल लिए एक महिला द्वारा लिया गया नुक़सान न देने वाला और मासूम उपक्रम - बराक के वेस्ट विंग के सलाहकार जो लगातार "दृश्य" को लेकर चिंतित थे और उन्हें इसकी चिंता भी थी कि जनता में यह सब किस तरह दिखाई देगा।

लेकिन यहाँ इन सब के अलावा भी बहुत कुछ था। मैंने यह विचार किया था कि बग़ीचे में हमारे द्वारा किए कामों का प्रयोग हम सार्वजनिक रूप से पोषण के बारे में बातचीत करने के लिए करेंगे विशेषरूप से स्कूलों और अभिभावकों के बीच, जो सैद्धांतिक रूप से खाद्य पदार्थों की उपज, वर्गीकरण और उनके बाज़ारीकरण की बातचीत को बढ़ावा देगा और साथ ही उन तरीक़ों पर भी जो आमजनता के स्वास्थ्य को प्रभावित कर रहे थे। और व्हाइट

हाउस से इन विषयों पर बात करते हुए मैंने भोज्य और पेय पदार्थ उद्योगों के अंदर चल रहे विशालकाय सहयोग और दशकों से उनके द्वारा किए जाने वाले व्यापार के तरीक़े को भी एक कड़ी चुनौती दी।

सच यह था कि मैं वास्तव में नहीं जानती थी कि यह सब किसी तरह पूरा होगा। लेकिन जैसा कि मैंने सैम जो व्हाइट हाउस के कर्मचारी के रूप में नियुक्त हुआ था उसे निर्देशित कर दिया था कि बग़ीचे के निर्माण के लिए क़दम उठाने की शुरुआत कर दी जाए, मैं जानती थी मैं इसके लिए तैयार थी।

पहले कुछ महीनों में मेरा आशावाद प्राथमिक रूप से सिर्फ़ एक चीज़ से संतुलित हुआ था, और वह चीज़ थी राजनीति। अब हम वाशिंगटन में रहते थे, लाल-बनाम-नीले संचालक शक्ति के बहुत क़रीब में, जिसे मैंने वर्षों तक नज़रअन्दाज़ करने की कोशिश की थी तब भी जब बराक ने उसके अंदर काम करने का चुनाव किया था। अब जब वे राष्ट्रपति थे, ये शक्तियाँ उनके हर दिन को शासित करती थीं। कुछ सप्ताह पहले, उद्घाटन के पूर्व, रूढ़िवादी रेडियो होस्ट रश लिमबौग़ ने साफ़ साफ़ यह घोषणा की थी कि "मैं आशा करता हूँ कि ओबामा असफल रहें।" मैंने निराशा के साथ यह देखा था कि कोंग्रेस में रिपब्लिकन लोगों ने सूट को माना, आर्थिक संकट को रोकने के लिए बराक की हर कोशिश से लड़ना, ऐसे क़दमों को अस्वीकार करना जिनसे करों को कम किया जा सकता था या नौकरियों को बचाया जा सकता था या लाखों नई नौकरियाँ तैयार की जा सकती थीं। कुछ संकेतकों के अनुसार, जिस दिन उन्होंने दफ़्तर जाना शुरू किया, अमेरिका की अर्थव्यवस्था इतनी तेज़ी से ध्वस्त हो रही थी कि जल्द ही व्यापक महामंदी की स्थिति आ जाती। उस अकेले जनवरी के महीने में लगभग 750,000 नौकरियाँ ख़त्म हुई थीं। और जहाँ बराक ने इस विचार पर अभियान चलाया था कि दलों के बीच सम्मति को बनाना सम्भव है, यह कि विभाजित होने की तुलना में अमेरिकी लोग दिल से ज़्यादा एकजुट हैं, वहीं रिपब्लिकन पार्टी जानबुझ कर यह कोशिश कर रही थी कि इस राष्ट्रीय आपातकाल के समय में उन्हें ग़लत साबित कर दिया जाय।

24 फ़रवरी की शाम जब बराक कांग्रेस के संयुक्त सत्र को सम्बोधित कर रहे थे उस समय यह बात मेरे दिमाग़ में थी। इस आयोजन का अर्थ किसी भी नवनिर्वाचित राष्ट्रपति के लिए स्टेट ऑफ द यूनियन के स्थानापन्न जैसा था, आगामी वर्षों के उद्देश्यों को रेखांकित करने का एक मौक़ा, जिसे सर्वोच्च न्यायालय के न्यायधीशों, मंत्रालय के सदस्यों, मिलिटेरी के प्रमुखों और वर्तमान काँग्रेस के सदस्यों के प्रतिनिधियों के सामने कहा जाता है। यह बहुत अधिक तमाशे वाली भी एक परंपरा है, जिसमें क़ानून बनाने वाले नाटकीय तरीक़े से या तो बार बार खड़े होकर अपने पैरों पर ही कूदते हुए या शांत और स्थिर बैठे हुए मुद्रा में राष्ट्रपति के विचारों से सहमत होते हैं या उन्हें अस्वीकार करते हैं।

उस दिन शाम को बालकनी में मैं एक चौदह साल के बच्चे जिसने अपने राष्ट्रपति को एक हार्दिक चिट्ठी लिखी थी और इराक़ युद्ध के एक महान योद्धा के बीच में बैठी थी। हम सभी मेरे पति के आने का इंतज़ार कर रहे थे। जहाँ मैं बैठी थी वहाँ से मैं नीचे के अधिकतर

कमरों को देख सकती थी। यह असामान्य था, हमारे देश के नेताओं की पैनी नज़रें, गहरे रंग के सूट पहने हुए श्वेत और मर्दों का हूजुम। अनेकता की उपस्थिति चमक रही थी - ईमानदारी से कहा जाए तो शर्मनाक था - एक आधुनिक, बहुसांस्कृतिक देश के लिए। यह रिपब्लिकन सदस्यों के बीच सबसे ज़्यादा नाटकीय था। उस समय, कांग्रेस में केवल सात अश्वेत रिपब्लिकन सदस्य थे - उनमें से कोई भी अफ़्रीकी अमेरिकी नहीं था और सिर्फ़ एक महिला थी। कुल मिलाकर, कांग्रेस के पाँच सदस्यों में से चार पुरुष थे।

कुछ मिनट बाद, गरज के साथ वहाँ तमाशा शुरू हुआ - हाथों की थपथपाहट और सैनिकों की पुकार शुरू हो गई। भीड़ खड़ी हो गई, जैसे ही निर्वाचित नेता मंच पर अपनी जगह पर आकर खड़े हुए वहाँ मौजूद भीड़ पाँच से भी ज़्यादा मिनट तक तालियाँ बजाती रही। उस तूफ़ान के बीच में, सुरक्षाकर्मियों से घिरे हुए और पीछे चलते हुए एक वीडियोग्राफर के आगे बराक थे, हाथ मिलाते हुए और मुस्कुराते हुए उस कमरे से होकर मंच पर जाने के लिए धीरे धीरे अपना रास्ता बनाते हुए।

टीवी पर मैंने यह अनुष्ठान कई बार दूसरे समय में दूसरे राष्ट्रपतियों के साथ देखा था। लेकिन अपने पति को वहाँ भीड़ के बीच में देखने अचानक सब कुछ वास्तविक हो गया और यह तथ्य कि कुछ भी करने के लिए उन्हें कांग्रेस के आधे से भी अधिक सदस्यों के साथ को जीतने की ज़रूरत थी।

उस रात बराक द्वारा दिया गया भाषण बहुत ही विस्तार में और शांत चित्त वाला था, इस भाषण में उन्होंने अर्थव्यवस्था की विकट स्थिति, चल रहे युद्द, आतंकी हमलों का डर और बहुत सारे अमेरिकी लोगों के बारे में जो यह महसूस करते थे कि सरकार द्वारा बैंकों के ऋण की ज़मानत इस वित्तीय संकट का ज़िम्मेदार है आदि के बारे में बात की। वे यथार्थवादी होने के लिए सावधान थे लेकिन आशा की भी याद दिलाते थे, अपने सुनने वालों को एक राष्ट्र के रूप में हमारे लचीलेपन, बुरे समय के बाद हमारे फिर से जुड़ने की योग्यताओं की भी याद दिला रहे थे।

मैंने अपनी बालकनी से देखा कि कांग्रेस के रिपब्लिकन सदस्य ज़्यादातर समय अपनी जगहों पर ही बैठे रहे, वे ग़ुस्से में और हठी मुद्रा में दिखाई दे रहे थे, उनकी बाहें बंधी हुई थी और उनके तेवर दृढ़ थे, वे उन बच्चों की तरह दिखाई दे रहे थे जिनकी ज़िद पूरी नहीं होती है। मैंने महसूस किया था कि बराक द्वारा किए गए हर काम के लिए वे लड़ते थे, वह चाहे देश के हित में हो या नहीं। यह बिलकुल ऐसा था जैसे वे भूल गए हों कि हमें इस झमेले में लाकर खड़ा करने वाला हमारा राष्ट्रपति रिपब्लिकन पार्टी का ही था। ऐसा लगता था कि किसी भी दूसरी चीज़ से ज़्यादा वे चाहते थे कि बराक असफल हो जाएँ। मैं यह क़बूल करती हूँ कि उस एक दृश्य को देखने के बाद मुझे शक हो रहा था कि आगे जाने का कोई रास्ता है।

जब मैं छोटी बच्ची थी तब मेरे पास मेरे आगे के बेहतर जीवन के लिए मेरे दिमाग़ में अस्पष्ट विचार थे। मैं गोर बहनों के घर खेलने के लिए जाती थी और उनका घर देखकर मुझे ईर्ष्या

होती थी - यह देखकर कि उनके परिवार के अपना पूरा घर था। मैं सोचती थी कि अगर मेरा परिवार एक अच्छी गाड़ी ही ख़रीद सकता तो यही बहुत बड़ी होती। बिना चाहे भी मेरा ध्यान उन बातों पर चला जाता था कि मेरे दोस्तों के पास मुझसे ज़्यादा संख्या में हाथ में पहनने वाली चूड़ियाँ या बार्बी गुड़िया थी, या किसने अपने कपड़े मॉल से ख़रीदे न कि अपनी माँ द्वारा घर में ही तितलियों की छाप वाले सिले गए कपड़े पहने हैं। एक बच्चे के रूप में आप हर चीज़ की क़ीमत और आकार को समझने से बहुत पहले ही उसे मापना सिख जाते हैं। अंत में, अगर आप भाग्यशाली होते हैं तो आपको पता चला जाता है कि आप सब कुछ ग़लत ही माप रहे थे।

अब हम व्हाइट हाउस में रहते थे। बहुत धीरे धीरे अब सब कुछ यहाँ परिचित लगने लगा था - इसलिए नहीं कि मुझे इस जगह की विशालता या यहाँ के जीवन शैली की समृद्धि की आदत हो गई थी बल्कि इसलिए कि यह वह जगह थी जहाँ मेरा परिवार सोता था, खाता था, हँसता था और रहता था। बच्चियों के कमरे में हमने उन हल्की चीज़ों के संग्रह को रखा था जो बराक अपनी आदतवश अपनी विभिन्न यात्राओं से लेकर आते थे - साशा के लिए बर्फ़ वाले दस्ताने, मालिया के लिए क़ीचेन। हमने अपने घर में छोटे छोटे बदलाव करने शुरू कर दिए थे, जैसे पारम्परिक झूमरों के साथ आधुनिक बत्तियाँ लगाकर और सुगंधित मोमबत्तियों को जलाकर हमने इस जगह को घर जैसा बना दिया था। मैंने कभी भी हमारी अच्छी क़िस्मत या आराम को हमेशा के लिए नहीं माना था, लेकिन मैंने जिस चीज़ की सराहना करनी शुरू कर दी थी वह इस जगह की मानवता थी।

यहाँ तक कि मेरी माँ, जिन्होंने व्हाइट हाउस को एक औपचारिक संग्रहालय कहा था, जल्द ही समझ गईं कि यहाँ बहुत कुछ है जिसके बारे में जानना बचा हुआ है। यह जगह लोगों से भरा हुआ था और वे हमसे अलग नहीं थे। बहुत सारे बैरों ने व्हाइट हाउस में सालों तक काम किया था, यहाँ आने वाले सभी परिवारों को सुविधा देने के लिए। उनका वह शांत सम्मान मुझे मेरे चाचा टेरी की याद दिलाता था, जो मेरे बचपन में यूक्लिड एवेन्यू के निचले तल में रहते थे और टोपी और बड़े सस्पेंडर वाले जूते पहनकर हमारे बग़ीचे के घास को काटने का काम करते थे। मैंने पूरी कोशिश की कि यह के कर्मचारियों के साथ हमारा संवाद सम्मानीय और सकारात्मक हो। मैं यह सुनिश्चित करना चाहती थी कि उन्हें कभी भी अदृश्यता का बोध न हो। अगर ये बैरे राजनीति की बात करते थे, अगर उनकी निजी निष्ठा किसी भी एक या दूसरे दल के प्रति होती थी तो वे इसे अपने तक ही सीमित रखते थे। वे हमारी निजता के सम्मान के प्रति सावधान थे लेकिन वे हमेशा स्वागत और आदेश लेने के लिए भी तैयार थे और धीरे धीरे हमारे बीच नज़दीकी आ गई। उन्हें सहज ही यह समझ में आ गया था कि कब मुझे अकेला छोड़ने की ज़रूरत है या कब मैं भद्र ज़िद को थोड़ी ज्यादा देर तक बर्दाश्त कर सकती हूँ। अक़्सर रसोई में वे अपने पसंदीदा खेल और उसके टीम के बारे में बकवास बातें करते थे, जब मैं सुबह अख़बार की ख़बरें देख रही होती तो वे वहाँ कर्मचारियों की सबसे ताज़ी ख़बरों से मुझे अवगत करवाते या फिर अपने पोते-पोतियों के

कारनामे सुनाते। अगर टीवी पर किसी कॉलेज के बास्केट बॉल का खेल हो रहा होता तो बराक वहाँ कुछ देर तक आकर बैठते और उनके साथ खेल देखते थे। साशा और मालिया स्कूल से लौटने के बाद पॉपकॉर्न और स्मूदी पीने और रसोई के ख़ुशनुमा माहौल का मज़ा उठाने वहां आ जाती थीं। कई कर्मचारियों ने मेरी माँ का विशेष ध्यान दिया था, सौरमंडल वाले उस कमरे में उनके साथ वहाँ बैठना उनका काम था।

मुझे व्हाइट हाउस के उन सभी फ़ोन करने वाले लोगों की आवाज़ें पहचानने में कुछ समय लग गया था जो मुझे सुबह उठाने के लिए फ़ोन करते थे या फिर ईस्ट विंग में नीचे के दफ़्तर में किसी से बात करवाने के लिए मुझसे सम्पर्क करते थे, लेकिन बहुत जल्द ही वे भी परिचित हो गए और उनसे दोस्ती भी हो गई थी। हम मौसम के बारे में बातें करते थे या मैं उनसे मज़ाक़ में कहती थी कि किसी भी आधिकारिक आयोजन वाले दिन अपने बाल सँवारने के लिए किस तरह मुझे बराक से घंटों पहले जागना पड़ता था। ये संवाद बहुत तेज़ी से होते थे लेकिन दूसरे रूप में इन संवादों ने हमारे जीवन को थोड़ा और अधिक सामान्य बना दिया था।

सबसे अनुभवी बैरों में से एक, सफ़ेद बालों वाला अफ़्रीकी अमेरिकी आदमी जिसका नाम जेम्स रामसे था उसने कार्टर के प्रशासन के समय से ही वहाँ काम किया था। अक़्सर ही वह "जेट" पत्रिका का सबसे नया अंक मेरे हाथों में मुस्कुराते हुए बड़े ही गर्व के साथ पकड़ाती और कहती "मैंने आपको पकड़ लिया, श्रीमती ओबामा।"

मैं यह सोचते हुए टहल रही थी कि हमारा नया घर बहुत ही बड़ा और विशाल है और सबसे ऊँचा भी, लेकिन तभी मैं अप्रैल में इंग्लैंड गई और महारानी से मिली।

चुनाव के बाद यह पहली अंतरराष्ट्रीय यात्रा थी जिसमें बराक और मैं साथ गए थे, एयर फ़ोर्स वन से हम लंदन गए ताकि वह वहाँ जी20 की बैठक में शामिल हो सकें जो उन नेताओं से बना था जो दुनिया की बड़ी अर्थव्यवस्थाओं का प्रतिनिधित्व करते थे। इस तरह की बैठक के लिए यह महत्वपूर्ण पल था। संयुक्त राष्ट्र अमेरिका के आर्थिक संकट ने पूरी दुनिया में एक विनाशकारी लहर को पैदा कर दिया था और दुनिया के वित्तीय बाज़ार को घुमावदार चक्कर में लाकर छोड़ दिया था। जी20 सम्मेलन विश्व के मंच पर राष्ट्रपति के रूप में बराक की शुरुआत के लिए भी चिह्नित किया जाता है। और जैसा कि दफ़्तर में शुरू के कुछ महीने उन्हें वहाँ की समस्यायों को अक़्सर सुलझाना पड़ता था, यहाँ दुनिया के दूसरे नेताओं की निराशा को अवशोषित करना पड़ रहा था, जो ये सोचते थे कि संयुक्त राष्ट्र ने निर्दयी बैंकरों को नियंत्रित करने और इस आपदा को रोकने का एक बहुत ही महत्वपूर्ण अवसर खो दिया है जिससे हम सब आज जूझ रहे हैं।

अब मैं और अधिक आश्वस्त होने लगी थी साशा और मालिया अब अपने स्कूल की दिनचर्या में अच्छे से ढल गए हैं, मैंने अपने माँ होने की ज़िम्मेदारी को उन कुछ दिनों के लिए छोड़ दिया जब मैं विदेश में थी। मैं यह जानती थी कि वे मेरे द्वारा बनाए गए रोज़ाना

के नियमों को तुरंत तोड़ देगी जिसके अनुसार जल्दी सोना और रात के खाने में परोसी गई सारी सब्ज़ियों को खाना शामिल था। मेरी माँ नानी बनने से बहुत ख़ुश थीं, उस समय सबसे ज़्यादा जब उन्हें मेरी सभी प्रकार की कठोरता को हटाकर अपने हल्के और आरामदायक तरीके से काम करने का मौक़ा मिलता था, जो स्पष्ट रूप से उनकी देखभाल में मेरे और क्रेग के बचपन के दौरान और अधिक ढीला था। लड़कियाँ दादी के प्रभार में रहने के लिए हमेशा रोमांचित रहती थीं।

गॉर्डन ब्राउन, ब्रिटेन के प्रधान मंत्री जी20 सम्मेलन की अध्यक्षता कर रहे थे, जिसमें शहर के सम्मेलन केंद्र में होने वाली पूरे दिन की आर्थिक बैठक शामिल थी, लेकिन जैसा कि अक़्सर होता है जब दुनिया भर के नेता लंदन में किसी अधिकारिक आयोजन के शामिल होते हैं तब, महारानी भी बकिंगम पैलेस में सभी को औपचारिक नमस्कार करना चाहती हैं। अमेरिका और ग्रेट ब्रिटेन के नज़दीकी संबंधों के कारण, और मुझे लगता है चूँकि हम वहाँ नए थे इसलिए भी, मुझे वहाँ बड़े आयोजन से पहले निजी दर्शकों से मिलने के लिए महारानी के साथ जल्दी आने के लिए आमंत्रित किया गया था।

कहने की ज़रूरत नहीं है कि मेरे पास राजपरिवार से मिलने का किसी तरह का अनुभव नहीं था। मुझे बस इतना समझाया गया था कि या तो मैं झुककर सलाम कर सकती थी या महारानी से हाथ मिला सकती थी। मैं जानती थी कि हम उन्हें "महारानी" कहकर बुलाना था और वहीं उनके पति राजकुमार फ़िलिप, ड्यूक ऑफ एडिनबर्ग को "महाराज" कहा जाता था। उसके अलावा, मैं नहीं जानती थी कि किस चीज़ की उम्मीद कि जाए, जैसे ही हमारी मोटरकेड बड़े से लोहे के गेट से घुसकर महल की तरफ़ बढ़ी वहाँ चहारदीवारी पर सैकड़ों लोग चिपके हुए थे, सुरक्षादलों का एक समूह था और एक राजसी हॉर्न बजाने वाला, ये सभी अंदर की मेहराब से आंतरिक आँगन तक फैले हुए थे, जहाँ उस घर के अधिकारिक स्वामी हमारे अभिवादन के लिए बाहर इंतज़ार कर रहे थे।

ऐसा दिखाई दिया कि बकिंगम पैलेस बहुत बड़ा था - इतना बड़ा की इसका वर्णन नहीं किया जा सकता है। इसमें 775 कमरें हैं और यह व्हाइट हाउस से पंद्रह गुणा बड़ा है। आने वाले सालों में बराक और मैं बहुत ही क़िस्मत वाले होंगे जो वहाँ आमंत्रित मेहमानों की तरह कई और बार वापस आएँगे। हमारी बाद की यात्राओं के दौरान हम महल के सबसे निचले वाले तल में वैभवशाली बेडरूम सुइट में सोए थे, जहाँ हमारी देखभाल एक ख़ास क़िस्म के पोशाक पहने हुए आदमी और इंतज़ार में खड़ी औरतें कर रही थीं। हमने बॉलरूम में औपचारिक दावत में हिस्सा लिया, और सोने की परत चढ़े काँटें और चम्मच से खाना खाया। जब हमें महल दिखाया जा रहा था उस दौरान एक समय में हमें बहुत सारी चीज़ों के बारे में बताया गया जैसे कि "यह हमारा ब्लू रूम" है, हमारे गाइड ने एक विशाल कमरे की तरफ़ इशारा करते हुए बताया जिसका आकर हमारे घर के ब्लू रूम से पाँच गुणा ज़्यादा था। महारानी का मुख्य द्वारपाल एक दिन मुझे, मेरी माँ को और बच्चियों को महल के रोज़ गार्डन में लेकर गया, जिसमें हज़ारों बिना किसी दाग़ के खिले हुए फूल थे और जो लगभग एक

एकड़ ज़मीन में फैला हुआ था। हमने भी अपने ओवल ऑफ़िस के सामने गुलाब की कुछ झाड़ियों को हमने बड़े गर्व से रखा था पर वे अचानक ही कम प्रभावशाली लगने लगे थे। मैंने महसूस किया कि बकिंघम पैलेस बहुत ही लुभावना और समझ से बाहर की जगह है।

हमारी पहली यात्रा में, हमें महारानी के निजी अपार्टमेंट में ले जाया गया और बैठने के उस कमरे में पहुँचा दिया गया जहाँ वह और राजकुमार फ़िलिप हमारे आने की प्रतीक्षा कर रहे थे। तब महारानी एलिज़ाबेथ द्वितीय बयासी साल की थीं,कमज़ोर और आकर्षक, एक नाज़ुक मुस्कुराहट के साथ और उनके सफ़ेद घुंघराले बाल शान से उनके माथे के बग़ल में लटक थे। उन्होंने हल्के गुलाबी रंग का ड्रेस पहना था, मोतियों की एक माला, और अपनी एक बाँह में उन्होंने एक काले रंग का पर्स दबा रखा था। हमने हाथ मिलाया और फ़ोटो खिंचवाने की मुद्रा में खड़े हो गए। महारानी ने बड़ी नम्रता से हमसे हमारे जेट लैग के बारे में पूछा और हमें बैठने के लिए आमंत्रित किया। मुझे ठीक से याद नहीं है कि उसके बाद हमने क्या बातें की - थोड़ी बहुत अर्थव्यवस्था के बारे में और इंग्लैंड के राजकीय मामलों के बारे में और बराक द्वारा की गई सभी सभाओं के बारे में।

एक अजीब सी बात होती है जो किसी भी औपचारिक रूप से की गई बैठकों में आ जाती है लेकिन मेरा अनुभव कहता है कि यह एक ऐसी चीज़ है जिस पर आपको सचेत होकर काम करने की आवश्यकता होती है। महारानी के साथ बैठकर मुझे लगातार अपने दिमाग़ की सोच से बाहर आने की कोशिश करनी पड़ रही थी - उस जगह की भव्यता की प्रक्रिया के बारे में सोचना बंद करना और एक तरह का आघात जो मुझे अच्छाई की एक ईमानदार मूर्ति के आमने सामने बैठने से महसूस हो रही थी। मैंने महारानी का चेहरा पहले भी दर्जनों बार देखा था, इतिहास की किताबों में, टेलिविज़न पर, नोटों पर लेकिन यहाँ वह साक्षात थी, मेरी तरफ़ ध्यान से देखते हुए और सवाल पूछते हुए। वह ऊष्मा से भारी हुई और सुंदर थीं और मैं भी उसी तरह होने की कोशिश कर रही थी। महारानी एक जीवित प्रतीक थी और बहुत तजुर्बेकार भी, लेकिन वह भी उतनी ही इंसान थी जितना हम सब हैं। वह मुझे तुरंत पसंद आ गई थीं।

बाद में उस दिन दोपहर में बराक और मैं महल के रिसेप्शन के आस पास टहल रहे थे और अन्य जी20 नेताओं और उनके पति- पत्नियों के साथ चाँपेस खा रहे थे। मैंने जर्मनी की ऐंजेला मर्कल और फ्रान्स की निकलस सार्कोज़ी के साथ बातचीत की। मैं सउदी अरब के राजा, अर्जेंटीना के राष्ट्रपति, जापान और ईथोपिया के प्रधानमंत्रियों से मिली। मैंने यह याद रखने की पूरी कोशिश की कि कौन किस देश से आया है और कौन किसकी पति या पत्नी है, कुछ ग़लत हो जाने के डर से मैं सावधानी बरत रही थी कि ज़्यादा न बोलूँ। कुल मिलाकर यह सब बहुत गौरवपूर्ण था, एक दोस्ताना तालमेल और एक ताक़ीद कि राज्यों के प्रधान भी अपने बच्चों के बारे में बातें करने और ब्रिटेन के मौसम के बारे में मज़ाक़ करने में सक्षम हैं।

पार्टी के ख़त्म होने के दौरान किसी पल मैंने अपना सिर घुमाया और देखा कि महारानी एलिज़ाबेथ मेरी कुहनी के पास खड़ी हैं, उस भीड़ वाले कमरे में हम दोनों अचानक एक साथ

अकेले थे। उन्होंने मौलिक सफ़ेद रंग के दस्ताने पहने हुए थे और अब भी उतनी ही ताज़गी भरी दिखाई दे रही थीं जितनी वह घंटों पहले थीं जब हम सबसे पहले मिले थे। वह मुझे देखकर मुस्कुराईं।

"आप बहुत लम्बी हैं" उन्होंने टिप्पणी की और अपने सिर को ऊपर उठाया।

"जी," मैंने कहा, थोड़ा हँसते हुए, "इन जूतों की वजह से भी मैं कुछ इंच लम्बी हो गई हूँ। लेकिन हाँ, मैं लम्बी हूँ।"

और महारानी ने फिर नीचे झुककर काले रंग के मेरे जिमी चूस के जूतों के जोड़े को देखने लगीं जो मैंने पहना हुआ था। उन्होंने अपना सिर हिलाया।

ये जूते अप्रिय हैं, है ना?" उन्होंने कहा। उन्होंने निराशा से अपने काले रंग के जूतों को देखा।

तब मैंने महारानी के सामने क़बूल किया कि मेरे पैरों में दर्द हो रहा था। उन्होंने भी क़बूल किया कि उनके पैर भी दुःख रहे थे। उसके बाद हमने एक दूसरे की तरफ़ देखा और एक जैसा भाव बनाया जैसे "दुनिया भर के नेताओं के साथ खड़े होने का यह आयोजन कब समाप्त होगा?" और उसके बाद वह एक आकर्षक हँसी के साथ खुल कर हँसने लगी।

इस बात को भूलकर कि वह अपने माथे पर हीरे का ताज पहनती और मैं राष्ट्रपति के विमान में बैठकर मैं लंदन आई हूँ; हम दोनों बस दो औरतें थीं जो अपने जूतों से प्रताड़ित थीं। तब मैंने वह किया जब मैं किसी नए इंसान से जुड़ाव महसूस करने पर अपनी भावनाओं को प्रकट करने के लिए सहज होकर करती हूँ। मैंने अपना एक हाथ बड़े ही अपनेपन से उनके कंधों पर रख दिया।

मैं उस पल उसे नहीं समझ पाई थी लेकिन मैंने कुछ ऐसा किया था जिसे एक पाप या घोर अपराध के रूप में देखा जाएगा। मैंने इंग्लैंड की महारानी को छू लिया था और मैं तुरंत जान गई थी कि यह कुछ ऐसा था जो नहीं होना चाहिए था। रिसेप्शन पर हमारी यह मुलाक़ात कैमरे में क़ैद हो रही थी, और आने वाले दिनों में यह पूरी दुनिया के मीडिया में आने वाली थी। "प्रोटोकॉल से छेड़छाड़!" "मिशेल ओबामा ने महारानी को गले लगाने की हिम्मत की!" इससे अभियानों के दौरान की अटकलबाजियाँ सामने आ जाएँगी कि समान्यतया मैं गँवार हूँ और प्रथम महिला के लिए मेरे अंदर वह मानक शिष्टता नहीं है और मुझे चिंता होने लगी सम्भवत: मैं बराक की विदेशी कोशिश को प्रभावित कर दूँगी। लेकिन मैंने कोशिश की कि आलोचनाएँ मुझे परेशान न करें। अगर बकिंगम पैलेस में मैंने कुछ उचित नहीं किया था तो कम से कम मैंने कुछ मानवीय किया था। मैं ढिठाई से कहती हूँ कि महारानी को भी इससे समस्या नहीं थी, क्योंकि जब मैंने उन्हें छुआ था तब वह मेरे और नज़दीक ही आई थीं,और दस्ताने पहने अपने हाथों को मेरी पीठ पर रखा था।

अगले दिन जब बराक अर्थव्यवस्था पर होने वाली बैठकों के मेराथन सत्र के लिए चले गए तब मैं लड़कियों के स्कूल देखने गई थी। यह इज़्लिंटॉन के इलाक़े में सरकारी ख़र्चे पर शहर के अंदर का एक माध्यमिक विद्यालय था, और यह काउन्सिल इस्टेट्स इंग्लैंड में

सार्वजनिक आवास योजनाओं के लिए प्रयुक्त शब्द, से बहुत दूर नहीं था। उस विद्यालय के नौ सौ छात्रों में से 90 प्रतिशत से ज़्यादा छात्र अश्वेत थे या फिर जातीय अल्पसंख्यक वर्ग के थे। उनका पाँचवा हिस्सा अप्रवासियों या शरणार्थियों के बच्चों का था। मेरा ध्यान इस ओर इसलिए गया क्योंकि यह विविधताओं और सीमित साधनों वाला विद्यालय था और फिर भी यह शिक्षा के क्षेत्र में बेहतर प्रदर्शन कर रहा था। मैं यह भी सुनिश्चित करना चाहती थी कि जब मैं प्रथम महिला के रूप में नई जगह पर गई तो मैं वास्तव में ऐसी जगहों पर गई - मतलब मुझे सच में उन लोगों से मिलने का मौक़ा मिला जो वहाँ वास्तव में रहते थे ना कि सिर्फ़ उन लोगों से मिलने का जिन्होंने उनपर शासन किया था। विदेश जाने पर मेरे पास ऐसे अवसर थे जो बराक के पास नहीं थे। मैं मंच-प्रबंधित बहुस्तरीय बैठकों से निकल सकती थी और नेताओं के साथ बैठ सकती थी और उन संजीदा यात्राओं के दौरान कुछ ऊष्मापूर्ण करने के नए तरीक़े खोज सकती थी। मैंने इसे हर विदेश यात्राओं में करने का लक्ष्य बनाया जिसकी शुरुआत इंग्लैंड से हुई।

मैं पूरी तरह से तैयार नहीं थी, इसे महसूस करने के लिए कि जब मैं एलिज़ाबेथ गैरट एंडरसन स्कूल के अंदर गई और मुझे एक सभागार में ले जया गया जहाँ लगभग दो सौ से ज़्यादा बच्चे अपने कुछ साथी दोस्तों द्वारा किए जाने प्रदर्शन को देखने और मैं जो बोलने वाली थी उसे सुनने के लिए इंतज़ार कर रहे थे। इस स्कूल का नाम एक अग्रणी डॉक्टर के नाप पर रखा गया था जो इंग्लैंड की पहली चुनी गई महिला मेयर भी थी। इसकी इमारत कुछ विशेष नहीं थी - एक बिना किसी परिचय वाली सड़क पर उभरी हुई ईंटों से बनी एक इमारत थी। लेकिन जैसे ही मैं एक मुड़ने वाली कुर्सी पर बैठी जो कि मंच पर था और वहाँ होने वाले प्रदर्शन को देखने लगी - जिसमें शेक्सपीयर के नाटक का एक दृश्य, एक आधुनिक नृत्य, और विट्नी ह्यूस्टन गाने के अनुवाद का एक सामूहिक गीत भी था- इस सब को देखते ही मेरे भीतर कुछ होने लगा। मुझे लगभग ऐसा महसूस हो रहा था कि मैं अपने अतीत में पहुँच गई हूँ।

उस कमरे में आपको बस उन चेहरों को देखना था और यह मालूम करना था कि उनके गुणों के बावजूद उन लड़कियों को अपनी उपस्थिति दिखाने के लिए कड़ी मेहनत करने की ज़रूरत थी। वहाँ हिजाब पहनी हुई लड़कियाँ थीं, ऐसी लड़कियाँ जिनके लिए अंग्रेज़ी उनकी दूसरी भाषा थी, ऐसी लड़कियाँ जिनके त्वचा के रंगों में अश्वेत के सभी प्रकार शामिल थे। मैं जानती थी कि उन्होंने उन सभी रूढ़िवादिता को दबा दिया था जो उनके ऊपर थोपा गया होगा, इस पूरी यात्रा के दौरान उन्हें परिभाषित किया गया बिना उन्हें यह मौक़ा दिए कि वे ख़ुद को परिभाषित कर सकें। उन्हें उस अदृश्यता से लड़ना पड़ा होगा जो ग़रीब, लड़की और अश्वेत होने की वजह से उनके जीवन में है। उन्हें अपनी आवाज़ को पहचानने और पिछड़ने से बचने के लिए कड़ी मेहनत करनी होगी तक वे अपने को नीचे होने से बचा सकें। उन्हें बस सीखने के लिए काम करना होगा।

लेकिन उनके चेहरे पर उम्मीदें थीं, और अब मेरे भी चेहरे पर। मेरे लिए यह सब

अजीब था, किसी रहस्य के खुलने जैसा: वे मेरे जैसी थीं, जैसा कि मैं भी कभी उनके जैसी थी। और मैं उनकी जगह थी और वे भी हो सकती थीं। मुझे उस विद्यालय में जो ऊर्जा मिली उसका परेशानियों से किसी तरह का लेना देना नहीं था। यह नौ सौ लड़कियों के प्रयास की शक्ति थी।

जब प्रदर्शन ख़त्म हो गया और मैं मंच पर बोलने के लिए गई, मैंने बहुत मुश्किल से अपनी भावनाओं को सम्भाला। मैंने अपने तैयार गिए गए नोट की तरफ़ नीचे देखा लेकिन अचानक ही मेरी उनमें रुचि ख़त्म हो गई। लड़कियों की तरफ़ देखते हुए मैंने बस बोलना शुरू कर दिया, उन्हें यह बताने लगी कि हालाँकि मैं बहुत दूर से आई हूँ और संयुक्त राष्ट्र की प्रथम महिला की उपाधि अपने साथ लेकर चल रही हूँ, लेकिन मैं उनकी जैसी हूँ। यह कि मैं भी श्रमिक पड़ोसी वर्ग के क्षेत्र की हूँ और मेरा पालन पोषण भी एक ऐसे परिवार में हुआ जहाँ सीमित संसाधन था और अच्छे लोग थे, और यह बताया कि मैंने महसूस किया था कि स्कूल ही वह जगह है जहाँ मैं स्वयं को परिभाषित करने की कोशिश शुरू कर सकती हूँ - यह कि शिक्षा एक ऐसी चीज़ है जिसके लिए काम किया जाना चाहिए, यह उन्हें बाहर की दुनिया में ऊपर उठने में मदद करेगा।

इस समय ताकि प्रथम महिला बने हुए मुझे सिर्फ़ दो महीने हुए थे। दूसरे क्षणों में मैं जीवन की इस तेज़ गति, अनुचित तड़क- भड़क, अपने बच्चों की चिंता और अपने उद्देश्य की अनिश्चतता के कारण अभिभूत महसूस कर रही थी। सार्वजनिक जीवन के कई हिस्से होते हैं, देश के बोलते चलते प्रतीक के रूप में किसी को अपना निजी जीवन न्योछावर करना पड़ता है, और इसकी संरचना विशेष रूप से आपकी पहचान को अलग रखने के लिए की जाती है। लेकिन अंतत: उन लड़कियों से बात करते हुए मैंने कुछ बहुत ही अलग और पवित्र सा महसूस किया था - इस नई भूमिका के साथ मेरे पुराने अस्तित्व का एकीकरण। क्या आप इस योग्य हैं? हाँ, आप हैं, आप सभी हैं। मैंने एलिज़ाबेथ गैरट एंडरसन स्कूल के छात्रों को बताया कि उन्होंने मेरे दिल को छू लिया है। मैंने उन्हें यह कहा कि वे सभी अनमोल हैं, क्योंकि वे वास्तव में थे। और जब मेरी बात पूरी हो गई तब मैंने वही किया जो स्वाभाविक था। मैंने लगभग वहाँ की हर लड़की को गले लगाया जिन तक मैं पहुँच सकती थी।

वहाँ हमारे घर वाशिंगटन में वसंत आ चुका था। हर दिन सूरज जल्दी निकल जाता था और ज़्यादा देर तक रहता। मैंने देखा कि साउथ लॉन कि ढलान धीरे धीरे सघन और चमकदार हरे रंग में बदल गई थी। अपने घर की खिड़कियों से मैं लाल रंग के स्यूलिप ट्यूलिप और हल्के बैंगनी रंग के अंगूरी बेलों को देख सकती थी जिन्होंने पहाड़ की नींव के सोतों को घेरा हुआ था। मैंने और मेरे कर्मचारियों ने साथ मिलकर मेरे बाग़ के विचार को वास्तविकता में बदलने के लिए दो महीने लगातार काम किया था, जो कि आसान नहीं था। किसी एक चीज़ के लिए हमें राष्ट्रीय बाग़ सेवाओं और व्हाइट हाउस के बाग़ की टीम को सहमत करना पड़ता था कि हम दुनिया के सबसे प्रतिष्ठित बग़ीचे के किसी एक हिस्से में फेरबदल करें। शुरुआत में सभी

सुझावों को प्रतिरोध से गुज़रना पड़ता था। एलनॉर रूज़वेल्ट की निगरानी में व्हाइट हाउस के विक्टरी गार्डन को बने कई दशक हो चुके थे, और इस बदलाव में किसी की भी रुचि नहीं थी। "वे सोचते हैं कि हम पागल हैं," एक दिन सैम कस ने मुझसे कहा।

हालाँकि अंत में हमने अपना रास्ता ढूँढ लिया। हमें पहले सबसे टेनिस कोर्ट के पीछे ज़मीन का एक छोटा सा टुकड़ा आवंटित किया गया जो कि मशीन रखने की जगह के बग़ल में था। इस काम का श्रेय सैम को मिलता है कि उसने एक अच्छी ज़मीन के लिए लड़ाई लड़ी, अंत में हमें साउथ लॉन में सूर्य की रोशनी पड़ने वाली एल-आकार वाली एक जगह मिल गई, जो कि ओवल ऑफ़िस से बहुत दूरी पर भी नहीं थी और वहाँ हमने बच्चियों के हाल ही में झूले लगवाए थे। हमने सुरक्षा विभाग से इस बात की पुष्टि कर ली थी कि हमारी जुताई से बग़ीचे का कोई भी सेन्सर या दृश्य बाधित नहीं हो रहा है जिसकी ज़रूरत उस मैदान की सुरक्षा के लिए है। हमने मिट्टी के पोशाक तत्व और उसमें हानिकारक पदार्थों जैसे शीशे या पारा की अनुपस्थिति के लिए जाँच करवाए।

और अब हम अपने काम के लिए तैयार थे।

मेरे यूरोप से लौटने के कई दिन बाद, मैंने बैंक्रॉफ़्ट एलेमेंटरी स्कूल के बच्चों की मेज़बानी की, जो शहर के उत्तरपश्चिम में एक द्विभाषीय स्कूल था। कई सप्ताह पहले हमने मिट्टी तैयार करने के लिए फावड़े और कुदाल का इस्तमाल किया था। और अब वही बच्चे पौधे लगाने में मेरी मदद करने वाले थे। हमारे ज़मीन का वह टुकड़ा ई- स्ट्रीट के दक्षिणी दीवार से बहुत दुर नहीं था जहाँ पर्यटक अक़्सर खड़े होकर व्हाइट हाउस को देखते हैं। मैं ख़ुश थी कि अब यह भी उनके दृश्य का हिस्सा होगा।

या कम से कम किसी मोड़ पर जाकर मैं ख़ुश होने की आशा कर रही थी। क्योंकि बग़ीचे के संदर्भ में आप कभी नहीं जान सकते हैं कि क्या होगा और क्या नहीं होगा - वास्तव में कुछ पैदा होगा भी या नहीं। हमने पेड़ लगाने वाले दिन मीडिया को आमंत्रित किया था। हमने व्हाइट हाउस के सभी मुख्य रसोईयों के साथ साथ बराक के कृषि विभाग के सचिव टॉम विलसक को भी हमारी मदद के लिए आमंत्रित किया था। हम जो भी कर रहे थे उसे देखने के लिए हमने सबलोगों को बुलाया। और अब ह्में परिणाम का इंतज़ार करना था। "ईमानदारी से कहूँ" मैंने सुबह में सभी के आने के पहले सैम से कहा था, "यह बढ़िया काम है।"

उस दिन, मैंने पाँचवी क्लास के बच्चों के साथ घुटने टेक कर काम किए, क्योंकि हम बहुत सावधानी से ज़मीन में बीज को गाड़ रहे थे और मिटटी को वापस उसकी जगह पर थपथपा कर उसे समतल बना रहे थे। यूरोप में रहने और वहाँ की प्रेस में मेरे सभी कपड़ों की चीड़फाड़ करने के बाद (मैंने महारानी से मिलने के लिए कार्डिगन स्वेटर पहना था, जो उतना ही विवादास्पद था जितना कि महारानी को छूना), मैं अपने अनौपचारिक पैंट और हल्के जैकेट पहन कर हल्का महसूस कर रही थी। बच्चों ने मुझसे सवाल किए, कुछ सब्ज़ियों के बारे में और कुछ उनके काम के बारे में जो उन्हें करना था लेकिन उसके अलावा

ऐसे सवाल भी जैसे "राष्ट्रपति कहाँ हैं?" और "और वह हमारी मदद क्यों नहीं कर रहे हैं?" हालाँकि इन सब में बहुत कम समय लगा, इससे पहले कि वे सब मेरी बातों को सुनना बंद करते, उनका मुख्य ध्यान उनके अपने दस्तानों और मिट्टी के कीड़ों पर हो गया था। मुझे बच्चों के साथ रहना पसंद था। यह व्हाइट हाउस में मेरे पूरे समय के दौरान मेरे साथ रहा था, मेरी आत्मा के लिए मरहम थी, प्रथम महिला से क्षणिक मुक्ति के लिए मेरा तरीक़ा, लगातार मुझे आंके जाने के बारे में मेरा आत्म-चिंतन। बच्चों ने मुझे फिर से मेरे जैसा महसूस करवाया था। उनके लिए मैं किसी तरह का तमाशा नहीं थी। मैं बस एक लम्बी और अच्छी औरत थी।

सुबह में हमने लेट्यूस और पालक, सौंफ और ब्रोकोली लगाया। हमने गाजर और हरे प्याज़ और छिलके वाले मटर लगाए। हमने बेर की झाड़ियाँ और जड़ी-बूटियाँ भी लगायी। इन सबसे क्या आएगा? मैं नहीं जानती थी, उसी तरह जिस तरह मैं यह नहीं जानती थी कि व्हाइट हाउस में आने से हमारे जीवन का क्या होगा, न ही यह जानती थी कि देश में आगे क्या होगा, या इन बच्चों का क्या होगा जिनसे आज मैं घिरी हुई हूँ। उस समय हम बस यही कर सकते थे कि अपनी सारी उम्मीदों को अपनी कोशिशों में बदल कर, सूर्य और बारिश और समय पर भरोसा करें कि इस मिट्टी को चीरते हुए कोई अच्छी सी चीज बाहर आएगी।

21

मई के आख़िर में में शनिवार की एक शाम बराक मुझे डेट पर लेकर गए। राष्ट्रपति बनने के चार महीने तक वे अपने दिन उन जरियों को बनाने में लगे रहे जिनसे प्रचार अभियान के दौरान मतदाताओं से किये गए वादे पूरे किये जा सकें, अब वह मेरे साथ किये गए वादे को पूरा कर रहे थे। हम लोग न्यूयॉर्क जा रहे थे, डिनर करने के लिए और एक शो देखने के लिए।

शिकागो में रहने के सालों के दौरान डेट की रात हमारे लिए हर सप्ताह का एक पवित्र हिस्सा होती थी, हम लोगों ने अपने जीवन में एक आदत डाल ली थी और हर हाल में उसकी रक्षा करते थे। उस हल्के अँधेरे कमरे में मेज़ के आमने सामने बैठकर मुझे अपने पति से बात करना अच्छा लगता था। मुझे हमेशा लगता रहा है, और मैं उम्मीद करती हूँ कि हमेशा लगता रहेगा। बराक बहुत अच्छी तरह बात सुनते हैं, धीरज के साथ और सोच विचार करते हुए। वह जिस तरह हँसते हुए अपने सर को पीछे करते हैं वह मुझे बहुत अच्छा लगता है। उनकी आँखों में जो हल्कापन है वह मुझे पसंद है, उनके अन्दर जो करुणा है वह। साथ बैठकर एक ड्रिंक लगाना या बिना जल्दबाजी के खाना शुरू से ही हमें बहुत अच्छा लगता रहा है, उस पहली गर्मी के दिनों से ही जब हमारे बीच सब कुछ बहुत उत्तेजना भरा था।

अपने न्यूयॉर्क के डेट के लिए मैं तैयार हो गई। मैंने काले रंग का कॉकटेल ड्रेस पहना और लिपस्टिक लगाया, अपने बालों को खूब अच्छी तरह से सजाया। मैं इस बात को सोच कर बहुत उत्तेजित थी कि मैं अपने पति के साथ अकेली जानेवाली थी। पिछले कुछ महीनों में, हम लोगों ने डिनर का आयोजन किया था और केनेडी में साथ साथ प्रदर्शन देखने भी गए थे, लेकिन उसमें हम आधिकारिक हैसियत से गए थे और वहां बहुत से अन्य लोग भी थे। यह सच में रात में छुट्टी लेने जैसा था।

बराक ने गहरे रंग का सूट पहन रखा था और साथ में टाई नहीं थी। मैंने देर दोपहर अपनी बेटियों को क़िस किया और अपनी माँ को भी और हाथ में हाथ डाले हुए दक्षिण तरफ के लॉन को पार किया और मरीन वन में चढ़ गए, जो राष्ट्रपति का हेलीकाप्टर है। उसमें सवार होकर हम एंड्रयूज एयरफ़ोर्स के बेस तक गए। उसके बाद हम एयर फ़ोर्स के एक छोटे से जहाज में सवार हुए, उसके बाद जेएफके हवाई अड्डे गए, और उसके बाद हम लोगों को

हेलीकाप्टर से मैनहट्टन ले जाया गया। हमारे शेड्यूल बनाने वाले दल और सेक्रेट सर्विस ने बहुत ध्यान से हमारे उस सफ़र की योजना पहले ही बना ली थी, जिसका मतलब था कि बहुत अधिक कार्यकुशलता और सुरक्षा।

बराक ने(सैम कस की मदद से) वाशिंगटन स्क्वायर पार्क के पास एक रेस्तरां का चुनाव किया था। वह जानते थे कि स्थानीय रूप से उगाए गए भोजन के ऊपर मेरा जोर रहता था, इसलिए उन्होंने एक छोटे से रेस्तरां ब्लू हिल का चुनाव किया था। जब हम अपने सफ़र के अंतिम चरण में हेलीपैड से निचले मैनहटन की तरफ कार से जा रहे थे तो मैंने देखा कि पुलिस वालों की कार की लालबत्ती का सड़क को घेरा बनाने के लिए इस्तेमाल किया था, मुझे ग्लानि भी हो रही थी कि हमारे शहर में होने भर से शनिवार की शाम की ट्रैफिक का प्रवाह थम गया था। न्यूयॉर्क के बारे में सोचकर ही मुझे हर बार एक तरह से अच्छा नहीं लगता था, वह इतना बड़ा और व्यस्त था कि किसी के भी अहम् को बौना बना सकता था। मुझे याद था कि जब बरसों पहले मैं चर्नी, जो प्रिंसटन में मेरी मेंटॉर थी, के साथ पहली बार इस शहर में आई थी तो किस तरह आँखें फाड़ फाड़ कर देख रही थी। बराक के बारे में मैं जानती थी कि वह कुछ गहराई से महसूस कर रहे थे। शहर की बेहद ऊर्जा और विविधता सालों पहले जब वह कोलंबिया में पढ़ते थे तो उनकी बौद्धिकता और कल्पना को पंख देने के लिए सबसे उपयुक्त जगह थी।

रेस्तरां में हम लोगों को जो टेबल दिया गया वह एक कोने में था और हमारे आसपास जो लोग बैठे थे वे यह कोशिश कर रहे थे कि कुछ बेढंगा न करें। लेकिन हमारे आगमन को छिपाया नहीं गया था। हमारे आने के बाद कोई भी वहां आ सकता था। बस उसको सेक्रेट सर्विस द्वारा लगाये गए मैग्नेटोमीटर से होकर गुजरना होता था। यह एक ऐसी प्रकिया थी जो जल्दी जल्दी में तो हो जाती थी लेकिन मुझे एक बार फिर तकलीफ़ हुई।

हम लोगों ने मार्तिनी के लिए आर्डर दिया। हम हल्की-फुल्की बातें कर रहे थे। चार महीने तक हमारे जीवन में जो उठापटक चल रही थी लेकिन उसके बावजूद हम बिंदास अंदाज में आये थे- हम यह समझने की कोशिश कर रहे थे कि किस तरह एक पहचान दूसरी पहचान के साथ काम करती थी और शादी के अन्दर इसका क्या मतलब होता था। इन दिनों, बराक के जटिल जीवन का कोई भी हिस्सा ऐसा नहीं था जो मेरे जीवन को प्रभावित न कर रहा हो, जिसका मतलब यह था कि बहुत से साझा काम थे जिसके ऊपर हम बात कर सकते थे- उदाहरण के लिए लड़कियों की गर्मी की छुट्टियों के दौरान उसकी टीम द्वारा विदेश यात्रा का आयोजन करना, या वेस्ट विंग में सुबह के समय जो मीटिंग होती थी उसमें मेरे चीफ ऑफ़ स्टाफ की बात सुनी जा रही थी या नहीं- लेकिन मैं आमतौर पर इन बातों को टाल ही देती थी, केवल उस रात ही नहीं बल्कि हर रात। अगर वेस्ट विंग में होने वाली किसी बात से मुझे परेशानी होती थी तो मैं अपने कर्मचारियों के ऊपर इस बात को छोड़ देती थी कि वे बराक तक इस बात को पहुंचा दें। मैं अपने निजी समय से व्हाइट हाउस के कामकाज को अलग ही रखती थी।

कई बार बराक काम के बारे में बात करना चाहते थे, लेकिन वह अक़्सर इस बात को

टाल ही देते थे। उनका अधिकतर काम इतना थकाने वाला होता था, चुनौतियाँ बड़ी थीं और अक़्सर बहुत मुश्किल भी। जेनरल मोटर्स कुछ दिन में ही दिवालिया घोषित करने वाला था। उत्तर कोरिया ने हाल में ही परमाणु बम का परीक्षण किया था, और बराक जल्दी मिस्र जाकर एक बड़ा भाषण देने वाले थे जिसका मतलब यह था कि दुनिया भर में फैले मुसलमानों की तरफ हाथ बढ़ाना। उनके आसपास की धरती ऐसा लगता था कि हिलने से थम नहीं पा रही थी। जब भी हमारे पुराने दोस्त व्हाइट हाउस हम लोगों से मिलने आते तो हम उन लोगों से जिस बेचैनी से उनकी नौकरी, बच्चों, बच्चों के शौक आदि के बारे में पूछते कि वे हैरान रह जाते। हम दोनों की ही इस बात में कम रूचि रहती थी कि हम अपनी नई दुनिया की जटिलताओं के बारे में बात करें बल्कि हमारी दिलचस्पी इस बात में होती थी कि घर के बारे में कुछ नया हाल समाचार सुनने को मिले। ऐसा लगता था कि हम दोनों सामान्य जीवन को देखने के लिए तड़पते थे।

उस शाम न्यूयॉर्क में हम लोगों ने खाया, पिया, मोमबत्ती की रौशनी में बातें की, उस पल को महसूस किया, हालाँकि हमें यह भ्रम था कि हम उस दुनिया से बाहर आ गए थे। व्हाइट हाउस बहुत सुन्दर और आरामदेह स्थान है, वह एक तरह का महल है जो घर की तरह है, और अगर हम सीक्रेट सर्विस के नजरिये से देखें जिनके ऊपर हमारी सुरक्षा का जिम्मा है, सबसे आदर्श यही होता कि हम उसकी धरती से बाहर निकलें ही नहीं। यहाँ तक कि उसके अन्दर भी वे इस बात से अधिक खुश होते थे कि हम सीढ़ियों की जगह एलेवेटर का प्रयोग करें, ताकि लड़खड़ा कर गिरने का खतरा कम किया जा सके। अगर ब्लेयर हाउस में बराक और मेरी मीटिंग होती, जो पेंसिलवानिया एवेन्यू के बंद पड़े हिस्से के सामने था, तो कई बार वे हम लोगों से यह आग्रह करते थे कि हम ताज़ी हवा में चलकर जाने के बजाय कार का प्रयोग करें। हमारा इतना ध्यान रखा जाता था, हम उसका सम्मान करते थे लेकिन ऐसा लगता था जैसे हम कोई बंदी हों। कई बार मुझे संघर्ष करना पड़ता था, अपनी ज़रूरतों को दूसरों की सुविधाओं के मुताबिक़ करना पड़ता था। अगर हमारे परिवार का कोई ट्रूमैन बालकनी में जाना चाहता था- जो बहुत प्यारा घुमावदार टैरेस था, जिससे साउथ लॉन दिखाई देता था, और व्हाइट हाउस में हमारा एकमात्र कुछ हद तक निजी स्थान था- लेकिन वहां जाने से पहले हमें पहले सेक्रीट सर्विस को सूचित करना पड़ता था ताकि वे ई स्ट्रीट वाले हिस्से को बंद कर दें जो बालकनी से दिखाई देता था, व्हाइट हाउस के बाहर जो पर्यटक दिन रात जुटे रहते थे उनको वहां से हटाने के लिए। कई बार मेरा मन होता था कि बालकनी में जाकर बैठूं, लेकिन फिर मुझे यह देखते हुए कि इसकी वजह से कितनी परेशानी होगी, कितने लोगों की छुट्टियाँ खराब हो जायेंगी, यह सब महज इस कारण से कि मेरा मन हुआ कि बाहर बैठकर एक कप चाय पी जाए। यह सब सोचकर मैं बाहर बैठने का इरादा त्याग देती थी।

हमारी गतिविधियों के ऊपर इस कदर नियंत्रण रहता था कि बराक और मैं दिन भर में कितने कदम चलते थे वह भी नाप तौल कर होता था। जिसके कारण, हम दोनों ही घर के ऊपर बने एक छोटे से जिम के ऊपर निर्भर हो गए। बराक ट्रेडमिल पर करीब एक घंटा

रोज़ चलते थे, अपनी शरीरिक बेचैनी को कम करने की कोशिश करते थे। मैं भी हर सुबह व्यायाम करती थी, अक़्सर कोर्नेल के साथ, जो शिकागो में हमारा ट्रेनर था और अब वह हमारी तरफ से कुछ समय वाशिंगटन में रहता था, सप्ताह में कुछ दिन आता था ताकि हम लोगों को व्यायाम करवा सके।

देश के कामकाज को एक तरफ करने के बाद बराक और मेरे पास बात करने के लिए विषयों की कमी नहीं रहती थी। उस रात डिनर पर हम लोगों ने मालिया के बांसुरी सीखने के बारे में बात की; साशा किस तरह से अपने कम्बल को लेकर डूबी रहती थी वह उसको अपने सर के नीचे रखकर सोती थी। जब मैंने उसको एक मेकअप आर्टिस्ट के बारे में एक मजेदार कहानी सुनाई कि किस तरह एक मेकअप आर्टिस्ट ने हाल में मेरी माँ को एक फोटो शूट से पहले नकली पलकें लगाने की कोशिश की लेकिन लगा नहीं पाया, यह सुनकर बराक ने उसी तरह से अपना सर पीछे किया और हंसने लगे जिस तरह मुझे लगता था कि वह करेंगे। और हमारे घर में एक नया मनोरंजक बच्चा आ गया था जिसके बारे में बातें होती थीं- सात महीने का बहुत ही बदमाश पुर्तगाली कुत्ता, जिसका नाम हम लोगों ने बो रखा था, जो हमें सीनेटर टेड कैनेडी ने उपहार में दिया था। इससे लड़कियों से प्रचार अभियान के दौरान हम लोगों ने जो वादा किया था वह भी पूरा हो गया। लड़कियां लॉन में उसके साथ हाइड एंड सीक का खेल खेलती थीं, पेड़ के पीछे छिपकर उसका नाम पुकारती थीं और वह वह घास पर उछलता हुए उनकी आवाज के पीछे भागता था। हम सब बो को प्यार करते थे।

जब हम लोगों ने आखिरकार खाना ख़त्म किया और जाने के लिए खड़े हुए तो आसपास जो लोग खाना खा रहे थे वे भी खड़े होकर तालियाँ बजाने लगे, जो मुझे उनकी विनम्रता तो लगी ही लेकिन बेवजह भी लगी। यह भी हो सकता है कि उनमें से कुछ लोग इस बात से खुश हो रहे हों कि हम वहां से जा रहे थे।

मैं और बराक विघ्नकारी थे, किसी भी सामान्य से माहौल को बाधित कर देते थे। इस बात से इनकार नहीं किया जा सकता था। इस बात को हमने बहुत अधिक तब महसूस किया जब हमारी गाड़ियों का कारवां सिक्स्थ एवेन्यू से होते हुए टाइम्स स्क्वायर की तरफ बढ़ रहा था, जहाँ घंटों पहले से पुलिस वालों ने थियटर के सामने के पूरे इलाके को घेर दिया था, जहाँ हमारे साथ थियेटर देखने वाले लाइन में खड़े होकर मेटल डिटेक्टर से होकर गुजरने के लिए रास्ता देख रहे थे, जो आम तौर पर वहां होता नहीं था और कलाकारों को सुरक्षा जांच के कारण शो शुरू करने के लिए अतिरिक्त पैंतालीस मिनट का इन्तजार करना पड़ा था।

नाटक, जब अंततः शुरू हुआ तो बहुत शानदार था- यह नाटक अगस्त विल्सन ने लिखा था, जो महाविस्थापन के काल में पिट्सबर्ग के एक बोर्डिंगहाउस में केन्द्रित था, जब लाखों अफ़्रीकी अमेरिकी दक्षिण की तरफ से विस्थापित होकर मिडवेस्ट में आये थे, उसी तरह जिस तरह से मेरे दोनों परिवारों के रिश्तेदारों ने किया था। अँधेरे में बराक की बगल में बैठकर मैं आँखें फाड़े देख रही थी, कुछ भावुक हो गई थी, और कुछ देर के लिए उस नाटक में मैं पूरी तरह खो गई थी और मुझे देखते हुए काफी संतुष्टि भी महसूस हो रही थी कि मैं

अपने काम से दूर इस दुनिया में मौजूद थी।

जब उस रात देर से हम हवाई जहाज से वापस वाशिंगटन आ रहे थे तो मुझे पहले से ही यह पता था कि अब बहुत समय तक हम इस तरह का कुछ नहीं कर पायेंगे। बराक के राजनीतिक विरोधियों ने इस बात के लिए उसकी आलोचना की कि वह न्यूयॉर्क में एक शो देखने के लिए मेरे साथ गए। हमारे घर वापस पहुँचने से पहले ही रिपब्लिकन पार्टी ने एक प्रेस रिलीज जारी कर दिया था, जिसमें यह लिखा गया था कि हमारा वह डेट बहुत खर्चीला था और करदाताओं को भारी पड़ने वाला था। इस सन्देश को केबल न्यूज़ वालों ने समझ लिया और उन्होंने बहस चलाई। बराक की टीम ने चुपचाप यह बिंदु उठाया और कहा कि हम लोगों को राजनीति का ध्यान रखना चाहिए, जिसके कारण मैं अपने आपको दोषी और स्वार्थी महसूस कर रही थी कि मैंने अपने पति के साथ कुछ दुर्लभ वक्त बिता लिया।

लेकिन बात केवल यही नहीं थी। आलोचक हमेशा तैयार रहते थे। लोगों का नज़रिया ही हमारे जीवन को चला रहा था।

यह इस तरह से था मानो मैं और बराक उस डेट के माध्यम से एक सिद्धांत को परखना चाहते थे और हमें जिस बात का संदेह था उसका अच्छा और बुरा दोनों ही हिस्सा साबित हो गया। अच्छी बात यह थी कि हम उसी तरह से शाम में रोमांटिक होने के लिए निकल सकते थे जिस तरह से हम पहले जाया करते थे, जब उसका राजनीतिक जीवन शुरू भी नहीं हुआ था। देश के प्रथम दम्पति के रूप में हम एक दूसरे से नज़दीक और जुड़ाव भी महसूस करते थे, खाना खाकर आनंद उठाते हुए और उस शहर में शो देखकर जिस शहर को हम बहुत पसंद करते थे। इसका मुश्किल पक्ष था कि इस फैसले में स्वार्थ को देखा जा रहा था, इस बात को जानते हुए कि इस यात्रा के लिए समय के पहले सुरक्षा की टीम और स्थानीय पुलिस को घंटों बैठक करनी पड़ी होगी। इसके लिए हमारे कर्मचारियों को, थियेटरकर्मियों को, रेस्तरां में वेटर को अधिक मेहनत करनी पड़ी होगी। मुझे उन लोगों के लिए दुःख हो रहा था जिनकी कारें सिक्स्थ एवेन्यू से मोड़ दी गई थीं, और सडक पर ड्यूटी करने के लिए तैनात पुलिस वालों के लिए। यह सब उस नए भारीपन का हिस्सा था जिसके साथ हम रह रहे थे। बहुत अधिक लोग इसमें जुड़े थे, बहुत अधिक लोग इससे जुड़े हुए थे। किसी भी चीज को हल्का महसूस करवाने के लिए बहुत से लोग प्रभावित होते थे।

. . .

ट्रूमैन बालकनी से मैं यह देख सकती थी कि लॉन के दक्षिण पश्चिमी कोने में जोर शोर से पौधे निकल रहे थे। मुझे यह देखना बहुत अच्छा लगता था- काट छांट कर एक बड़ी प्यारी क्यारी बनाई जा रही थी, वहां सब्जियां उगने लगी थीं, प्याज, बंदगोभी, पालक आदि सब्जियां, उसके चारों तरफ चमकदार लाल और पीले फूल उगे हुए थे। हम लोग खाद्य सामग्री उगा रहे थे।

जून के अंत में बन्क्रोफ्त एलेमेंट्री से बागबानी में हमारी मदद करने वाले मूल सहायक

आ गए, जो पहली बार बागबानी में मेरी मदद कर रहे थे। हम साथ साथ घुटनों के बल बैठकर लैटे के पत्तों की धूल झाड़ते थे और मटर के पौधों से खर पतवार हटाते। इस बार उनको बो के कारण भी मनोरंजन होता था, जो हमारा छोटा कुत्ता था, जो बाग़ को खुद भी बहुत पसंद करता था। वह पेड़ों के इर्द गिर्द चक्कर लगाने के बाद पैर उठाकर धूप में लेट जाता था।

जब फसलों की कटाई हो गई तो सैम और स्कूल की बच्चियों ने ताज़े लैटिस और मटर के साथ सलाद बनाया, जिसको बाद में हमने उबले चिकेन के साथ खाया। उसके बाद जो कप केक बना था उसके ऊपर हमारे बाग़ की बेरी लगी हुई थी। दस सप्ताह में, महज 200 डॉलर के बीज से करीब 90 पौंड की खाद्य सामग्री उपजी।

बगीचा बहुत लोकप्रिय था और अपने आप में सम्पूर्ण भी था, लेकिन मैं यह भी जानती थी कि कुछ लोगों के लिए यह काफी नहीं था। मैं इस बात को समझ गई थी कि मुझे किसी तरह की प्रत्याशा के साथ देखा जा रहा था, खासकर पेशेवर कामकाजी महिलाओं द्वारा, जो इस बात से हैरान थीं कि क्या मैंने अपनी शिक्षा और प्रबंधन के अनुभवों को पीछे छोड़कर अपने आपको प्रथम महिला के बाड़े में बंद कर लिया था। लोगों को ऐसा लगने लगा था कि मैं अपने सम्पूर्ण व्यक्तित्व को शायद कभी पूरी तरह न दिखा पाऊँ।

मैं चाहे जो भी काम चुनती यह तय था कि कुछ लोगों को उससे निराशा होती। प्रचार अभियान ने मुझे यह सिखाया था कि हर कदम और चेहरे के हर हाव भाव को दर्जनों तरीके से पढ़ा जा सकता था। या तो मैं बहुत महत्वाकांक्षी होती थी या गुस्से में, या स्वस्थ खाने के अपने सन्देश के कारण मैं स्त्रीवादियों के लिए निराशा का कारण बनने वाली थी, जिसमें कुछ हद तक बड़बोलेपन की कमी थी। बराक ने निर्वाचित होने के कई महीने पहले मैंने एक पत्रिका के लिए इंटरव्यू लेने वाले से कहा था कि व्हाइट हाउस में मेरा प्राथमिक काम होगा कि मैं "मम्मी इन चीफ़" की भूमिका में बनी रहूँ। मैंने यह बात अनौपचारिक रूप से कह दी थी लेकिन यही मुहावरा पकड़ लिया गया और प्रेस में गूंजता रहा। कुछ अमेरिकियों ने ऐसा लगा कि इसको अपना लिया, इसको इस तरह से समझ लिया कि यह बच्चों को पालने का कोई प्रचार अभियान हो। जबकि, अनेक लोगों को यह बात बुरी लगी, क्योंकि उनको ऐसा लगा कि इस बात का मतलब यह था कि मैं प्रथम महिला बनने के बाद अपने बच्चों की शिल्प परियोजनाओं पर काम करने के अलावा कुछ नहीं करने वाली थी।

जबकि सच्चाई यह थी कि मैं सब कुछ करना चाहती थी- मैं उद्देश्य और अभिभावकों के साथ ध्यान के साथ काम करना चाहती थी- जिस तरह से मैं हमेशा से करती रही थी। अब अंतर बस यही था कि बहुत से लोग देख रहे थे।

कम से कम शुरुआत में मैंने सोचा कि चुपचाप काम किया जाए। मैं एक बड़ी योजना को कारगर बनाने के लिए संहिताबद्ध होना चाहती थी, किसी भी बात को सार्वजनिक करने के पहले मैं यह चाहती थी कि उस काम में मुझे पूरी तरह आत्मविश्वास हो जाए। मैंने अपने साथ काम करने वाले कर्मचारियों से कहा कि किसी मुद्दे को लेकर बजाय विस्तार में जाने

के मैं गहराई में जाना चाहूंगी। कई बार मुझे ऐसा लगता था कि मैं झील में हंस जैसी हूँ, यह समझते हुए कि मेरा काम मूल रूप से तैरते जाना और शांत रहना था, जबकि पानी के भीतर मुझे अपने पांव चलाना कभी नहीं छोड़ना था। बगीचे को लेकर हम लोगों ने रूचि और उत्साह जगाया, सकारात्मक समाचार प्रकाशित हुए, देश भर से चिट्ठियाँ आ रही थीं, जिससे मुझे इस बात का भरोसा हुआ कि मैं किसी अच्छे विचार के इर्द गिर्द माहौल बना सकती थी। अब मैं कोई बड़ा मुद्दा उठाकर उसके बड़े समाधान के बारे में माहौल बना सकती थी।

जिस समय बराक ने पदभार ग्रहण किया उस समय अमेरिका में एक तिहाई बच्चे मोटापे की समस्या से ग्रस्त थे। पिछले तीन दशकों के दौरान बच्चों में मोटापे की दर तीन गुना बढी थी। बच्चों में उच्च रक्तचाप और टाइप 2 डायबिटीज के मरीजों की संख्या में वृद्धि हुई थी। यहाँ तक कि सेना के अधिकारियों ने भी यह कहा था कि सेना में भर्ती में छंटाई का सबसे सामान्य कारण मोटापे की समस्या थी।

यह समस्या हमारे परिवार के हर पहलू से जुड़ी हुई थी, ताजे फलों की अधिक कीमतों से लेकर पब्लिक स्कूलों में खेलकूद से लेकर स्वास्थ्य से जुड़ी सुविधाओं में कटौती तक शामिल थी। टीवी, कम्प्यूटर और वीडियो गेम बच्चे के समय को लेकर होड़ में हैं, और कुछ इलाकों में घर के अन्दर रहना अधिक सुरक्षित माना जाता था, जिस तरह से जब क्रेग और मैं बच्चे थे तो करते थे। बड़े शहरों में वंचित समुदायों के घरों के आसपास किराने की दुकान तक नहीं होती। जहाँ तक ताजे फल सब्जियों की बात है तो देश भर के गाँवों के दुकानदारों का भाग्य इस मामले में अच्छा नहीं रहा है। इस बीच, रेस्तरां में खाने की मात्रा बढती गई। मीठे अनाज, माइक्रोवेव में बनाए जाने वाले भोजन आदि के विज्ञापन कार्टून देखने वाले बच्चों के मन में उतरते चले गए।

खानपान के एक हिस्से में भी अगर आप बदलाव की कोशिश करते हैं तो हो सकता है कि इसका उल्टा प्रभाव भी पड़ जाए। अगर आपने बच्चों के लिए बेचे जाने वाले मीठे पेय पदार्थों के खिलाफ लड़ाई छेड़ी तो हो सकता है कि इसका विरोध न केवल इनको बनाने वाली बड़ी कंपनियों द्वारा किया जाए बल्कि हो सकता है कि मक्का उपजाने वाले किसान भी विरोध करने लगें जो इनको मक्के की आपूर्ति करते हैं। अगर मैं स्कूल में दिए जाने वाले स्वास्थ्यकर भोजन के लिए हिमायत करती तो बड़ी कम्पनियाँ खिलाफ खड़ी हो सकती थीं जो जो एक तरह से यह तय करती हैं कि कैफे में चौथी क्लास में पढने वाले बच्चे की प्लेट में क्या परोसा जाए। सालों तक, सार्वजनिक स्वास्थ्य के विशेषज्ञों ने जिस बात की हिमायत की उसको खान पान के विशेषज्ञों ने अपने बेहतर संगठित और बेहतर धन लगाकर उनकी बात को पीछे कर दिया। अमेरिका में स्कूल लंच का व्यवसाय साल में छः बिलियन डॉलर का था।

तो भी मुझे ऐसा लगता था कि बदलाव के लिए कोशिश करने का सही समय आ गया था। मैं न तो पहली थी न ही अकेली इंसान थी जिसका झुकाव इन मुद्दों की तरफ था। अमेरिका भर में स्वास्थ्यकर खाद्यान्न को लेकर आन्दोलन धीरे धीरे सुगबुगा रहा था। देश भर में शहरी किसान इस सम्बन्ध में प्रयोग कर रहे थे। रिप्बलिकन और डेमोक्रेट दोनों ने राज्य

और स्थानीय स्तर पर इस समस्या का सामना किया था, वे स्वस्थ जीवन में निवेश कर रहे थे। सड़क के किनारे चलने के लिए अधिक निर्माण हो रहे थे और पार्क बनाए जा रहे थे- जो इस बात का सबूत था कि यह सामान्य राजनीतिक ज़मीन थी जिसके ऊपर काम किये जाने की ज़रूरत थी।

2009 के मध्य में मेरी छोटी सी टीम ने वेस्ट विंग नीति से जुड़े लोगों के साथ समन्वय करना शुरू किया तथा सरकार के अन्दर और सरकार के बाहर विशेषज्ञों के साथ बातचीत करनी शुरू कर दी ताकि कोई योजना बनाई जा सके। हम लोगों ने यह तय किया कि हम बच्चों के ऊपर एकाग्र होकर काम करेंगे। यह मुश्किल काम था और राजनीतिक रूप से भी बहुत चुनौतीपूर्ण था कि बच्चों को उनकी आदत बदलने के लिए मनाया जाए। हम लोग इस बात को लेकर निश्चित थे कि अगर हम लोगों ने इस बात के ऊपर ध्यान रखा कि बच्चों को यह सिखाया जाये कि वे भोजन को लेकर अलग तरह से सोचें और व्यायाम के बारे में कम उम्र से ही सोचें तो यह असरदार हो सकता था। और अगर हम ईमानदारी से बच्चों के बारे में बात कर रहे हों तो यह मुद्दा हम लोगों से कौन ले सकता था?

मेरे अपने बच्चे भी तब तक गर्मियों के लिए स्कूल जा चुके थे। मैंने यह तय किया कि सप्ताह में तीन दिन मैं प्रथम महिला के रूप में काम करूँगी और बाकी समय अपने परिवार के लिए रखूंगी। बजाय इसके कि बेटियों को डे कैम्प में रखने के मैंने कैम्प ओबामा का आयोजन करना शुरू किया, इसके लिए हम कुछ दोस्तों को बुलाते थे और आसपास पैदल यात्रा पर जाते, उस जगह को समझने का प्रयास करते जिस जगह पर हम रहते थे। हम मोंटीसेलो और माउंट वेर्नन गए और हम शेनेंदोह घाटी में गुफा के अन्दर भी गए। हम ब्यूरो ऑफ़ एनग्रेविंग एंड प्रिंटिंग गए ताकि यह देख सकें कि डॉलर किस तरह से बनाए जाते थे और हम वाशिंगटन के दक्षिण में फ्रेडरिक डगलस का घर देखने गए ताकि यह सीख सकें कि किस तरह एक गुलाम बनाया गया इंसान विद्वान् और नायक बना। शुरू में, मैंने लड़कियों से यह कहा कि वे हर बार यात्रा से लौटकर उसकी रपट लिखें, जिसमें इस बारे में लिखें कि उन्होंने क्या सीखा, हालाँकि बाद में उन दोनों ने विरोध करना शुरू कर दिया और मुझे इस विचार को छोड़ देना पड़ा।

जितना हो सकता था उतना हम इस तरह की यात्राओं की योजना सुबह के समय बनाते थे या दिन में कुछ देर से ताकि हमारे आगमन से पहले सीक्रेट सर्विस वाले बिना अधिक परेशानी के उस जगह को खाली करा सकें या रस्सी का घेरा डाल सकें। मैं जानती थी कि हम अभी भी बाधा डालने वाले ही थे, हालाँकि बराक के न होने से हम कम बाधा खड़ी करते थे। वैसे भी जब लड़कियों की बात आती थी तो मुझे उतनी ग्लानि भी नहीं होती थी। मैं यह चाहती थी कि हमारे बच्चे उसी तरह आजादी के साथ घूम फिर सकें जिस आज़ादी के साथ दूसरे बच्चे घूमते हैं।

उस साल पहले एक बार सीक्रेट सर्विस के साथ मेरी झड़प हो गई जब मालिया को बच्चों के एक समूह द्वारा बुलाया गया जो उसी समय आइसक्रीम लेने जाना चाहते थे। सुरक्षा

कारणों से उसको पारिवारिक कार में नहीं जाने दिया गया, और चूँकि बराक और मेरा दैनिक कार्यक्रम सप्ताह भर पहले से तय रहता था इसलिए मालिया को यह कहा गया कि उसको एक घंटा इन्तज़ार करना होगा ताकि उसके सुरक्षा प्रमुख को उपनगर से बुलाया जा सके। जिसकी वजह से उसको माफ़ी मांगने के लिए कई फोन करने पड़ गए और उसमें शामिल सभी लोगों को कुछ देर रुकने के लिए कहा गया।

मैं यह नहीं चाहती थी कि मेरी बेटियों को इस तरह के भारीपन के साथ जीना पड़े। मैं अपनी चिढ़ को रोक नहीं पाई। मेरे लिए इस बात का कोई मतलब नहीं था। व्हाइट हाउस के सभी गलियारों में एजेंट्स खड़े रहते थे। खिड़की के बाहर देखने से मुझे दिखाई दिया कि सीक्रेट सर्विस की गाड़ियाँ खड़ी थीं। लेकिन पता नहीं क्यों उसको अनुमति नहीं दी गई कि वह अपने दोस्तों के पास जा सके। उसके सुरक्षा के प्रमुख के बिना कुछ भी नहीं किया जा सकता था।

"इस तरह से न तो परिवार चलता है न ही आइसक्रीम लाने जाने का काम," मैंने कहा। "अगर आप किसी बच्चे की रक्षा करना चाहते हैं तो आपको बच्चों जैसा होना भी चाहिए।" मैंने आगे बढ़कर इस बात को पक्का किया कि एजेंट सुरक्षा सम्बन्धी प्रोटोकॉल को बदलें ताकि भविष्य में साशा और मालिया व्हाइट हाउस से सुरक्षा के साथ जा सकें और इसके लिए पहले से योजना बनाये जाने की ज़रूरत न पड़े। मेरे लिए यह एक तरह से सीमाओं की एक और परीक्षा थी। बराक और मैंने अब इस विचार का त्याग कर दिया था कि हमें सहज होना चाहिए। हम लोगों ने यह मान लिया कि हमारे जीवन में अब संवेदनशीलता और मनमौजीपन के लिए किसी तरह की जगह नहीं थी। लेकिन अपनी लड़कियों के लिए हम लड़कर इस सम्भावना को बचाए रखना चाहते थे।

बराक के प्रचार अभियान के दौरान बीच में लोगों ने मेरे कपड़ों के ऊपर ध्यान देना शुरू कर दिया था। या कम से कम मीडिया ने उस तरफ ध्यान दिया और इस वजह से फैशन ब्लॉगरों ने भी ध्यान देना शुरू किया, जिसके कारण लगता था कि इन्टरनेट पर हर तरह की बात की जाने लगी। मुझे यह नहीं पता है कि ऐसा क्यों हुआ, शायद इसलिए क्योंकि मैं लम्बी थी और कपड़े बेधड़क होकर पहनती थी इस वजह से, लेकिन यह चर्चा चल निकली।

जब मैंने हील की जगह पर फ़्लैट चप्पलें पहनी तो समाचारों में उसकी भी चर्चा हुई। मेरे मोती, मेरे बेल्ट, मेरे कार्डिगन, जे। क्र्यू के रैक से पहने गए कपड़े, शुभारम्भ के दिन के लिए मेरे द्वारा सफ़ेद गाउन का चुनाव- सबको लेकर तरह तरह के विचार आते थे और तत्काल उनके बारे में प्रतिक्रिया भी आ जाती थी। जिस दिन बराक ने कांग्रेस के संयुक्त सत्र को संबोधित किया था उस दिन मैंने स्लीवलेस बैंगनी रंग का ड्रेस पहना और व्हाइट हाउस के आधिकारिक फोटो के लिए मैंने काले रंग की चुस्त ड्रेस पहनी थी तो अचानक मेरी बांह को लेकर लिखा जाने लगा। बाद में 2009 की गर्मियों में जब हम पारिवारिक यात्रा पर ग्रांड कैनियन गए तो मुझे इस बात के लिए लताड़ा गया कि

मैंने गरिमा नहीं निभाई थी जब एयेफोर्स वन से उतरते हुए(106 डिग्री की गर्मी में) मैंने शॉर्ट्स पहन रखे थे।

ऐसा लगता था कि लोगों के लिए मेरी बातों से अधिक मेरे कपड़ों का महत्व रहता था। लन्दन में, एलिजाबेथ गैरेट स्कूल की लड़कियों से बात करते हुए आँखों में आंसू आ जाने के कारण जब मुझे मंच से उतर जाना पड़ गया तो मुझे यह बताया गया कि मेरे कर्मचारी से एक रिपोर्टर ने यह पूछा, "इनके कपड़े कौन बनाता है?"

इस तरह की बातें मुझे अच्छी नहीं लगती थीं, लेकिन मैं इसको सीखने के एक अवसर के रूप में ही देखती थी, कि किसी स्थिति में मैं किस तरह की शक्ति का उपयोग कर सकती थी जिस परिस्थिति का चुनाव मैंने नहीं किया हो। अगर लोग पत्रिकाओं के पन्ने पलटते थे तो वे मुख्य रूप से यह देखना चाहते थे कि मैंने किस तरह के कपड़े पहने हुए थे। इसलिए मुझे यह उम्मीद थी कि वे जब सैनिक पति पत्नी मेरे साथ खड़े होंगे तो वे यह भी देख सकते थे या बच्चों के स्वास्थ्य को लेकर मेरा क्या कहना था। बराक के निर्वाचित होने के तत्काल बाद *वोग* पत्रिका ने यह प्रस्ताव रखा कि वह अपने कवर पर मेरी तस्वीर देना चाहते थे तो मेरी टीम में इस बात को लेकर बहस होने लगी कि ऐसे समय में जब आर्थिक चिंता का दौर है इससे क्या मेरी छवि हल्की हो जायेगी या या मुझे आभिजात्य माना जायेगा। लेकिन अंत में हमने इसके साथ आगे बढ़ने का फैसला किया। जब भी किसी अश्वेत महिला को किसी मैगजीन के कवर पर स्थान दिया जाता था तो यह बात मायने रखती थी। साथ ही, मैंने इस बात के ऊपर भी ज़ोर दिया कि फोटो शूट के लिए मैं अपने कपड़े खुद चुनुंगी, जानी मानी लैटिनो डिजाइनर जेसन वू और नारसिसो रौद्रिग्स के कपड़े मैंने इस मौके के लिए चुने।

मैं फैशन के बारे में थोड़ा तो जानती थी लेकिन बहुत नहीं। कामकाजी महिला होने के कारण मैं इस कदर व्यस्त रहती थी कि मैं इस बारे में अधिक सोच भी नहीं पाती थी कि मुझे क्या पहनना चाहिए। प्रचार अभियान के दौरान मैंने अधिकतर खरीददारी शिकागो के एक बुटिक से की, जहाँ संयोग से मेरी भेंट एक युवा सेल्स अधिकारी मेरेडिथ कूप से हो गई, जो सेंट लूसिया में पली बढी थी, जो बहुत तेज़ थी और अनेक डिजाइनरों के बारे में उसको बहुत अच्छी तरह पता था और रंगों और डिजाइन की बहुत दिलचस्प समझ थी। बराक के चुनाव के बाद मैंने उसको प्रेरित किया कि मेरे साथ वाशिंगटन चले और मेरे वार्डरोब स्टाइलिस्ट के रूप में मेरे साथ काम करे। बहुत जल्दी, वह भी मेरी विश्वस्त दोस्त बन गई।

महीने में दो तीन बार मेरेडिथ कपड़ों के बड़े बड़े रैक मेरे घर ले आती थी, और हम लोग घंटा या दो घंटे लगाकर उसी हिसाब से कपड़ों के जोड़े बनाती थी आने वाले सप्ताह में मेरा जिस तरह का कार्यक्रम होता था। मैं अपने सभी कपड़ों तथा अन्य सामानों के लिए खुद ही भुगतान करती थी, सिवाय उन डिजाइनर गाउन के जो मैं औपचारिक आयोजनों में पहनती थी, जो मुझे डिजाइनरों द्वारा उधार दिया जाता था और जिसे बाद में व्हाइट हाउस के नैतिकता सम्बन्धी मानदंडों के मुताबिक़ नेशनल आर्काइव्स को दे दिया जाता था। जहाँ तक मेरे चुनाव की बात आई, तो इस मामले में मैं अप्रत्याशित थी, जिससे कोई पहले से यह

नहीं बता पाए कि मैं क्या पहनने वाली थी। यह बहुत महीन रेखा थी। मुझको इस तरह से रहना होता था कि दूसरों के ऊपर भारी न पड़ जाऊं, उनके बीच घुल मिल जाऊं लेकिन ऐसा भी नहीं कि नज़र में न आऊँ। अश्वेत महिला होने के कारण भी मैं जानती थी कि मेरी इसके लिए आलोचना की जाती कि मैं बहुत दिखावा करने वाली थी या सरचढ़ी थी, और अगर मैं बहुत औपचारिक हो जाती तो इसके लिए भी मेरी आलोचना की जाती। इसलिए मैंने सबको मिला दिया। मैं महंगे माइकेल कोर्स की शर्ट को गैप के टीशर्ट के साथ मिला देती थी। मैं किसी दिन टारगेट पहनती थी तो किसी दिन डाइन वोन फ्रुस्तेंबर्ग। मैं यह चाहती थी कि मेरी तरफ़ ध्यान भी जाए और अमेरिकन डिजाइनर को आगे भी ले जाऊं, खासकर उनको जिनका उतना नाम नहीं था, चाहे इसकी वजह से कई बार स्थापित डिजाइनर नाराज भी हो जाएँ। जिनमें ऑस्कर दे ला रेंटा भी थे जिनके बारे में बताया गया कि वे इस बात से दुखी हो गए कि मैं उनके डिजाइन किये गए कपड़े नहीं पहनती थी। मेरे लिए, कपड़ों के जो चुनाव होते थे वे लोगों की निगाहों के साथ उत्सुकता का रिश्ता बनाने के साथ साथ अलग अलग तरह के नए डिजाइनर को बढ़ावा देना भी होता था।

राजनीतिक दुनिया में सब कुछ कुल मिलाकर नज़रिया से तय होता है, और यह बात पहने गए हर कपड़े में भी मायने रखती थी। इसके लिए समय, सोच, एवं धन की ज़रूरत होती थी- मैं कपड़ो में पहले से अधिक खर्च करने लगी थी। इसके लिए मेरेडिथ गहन शोध भी करती थी- ख़ासकर विदेश यात्राओं के लिए। वह कई बार घंटों इस बात में लगाती थी कि डिजाइनर, रंगों और शैलियों का चुनाव इस तरह से हो कि ताकि जिस देश में मैं जा रही होऊं उसके प्रति पर्याप्त सम्मान दिखाई दे। सार्वजनिक आयोजनों से पहले मेरेडिथ साशा और मालिया के लिए भी कपड़ों का चुनाव करती थी, जो सारे खर्च में शामिल हो जाता था। लेकिन वे उनके ऊपर भी नज़र रखते थे। कई बार मैं आह भरती थी जब बराक अपनी अलमारी से वही गहरे रंग का सूट निकालकर बिना कंघी के ही काम पर चला जाता था। सार्वजनिक आयोजनों में पहनने के लिए उसकी सबसे बड़ी चिंता यह होती थी कि सूट जैकेट पहने या नहीं। टाई या बिना टाई के?

मैं और मेरेडिथ हमेशा तैयार रहते थे। अपने ड्रेसिंग रूम में मैं कोई नया कपड़ा पहनने के बाद मैं पालथी मारकर, उछलकर, बांहों को मोड़कर यह देख लेती थी कि इस कपड़े में मैं आगे बढ़ सकती थी या नहीं। अगर कोई भी कपड़ा बहुत अधिक संभालकर पहनने वाला होता था तो मैं उसको वापस रैक में डाल देती थी। जब मैं यात्रा में होती थी तो मैं बैकपैक में रखे जाने वाले कपड़े पहनती थी, इस बात को ध्यान में रखते हुए कि शेड्यूल और समय में बदलाव भी ही सकता था। यह कहने की ज़रूरत नहीं है कि दुर्घटना भी घटित हो सकती थी जैसे वाइन का गिर जाना या चेन का टूट जाना। मैंने यह भी सीखा था कि यह भी महत्वपूर्ण था कि अंतिम यात्रा में जाने वाले ड्रेस को हमेशा तैयार रखा जाए, क्योंकि कई बार बराक को बहुत कम समय में किसी सैनिक, सीनेटर या विश्व के नेताओं की अंतिम यात्रा में जाना पड़ जाता था।

मैं मेरेडिथ के ऊपर बहुत अधिक निर्भर रहने लगी थी, लेकिन साथ ही उतना ही निर्भर जॉनी राईट के ऊपर भी, जो जल्दी जल्दी बात करने वाला, जो जोर जोर से हंसने वाला मेरा हेयर ड्रेसर था, और बहुत कम बोलने वाला और बहुत ध्यान से काम करने वाला मेरा मेक अप आर्टिस्ट कार्ल रे के ऊपर। यह तिकड़ी मुझे वह आत्मविश्वास देती थी जिसके साथ मैं रोज़ बाहर निकलती थी। हम सब जानते थे कि किसी भी तरह की गलती होने पर हमारा मजाक उड़ाया जा सकता था और बेहूदा टिप्पणियां की जा सकती थीं। मैं ऐसी इंसान नहीं मानी जाती थी जो किसी को अपनी छवि चमकाने के काम पर रखूँ, मुझ सोचकर ही अजीब लगने लगता था। लेकिन जल्दी ही मुझे वह सच समझ में आ गया जिसके बारे में कोई बात नहीं करता: राजनीति से जुड़े लोग, प्रसिद्ध व्यक्ति, आप जिसका भी नाम लें- सभी के पास मेरेडिथ, जॉनी, और कार्ल जैसे लोग होते हैं। यह एक ज़रूरत है, समाज में हमारे दोहरे मापदंड की कीमत।

मुझसे पहले जो प्रथम महिलायें थीं वे किस तरह अपने कपड़े, बालों, और मेक अप का ध्यान रखती थीं? मुझे नहीं पता। व्हाइट हाउस में पहले साल के दौरान मैंने पाया कि मैं जो या तो पहले की प्रथम महिलाओं द्वारा लिखी गई होती थीं या उनके बारे में होती थीं, लेकिन हर बार मैं उनको रख देती थी। मैं यह बात जानना भी नहीं चाहती थी कि हम में क्या बात समान थी और क्या कुछ अलग था।

मैंने सितंम्बर में हिलेरी क्लिंटन के साथ घर के डाइनिंग रूम में बैठकर बहुत सुखद लंच लिया। चुनाव के बाद मुझे कुछ हैरानी हुई जब बराक ने हिलेरी को अपना सेक्रेट्री ऑफ़ स्टेट बना लिया, दोनों के आरंभिक चुनावों के घावों को परे रख दिया और कारगर रिश्ता कायम किया। उन्होंने बड़ी बेबाकी से कहा कि किस तरह उन्होंने यह गलत समझ लिया था कि देश प्रथम महिला के रूप में एक सक्रिय पेशेवर महिला को चाह रहा था। अरकंसास की प्रथम महिला होने के नाते हिलेरी ने लॉ पार्टनर की अपनी नौकरी को बनाये रखा था और वह स्वास्थ्य और शिक्षा के क्षेत्र में हालात हो बेहतर बनाने के लिए अपने पति की मदद भी कर रही थीं। वह वाशिंगटन उसी तरह की इच्छा और ऊर्जा के साथ आई कि उनको कुछ योगदान करना था, हालाँकि उनको बुरी तरह से ठुकराया गया तथा व्हाइट हाउस द्वारा शिक्षा-स्वास्थ्य के क्षेत्र में नीतियाँ बनाने में उनकी भूमिका के कारण उनको कठघरे में भी खड़ा किया गया। यह सन्देश बहुत क्रूर स्पष्टता के साथ दिया गया कि जनता ने उनके पति को निर्वाचित किया था न कि उनको। वेस्ट विंग में प्रथम महिलाओं की कोई भूमिका नहीं होती। उन्होंने बहुत जल्दी बहुत कुछ करने की कोशिश की और दीवार से टकरा गई।

मैंने अन्य प्रथम महिलाओं के अनुभवों के आधार पर यह ध्यान रखा कि दीवार से टकराना न पड़ जाए, मैंने यह कोशिश की कि वेस्ट विंग के कामकाज में सीधे तौर पर न आऊँ। बल्कि मैं अपने कर्मचारियों के ऊपर इस बात के लिए निर्भर रहती थी कि वे रोज़ बराक को मेरी सलाह दें, हम दोनों के शेड्यूल को मिलाएं, तथा हर योजना की समीक्षा करें। मेरे विचार से राष्ट्रपति के सलाहकार इस बात को लेकर बहुत मीनमेख निकालने वाले थे

कि हम किस तरह से दिखाई दें। कई साल बाद एक बार मैंने जब अपने बालों को कटवाने का फ़ैसला किया तो मेरे कर्मचारियों का ऐसा कहना था कि मुझे इस बारे में पहले बराक के कर्मचारियों से बता देना चाहिए ताकि बाद में किसी तरह की मुश्किल न हो।

आर्थिक व्यवस्था की हालत खराब थी, इसलिए बराक की टीम लगातार व्हाइट हाउस से बाहर बनने वाली मेरी छवि को लेकर रक्षात्मक थी जिसको नकचढ़ी या हल्के-फुल्के रूप में न देखा जाए क्योंकि उस समय मंदी का माहौल था। यह बात हमेशा मुझे जमती नहीं थी। मैं अपने अनुभव से इस बात को जानती थी कि कठिन से कठिन समय में भी हंसना कोई बुरी बात नहीं होती थी। बच्चों के लिए आपको मौजमस्ती के जरिये देखने होते थे। इस मामले में मेरी टीम बराक की संचार टीम के साथ उलझी हुई थी क्योंकि मैं व्हाइट हाउस में बच्चों के लिए हैलोवीन पार्टी का आयोजन करना चाहती थी। वेस्ट विंग- खासकर डेविड ऐक्स्लोर्ड, जो अब प्रशासन में वरिष्ठ सलाहकार था, और प्रेस सेक्रेट्री रॉबर्ट गिब्स- को ऐसा लगता था कि इसको ऐसे देखा जाएगा मानो बहुत दिखावा किया जा रहा हो, बहुत खर्च किया जा रहा हो, और हो सकता है कि यह बराक को जनता से दूर कर दे। "नज़रिया बनना बुरा होता है," उन्होंने इस तरह से कहा। मैं इस बात से सहमत नहीं थी, मेरा कहना यह था कि हैलोवीन पार्टी का आयोजन बच्चों और सैनिकों के परिवारों के लिए था जिन्होंने व्हाइट हाउस को पहले नहीं देखा था और इसलिए यह सामाजिक कार्यालय के मनोरंजन के बजट का छोटा सा खर्च था और उचित था।

एक्स और गिब्स ने पूरी तरह से हामी तो नहीं भरी लेकिन एक बिंदु पर आकर उन्होंने इस बात के ऊपर हम लोगों से बहस छोड़ दी। अक्टूबर के अंत में मुझे बहुत ख़ुशी हुई जब एक हज़ार पाउंड का कद्दू व्हाइट हाउस के लॉन में लगाया गया, भूतों का बैंड हमारे लिए जैज म्यूजिक बजा रहा था, एक विशाल काली मकड़ी उत्तर तरफ की पोर्टिको से आ रही थी। मैं व्हाइट हाउस के सामने गिरगिट के कपड़ों में खड़ी थी- काली पैंट, चितकबरी टॉप और टोपी में बिल्ली जैसे कान, और बराक जो अलग अलग कॉस्टयूम नहीं पहनते थे मेरी बगल में एक साधारण स्वेटर पहने खड़े थे। (गिब्स अपने आप दार्थ वेदार के कपड़े पहने मजे करने के लिए आया हुआ था) उस रात हम लोगों ने राष्ट्रपति के सील वाले बक्से में कुकीज, सूखे मेवों, एम एंड एम के दो हजार से अधिक बक्से छोटी छोटी बच्चियों, सुपर हीरोज, भूतों, फुटबाल खिलाड़ियों को दिये जो लॉन में हम लोगों से मिलने के लिए जुटे हुए थे। जहाँ तक मेरी बात थी तो नज़रिया सही था।

बाग़ मौसम के साथ गुलज़ार हो रहा था, जो हम लोगों को बहुत कुछ सिखा रहा था। हम लोगों ने खरबूजा उगाया जो पीला और स्वादहीन था। हम लोगों ने बारिश के थपेड़े देखे जिसने ऊपर की मिटटी को बहा दिया। चिड़िया हमारे ब्लूबेरी को खा जाती थी, झींगुर खीरे खा जाते थे। कभी भी कुछ बिगड़ता तो नेशनल पार्क सर्विस के वनस्पति विज्ञानी जो हेड गार्डनर के रूप में काम करते थे और डेल हेनरी, जो व्हाइट हाउस के ग्राउन सुपरिटेंडेट थे,

हम थोड़े बहुत सुधार करते और काम में आगे बढ़ते रहते, कुल मिलाकर जो प्रचुरता थी उसका मज़ा लेते। घर में हमारे खाने में अक़्सर ब्रोकोली, बंद गोभी आदि शामिल होते थे जो साउथ लॉन में उगाये गए होते थे। हम अपनी हर उपज का कुछ हिस्सा मिरियम किचेन को दान दे देते, जो एक गैर सरकारी संगठन था जो बेघरों के लिए काम कर रहा था। हम सब्जियों के अचार बनाते थे और आने वाले गणमान्य लोगों को उनको उपहार के रूप में देते थे, साथ में हम अपने नए मधुमक्खी पालन के माध्यम से शहद की शीशी देते थे। कर्मचारियों के बीच बगीचा गर्व का विषय बन गया। जो पहले इसको लेकर संदेह में थे वे अब प्रशंसक बन गए। मेरे लिए बगीचा साधारण, समृद्ध और स्वास्थ्यकर था- विश्वास और मेहनत का नतीजा। यह सुन्दर था और शक्तिशाली भी। और इसने लोगों को खुश भी बनाया।

पिछले कुछ महीनों के दौरान ईस्ट विंग के मेरे कर्मचारियों और मैंने बाल स्वास्थ्य के विशेषज्ञों के साथ बातचीत की और इस बात की हिमायत की कि वे हमें उन स्तंभों का निर्माण करने दें जिनके ऊपर बड़े प्रयासों का निर्माण किया जा सके। हम लोगों ने अभिभावकों को बेहतर सूचनाएं दी जिनके आधार पर वे अपने परिवारों के लिए स्वास्थ्यकर चुनाव कर सकें। हम लोगों ने ऐसी स्कूलों के निर्माण की कोशिश की जो स्वास्थ्य के लिहाज से हों। हमने कोशिश की पोषक आहारों तक पहुँच को आसान बनाया जाए। और हम लोगों ने इसके कई जरिये बनाए ताकि युवा शारीरिक रूप से सक्रिय रहें। हम यह जानते थे कि हम जिस तरह से अपना काम कर रहे थे वह बहुत मायने रखता था। मैंने एक बार फिर स्टेफेनी क़टर से मदद की मांग की, जो एक परामर्शदाता के रूप में सैम और जोकेलीन फ्राई की मदद के लिए आये ताकि इस प्रयास को दिशा दी जा सके, जबकि मेरी संचार टीम को यह काम सौंपा गया कि वह जनता के लिए एक मजेदार अभियान तैयार करे। इस बीच वेस्ट विंग मेरी योजनाओं को लेकर चिढ़ा हुआ था। उनका यह मत था कि हम लोग ऐसे समय में ऐसा काम कर रहे थे जिससे उंगलियाँ उठ सकती थीं, जब विवादास्पद बैंक और कार कम्पनियाँ दिवालिया हो रही थीं और जिसकी वजह से अमेरिकी जनता अतिरिक्त रूप से आशंकित हो गई थी और वह चाहती थी कि सरकार इसमें हस्तक्षेप करे।

हालाँकि, मेरा लक्ष्य यह था कि इसको सरकार से अधिक बनाऊँ। मैं सोच रही थी कि मुझे हिलेरी के उन अनुभवों से सीखना चाहिए जो उन्होंने मेरे साथ साझा की थी कि राजनीति को बराक के ऊपर छोड़ कर मैं अपना ध्यान कहीं और लगाऊँ। जब सॉफ्ट ड्रिंक कंपनियों के सीईओ और स्कूलों में लंच पहुंचाने वालों से बात करने की बारी आई तो मुझे लगा कि बजाय किसी कानूनी आदेश के यह अच्छा रहेगा कि उनसे मानवीय अपील की जाए, उनको सहयोगी बनाया जाए बजाय उनके साथ झगड़ा मोल लेने के। और जहाँ तक इस मुद्दे की बात थी जिस तरह से परिवार सच में रहते थे तो मैं सीधे तौर पर माँ, पिताओं और विशेषकर बच्चों से बात करना चाहती थी।

मेरी कोई दिलचस्पी राजनीति के मानकों को अपनाने में नहीं थी या रविवार की सुबह टीवी शो में हाजिर होने में। बल्कि मैंने स्वास्थ्य से जुड़ी पत्रिकाओं में इंटरव्यू दिए जो

अभिभावकों और बच्चों के लिए होते थे। साउथ लॉन में मैंने रस्सी कूदते हुए तस्वीर खिंचवाई ताकि यह सन्देश दिया जा सके कि व्यायाम करना मज़ेदार हो सकता था और सीसेम स्ट्रीट में मेहमान की तरह गई और एलमो एवं बिग बर्ड के साथ सब्जियों के बारे में बात की। व्हाईट हाउस के बगीचे से जब भी मैं संवाददाताओं के साथ बात करती थी तो मैं यह बताती थी कि बहुत से अमरीकियों को अपने आसपास में ताज़ा खाद्य उत्पाद नहीं मिलता है और इस बात पर टिप्पणी करने की कोशिश भी करती थी कि मोटापे के कारण स्वास्थ्य सेवा के ऊपर कितना खर्च बढ़ता जा रहा था। मैं यह चाहती थी कि अगर इस प्रयास को सफल बनाना था तो हमें सभी लोगों को इससे जोड़ना होगा, ताकि इस बात का पता चल सके कि किस तरह की आपत्ति की जा रही थी। इस बात को ध्यान में रखते हुए हम लोगों ने हफ्तों-हफ़्तों तक व्यवसायियों और हिमायती समूहों के साथ साथ कांग्रेस के सदस्यों के साथ भी बैठकें की। हम लोगों ने फोकस समूह बनाए जो इस परियोजना के लिए हमारी ब्रांडिंग का परीक्षण करे, इसके लिए हम लोगों ने पीआर समूहों की मदद भी ली ताकि सन्देश को बेहतर बनाया जाए।

फ़रवरी 2010 में मैं अपने नज़रिए को साझा करने के लिए तैयार थी। मंगलवार की एक ठंडी सुबह, जब डीसी अभी भी ऐतिहासिक बर्फीले तूफ़ान से उबरने की कोशिश कर रहा था, मैं व्हाइट हाउस के स्टेट डाइनिंग रूम में लेक्चर देने के लिए खड़ी हुई, मेरे चारों तरफ बच्चे और कैबिनेट सेक्रेट्री, खिलाड़ी और मेयर थे, साथ में चिकित्सा विभाग, शिक्षा और खाद्य उद्योग से जुड़ी बड़ी हस्तियाँ थीं, और मीडिया भी थी। हम लोगों ने गर्व के साथ अपने कदम के बारे में घोषणा की, जिसका नाम हमने रखा था लेट्स मूव। इसका एक ही लक्ष्य था- एक पीढ़ी के अन्दर बच्चों में मोटापे की महामारी को मिटाना।

जो बात मेरे लिए मायने रखती थी वह यह थी कि हम कोई आसमानी उम्मीदें नहीं रख रहे थे। हमारा प्रयास वास्तव में था, और काम चल रहा था। उस दिन पहले न केवल बराक ने मेमोरेंडम पर हस्ताक्षर किये थे ताकि अपनी तरह का पहला संघीय टास्क फ़ोर्स बनाया जाए जिसका उद्देश्य बच्चों में मोटापे की समस्या को कम करना हो, साथ ही स्कूल में लंच पहुँचाने वाली तीन बड़ी कंपनियों ने यह घोषणा की कि वे दिये जाने वाले भोजन में नमक, चीनी और फैट की मात्रा को कम करेंगे। द अमेरिकन ब्रेवेरेज एसोशियेशन ने यह वादा किया कि वे उपयोग की जाने वाली सामग्रियों के बारे में स्पष्टता लायेंगे। हम लोगों ने बच्चों के डॉक्टरों के संघ को इससे जोड़ा ताकि वे डॉक्टरों को इसके बारे में जागरूक बनाएं कि बच्चों के बॉडी मास इंडेक्स मापन को बच्चों की देखभाल का मानक बनाया जाए। हम लोगों ने डिज़्नी, एनबीसी और वार्नर ब्रदर्स से आग्रह किया कि वे ऐसे कार्यक्रम बनाएं जिससे बच्चों में स्वस्थ जीवन का संदेश जाए। बारह अलग अलग प्रोफेशनल स्पोर्ट्स लीग भी इसके लिए तैयार हो गए कि वे 60 मिनट प्ले ए डे अभियान को चलाएंगे ताकि बचों में अधिक गतिविधि को लेकर जागरूकता का प्रसार हो।

और यह तो महज़ शुरुआत थी। हम लोगों ने यह योजना बनाई कि शहरों के आस पड़ोस में हरी सब्जियां उगाई जाये जिनको फ़ूड डेजर्ट के नाम से जाना जाने वाला था। हम

इसके ऊपर भी जोर देने वाले थे कि फ़ूड पैकेजिंग पर पोषण सम्बन्धी सूचनाएँ अच्छी तरह डाली जाएँ। और पोषण सम्बन्धी हालिया शोधों को देखते हुए पोषक आहार को अधिक सुलभ बनाया जा सके। साथ ही, हमने इसके ऊपर भी काम किया कि बच्चों के स्वास्थ्य से जुड़े मुद्दों के सम्बन्ध में व्यवसाय जगत को अपने निर्णयों के लिए ज़िम्मेदार बनाया जाए।

इन बातों को संभव बनाने के लिए समर्पण और संगठन की ज़रूरत थी, इस बात को मैं जानती थी, लेकिन इसी तरह का काम मैं चाहती थी। हमने एक बहुत बड़ा मुद्दा उठाया था लेकिन अब मेरे पास एक बहुत बड़े मंच से काम करने की सुविधा भी थी। मैं इस बात को समझने लगी थी कि मुझे अपने होने को लेकर जो बातें अजीब लगती थीं- प्रसिद्धि, मेरी छवि के ऊपर बहुत अधिक ध्यान दिया जाना, मेरे काम को लेकर अस्पष्टता- उन सबको अच्छे लक्ष्य के लिए काम में लिया जा सकता था। मैं उत्साहित थी। अब मैं अपने पूरे व्यक्तित्व को दिखा सकती थी।

22

एक वासन्ती सुबह बराक और मैं लड़कियों के साथ साउथ लॉन के नीचे बुलाये गए। नीचे ड्राइव वे में एक आदमी हमारा इन्तज़ार कर रहा था जिसको हमने कभी नहीं देखा था। वह आदमी चेहरे से दोस्ताना लग रहा था, खिचड़ी मूंछें थीं जिससे वह गरिमामय लग रहा था। उसने अपना परिचय लायड के रूप में दिया।

"मिस्टर प्रेसिडेंट। मिसेज ओबामा," वह बोला। "हम लोगों ने यह सोचा कि आपको और लड़कियों को यहाँ के माहौल में थोड़ा बदलाव अच्छा लगेगा, इसलिए हम लोगों ने पालतू चिड़ियाखाना बनाया है आप लोगों के लिए।" वह हमें देखकर मुंह खोलकर मुस्कुराया और बोला, "इससे पहले कभी भी कोई प्रथम परिवार इस तरह के काम में शामिल नहीं हुआ।"

उस आदमी ने हमें अपनी बायीं तरफ दिखाया और हम देखने लगे। तीस मीटर की दूरी पर देवदार के पेड़ों के नीचे चार सुन्दर बिल्लियां थीं। एक सिंह, एक बाघ, एक दुबला सा काला चीता। जहाँ मैं खड़ी थी वहां से न तो किसी तरह का बाड़ या चेन नहीं दिखाई दे रहा था। साफ़ लग रहा था कि उनको अन्दर किसी तरह की तकलीफ़ नहीं हो रही थी। यह मुझे अजीब लगा। यह तो सचमुच माहौल में बदलाव था।

"शुक्रिया। यह कितना सोच विचार कर किया गया है," मैंने कहा, मुझे लग रहा था कि मैं खुश महसूस कर रही थी। –"लायड क्या मैं सही हूँ कि किसी तरह का बाड़ा नहीं है? क्या यह बच्चों के लिए खतरनाक नहीं होगा?"

"अच्छा, हाँ, जाहिर है, हम लोगों ने इस इस बारे में सोचा भी था," लायड ने कहा। "हमें लगा कि आपके परिवार को जानवरों के साथ तब अधिक आनंद महसूस होगा जब वे आराम से घूमें, जिस तरह से वे जंगल में घूमते हों। इसलिए आप लोगों की सुरक्षा के लिए हम लोगों ने इन जानवरों को शांत रहने के लिए दवा दे दी है। आप लोगों को किसी तरह का खतरा नहीं है।" उसने आश्वस्त करते हुए कहा। "आगे बढ़कर उनके नजदीक जाइए, मज़े कीजिये।"

बराक और मैंने मालिया और साशा का हाथ थामा और हम साउथ लॉन की घास पर आगे बढ़ने लगे जिस पर अभी भी ओस थी। जानवर उससे कहीं बड़े थे जैसी कि मुझे उम्मीद

थी, वे छरहरे और पुष्ट थे, वे इस तरह पूंछ हिला रहे थे मानो हमारे आगे बढ़ते कदम को देख रहे थे। मैंने इस तरह से पहले कभी नहीं देखा था, चार बिल्ली प्रजाति के बड़े जीव एक साथ बैठे हुए थे। जब हम कुछ नजदीक गए तो सिंह कुछ हिला, चीते की आँखें हमारा पीछा कर रही थी, शेर का कान कुछ हिला। उसके बाद बिना किसी चेतवानी के चीता छाया से उठा और बहुत तेज़ी से आगे की तरफ बढ़ा और तेज़ी से हमारी तरफ आया।

मैं घबड़ा गई, मैंने साशा का हाथ थामा और तेजी से घर की तरफ भागी, मुझे विश्वास था कि बराक और मालिया भी ऐसा ही कर रही होंगी। आवाज से मुझे लग रहा था कि जानवर अपने पैरों पर खड़े हो गए थे और वे हमारे पीछे आ रहे थे।

लायड रस्ते में खड़ा था और उसको जैसे कुछ नहीं हुआ था।

"मैंने सोचा था कि तुमने कहा था कि जानवरों को नशे की दवा दी गई थी," मैंने चिल्लाते हुए कहा।

"चिंता मत कीजिये मैम," उसने जवाब दिया। "हम लोगों ने इस हालात के बारे में सोचते हुए एक योजना बनाई थी," वह एक तारफ हट गया और सेक्रेट सर्विस के एजेंट दरवासे से निकले, उनके हाथ में बंदूकें थीं जिनमें नशे वाली गोलियां लगी हुई थीं। तभी मुझे महसूस हुआ कि साशा मेरी पकड़ से छूट गई थी।

मैंने वापस लॉन की तरफ देखा, मैं यह देखकर घबड़ाई हुई थी कि मेरे परिवार का पीछा जंगली जानवर कर रहे थे और उन जंगली जानवरों का पीछा सीक्रेट सर्विस के एजेंट कर रहे थे, जो बन्दूक चला रहे थे।

"क्या यही आपकी योजना है?" मैंने चिल्ला पड़ी। "आप मुझे बुद्धू बना रहे हैं?"

तभी चीता गुर्राता हुआ साशा के ऊपर कूद पड़ा, उसके जबड़े खुले हुए थे, उसका शरीर उड़ने को था। एक एजेंट ने गोली चलाई, जो जानवर को नहीं लगी लेकिन आवाज सुनकर वह जानवर वापस जंगल की तरफ भाग गया। एक पल को मैंने राहत की सांस ली। लेकिन मैंने देखा कि सफ़ेद और नारंगी रंग की नशे की गोली साशा की दायीं बांह से लग गई।

मैं बिस्तर में उठकर बैठ गई, मेरा दिल जोर जोर से धड़क रहा था, मैंने पाया कि बगल में मेरे पति गहरी नींद में सोये हुए थे। मैंने एक बुरा सपना देखा था।

. . .

मुझे लगातार ऐसा लग रहा था मानो हम पीछे की तरफ गिर रहे थे, हमारे पूरे परिवार के साथ विश्वास की समस्या थी। व्हाइट हाउस में हमारी मदद के लिए जो उपकरण लगाए गए थे मुझे उसमें भरोसा था लेकिन मुझे अजीब लगता था कि हमारी बेटियों की सुरक्षा से लेकर हमारी गतिविधियाँ तक सब कुछ एक तरह से दूसरों के हाथों में थे- उनमें से कई मुझसे बीस साल छोटे थे। युक्लिड एवेन्यू में बड़े होते हुए मैंने यह सीखा था कि आत्मनिर्भरता ही सबकुछ होती है। मुझे इस तरह से बड़ा किया गया था कि मैंने अपने काम खुद कर सकूं, लेकिन अब यह असंभव लग रहा था। अब दूसरे लोग मेरे काम कर देते थे। मेरे सफ़र करने

से पहले, स्टाफ़ के लोग उस स्थान तक जाने का रास्ता तय कर देते जहाँ मुझे जाना होता था, मेरे उतरने के समय को दर्ज का लेते, यहाँ तक कि बाथरूम ब्रेक के बारे में भी वे पहले से ही सब कर लेते थे। एजेंट मेरी बेटियों को खेलने के लिए लेकर जाते थे। घर में काम करने वाले गंदे कपड़े जुटाते थे। मैं अब कार नहीं चलाती थी न ही नगदी या घर की चाबी जैसी चीजें लेकर चलती थी। सहयोगी मेरे फोन उठाते थे, मीटिंग में जाते थे, और मेरी तरफ़ से बयान देते थे।

यह सब बहुत शानदार था और इससे मदद भी मिलती थी, जिसके कारण मैं दूसरी चीजों पर ध्यान लगा सकती थी जो अधिक मायने रखते थे। लेकिन कई बार मुझे ऐसा लगता था कि मैं तफसील इंसान हो गई थी- ऐसा लगता था कि तफसीलों के ऊपर मेरा कोई काबू नहीं रह गया था। इसी वजह से सिंह और चीते घात लगाए दिखते थे।

इसके अलावा बहुत कुछ ऐसा था जिसके लिए योजना नहीं बनाई जा सकती थी, हर दिन जो अस्तव्यस्तता हमारे जीवन में हो जाती थी। जब आपकी शादी राष्ट्रपति से हुई हो तो आपको यह बात जल्दी ही समझ में आ जाती है कि आपकी दुनिया में अस्तव्यस्तता भरी हुई है, दुर्घटना बिना बताये आ जाती। देखी और अनदेखी शक्तियां आपकी शान्ति को भंग करने के लिए तैयार बैठी रहती हैं। समाचार जिनको नजरअंदाज़ नहीं किया जा सकता: हैती में भूकंप से आई तबाही। लुसियाना के तट पर पांच हज़ार फीट नीचे सुरक्षा घेरा फट गया, जिसके कारण लाखों बैरेल कच्चा तेल मेक्सिको की खाड़ी में बहकर जाने लगा। एरिज़ोना के सुपर मार्केट में एक बंदूकची ने छः लोगों को मार डाला और एक कांग्रेसवुमेन को घायल कर दिया।

सब कुछ बड़ा था और सब कुछ प्रासंगिक भी था। सुबह मेरे स्टाफ द्वारा जो समाचार क्लिपिंग भेजे जाते थे मैं उनको पढ़ती और जानती थी। बराक को हर नई गतिविधि के प्रति प्रतिक्रिया देना और उनको समझना अच्छा लगेगा। उनके ऊपर उन बातों के लिए आरोप लगाया जाता था जिनके ऊपर उसका कोई वश नहीं होता था, दूर देश में भयावह समस्या के संधान के लिए जोर दिया जाता, उनसे यह उम्मीद की जाती कि वह समुद्र तल के नीचे रोकने के लिए कोई चीज़ लगा दे। उसका काम ऐसा लगता था मानो अस्तव्यस्तता को लेना और उसकी शांत नेतृत्व में बदल देना था- सप्ताह में हर दिन, साल के हर सप्ताह।

मैं पूरी कोशिश करती थी कि दुनिया की अनिश्चितताओं का प्रथम महिला के रूप में मेरे रोज़ रोज़ के कम पर प्रभाव न पड़े, लेकिन कई बार इन बातों से बचा नहीं जा सकता था। बराक और मैं अस्थिरता के दौर में किस तरह से बर्ताव करते थे यह बात मायने रखती थी। हम इस बात को समझते थे कि हम देश का प्रतिनिधित्व करते थे और जब कोई त्रासदी हो, या कोई मुश्किल या कोई उलझन तो हमें आगे बढ़कर उसमें शामिल होना होता था। हम इस बात को समझते थे कि हमारे काम का कुछ हिस्सा औचित्य, संवेदना और निरंतरता को बनाए रखना था। जब बीपी तेल का रिसाव हुआ- जो अमेरिका के इतिहास में सबसे बुरा था- जिसको अंततः थाम लिया गया, बहुत से अमेरिकी अभी भी शोर मचा रहे थे, वे इस

बात को मानने के लिए तैयार नहीं थे कि छुट्टी मनाने के लिए मेक्सिको की खाड़ी में जाना सुरक्षित था, जिसके कारण स्थानीय अर्थव्यवस्था के ऊपर असर पड़ सकता था। इसलिए हम परिवार के साथ फ्लोरिडा गए, जिसके दौरान बराक ने साशा को तैराया भी, उस फोटो को मीडिया के लिए जारी किया गया जिसमें दोनों धारा के बीच एक दूसरे के ऊपर ख़ुशी ख़ुशी पानी डाल रहे थे। यह छोटी सी बात थी लेकिन इसका सन्देश बड़ा था: अगर हम पानी के ऊपर यकीन कर सकते हैं तो आप आप भी कर सकते हैं।

जब हम दोनों में से कोई एक या दोनों किसी त्रासदी के बाद यात्रा पर जाते थे तो वह अमेरिकियों को इस बात की याद दिलाने के लिए होती थी कि दूसरों के दर्द को जल्दी न भूलें। जब भी मुझे इसका अवसर मिलता था तो मैं यह कोशिश करती थी कि राहतकर्मियों, शिक्षकों और सामुदायिक कर्मियों के काम को उजागर करूँ- ये वे लोग थे जो जब कुछ खराब होता था तो उसमें सबसे अधिक काम करते थे। 2010 में हैती में आये भूकंप के तीन महीने बाद मैं जिल बिडेन के साथ वहां गई तो मेरा कलेजा जैसे मुंह को आ गया जब मैंने देखा कि वहां मलबों का ढेर लगा हुआ था- ऐसा लगा रहा था जैसे हजारों मांएं, दादा-दादी, बच्चे जिन्दा ही दफन हो गए थे। हम ऐसी कुछ बसों में गए जिनको बदल कर कक्षाओं में बदल दिया गया था जिनमें कलाकार बच्चों के साथ आर्ट की कक्षाएं लगा रहे थे, जो हुए नुक्सान के बावजूद, अपने आसपास खड़े वयस्कों के कारण अभी भी उम्मीद से भरे हुए लग रहे थे।

पीड़ा और उससे मुक्ति साथ साथ रहते हैं। यह बात मैंने महज़ प्रथम महिला होने के नाते ही नहीं सीखा बल्कि कई बार सीखा।

जब भी मौका मिलता था मैं मिलिट्री अस्पताल में जाती थी जहाँ युद्ध के घावों से अमेरिकी सिपाहियों का इलाज हो रहा था। जब पहली बार मैं वॉल्टर रीड नेशनल मिलिट्री मेडिकल सेंटर में गई, जो व्हाइट हाउस से दस मील की दूरी पर ही था मुझे वहां करीब नब्बे मिनट रुकना था, लेकिन मैं चार घंटा रह गई।

वॉल्टर रीड घायल सैनिकों के इलाज का दूसरा या तीसरा ठिकाना था, उन सिपाहियों का जो अफगानिस्तान और इराक से लाये गए थे। उनमें से अनेक सिपाहियों की पहले युद्ध भूमि में चिकित्सा की गई थी फिर जर्मनी में मिलिट्री मेडिकल फैसिलिटी में चिकित्सा की गई थी और उसके बाद उनको अमेरिका वापस लाया गया था। कुछ सिपाही वॉल्टर रीड में महज कुछ दिन के लिए ही रुके। कई वहां महीनों से थे। अस्पताल में जाने माने सर्जन थे और अस्पताल की तरफ से पुनर्वास सम्बन्धी बेहतरीन सुविधाएं दी जाती थीं, जो इसके लिए तैयार थे कि युद्ध के मैदान में घटी बड़ी से बड़ी दुर्घटना का भी इलाज किया जा सके। रक्षा कवच में आधुनिक विकास इतना अधिक हो चुका था कि अमेरिकी सेना के लोग अब उस तरह की बम दुर्घटना में बच जाते थे जिनमें पहले उनकी मौत हो जाया करती थी। यह अच्छी ख़बर थी। बुरी ख़बर यह थी कि दो संघर्षों में दशकों रहने के कारण घात लगाकर और छिपाकर रखे गए विस्फोटकों के कारण जो जख्म आते थे वे बहुत अधिक थे और गंभीर भी थे।

मैं ज़िंदगी के लिए सब कुछ तैयार रखने के लिए जितनी ही कोशिश करती थी, लेकिन मिलिट्री अस्पताल और फिसर हाउस में बातचीत के लिए किसी तरह की तैयारी नहीं करती थी, फिसर हाउस नाम से एक स्वयंसेवा संस्था थी, जिसमें घायल सिपाहियों के परिजन मुफ्त में रह सकते थे। जैसा कि मैंने पहले ही कहा, कि जब मैं छोटी थी तो सेना के बारे में कुछ नहीं जानती थी। मेरे पिता ने दो साल सेना में बिताये थे, लेकिन मेरे जन्म से बहुत पहले। जब तक बराक ने प्रचार अभियान शुरू नहीं किया तब तक मुझे सेना के व्यवस्थित आधार शिविरों के बारे में या उन छोटे छोटे घरों के बारे में कोई जानकारी नहीं थी जहाँ सैनिकों के परिजन रहते थे। मेरे लिए युद्ध हमेशा से डरावना रहा, लेकिन मैं उसके रहस्यों के बारे में भी नहीं जानती थी, उसके जो क्षेत्र होते हैं उनके बारे में मैं कल्पना भी नहीं कर सकती थी और मैं उन लोगों के बारे में भी नहीं जानती थी। मैं उनको जिस तरह से देख रही थी वह एक तरह से सुविधा थी।

जब मैं किसी अस्पताल में जाती थी तो मुझे वहां की प्रबंधिका नर्स मिलती थी, जो मुझे पहनने के लिए मेडिकल सामग्री देती थी, और मुझे यह निर्देश देती थी कि मैं जब भी कमरे में जून तो अपने हाथ साफ़ कर लूं। हर दरवाजे को खोलने से पहले मुझे उस सैनिक के बारे में और उसकी हालात के बारे में पहले ही बता दिया जाता था। हर मरीज से भी पहले ही यह पूछ लिया जाता था कि क्या वह चाहता था कि मैं उसको देखने आऊँ। कई मना कर देते थे, शायद इसलिए कि उनको अच्छा महसूस नहीं हो रहा होता था या किसी राजनीतिक कारण से। जो भी हो मैं समझ जाती थी। मैं कहीं भी बोझ नहीं बनना चाहती थी।

किसी भी कमरे में मैं उतनी ही देर रहती थी जितनी देर वह सैनिक चाहता था कि मैं रहूं। हर बातचीत निजी होती थी जहाँ न मीडिया और न ही कोई कर्मचारी मौजूद होता था। कई बार माहौल ग़मगीन होता था, कई बार हल्का फुल्का। दीवार पर लगी तस्वीर को देखकर कई बार हम खेल के बारे में बातें करते थे, या अपने गृह राज्य के बारे में या अपने बच्चों के बारे में। हम कई बार इस बात के ऊपर भी चर्चा करते थे कि उनको क्या चाहिए था और क्या नहीं चाहिए था- जो वे मुझे अक़्सर बताते थे- जो किसी के लिए भी अफ़सोस की बात होती थी।

एक जगह पर मैंने एक दरवाजे के बाहर लाल पोस्टर लगा हुआ देखा, जिसके ऊपर लाल रंग के मारकर से सनेश लिखा हुआ था जो लगता था कि सब कुछ कह देता था:

यहाँ आने वाले सभी के ध्यान देने के लिए:

अगर आप इस कमरे में इसलिए आ रहे हैं कि आप दुखी महसूस कर रहे हैं या आपको मेरे घावों को देखकर दुःख होता है तो कहीं और जाइए। मुझे जो जख़्म मिले, मुझे वह काम करते हुए मिले जो मुझे पसंद है, उन लोगों के लिए काम करते हुए जिनको मैं प्यार करता हूँ, उस देश की स्वतंत्रता की रक्षा के लिए जिसको मैं

बहुत प्यार करता हूँ। मैं बहुत सख़्तजान हूँ और मैं जल्दी ही ठीक हो जाऊँगा।

यह जिजीविषा थी। यह आत्मनिर्भरता की बड़ी भावना और गर्व को दिखाने वाला था जो मैंने सेना में हर कहीं देखा। एक दिन मैं एक आदमी के साथ बैठी हुई थी जो विदेश की धरती पर सेना के साथ जब गया था तब वह युवा और स्वस्थ था, पीछे गर्भवती पत्नी को छोड़कर, और जब लौटा तो विकलांग हो चुका था- अपने हाथ पैर नहीं हिला सकता था। जब हम बात कर रहे थे तो उसकी बच्ची- नवजात छोटी बच्ची- कम्बल में लिपटी हुई उसकी छाती पर पड़ी हुई थी। मैं एक और सैनिक से मिली जिसका पैर कट गया था और उसने सीक्रेट सर्विस के बारे में बहुत सी बातें पूछी। उसने बहुत ख़ुशी के साथ बताया कि पहले वह यह सोचता था कि सेना को छोड़कर वह एजेंट बन जायेगा, लेकिन अब इस दुर्घटना के कारण वह किसी नई योजना के बारे में सोच रहा था।

फिर उनके परिवारवाले, मेरी मुलाक़ात, पति-पत्नियों, माता-पिता, भाई बहन, दोस्तों से हुई जो उनके बिस्तर के पास रहते थे और जिन्होंने उनके आसपास रहने के लिए अपनी ज़िंदगी को रोक रखा था। कई बार केवल वही होते थे जिनसे मैं बात कर सकती थी, क्योंकि उनके प्रियजन पास में लेटे होते थे जो हिल डुल नहीं सकते थे, उनको नशे का इंजेक्शन दिया गया होता था या वे नींद में होते। इन परिजनों का भी अपना भार होता था। कुछ ऐसे परिवारों से होते थे जिनमें पीढ़ियों से सेना में जाया जाता था, तो कोई कम उम्र की प्रेमिका होती थी जिनकी शादी सेना में जाने से ठीक पहले हुई थी- उनके भविष्य ने अब अचानक एक जटिल मोड़ ले लिया था। मुझे याद भी नहीं है कि कितनी मांओं के साथ मैं रोई, उनका दुःख इतना बड़ा होता था कि हम बस यही कर सकते थे कि उनके हाथ थामकर चुपचाप आंसुओं के साथ दुआ करें।

मैंने सेना का जीवन जिस तरह से देखा उसने मुझे विनम्र बना दिया। जब तक मैं जीवित रहूंगी मैं उस तरह की दृढ़ता और निष्ठा नहीं देख पाऊँगी जो मैंने उन कमरों में देखी।

एक दिन सैन अंतोनियो टेक्सास में मैं जिस सेना अस्पताल में गई थी उसके गलियारे में मैंने होहल्ला होते देखा। मैं जिस कमरे में घुसने वाली थी उस कमरे में नर्स तेजी से आ जा रही थीं। "वाह बिस्तर में नहीं रहेगा," मैंने सुना कि कोई फुसफुसाकर कह रहा था। अन्दर मैंने देखा कि टेक्सास के ग्रामीण इलाके का एक चौड़े कंधे वाला आदमी था जिसको बहुत घाव था और जिसका शरीर बुरी तरह जल गया था। साफ़ दिखाई दे रहा था कि वह बहुत तकलीफ़ में था, वह बिस्तर के चादर फाड़ रहा था और जमीन पर पैर टिकाने की कोशिश कर रहा था।

मुझे यह समझने में एक मिनट लग गया। वह आदमी अपने दर्द के बावजूद अपने पैरों पर खड़े होकर कमांडर इन चीफ़ की पत्नी को सैल्यूट करना चाहता था।

2011 की बात है बराक ने ओसामा बिन लादेन की चर्चा की, हम लोगों ने अपना डिनर ख़त्म ही किया था और साशा और मालिया अपने होम वर्क पूरा करने के लिए चले गए, जिससे हम दोनों ही डाइनिंग रूम में रह गए।

"हमें लगता है कि हमें पता है कि वह कहाँ है," बराक ने कहा। "हो सकता है कि हम उसको बाहर निकालने की कोशिश करें, लेकिन कुछ भी पक्का नहीं है।"

बिन लादेन दुनिया का सबसे वांछित आदमी था और कई साल से वह पकड़े जाने से बचता आ रहा था। जब बराक ने कामकाज संभाला तो उसको पकड़कर मारना बराक की सबसे बड़ी प्राथमिकता थी। मैं यह जानती थी कि यह देश के लिए बड़ी बात होती, सेना के उन हजारों जवानों के लिए जो सालों से हमें अल कायदा से बचाने में लगे हुए थे और खासकर उन लोगों के लिए जिन्होंने 11 सितम्बर की घटना में अपनों को खोया था।

बराक की गंभीर आवाज़ से मैं यह समझ गया था कि अभी और भी बहुत कुछ होना था। क्या हो सकता है यह सोच कर वह बहुत गंभीर था, लेकिन मैं ऐसे लोगों में नहीं थी जो बहुत से सवाल पूछे या इस बात के ऊपर जोर दूँ कि वह मुझे सब कुछ बता दे। वह और मैं एक दूसरे के पेशेवर जीवन को अलग रखते थे और हम ऐसे ही रहते आये थे। लेकिन मैं यह बात भी जानती थी कि वह अपना दिन अब विशेषज्ञ सलाहकारों के साथ बिताने वाला था। सभी गुप्त सूचनाओं तक उसकी पहुँच थी, और जहाँ तक मेरी बात थी, तो देश की रक्षा के मामले में वह मुझसे कोई सलाह नहीं लेता था। सामान्य तौर पर, मैं यही उम्मीद करती थी कि मेरे और लड़कियों के साथ जीवन राहत भरा हो, जबकि काम हमेशा ही रहता था। आख़िरकार, हम एक तरह से काम के ऊपर ही रहते थे।

बराक काम को टुकड़ों में बांटने के मामले में बहुत अच्छा था, इसलिए जब वह हम लोगों के साथ रहता था तब वह पूरी तरह साथ रहता था और उसका ध्यान कहीं और नहीं रहता था। यह बात समय के साथ हम लोगों ने सीखी थी, जब काम का जीवन बहुत व्यस्त और गंभीर हो गया था। बाद को ऊपर किये जाने की ज़रूरत थी; सीमाओं को बचाए जाने की ज़रूरत थी। बिन लादेन को डिनर के लिए नहीं आमंत्रित किया गया था। न कि लीबिया में जो मानवीय संकट हुआ था, न ही टी पार्टी वाले रिपब्लिकन को। हमारे बच्चे थे और बच्चों को बोलने और बड़े होने के लिए जगह चाहिए। हमारा पारिवारिक समय तब होता था जब बड़ी चिंताएं और तात्कालिक चिंताएं बड़ी निर्दयता से अचानक कुछ नहीं हो जाती थीं ताकि छोटी सही समय पर आ सकें। बराक और मैं डिनर में साथ बैठते थे, सिडवेल के खेल के मैदान के बारे में सुनते थे या खतरे में पड़े जानवरों के बारे में मालिया की शोध परियोजना के बारे में सुनते थे, मानो दुनिया में सबसे ज़रूरी बातें यही हों। क्योंकि वे थे। वे उस तरह से होने लायक थे।

फिर भी, जब हम खाते रहते थे काम जमा होता रहता था। बराक के कंधे के पीछे की तरफ मैं गलियारे में देखती रहती कि हमारे सहयोगी हमारे लिए रात के लिए ब्रीफिंग बुक छोटी टेबल पर रख जाते थे, जबकि हम खाना ही खा रहे होते थे। यह व्हाइट हाउस का ढर्रा था: दो बाउंड करवाई गई किताब हमारे लिए हर शाम आती थी, एक मेरे लिए होती थी

जो अधिक मोटी होती थी जबकि बराक के लिए जो किताब होती थी उसके ऊपर चमड़े की बाइंडिंग होती थी। दोनों में हमारे अपने अपने दफ़्तरों के कागजात होते थे जिनको हमें रात में पढ़ लेना होता था।

जब हम बच्चों को बिस्तर में सुला देते तो बराक आमतौर पर अपनी किताब के साथ ट्रीटी रूम में चले जाते थे और मैं ड्रेसिंग रूम में बैठ जाती थी, जबकि मैं हर रात या सुबह में एक से दो घंटे उसको पढ़ने में लगाती थी- जिसमें आमतौर पर स्टाफ़ के मेमो होते थे, आने वाले भाषणों के प्रारूप होते थे, या मेरी कोशिशों को लेकर जो फ़ैसले लेने होते थे।

लेट्स मूव की शुरुआत के एक साल बाद हमें उसके नतीजे मिलने लगे थे। हम लोगों ने कई अलग अलग न्यासों तथा भोजन आपूर्ति करने वालों को साथ जोड़ा था ताकि स्कूल के कैफे में छः हजार सलाद बार लगाये जा सकें और हम स्कूलों में स्थानीय खानसामों की भर्ती कर रहे थे जो बच्चों को ऐसा भोजन दें जो न केवल सेहत के लिए अच्छा हो बल्कि स्वादिष्ट भी हो। देश के सबसे बड़े किराना चेन वालमार्ट हमारे प्रयास का हिस्सा बना था और उसने शपथ ली थी कि वह खाद्यान्न में चीनी, नमक और फैट की मात्रा को कम करेगी और सामानों की कीमतों में भी कमी लाएगी। हम लोगों ने अलग अलग शहरों के पांच सौ मेयरों को सूचीबद्ध किया था ताकि वे स्थानीय स्तर पर बचपन के मोटापे कि समस्या से निपटने के लिए काम करें।

सबसे बढ़कर, 2010 के दौरान मैंने इसके लिए जमकर काम किया कि कांग्रेस के माध्यम से बाल पोषण बिल को पारित करवाया जा सके ताकि पब्लिक स्कूलों में बच्चों की पहुँच सेहतमंद और अच्छे खाने तक हो सके, तथा केन्द्रीय स्तर पर कम दर पर उपलब्ध करवाए जाने वाले भोजन के लिए देय राशि में वृद्धि की जाए, जो तीस सालों में पहली बार था। वैसे तो मैं राजनीति और नीति निर्माण से जुड़े मुद्दों से खुद को अलग ही रखती थी और इसमें खुश भी रहती थी, लेकिन यह बड़ी लड़ाई थी- यह ऐसा मुद्दा था जिसके लिए मैं मैदान में भी आने के लिए तैयार थी। मैं घंटों सीनेटरों और प्रतिनिधियों से फोन पर बात करती थी, उनको यह समझाने की कोशिश करती थी कि हमारे बच्चे उससे कहीं अधिक के लायक थे जो हमें मिल रहा था। मैं इसके बारे में बराक से, उसके सलाहकारों से और जो भी सुनना चाहता था उससे इस बारे में घंटों बात करती थी। इस नए कानून से रोज परोसे जाने वाले तैंतालीस मिलियन भोजन में अधिक फल, सब्जी, अनाज और कम फैट वाले डेयरी उद्योग को शामिल किया गया। इसने स्कूल के परिसर में बेचे जाने वाले जंक फ़ूड के ऊपर भी रोक लगाई, जो वेंडिंग मशीन के माध्यम से बेची जाती थी और स्कूलों को इसके लिए राशि भी मुहैया करवाई गई ताकि वे बाग़ लगा सकें और स्थानीय रूप से उगाये फल-सब्जियों को भोजन में शामिल कर सकें। मेरे लिए, यह बहुत अच्छी बात थी- बच्चों में मोटापे की समस्या से निपटने के लिए सक्षम, ज़मीनी स्तर का तरीक़ा।

बराक और उनके सलाहकार भी बिल के लिए खूब जोर लगा रहे थे। जब मध्यावधि चुनाव में रिपब्लिकन पार्टी का प्रतिनिधि सभा में बहुमत हो गया तो बराक ने कानून

निर्माताओं के साथ प्राथमिकता के आधार पर इस विषय को लेकर बात की, क्योंकि उनको मालूम था कि कानून में बदलाव की प्रक्रिया खटाई में पड़ सकती थी। दिसंबर के आरम्भ में, नई कांग्रेस के सत्र के पहले ही बिल ने अपनी अंतिम बाधा को पार कर लिया, और जब ग्यारह दिन बाद बराक ने इस बिल के ऊपर अंतिम रूप से हस्ताक्षर किया तो मैं उनके बगल में गर्व के साथ खड़ी थी, पास के एलेमेंतरी स्कूल के बच्चों से घिरे हुए।

"अगर मैं इस बिल को पारित नहीं करवा पाया होता," उन्होंने संवाददाताओं से मज़ाक करते हुए कहा, "मैं सोफे पर सो रहा होता।"

बगीचे के साथ मैं कुछ और उगाना चाह रही थी, वकीलों का एक ऐसा तंत्र, बहुत सी आवाजें जो बच्चों के स्वास्थ्य के बारे में बात कर रही थी। मैं अपने काम को बराक की उस सफलता के पूरक के रूप में देखती थी जो उसने 2010 कम खर्च में स्वास्थ्य सम्बन्धी अधिनियम बनाया था, जिसके कारण सभी अमेरिकियों तक स्वास्थ्य बीमा की पहुँच हो गई। औए अब मैं युद्ध भूमि के बाहर सेना के साथ मेलजोल के अभियान में लगी हुई थी, जिसमें मैं जिल बिडेन के साथ सहयोग ले रही थी जो इराक में तैनाती से हाल में ही सुरक्षित लौट आया था। यह काम भी बराक के कमांडर इन चीफ़ की भूमिका को समर्थन देने वाला ही था।

हम इस बात को जानते थे कि हम अपने सैनिकों के बहुत अधिक ऋणी थे कि उन्हें महज़ शुक्रिया कहकर काम नहीं निकाल सकते थे, इसलिए जिल और मैंने कर्मचारियों के एक समूह के साथ एक साझा प्रयास किया ताकि सेना के लोगों की मदद और उनके बारे में जागरूकता बढ़ाने की दिशा में कुछ ठोस किया जा सके। बराक ने साल के आरम्भ में ही इसकी शुरुआत कर दी थी, जिसमें उसने सरकार की सभी संस्थाओं से यह पूछा था कि वे सैनिकों के परिवारों की मदद के लिए नए तरीके आजमायें। जबकि मैंने देश के सबसे शक्तिशाली कंपनियों के सीईओ लोगों से बात की ताकि वे बड़ी तादाद में पूर्व सैनिकों और उनके परिजनों की बहाली करें। जिल कॉलेज और यूनिवर्सिटी में शपथ दिलवाने का काम करती थी ताकि अध्यापकों और प्रोफेसरों को इसके लिए प्रशिक्षित किया जा सके कि वे सैनिकों के बच्चों की आवश्यकताओं को समझ सकें। हम इस कलंक से भी लड़ना चाहते थे जो देश में सैनिकों के बारे में कही जाती थी कि उनका मानसिक स्वास्थ्य बिगड़ जाता था और हम लोगों ने यह योजना भी बनाई कि हम हॉलीवुड के लेखकों और निर्माताओं को इसके लिए तैयार करें कि वे अपनी फिल्मों और टीवी शो में सेना से जुड़े मुद्दों को शामिल करें।

मैं जिन मुद्दों को लेकर काम कर रही थी वे आसान नहीं थे, लेकिन तो भी उनको किया जा सकता था क्योंकि वे वैसे नहीं थे जो मेरे पति को रात में अपनी मेज पर जगाये रखते थे। जब से मैं पहली बार बराक से मिली थी मैं यह जानती थी कि रात के समय उसका दिमाग बिना किसी बाधा के काम करता था। इन्हीं खामोश पलों में वह नई सूचनाओं को समाहित करने के बारे में नजरिया ढूंढ पाता था, अपने विशाल दिमाग में नए बिन्दुओं को जोड़ता था। शाम के वक्त में कर्मचारी कई बार और अधिक कागजात देने के लिए आते थे, जो देर रात तक नीचे दफ़्तर में काम करने वाले उनके कर्मचारियों द्वारा तैयार किये गए होते थे। अगर

बराक को भूख लगती तो उनका कर्मचारी उनके खाने के लिए थोड़ा बहुत अंजीर या बादाम लेकर जाता था। शुक्र की बात यह थी कि अब उसने सिगरेट पीना छोड़ दिया था, लेकिन कभी कभार वह निकोटिन गम चबाया करता था। सप्ताह के दिनों में अधिकतर रातों को वह एक या दो बजे तक काम करता था: मेमो पढ़ता था, भाषण लिखता था, और ईमेल के जवाब देता था जबकि धीमी आवाज में इएसपीएन चलता रहता था। वह हमेशा मौक़ा निकालकर आता था और मुझे और बेटियों को गुड नाईट कहता।

मुझे अब तक इसकी आदत पड़ चुकी थी- शासन के कभी न ख़त्म होने वाले काम के प्रति उसके समर्पण की। सालों तक, लड़कियां और मैं बराक को उसके मतदाताओं के साथ साझा करते रहे, जो अब 300 मिलियन (30 करोड़) से अधिक हो चुके थे। रात में ट्रीटी रूम में उसको अकेले छोड़कर मैं कई बार यह सोचती थी कि क्या उनको इस बात का जरा भी अंदाजा था कि वे कितने किस्मत वाले थे।

आख़िरी काम वह करता था, आम तौर पर आधी रात के बाद वह अमेरिकी नागरिकों की चिट्ठियां पढता था। राष्ट्रपति बनने के बाद से ही बराक ने अपने चिट्ठी पत्री से जुड़े कर्मचारी को यह कह रखा था कि वह उनके ब्रीफिंग बुक में दस पत्र या सन्देश मतदाताओं के भी रख दिया करे, जिनका चुनाव आम तौर पर पंद्रह हजार पत्रों और ईमेल से किया जाता था जो रोज रोज आते थे। वह सबको ध्यान से पढ़ता था, हाशिये पर जवाब लिखता था ताकि कर्मचारी जवाब तैयार कर सके या कोई चिंता होती थी तो उसको कैबिनेट सेक्रेट्री को भेज दिया जाता। वह सिपाहियों के पत्र पढ़ते थे। कैदियों के पत्र पढ़ते। कैंसर के मरीजों के पत्र पढ़ते जिसको स्वास्थ्य सेवा के प्रीमियम देने में परेशानी हो रही होती थी और ऐसे लोगों के पत्र जिनके घर प्रतिबन्ध के कारण उनके कब्जे से जा चुके होते थे। समलैंगिकों के पत्र जिनमें यह उम्मीद होती थी कि वे जल्दी ही कानूनी रूप से विवाह कर पायेंगे या रिपब्लिकन पार्टी के सदस्यों के पत्र जिनको ऐसा लगता था कि बराक देश को बर्बाद कर रहे थे। माओं, दादा दादियों और युवाओं की चिट्ठियां। वह उन लोगों के पत्र पढ़ता था जो इस बात के लिए उनकी तारीफ़ करते थे कि वे अच्छा काम कर रहे थे और उनके भी जो यह बताना चाहते थे वे बराक गधे थे।

वह सभी पत्र पढ़ते, वे इसको अपनी ज़िम्मेदारी का हिस्सा मानते थे जो शपथ ग्रहण के साथ उनके जिम्मे आई थी। उसका काम बहुत कठिन और अकेला था- दुनिया में सबसे मुश्किल और अकेले कर देने वाला, जो कि मुझे अक़्सर लगता था- लेकिन वह जानता था कि यह उसकी जिम्मेदारी थी कि वह खुला रहे कुछ भी बंद न करे। जब हम सब सो जाते थे तो वह अपने परदे उठा देता था और सब कुछ अन्दर आने देता था।

सोमवार और बुधवार की शाम साशा, जो अब दस साल की हो चुकी थी, की अमेरिकन यूनिवर्सिटी के फिटनेस सेंटर में तैराकी का अभ्यास होता था, जो व्हाइट हाउस से कुछ मील की दूरी पर था। कई बार मैं उसके अभ्यास को देखने जाती थी, कोशिश यह करती कि बिना

किसी की नज़र में आये जाकर पूल के पास छोटे से कमरे में बैठ जाऊं जहाँ माता पिता बैठकर खिड़की से अपने बच्चों के अभ्यास को देखते थे।

जिस समय एथलेटिक्स सेंटर में बहुत भीड़ होती थी उस दौरान सुरक्षा का ध्यान रखना एजेंट्स के लिए चुनौती होती थी, लेकिन वे अच्छी तरह अपना काम करते थे। जहाँ तक मेरी बात है तो मैं सार्वजनिक स्थानों से गुजरते हुए नजरें नीची करके तेज़ी से आगे बढ़ने में अभ्यस्त हो गई थी, जिससे सभी चीजें कार्यकुशल तरीके से हो पाती थी। मैं यूनिवर्सिटी के विद्यार्थियों के सामने से गुजरती थी जो अपने अभ्यास में लगे रहते थे। कई बार किसी का भी ध्यान नहीं जाता था। कई बार मैं बिना नजर उठाये भी बाधाओं को समझ जाती थी, क्योंकि मैं जानती थी कि मेरी वजह से सरगर्मी हो जाती थी क्योंकि लोग फुसफुसाकर बातें करते या कई बार चिल्लाकर कहते, “वह देखो मिशेल ओबामा!” लेकिन यह पल भर से अधिक नहीं होता था क्योंकि यह सब बहुत तेज़ी से होता। मैं छाया की तरह थी जब तक लोग समझ पाते तब तक गायब हो चुकी होती थी।

अभ्यास की रात पूल के पास की सीट आमतौर पर खाली रहा करती थी, सिवाय कुछ अभिभावक आराम से बैठकर बातें करते रहते थे या अपने अपने आईफोन को देखते हुए अपने बच्चे के अभ्यास के ख़त्म होने का इन्तजार करते रहते थे। मैं एक शांत जगह चुनकर बैठ जाती थी और तैराकी के ऊपर ध्यान जमाये रहती थी।

अपनी बेटियों को उनकी अपनी दुनिया में देखना मुझे बहुत अच्छा लगता था- व्हाइट हाउस से मुक्त होकर, अपने माँ पापा से मुक्त होकर, ऐसी दुनिया और ऐसे लोगों के बीच जो उन्होंने खुद बनाई होती थी। साशा मज़बूत तैराक थी, ब्रेस्टस्ट्रोक को लेकर बहुत उत्साहित रहती थी और बटरफ्लाई में पारंगत होना चाहती थी। उसने नेवी ब्लू रंग का स्विमिंग कैप पहन रखा था और स्विमिंग सूट और बड़े ध्यान से तैरती थी, बीच बीच में कोच से कुछ पूछने के लिए रूक जाती थी, जब ब्रेक होता था तो अपने दोस्तों से बहुत ख़ुशी ख़ुशी बात करती।

मेरे लिए इससे अच्छा कुछ नहीं होता था कि ऐसे पलों को मैं खड़ी होकर देखती रहूँ, बैठी रहूं जहाँ लोग शायद ही मेरी तरफ ध्यान दें और अपनी बेटी के चमत्कार को देखूँ- जो स्वतंत्र रूप से सम्पूर्ण रूप से बड़ी हो रही थी। हम लोगों ने अपनी बेटियों को व्हाइट हाउस के जीवन की सभी शक्ति और प्रबलता के साथ पाला, मैं नहीं जानती थी कि उनके ऊपर इसका क्या प्रभाव पड़ेगा या इस अनुभव से वे क्या हासिल करेंगी। मैं कोशिश यह करती थी कि अपनी बेटियों को विस्तृत संसार का अनुभव जितना सकारात्मक हो सके उतना सकारात्मक दूँ, इस बात को समझते हुए कि बराक और मेरे पास यह मौका था कि उनको इतिहास को करीब से दिखा सकें। जब बराक की विदेश यात्रा होती थी, और अगर वे यात्राएं उनके स्कूल की छुट्टियों के काल में होती थीं तो हम परिवार के साथ यात्रा पर जाते थे, इस बात को समझते हुए कि यह शैक्षणिक भी होता था। 2009 में उनको हम एक ऐसी यात्रा पर लेकर गए जिसमें मास्को के क्रेमलिन के साथ साथ हमने रोम में वेटिकन की यात्रा भी की। सात दिनों के अंतराल में उनकी मुलाक़ात रूस के राष्ट्रपति से हुई, उन्होंने रोम की यात्रा की

और घाना में "डोर ऑफ़ नो रिटर्न" की यात्रा की, जहाँ से असंख्य अफ्रीकियों को ले जाया गया और गुलाम बना दिया गया।

निश्चित रूप से उनकी समझ के लिए यह बहुत अधिक था, लेकिन मैं यह सीख रही थी कि हर बच्चा अपने नज़रिये से ही सीखता है। गर्मी की छुट्टियों में यात्रा करके साशा कक्षा तीन में पढ़ाई शुरू करने के लिए आ गई। सिडवेल में अभिभावक रात्रि में उसकी क्लास के पास घूमते हुए मैंने देखा कि उसका लिखा लेख लगा हुआ था- मैंने अपनी गर्मी की छुट्टियों में क्या किया, जो उसकी सहपाठियों के लेखों के साथ एक दीवार पर टंगा हुआ था। "मैं रोम गई और मैं पोप से मिली," उसने लिखा। "उनके अंगूठे का हिस्सा गायब है।"

मैं आपको बता नहीं सकती कि पोप बेंडिक्ट XVI का अंगूठा कैसा लगता था, जैसे उसका कुछ हिस्सा वहां न हो। लेकिन हम आठ साल की तेज निगाह वाली एक लड़की को मास्को, रोम और अफ्रीका की यात्रा पर लेकर गए और वह यह देखकर आई। उस समय इतिहास को लेकर उसकी दृष्टि बस कमर भर की ऊंचाई पर थी।

हम जितनी ही कोशिश बराक के भार भरे काम और उन लड़कियों के बीच संतुलन बनाने की करते थे, मैं यह जानती थी कि साशा और मालिया को अभी भी बहुत कुछ सीखना था। वे विश्व भर की घटनाओं के साथ इस तरह से रहती थीं जिस तरह से बहुत कम बच्चे रहते हैं, इस बात के साथ रहती थीं कि समाचार कई बार हमारे छत के नीचे से ही निकलता था, कि उनके पिता को कई बार राष्ट्रीय आपातस्थिति में जाना पड़ता था, और हमेशा चाहे जो भी कारण रहते हों आबादी का कुछ हिस्सा ऐसा था जो खुलेआम उनके पिता को धिक्कारता था। मेरे लिए यह एक और कारण था कि मुझे सिंह और चीते अपने आसपास दिखते थे।

2011 की सर्दियों के दौरान हम इस बारे में सुन रहे थे कि रियलिटी शो होस्ट करने वाले और न्यूयॉर्क में रियल एस्टेट बनाने वाले डोनाल्ड ट्रंप ने यह कहना शुरू कर दिया था कि वे शायद रिपब्लिकन पार्टी की तरफ से राष्ट्रपति पद के उम्मीदवार होने वाले थे, जबकि बराक 2012 में फिर से चुनाव मैदान में आये। हालाँकि, अधिकतर, ऐसा लग रहा था कि वे शोर ही अधिक मचा रहे थे, केबल शो में आकर बोलते थे, बिना जाने समझे बराक की विदेश नीतियों की आलोचना करते और खुले आम यह सवाल पूछते कि क्या बराक अमेरिकी नागरिक थे। बराक के बारे में पिछले चुनाव अभियान के दौरान भी कुछ लोगों ने यह कहने की कोशिश की थी कि यह बात झूठ थी कि हवाई का बना बराक का जन्म प्रमाणपत्र झूठ था और असल में उनका जन्म कीनिया में हुआ था। ट्रम्प इस बहस को फिर से चलाने की कोशिश कर रहे थे, टीवी पर वे अजीब अजीब तरह के दावे कर रहे थे, वे जोर देकर यह कह रहे थे कि होनुलूलू के अख़बार में 1961 की घोषणा छपी थी वह फर्जी थी और उसके साथ किंडरगार्टन में पढने वाले बच्चों में से किसी को भी वह याद नहीं था। इसके साथ, क्लिक्स और रेटिंग बढवाने के लिए समाचार से जुड़ी कट्टर संस्थाएं इस आधारहीन दावे में जान डाल रही थीं।

यह सब पागलपन था और घटिया मानसिकता का द्योतक, लेकिन ज़ाहिर है इसमें

अंतर्निहित कट्टरता और भय को छिपाया नहीं जा सकता था। लेकिन यह खतरनाक भी था, जानबूझकर वितंडा खड़ा करने के लिए किया जा रहा था। मुझे इसकी प्रतिक्रिया का डर था। मुझे समय समय पर सीक्रेट सर्विस के लोग यह बताते रहते थे कि खतरा अधिक गंभीर हो सकता था और लोग इसको फैलाने में सक्षम थे। मैंने कोशिश की कि चिंता न करूँ, लेकन कई बार मैं अपने आपको रोक नहीं पाती थी। अगर कोई पागल आदमी बन्दूक लेकर वाशिंगटन आ गया तो? अगर वह आदमी हमारी लड़कियों के पीछे पड़ गया तो? डोनाल्ड ट्रम्प अपने बेकार के शोर शराबे के कारण मेरे परिवार की सुरक्षा को खतरे में डाल रहे थे। और इस बात के लिए मैं उनको कभी माफ़ नहीं करूँगी।

हालाँकि हमारे पास डर को भगाने के अलावा कोई और चारा नहीं था कि हमारी सुरक्षा के लिए जो ढांचा बनाया गया था उसके ऊपर विश्वास करते हुए आराम से रहें। जो लोग हमें बाहरी बताने की कोशिश कर रहे थे वे यह सब सालों से कर रहे थे। उनके झूठों और उनकी उलजुलूल कहानियों से आगे बढ़ने के लिए हमने सब कुछ किया, इस बात में विश्वास करते हुए कि जिस तरह से बराक और हम अपने जीवन को जी रहे थे वह लोगों को इस सच्चाई के बारे में बता देगा कि हम कौन थे। जिस दिन से बराक ने चुनाव लड़ने का फैसला किया था मैं उसी दिन से बहुत ईमानदारी से और अच्छे इरादे से हमारी सुरक्षा के लिए चिंतित थी। "हम यह दुआ कर रहे हैं कि कोई आपको नुक्सान न पहुंचा सके," प्रचार अभियान के दौरान लोग मेरे हाथ को थामकर कहते थे। मैंने यह बात सभी नस्लों के लोगों के मुंह से सुनी थी, सभी पृष्ठभूमियों के लोगों मुंह से- जो इस बात की याद दिलाता था कि हमारे देश में अच्छाई और उदारता की कमी नहीं थी। "हम आपके और आपके पूरे परिवार के लिए रोज दुआ करते हैं।"

मैंने यह बात अपने साथ सहेज कर रखी। मैंने उन लाखों लोगों की सुरक्षा के बारे में सोचा जिन्होंने हमारी सुरक्षा के लिए दुआ की थी। बराक और मैं दोनों अपने निजी विश्वास के ऊपर भी भरोसा करते थे। अब हम चर्च में कभी कभार ही जाते थे, कारण यह था कि तमाशा बन जाता था, जब हम दुआ मांगने के लिए जाते थे रिपोर्टर्स सवाल पूछने लगे थे। जब से श्री जेरेमी राईट से पूछताछ बराक के राष्ट्रपति पद के पहले चुनाव के दौरान मुद्दा बना था, तब से उसके विरोधियों ने विश्वास के मुद्दे को हथियार की तरह इस्तेमाल करना शुरू कर दिया था- उनका यह कहना था कि बराक एक गुप्त मुसलमान थे- तब से हम लोगों ने यह तय किया था कि हम घर में ही निजी तौर पर प्रार्थना करें, जिसमें हर रात डिनर से पहले की जाने वाली प्रार्थना शामिल थी और हम व्हाइट हाउस में बेटियों के लिए इतवार को भी प्राथना सभाओं का आयोजन करते थे। हम लोग वाशिंगटन में चर्च में शामिल नहीं हुए- क्योंकि हम यह नहीं चाहते थे कि उसी तरह से दुर्भावना के साथ हमले हों जिस तरह से शिकागो में हमारे चर्च ट्रिनिटी में किये गए थे, हालाँकि यह एक तरह का त्याग था। मुझे आध्यात्मिक समुदाय की उष्मा खलती थी। हर रात मैं देखती थी कि बराक बिस्तर पर लेटे हुए प्रार्थना बुदबुदा रहे होते थे।

जन्म को लेकर हुए विवाद के शुरू होने के कुछ माह बाद नवम्बर में शुक्रवार की एक रात एक आदमी ने अपनी कार कंस्टिट्युशनल एवेन्यू के बाहर पार्क की और और अपने अर्ध स्वचालित बंदूक से खिड़की पर गोली चलाने लगा, उसका निशाना व्हाइट हाउस की ऊपरी मंजिल पर था। एक गोली येलो ओवल रूम की खिड़की से भी लगी थी जहाँ बैठकर मैं कई बार चाय पीती थी। एक गोली खिड़की की चौखट से टकराई थी और छत से जा लगी थी। बराक और मैं उस रात घर से बाहर थे, मालिया भी नहीं थी, बस मेरी माँ औए साशा घर में थीं, दोनों को कुछ नहीं हुआ। येलो ओवल ले बैलिस्टिक शीशे को बदलने में कई सप्ताह का समय लग गया, और मैं अक़्सर खड़ी होकर उस गोल छेद को देखती रहती थी जो गोली के कारण हो गया था, जो इस बात की याद दिलाता था कि हम किस कदर खतरे में थे।

सामान्य रूप से, मैं यह बात समझ गई कि हम सभी के लिए यही बेहतर था कि इस नफरत को पहचाने ही नहीं और खतरे के भय में न जियें, चाहे दूसरे इस बात को कितना ही उठायें। मालिया आखिरकार सिडवेल स्कूल की टेनिस टीम का हिस्सा बन गई, जिसका अभ्यास विस्कॉन्सिन एवेन्यू में स्कूल के कोर्ट में होता था। एक दिन जब वह वहां थी तो एक महिला, जो किसी अन्य विद्यार्थी की माँ थी, ने उसके पास आते हुए उसको कोर्ट के सामने की व्यस्त सड़क की तरफ दिखाते हुए पूछा, "क्या तुमको यहाँ डर नहीं लगता?"

कुछ साल बाद वही माँ अभिभावकों के एक आयोजन में मेरे पास आई और उसने मेरी तरफ़ माफ़ीनामा बढ़ाया जो दिल से लिखा गया था, उसने लिखा था वह उसी समय यह बात समझ गई थी उसने गलती की थी- बच्चों को चिंता में डाल देना जो उसके बारे में कुछ भी नहीं कर सकते। यह मेरे लिए बड़ी बात यही कि उसने इस बारे में इतना सोचा। उसने मालिया के जवाब में सुना, दृढ़ता और खतरे की गूँज के बीच हम रहते थे और इन बातों को परे करने की कोशिश करते थे। वह इस बात को भी समझ गई कि हमारी बेटी एक ही काम कर सकती थी कि उस दिन और उस दिन के बाद हर दिन कोर्ट में जाकर एक और बॉल पर प्रहार करे।

हर चुनौती सापेक्षिक होती है। मैं इस बात को जानती थी कि मेरी बेटियां अधिक सुविधाओं और भरपूर भाव के साथ बड़ी हो रही थीं जिनके बारे में अधिकतर परिवार सोच भी नहीं सकते। हमारी लड़कियों का घर शानदार था, मेज़ पर भोजन मिल जाता था, उनको देखने वाले समर्पित माँ पापा थे, और जब शिक्षा पाने का समय आया तो संसाधन और प्रोत्साहन दोनों मिला। साशा और मालिया को पालने पोसने में मेरे पास जो कुछ भी था मैंने लगाया, लेकिन प्रथम महिला होने के नाते मैं अपनी बड़ी जिम्मेदारी को भी समझती थी। मुझे लगता था कि मैं सामान्य तौर पर बच्चों की कृतज्ञ थी और ख़ासकर लड़कियों की। इसका एक कारण यह था कि जिस तरह से लोग मेरी जीवन कथा के बारे में प्रतिक्रिया दिखाते थे- वे इस बात से हैरान होते थे कि एक शहरी अश्वेत लड़की ने आईवी लीग में पढ़ाई की और अधिकारी के रूप में नौकरी की और व्हाइट हॉउस में रहने के लिए आ गई। मैं जानती थी कि मेरा घेरा जटिल था लेकिन इसका कोई उचित कारण नहीं लगता था कि इसको इस तरह का

क्यों लगता था। मेरे जीवन में ऐसे कई मौके आये जब मैंने यह पाया कि मैं अकेली अश्वेत स्त्री होती थी, या एकमात्र स्त्री जो जो कांफ्रेंस टेबल पर बैठी होती थी, बोर्ड मीटिंग में हिस्सा ले रही होती थी या किसी बोर्ड मीटिंग में हिस्सा ले रही होती थी या बड़े बड़े लोगों में मिल जुल रही होती थी। मैं इनमें से कई चीजों में पहली थी, लेकिन मैं यह नहीं चाहती थी कि मैं एकमात्र रहूँ- मेरे पीछे कई आने वाली थीं। मेरी माँ जो सभी बड़बोलों को अपनी सादाबयानी से हरा देती थीं, उनसे जब कोई मेरे और क्रेग की उपलब्धियों के बारे में कहता था तो वह कहती, "उनमें कुछ भी ख़ास नहीं था। साउथ साइड में ऐसे बच्चे भरे हुए थे।" ज़रूरत बस इतनी थी कि कोई हमें वहां तक पहुंचा दे।

मेरी कहानी का महत्वपूर्ण हिस्सा वह था जो मुझे समझ में आया कि उसका सम्बन्ध ऊपरी मूल्यों से उतना नहीं था बल्कि यह उसके अन्दर था- इन सालों के दौरान जिस तरह से मुझे सजाया संवारा गया, जिस तरह से लोगों ने मुझे आत्मविश्वास से भर दिया। मुझे सब याद था, हर वह इंसान जिसने मुझे आगे बढ़ने का रास्ता दिखाया, जिन्होंने इस सम्बन्ध में पूरी कोशिश की कि मैं जहाँ भी जाऊं वहां मेरे साथ किसी तरह के असम्मान का बर्ताव न हो- उस तरह का माहौल मूल रूप से उन लोगों के लिए बनाया गया होता था जो न तो अश्वेत होते थे न ही महिलायें।

मुझे अपनी नानी रॉबी की याद आई जिन्होंने यह सिखाया था कि मैं अपना माथा ऊंचा करके पियानो बजाऊँ जबकि मुझे सिर्फ टूटी हुई चाबी से बजाना आता था। मुझे अपने पिता की याद आई जिन्होंने मुझे फुटबॉल पकड़ना और फेंकना सिखाया, उस तरह क्रेग के लिए भी। ब्रायन मावर में मेरे अध्यापक थे मिस्टर मार्टिनेज और मिस्टर बेनेट, जो मेरी बात को कभी नहीं काटते थे। मेरी माँ थी जो मेरी सबसे बड़ी समर्थन रही, जिनकी निगरानी ने मुझे क्लास दो में एक बेजान से क्लासरूम से निकलने में मदद की और मेरी बौद्धिकता को नया रास्ता दिया। और जब मैं युवा पेशेवर थी तब मेरे पास अन्य चीजों के अलावा सुसान शेर और वैलेरी जैरेट थी, जो आज कई साल बाद भी अच्छी दोस्त और सहकर्मी बनी हुई है, जिन्होंने मुझे यह दिखाया कि कामकाजी माँ होने का क्या मतलब होता था और जो लगातार मेरे लिए दरवाजे खोलती रही, उनको पता था कि मेरे अंदर कुछ था।

ये वे लोग थे जो एक दूसरे को नहीं जानते थे और जिनको एक दूसरे से मिलने का मौका नहीं मिला, इनमें से कई लोगों से अब मैं ही सम्पर्क में नहीं हूँ। लेकिन मेरे लिए इन लोगों ने सार्थक राह बनाई। इन लोगों ने मुझे बढ़ावा दिया, मेरे ऊपर भरोसा किया, मेरे अपने गोस्पेल क्वायर थे, इस दौरान यह गाते रहे, हाँ बच्चे, तुमने यह कर दिया!

मैं इस बात को कभी नहीं भूली, मैंने कोशिश की, यहाँ तक कि जब मैं जूनियर वकील थी तब भी इसको आगे बढाऊँ, जब मैंने देखा तो उत्सुकता दिखाई, महत्वपूर्ण बातचीत में युवाओं को लेकर आई। अगर कानून के पेशे से जुड़े किसी ने मुझसे सलाह मांगी तो मैंने अपने दफ़्तर के दरवाजे खोल दिए और उनको सलाह दी। अगर कोई मुझसे सलाह मांगता था या कोई सम्पर्क बनाने में मेरी मदद तो मैंने वह किया जो मैं कर सकती थी। बाद में,

पब्लिक एलाइज के दौर में मैंने इस बात का लाभ देखा कि औपचारिक रूप से किसी को सलाह देने से क्या होता है। मैं अपने जीवन के अनुभवों से यह जान गई कि अगर कोई आपके सीखने के दौरान सचमुच में दिलचस्पी दिखाता है तो चाहे वह किसी व्यस्त दिन में दस मिनट के लिए ही दिखाए लेकिन इससे लाभ होता है। यह ख़ासतौर पर महिलाओं के लिए मायने रखता है, अल्पसंख्यकों के लिए और उन लोगों के लिए जिनको समाज में अक़्सर नज़रअंदाज़ कर दिया जाता है।

इस तरह की मानसिकता के साथ मैंने व्हाइट हाउस में नेतृत्व और परामर्श के कार्यक्रम की शुरुआत की, जिसमें डी.सी. के आसपास के स्कूलों से बीस सीनियर स्कूल की और जूनियर स्कूल की लड़कियों को महीने में मेल मुलाकात के लिए बुलाया जाता था, जिसमें अनौपचारिक रूप से बातचीत होती थी, घूमने फिरने का कार्यक्रम बनता था और वित्तीय साक्षरता को लेकर सत्र आयोजित किये जाते थे और उनको यह बताया जाता था कि अपना करियर किस तरह चुनें। हमने इस कार्यक्रम को आम तौर पर बंद दरवाजों के पीछे ही रखा बजाय इन लड़कियों को मीडिया की नज़र में आने देने के।

हम प्रत्येक लड़की को एक मेंटॉर के साथ जोड़ देते थे जिसके साथ वह निजी रिश्ता कायम करती थी, वह उसके साथ अपने संसाधनों और निजी कहानी को साझा करती थी। वेलेरी एक मेंटर थी। व्हाइट हाउस की पहली महिला कार्यकारी शेफ़ क्रिस कोम्फोर्ड मेंटॉर थी, जिल बिडेन भी थी, और ईस्ट तथा वेस्ट विंग के बहुत सी वरिष्ठ महिला कर्मचारी मेंटर के रूप में काम कर रही थीं। विद्यार्थियों को प्रिंसिपल के द्वारा नामांकित किया जाता था या मार्गदर्शन करने वाले काउंसिलर के द्वारा, जो उनके पास होने तक हमारे साथ रहते थे। हमारे साथ सैनिक के परिवारों की लड़कियां थीं, अप्रवासी परिवारों की लड़कियां थीं, कम उम्र की माँ थी, एक लड़की जो बेघरों के लिए बने आश्रय में रहती थी। वे स्मार्ट, उत्सुक युवा लड़कियां थीं, सब की सब। वे मुझसे अलग नहीं थीं, मेरी बेटियों से अलग नहीं थीं। मैंने यह देखा कि समय के साथ उन लड़कियों ने दोस्तियाँ की, एक दूसरे के साथ सम्बन्ध बनाया और अपने आसपास के वयस्कों के साथ भी। एक गोल घेरे में मैं उनके साथ बातचीत करते हुए घंटों बिताती थी, पॉप कॉर्न खाते हुए और कॉलेज आवेदन, शरीर की छवि और लड़कों के बारे में अपने विचार रखते हुए। किसी भी विषय की मनाही नहीं थी। हम खूब हँसते थे। किसी भी चीज से अधिक मैं इस बात की उम्मीद करती थी यही बातें वे अपने भविष्य में लेकर जायेंगी- सहजता, समुदाय की भावना, बोलने और सुनने के लिए प्रोत्साहन।

उनके लिए भी मेरी वही दुआ थी जो साशा और मालिया के लिए- सीखते हुए वे व्हाइट हाउस में सहज महसूस करें, वे किसी भी कमरे में सहजता और आत्मविश्वास को महसूस करें, किसी भी मेज पर बैठें, किसी भी समूह में अपनी आवाज़ बुलंद करें।

राष्ट्रपति भवन के बुलबुले में रहते हुए दो साल से अधिक हो जाने के बाद मैं उन ज़रियों की तलाश में लग गई जिससे इसकी परिधि का विस्तार किया जाए। बराक और मैं लगातार

व्हाइट हाउस के दरवाजे और अधिक लोगों के लिए खोलने में लगे रहे, खासकर बच्चों के लिए, इस उम्मीद में कि इसकी भव्यता समावेशी लगे, इसकी औपचारिकता और परम्पराओं में कुछ जीवन्तता आये। जब भी कोई विदेशी अतिथि आते थे तो हम स्कूल के बच्चों को बुलाते थे कि वे आकर देख सकें कि किस तरह आधिकारिक स्वागत समारोह आयोजित होता है और वे उस भोजन का आनंद उठा सकें जो उस मौके पर दिया जाता था। जब संगीतकार शाम के आयोजन के लिए आते थे तब हम उनसे कहते थे कि वे कुछ पहले आ जाएँ ताकि युवाओं की कार्यशाला में मदद कर सकें। हम इस बात के महत्व को उजागर करना चाहते थे कि बच्चों को कला से जोड़ने का क्या महत्व होता है, यह बताते थे कि यह विलासिता नहीं थी बल्कि सम्पूर्ण शैक्षणिक विकास के लिए जरूरी थी। जब हाई स्कूल के बच्चे समकालीन कलाकारों जॉन लीजेंड, जस्टिन टिम्बरलेक और एलिसन क्रॉस से मिले थे या महान गायकों जैसे स्मोकी रॉबिन्सन और पट्टी ला बेल से मिलते थे। मेरे लिए यह उसी तरह की बात थी जिस तरह से मैं बड़ी हुई थी- साउथसाइड के घर में जैज, मेरी नानी रॉबी द्वारा आयोजित पियानो के ओपेरा वर्कशॉप, परिवार के साथ शहर के केंद्र में संगीत आयोजनों में जाना। मैं यह जानती थी कि किस तरह कला और संगीत किसी बच्चे के विकास में मदद करती थी। और इस बात से मुझे सहज महसूस होता था। हर आयोजन में बराक और मैं अगली पंक्ति में बैठकर झूमते थे। यहाँ तक कि मेरी माँ जो वैसे सार्वजनिक तौर पर बाहर आने से बचती थीं लेकिन संगीत के आयोजनों में वह भी नीचे आकर बैठ जाती थीं।

हम डांस और अन्य कलाओं के मिश्रित आयोजन भी करते थे, उभरते हुए कलाकारों को अपने नए काम को दिखाने के लिए कहते थे। 2009 में हम लोगों ने पहली बार व्हाइट हाउस कविता का आयोजन किया, एक युवा संगीतकार लीन मैनुएल ने अपने नए काम से एक अंश सुनाकर सबको मंत्रमुग्ध कर दिया, उसकी उस परियोजना का नाम था, "किसी ऐसे व्यक्ति के जीवन को ध्यान में रखकर तैयार किया गया एल्बम जो हिप हॉप की परिभाषा हैं...। ट्रेजेरी सेक्रेट्री एलेक्जेंडर हैमिल्टन।"

मुझे याद है कि मैंने हाथ मिलाते हुए कहा, "हैमिल्टन वाले गीत के लिए शुभकामनाएं।"

किसी भी दिन हम लोगों का सामना अत्यधिक ग्लैमर, श्रेष्ठता, तबाही, उम्मीद से होता था। सब कुछ साथ साथ चलते थे, और इस सबके बीच हमारे दो बच्चे थे जो घर में जो चल रहा था उससे अलग अपने जीवन को जीने की कोशिश कर रहे थे। जो मैं कर सकती थी वह मैंने किया ताकि लड़कियों को रोज रोज की दुनिया के साथ जोड़कर रख सकूं। हमेशा की तरह मेरा लक्ष्य था कि जहाँ हो सके सामान्यता की तलाश की जाए, अपने आपको नियमित जीवन के अनुकूल ढाल सकूं। सॉकर और लैक्रोस के सत्रों के दौरान मैं साशा और मालिया के घरेलू खेलों के लिए कई बार गई, अन्य माताओं-पिताओं के साथ किनारे अपनी जगह लेकर बैठती थी, अगर कोई फोटो के लिए कहता था तो बड़ी विनम्रता के साथ उसको मना कर देती थी हालाँकि हल्की फुलकी बात करने में मुझे मज़ा आता था। जब मालिया ने टेनिस खेलना शुरू किया तो मैं अधिकतर उसके मैच सीक्रेट सर्विस की कार की खिड़की से देखती

थी जो कोर्ट के पास छिपकर खड़ी रहती थी, मैं यह नहीं चाहती थी किसी तरह से सभी का ध्यान भंग कर दूँ। जब खेल ख़त्म हो जाता था तब जाकर मैं उसको गले से लगा लेती थी।

बराक के साथ, हम लोगों ने सामान्यता को छोड़ दिया था, या उसकी गतिविधियों में किसी तरह का हल्कापन न हो। जब संभव होता था वह स्कूल के आयोजनों में जाता था या लड़कियों के खेलकूद के आयोजनों में, लेकिन घुलने मिलने के लिए उसके पास मौके सीमित होते थे, और उसकी सुरक्षा का इंतजाम कभी भी अधिक नहीं होता था। असल में बात यह थी कि सुरक्षा को कम रखा जाए- दुनिया को यह सन्देश साफ़ साफ़ दिया जाए कि अमेरिका के राष्ट्रपति का कोई कुछ बिगाड़ नहीं सकता था। जाहिर है, इस बात से मुझे ख़ुशी थी। लेकिन परिवार के मानकों के हिसाब से यह कुछ अधिक हो सकता था।

इसी तरह का विचार एक दिन मालिया को आया जब हम तीनों साशा के स्कूल सिडवेल लोअर स्कूल में उसके एक आयोजन के लिए जा रहे थे। हम तीनों एक खुले आँगन से होकर गुजर रहे थे, किंडरगार्टन के बच्चे जहाँ टिफिन के बीच में थे, झूला झूल रहे थे और लकड़ी से उनके लिए खेलने का जो स्थान बनाया गया था उसमें दौड़ भाग कर रहे थे। मुझे नहीं ध्यान है कि उन छोटे बच्चों ने सीक्रेट सर्विस के स्नैपर्स को देखा था या नहीं जो काले कपडे पहने स्कूल की छत पर खड़े थे और उनका राइफल दिखाई दे रहा था, लेकिन मालिया ने देख लिया।

उसने उन स्नैपर्स और फिर किंडरगार्टन को देखा और फिर अपने पिता की तरफ शरारती निगाह से देखा। "सही में डैड?," वह बोली। "गंभीरता से?"

बराक बस यही कर सकते थे कि कंधे उचकाकर मुस्कुरा दें। उनके काम की गंभीरता से बचने का कोई ज़रिया नहीं था।

यह पक्की बात है कि हम लोगों में से कोई भी उस बुलबुले से बाहर नहीं निकला। वह बुलबुला हम में से सभी के साथ चलता रहता था। सीक्रेट सर्विस के साथ हमारी शुरू में जो बात हुई थी उसके मुताबिक़ साशा और मालिया अपने दोस्तों के वयस्कता के समारोह में जाती थीं, स्कूल में कोष उगाहने के लिए कार धोती थीं, और यहाँ तक कि मॉल में भी जाती थीं, हमेशा एजेंट साथ रहते थे और अक़्सर माँ साथ में रहती थी, लेकिन कम से कम वे अपने सहपाठियों की तरह घूम फिर सकते थे। साशा के एजेंटों में बेथ सेलेस्तिनी और लौरेंस टकर भी थे, जिनको सभी आई. टी. कहते थे, को सिडवेल में सब प्यार से देखते थे। बच्चे आई. टी. से मध्यांतर में यह विनती करते कि वे उनको झूले पर चढ़ा दें। जब क्लास रूम में जन्मदिन का जलसा होता था तो माएं एजेंटों के लिए अलग से कप केक भेजती थीं।

हम सब अपने एजेंटों के साथ समय के साथ करीब आ गए। प्रेस्टन फेयरलैम्ब तब मेरी सुरक्षा का जिम्मा सँभालते थे और और एलेन टेलर जो प्रचार अभियान में मेरे साथ थे, ने बाद में यह काम संभाल लिया। जब हम बाहर रहते थे तो वे खामोश रहते थे और बहुत ही अधिक सतर्क रहते थे, लेकिन जब हम मंच के पीछे होते या हवाई जहाज में तो वे सहज हो जाते और कहानियां और चुटकुले सुनाते थे। "सख़्त चेहरे वाले मुलायम दिल," मैं उन लोगों को चिढ़ाते हुए कहती थी। साथ में बहुत घंटे बिताने के बाद और मीलों साथ सफ़र करने के

कारण हम दोस्त बन गए। जब उनको कोई तकलीफ़ होती थी तो मैं साथ में दुखी होती और जब उनके बच्चे कुछ अच्छा करते थे तो साथ में जश्न भी मनाती। मैं इस बात को सदा जानती थी कि उनका काम कितना गंभीर था, मुझे सुरक्षित रखने के लिए उनको किस किस चीज का त्याग करना पड़ता था, और मैं कभी उन लोगों को हल्के में नहीं लेती थी।

अपनी बेटियों की तरह मैं भी अपने सरकारी जीवन के साथ साथ निजी जीवन भी रखती थी। मैंने यह पाया कि जब ज़रूरत हो तो खुद को पार्श्व में रखने के तरीके थे, जिसमें सीक्रेट सर्विस तत्पर होकर मदद करता था। बजाय सुरक्षा कार में चलने के कई बार मुझे साधारण कार में जाने दिया जाता था जिसमें कम सुरक्षा होती थी। मैं झटके में कई बार खरीददारी के लिए जाती, इससे पहले कि कोई यह समझ भी पाता कि मैं आई थी मैं सामान खरीदकर चली भी जाती। जब बो ने कुत्तों वाले सभी खिलौने तोड़ दिए या उनको नष्ट कर दिया जो नियमित खरीददारी करने वाला कर्मचारी उसके लिए लेकर आता था, तब मैं निजी तौर पर उसके साथ एक सुबह अलेक्जेंड्रिया के पेटस्मार्ट में गई, और कुछ देर के लिए जब किसी ने मुझे नहीं पहचाना तो उस गुमनामी का मैंने भरपूर आनंद उठाया और बो के लिए बेहतर चबाने वाला खिलौना खोजती रही- बो भी मेरे बगल में खड़ा खूब ख़ुश था कि उसको इस तरह से नई जगह पर ले जाया गया था।

मैं कहीं भी बिना किसी तामझाम के जा पाती थी तो यह मेरे लिए जीत की तरह होता था, मुक्त इच्छा का अभ्यास। मैं विस्तार में विश्वास करने वाली महिला थी, मैं इस बात को अच्छी तरह जानती थी कि खरीदारी की सूची में एक एक सामान के ऊपर टिक का निशान लगाना कितना आनंददायक होता था। शायद पेटस्मार्ट जाने के छः महीने बाद मैंने एक बार जल्दी जल्दी में स्थानीय टारगेट तक दौड़ लगाई, बेसबाल की कैप औए सनग्लास पहनकर। मेरे सुरक्षाकर्मी शॉर्ट्स और स्नीकर्स में थे और उन्होंने ईयरपीस नहीं लगा रखा था, वे पूरी कोशिश कर रहे थे कि ऐसा न लगे कि स्टोर में वे मेरे और मेरी सहायक क्रिस्टिन जोन्स के पीछे पीछे चल रहे थे। हमने पूरे स्टोर का चक्कर लगाया, मैंने कुछ आयल ऑफ़ ओले फेस्क्रीम चुने और नए टूथब्रश भी। हम लोगों ने क्रिस्टिन के लिए ड्रायर शीट और कपड़ों का पाउडर खरीदा, और साशा तथा मालिया के लिए मैंने कुछ खिलौने भी खरीदे। और कई सालों में पहली बार मैंने बराक को शादी की सालगिरह पर देने के लिए कार्ड भी खरीदा।

मैं खूब ख़ुश होकर घर पहुंची, कई बार छोटी छोटी बातें भी आपको बड़ी महसूस होती हैं।

समय गुजरने के साथ मैंने अपनी दिनचर्या में नए नए तरह के रोमांच को शामिल किया। मैं कभी कभार दोस्तों से मिलने लगी, या तो रेस्तरां में हम साथ साथ डिनर करते थे या उनके घर जाती थी। कई बार मैं पार्क में जाती थी और पोटोमैक नदी के साथ टहलती थी, इन यात्राओं में मेरे एजेंट मेरे आगे पीछे होते थे लेकिन मुझसे कुछ दूरी बनाकर रहते थे। बाद के सालों में मैं व्हाइट हाउस से निकलक वर्कआउट क्लास के लिए जाने लगी, शहर में सोलसिटी सॉलिडकोर स्टूडियो में, मैं कमरे में अंतिम समय में घुसती थी और क्लास होते

ही निकला जाती थी ताकि किसी तरह की परेशानी न हो। सबसे मुक्त कर देने वाला अनुभव था पहाड़ पर नीचे की तरफ स्की करना, मुझे इस खेल का कोई ख़ास अनुभव नहीं था लेकिन जल्दी ही मुझे इसमें मजा आने लगा। वाशिंगटन में पहले दो सालों में भारी ठंढ का फायदा उठाते हुए हम लड़कियों और कुछ दोस्तों के साथ लिबर्टी माउंटेन नामक एक छोटे से पहाड़ी स्की क्षेत्र में जाते थे, जो गेतिसबर्ग के पास था, जहाँ हमने यह पाया कि हम हेलमेट, स्कार्व और गॉगल्स लगाकर किसी भी भीड़ का हिस्सा बन जा सकते थे। एक पहाड़ी ढलान पर फिसलते हुए, मैं बाहर थी, गति में थी और मुझे कोई पहचान नहीं पा रहा था- सब एक साथ। मेरे लिए यह ऐसा था जैसे मैं उड़ रही थी।

लोगों के बीच मिलना जुलना मायने रखता था। यह मेलजोल असल में सब कुछ था- अपने आपको महसूस करने का एक जरिया, इतिहास के बड़े विस्तार के बीच साउथसाइड की मिशेल रॉबिन्सन के रूप में बने रहना। मैंने अपने पुराने जीवन को अपने नए जीवन में मिला लिया, अपनी निजी चिंताओं को अपने सार्वजनिक कामों से जोड़ लिया। डी.सी. में मैंने कुछ नए दोस्त बनाए- कुछ तो साशा औए मालिया की सहेलियों की माएं थीं और कुछ वे थीं जिनसे मैं व्हाइट हाउस के कामकाज के सिलसिले में मिली थी। ये महिलायें उस तरह की थीं जो मेरे ओबामा नाम की परवाह कम करती थीं या मेरे घर के पते की और वह ज्यादा परवाह इस बात की करती थीं कि मैं किस तरह की इंसान थी। यह दिलचस्प लगता है कि आप कितनी जल्दी यह कह देते हैं कि वहां कौन है जो आपके लिए है या कौन महज़ अपना झंडा गाड़ रहा है। बराक औरे मैं कई बार साशा और मालिया से डिनर के दौरान बात करती थी, सच्चाई यह थी कि कुछ ऐसे लोग थे जो हमारे दोस्तों के समूहों के आसपास रहते थे और कुछ अधिक व्याकुल लगते थे- "प्यासे" जैसा कि मैं इनके बारे में कहती थी।

मैंने यह बात बहुत पहले ही सीख ली थी कि अपने दोस्तों को बहुत करीब रखूँ। मैं अभी भी उन महिलाओं के बहुत करीब थी जो सालों पहले शनिवार के दिन जुटती थीं, उन दिनों की बात है जब शिकागो में हम बैग में डायपर लेकर चलते थे, जब हमारे बच्चे बड़े आनंद से ऊंची कुर्सियों पर बैठकर खाते थे और इतने थके हुए होते थे कि हम रोना चाहते थे। इन्हीं दोस्तों ने मुझे संभाला, वे मेरे लिए घर का सामान ले आती थीं जब मेरे खरीदारी के लिए समय नहीं होता था, लड़कियों को बैले के लिए ले जाती थीं जब मैं काम में पिछड़ रही होती थी या मुझे आराम की ज़रूरत होती थी। उनमें से कई हवाई जहाज में चढ़कर प्रचार अभियान के दौरान अनाकर्षक स्थानों पर आकर मुझे भावनात्मक समर्थन देती थीं जिसकी तब मुझे बेहद ज़रूरत रहती थी। कोई भी औअर्ट आपको बता सकती है कि औरतों के बीच दोस्ती इसी तरह की हजारों तरह की मेहरबानियों से चलती हैं, जो समय के साथ आगे पीछे होती रहती है।

2011 में मैंने जानबूझकर दोस्तों को फिर से जोड़ना शुरू किया, पुराने दोस्तों को साथ लाना शुरू किया और नए दोस्त भी बनाए। हर कुछ महीने में मैं करीब दर्जन भर अपनी सहेलियों को कैम्प डेविड में आमंत्रित करती थी, जो राष्ट्रपति के गर्मी के बसेरे की तरह बना

हुआ था, उत्तरी मेरिलैंड की पहाड़ी पर, वाशिंगटन से साठ मील की दूरी पर। इस तरह के आयोजनों को मैंने "बूट कैम्प" कहना शुरू कर दिया था, कुछ तो इस कारण कि मैं इन महिलाओं को दिन में कई बार अपने साथ वर्क आउट करने के लिए कहती थी(एक समय पर तो मैंने वाइन और स्नैक बंद करने की भी कोशिश की लेकिन यह बात बनी नहीं) बल्कि इससे भी अधिक महत्व की बात यह थी कि मुझे दोस्ती को लेकर मेहनत करना अच्छा लगता था।

मेरे दोस्त मुझे सम्पूर्ण बनाते थे, वे बहुत अधिक समर्पित थीं, उनमें से कई का पारिवारिक जीवन बहुत व्यस्त था और उनकी नौकरियां बहुत वक्त की मांग करती थीं। मैं इस बात को समझती थी कि यह हमेशा आसान नहीं होता था कि उससे निकला जाए। लेकिन यह एक बात थी। हम सभी को अपने बच्चों, पतियों और अपने काम के लिए त्याग करने की आदत थी। अपने जीवन में संतुलन पाने की कोशिश करते हुए सालों के दौरान मैंने यह पाया था कि कभी कभार इन जिम्मेदारियों को पीछे छोड़कर कभी कभार केवल अपनी चिंता करना भी अच्छा होता है। मैं बहुत खुश होती थी अपनी सहेलियों की तरफ से यह इशारा करूँ- कोई कारण निकालूँ, और सभी महिलायें अपने बच्चों, पतियों और सहकर्मियों से कहूं कि, माफ़ करना दोस्तो यह मैं अपने लिए कर रही हूँ।

बूट कैम्प वीकेंड हमारे लिए आसरा हो गया एक दूसरे से जुड़ने का, और अपने आपको पुनर्जागरित करने का। हम आरामदेह लकड़ी के केबिंस में रहती थीं जो जंगल के बीच में था, जहाँ गोल्फ कार्ट की आवाजें थीं, जहाँ हम साइकिल चलाते थे। हम वहां तरह तरह के खेल खेलते थे। कई बार मैं अपने साथ कुछ युवा स्टाफ़ को भी ले जाती थी, और सालों के दौरान यह देखना अच्छा लगता था कि सुसान शेर जो अब साठ साल से ऊपर की हो गई थी, मेरी 20 साल से कुछ ऊपर उम्र की कर्मचारी मैकेंजी स्मिथ के बगल में घुटनों के बल रेंग रही होती थी, मैकेंजी कॉलेज में सॉकर खेलती थी। व्हाइट हाउस के शेफ का बनाया स्वास्थ्यवर्धक खाने हम खाते थे। हम ड्रिल दौड़ते थे जो मेरे ट्रेनर कोर्नेल की देखरेख में होता था, और कुछ बच्चों जैसे चेहरे वाले नेवी के कर्मचारी होते थे जो हम लोगों को मैम कहकर बुलाते रहते थे। हम खूब सारी कसरत करते और बातें करते जाते करते जाते। हम अपने विचारों और अनुभवों को साझा करते थे, सलाह देते थे या मजेदार कहानियां सुनाते थे या कई बार एक दूसरे को यह कहकर दिलासा देते थे कि किसी वक्त में कोई हिम्मत हार जाती थी तो वह ऐसा करने वाली अकेली लड़की नहीं होती थी या कोई अपने बॉस को पसंद नहीं करती थी। कई बार हम सुनते हुए एक दूसरे के साथ रहते थे। और जब वीकेंड ख़त्म होता तो एक दूसरे को अलविदा कहते हुए हम यह वादा करते थे कि अगली बार जल्दी ही मिलेंगे।

मेरे दोस्तों ने मुझे पूरा बनाया हमेशा से बनाया है और हमेशा बनाते रहेंगे। जब मैं कभी निराश होती थी या बराक के पास मेरी पहुँच कम हो जाती थी तो वे मुझे अच्छे से संभालती थीं। जब मैं इस दबाव में रहती थी कि मुझे परखा जा रहा था तो वे मुझे सहज बना देती थीं, नेल पोलिश की मेरी पसंद से लेकर वे हर बात सार्वजनिक रूप से कह देती थीं। और जब बिना बताये कोई मुसीबत आ जाती थी तो वे मुझे उससे निकलने में मदद करतीं।

मई 2011 में पहले इतवार को मैं बराक, लड़कियों और माँ को घर में छोड़कर शहर के एक रेस्तरां में डिनर के लिए गई। वह वीकेंड बहुत व्यस्त लग रहा था। उस दोपहर बराक को कई तरह की ब्रीफिंग में फंसा दिया गया था, और हम लोगों ने शनिवार की शाम व्हाइट हाउस संवाददाताओं के डिनर में बिताया था, जहाँ बराक ने अपने भाषण में डोनाल्ड ट्रम्प के पेशे और बराक के जन्म को लेकर उसके सिद्धांतों का मज़ाक उड़ाया था। मैं जहाँ बैठी थी वहां से मुझे दिखाई नहीं दे रहा था, लेकिन ट्रम्प वहां थे। जब बराक बोल रहे थे तो न्यूज़ कैमरे ने उनको दिखाया कि वह सख़्त चेहरा किये बैठे हुए थे।

हम लोगों के लिए इतवार की रात शांत और खाली होती थी। वीकेंड में खेलकूद कर और लोगों से मिल जुल कर लड़कियां थक चुकी होती थीं। और बराक की अगर किस्मत होती तो वह एंड्रयूज एयरफ़ोर्स बेस में गोल्फ खेलकर आता था और बहुत चैन महसूस करता था।

उस रात दोस्तों के साथ मिल कर मैं घर दस बजे लौटी। हमेशा की तरह दरवाजे पर एक कर्मचारी ने स्वागत किया। मुझे समझ में आ गया कि कुछ हो रहा था क्योंकि व्हाइट हाउस के भूतल पर गतिविधियाँ बढ़ी हुई थीं। मैंने उस कर्मचारी से पूछा कि क्या वह बता सकता था कि राष्ट्रपति कहाँ थे।

"मेरे ख़याल से ऊपर मैम," वह बोला। "देश को संबोधित करने के लिए तैयार हो रहे हैं।"

तब मुझे समझ में आया कि आखिरकार यह हो गया था। मुझे पता था कि ऐसा होने वाला था, लेकिन मुझे यह नहीं पता था कि यह सब किस तरह होगा। पिछले दो दिन मैंने पूरी तरह से सामान्य रहते हुए बिताए थे, ऐसे जता रही थी कि मुझे यह नहीं पता था कि कुछ खतरनाक औए महत्वपूर्ण घटने वाला था। महीनों उच्च स्तर के गुप्तचर जानकारियों के बाद और हफ़्तों बहुत मेहनत के साथ तैयारी करने के बाद खतरों का आकलन करने के बाद तनाव भरा निर्णय अंत में लिया गया, व्हाइट हाउस से सात हज़ार मील दूर अँधेरे में यू. एस. नेवी की एक दक्ष टीम ने पाकिस्तान के एबोटाबाद के एक रहस्यमय परिसर में ओसामा बिन लादेन की तलाश में छापा मारा था।

जब मैं घर के हॉल में जा रही थी तो बराक बेडरूम से निकल रहे थे। वह सूट और लाल टाई में बहुत खुश लग रहे थे। वह अपने फैसले के दबाव को महीनों से उठाये चल रहे थे।

"वह हमें मिल गया," वह बोले। "और कोई घायल भी नहीं हुआ।"

हम गले से लग गए। ओसामा बिन लादेन मारा गया था। किसी अमेरिकी की जान नहीं गई थी। बराक ने बहुत बड़ा खतरा उठाया था- ऐसा खतरा जिससे उनका राष्ट्रपति का पद भी जा सकता था- और सब ठीक हो गया था।

यह खबर दुनिया भर में फ़ैल गई थी। लोग व्हाइट हाउस के आसपास जुटने लगे थे। रेस्तरां, होटलों, अपार्टमेन्ट से बाहर निकल रहे थे, उस रात जश्न की आवाज़ें निकाल रहे थे, ख़ुशी की आवाज़ें इतनी तेज थीं कि मालिया की नींद खुल गई जबकि खिड़की में बैलिस्टिक

शीशे लगे हुए थे जिसका मतलब होता था कि सभी आवाज़ें बाहर ही रहें।

उस रात वैसे भी न कोई अन्दर आया न बाहर गया। देश भर में शहरों में लोग सड़कों पर निकल आये थे, साफ था कि दूसरे लोगों के पास रहने की भावना के साथ निकल कर आये थे, जो महज देशभक्ति की भावना के कारण ही नहीं था बल्कि वह सामुदायिक पीड़ा भी थी जो 9/11 के बाद जन्मी थी और जिसके पीछे यह दुःख भी था कि हमारे ऊपर फिर से हमला किया जा सकता था। मैंने सेना के उन सभी स्थलों के बारे में सोचा, उन सैनिकों के बारे में जो अपने अपने घावों से उबरने की कोशिश में थे, और उन तमाम लोगों के बारे में जिन्होंने देश की रक्षा के नाम पर अपने बच्चों को दूर दराज भेज रखा था, और वे हज़ारों बच्चे जिन्होंने उस उदास भयानक दिन अपने माँ-पापाओं को खो दिया था। जो खो गया था उनको वापस तो नहीं लाया जा सकता था, मैं जानती थी। किसी की मौत से किसी की ज़िंदगी को वापस नहीं लाया जा सकता। मुझे यह पक्के तौर पर नहीं लगता कि किसी की मृत्यु जश्न मनाने का कोई कारण बन सकता था, कभी भी। लेकिन उस रात अमेरिका ने जो पाया था वह अपनी दृढ़ता के ऊपर भरोसा था, एक तरह की राहत का भाव था।

23

समय जैसे पंख लगाकर उड़ा जा रहा था, जिसे उसका हिसाब रख पाना असंभव लग रहा था। प्रत्येक दिन व्यस्त रहता था। व्हाइट हाउस में बिताया गया एक एक दिन इतना व्यस्त होता था कि शुक्रवार को मुझे यह याद करना पड़ता था कि मैंने सोमवार और मंगलवार को किया क्या था। कई बार जब मैं डिनर के लिए बैठती थी तो यह सोचती थी कि मैंने लंच कहाँ किया था। अभी भी मुझे यह बात मुश्किल से याद आती है। गति बहुत तेज़ थी और सोचने का समय बहुत कम था। एक ही दोपहर में कई आधिकारिक बैठकें होती थीं, कई कार्यक्रम और एक फोटो शूट भी। हो सकता है कि एक दिन में मैं कई राज्यों में जाऊं, बारह हज़ार लोगों के सामने भाषण दूँ, या साउथ लॉन में चार सौ बच्चों के साथ जम्पिंग जैक खेलूँ, और यह सब करने के बाद शाम के रिसेप्शन के लिए एक बढ़िया ड्रेस पहनूं। जिन दिनों कोई सरकारी काम नहीं होता था उन दिनों मैं साशा और मालिया के जीवन के मसले सुलझाती थी और फिर "ऊपर" चली जाती- वापस बाल, मेकअप और कपड़ों की दुनिया में। लोगों की आँखों के सामने लौट जाती।

जैसे-जैसे हम 2012 में बराक के पुनर्निर्वाचन की तरफ बढ़ रहे थे तो मुझे लगता था कि मैं आराम नहीं कर सकती और मुझे आराम नहीं करना चाहिए। मैं अभी भी अपने लिए अनुग्रह बना रही थी। मैं अक़्सर सोचती थी कि मैं किसकी और कितनी कर्जदार थी। मैं अपने साथ इतिहास लेकर चलती थी, और यह राष्ट्रपति या प्रथम महिला का नहीं होता था। मैं उस तरह से जॉन क्विंसी एडम्स की कहानी से अपने आपको जोड़ नहीं पाती थी जिस तरह सोजोर्नर ट्रुथ के साथ, या जिस तरह मैं हैरियेट तुबमैन के साथ महसूस कर सकती थी उस तरह से वुडरो विल्सन के साथ नहीं। रोजा पार्क्स और कोरेटा स्कॉट किंग के संघर्ष की कहानियां मुझे ज्यादा परिचित लगती थीं बजाय रूजवेल्ट और आइजनहावर की कहानियों के। मैं उनके इतिहास को जीती थी, साथ में अपनी माँ और नानी के। इनमें से किसी भी स्त्री ने उस तरह के जीवन को जीने की कल्पना नहीं की होगी जिस तरह का जीवन अब मेरा था, लेकिन उनको यह विश्वास था कि एक दिन उनके संघर्ष से कुछ बेहतर सामने आएगा, आखिरकार, मेरी जैसी किसी महिला के लिए। मैं दुनिया में इस बात को इस तरह से रखना चाहती थी कि वह यह जानकर उनका सम्मान करे कि वे कौन थीं।

मैं इसको अपने ऊपर दबाव की तरह रखती थी, एक ऐसी ज़रूरत कि कुछ भी गड़बड़ न करूँ। वैसे तो मुझे एक लोकप्रिय प्रथम महिला के रूप में देखा जाता था लेकिन मैं यह सोचे बिना नहीं रह पाती थी कि मेरी आलोचना किस तरह से की जाती थी, उन लोगों द्वारा जिन्होंने मेरी त्वचा के रंग के हिसाब से मेरे बारे में धारणाएं बना रखी थीं। इसलिए मैं अपने दफ़्तर में एक कोने में रखे टेलीप्रॉम्पटर पर अपने भाषण को बार-बार दुहराती रहती थी। मैं अपनी दिनचर्या बनाने वालों और उनको अंजाम देनें वालों के ऊपर दबाव बनाए रहती थी ताकि मेरे सभी आयोजन सही तरह से समय पर संपन्न हो जाएँ। मैं अपने नीति सलाहकारों के ऊपर इस बात के लिए और भी दबाव बनाये रहती थी कि वे लेट्स रीच अभियान की पहुँच को बढाते रहें और उससे लोगों को जोड़ते रहें। मेरा ध्यान इस बात के ऊपर था कि किसी भी तरह के मौके को बर्बाद न जाने दूँ बल्कि कई बार मुझे खुद को इस बात की याद दिलानी पड़ती थी कि मुझे कुछ देर सांस भी ले लेनी चाहिए।

बराक और मैं दोनों इस बात को जानते थे कि आगे प्रचार के दौरान अधिक यात्राएँ करने की ज़रूरत पड़ेगी, अधिक रणनीति बनानी पड़ेती, और अधिक चिंता करनी पड़ेगी। पुनर्निर्वाचन की चिंता न करना असंभव था। खर्च बहुत अधिक था(बराक और मिट रोमनी, जो मैशाचुसेट्स के पूर्व गवर्नर थे, को एक बिलियन डॉलर जुटाने थे ताकि प्रचार को मुकाबले का बनाया जा सके) और जिम्मेदारी भी अधिक थी। इस चुनाव से यह तय हो जाने वाला था कि स्वास्थ्य सेवा सम्बन्धी नए कानून का भविष्य क्या होता या अमेरिका पर्यावरण में बदलाव का मुकाबला करने के लिए वैश्विक प्रयास का हिस्सा होता या नहीं। व्हाइट हाउस में काम करने वाले सभी लोगों को यह नहीं लग रहा था कि हम दुबारा चुनाव जीतकर आयेंगे या नहीं। मैं यह कोशिश कर रही थी कि इस सम्भावना के बारे में विचार भी न करूँ कि बराक चुनाव में हार भी सकता था, लेकिन यह हो सकता था- मेरे अन्दर इसका डर था, हम दोनों में से कोई भी इसको आवाज़ देने की कोशिश नहीं कर पा रहा था।

2011 की गर्मियां बराक के लिए खासतौर पर तकलीफ़देह रहीं। जिद्दी कांग्रेस रिपब्लिकन सदस्यों ने नए सरकारी बांड को मान्यता देने से इनकार कर दिया- यह आमतौर पर साधारण प्रक्रिया थी जिसका मकसद होता था ऋण की सीमा को बढ़ाना। उनका यह कहना था कि जब तक सामाजिक सुरक्षा, मेडिकऐड और मेडीकेयर जैसे कार्यक्रमों में कटौती नहीं की जाती वे ऐसा नहीं कर सकते, बराक ने इसका विरोध किया था क्योंकि इससे उन लोगों को तकलीफ होती जो सबसे अधिक संघर्ष कर रहे थे। इस बीच, श्रम विभाग ने मासिक जॉब रिपोर्ट प्रकाशित की जिसमें यह था कि विकास निरंतर हो रहा था लेकिन धीमा था। जिससे यह समझ में आता था कि देश 2008 के संकट से निकल तो आया था लेकिन वह अभी भी वहां नहीं था जहाँ उसको होना चाहिए था। बहुत से लोग बराक को दोष दे रहे थे। ओसामा बिन लादेन की मौत के बाद उसकी स्वीकृति की दर बहुत बढ़ गई थी, दो साल की सबसे ऊंची हो गई थी, लेकिन कुछ महीने के बाद ही ऋण सीमा के विवाद और नई मंदी की चिंताओं के कारण वे सबसे नीचे गिर गए थे।

यह सब कोलाहल बढ़ रहा था, मैं सद्भावना यात्रा पर दक्षिण अफ्रीका की यात्रा पर गई, जिसको योजना महीनों पहले बनाई गई थी। साशा और मालिया का स्कूल अभी ख़त्म हुआ था, इसलिए वे भी मेरे साथ जा सकती थीं, साथ में मेरी माँ और क्रेग के बच्चे लेसली और एवरी भी थे जो अब बड़े हो गए थे। मैं वहां अमेरिका द्वारा प्रायोजित महादेश भर की युवा अफ्रीकी महिलाओं के एक मंच को संबोधित करने जा रही थी, लेकिन हम लोगों ने अपने कार्यक्रमों में सामुदायिक गतिविधियों को भी शामिल किया था गों स्वास्थ्य और शिक्षा से ताल्लुक रखते थे, साथ ही हम स्थानीय नेताओं और यूएस दूतावास के कर्मचारियों से भी मिलने वाले थे। हम लोगों ने बोत्सवाना की एक छोटी सी यात्रा भी की, वहां के राष्ट्रपति से मिली और एक सामुदायिक एचआईवी क्लिनिक में भी गई, और घर वापस आने से पहले हम लोगों ने जल्दी में जंगल की सैर भी की।

हम जल्दी ही दक्षिण अफ्रीका की ऊर्जा से प्रभावित हुए। जोहान्सबर्ग में हम रंगभेद संग्रहालय गए और शहर के उत्तर में एक अश्वेत बस्ती में सामुदायिक केंद्र में बच्चों के साथ डांस किया और किताबें पढ़ी। केप टाउन में सॉकर के स्टेडियम में हम सामुदायिक आयोजकों औए स्वास्थ्यकर्मियों से मिले जो खेल कार्यकर्मों के माध्यम से एचआईवी/एड्स के बारे में बच्चों को शिक्षित करने के काम में लगे थे। हमें आर्कबिशप डेसमंड टूटू से मिलवाया गया, जिन्होंने दक्षिण अफ्रीका में रंगभेद की समाप्ति में बड़ी भूमिका निभाई थी। टूटू की उम्र अब उन्यासी साल हो चुकी थी, वे खूब हँसते थे, और उनकी आँखों में चमक थी। जब उन्होंने यह सुना कि मैं स्टेडियम में स्वास्थ्य को बढ़ावा देने वाली थी तो उन्होंने इस बात पर जोर दिया कि वे बच्चों के सामने मेरे साथ पुश अप करेंगे।

दक्षिण अफ्रीका में इन कुछ दिनों के दौरान मुझे ऐसा महसूस हो रहा था जैसे मैं उड़ रही थी। 1991 में कीनिया की यात्रा के बाद यह यात्रा लम्बे समय के बाद की गई थी, जब मैं बराक के साथ मतातुस में सफर कर रही थी और औमा की खटारा गाड़ी से वहां की धूल भरी सड़कों पर यात्रा की थी। मुझे एक तरफ जेट लैग हो गया था तो दूसरी तरफ मुझे बहुत अच्छा भी महसूस हो रहा था। यह ऐसा था मानो हम लोग इतिहास और संस्कृति की विशाल मिलन घरा में आ गए थे, जिससे अचानक यह याद आ गया था कि समय के इस विशाल चक्र के बीच हम कितने छोटे थे। उस मंच के लिए छिहत्तर युवा महिला कार्यकर्ताओं का चुनाव किया गया था क्योंकि वे अपने समुदाय के लिए अच्छा काम कर रही थीं, उनके बीच मेरी आँखों में आंसू आ गए। उन्होंने मुझे उम्मीद से भर दिया। मुझे बेहतर तरीक से यह महसूस करवाया कि मैं बुजुर्ग हो चुकी थी। अफ्रीका की आबादी का उस समय साठ प्रतिशत पच्चीस साल से कम उम्र का था। यहाँ जो महिलायें थीं वे सब तीस साल से कम उम्र की थीं और कुछ तो सोलह साल की थीं, जो गैर सरकारी संगठन बना रही थी, दूसरी महिलाओं को कामकाज का प्रशिक्षण दे रही थीं, और सरकारी भ्रष्टाचार के बारे में बताकर जेल जाने का खतरा उठा रही थीं। और अब वे आपस में जुडी हुई थीं, प्रशिक्षित थीं और उनका उत्साह बढ़ाया जा रहा था। मुझे उम्मीद थी कि इससे उनकी क्षमता में और भी वृद्धि होगी।

सबसे विस्मयकारी घटना, हालाँकि जल्दी ही आई, मेरी यात्रा के दूसरे दिन घटी। मेरा परिवार और मैं जोहान्सबर्ग में नेल्सन मंडेला न्यास के मुख्यालय गए, साथ में ग्रासा मशेल थीं जो जानी-मानी मानवाधिकार कार्यकर्ता थीं और मंडेला की पत्नी, जब हमें यह पता चला कि मंडेला पास के एक घर में खुद हमारा स्वागत करना चाहते थे।

ज़ाहिर है, हम तत्काल गए। उस समय नेल्सन मंडेला की उम्र बानवे साल थी। उस साल पहले फेंफड़े की समस्या के कारण उनको अस्पताल जाना पड़ा था। मुझे यह बताया गया था कि वे शायद ही किसी से मिलते थे। बराक उनसे छः साल पहले मिल चुका था, तब वह सीनेटर था और नेल्सन मंडेला वाशिंगटन की यात्रा पर आये थे। उस मुलाकात की एक फ्रेम कराई हुई तस्वीर बराक ने तभी से अपने दफ़्तर में लगा रखी थी। यहाँ तक की मेरी बेटियां, साशा, जो दस साल की थी और मालिया जो तेरह साल की होने वाली थी, भी यह समझ गई कि यह कितनी बड़ी बात थी। यहाँ तक कि हर तरह की बातों से अप्रभावित रहने वाली मेरी माँ भी कुछ हैरान थी।

ऐसा कोई जीवित इंसान नहीं था जिसने दुनिया पर इतने सार्थक तरीके से प्रभाव डाला हो जितने सार्थक तरीके से नेल्सन मंडेला ने डाला था, कम से कम मुझे ऐसा लगता है। 1940 के दशक में वे युवा थे जब उन्होंने अफ़्रीकन नेशनल कांग्रेस की सदस्यता ली और साहस के साथ खुलेआम दक्षिण अफ़्रीका की सरकार और उसकी नस्लवादी नीतियों को चुनौती देना शुरू कर दिया जिसमें सभी श्वेत थे। वे चौवालीस साल के थे जब उनको अपनी गतिविधियों के कारण, बेड़ियों में जकड़ कर जेल भेज दिया गया, और अंततः जब वे 1990 में जेल से रिहा हुए तब उनकी उम्र 71 साल हो चुकी थी। सत्ताईस साल जेल में वंचित और एकांत में रहते हुए, नस्लवादी सरकार के दौरान उनके बहुत से साथी उत्पीड़ित किये गए और मार डाले गए, लेकिन मंडेला ने सरकार के नेताओं के साथ समझौता किया- बजाय लड़ाई करने के- जिसके कारण चमत्कारिक तरीके से अफ़्रीका में सच्चे जनतंत्र का उदय हुआ और मंडेला पहले राष्ट्रपति बने।

मंडेला पत्तों से भरे एक उपनगरीय सड़क पर रहते थे, उनका घर भूमध्सगारीय शैली में बना हुआ था जिसकी दीवारें पीले रंग के कंक्रीट की थी। ग्रास मशेल हमें एक गलियारे के रास्ते लेकर गई जो पेड़ों से घिरा हुआ था, घर में एक बड़े धूप से भरे कमरे में उनके पति कुर्सी पर बैठे थे। उनके सर में बाल कम थे और सफ़ेद थे, और उन्होंने भरे रंग की छापे वाली कमीज पहनी हुई थी। किसी ने उनकी गोद में सफ़ेद रंग की कम्बल डाल दी थी। उनके आसपास कई पीढ़ियों के रिश्तेदार थे, जिन्होंने खुलूस के साथ हमारा स्वागत किया। उस कमरे की चमक में, परिवार के सदस्यों को देखकर, गृहस्वामी के चेहरे पर हल्की मुस्कान देखकर मुझे अपने नाना साउथसाइड के घर जाना याद आ गया, जहाँ मैं बचपन में जाती थी। आते हुए मैं घबड़ाई हुई थी लेकिन अब राहत महसूस कर रही थी।

सच्चाई यह थी मुझे यह नहीं लग रहा था कि गृहस्वामी को खुद यह बात अच्छी तरह से समझ में आएगी कि हम कौन थे और हम वहां आये क्यों थे। वह उस समय बहुत बूढ़े हो

चुके थे, उनका ध्यान इधर उधर हो जाता था, सुनने में कुछ दिक्कत हो रही थी। "यह *मिशेल ओबामा* हैं," ग्रासा ने उनके कानों के पास जाकर कहा। "अमेरिका के राष्ट्रपति की पत्नी।"

"अच्छा बहुत अच्छी बात है," नेल्सन मंडेला ने फुसफुसाते हुए कहा, "बहुत अच्छी बात है।"

उन्होंने मुझे बहुत ध्यान से देखा, जबकि सच बात यह है कि मैं कोई भी हो सकती थी। यह साफ़ लग रहा था कि उनके पास जो भी आता था वे उसको देखकर उसी तरह से गर्मजोशी दिखाते थे। मंडेला के साथ मेरी मुलाकात शान्त थी और बहुत गहरी भी- शायद अधिक गहरी, जबकि वह मुलाकात खामोशी में हुई थी। उनके जीवन के शब्द अधिकतर अब बोले जा चुके थे, उनके भाषण और उनकी चिट्ठियां, उनकी किताबें और प्रतिरोध के उनके नारे केवल उनकी अपनी कहानी में ही नहीं जड़े जा चुके थे बल्कि पूरी मानवता के लिए थे। उनके साथ जो थोडा सा वक्त मैंने बिताया मैंने उसमें वह सब महसूस किया- गरिमा और साहस के बल पर उन्होंने उस जगह पर समानता दिलाई जहाँ वह बिलकुल नहीं थी।

पांच दिन बाद अमेरिका वापस आते हुए मैं नेल्सन मंडेला के बारे में ही सोच रही थी, उस अँधेरी रात में हम अफ्रीका के ऊपर उत्तर और पश्चिम की तरफ उड़ते हुए अटलांटिक पार कर रहे थे। साशा और मालिया अपने भाई बहनों के साथ कम्बल में लेटी हुई थीं; मेरी माँ पास की सीट पर नींद में थी। हवाई जहाज में बहुत पीछे स्टाफ और सीक्रेट सर्विस के लोग फिल्म देख रहे थे और सोने की तैयारी में थे। इंजिन की आवाज़ गूँज रही थी। मैं अकेली महसूस कर रही थी और अकेली नहीं थी। हम घर जा रहे थे- वाशिंगटन डीसी के अजीब परिचित शहर में घर की तरफ, जो सफ़ेद संगमरमर का था और विचारधाराओं का संघर्ष था, वह सब जिससे अभी भी लड़े जाने और जिसको जीते जाने की ज़रूरत थी। मैं उन युवा महिलाओं के बारे में सोच रही थी जिनसे मैं यंग लीडरशिप फोरम में मिली थी, वे सब अपने अपने समुदायों में वापस जाकर अपने काम में फिर से लग गई होंगी, हर तरह की कठिनाइयों का सामना करते हुए।

मंडेला अपने सिद्धांतों के लिए जेल गए थे। वे अपने बच्चों को बड़े होते नहीं देख पाए, और उसके बाद वे अपने पोते पोतियों को भी बड़े होते नहीं देख पाए। बिना किसी कड़वाहट के। इस सबके बावजूद उनको यह लगता था कि एक समय ऐसा आएगा जब इस देश का बेहतर रूप सामने आएगा। वह काम करते रहे, इन्तज़ार करते रहे, बिना हारे, ताकि वह दिन देख सकें

मैं जोश से घर भरी जा रही थी। जीवन ने मुझे यह सिखाया था कि प्रगति और बदलाव धीरे धीरे होता है। दो साल, चार साल या उम्र भर में भी नहीं। हम लोग बदलाव के बीज बो रहे थे, जिसका फल हो सकता था कि हम कभी न देख पायें। हमें धीरज रखने की ज़रूरत थी।

2011 के फॉल के दौरान बराक ने तीन बार उस बिल को प्रस्तुत किया जिसके कारण अमेरिकी लोगों के लिए हज़ारों नौकरियां आने वाली थीं, कुछ हद तक सरकार पैसे देने वाली

थी ताकि अधिक शिक्षकों को रखा जाये। तीन बार इस बिल को रिपब्लिकन पार्टी ने रोका, उन्होंने इसके ऊपर मतदान भी नहीं होने दिया।

"हम जो सबसे ज़रूरी चीज हासिल करना चाहते हैं," सीनेट अल्पसंख्यक नेता मीच मैककोनेल ने एक साल पहले अपनी पार्टी के लक्ष्यों को सामने रखते हुए एक एक रिपोर्टर से कहा था, "कि राष्ट्रपति ओबामा एक कार्यकाल के राष्ट्रपति हों।" यह बहुत साधारण बात थी। रिपब्लिकन पार्टी हर तरह से बराक को असफल बनाने में लगी हुई थी। ऐसा लग रहा था कि वे देश में शासन की प्राथमिकता इस बात को नहीं बनने देना चाहते थे कि लोगों को काम चाहिए था। उनके लिए अपनी सत्ता पहले आती थी।

मुझे यह बात निराशाजनक लगता थी, कई बार मुझे गुस्सा आता था तो कई बार मैं टूटी हुई महसूस करती थी। यह राजनीति थी, मानती हूँ, लेकिन बहुत अधिक विभाजनकारी थी और निराशावादी भी, जिसके पीछे किसी तरह का बड़ा उद्देश्य नहीं दिखाई दे रहा था। मैं जिस तरह की भावनाओं को महसूस कर रही थी बराक शायद उस तरह से महसूस नहीं कर पा रहे थे। वह अपने काम में डूबा रहता था, अधिकतर इन बातों से प्रभावित हुए बिना, कहीं आगे बढ़कर तो जहाँ ज़रूरी होता था वहां समझौता करके भी। वह हमेशा एक तरह की सकारात्मकता से भरा रहता था जो उसको संचालित करती थी। अब उसको राजनीति में आये पंद्रह साल हो चुके थे। मैं उसके बारे में सोचती थी कि वह ताम्बे का एक पुराना घड़ा था- जो आग को सहता था, धुंधला पड़ जाता था लेकिन तब भी चमकता रहता था।

वापस प्रचार में लौटते हुए- बराक और मैंने 2011 के फॉल में प्रचार शुरू कर दिया, इससे कुछ राहत महसूस हुई। इसके कारण हम वाशिंगटन से निकले और एक बार फिर देश भर में अलग-अलग समुदायों के पास जाने लगे, रिचमंड और रेनो जैसी जगहों पर, जहाँ हम समर्थकों को गले लगा सकते थे और उनसे हाथ मिला रहे थे, उनके विचार सुन सकते थे और उनकी चिंताओं को भी। यह मौका था ज़मीनी स्तर पर ऊर्जा को महसूस करने का जो हमेशा से बराक के जनतंत्र की दृष्टि के केंद्र में था, इससे यह बात भी समझ में आ जाती थी कि अमेरिका की जनता अपने निर्वाचित नेताओं से कम निराशावादी थी। हमें बस ज़रूरत इस बात की थी वे बाहर निकलें और मतदान करें। मुझे इस बात से निराशा हुई थी कि लाखों लोग 2010 के मध्यावधि चुनाव में मतदान के लिए निकले ही नहीं, जिसके कारण बराक को एक विभाजित कांग्रेस मिला जिसके रहते कोई कानून बना पाना संभव नहीं था।

तमाम चुनौतियों के बावजूद बहुत कुछ था जिसके कारण उम्मीद की जा सकती थी। 2011 के अंत तक आखिरी अमेरिकी सैनिक इराक से वापस आ गए थे; अफगानिस्तान से भी धीरे-धीरे सेना वापस आ रही थी। अफोर्डेबल केयर एक्ट के मुख्य प्रावधान कारगर हो गए थे, जिसके कारण युवा लोगों को अपने माता-पिता की बीमा पॉलिसियों पर लम्बे समय तक बने रहने की अनुमति मिल गई थी और कंपनियों के ऊपर इस बात के लिए रोक लगा दी गई थी कि वे किसी मरीज के जीवन बीमा पर किसी तरह की शर्त नहीं लगा सकते थे।

यह सब आगे बढ़ने वाले कदम थे, मैंने अपने आपको याद दिलाया, खुली सड़क पर कदम बढ़ा दिए गए थे।

इसके बावजूद कि एक पूरी राजनीतिक पार्टी यह चाहती थी कि बराक असफल हो जाए, हमारे पास कोई विकल्प नहीं था कि हम सकारात्मक बने रहें और आगे बढ़ें। यह उसी तरह की बात थी जब सिडवेल में एक माँ ने मालिया से यह पूछा था कि क्या उसको टेनिस का अभ्यास करते हुए जीवन का डर नहीं लगता था। आप सच में क्या कर सकते हैं, सिवाय बाहर जाकर एक और बॉल के ऊपर प्रहार करने के?

इसलिए हम काम कर रहे थे। हम दोनों काम कर रहे थे। मैंने अपने शुरु किये गए प्रयासों में खुद को झोंक दिया। लेट्स मूव के झंडे तले। हम लगातार नतीजे हासिल कर रहे थे। मेरी टीम और मैंने डारदेन रेस्तरां को इसके लिए तैयार किया कि वे जिस तरह का खाना देते हैं और उसको जिस तरह से बनाते हैं उसमें बदलाव लायें, यह रेस्तरां ओलिव गार्डन और रेड लोब्स्टर जैसे चेन के पीछे काम कर रही थी। उन्होंने इस बात की शपथ ली कि वे पूरी तरह से अपने मेन्यू में बदलाव करेंगे, कैलोरी कम करेंगे, सोडियम की मात्रा कम करेंगे, और बच्चों के खाने के लिए सेहतमंद विकल्प देंगे। हम लोगों ने कंपनियों के अधिकारियों से यह कहा कि अमेरिका में खानपान का तरीका बदल रहा था और यह व्यवसाय के लिए अच्छी बात होती कि इस बदलाव में वे अग्रगामी बन जाए। जाहिर है, यह उनकी अंतरात्मा पर निर्भर करता था। डारदेन अमेरिकियों को हर साल 40 करोड़ भोजन परोसते थे। इतने बड़े पैमाने पर अगर वे कोई छोटा सा कदम भी उठाते, जैसे बच्चों के मेन्यु से ठन्डे बर्फीले सोडा के ग्लास की तस्वीर हटाना- तो इसका असल प्रभाव पड़ सकता था।

प्रथम महिला की शक्तियां उत्सुकता का विषय हैं- यह इतना मुलायम इतना अपरिभाषित है जितनी कि यह भूमिका अपने आप में है। और मैं उसको आजमाने के बारे में सीख रही थी। मेरे पास किसी तरह की कार्यकारी सत्ता नहीं थी। मैं सेना का नेतृत्व नहीं करती थी और न ही औपचारिक राजनय में शामिल होती थी। परम्परा मुझे यह बताती थी कि मुझे एक तरह से हल्की रौशनी देते रहना था, पूरे समर्पण के साथ राष्ट्रपति के साथ रहना, देश का मूल रूप से गुणगान करना लेकिन उसको चुनौती नहीं देना। मैंने ध्यान से देखना शुरू किया तो पाया कि अगर ध्यानपूर्वक देखा जाए तो यह रौशनी कहीं अधिक शक्तिशाली थी जैसी बताई गई थी। मेरा प्रभाव एक तरह से उत्सुकता का था- एक अश्वेत प्रथम महिला, एक पेशेवर महिला, छोटे बच्चों की माँ। लोग मेरे कपड़ों, जूतों, और बालों के बारे में बात करते थे लेकिन उनको यह भी देखना होता था कि मैं कहाँ थी और क्यों। मैं यह सीख रही थी कि किस तरह से अपने सन्देश को अपनी छवि के साथ जोड़कर देखूँ, और इस तरह से मैं अमेरिकी निगाहों को निर्देशित कर सकती थी। मैं कोई मज़ेदार कपड़े पहन सकती थी, कोई मज़ाक कर सकती थी, बच्चों के भोजन में सोडियम की मात्रा के बारे में बात कर सकती थी और वह भी बिना उबाऊ हुए। मैं सार्वजनिक रूप से किसी कंपनी की इस बात के लिए तारीफ़ कर सकती थी कि वह पूर्व सैनिकों को काम पर रख रहा था, टीवी पर एलेन देजेंरस

के साथ फ़र्श पर बैठकर पुश अप की प्रतियोगिता में हिस्सा ले सकती थी(और में जीत भी गई) और यह सब लेट्स मूव के नाम पर!

मैं मुख्यधारा की बच्ची थी और यह मेरी ताकत थी। बराक कई बार मुझे "जो पब्लिक" कहते थे, वे मुझसे प्रचार के लिए बनाए गए नारों को देखने और रणनीतियों को देखने के लिए कहते थे क्योंकि वे इस बात को जानते थे कि मैं बहुत ख़ुशी-ख़ुशी पॉपुलर कल्चर का हिस्सा बन सकती थी। हालाँकि मैं प्रिंसटन में पढ़ी थी और सिडली और ऑस्टिन में काम किया था, और कई बार मैं हीरे पहनती थी और बॉल गाउन भी लेकिन मैंने *पीपुल* मैगजीन पढ़ना कभी नहीं छोड़ा और अच्छे सिटकॉम के लिए मेरा प्यार भी कभी कम नहीं हुआ। मैं *मीट द प्रेस* या *फेस ऑफ़ द नेशन* जैसे कार्यक्रम देखने से अधिक ओपरा और एलेन के शो देखती थी और आज भी मुझे इस बात से अधिक ख़ुशी किसी बात से नहीं होती है जब होम मेकओवर शो में छोटी सी जीत देखने से होती है।

यह सब कहने का मतलब यह है कि अमेरिकी लोगों से किस तरह जुड़ा जाए इसके बारे में मैं जितना जानती हूँ बराक और उसके वेस्ट विंग के सलाहकार पूरी तरह नहीं समझ सकते, कम से कम शुरू में। बजाय बड़े अखबारों के लिए इंटरव्यू देने या बड़े टीवी चैनल के लिए बातचीत करने के मैं प्रभावी "मम्मी ब्लॉगरों" के साथ बैठने लगी, जिनकी पहुँच बहुत अधिक महिलाओं तक होती थी और जो उनके फोन पर सम्पर्क में रहती थीं। अपने युवा कर्मचारियों को फोन के साथ सम्पर्क बनाते देख कर, यह देखते हुए कि साशा और मालिया हाई स्कूल के अपने दोस्तों के साथ सोशल मीडिया के माध्यम से जुड़े रहते थे या उनके ऊपर ही समाचार देखते थे, मुझे यह बात समझ में आ गई कि इस अवसर को भी आजमाने की ज़रूरत थी। मैंने 2011 के फॉल में अपना पहला टवीट किया जो सेना में शामिल होने के अभियान को बढ़ावा देने के लिए था और मैंने देखा कि यह अजीब तरह से असीमित माध्यम बन गया जहाँ लोग अपना समय व्यतीत करते थे।

यह एक तरह की नई जानकारी थी। यह सब नई जानकारी थी। अपनी हल्की-फुल्की शक्ति के माध्यम से मैं यह देख पा रही थी कि मैं मज़बूत हो सकती थी।

अगर रिपोर्टर्स और टीवी कैमरा मेरा पीछा करना चाहते थे तो मैं उनको अनेक जगहों पर ले जा सकती थी। उदाहरण के लिए, वे मुझे और जिल बिडेन को वाशिंगटन के उत्तर पूर्व हिस्से की बस्तियों में किसी दीवार को रंगते हुए देख सकते थे। इसमें कुछ भी दिलचस्प नहीं था कि दो महिलायें ब्रश से पेंट कर रही हैं, लेकिन इसमें एक तरह की खबर तो थी ही।

सार्जेंट जॉनी ऐग्बी जो पचीस साल के डॉक्टर थे और अफगानिस्तान में काम कर रहे थे जब उनके हेलीकाप्टर के ऊपर हमला हुआ और उनकी रीढ़ की हड्डी टूट गई, दिमाग में चोट आ गई, और उनको वाल्टर रीड में ठीक होने में लम्बा समय लग सकता था, उनके बारे में सुनकर सभी उनके दरवाजे तक आ गए। उनकी पहली मंजिल को उनके व्हील चेयर को फिट करने के लायक बनाया गया था- उनके घर के दरवाजे चौड़े कर दिए गए थे, रसोई में सिंक को नीचा कर दिया गया था- यह काम एक गैर सरकारी संगठन रिबिल्डिंग टूगेदर और

उस कंपनी ने साथ मिलकर किया था जिसका नाम था सियर्स एंड मार्ट। यह ऐसा हजारवां घर था जिसका उन्होंने पुनर्निर्माण किया था जो पूर्व सैनिक की आवश्यकताओं को ध्यान में रखने की परियोजना के तहत किया गया था। कैमरे ने यह सब दिखाया- सैनिक को, उसके घर को, जो अच्छाई और ऊर्जा उसमें आ रही थी। रिपोर्टर ने न केवल मुझसे और जिल से बात की बल्कि सार्जेंट ऐग्बी के साथ भी बात की और उन लोगों से भी जिन लोगों ने यह काम किया था। मेरे लिए यह सब इस तरह से होना चाहिए था। नज़र यहाँ आनी चाहिए थी।

6 नवम्बर 2012 को मतदान का दिन था- मेरा डर मेरे साथ चुपचाप बैठा था। बराक और लड़कियां और मैं शिकागो में वापस आ गए थे, ग्रीनवुड एवेन्यू के घर में बैठे हम बेताबी से यह इन्तज़ार कर रहे थे कि देश हमें अपनाता है या ख़ारिज कर देता है। मेरे लिए यह चुनाव हमारे अब तक के सभी चुनावों से अधिक भरपूर था। ऐसा लग रहा था कि यह मतदान केवल बराक के राजनीतिक प्रदर्शन के लिए ही नहीं था और राज्य की दशा पर बल्कि यह एक तरह से व्हाइट हाउस में हमारे होने को लेकर भी था। हमारी लड़कियों ने अपने लिए एक मजबूत समुदाय बनाया था, एक तरह की सामान्यता थी जो मैं नहीं चाहती थी कि फिर से बदल जाए। मैंने इतना कुछ दिया था, हमने अपने पारिवारिक जीवन के चार साल से अधिक समय इसको दिया था, इसलिए यह असंभव था कि इन बातों को निजी तौर पर न महसूस किया जाए।

प्रचार अभियान ने हम लोगों को थका दिया था, उससे भी कहीं अधिक जितनी कि मैंने उम्मीद की थी। अपने द्वारा शुरू किये गए कामों को देखते हुए और अभिभावक-टीचर सम्मलेन और घर में लड़कियों के होमवर्क जैसे कामों की निगरानी करते हुए मैं औसतन तीन शहरों में प्रचार अभियान में भाषण देती थी, सप्ताह में तीन दिन। बराक की गति और भी अधिक थका देने वाली थी। सर्वेक्षणों में बार बार यह बताया जा रहा था कि मिट रोमनी के ऊपर उसको हल्की सी बढ़त थी। हालात और बिगड़ गए थे जब अक्टूबर में पहली बहस के दौरान उसके ऊपर सवालों की बौछार कर दी गई, जिसके कारण आखिरी पलों में चंदा देनेवालों और सलाहकारों में चिंता फ़ैल गई। मेहनत से काम कर रहे कर्मचारियों के चेहरे पर चिंता की रेखाओं को साफ़ पढ़ा जा सकता था। हालाँकि उनकी कोशिश यही होती थी कि यह दिखाई न दे, वे इस बात से परेशान हो गए थे कि बराक को कुछ महीनों में अपने पद से हटाया जा सकता था।

इस सबके बीच बराक बिलकुल शांत दिखाई दे रहे थे, हालाँकि दबाव से उनका क्या हाल हुआ था यह मैं देख सकती थी। आखिरी हफ़्तों में तो वह पीला पड़ गये थे और पहले से कुछ दुबुले भी लगने लगे थे। अपने निकोरेट को अस्वभाविक तरीके से वे जोर-जोर से चबाते रहते थे। जब वह सब कुछ करने की कोशश करते थे तो मैं पत्नी की चिंता से उनको देखती थी- चुनौतियों को दूर करने की कोशिश, अभियान की समाप्ति, देश का शासन भी चलाना, जब बेन्गाजी, लीबिया में अमेरिकी राजनयिकों के ऊपर आतंकी हमला हुआ तो उसका जवाब भी इसमें शामिल था। जब चुनाव से हफ़्ते भर पहले सैंडी नामक तूफ़ान पूर्वी

तटीय इलाकों में आया था तो उसने बड़े पैमाने पर उसके राहत के अभियान को भी संभाला।

जिस शाम पूर्वी तटीय इलाकों में मतदान समाप्त हुआ तो मैं अपने घर के तीसरे माले पर गई, जहाँ हमने एक तरह से बाल और मेक अप के लिए सैलून बना रखा था ताकि रात में आगे जो सार्वजनिक कार्यक्रम होता उसके लिए तैयार हुआ जाए। मेरेडिथ ने मेरे, लड़कियों और मेरी माँ के लिए कपड़े तैयार कर दिए। जॉनी और कार्ल मेरे बालों और मेकअप का काम कर रहे थे। परम्परा को देखते हुए, बराक उस दिन पहले बास्केटबॉल खेलने के लिए गया हुआ था और उसके बाद अपने दफ़्तर में बैठकर अपने भाषण को अंतिम रूप देने में लगा हुआ था।

तीसरी मंजिल पर एक टीवी था, लेकिन मैंने जानबूझकर उसको बंद किया हुआ था। अगर अच्छा या बुरा कोई समाचार था तो मैं सीधे बराक या मेलिसा के मुंह से सुनना चाहती थी, या किसी और के मुंह से जो मेरे नजदीकी हो। न्यूज़ एंकर जिस तरह से मतदान के बारे में बातें करते थे उससे मुझे अजीब लगने लगता था। मैं विस्तार में नहीं जानना चाहती थी: मैं बस यह जानना चाहती थी किस तरह से महसूस किया जाए।

देश की-पूर्वी इलाके में आठ बजे से अधिक का समय हो चुका था, जिसका मतलब यह था कि कुछ आरंभिक नतीजे आने लगे थे। मैंने अपना ब्लैकबेरी उठाया और वेलेरी, मेलिसा और टीना चेन को मैसेज किया, जो 2011 में मेरी नई चीफ़ ऑफ़ स्टाफ़ बनी थी, मैंने उनसे पूछा कि उनको क्या पता था।

मैंने पंद्रह मिनट इन्तज़ार किया, फिर तीस मिनट, किसी ने भी जवाब नहीं दिया। मेरे आसपास का कमरा अजीब तरह से शांत था। माँ नीचे रसोई में बैठी हुई थी, एक पत्रिका पढ़ रही थी, मेरेडिथ बच्चों को शाम के लिए तैयार कर रही थी। जॉनी मेरे बालों में आयरन चला रहा था। क्या मैं घबड़ा रही थी, या लोग मुझसे आँखें नहीं मिला पा रहे थे? क्या उनको कुछ ऐसा पता था जो मुझे नहीं पता था?

और समय बीत गया, मेरा दिल धड़कने लगा। मुझे ऐसा लग रहा था जैसे मेरी शान्ति भंग हो रही थी, मेरी हिम्मत समाचार देखने की नहीं हो रही थी, मुझे अचानक ऐसा लगने लगा था कि समाचार बुरा आने वाला था। अब तक मैं नकारात्मक विचारों से लड़ने की आदी हो चुकी थी, तब तक अच्छा मानती रहती थी जब तक कि मुझे मजबूर होकर यह नहीं मानना पड़ता था कि कुछ बुरा हुआ था। मैंने अपने आत्मविश्वास को ऊंचा बनाए रखा, अपने दिल में एक ऊंचाई पर। लेकिन मेरी गोद में जितनी देर तक ब्लैकबेरी शांत पड़ा हुआ था मुझे ऐसा लग रहा था मानो दीवार दरकने लगी थी, शंका गुस्से में बदल रही थी। शायद हम लोगों ने उतनी मेहनत से काम नहीं किया। शायद हम एक और कार्यकाल के आदी नहीं थे। मेरे हाथ कांपने लगे।

चिंता के मारे मेरा दम निकलने ही वाला था कि बराक सीढ़ियों से ऊपर आया, चेहरे पर वही आत्मविश्वास से भरी मुस्कान लिए। उसकी चिंताएं बहुत पीछे रह गई थीं। "हम लोग आगे चल रहे हैं," वह बोला, वह इस बात से हैरान था कि मुझे अभी इस बात का पता नहीं था। "एक तरह से हम जीत चुके हैं।"

यह पता चला कि नीचे चारों तरफ जीत का माहौल था। बेसमेंट का टीवी लगातार अच्छी अच्छी ख़बरें ला रहा था। मेरे साथ मुश्किल यह हुई थी किसी कारण से मेरे ब्लैकबेरी की बैट्री बंद हो गई थी, उसने न तो मेरा मैसेज भेजा था न ही औरों के मैसेज ले रहा था। मैं अपने ही दिमाग में फंसी हुई थी। किसी को भी पता नहीं था कि मैं चिंतित थी, उस कमरे में भी नहीं।

बराक ने सभी राज्यों में जीत दर्ज की थी। वह युवाओं, अल्पसंख्यकों, और महिलाओं के वोटों को हासिल कर पाया था, उसी तरह जिस तरह हमने 2008 में हासिल किया था। रिपब्लिक ने उसको रोकने के लिए इतना कुछ किया, उसके राष्ट्रपति पद में बाधा डालने की कोशिश की, लेकिन सब कुछ के बावजूद उसका दृष्टिकोण जनता में चल गया था। हम लोगों ने अमेरिकी नागरिकों से काम करते रहने की अनुमति मांगी थी- मज़बूती के साथ वापस आने की- और यह हमें मिल गया था। राहत तत्काल मिल गया। *क्या हम अच्छे हैं? हाँ हम हैं*।

देर रात, मिट रोमनी ने फोन करके हार स्वीकार कर ली। एक बार फिर, हम लोग तैयार होकर आये थे और मंच से खड़े होकर हाथ हिला रहे थे। चार ओबामा और खूब सारे झालर, हमें चार साल का कार्यकाल और मिल गया था।

पुनर्निर्वाचन के साथ जो निश्चितता आई उसने मुझे स्थिर बना दिया। अपने लक्ष्यों के लिए काम करने के लिए हमारे पास और समय था, हम और सब्र के साथ विकास का काम कर सकते थे। हमारे सामने अब भविष्य के लिए एक नज़रिया था, जिस बात से मुझे ख़ुशी हो रही थी। साशा और मालिया को हम स्कूल में दाख़िला करवा सकते थे; हमारे कर्मचारी काम करते रह सकते थे; हमारे विचार अभी भी मायने रखते थे। और जब ये चार साल पूरे हो जाएँगे तो सच में हमारा काम हो जाएगा, इस बात से मुझे सबसे अधिक ख़ुशी हो रही थी। अब और प्रचार नहीं, रणनीति बनाने के लिए अब और पसीना नहीं बहाना पड़ता या सर्वेक्षण या रेटिंग, अब यह सब और नहीं होना था। हमारे राजनीतिक जीवन का गंतव्य अब दिखाई दे रहा था।

सच बात यह है कि भविष्य अपनी हैरानियों के साथ आता है- कुछ ख़ुशी, कुछ ना बोले जाने वाली त्रासदी। व्हाइट हाउस में चार और साल का मतलब था चार साल और प्रतीक के रूप में सामने रहना, देश के रास्ते में जो आए उसको झेलना या उसकी प्रतिक्रिया देना। बराक और मैंने इस बात के ऊपर विचार किया था कि हम लोगों में इस तरह के काम के लिए अभी भी ऊर्जा और अनुशासन बचा हुआ था, और हमारे पास बड़ा दिल था की इसको स्वीकार कर सकें। और अब भविष्य हमारी दिशा में आ रहा था, शायद उससे अधिक तेज़ी से जितना हम जानते थे।

चार सप्ताह के बाद कनेक्टिकट न्यूटाउन में सैंडि हुक एलिमेंटरी स्कूल में एक बंदूक़ वाला आदमी घुस आया और उसने बच्चों को मारना शुरू कर दिया।

मैंने व्हाइट हाउस के सामने की सड़क पर एक छोटा सा भाषण दिया था और मैं बच्चों के अस्पताल जाने ही वाली थी ज़ब टीना ने मुझे एक तरफ़ खींचा और यह बताया कि क्या हुआ था। जब मैं बोल रही थी तो उसने और अनेक लोगों ने फ़ोन पर यह ख़बर देखी थी। वे वहाँ बैठकर मेरे भाषण के ख़त्म होने तक अपनी भावनाओं को छिपाने का प्रयास कर रहे थे।

टीना ने मुझे जो बताया वह इतना भयानक और दुखी कर देने वाला था कि मैं यह समझ भी नहीं पा रही थी कि वह कह क्या रही थी।

उसने बताया कि वह वेस्ट विंग के संपर्क में थी। बराक ओवल हाउस में अकेले थे। "उन्होंने आपको आने के लिए कहा है।" उसने कहा। "अभी।"

मेरे पति को मेरी ज़रूरत थी। आठ साल के कार्यकाल के दौरान यह एकमात्र मौका था जब उन्होंने मुझसे यह आग्रह किया था मैं काम के दिन के बीच में आऊँ हम दोनों ने कुछ देर साथ रहने के लिए अपने शेड्यूल को फिर से बदला ताकि हम दुख की उस घड़ी में साथ रह सकें। आमतौर पर, काम काम होता था और घर घर, लेकिन हमारे लिए, जिस तरह अनेक लोगों के लिए, न्यूटाउन की त्रासदी ने सभी खिड़कियों को तोड़ दिया था और सारी दीवारें गिरा दी थीं। जब मैं ओवल ऑफ़िस में गई तो बराक और मैं चुपचाप गले से लग गए। कुछ कहने को नहीं था। कोई शब्द नहीं।

जो बात बहुत से लोग नहीं जानते हैं वह यह कि राष्ट्रपति लगभग सब कुछ देखता है, या कम से कम देश हित से जुड़ी हर घटना पर नज़र रखता है। तथ्यों के मामले में पक्का रहने के कारण बराक हमेशा कम की जगह अधिक की माँग करते थे। वह हर स्थिति का विस्तृत और नज़दीकी दोनों नज़रिया माँगते थे, चाहे वह बुरा ही हो, ताकि वह जब जवाब दे तो उनके पास पूरी जानकारी हो। वह इसको अपनी ज़िम्मेदारी का हिस्सा मानते थे, जिसके लिए उनको निर्वाचित किया गया था- नज़रअन्दाज़ करने के बजाय नज़र डाले, जब हम सब हिम्मत हारने लगे तो वह सीधा खड़ा रहे।

जिसका मतलब यह है कि जब तक मैं उससे मिली तब तक उनके पास सैंडि हुक की आपराधिक घटना के बारे में पूरी तरह से विस्तृत जानकारी पहुँच चुकी थी। उसने यह सुना था की क्लास रूम में फ़र्श पर ख़ून फैल गया था और अर्ध स्वचालित बंदूक़ों से पहली कक्षा के बीस बच्चों और छह अध्यापक ढेर कर दिए गए थे। उसके सदमे और दुःख की तुलना उन लोगों से नहीं की जा सकती थी जो सबसे पहले भागकर उस इमारत के अंदर गए और जिन्होंने इमारत की सुरक्षा बढ़ाई और नरसंहार से बचे लोगों को बाहर निकाला। यह उन अभिभावकों के दुःख के सामने भी कुछ नहीं थी जो उस ठंड में इमारत के बाहर अंतहीन प्रतीक्षा कर रहे थे, यह दुआ करते हुए कि वे एक बार फिर अपने बच्चों के चेहरे को देख सकें। और यह उन लोगों के दुःख के सामने भी कुछ भी नहीं था जिनकी प्रतीक्षा बेकार चली गई।

लेकिन फिर भी वे छवियाँ उसके मानस पर हमेशा के लिए दर्ज हो गई। मैं उसकी आँखों में यह देख सकती थी कि वह किस क़दर टूटे हुए थे, इसने उसके विश्वास को किस

तरह से हिला कर रख दिया था। वह मुझे यह सब बताना चाहते थे लेकिन यह सोचकर रहने दिया कि इससे मुझे और दुःख ही होता।

मेरी तरह, बराक को भी बच्चों से बहुत प्यार था। अपने बच्चों से प्यार करने वाले पिता होने के अलावा भी वह नियमित रूप से बच्चों को ओवल दफ़्तर में लेकर आते थे और उनको वहाँ का माहौल दिखाते थे। बच्चों को गोद में लेने में उन्हें खुशी मिलती थी। उनको जब भी किसी स्कूल में साइंस फ़ेयर या खेलकूद के आयोजन के लिए बुलाया जाता था तब वह खिल उठते थे। पिछले साल की सर्दियों में, वह इस बात से बहुत ख़ुश हो गए जब साशा के मिडल स्कूल बास्केट बॉल टीम वाइपर्स के लिए वह सहायक कोच के रूप स्वैच्छिक में सेवा देने लगे।

बच्चों के आसपास रहने से वह अच्छा महसूस करते थे। वह अन्य लोगों की तरह इस बात को समझ रहे थे कि उन इक्कीस बच्चों के साथ किस तरह की सम्भावनाओं का अंत हो गया था।

न्यूटाउन की घटना के बाद उनके लिए शायद तनकर खड़ा होना सबसे मुश्किल था। जब उस दिन बाद में साशा और मालिया स्कूल से आए तो बराक और मैं घर में उनके पास गये और उनको ज़ोर से भींच लिया, हम अपने अंदर की इस बेचैनी को छुपाना चाहते थे कि हम उन दोनों को जल्द से जल्द छू लेना चाहते थे। यह समझना बहुत मुश्किल था कि बच्चियों को गोलीबारी की उस घटना के बारे में क्या बताया जाए। हम जानते थे कि देश भर के माता-पिता इसी परेशानी से घिरे हुए थे।

उस दिन बाद में बराक ने नीचे एक प्रेस कांफ्रेंस आयोजित किया, वह दुःख की उस घड़ी में राहत के शब्दों को जोड़ने की कोशिश कर रहे थे। न्यूज़ कैमरे उनके आसपास तेज़ चमक रहे थे जब उन्होंने अपने आँखों के आँसू पोंछे, वह इस बात को समझते थे कि किसी तरह की राहत नहीं मिल सकती थी। वह बस यही कर सकते थे कि अपना संकल्प बताए- उन्हें ऐसा लग रहा था कि देश भर के नागरिक और क़ानून निर्माता भी इस तरह का संकल्प लेंगे- जिस तरह से नरसंहार हो रहे थे उनको रोकने के लिए, बंदूक़ की बिक्री के लिए अच्छा क़ानून बने।

मैं उनको आगे बढ़ते हुए देख रही थी, मैं इस बात को जानती थी कि मैं तैयार नहीं थी। प्रथम महिला के रूप में क़रीब चार साल रहने के बाद मैंने उसे अक़्सर दिलासा दिया था। अलबामा में तूफ़ान में जिन लोगों के घर बर्बाद हो गए थे उन लोगों के साथ मैंने दुआ की थी, एक पल में ही पूरा शहर मलबे के ढेर में बदल गया था। मैंने उन लोगों, महिलाओं बच्चों को अपनी बाँहों से सहारा दिया था जिन्होंने अफ़ग़ानिस्तान के युद्ध में अपनों को खोया था, जब एक आतंकी ने टेक्सस में सेना के ठिकाने पर हमला बोला था, और उनके अपने घर के पास हिंसा हो रही थी तब भी मैंने दिलासा दिया था। पिछले चार महीने के दौरान मैं उन लोगों से मिलने के लिए गई थी जो कोलरेडो में सिनेमाघर में हुई गोलीबारी घटना में बच गए थे और विस्कॉन्सिन के एक सिख उपासना स्थल की घटना में बचे हुए लोगों को भी दिलासा देने के

लिए मैं गई थी। हर बार यह बहुत दुःखदायी होता। मैं कोशिश यह करती थी कि इस तरह की मुलाक़ातों में अपना शांत और अधिक खुला रूप दिखाऊँ, उनका हालचाल जानकर और वहाँ मौजूद रहते हुए अपनी मज़बूती को दिखाऊँ, दूसरे लोगों के दुःख में नदी के किनारे बैठकर चुपचाप उनको सहारा दूँ। लेकिन सैंडी हुक की गोलीबारी की घटना के दो दिन बाद जब बराक न्यूटाउन में मरने वालों की याद में होने वाली एक प्रार्थना सभा में बोलने के लिए जा रहे थे, तो मैं जा नहीं सकी। मैं इतनी हिली हुई थी कि मेरे अंदर राहत देने के लिए ताक़त ही नहीं बची थी। मैं क़रीब चार साल से प्रथम महिला थी, और पहले ही बहुत अधिक हत्याएँ हो चुकी थीं- बिलावजह बहुत सी ऐसी हत्याएँ हुई थीं और रोकथाम के लिए बहुत कम काम हुआ था। मुझे यह नहीं समझ में आ रही थी कि जिसके छह साल के बच्चे की गोली मारकर हत्या कर दी गई थी, उसको मैं क्या राहत दे सकती थी।

बल्कि, बहुत से माता-पिताओं की तरह मैं अपने बच्चों से चिपकी हुई थी, मेरा डर घुल मिल गया था। क्रिसमस आने वाला था और साशा का चुनाव उन बच्चों में हुआ था जिनको मास्को बैले के लिए चुना गया था, जहाँ द *नटक्रैकर* के दो शो होने वाले थे, दोनों उसी दिन होने वाले थे जिस दिन न्यूटाउन में प्रार्थना सभा होने वाली थी। बराक पिछली सीट पर बैठकर ड्रेस रिहर्सल देखता रहा और फिर उसके बाद कनेक्टिकट के लिए निकल गया। मैं शाम को शो के लिए गई।

बैले सुंदर था और दूसरी ही दुनिया जैसा लग रहा था जैसा कि उसका पुनर्प्रस्तुतिकरण हमेशा होता है, चाँदनी रात में उसके राजकुमार और भव्य झूलता हुआ मीठापन। साशा ने चूहे की भूमिका निभाई थी, काले रंग के कपड़े पहनकर और नक़ली कान और पूँछ लगाकर। संगीत और ऊपर से गिरते नक़ली चमकीले बर्फ़ के बीच वह सुसंगत तरीक़े से अपना अभिनय कर रही थी। मेरी आँखें उसके ऊपर से हट ही नहीं रही थी। मैं पूरे अस्तित्व से उसके प्रति आभार जता रही थी। साशा चमकती आँखों से मंच पर खड़ी थी, पहले तो ऐसे देख रही थी मानो उसको इस बात का यक़ीन ही नहीं हो रहा था कि वह कहाँ थी मानो उसको वह सारा दृश्य अवास्तविक लग रहा था। जो कि वह था भी। लेकिन वह इतनी बड़ी हो चुकी थी कि वह उसके मुताबिक़ अभिनय कर सकती थी, कम से कम उस समय, वह उस स्वर्ग में घूम सकी जहाँ कोई नहीं बोलता था और सब डाँस करते थे, और छुट्टियाँ आने ही वाली थीं।

मुझे यहाँ माफ करें, क्योंकि यह आवश्यक रूप से आसान नहीं हो रहा है। यह ऐसा तब होता अगर अमेरिका एक आसान सी जगह होती जिसकी आसान सी कहानी होती। मैं अपनी कहानी में केवल वही कह पाती जो व्यवस्थित होता और प्यारा होता। काश पीछे मुड़ना ना पड़ता। और काश हर दुःख अंत में मुक्ति का कारण बनता।

लेकिन अमेरिका ऐसा नहीं है, और मैं भी ऐसी नहीं हूँ। मैं कोशिश करके इसको किसी तरह का मुक़म्मल रूप नहीं देने जा रही।

बराक का दूसरा कार्यकाल पहले कार्यकाल के मुक़ाबले आसान साबित हुआ। चार

सालों के दौरान हम लोगों ने इतना कुछ सीख लिया था, सही लोगों को सही जगह पर रखते हुए एक ऐसी व्यवस्था का निर्माण किया था जो कारगर साबित हुआ। हम अब इतना जान गए की कुछ अक्षमताओं को नज़रअन्दाज़ कर सकें और छोटी छोटी ग़लतियों को भी जो पहली बार हुई हों। जनवरी 2013 में उद्घाटन दिवस के दिन मैंने आग्रह किया कि परेड देखने वाली जगह को गरम रखा जाए ताकि हमारे पाँव जम ना जाएँ। अपनी ऊर्जा को बचाने के लिए उस रात हमने महज़ दो उद्घाटन बॉल की मेजवानी की जबकि 2009 में हम लोगों ने दस की मेजवानी की थी। थे। हमारे कार्यकाल चार साल और बचे हुए थे और अगर मैंने कुछ सीखा था तो चैन से रहते हुए ख़ुद को गति देने की कोशिश करना।

जब बराक ने देश के प्रति अपनी शपथ को दुहरा लिया तो उनकी बग़ल में बैठकर परेड देखते हुए मार्चिंग बैंड को आते जाते देखना मुझे पहली बार से अच्छा लग रहा था। मैं जहाँ बैठी हुई थी वहाँ से मैं मुश्किल से किसी प्रदर्शन करने वाले चेहरों को देख पा रही थी। ऐसे हज़ारों लोग थे, सबकी अपनी अपनी कहानी थी। हज़ारों अन्य लोग डीसी (वाशिंगटन) आए हुए थे जो उद्घाटन के बाद होने वाले कई अन्य कार्यक्रमों में प्रदर्शन करने वाले थे, और दस हज़ार से भी अधिक लोग वह समारोह देखने के लिए आए हुए थे।

बाद में, मैं यह जानकर बहुत अधिक ख़ुश हो गई कि मैंने कम से कम एक व्यक्ति को पहचान लिया था, एक दुबली पतली अश्वेत लड़की जिसने चमकदार हैंडबैग लिया हुआ था और नीले रंग का यूनफ़ॉर्म पहन रखा था, जो किंग कॉलेज प्रेप के मार्चिंग बैंड के साथ साउथसाइड शिकागो से आई थी और यहाँ किसी एक आयोजन में उसको प्रदर्शन करना था। मैं इस बात में विश्वास करना चाहती थी कि मैंने उस भीड़ में उस लड़की को देखा था- हादिया पेंडलटन को, पंद्रह साल की उस लड़की के लिए यह बड़ा दिन था, जो बस में अपने बैंडमास्टर के साथ वाशिंगटन आई थी। हादिया शिकागो में अपने घर में अपने माँ-पापा और छोटे भाई के साथ रहती थी। उसका घर ग्रीनवुड एवेन्यू के हमारे घर से दो मील की दूरी पर था। वह अपने स्कूल की अच्छी विद्यार्थी थी जिसको लोगों को यह कहना अच्छा लगता था कि वह एक दिन हॉर्वर्ड पढ़ने जाना चाहती थी। उसने सोलहवें साल के जन्मदिन की पार्टी के लिए तैयारी शुरू कर दी थी। उसको चाइनीज़ खाना पसंद था और चीज़बर्गर और दोस्तों के साथ जाकर आईसक्रीम खाना पसंद था।

मुझे इन बातों के बारे में कई सप्ताह बाद पता चला, वह भी एक अंतिम यात्रा में। उद्घाटन के आठ दिन बाद हादिया पेंडलटन को शिकागो के एक सार्वजनिक पार्क में गोली मार दी गई थी, जो उसके स्कूल से अधिक दूर नहीं था। वह और उसके दोस्त खेल के मैदान के पास ही एक आश्रय में खड़े थे, बारिश के थमने का इंतज़ार कर रहे थे। उन लोगों को किसी दूसरे गिरोह का समझ लिया गया था और उनको दूसरे गिरोह के अठारह साल के एक लड़के ने गोली मार दी, हादिया छिपने के लिए भाग रही थी तो उसको पीठ में गोली लगी। उसके दो दोस्त घायल हुए थे। यह सब मंगलवार की दोपहर 2.20 बजे हुआ।

काश मैंने उसको ज़िंदा देखा होता तो मैं उसकी माँ के साथ स्मृतियों को साझा कर

पाती, अब उसकी बेटी की स्मृतियाँ अचानक कम हो गई थीं, उन स्मृतियों को सहेजकर आगे बढ़ना था।

मैं हादिया की अंतिम यात्रा में गई थी क्योंकि मुझे लगा कि जाना चाहिए। जब बराक न्यूटाउन की प्रार्थना सभा में गए थे तो मैं नहीं गई थी, लेकिन अब मेरे जाने का समय था। मुझे इस बात की उम्मीद थी कि मेरे जाने से लोगों का ध्यान इस तरफ़ जाएगा कि लगभग हर दिन शहर की सड़कों पर मासूम बच्चों को मार दिया जा रहा था- और यह, न्यूटाउन की भयानक घटना के साथ अमेरिकी नागरिकों को बंदूक़ को लेकर क़ानून बनाने की माँग की दिशा में सोचने के लिए विवश करेगा। हादिया पेंडलटन मेरी ही तरह साउथ साइड के एक आपस में जुड़े हुए कामकाजी परिवार की लड़की थी। सीधी सी बात है, मैं उसको जान सकती थी। यहाँ तक कि कभी मैं भी उसकी जगह हो सकती थी। और उस दिन उसने घर आने के लिए एक अलग रास्ता लिया था, और अगर बंदूक चलने पर छह इंच दाएँ मुड़ने के बजाय छह इंच बाएँ घूम गई होती तो वह मेरी जैसी बन सकती थी।

"जो करना चाहिए मैंने वह सब किया," अंत्येष्टि शुरू होने से पहले उसकी माँ ने कहा। उसकी भूरी आँखों से आँसू बह रहे थे। क्लियोपेट्रा कौली पेंडलटन गर्मजोशी से भरी महिला थी जिनकी आवाज़ बहुत मधुर थी, वह एक क्रेडिट रेटिंग कम्पनी में कस्टमर सर्विस का काम करती थी। अपनी बेटी की अंत्येष्टि के दिन उन्होंने अपने कपड़े से बड़ा सा एक गुलाबी फूल लगा रखा था। वह और उनके पति नाथेनेल हादिया का ध्यान ख़ूब अच्छी तरह रखते थे। वे उसको प्रेरित कर रहे थे कि वह एक चुनिंदा पब्लिक स्कूल किंग में अप्लाइ करे, और इस बात को सुनिश्चित करते थे कि उसके पास सड़क पर जाने के लिए समय ना बचे। उन्होंने उसको वालीबॉल के लिए साईन कर दिया था, और चर्च में डाँस मिनिस्ट्री का भी वह हिस्सा थी। जिस तरह से मेरे माता-पिता ने एक बार मेरे लिया किया था, वे त्याग करते थे ताकि वह आस-पड़ोस से बाहर के माहौल से परिचित हो सके। उस साल वसंत में उसको अपने बैंड के साथ यूरोप जाना था, और उसको वाशिंगटन की अपनी यात्रा बहुत अच्छी लगी थी।

"वहां इतनी सफ़ाई थी माँ," उसने क्लियोपेट्रा को लौटकर बताया था। "मुझे लगता है कि मुझे राजनीति में जाना चाहिए।"

लेकिन हादिया पेंडलटन उन तीन लोगों में एक हो गई जिनकी जनवरी में एक तारीख़ को गोलीबारी की अलग अलग घटनाओं में मौत हो गई। उस साल शिकागो में वह गोलीबारी की घटना में मरने वाले छत्तीस लोगों में एक थी, और वह साल अभी महज़ उनतीस दिन पुराना हुआ था। यह कहने की ज़रूरत नहीं है कि लगभग सभी मृत अश्वेत थे। अपनी सारी उम्मीदों और मेहनत के बावजूद हादिया ग़लत चीज़ का प्रतीक बन गई।

उसकी अंतिम यात्रा में काफी लोग आए हुए थे, एक और टूटा हुआ समुदाय चर्च में जुटा हुआ था, जो वहाँ ताबूत में पर्पल सिल्क में एक लड़की को लिपटे हुए देख रहा था। क्लियोपेट्रा खड़ी हुई और उन्होंने अपनी बेटी की याद किया। हादिया की सहेलियाँ खड़ी हो हो कर उसके बारे में कहानियाँ सुना रही थीं, सब असहाय महसूस कर रही थीं। ये बच्चे थे,

जो केवल यह नहीं पूछ रहे थे कि *क्यों बल्कि बार बार क्यों?* उस दिन कमरे में शक्तिशाली लोग बैठे थे- केवल मैं ही नहीं, शहर का मेयर, राज्य के गवर्नर जेसी जैसकन सीनियर आवर वेलेरी जैरेट, साथ में अन्य लोग भी थे- सब दुःख से भरे हुए थे और उन लोगों ने क्वाइअर (शोकगीत) में इतनी ज़ोर से गाया कि लग रहा था कि चर्च का फ़र्श हिल रहा हो।

मेरे लिए यह महत्वपूर्ण था कि मैंने एक ढाढ़स बँधाने वाली इंसान बनी रहती। मेरे जीवन में मैंने महत्वपूर्ण लोगों के मुँह से बहुत सारे ख़ाली शब्द सुने हैं, जब करने के लिए कुछ नहीं रह जाता है तब हमारी जबान बहुत अच्छा काम करती है। मैं एक ऐसे आदमी की तरह बनने के लिए दृढ़ थी जिसने सच कहा था, जब मैं कर सकती थी तब मैंने अपनी आवाज़ का उपयोग करके बेआवाज़ लोगों को ऊपर उठाने का काम किया था, और लोगों की ज़रूरत के समय ग़ायब नहीं हो गई थी। मैं इस बात को समझती थी कि मैं जब भी किसी जगह पर जाती थी बाहर से यह नाटकीय लगता था—मोटरकेड, सार्जेंट, मीडिया और सहायकों के केंद्र में मेरे होने का वह त्वरित और अचानक घटना अजीब था। हम वहाँ थे और फिर वहाँ से चले गए। इस सबने मेरी बातचीत के साथ जो किया मुझे वह पसंद नहीं था, जिस तरह से मेरी उपस्थिति से लोग हकलाने लगते थे या चुप हो जाते थे, अपनी स्थिति को लेकर अनिश्चित हो जाते थे। इसलिए मैं अक़्सर गले लगने के साथ अपना परिचय देने की कोशिश करती थी, समय को थोड़ा धीमा करते हुए इसके खोखलेपन को कम करने की कोशिश ताकि हम सब मानव रूप में जा सके।

मैं जिन भी लोगों से मिली उनके साथ मैंने संबंध स्थापित करने की कोशिश की, विशेष कर उन लोगों के साथ जिनके लिए मेरी नई दुनिया तक पहुँचना आसान नहीं था। मैं उस चमक को सबके साथ बाँटना चाहती थी क्योंकि मैं ऐसा कर सकती थी। अंतिम संस्कार के कुछ दिनों बाद ही मैंने हादिया पेंडलेटन के माता-पिता को बराक के संघ के राजकीय भाषण में आमंत्रित किया था और फिर उसके परिवार को ईस्टर एग रोल के लिए व्हाइट हाउस में बुलाया था। क्लियोपेट्रा जो हिंसा की रोकथाम के लिए एक मुखर वक़ील बन चुकी थी वह भी कभी-कभी इस मामले से जुड़ी बैठकों में शामिल होने आई थीं। मैंने लंदन के एलिज़ाबेथ गैरट अंडेरसन स्कूल की लड़कियो को जिन्होंने मुझे सच में गहराई से प्रभावित किया था, उन्हें प्रोत्साहित करने और विशेषाधिकार की कमी के बावजूद आशावादी बने रहने और लगातार कड़ी मेहनत करते रहने के लिए पत्र लिखने का निर्णय किया था। 2011 में, एक स्कूल के सैंतीस लड़कियों के एक समूह को जिसमें बहुत अच्छा करने वाली लड़कियाँ नहीं थी लेकिन वैसी छात्राएँ थीं जिनके बारे में उनके शिक्षक सोचते थे कि उनमें वहाँ तक पहुँचने की योग्यता है, मैं उन्हें ऑक्सफ़ोर्ड विश्विद्यालय घुमाने के लिए अपने साथ ले गई। इसका उद्द्शेय उन्हें इसकी झलक दिखाना था कि क्या सम्भव है, यह दिखाना कि यहाँ पहुँचने से क्या हासिल हो सकता है। 2012 में, ब्रिटेन के प्रधानमंत्री के दौरे के समय मैंने स्कूल के छात्रों को व्हाइट हाउस बुलाया था। मुझे ऐसा लगता था कि उन्हें यह महसूस करवाने के क्रम

में कि यह सब वास्तविक था, अनेकों बार और अनेक प्रकार से बच्चों तक पहुँचना ज़रूरी है।

एक निरंतर प्रेम ओर ऊँची उम्मीद जीवन में मेरी शुरुआती सफलताएँ थी, यह मैं जानती थी जिससे मैं एक बच्चे के रूप में घर और स्कूल दोनों जगहों पर घिरी रही थी। यह वही अंतर्दृष्टि थी जिसने मेरे व्हाइट हाउस के सलाह के कार्यक्रम को शुरू करवाया था और इसने नए शिक्षा केंद्र की शुरुआत करवाई जिसे शुरू करने की तैयारी में मेरे कर्मचारी और मैं लगी हुई थी, जिसका नाम रीच हाइअर है। मैं चाहती थी कि बच्चों में कॉलेज पहुँचने की भूख जागे और अगर वे एक बार वहां पहुँच जाएँ तो वहाँ टिके रहें। मैं जानती थी कि आने वाले सालों में वैश्विक नौकरियों के बाज़ार में प्रवेश करने के लिए युवाओं के लिए कॉलेज की पढ़ाई और अधिक ज़रूरी हो जाएगी। रीच हाइअर उन्हें इसमें कितनी तरह से मदद प्रदान करेगा, स्कूल के सलाहकारों को सहायता प्रदान करेगा और संघीय वित्तीय सहायता तक उनकी पहुँच को आसान करेगा।

मैं भाग्यशाली थी कि मेरे पास ऐसे अभिभावक, शिक्षक और सलाहकार थे जिन्होंने मुझे लगातार इस सरल संदेश को सुनाया कि: "*तुम्हारा महत्व है*।" एक युवा के रूप में मैं उन शब्दों को नई पीढ़ी तक पहुँचना चाहती थी। यह वह संदेश था जो मैंने अपनी बेटियों को दिया था, जो भाग्यशाली थी कि उन्हें रोज़ाना यह सब उनके स्कूल और उनकी विशेष परिस्थितियों से उन्हें मिलता रहा था, और मैं इस बात को लेकर दृढ़ थी कि मैं इसका कोई रूप मुझसे मिलने वाले हर युवा को बताऊँ। मैं अपने स्कूल के संचालक सलाहकारों से विपरीत होना चाहती थी जो मुझे प्रसन्न होकर बताते थे कि मैं प्रिन्स्टन के लायक नहीं हूँ।

"हम सब यह मानते हैं कि तुम यहाँ की हो," मैंने यह एलिज़ाबेथ गैरट एंडेरसन कि लड़कियों से कहा था, वहाँ बैठी हुई बहुत सारी लड़कियाँ अचम्भित दिखाई दे रही थी, ऑक्सफ़ोर्ड के गोथिक ओल्ड-वर्ल्ड के खाने के उस हॉल में जो यूनिवर्सिटी प्रोफ़ेसरों और छात्रों द्वारा घिरा हुआ था जो वहाँ एक दिन के लिए उन लड़कियों को सलाह देने आए थे। जब भी बच्चे व्हाइट हाउस घूमने आते थे मैं अक्सर उनसे हर बार लगभग एक ही बात कहती थी—युवा जिन्हें हमने स्टैंडिंग रोचक सियोक्स आरक्षण से आमंत्रित किया था; स्थानीय स्कूल के वे बच्चे जो बग़ीचे में काम करने के लिए आए थे; फ़ैशन, संगीत और कविता पर हमारे द्वारा किए गए कार्यशाला और नौकरी दिवस के दिन आने वाले हाईस्कूल के बच्चे; यहाँ तक कि वे बच्चे भी जिन्हें मैंने रस्सियों के पीछे से खड़े होकर गले लगाया था। हर बार संदेश एक ही था। तुम्हारी उपस्थिति है। तुम्हारा महत्व है। मैं तुम्हारे बारे में बहुत ऊँचा सोचती हूँ।

एक ब्रिटिश विश्वविद्यालय के एक अर्थशास्त्री ने बाद में एक शोध किया जिसमें एलिज़ाबेथ गैरट एंडेरसन के छात्रों की परीक्षा के प्रदर्शन को दिखाया गया गया, और उसमें यह दिखाया था कि मेरे उनसे बातचीत करने के बाद से उनके प्रदर्शन में बहुत तेज़ी से विकास हुआ था—"सी" से लगभग "ए" तक पहुँचने लायक। सुधार का सारा श्रेय उन लड़कियों को, उनके शिक्षकों को और उन कामों को जाता है जो वे एक साथ करते थे, लेकिन यह इस

विचार को भी सहमति देता है कि बच्चे ज़्यादा ध्यान देते हैं अगर उन्हें यह महसूस हो कि उनपर ध्यान दिया जा रहा है। मैं इस बात को समझती थी कि बच्चों को अपना सम्मान देने में एक तरह की शक्ति थी।

हादिया पेंडल्टॉन के अंतिम संस्कार के दो महीने बाद, मैं शिकागो वापस चली गई। मैंने टीना जो कि मेरे कर्मचारियों की चीफ़ और अटॉर्नी भी थी और जो स्वयं ही कई साल शहर में बिता चुकी थीं, उनको यह निर्देश दिया कि हिंसा की रोकथाम के लिए किए जाने वाले रैली में समर्थन जुटाने के लिए वह अपनी पूरी ऊर्जा लगा दें। टीना एक बड़े दिल वाली नीतिविशेषज्ञ लड़की थी जिनकी हँसी संक्रामक थी, उन सबलोगों के बीच में सबसे ज़्यादा ज़ोरदार जिन्हें मैं जानती थी। वह जानती थी कि मेरे द्वारा कल्पना किए गए पैमाने के लिए सरकार के बाहर और अंदर किस रस्सी को कितना खींचना है। सबसे ऊपर, उसका स्वभाव और उसका अनुभव उसकी आवाज़ को अनसुना नहीं होने देता था, विशेषकर उन बैठकों में जहाँ पुरुषों की संख्या अधिक होती थी, और जहाँ वे ख़ुद को अक़्सर मौजूद पाती थी। बराक के दूसरे कार्यकाल के दौरान पूरे समय, वह पेंटागन और विभिन्न राज्य के सरकारों के बीच संघर्ष करती रही ताकि लाल फ़ीते को हटवा सकें जिससे कि फ़ौजियों और सैनिकों के पति-पत्नी और अधिक कुशलता से अपनी नौकरी के लिए कोशिश कर सकें। उसने एक बहुत विशाल और नए प्रशासन के निर्माण में भी मदद की थी जिसका मुख्य केंद्र दुनिया भर में लड़कियों की शिक्षा के लिए काम करना था।

हादिया की मौत के मद्देनज़र, टीना ने अपने स्थानीय जानकारों को इकट्ठा किया और उन्हें शिकागो के व्यावसायिक नेताओं और समाजसेवियों को मेअर राम इमैन्यल के साथ काम करने और सामुदायिक कार्यक्रमों को फैलाने के लिए प्रोत्साहित किया ताकि ख़तरे से आशंकित युवाओं के लिए काम किया जा सके। उनकी कोशिशों ने महज़ कुछ सप्ताह के भीतर ही 33 लाख डॉलर का अनुदान इकट्ठा कर लिया था। अप्रैल के एक अच्छे दिन में, सामुदायिक नेताओं की एक बैठक में शामिल होने और युवाओं के सशक्तिकरण पर बात करने तथा बच्चों के एक नए समूह से भी मिलने टीना और मैं वहाँ पहुंच गए।

उस सर्दी की शुरुआत में, सार्वजनिक रेडियों कार्यक्रम "*दिस अमेरिकन लाइफ़*" ने अपने दो घंटे साउथ साइड के इलाक़े में एंगल्वुड के विल्यम आर हार्पर सीनियर स्कूल के बच्चों और वहाँ के कर्मचारियों पर बात करने के लिए समर्पित किया था। पिछले साल, उस स्कूल के तात्कालिक और तुरंत पास हुए छात्रों को गोली मार दी गई थी, उनमें से आठ छात्र बुरी तरह घायल थे। ये आँकडे मेरे और मेरे कर्मचारियों के लिए आश्चर्यजनक थे, लेकिन दुःख भरा तथ्य यह था कि देश के शहरी स्कूलों में व्यापक रूप से गोलीबारी की घटनाएँ हो रही थी। युवा सशक्तिकरण के सभी बातचीत के बीच में, ऐसा महसूस हो रहा था कि वास्तव में बैठकर युवाओं को सुना जाना सबसे महतपूर्ण है।

जब मैं नौजवान थी,एंगलवुड एक बदनाम इलाका था, लेकिन उतना बुरा भी नहीं

जितना कि अभी हो गया था। जूनियर हाईस्कूल में मैं साप्ताहिक जीवविज्ञान के प्रयोग के लिए एंगल्वुड के सामुदायिक कॉलेज में गई थी। अब सालों बाद, चूँकि मेरी मोटरकेड वहाँ के उपेक्षित बंगलों की कतार और दुकानों के सामने के हिस्सों, अतीत में ख़ाली किए गए और जलाए गए इमारतों से होकर गुज़र रही थी, तो यह सब देखकर मुझे ऐसा लग रहा था जैसे कि वहाँ बस एक ही सम्पन्न व्यापार बच गया था और वह था शराब की दुकानें।

मैंने अपने बचपन और पड़ोस के बारे में सोचा, और इस बारे में कि किस तरह "घेटो" शब्द एक ख़तरे की तरह आसपास फैलाया गया था। इसको लेकर एकमात्र संकेत जो मुझे समझ में आया था वह यह था कि इसकी चर्चा से स्थायी माध्यम वर्ग के परिवारों की चिन्ताएँ बढ़ जाती थी कि उनकी संपत्ति की क़ीमत घट जाएगी। "घेटो" ने यह संकेत दिया था कि यह जगह अंधेरे में डूबा हुआ और आशाहीन दोनों है। यह वह स्तर था जब आगे आने वाली असफलता दिखाई दे रही थी और यह बुरी तरह पहुँच चुका था। इसने पास के कोने वाली दुकाने बंद करवा दी थी और गैस स्टेशन भी, साथ ही स्कूलों और शिक्षकों को भी नष्ट करके आसपास के बच्चों की क्षमता को ख़त्म करने की कोशिश कर रहे थे। यह ऐसा शब्द था जिससे सब भाग रहे थे लेकिन यह समुदायों पर तेज़ी से अपना असर दिखा रहा था।

पश्चिम एंगल्वुड के मध्य में हार्पर हाई स्कूल था, बालू की ईंटों से बनी हुई इमारत जिसमें कई शाखाएँ थी। मैं स्कूल के प्राध्यापक लेओनेत्ता सैंडर्ज़ से मिली,जो एक फुर्तीली अफ़्रीकी अमरीकी औरत थी जो इस स्कूल में पिछले छ: साल से थी, और उनके साथ स्कूलों में काम करने वाले दो समाजसेवी भी थे जिन्होंने अपने आप को हार्पर में पढ़ाई कर रहे 510 कम आय वाले परिवारों के बच्चों के जीवन के लिए ख़ुद को समर्पित कर दिया था। उनमें से एक समाजसेविका क्रिस्टल स्मिथ को अक़्सर ही हार्पर के बरामदे और क्लासरूम के बीच में खड़े होकर बच्चों के साथ सकारात्मक होकर और उन्हें सम्मानीय वाक्यों से जैसे "मैं तुम पर गर्व करती हूँ" या "मैं देख रही हूँ कि तुम कड़ी मेहनत कर रहे हो!" आदि से पुकारते हुए देखा जा सकता था वह चिल्लाती थी, "मैं पहले से ही तुम्हारी सराहना करती हूँ!" हर उस अच्छे चुनाव के लिए जिसको लेकर उनका विश्वास था कि बच्चे अच्छा करेंगे।

उस दिन स्कूल के पुस्तकालय में, मैं हार्पर के बाईस बच्चों के समूह में शामिल हुई—सभी अफ़्रीकी-अमरीकी थे और ज़्यादातर उनमें से जूनियर और सीनियर थे—वे सोसोफ़ोन और कुर्सियों पर बैठे और खाकी और कॉलर वाली क़मीज़ में थे। उनमें से ज़्यादातर बातें करने के लिए बेचैन थे। उन्होंने गैंग के हर दिन के यहाँ तक कि हर घंटे के डर और हिंसा के बारे में बताया। कुछ ने बताया कि उनके अभिभावक या तो नहीं है या व्यसन के शिकार हैं; उनमें से कुछ ने अपना समय बाल सुधार गृह में भी बिताया था। एक जूनियर जिसका नाम थॉमस था, ने अपनी आँखों से अपनी एक अच्छी दोस्त- सोलह साल की लड़की को पिछली गर्मियों में बंदूक़ की गोली से मरते देखा था। वह तब भी वहाँ था जब उसका बड़ा भाई बंदूक़ की गोली लगने से आंशिक रूप से लक़वे का शिकार हो गया था, और उसी घटना में व्हीलचेयर पर बाहर बैठे हुए दोबारा गोली लगने के कारण बहुत अधिक ज़ख़्मी हो गया था।

उस दिन वहाँ मौजूद लगभग हर बच्चे ने किसी ना किसी अपने को खोया था—एक दोस्त, रिश्तेदार, पड़ोसी—एक गोली के कारण। इसी दौरान उनमें से कुछ लेकफ्रंट या नेवी के बाँध को देखने शहर के दूसरे छोर पर गए थे।

एक बिंदु पर आकर एक समाजसेविका ने बीच में टोकते हुए समूह से कहा, "अस्सी डिग्री और चमकीला दिन!" उस घेरे में बैठे सभी ने उदासी के साथ अपना सिर हिलाया था। मैं नहीं जानती थी क्यों। "श्रीमती ओबामा, बताइए," उन्होंने कहा। "आपके दिमाग़ में क्या चलता है जब आप सुबह जागती हैं और मौसम पूर्वानुमान में सुनती हैं कि तापमान अस्सी डिग्री फारेनहाइट और दिन चमकीला है?"

वह स्पष्ट रूप से जवाब जानती थी, लेकिन चाहती थी कि मैं भी सुनूँ।

हार्पर के सभी छात्रों ने माना कि इस तरह का एक दिन अच्छा नहीं था। जब मौसम अच्छा था तब वे गैंग और ज़्यादा क्रियाशील हो जाते थे और गोलीबारी और बुरी तरह से होने लगती थी।

इन बच्चों ने अपने पर्यावरण के अनुसार उलटे तर्क को स्वीकार कर लिया था, जब मौसम अच्छा होता तो वे घर में रहते थे, गैंग के क्षेत्रों और इलाकों के आधार पर स्कूल आने-जाने वाले रास्तों में परिवर्तन करते थे। उन्होंने मुझे बताया कि कभी-कभी घर जाने के लिए सबसे सुरक्षित रास्ता वह होता था जहाँ दोनों तरफ़ से गाड़ियाँ आती थी और बच्चे उस सड़क को पार करते हुए बीच में खड़े रहते थे। इस तरह करने से उन्हें किसी भी बढ़ रहे झगड़े या सम्भावित गोलीबारी का सही दृश्य दिखाई देता था। और इसकी वजह से उन्हें भागने के लिए और अधिक समय मिल जाता था।

अमरीका एक सहज जगह नहीं है। इसके विरोधाभास मेरा सिर चकरा देते हैं। मैंने स्वयं को एक मैनहट्टन के विशाल पेंटहाउस में फ़ंड जुटाने वाले डेमक्रैटिक लोगों के बीच में पाया, जहाँ मैं उन अमीर औरतों के साथ बैठकर वाइन का घूँट पी रही थी जो यह दावा करती थीं कि वे शिक्षा और बच्चों के मामले को लेकर बहुत ज़्यादा उत्साही हैं लेकिन उसी समय मेरी तरफ़ थोड़ा झुकते हुए यह भी बताती थीं कि वॉल स्ट्रीट में काम करने वाले उनके पति कभी किसी ऐसे आदमी के पक्ष में मतदान नहीं करेंगे जो उनके करों को बढ़ाने के बारे में सोच रहा हो।

और अब मैं हार्पर में थी, उन बच्चों के बीच में जो यह बता रहे थे कि किस तरह ज़िंदा बचा जा सकता है। मैने उनके साहस ओर क्षमता की सराहना की और मैंने हताश में यह प्रार्थना की कि काश उन्हें इन सब की ज़रूरत नहीं पड़ती।

तभी उनमें से एक ने मुझे मासूम नज़रों से देखा। "यह अच्छी बात है कि आप यहाँ हैं" उसने सकुचाते हुए कहा। "लेकिन आप इस सबके बारे में वास्तविक रूप से क्या करने वाली हैं?"

उनके लिए मैं वाशिंगटन डी.सी. की प्रतिनिधि थी, उतना ही जितना मैं साउथ साइड की थी। और जब बात वाशिंगटन की थी तब मैंने महसूस किया कि मुझे उन्हें सच बताना चाहिए।

"ईमानदारी से कहूँ तो," मैंने शुरू किया, "मैं जानती हूँ कि आपलोग यहाँ बहुत कुछ झेल रहे हैं, लेकिन निकट भविष्य में आपको कोई नहीं बचाने वाला है। वाशिंगटन में बहुत सारे लोग इसके लिए कोशिश भी नहीं कर रहे हैं। उनलोगों में से बहुत लोग यह भी नहीं जानते हैं कि आपलोगों का अस्तित्व भी है।" मैंने उन छात्रों को बताया कि प्रगति की चाल बहुत धीमी है, और यह भी कि वे चुपचाप बैठकर परिवर्तन आने का इंतज़ार नहीं कर सकते हैं। बहुत सारे अमरीकी लोग यह नहीं चाहते थे कि उनके करों में वृद्धि हो, और कांग्रेस ऐसे किसी बजट को पक्षपात ढंग से पास भी नहीं कर सकती है, इसलिए उनके समुदाय के लोगों के कायापलट और शिक्षा के लिए लाखों डॉलर का निवेश नहीं होने जा रहा है। न्यूटाउन के आतंक के बाद भी, ऐसे सांसदों के साथ जो बच्चों की सुरक्षा के बजाय राष्ट्रीय राइफ़ल संघ से दान एकत्रित करने में ज़्यादा रुचि ले रहे थे, कांग्रेस किसी भी ऐसे क़दम को उठाने में दृढ़ नज़र नहीं आ रही थी जो ग़लत हाथों में बंदूक़ जाने से रोक सके। मैंने कहा था कि राजनीति एक उलझन थी। इस मुद्दे पर, मेरे कहने के लिए कुछ ऐसा नहीं था जो मनोबल को बढ़ाने या प्रोत्साहित करने वाला हो।

मैं लगातार बोल रही थी, हालाँकि एक अलग जोश से जो सीधे मेरे अंदर साउथ साइड से आ रहा था। मैंने कहा कि "स्कूल का इस्तेमाल करो"।

इन बच्चों ने मेरे साथ कुछ घंटे अपनी दर्दनाक और परेशान कर देने वाली कहानियों को कहते हुए बिताया था लेकिन मैंने उन्हें यह याद दिलाया कि यही कहानियाँ उनकी ज़िद, आत्म-विश्वास और उबरने की उनकी क्षमता को भी दिखाती हैं। मैंने उन्हें यह विश्वास दिलाया कि उनके पास वह सबकुछ पहले से है जो सफलता की ओर बढ़ने के लिए ज़रूरी होता है। वह यह एक ऐसे स्कूल में बैठे थे जो उन्हें मुफ़्त शिक्षा दे रहा था, मैंने कहा, और इसके अंदर समर्पित और परवाह करने वाले बहुत सारे वयस्क लोग थे जिन्हें यह लगता था कि उनका महत्व है। लगभग छः सप्ताह बाद, स्थानीय व्यापारियों के एक समूह के अनुदान के कारण हार्पर स्कूल के कुछ बच्चे व्हाइट हाउस आ पाए थे, मुझसे और बराक से निजी रूप से मिलने और हार्वर्ड विश्वविद्यालय में कुछ समय बिताने और यह सीखने कि वह कॉलेज कैसा था। मैंने यह आशा की कि वे लोग ख़ुद को वहाँ प्रवेश करते हुए भी देखें।

मैं कभी यह दावा नहीं करूँगी कि प्रथम महिला से मिलने वाले कुछ शब्द और उसके गले लगने से किसी का जीवन बदल सकता है या उन बच्चों को उस रास्ते पर चलने का कोई आसान रास्ता मिल सकता है जो हार्पर में वे झेल रहे थे। कोई भी कहानी इतनी सरल नहीं होती है। और बेशक उस दिन उस पुस्तकालय में बैठे हुए हम सब लोग यह जानते थे। लेकिन मैं वहाँ अमरीका में एक अश्वेत शहरी बच्चे के बारे में पुराने और घातक कहावत को बदलने के लिए खड़ी थी, वह बच्चा जो अपनी भावी असफलता को पहले से जानता था और फिर जल्दी ही असफल भी हो जाता। अगर मैं उन बच्चों की ताक़त की तरफ़ इशारा कर सकती थी और उन्हें आगे आने वाले समय की झलक दिखा सकती थी तो मैं ऐसा हमेशा करती थी। यह एक छोटा सा परिवर्तन था जो मैं कर सकती थी।

24

2015 के वसंत में मालिया ने यह घोषणा की कि उसे एक प्रॉम के डांस में एक लड़के द्वारा आमंत्रित किया गया है जिसे वह शायद कुछ पसंद जैसा करती है। तब वह सोलह साल की थी और सिडवेल में जूनियर का अपना अंतिम साल ख़त्म कर रही थी। हमारे लिए वह अब भी बच्ची थी, एक लम्बे टांगों वाली, हमेशा से उत्साह से भरी हुई यह अलग बात थी कि हर दिन वह हमें थोड़ी और बड़ी लगने लगी थी। अब वह लगभग मेरी बराबर लम्बी थी और उसने कॉलेज में नामांकन के लिए सोचना शुरू कर दिया था। वह एक अच्छी विद्यार्थी थी, जागरूक और शांत, कुल मिलाकर बहुत हद तक अपने पिता की तरह। वह फ़िल्मों और फ़िल्म-निर्माण से बहुत अधिक प्रभावित हो गई थी और पिछली गर्मियों में जब स्टीवन स्पीलबर्ग एक रात व्हाइट हाउस की एक पार्टी में आए थे तब उसने उनसे इतने सवाल कर लिए कि उन्होंने उसे टीवी के लिए बनाए जाने वाले अपने अगले शो को सुनने के लिए मालिया को इंटर्न के रूप में शामिल होने का प्रस्ताव दे दिया था। हमारी लड़की अपना रास्ता स्वयं ढूँढ़ रही थी।

आमतौर पर, सुरक्षा कारणों से मालिया और साशा को दूसरों की गाड़ियों में बैठने की अनुमति नहीं थी। मालिया के पास तब तक अस्थायी लाइसेन्स आ चुका था और वह शहर में ख़ुद से गाड़ी चलाने के योग्य थी, हालाँकि एजेंट् हमेशा अपनी गाड़ियों में उसके पीछे रहते थे। लेकिन फिर भी, दस साल की उम्र में वाशिंगटन आने के बाद से उसने कभी न तो किसी भी ऐसे बस या मेट्रो में यात्रा की थी जिसे सुरक्षा एजेंट के अलावा कोई चला रहा हो। हालाँकि प्रॉम की उस रात के लिए हम छूट दे रहे थे।

तय तारीख़ को उसका दोस्त अपनी कार में बैठ कर वहाँ पहुँच गया, व्हाइट हाउस के साउथगेट की सुरक्षा जाँच से होते हुए, साउथ लॉन के उस रास्ते पर चलते हुए जहाँ से आमतौर पर उच्चपदाधिकारी व्हाइट हाउस में आते हैं और फिर वीरता से—बहादुरी से—काले रंग के सूट में डिप रूम की तरफ़ आ गया।

"कृपया, बस आराम से रहना, ठीक है?" मालिया ने मुझसे और बराक से कहा, चूँकि हम लिफ़्ट से होते हुए अब नीचे आ रहे थे, उसका संकोच और तेज़ होना शुरू हो गया था। मैं नंगे पाँव थी और बराक ने घर में पहनने वाली चप्पल पहन रखी थी। मालिया ने एक लम्बी

काले रंग की स्कर्ट और बिना कंधों वाली टॉप पहनी थी। वह सुंदर और लगभग तेईस वर्ष की लग रही थी।

मेरे हिसाब से हम लोग आराम से ही थे, हालाँकि मालिया अब भी उस समय को थोड़े मुश्किल समय की तरह याद करके हंस रही थी। बराक और मैंने उस नौजवान से हाथ मिलाया और कुछ तस्वीरें खिंचवाईं और अपनी बेटी को भेजने से पहले गले लगाया। हमने शायद कुछ ऐसा किया था जो उनकी जानकारी में असहज हो सकता था कि वास्तव में मालिया के सुरक्षा गार्ड उस लड़के की गाड़ी को लेकर उस रेस्तराँ में लेकर जाने वाले थे जहाँ वे लोग डाँस से पहले खाना खाने के लिए जा रहे थे और वे गार्ड रात भर वहीं रहने वाले थे।

अभिभावक के रूप में किशोर लड़के-लड़कियों को बड़ा करने का यह बुरा तरीक़ा नहीं था—इस बात को जानते हुए कि बड़े लोगों का एक समूह हर समय उनके पीछे था, ताकि किसी तरह की आपात स्थिति आने पर उनकी मदद की जा सके। हालाँकि एक किशोर की सोच के अनुसार यह बिलकुल ही न समझ में आने वाली बात और पूरी तरह से एक बाधा की तरह थी। व्हाइट हाउस में जीवन के कई पहलुओं के साथ हमें अपने परिवार का अर्थ समझना था—सीमाएँ कहाँ और कैसे तय की जानी चाहिए, राष्ट्रपति पद की ज़रूरतों और अपने अपने दोनों बच्चों को आत्मनिर्भर होकर समझदार व्यक्ति के रूप में बड़े होने की ज़रूरतों के बीच में किस प्रकार संतुलन स्थापित करना चाहिए।

एक बार जब वे हाईस्कूल में चले गए थे हमने लड़कियों पर कर्फ़्यू लगा दिया था—पहले रात के 11 बजे तक और फिर धीरे-धीरे आधी रात तक— और मालिया और साशा के अनुसार दूसरे किसी भी माता-पिता की तुलना में उन पर ज़्यादा कड़ी पाबंदी को लगा दिया था। अगर मुझे अपनी लड़कियों की सुरक्षा या वे कहाँ हैं इसके बारे में चिंता होती तो मैं हमेशा सुरक्षा कर्मचारियों से इसके बारे में पूछ सकती थी, लेकिन मैंने ऐसा न करने की कोशिश की थी। मेरे लिए यह ज़्यादा महत्वपूर्ण था कि बच्चे अपनी सुरक्षा टीम का विश्वास करें। इसके बदले मैंने वही किया जो मेरे हिसाब से ज़्यादातर माता-पिता करते हैं, और मैंने सूचना पाने के लिए दूसरे अभिभावकों पर विश्वास किया, हम सभी लोग एक दूसरे से यह पूछते कि हमारे बच्चे कहाँ गए हैं और क्या कोई बड़ा आदमी उनकी देखभाल के लिए उनके साथ है या नहीं। बेशक हमारी बच्चियाँ अपने पिता के पद के कारण ज़्यादा ज़िम्मेदार थीं और वे जानती थीं कि उनकी कारस्तानी सुर्खियां बन सकती थीं। बराक और मुझे हमदोनों को यह अन्याय लगता था। हमदोनों ने अपनी किशोरावस्था में अपनी सीमाओं को विस्तार दिया था और बहुत सारी बेवक़ूफ़ियाँ की थी,और हम भाग्यशाली थे कि बिना देश की नज़रों में आए हमलोग यह सब कर पाए थे।

मालिया उस समय आठ वर्ष की थी जब बराक ने उसके बिस्तर के किनारे पर बैठकर यह पूछा था कि क्या वह इस बात से सहमत है कि उसके पिता को राष्ट्रपति पद के लिए चुनाव लड़ना चाहिए। मैं अब यह सोचती हूँ कि वह इसके बारे में कितना कम जानती होगी, हम सब इस बारे में कितना कम जान सकते थे। इसका एक मतलब था व्हाइट हाउस में एक

बच्चे के रूप में रहना। इसका मतलब था एक किशोर के रूप में कुछ अलग होकर यहाँ से निकलना। मालिया इस बात का अनुमान किस तरह लगा सकती थी कि किसी दिन प्रॉम में जाते समय बंदूक़धारी कुछ लोग उसके पीछे चलेंगे? या फिर यह कि लोग चोरी से सिगरेट पीते हुए उसकी तस्वीर खींच लेंगे और उसे गॉसिप छापने वाली वेबसाइट वालों को बेच देंगे?

हमारे बच्चे अब उस उम्र में आ रहे थे जहाँ सबकुछ अलग ही महसूस होता था। बराक के राष्ट्रपति पद की उम्मीदवारी की घोषणा करने के लगभग चार महीने बाद एप्पल कम्पनी ने 2007 में आईफ़ोन बेचना शुरू कर दिया था। तीन से भी कम महीनों में लाखों फ़ोन बिक चुके थे। उनकी दूसरी पारी ख़त्म होने से पहले करोड़ों फ़ोन बिक चुके थे। उनका राष्ट्रपति का काल नए युग का पहला काल था, जिसमें निजता के इर्दगिर्द के सभी नियम ढह और टूट रहे थे- इसमें सेल्फ़ी, डाटा की चोरियाँ, स्नैपचैट और कर्दिशीयन शामिल थी। हमारी बेटियाँ हमारी तुलना में इसमें ज़्यादा अंदर तक घुसकर जी रही थीं, कुछ इसलिए क्योंकि सोशल मीडिया किशोरों के जीवन को शासित करता है और कुछ इसलिए क्योंकि उनकी दिनचर्या हमारी तुलना में उन्हें सार्वजनिक जीवन में जुड़ने का मौक़ा ज़्यादा देती थी। सप्ताह के दौरान या सप्ताह के अंतिम दिनों में चूँकि साशा और मालिया अपने स्कूल के दोस्तों के साथ वाशिंगटन में घूमती थीं, अजनबी लोग अपना फ़ोन लेकर उनलोगों की तरफ़ इशारा करते दिख जाते थे या फिर बड़े उम्र के मर्द और औरतें- यहाँ तक कि बहुत अधिक माँग भी करते थे कि उनके साथ ये दोनों सेल्फ़ी खिंचवा लें। "आप यह जानते हैं कि मैं एक बच्ची हूँ, है न?" जब किसी को मना करना होता था तो मालिया ऐसा कहती थी।

अपने बच्चों को बहुत ज़्यादा प्रदर्शन से बचाने के लिए जो कुछ भी करना चाहिए था बराक और मैंने वह सब किया था, उनके लिए किए गए सभी प्रकार के मीडिया आग्रहों को नकार करके और उनके हर दिन के जीवन को लोगों की नज़रों से बहुत दूर रखने के लिए कोशिश करके। उनके सुरक्षाकर्मियों ने सार्वजनिक जगहों पर उनके पीछे चलते हुए किशोरों के बीच घुलने मिलने के लिए कम संशकित होकर, सूट के बदले शॉर्ट्स और टीशर्ट पहनकर, अपने कानों में लगी सुनने वाली मशीन को दूर करके इस काम को करने में हमारा साथ दिया था। हमने अपने बच्चों की ऐसी किसी भी प्रकार की तस्वीरों के प्रकाशन को अनुमति नहीं दी जो आधिकारिक आयोजनों से जुड़ी हुई न हो और व्हाइट हाउस के प्रेस के दफ़्तर ने मीडिया के सामने इस बात को स्पष्ट कर दिया था। किसी भी चालू बातचीत वाली साइट पर लड़कियों की तस्वीर प्रकाशित होने पर मलिसा और मेरे टीम के अन्य सदस्य मेरी शक्ति बन जाते और उन तस्वीरों को हटाने के लिए गुस्से से भरे टेलीफ़ोन करना शुरू कर देते थे।

लड़कियों की निजता का बचाव करने का अर्थ था हमारे परिवार को लेकर लोगों की उत्सुकता को संतुष्ट करने के दूसरे तरीक़े ढूँढना। बराक के दूसरे कार्यकाल की शुरुआत में हमने अपने घर में कुत्ते का बच्चा जोड़ लिया—सनी—मुक्त आत्मा घूमंतु जिसे देखकर ऐसा लगता था जैसे घरेलू प्रशिक्षण का उसके लिए कोई अर्थ न हो, भले ही उसका नया घर

कितना ही बड़ा हो। कुत्तों ने हर चीज़ में एक हल्कापन ला दिया था। यह इस बात का जीवंत और आवारगी भरा एक प्रमाण था कि व्हाइट हाउस एक घर था। इस बात को जानते हुए कि साशा और मालिया अब आमतौर पर उत्मुकत रहती थीं, व्हाइट हाउस की संचार टीम ने उन कुत्तों को आधिकारिक रूप से दिखाए जाने की माँग शुरू कर दी। शाम को मैंने नोट में यह लिखा पाया कि मुझसे इस बात की अनुमति माँगी गई थी कि "बो और सनी को नीचे लेकर जाया जाय," और कुत्तों को उस दिन घूमने आने वाले बच्चों और मीडिया के सदस्यों से घुलने मिलने दिया जाय। उन कुत्तों को उस समय वहाँ तैनात किया जाता जब पत्रकारों को अमेरिकी व्यापार और निर्यात के महत्व में बताया जाएगा और बाद में सर्वोच्च न्यायालय के न्यायाधीश के रूप में मेरिक गर्लेंड के चुनाव पर बराक के भाषण के समय भी। ईस्टर के एग रोल के लिए बो को हीरो की तरह एक वीडियो का हिस्सा बनाया गया। स्वास्थ्य सेवा बीमा के लिए लोगों को आकर्षित करने के लिए किए जाने वाले ऑनलाइन प्रचार में मेरे साथ एक तस्वीर में बो और सनी भी थे। वे आलोचनाओं से परे और अपनी प्रसिद्धि से अनजान अति उत्कृष्ट क़िस्म के राजदूत बन गए थे।

दूसरे बच्चों की तरह साशा और मालिया भी समय के साथ चीज़ों से आगे निकल गए। बराक के राष्ट्रपति कार्यकाल के पहले ही साल से वे हर वसंत में थैंक्स गिविंग की छुट्टियों के तुरंत पहले होने वाले टर्की नाम के एक जीवित पक्षी को माफ़ करने वाले एक वाहियात आधिकारिक परम्परा को निभाते समय बराक के साथ रिपोर्टरों के सामने खड़े होते थे। पहले पाँच सालों में वे मुस्कुराते और हँसते रहते थे क्योंकि उनके पिता मस्ती भरा मज़ाक़ उन्हें सुनाते। लेकिन छठे वर्ष में, अपनी तेरह और सोलह साल की उम्र में वे दोनों इस मस्ती का दिखावा करने के लिहाज़ से बहुत बड़ी हो चुकी थीं। समारोह के कुछ ही घंटों के भीतर उन दोनों की असंतुष्ट तस्वीरें इंटरनेट पर छा गई थी - साशा का चेहरा बिलकुल शांत और मालिया अपनी दोनों बाहें बाँध कर खड़ी हुई- दोनों ही राष्ट्रपति, उनके मंच और और एक शांत बेख़बर टर्की के बग़ल में खड़ी थीं। *यूएसए टुडे* ने अपने अख़बार के मुख्य पृष्ठ पर छापा था जो एक हद तक सही था : "मालिया और साशा ओबामा अपने पिता के टर्की को माफ़ करने वाली परम्परा से ऊब चुकी हैं।"

उस माफ़ी समारोह और साथ ही व्हाइट हाउस के हर कार्यक्रम में उनकी उपस्थिति अब वैकल्पिक हो गई थी। ये अपने जीवन में ख़ुश और अच्छी तरह से नियम में बंधी हुई किशोर लड़कियाँ थीं और जिनका जीवन अपने अनुसार कई तरह की गतिविधियों और सामाजिक कौतूहलों से भरा हुआ था और उन्हें अपने अभिभावकों से कोई मतलब नहीं था। एक अभिभावक के रूप में ऐसे भी आप बस नियंत्रण के सिवाय कुछ नही करते हैं। हमारे बच्चों के पास उनकी अपनी कार्यसूची थी जिसने उन्हें हमारे हिस्से की मस्ती को लेकर भी अपेक्षाकृत कम प्रभवित होने दिया था।

"क्या आज रात तुम नीचे आकर पॉल मैकार्टी का नाटक सुनना नहीं चाहती हो?"

"माँ, प्लीज़, नहीं।"

मालिया के कमरे में अक़्सर संगीत का शोर होता था। साशा और उसके दोस्त टीवी पर खाने पकाने वाले कार्यक्रम को देखा करते थे और कभी कभी घर की रसोई के प्रमुख को उनके लिए कूकीज़ को सजाने या अधिक मात्रा में लाने और कई तरह के खाने की तैयारी के लिए कहते थे। हमारी दोनों बेटियाँ उस गुमनामी के उस पल में हासिल उन ख़ुशियों को हमेशा सराहा करती थीं जो उन्हें स्कूल की ट्रिप पर जाकर या दोस्तों के परिवारों के साथ छुट्टियाँ बिताकर मिली थी (उनके एजेंट हमेशा साथ होते थे।) किसी भी व्यावसायिक हवाई यात्रा में जाने से पहले साशा को डलास अंतरराष्ट्रीय हवाई अड्डे पर अपने खाने का सामान लेना बहुत पसंद था वह भी बस इस छोटे से तथ्य के लिए कि ये यात्राएँ राष्ट्रपति नियमों के उस बेतुकेपन से अलग होती थी जो ऐंड्रूज़ एयरफ़ोर्स बेस में करना पड़ता था और जो हमारे परिवार का एक नियम बन चुका था।

हमारे साथ यात्रा करने के अपने फ़ायदे थे। इससे पहले कि बराक का राष्ट्रपति कार्यकाल ख़त्म हुआ, हमारी बेटियों ने हवाना में बेसबाल के मज़े लूटे, ग्रेट वॉल ऑफ़ चाइना के किनारे घुमने का आनंद लिया और संगीतमय अस्पष्ट अंधेरी एक जादूई शाम रियो में क्राइस्ट द रीडीमिस्टर की मूर्तियों को देखने के लिए गई। लेकिन यह गले कि हड्डी भी बन सकती थी ख़ासकर तब जब हम चीज़ों को राष्ट्रपति के पद से अलग करके रखने की कोशिश कर रहे थे। पहले मालिया के जूनियर क्लास के सालों में हम दोनों न्यूयॉर्क शहर में एक दिन कॉलेजों का दौरा किया था और कुछ देर के लिए हमलोग न्यूयॉर्क यूनिवर्सिटी और कोलम्बिया भी जाते थे। यह कुछ दिनों तक ठीकठाक चला। हम तेज़ गति से एनवाईयू के परिसर से निकलने लगे, हमारी गति इस बात से जुड़ी हुई थी कि अभी भी काफ़ी सुबह का समय था और विद्यार्थी अभी तक आए नहीं थे। हमने वहाँ के कमरों को देखा, छात्रों के रहने वाले कमरों में झाँका और दोपहर का खाना जल्दी से खाने के पहले वहाँ के डीन के साथ कुछ देर तक बातें की और फिर अपनी अगली यात्रा पर निकल गए।

समस्या यह है कि प्रथम महिला के मोटरकेड को छिपाने का कोई तरीक़ा नहीं है, खाकर सप्ताह के बीच में मैनहट्टन के उस द्वीप पर। जब तक हमने अपना खाना ख़त्म किया, लगभग सौ लोग रेस्तराँ के बाहर वाली सड़क पर जमा हो गए थे, शोरगुल से और अधिक शोर ही पैदा हो रहा था। बाहर निकलते ही हमने देखा कि दर्जनों फ़ोन हमारी तरफ़ तैनात थे और हमारे नाम से चियर्स किया जा रहा था। यह सत्कार बहुत उदार था—"कोलम्बिया आ जाओ, मालिया!" लोग चिल्ला रहे थे—लेकिन यह सब उन लड़कियों के लिए उपयोगी नहीं था जो चुपके से अपने भविष्य की कल्पना करने की कोशिश कर रही थीं।

मैं तुरंत जान गई थी कि मुझे क्या करने की ज़रूरत थी और यह कि मैं कहीं बैठ जाती— और मालिया को मेरे बिना ही उसके गार्ड के बदले मेरी निजी सचिव क्रिस्टन जोंस के साथ कैम्पस देखने भेज देती। मेरे बिना मालिया को पहचाने जाने की सम्भावना कम थी। वह बहुत कम एजेंटों के साथ तेज़ी से चल सकती थी। मेरे बिना शायद वह किसी दूसरे बच्चे

की तरह दिखाई देती जो वहाँ घूम रहा होगा। मैं कम से कम उसे इतना तो दे ही सकती थी।

क्रिस्टीन जो अपने बीसवें साल के अंतिम दौर में थी और कैलिफ़ोर्निया की रहने वाली थी, यूँ भी मेरी दोनों बेटियों की बड़ी बहन जैसी ही थी। वह एक युवा इंटर्न की तरह मेरे दफ़्तर में आई थी, क्रिस्टीन जार्विस के साथ जो अभी हाल तक मेरी यात्रों की निदेशक थी और क्रिस्टन हमारे परिवार के जीवन की उन दूरियों को भरने का माध्यम भी थी जो हमारे कार्यकलाप और लोकप्रियता की वजह से हमारे बीच आ जाती थी। "दी क्रिस्टीन्स" जैसा कि हम उसे पुकारते थे अक़्सर ही हमारे परिवार की मदद के लिए खड़ी रहती थी। वह सिड्वेल और हमारे परिवार के बीच के सम्पर्क-सूत्र की तरह काम करती थी, मीटिंग तय करना या शिक्षकों, कोच और अन्य अभिभावकों के साथ मेरी और बराक की अनुपस्थिति में बातचीत करने का काम करती थीं। लड़कियों के साथ वे बहुत ही सुरक्षात्मक, प्यार करने वाली और बहुत अधिक मज़बूती से खड़े रहने वाली थी जितना कि अपनी बच्चियों की नज़रों में मैं भी नहीं थी। मालिया और साशा उनपर बिना किसी संदेह के भरोसा करती थी, कपड़े पहनने से लेकर सोशल मीडिया पर लड़कों से दोस्ती तक पर उनसे राय माँगती थी।

जहाँ उस दोपहर मालिया कोलम्बिया गई थी, मुझे गुप्त सेवा के एजेंटों द्वारा तैयार किए गए सुरक्षित जगह में रखा गया था—जो उस परिसर की अकादमिक इमारत का बेसमेंट था—जहाँ मैं बिलकुल अकेली और बिना किसी के ध्यान गए तब तक बैठी रही जब तक जाने का समय नहीं हो गया। मैं यह सोच रही थी कम से कम पढ़ने के लिए मैं कोई किताब ही लेकर आ जाती। यह सब थोड़ा सा कष्ट पहुँचा रहा था। मैं इस बात को स्वीकार करूँगी। मुझे एक क़िस्म का अकेलापन महसूस हुआ था और जिसका शायद इस तथ्य से बहुत कम लेना-देना था कि मैं एक बिना खिड़की वाले कमरे में बैठकर अपना समय बर्बाद कर रही थी और इस बात से ज़्यादा था कि हम इसे पसंद करें या नहीं, भविष्य दस्तक दे रहा था और हमारी पहली संतान बड़ी होकर हमें छोड़कर जाने वाली थी।

. . .

हम अभी तक अंत पर नहीं पहुँचे थे लेकिन मैंने पहले से ही नोट लेना शुरू कर दिया था। मैंने ख़ुद को लाभ और हानि को मिलाते हुए पाया, की हमने क्या बलिदान किया और किसको हम प्रगति के रूप में आंक सकते हैं—हमारे देश में, हमारे परिवार में। क्या हमने वह सबकुछ कर लिया जो हम कर सकते थे? क्या हम इस अखंडता से बाहर निकल पाएंगे?

मैंने पीछे के बारे में सोचते हुए याद करने की कोशिश की कि किस तरह मेरी ज़िन्दगी अनुमति और इच्छित अनुशासित असितित्व से अलग हो गई—एक सतत मासिक आय के साथ, जीवन भर रहने के लिए एक घर, मेरे अपने दिनों के लिए एक दिनचर्या। किस बिंदु पर मैंने वह सब चुना था? कब मैने अपने अंदर यह सब कोलाहल आने दिया था? क्या वह गर्मी की कोई रात थी जब मैंने अपनी आइसक्रीम कोन को नीचे किया और झुककर पहली बार बराक को चूम लिया था? क्या यही वह दिन था जब मैंने अंतत: अपने दस्तावेज़ों के

करीने से रखे हुए ढेर और क़ानून के क्षेत्र से अलग होना शुरू कर दिया था ओर कुछ अलग सोचने लगी थी ?

मेरा दिमाग़ कभी-कभी शिकागो के दक्षिण दिशा में दूर स्थित रोज़लैंड के उस चर्च के बेसमेंट में चला जाता है, जहाँ मैं पच्चीस साल पहले बराक के साथ गई थी क्योंकि उसने एक पड़ोसी समूह से बात की थी जो लोग निराशवाद और अलगाव से निकलने के लिए संघर्ष कर रहे थे। उस शाम उनकी बातचीत को सुनने के क्रम में मैंने कुछ पहले जानी हुई बातों को नए तरीक़े से व्यक्त करते हुए सुना था। यह सम्भव था, मैं जानती थी, एक ही समय में दो जगहों पर रहना—अपना एक पैर सच्चाई की ज़मीन पर रखना लेकिन उन्नति की दिशा में चलना। यह सब कुछ वही था जो मैंने यूक्लिड एवेन्यू में एक बच्चे की तरह किया था, जो मेरे परिवार ने—और आमतौर पर पिछड़े हुए लोग करते आए थे। आप बेहतर सच्चाई का निर्माण कहीं भी तभी कर सकते हैं जब पहले उसे आपने अपने दिमाग़ में कर लिया हो। या जैसा कि बराक ने उस रात इसके बारे में बोला था, आप शायद इस दुनिया में उसी तरह रह सकते हैं जैसी यह है, लेकिन आप फिर भी इसे उस रूप में बनाने के लिए काम कर सकते हैं जैसी इसे होना चाहिए।

मैं इस आदमी को बस कुछ ही महीने से जानती थी लेकिन उसकी जाँच करने पर अब मैं पाती हूँ कि वह मेरा भटकाव था। उस पल बिना एक भी शब्द कहे हुए मैंने हमरे जीवन भर के साथ के लिए हामी भर दी थी।

बाद के इन सभी सालों में, मैं उन सभी प्रगतियों को देखकर कृतज्ञ महसूस करती थी। 2015 में अब भी वालटेर रीड जाती थी लेकिन मेरी हर यात्रा में ऐसा लगता था कि ज़ख़्मी योद्धाओं की संख्या कम हो गई है। संयुक्त राज्य ने विदेशों में जोखिम भरे काम के लिए बहुत कम संख्या में सेवाकर्मियों को भेजा था, बहुत कम ज़ख़्म जिन्हें मरहम की ज़रूरत थी, बहुत कम माएँ टूटे दिलों के साथ दिखाई देती थी। मेरे लिए यह प्रगति थी।

प्रगति यह थी कि बीमारी की रोकथाम करने वाले केंद्रों में ऐसी रिपोर्ट आने लगी थी कि विशेष रूप से दो से पाँच साल के बच्चों में बचपन के मोटापे का डॉक्टर कम होना दिखने लगा था। वे डेट्रॉइट में उच्च विद्यालय के बच्चे थे जिन्होंने कॉलेज साइनिंग दिवस को मनाने में मेरी मदद की थी, एक ऐसे छुट्टी का दिन जिसे हमने उनके आगे बढ़ने के विस्तार में उनकी मदद के लिए आयोजित किया था, जिस दिन वे युवा अपने कॉलेज के प्रति प्रतिबद्ध होंगे। प्रगति यह थी कि सर्वोच्च न्यायालय ने देश की नए स्वास्थ्य-सेवा क़ानून के मुख्य हिस्से की चुनौती को अस्वीकार करने का निर्णय लिया था, सुकून भरा था कि बराक की घरेलू उपलब्धि—सभी अमेरिकी नागरिकों के लिए स्वास्थ्य बीमा की सुरक्षा- उनके दफ़्तर छोड़ देने के बाद भी उतना ही मज़बूत और सशक्त रहेगा। एक ऐसी अर्थव्यवस्था जिसने 800,000 नौकरियों को नुक़सान पहुँचाया था जब बराक ने व्हाइट हाउस में प्रवेश लिया था और अब वही लगभाग पाँच सालों तक लगातार नौकरी में वृद्धि कर रही है।

इन सभी को मैंने उस प्रमाण के रूप में लिया कि एक देश के रूप में हमलोग एक बेहतर

सच का निर्माण करने के योग्य हैं। लेकिन अब भी हम उसी दुनिया में रह रहे थे जैसी यह है।

न्यूटाउन के लगभग डेढ़ साल बाद, कांग्रेस ने एक भी बंदूक़-नियंत्रण नियम को पारित नहीं किया था। बिन लादेन मारा जा चुका था, लेकिन आईएसआईएस प्रकट हो चुका था। शिकागो में मानव हत्या की दर नीचे जाने के बजाय ऊपर जा रही थी। मिसूरी के फ़र्गसॉन में एक अश्वेत किशोर जिसका नाम माइकल ब्राउन था, की पुलिस ने हत्या कर दी थी और उसका शव घंटों तक सड़क के बीच में छोड़ दिया गया था। लकुआं मैकडोनाल्ड नाम के एक अश्वेत बालक को शिकागो में पुलिस ने सोलह बार गोली मारी थी, जिसमें उसकी पीठ पर मारी गई नौ गोलियाँ भी शामिल थीं। एक अश्वेत लड़का जिसका नाम तामीर राईस था, वह भी खिलौने वाली बंदूक से खेलते हुए क्लीवलैंड में पुलिस द्वारा मारा गया था। फ्रेडी ग्रे नाम का एक अश्वेत आदमी बालटीमोर में पुलिस की निगरानी में लापरवाही के कारण मर गया था। स्टैटेन द्वीप पर गिरफ़्तारी के दौरान ज़बरदस्ती गले से पकड़े जाने के कारण एरिक गार्नर नाम के एक अश्वेत आदमी की मौत हो गई थी। यह सब कुछ अमेरिका में कुछ घातक और कभी न बदलने वाली प्रवृति का प्रमाण था। जब बराक पहली बार चुने गए थे तब कुछ समीक्षकों ने बड़ी सरलता के साथ यह घोषणा कर दी थी कि हमारा देश "उत्तर जातीयता" के युग में प्रवेश कर रहा है जिसमें त्वचा का रंग मायने नहीं रखेगा। यह सब कुछ प्रमाण था कि वे सब कितने ज़्यादा ग़लत थे। चूँकि अमेरिकी लोग आतंक के ख़तरे को लेकर कुछ ज़्यादा ही सोचते हैं, उनमें से बहुत सारे लोग इस बात को नहीं देख पाते कि नस्लवाद और जनजातीयता हमारे देश को अलग कर रहे हैं।

2015 के जून के दूसरे हिस्से में, बराक और मैं एक और दुखी समुदाय से मिलने दक्षिण कैरोलिना के चार्ल्स्टेन गए- इस बार एक पादरी जिसका नाम क्लीमेंटा पिंक्नी था उसके अंतिम संस्कार में शामिल होने। वह मारे गए उन नौ लोगों में से एक थे जिन्हें इस महीने की शुरुआत में अफ़्रीकन-मेथोडिस्ट इपिस्कपल चर्च जिसे मदर इमैन्यल भी कहा जाता है, में जातीय कारणों से उकसाई गई गोलीबारी में मार दिया गया था। पीड़ितों ने, जिसमें सभी अफ़्रीकी-अमरीकी थे, उन्होंने एक बेरोज़गार ईक्कीस वर्षीय श्वेत लड़के को—जो सबके लिए अजनबी था—उसे अपने बाइबल समूह में आमंत्रित किया था। वह उनके साथ कुछ देर तक बैठा, और फिर, जब उस समूह के सभी लोगों ने प्रार्थना में अपना सिर झुकाया तो वह खड़ा हुआ और गोलियाँ चलाने लगा। इसके बीच में उसने यह कहा था कि "मुझे यह सब करना पड़ता है क्योंकि तुमलोग हमारी औरतों का बलात्कार करते हो और तुमलोग हमारे देश पर राज कर रहे हो।"

श्रेद्धेय पिंक्नी के श्रद्धांजलि देने और समय की उस गहरी त्रासदी के बारे में बात करने के बाद बराक ने "अविश्वसनीय कृपा" की उस धीमी और आत्मीय मंडली का नेतृत्व करके सभी को चौंका दिया था। यह आशा का एक सरल आह्वान था, इसको बनाए रखने के लिए एक पुकार। ऐसा लग रहा था उस कमरे में बैठे सभी लोगों ने इसमें हिस्सा ले लिया था। छः साल से भी ज़्यादा समय से बराक और मैं इस जागरूकता के साथ जी रहे थे कि हम

एक प्रेरणा हैं। जिस तरह देश भर के अल्पसंख्यकों ने राजनीति, व्यवसाय और मनोरंजन में महत्वपूर्ण भूमिका निभाना शुरू किया था, हमारा परिवार इसका सबसे प्रमुख उदाहरण बन गया था। व्हाइट हाउस में हमारी उपस्थिति को लाखों अमरीकी लोगों द्वारा जश्न के रूप में मनाया गया था, लेकिन इसने दूसरे लोगों के बीच डर और विद्वेष के अर्थ में प्रतिक्रिया के रूप में भी अपना योगदान दिया था। यह नफ़रत बहुत पुरानी और गहरी थी और उतनी ही ख़तरनाक जितनी यह शुरू से है।

हम इसके साथ एक परिवार के रूप में रहे थे और हम इसके साथ एक देश के रूप में भी रहे थे। और हम आगे बढ़ते रहे, जितना हो सकता था उतनी इनायत के साथ।

चार्ल्स्टेन में अंतिम संस्कार वाले दिन ही— 26 जून 2015—संयुक्त राष्ट्र के सर्वोच्च न्यायालय ने एक एतिहासिक निर्णय सुनाया कि सभी पचासों राज्यों में एक ही लिंग के जोड़ों को शादियाँ करने का अधिकार है। यह उस क़ानूनी लड़ाई का नतीजा था जो दशकों से एक राज्य से दूसरे राज्य, एक न्यायालय से दूसरे न्यायालय में लड़ा जा रहा था और किसी भी दूसरे नागरिक अधिकारों की तरह इसमें भी कई लोगों की हिम्मत और लगन की ज़रूरत थी। उस पूरे दिन यहाँ वहाँ से मैंने इस निर्णय से ख़ुश अमरीकी लोगों से जुड़ी ख़बरें पढ़ी। सर्वोच्च न्यायालय की सीढ़ियों पर एक प्रफुल्लित भीड़ चिल्ला रही थी, "प्यार की जीत हुई!" जोड़े सिटी हॉल और कोर्टके परिसर में एक साथ घूम रहे थे और उस चीज़ का आनंद ले रहे थे जो अब उनका संवैधानिक अधिकार था। गे बार जल्दी खुल रहे थे। पूरे देश में सड़कों पर सतरंगे झंडे फहराए जा रहे थे।

इन सभी ख़बरों ने दक्षिण कैरोलिना में हमारे दुखी दिन को हल्का करने में मदद की। अपने घर व्हाइट हाउस लौटने के बाद हमने अंतिम संस्कार में पहने गए अपने कपड़े बदले और लड़कियों के साथ रात का खाना जल्दी खाया और उसके बाद बराक ने ट्रीटी रूम में ईएसपीएन चालू किया और काम पर लगने के लिए गुम हो गए। मैं अपने ड्रेसिंग रूम की तरफ़ जा रही थी कि तभी मेरी नज़र उत्तर दिशा की खिड़की से आने वाली बैगनी रोशनी पर गई, उस समय मुझे याद आया कि हमारे कर्मचारियों ने व्हाइट हाउस को गौरव के झंडे वाले इंद्रधनुषी रंगो से जगमगा दिया था।

खिड़की से बाहर देखने पर मैंने देखा कि पेंसिलवानिया एवेन्यू के गेट के उस पार लोगों की एक बड़ी भीड़ गरमी की उस शाम में रौशनी को देखने इकट्ठा हुई थी। उत्तर का हिस्सा कर्मचारियों से भरा हुआ था जो वहाँ आज देर तक रुके हुए थे ताकि व्हाइट हाउस को शादी की बराबरी के उत्सव में बदलता हुआ देख सकें। इस निर्णय ने बहुत लोगों के दिलों को छुआ था। जहाँ मैं खड़ी थी वहाँ से मैं उल्लास का माहौल देख सकती थी लेकिन कुछ सुन नहीं सकती थी। यह मेरी वास्तविकता का एक दूसरा पहलू था। व्हाइट हाउस एक शांत और मुहर बंद महल था और लगभग सभी आवाज़ें इसकी खिड़कियों और दीवारों की मोटाई से रोक दी गई थी। मरीन वन हेलिकॉप्टर घर के एक तरफ़ आकर रुक सकता था, इसकी तेज़ धार

वाली पंखियाँ तेज़ हवा का झोंका पैदा करके पेड़ की शाखाओं को हिला देती थी लेकिन घर के भीतर हम कुछ नहीं सुन पाते थे। अक़्सर मुझे किसी यात्रा से बराक के वापस आने का पता उनके हेलिकॉप्टर की आवाज़ से नहीं बल्कि उसके तेल की गंध से लगता था जो किसी तरह अंदर घुस आती थी।

अक़्सर मैं दिन के अंत में अपने घर के उस सुरक्षित वातावरण में रहकर ही ख़ुश रहती थी। लेकिन आज की रात अलग महसूस हो रहा था, इतना ही विरोधाभासी जितना यह देश था। चार्ल्स्टन में पूरा दिन दुःख में बिताने के बाद, मैं उस विशाल पार्टी को देख रही थी जो मेरी खिड़की से बाहर शुरू हो रही थी। सैकड़ों लोग हमारे घर की तरफ़ देख रहे थे। मैं भी उसे उसी तरह देखना चाहती थे जैसे कि वे देख रहे थे। मैंने पाया कि मैं उस समारोह में शामिल होने के लिए अधीर हो गई थी।

मैंने ट्रीटी रूम में अपना सिर घुसाया। "क्या तुम बाहर जाकर रौशनी देखना चाहते हो?" मैंने बराक से पूछा। "वहाँ बाहर हज़ारों लोग खड़े हैं।"

वह हँसा। "तुम जानती हो, मैं यह हज़ारों लोगों के साथ नहीं कर सकता।"

साशा अपने कमरे में अपने आईपैड में घुसी हुई थी। "क्या तुम मेरे साथ चलकर इन्द्रधनुषी रौशनी देखना चाहती हो?" मैंने पूछा।

"नहीं।"

अब मालिया बची थी जिसने मुझे तुरंत हामी भर कर चौंका दिया था। मैंने अपनी पंखों वाली औरत को ढूँढ लिया था। हम अब एक साहस भरे काम के लिए जा रहे थे—बाहर, जहाँ लोग जमा थे—और हम किसी की अनुमति लेने नहीं जा रहे थे।

सामान्य नियम यह था कि हम जब भी बाहर जाने वाले होते गुप्त सेवाओं के कर्मचारियों के साथ हम लिफ़्ट में चढ़ते चाहे यह नीचे जाकर फ़िल्म देखने का काम हो या कुत्तों को रात में सैर कराने का, लेकिन आज रात नहीं। मालिया और मैंने उस रात ड्यूटी पर तैनात सभी एजेंट को नज़रअंदाज़ कर दिया और हमने किसी से भी आँखें नहीं मिलाई। हम लिफ़्ट को छोड़ते हुए जल्दी-जल्दी सीढ़ियों से उतरने लगे। मैं उनके जूतों की आवाज़ सुन सकती थी जो हमारे पीछे थे, एजेंट इसकी कोशिश कर रहे थे। मालिया ने मुझे एक शैतानी हँसी के साथ देखा था। उसे मेरे नियमों को तोड़ते देखने की आदत नहीं थी।

स्टेट फ़्लोर पर पहुँचने के बाद हम उत्तर दिशा की छत पर जाने वाले लम्बे ऊँचे दरवाज़ों की तरफ़ बढ़े और तभी हमें एक आवाज़ सुनाई दी।

"हेलो, मैम! क्या मैं आपकी मदद कर सकती हूँ?" यह उस रात वहाँ तैनात सुरक्षाकर्मी क्लेर फ़ॉक्नर थी। वह एक सहायक, मीठा बोलने वाली बरनेटि महिला थी जिसके बारे में मुझे लगा था कि हमारे पीछे उसे एजेंटों द्वारा हमारे बारे में बता दिया गया था उन यंत्रों के माध्यम से जो वे अपनी कलाई पर बाँधते थे।

अपने लम्बे क़दम को रोके बिना मैंने उसकी तरफ़ अपने कंधों को मोड़ते हुए देखा। "ओह, हम बस बाहर जा रहे थे।" मैंने कहा, "रौशनी देखने के लिए।"

क्लेर की भौहें तन गई। हमने उसका ख़याल नहीं किया। दरवाज़े पर पहुँचने के बाद मैंने उसका मोटा सुनहरा हैंडल पकड़ा और उसे खींच दिया। लेकिन दरवाज़ा खुला नहीं। नौ महीने पहले एक घुसपैठिया हाथ में छुरा लिए हुए किसी तरह चहारदीवारी को फाँदकर अंदर कूद गया था और स्टेट फ़्लोर से दौड़ता हुआ सुरक्षा एजेंटों द्वारा पकड़े जाने से पहले इसी दरवाज़े से ज़बरदस्ती अंदर घुसने लगा था। इसी प्रतिक्रिया में, सुरक्षा कर्मियों ने इस दरवाज़े पर ताला लगाना शुरू कर दिया।

मैं अपने पीछे खड़े उस समूह की तरफ़ मुड़ी जिसमें एक सफ़ेद क़मीज़ और काली टाई पहने हुए गुप्त सेवा अधिकारी भी था। "आप इसे किस तरह खोलते हैं ?" मैंने कहा, किसी ख़ास व्यक्ति से नहीं। "इसकी चाबी होगी।"

"मैम?" क्लेर ने कहा। "मैं नहीं जानती हूँ कि आप यह दरवाज़ा खोलना चाहती हैं। अभी सभी नेटवर्क की ख़बरों वाले कैमरे व्हाइट हाउस के उत्तर दिशा में लगे हुए हैं।

उसकी बात सही थी। मेरे बाल ख़राब थे और मैंने शॉर्ट्स की, टीशर्ट की और चप्पल पहनी हुई थी। लोगों के सामने जाने लायक कपड़े में बिलकुल भी नहीं थी।

"ठीक है," मैंने कहा। "लेकिन हम वहाँ सबसे छिप कर नहीं पहुँच सकते हैं?"

मालिया और मैं अब योद्धा बन चुके थे। अब हम अपनी मंज़िल को छोड़ना नहीं चाहते थे। हम ख़ुद को बाहर लेकर जाने वाले थे।

तभी किसी ने हमें सबसे निचले तल के दरवाज़े का सुझाव दिया जहाँ से खाना और ऑफ़िस की चीज़ें पहुँचाने ट्रक अंदर आते थे। हमारा जत्था उस तरफ़ जाने लगा। मालिया ने अपनी बाँहें मेरी बाँहों से फँसा रखी थी। अब हम चंचल थे।

"हम बाहर जा रहे हैं!" मैंने कहा।

"हाँ हम जा रहे हैं!" उसने कहा।

हम मार्बल की सीढ़ियों और लाल क़ालीन से उतरकर जॉर्ज वाशिंगटन और वेजामिन फ्रेंकलिन की मूर्तियों से गुज़रकर रसोई पार कर रहे थे कि तभी अचानक हम बाहर थे। गर्मी की उमस भरी हवा हमारे चेहरे पर पड़ी। मैं बगीचों में उड़ने वाले कीड़ों को देख पा रही थी। और अब वहाँ लोगों का हुजूम था, लोग लोहे के गेट के उस तरफ़ चिल्ला रहे थे और जश्न मना रहे थे। अपने घर से निकलने में हमें दस मिनट लग गए लेकिन हम बाहर आ गए थे। हम बाहर थे, बग़ीचे के एक हिस्से में खड़े हुए, लोगों की नज़रों से दूर लेकिन गर्व से चमचमाता हुआ व्हाइट हाउस का वह सुंदर इंद्रधनुषी रूप हमें बहुत नज़दीक से दिखाई दे रहा था।

मालिया और मैं एक दूसरे पर झुक गए, हम ख़ुश थे कि हमने अपना रास्ता खोज निकाला था।

जैसा कि राजनीति में होता है, नई हवाएँ अभी से ही एकत्रित होकर बहना शुरू हो गई थी। 2015 के वसंत तक, अगला राष्ट्रपति चुनाव अभियान ज़ोरों से शुरू नी हो चुका था। रिपब्लिकन पार्टी की तरफ़ काफ़ी भीड़ थी, जिसमें गवर्नर जान कसिच और क्रिस क्रिस्टी

और सिनेटर टेड क़र्ज़ और मार्को रूबीओ और साथ ही दर्जन भर अन्य लोग शामिल थे। वसी डेमक्रैट अपने रास्ते बहुत जल्द ही संकुचित करते हुए हिलरी क्लिंटन और एक उदारपंथी सीनेटर और वर्मांट में लम्बे समय तक स्वतंत्र सीनेटर के रूप में काम कर चुके बर्नी सैंडर्ज़ के बीच विकल्प का चुनाव करने की तैयारी कर रहे थे।

डोनल्ड ट्रम्प ने अपनी उम्मीदवारी की घोषणा गरमियों की शुरुआत में मैनहट्टन के ट्रम्प टावर में और मेक्सिकी अप्रवासियों के विरोध के रथ पर सवार होकर कर दी थी। उन्होंने उन्हें "बलात्कारी" कहा था -साथ ही—"असफल" भी, उन्होंने कहा कि ये लोग देश को चला रहे थे। मुझे लग रहा था कि वह वहाँ खड़े होकर मीडिया का ध्यान खींच रहे थे क्योंकि वह ऐसा कर सकते थे। उन्होंने कुछ भी ऐसा नहीं किया जिससे यह लग रहा था कि देश को चलाने की बात को लेकर वह गम्भीर हैं।

मैं अभियानों को देख रही थी, लेकिन उस रुचि से नहीं जितना की मैंने पिछले सालों में किया था। इसके बदले मैंने प्रथम महिला के रूप में अपनी चौथी शुरुआत जिसका नाम लड़कियों को सीखने दो था, को लेकर काम करने में व्यस्त थी,और जिसका उद्घाटन बराक और मैंने साथ मिलकर पिछले वसंत में किया था। यह एक महत्वाकांक्षी,दूर तक फैली हुई सरकार की कोशिश थी जिसका मुख्य ध्यान दुनिया भर की किशोर लड़कियों को बेहतर शिक्षा प्रदान करवाना था। प्रथम महिला के अपने लगभग सात साल के समय में मैं बार-बार दुनिया की नौजवान औरतों की प्रतिज्ञा और संवेदनशीलता से प्रभावित हो जाती थी- एलिज़ाबेथ गैरट एंडरसन स्कूल में मिलने वाली उन प्रवासी लड़कियों से लेकर मलाला यूसुफ़जई-पाकिस्तानी किशोरी जिसे तालिबानियों ने बुरी तरह प्रताड़ित किया था–और जो लड़कियों कि शिक्षा को लेकर अपनी बात कहने और बराक, मुझसे और मालिया से मिलने व्हाइट हाउस आई थी। मैं डर गई थी जब मलाला के हमारे यहाँ आने के लगभग छः महीने बाद अतिवादी समूह बोको हराम के लोगों ने 276 नाइजीरियाई स्कूली लड़कियों का अपहरण कर लिया गया था। उनका उद्देश्य नाइजीरियाई परिवारों को अपनी बेटियों को स्कूल भेजने से डराना था। इस घटना में पूरे राष्ट्रपति काल में पहली और आख़िरी बार मुझे बात को कहने ने के लिए प्रेरित किया, कि देश के साथ अपने साप्ताहिक संवाद में बराक भावनात्मक रूप से कहें कि दुनिया भर में लड़कियों की सुरक्षा और उन्हें प्रोत्साहित करने के लिए हमें किस तरह कड़ी मेहनत करने की ज़रूरत है।

यह सब मुझे निजी महसूस हो रहा था। शिक्षा ही मरी ज़िंदगी में बदलाव का प्राथमिक कारण थी, दुनिया में मुझे ऊँचाई तक पहुचाने का ज़रिया। मैं इस बात से आहत थी कि बहुत सारी लड़कियों—दुनिया भर में 9.8 करोड़ से भी अधिक, ऐसा यूनेस्को का आँकड़ा था के पास शिक्षा उपलब्ध नहीं थी। कुछ लड़कियाँ इस लिए स्कूल नहीं जा पाती थी क्योंकि उनके परिवार को काम करने की ज़रूरत थी। कभी-कभी सबसे नज़दीकी स्कूल बहुत दूर था या बहुत महँगा, और वहाँ पहुँचने के क्रम में उनके साथ दुष्कर्म होने का ख़तरा भी था। बहुत सारे मामलों में, घुटन भरी लिंग भेदी नियम और आर्थिक कारण से भी कई लड़कियाँ

अशिक्षित रह जाती हैं—जो प्रभावी ढंग से उन्हें भविष्य के अवसरों से बाहर कर देता था। ऐसा लगता था कि यह विचार आश्चर्यजनक ढंग से दुनिया के कुछ हिस्सों में मौजूद है—कि लड़कियों को स्कूल में भेजना लाभदायक नहीं है, तब भी जबकि शोध लगातार यह दिखा रहे हैं कि लड़कियों और औरतों को शिक्षित करने और उन्हें काम के क्षेत्र में जाने देने से देश का सकल घरेलू उत्पाद (जीडीपी) तेज़ी से बढ़ रहा है।

बराक और मैं प्रतिबद्ध थे कि समाज के लिए युवा औरतों की महत्ता और उसको लेकर मौजूदा सोच में बदलाव लाना है। उन्होंने अपने प्रशासन के सभी हिस्सों से लाखों डॉलर यूएसएआईडी और शांति संगठनों के लिए प्रबंधित किए जिसमें राज्य, श्रमिक ओर कृषि जैसे विभाग शामिल थे। हमदोनों एक साथ मिलकर दूसरे देशों की सरकारों से लड़कियों की शिक्षा में मदद के लिए योजनाएँ बनाने के लिए बातें करते थे और साथ ही निजी कम्पनियों और विचार मंचों को इस विषय के प्रति प्रतिबद्ध होने के लिए भी प्रोत्साहित करते थे।

इस समय मैं जान गई थी कि किसी विशेष कारण के लिए अपनी आवाज़ कैसे तेज़ की जाती है। यह सामान्य था, मैं समझ गई थी, अमरीकी लोग दूसरे देशों के लोगों द्वारा किए जा रहे संघर्षों से कटा हुआ महसूस करते थे, इसलिए मैंने उसे घर में लाने की कोशिश की, मैंने प्रतिष्ठित लोगों जैसे स्टीवन कोल्बर्ट को बुलाया और आयोजनों में और सोशल मीडिया में उनकी प्रसिद्धि की ताकत का प्रयोग करने के लिए कहा। मैंने जुनेल मोनाए, जेंदया, केली क्लार्क्सॉन और अन्य प्रतिभाओं को डायऐन वॉरन द्वारा लिखे गए आकर्षक गाने "दिस इज फ़ोर माई गर्ल" का एल्बम बनाने और लाने के लिए तैयार किया और जिसका अगला क़दम विश्व में लड़कियों की पढ़ाई के लिए फ़ंड जुटाने में होता।

और अंत में, मुझे कुछ ऐसा करना था जिससे मुझे थोड़ा डर लग रहा था। मुझे गाना गाना था, उस रात देर तक चल रहे जेम्ज़ कोरडे द्वारा संचालित हँसोड़ "कारपूल कराओके" शृंखला में हिस्सा लेना था, हम दोनों काले एसयूवी में साउथ लोन में चक्कर काट रहे थे। हम जोर से जा रहे थे—एक बेल्ट पहन रखा था "साइंड, सिल्ड, डिलिवर्ड, मैं तुम्हारी हूँ," "सिंगल लेडीज़," और अंत में—वह कारण जिसकी वजह से मैंने यह करने के लिए हाँ कहा था—"दिस इज फ़ोर माई गर्ल्ज़," जिसमें मेहमान के रूप में शामिल होने वाली मिसी एलीयट गा रही थी, जो पिछली सीट पर चली गई और हमारे साथ गाने लगी। मैंने अपने इस कराओके सत्र के लिए कई सप्ताह तक गंभीररता से अभ्यास किया था, गाने का हर सुर याद किया था। इसका उद्देश्य यह था कि यह मस्ती और हल्का-फुल्का लगे, लेकिन इसके पीछे हमेशा की तरह काम और बड़ा उद्देश्य निहित था—लोगों को इस मामले से लगातार जोड़े रखना। जेम्स के साथ गयान के मेरे हिस्से को अगले तीन महीने के अंदर यूट्यूब पर पैंतालीस लाख बार देखा गया था, और यह इस कोशिश के हर हिस्से को सार्थक कर रहा था।

2015 के अंत में बराक, बच्चियाँ और मैं क्रिसमस मानने हवाई चले गए जैसा कि हम हमेशा करते थे, हमने एक बड़ी खिड़कियों वाला घर किराए पर लिया जहाँ से बाहर समंदर

दिखता था और वहाँ हमारे परिवार और मित्रमंडली के सदस्य भी शामिल हो गए थे। जैसा कि पिछले छ: सालों से लगातार हम करते आ रहे थे, क्रिसमस वाले दिन हमने थोड़ा समय निकाला और और सर्विस के सदस्यों और उनके परिवार वालों के साथ हम नज़दीक के मरीन पुलिस केंद्र में गए। और जैसा कि यह शुरू से ही होता आया है, बराक के लिए छुट्टियाँ आंशिक छुट्टियाँ ही थीं—मुश्किल से कही जाने वाली छुट्टी, सच में। उन्होंने फ़ोन पर बातें की, रोज की ख़बर के लिए बैठे, और सुझाव समिति के लोगों, सहयोगियों और भाषण लिखने वालों के साथ संवाद किया जो पास के किसी होटल में रुके हुए थे। मुझे यह देख कर आश्चर्य होता था कि उन्हें यह याद रहता था कि पूरी तरह मस्ती करने का समय आ गया है या इस सब के ख़त्म हो जाने के बाद हम में से कोई एक रास्ता खोज पाएगा। यह सब कैसा महसूस होता है, मुझे आश्चर्य होता था, कब हम किसी जगह उस आदमी के बिना जाएँगे जो हमेशा ही न्यूक्लियर फ़ुट्बॉल अपने साथ लेकर चलता है?

हालाँकि मैं ख़ुद को थोड़े बहुत सपने देखने की अनुमति देती थी लेकिन मैं अब भी इसकी कल्पना नहीं कर पाती थी कि इनमे से कोई भी किस तरह ख़त्म होगा।

व्हाइट हाउस में हमारा अंतिम साल शुरू करने के लिए वाशिंगटन लौटते समय हम जानते थे कि सुई के काँटे तेज़ी से चल रहे हैं। मैंने वहाँ से शुरू किया जो "अंतिम" की लम्बी श्रृंखला थी। गवर्नर का अंतिम भोज, अंतिम ईस्टर एग रोल, व्हाइट हाउस का अंतिम पत्रकार भोज। बराक और मैंने ब्रिटेन की भी हमारी अंतिम यात्रा की, जिसमें हमारी दोस्त महारानी से एक छोटी मुलाक़ात भी शामिल थी।

बराक, महारानी एलिज़ाबेथ को लेकर हमेशा एक विशेष भाव रखते थे, यह कहते थे कि वह उनकी व्यावहारिक दादी माँ टूट की याद दिलाती थी। मैं निजी रूप से उनकी कुशलता और जीवन भर जनता की आँखों में स्पष्ट दिखाई देने के उनके गुण से प्रभावित थी। कुछ साल पहले एक दिन, बराक और मैं, उनके और राजकुमार फ़िलिप के साथ लोगों की कतार के सामने खडे थे। मैं हतप्रभ होकर देख रही थी कि महारानी ने किस तरह लोगों के हुजूम को दोस्ताना और संक्षिप्त अभिवादन के साथ प्रबंधित किया जिसकी वजह से आगे बातचीत के लिए कोई जगह नहीं बचती थी, वहीं बराक सौम्य असफल की तरह दिख रहे थे, लगभग बातचीत को आमंत्रित करते हुए और फिर अयवस्थित ढंग से लोगों के सवाल का जवाब देते हुए और इसकी वजह से क़तार बिगड़ रही थी। इस आदमी से सालों पहले मिलने के बाद से अब तक मैं बस यह कोशिश कर रही थी कि वह जल्दी करे।

अप्रैल 2016 की एक दोपहर हम दोनों ने लंदन में अमरीकी राजदूत के दूतावास से शहर के पश्चिम में स्थित विंडसर कैसल जाने के लिए हेलिकॉप्टर लिया। हमारी अग्रिम टीम ने हमें निर्देश दिया था कि वहाँ उतरने के बाद महारानी और राजकुमार फ़िलिप हम से वहाँ मिलना चाहते हैं और उसके बाद वे निजी रूप से गाड़ी चलाकर हमें दोपहर का खाना खिलाने कैसल ले जाना चाहते हैं। हमेशा की तरह ही हमें समय से पहले प्रोटोकॉल बता दिया गया था: उनकी गाड़ी में बैठने से पहले हमें उन शाही लोगों का अधिकारिक रूप से अभिवादन

करना है। मैं चौरानवे वर्ष के राजकुमार फ़िलिप के साथ अगली सीट पर बैठूँगी जो गाड़ी चलाने वाले हैं और बराक, महारानी के साथ पिछली सीट पर उनके बग़ल में बैठेंगे।

आठ सालों से अधिक समय में यह पहली बार होता जब गुप्त सेवा एजेंटो के अलावा कोई दूसरा आदमी हमारी गाड़ी चला रहा होता, या हम एक साथ किसी ऐसी गाड़ी में सवार होते जिसमें कोई एजेंट नहीं होता। यह हमारी सुरक्षा टीम और उसी तरह हमारी अग्रिम सूचना टीम के लिए भी बहुत महत्वपूर्ण प्रतीत हो रहा था जो लगातार बिना रुके हमारी बातचीत और गति पर लगतार नज़र बनाए हुए थे और इस बात को सुनिश्चित कर रही थी कि छोटी से छोटी चीज़ सही लगे और सरलता से निभ जाए।

जब हम ने महल की ज़मीन पर अपना क़दम रखा और उन्हें नमस्ते कहा, तो महारानी ने लगभग सभी चीज़ों को नज़रअंदाज़ करने के लिहाज़ से मुझे अपनी रेंज रोवर की पिछली सीट पर बैठने के लिए इशारा कर दिया। मैं ठिठक गई और यह याद करने की कोशिश करने लग गई कि किसी ने मुझे इस स्थिति के लिए तैयार होने को कहा था, या कि ज़्यादा सहज यह होगा कि मैं उनके कहे अनुसार करूँ या फिर इस बात पर ज़ोर दूँ कि बराक उनकी बग़ल में बैठें।

महारानी ने तुरंत मेरे संशय को भाँप लिया। और उन्हें किसी तरह का कोई संशय नहीं था।

"क्या आपको उन्होंने इसके लिए किसी तरह का नियम बताया है?" उन्होंने कहा और अपना हाथ हिलाते हुए सभी प्रकार के झंझट को ख़त्म कर दिया। "वह बकवास है। वहाँ बैठिए जहाँ आप बैठना चाहती हैं।"

मेरे लिए शुरुआत का भाषण देना बहुत अधिक महत्वपूर्ण था लगभग वसंत के उस पवित्र रिवाज की तरह। हर साल मैं इस तरह के कई भाषण देती थी, जिनमें मैं हाईस्कूल और कॉलेज में होने वाले समारोहों का चुनाव करती थी, इसके लिए मैं उस तरह के हाई स्कूलों पर ज़्यादा ध्यान देती थी जो ऊँचे दर्जे के वक्ताओं को आमंत्रित नहीं करते थे। (प्रिंसटन और हॉर्वर्ड, मुझे माफ़ कर देना, तुम मेरे बिना भी ठीक हो।) 2015 में मैं शिकागो के दक्षिण दिशा में स्थित किंग कॉलेज प्रेप के दीक्षांत समारोह में गई थी, यह एक ऐसा हाईस्कूल था जहाँ से हादिया पेंडलेटन पढ़ाई कर सकती थी अगर वह ज़्यादा दिनों तक जीवित रह जाती। समारोह में उसकी आत्मा को एक ख़ाली कुर्सी के द्वारा दिखाया गया था, जिसे उसके साथ पढ़ने वाले उसके दोस्तों ने सूर्यमुखी के फूल और बैंगनी रेशे से सज़ा दिया था।

प्रथम महिला के रूप में उद्घाटन भाषण के अंतिम सत्र में मैंने मिसीसिपी के जैक्सन स्टेट यूनिवर्सिटी में भाषण दिया, यह भी एक ऐतिहासिक अश्वेत स्कूल था और इस अवसर का लाभ उठाते हुए मैंने वहाँ उत्कृष्टता के लिए प्रयास की बात की। मैंने न्यूयॉर्क के सिटी कॉलेज में विविधता और अप्रवास पर ज़ोर देते हुए अपनी बात कही। और मई 26 को, जिस दिन डोनल्ड ट्रम्प ने राष्ट्रपति पद के लिए रिपब्लिकन पार्टी से अपने उम्मीदवारी की

घोषणा की थी, मैं न्यू मेक्सिको में थी और उन मूल अमरीकी छात्रों के साथ बातचीत कर रही थी जो छोटे आवासीय हाई स्कूल से पढ़ाई कर रहे थे,और उनमें से लगभग सभी आगे जाकर कॉलेज में दाख़िला लेने वाले थे। प्रथम महिला के रूप में मेरे अनुभव जितने गहरे होते गए, नस्ल और लिंग के आधार पर हाशिये पर होने के अर्थ को मैं उतने ही साहस से और ईमानदारी से बोल पाती थी। मेरा इरादा युवा लोगों को समाचारों और राजनीतिक बातचीत में समाहित नफरत के संदर्भों के बारे में बताना और आशा बनाए रखने के लिए उन्हें कारण देना था।

मैं दुनिया को अपने और अपने काम के बारे में सिर्फ़ एक संदेश देने की कोशिश कर रही थी कि शायद मैं कुछ बहुत ही स्वार्थी जैसा महसूस कर रही थी। और वह यह था कि मैं अदृश्यता के बारे में जानती थी। मैंने अदृश्यता को जिया था। मैं गुमसुदगी के इतिहास से आई थी। मुझे यह कहना पसंद था कि मैं जिम रॉबिन्सन नाम के एक ग़ुलाम की परपोती थी जिन्हें संभवत: दक्षिण कैरोलिना के किसी बग़ीचे में बिना नाम वाले क़ब्र में दफ़नाया गया था। और अपने भविष्य के बारे में सोचते हुए उन बच्चों के सामने मंच पर खड़े होकर मैंने इस विचार का प्रस्ताव दिया कि कम से कम किसी तरह यह सम्भव था कि अदृश्यता को हराया जा सके।

वसंत के अंतिम समारोह जिसमें मैं शामिल हुई थी वह मेरा निजी था—सिड्वेल फ्रेंड्ज़ में मालिया का दीक्षांत जो जून के गर्म दिन में आयोजित किया गया था। हमारी क़रीबी मित्र एलिज़ाबेथ ऐलेग्ज़ैंडर जो कवि हैं और जिन्होंने बराक के पहले शपथ-ग्रहण के लिए कविता भी लिखी थी, उन्होंने उस क्लास के बच्चों से बातचीत की और इसका मतलब यह था कि बराक और मैं पीछे बैठकर सबकुछ महसूस कर रहे थे। मुझे मालिया पर गर्व था, जो जल्द ही अपने दोस्तों के साथ छुट्टियाँ मानने यूरोप जाने वाली थी। एक साल के अंतराल के बाद उसने हार्वर्ड में नामांकन ले लिया। मुझे साशा पर भी गर्व था जो उसी दिन पंद्रह साल की हो गई थी और अपने जन्मदिन की पार्टी के उपलक्ष्य में बीयान्से के संगीत कार्यक्रम में जाने के लिए उल्टी गिनती शुरू कर चुकी थी। वह गर्मियों में ज़्यादा समय कुछ पारिवारिक दोस्तों के साथ मार्था के अंगूर के बगीचों में बिताने वाली थी जब तक कि बराक और मैं छुट्टियों के लिए वहाँ पहुँच न जाएँ। मुझे अपनी माँ पर भी गर्व था जो वहाँ सूर्य की रोशनी में काली ड्रेस और ऊँची हील वाले जूते पहनकर मेरे क़रीब बैठी थीं और जो व्हाइट हाउस में अपने जीवन को प्रबंधित करते हुए अपनी पहचान बनाए हुए हमारे साथ दुनिया की सैर कर रही थी।

मुझे हम सब पर गर्व था कि हमने लगभग सबकुछ कर लिया था।

मुड़ने वाली कुर्सी पर बराक मेरी बग़ल में बैठे थे। जैसे ही मालिया मंच को पार करके अपने डिप्लोमा का प्रपत्र लेने आगे बढ़ी, मैं बराक की धूप वाले चश्मे के पीछे भी उनकी नम आँखें देख पा रही थी। मैं जानती थी कि वह थके हुए थे। तीन दिन पहले उन्होंने लॉ स्कूल के एक दोस्त के लिए प्रशंसा भाषण दिया था जिन्होंने व्हाइट हाउस में उनके साथ काम भी किया था। दो दिन बाद, कुछ अतिवादियों ने फ़्लोरिडा के ऑर्लैंडो में एक गे नाइट क्लब में

आग लगा दी थी जिसमें उनचास लोग मारे गए थे और तिरपन लोग घायल हुए थे। उन्होंने अपने काम की गरिमा को कभी कम नहीं होने दिया।

वह एक अच्छे पिता थे, बहुत हद तक उसी तरह बने रहे जैसे कि उनके ख़ुद के पिता कभी नहीं हो सके थे, लेकिन कुछ ऐसी चीज़ें भी थी इस सफ़र में जिनका उन्होंने त्याग किया था। उन्होंने एक राजनेता के रूप में पितृत्व वाले जीवन में प्रवेश लिया था। उनके मौलिक अवयव और उनकी ज़रूरतें हमेशा हमारे साथ रही हैं।

यह थोड़ा ज़्यादा दुखदायक था कि अब उनके पास और अधिक स्वतंत्रता और आज़ादी होने वाली थी क्योंकि हमारी बेटियों ने अब हमसे दूर जाना शुरू कर दिया था।

लेकिन हमें उन्हें जाने देना था। यह उनका भविष्य था, वैसा ही जैसा होना चाहिए था।

जुलाई के अंतिम सप्ताह में अपनी हवाई यात्रा के दौरान मैं एक घातक आँधी से होकर गुज़री, जब मैं डेमोक्रैटिक समारोह में अंतिम बार भाषण देने फ़िलाडेल्फ़िया जा रही थी। वहाँ पहुँचने के अपने रास्ते में हवाई जहाज़ बहुत बुरी तरह हिल रहा था। यह अब तक का सबसे बुरा झटका था जो मैंने महसूस किया था और वहीं हमारी संवाद निदेशिका कैरलायन ऐड्लर मोरेल्स जो गर्भवती थी इस बात से चिंतित थी कि इस कहीं इस झटके से उन्हें प्रसव पीड़ा न शुरू हो जाए और मेलिसा - जो सामान्य स्थितियों में बहुत अच्छी उड़ान भरने वाली महिला था अपनी सीट पर बैठकर काँप रही थी, और उस समय मैं बस यही सोच पा रही थी कि "*बस मुझे इतनी जल्दी नीचे उतार दो कि मैं अपने भाषण का अभ्यास कर सकूँ*।" हालाँकि मैं इन बड़े मंचों पर बहुत पहले ही सहज हो चुकी थी, फिर भी मुझे तैयारी करने में आराम का एहसास होता था।

2008 में जब बराक पहली बार राष्ट्रपति पद के लिए चुनाव लड़ रहे थे, समारोह में दिए जाने वाले भाषण का मैंने तब तक अभ्यास किया था जब तक बोलने में भी मैं अल्पविराम का प्रयोग नहीं करने लगी थी। ऐसा इसलिए था क्योंकि मैंने आजतक कभी टेलिविज़न पर सीधे तौर पर भाषण नहीं दिया था और साथ ही मुझे ऐसा लगा था कि मेरा निजी सम्मान बहुत ऊँचा है। मैं मंच पर उस घटना के बाद चढ़ रही थी जिसमें मुझे एक गुस्से वाली अश्वेत महिला जो अपने देश को प्रेम नहीं करती है घोषित किया गया था। उस रात मेरे भाषण ने मुझे मानवता का बोध कराने का अवसर प्रदान किया, यह बताने का अवसर दिया कि मैं कौन थी, और अपने बारे में गढी गई बातों और पूर्वाग्रहों को अपने शब्दों से तोड़ने का मौक़ा दिया था। चार साल बाद उत्तर कैरोलिना के शार्लट के समारोह में मैंने बराक के प्रथम सत्र के बारे में अपनी राय बहुत ही गम्भीरता से दी थी—कैसे वह अब भी उन्हीं सिद्धांतों पर चलने वाले आदमी है जिससे मैंने शादी की थी, कैसे मैंने यह महसूस किया कि "राष्ट्रपति होने से आपके अस्तित्व में कोई परिवर्तन नहीं होता है; यह उसे सामने लाता है जो आप होते हैं।"

इस बार मैं हिलेरी क्लिंटन के लिए प्रचार कर रही थी जो 2008 के प्राथमिक दौर में उनकी कठोर प्रतिद्वंदी थी और जो उनकी ईमानदार और प्रभावी विदेश मंत्री भी रही। मैंने

उतना जुनून किसी दूसरे उम्मीदवार के लिए भी कभी नहीं महसूस किया जो मैंने अपने पति के लिए किया था, जिसके कारण मुझे दूसरों के लिए प्रचार करने में बहुत मुश्किल होती थी। हालाँकि राजनीतिक दायरे में किसी चीज़ पर या किसी के बारे में बोलने की स्थिति में मैंने ख़ुद के लिए एक कोड बना लिया था: मैंने वही कहा था जिसपर मैं पूरी तरह से विश्वास करती हूँ और जिसे मैंने पूर्णत: महसूस किया था।

हम फिलाडेल्फिया पहुँचे और मैं जल्दी से समारोह केंद्र के लिए खाना गई ताकि कपड़े बदलने और कम से कम दो बार अपना भाषण पढ़ने का समय मुझे मिल जाए। और फिर मैं बाहर आई और अपना सच कहा। मैंने व्हाइट हाउस के शुरुआती दौर में अपनी बेटियों को बड़ा करने के अपने डर की बात की और साथ ही यह भी कि किस तरह मैं गर्व महसूस करती हूँ कि वे अब बुद्धिमान किशोर लड़कियाँ बन चुकी हैं। मैंने कहा कि मैंने हिलेरी पर भरोसा किया है क्योंकि वह राष्ट्रपति पद की ज़रूरतों को समझती हैं और उनका स्वभाव नेतृत्व करने वाला है, और इसलिए क्योंकि वह उतनी ही योग्य हैं जितना कि इतिहास के दूसरे उम्मीदवार। और मैंने यह भी कहा कि यह कठिन चुनाव देश के सामने प्रस्तुत किया जा चुका है।

बचपन से ही मेरा यह विश्वास था कि बदमाशों के विरोध में बोलना और साथ ही उनके स्तर पर नहीं गिरना बहुत महत्वपूर्ण है। और स्पष्ट कर दूँ कि हम अब एक बदमाश के विरोध में थे, एक ऐसा आदमी जो वास्तविक रूप से अपनी हर बातचीत में दूसरी चीज़ों के साथ ही अल्पसंख्यकों की बेइज़्ज़ती करता है और युद्ध के क़ैदियों का अपमान करता है और साथ ही हमारे देश की गरिमा पर सवाल उठाता है। मैं चाहती थी कि अमरीकी लोग यह समझें कि इन शब्दों का अर्थ है—कि उनके टीवी से निकलने वाली नफ़रत की भाषा हमारे देश का सच नही है और हम इसके ख़िलाफ़ मतदान कर सकते हैं। मैं गरिमा के लिए लोगों से अपील करना चाहती थी—यह विचार कि एक देश के रूप में हम उन मूल चीज़ों को बचा सकते हैं जिन्होंने कई पीढ़ी पहले मेरे परिवार को बचाए रखा था। हम सभी के अंदर गरिमा हमेशा बनी रही है। यह एक चुनाव था और हमेशा आसान भी नहीं था लेकिन जिन लोगों का मैंने सम्मान किया उन सभी ने जीवन भर बार-बार, हर दिन इस गरिमा को बचाए रखा था। एक सिद्धांत था जिसपर बराक और मैंने जीने की कोशिश की थी और मैंने उस रात मंच से उस सिद्धांत को लोगों के सामने प्रस्तावित कर दिया: *जब वे नीचे जाएँगे, हम ऊँचे होते जाएँगे*।

चुनाव के सिर्फ़ दो महीने पहले, डोनल्ड ट्रम्प का एक वीडियो टेप प्रसारित हो गया जिसमें उन्होंने 2005 में एक टीवी उद्घोषिका को शारीरिक रूप से परेशान करने की हद तक खींच था लिया और साथ ही घटिया भाषा का भी इस्तेमाल किया था कि इसने मीडिया को इस उलझन में डाल दिया कि गरिमा का मानक बचाते हुए इसे किस तरह समाचार के रूप में दिखाया जाए। अंत में, उम्मीदवार की आवाज़ को जगह देने के नाम पर गरिमा के मानक को बहुत नीचा कर दिया गया था।

जब मैंने इसके बारे में सुना, मैं इसपर भरोसा नहीं कर पाई थी। और फिर उस टेप

के पुरुष प्रधान मज़ाक़ और भद्देपन में एक जाना पहचाना दर्द था। *मैं तुम्हें नुक़सान पहुँचा सकता हूँ और इससे निकल भी सकता हूँ*। यह नफ़रत की भाषा थी जिसे अक़्सर नम्र लोगों की दुनिया से बाहर रखा जाता है, लेकिन यह तब भी हमारे तथाकथित जागरूक समाज में संकीर्णता के रूप में जीवित है—इतना जीवंत और स्वीकृत कि डोनल्ड ट्रम्प जैसा कोई इन्सान इस बारे में बात करने की क्षमता रखता है। हर वह औरत जिसे मैं जानती हूँ इस बात को मानती है। हर वह आदमी जिसे "गैर" कहा जा रहा था, इसे जानता था। यह लगभग वह था जिसको लेकर हम में से बहुत लोगों ने यह उम्मीद की थी कि हमारे बच्चे यह सब कभी नहीं झेलेंगे लेकिन शायद अब भी उन्हें यह झेलना होगा। प्रभुत्व, यहाँ तक कि इसका ख़तरा भी अमानवीयता का एक स्वरूप है। यह सत्ता का सबसे गंदा रूप है।

उस टेप को सुनने के बाद मेरा शरीर ग़ुस्से से काँपने लगा। अगले सप्ताह मुझे हिलेरी के लिए एक प्रचार अभियान में भाषण देना था और उनकी योग्यताओं के बारे में सीधे बात करने की तुलना में मैं यह महसूस कर रही थी कि वहाँ मौजूद लोगों को सीधे तौर पर ट्रम्प के शब्दों के हवाले से सम्बोधित करूँ- ताकि अपनी बात से उनकी बात का खंडन कर सकूं।

वॉल्टर रीड अस्पताल के कमरे में जहाँ मेरी माँ की पीठ का ऑपरेशन हुआ था, बैठे हुए मैंने अपनी टिप्पणियों पर काम किया और मेरा दिमाग़ तेजी से दौड़ रहा था। अब तक बहुत बार मेरा मज़ाक़ बनाया जा चुका था, मुझे डराया जा चुका था और अश्वेत होने के कारण, औरत होने के कारण और अपनी बात रखने के कारण मुझे दबाया भी जा चुका था। मैंने अपने शरीर को लेकर, जो वास्तविक जगह मैं इस दुनिया में घेरती हूँ, सीधे तौर पर किए गए मज़ाक़ को सहा था। मैंने यह देखा था कि बहस के दौरान डोनल्ड ट्रम्प हिलेरी क्लिंटन का पीछा करते थे, जैसे ही वह बोलने लगती उसका पीछा करने लग जाते, उनके बहुत पास खड़े हो जाते जैसे वह अपनी उपस्थिति से उनका क़द छोटा करना चाह रहे हों। *मैं तुम्हें चोट पहुँचा कर इससे निकल सकता हूँ*। औरतों को इस तरह की बेइज्जती जीवन भर भुगतनी पड़ती है—सिटी बजाकर छेड़ने के रूप में,टोहने के रूप में, ज़बरदस्ती छूने के रूप में, और इस तरह की चोटों के रूप में जो कभी नहीं ठीक होती हैं। वो हमारी शक्ति को निचोड़ लेती है। यह बातें हमें आहत करती हैं। दूसरे तरीक़े से यह सब जमा होती रहती हैं। हम हर जगह उन्हें अपने साथ लेकर चलते हैं, स्कूल से लेकर काम पर जाने तक, घर में अपने बच्चों को बड़ा करने के दौरान, अपनी पूजा की जगह पर, और हर उस समय जब हम बेहतर करने की कोशिश करते हैं।

मेरे लिए ट्रम्प की वह टिप्पणी एक दूसरा झटका थी। मैं उनके इस संदेश को इस तरह नहीं जाने दे सकती थी। कुशल भाषण लेखिका सराह हरविज,जो हमारे साथ 2008 से हैं, के साथ काम करके मैंने अपने ग़ुस्से को शब्दों का रूप देना शुरू कर दिया, और फिर—जब मेरी माँ अपने ऑपरेशन से ठीक हो गई- मैंने वह भाषण अक्टूबर में एक दिन न्यू हैम्पशायर के मैंचेस्टर में दिया। एक बहुत अधिक ऊर्जावान भीड़ से बात करते हुए मैंने अपनी भावनाएँ स्पष्ट की। "यह सामान्य नहीं है," मैंने कहा। "यह हमेशा की तरह राजनीति भी नहीं है। यह

अपमानजनक है। यह असहनीय है।" मैंने अपने ग़ुस्से और डर को अपने इस विश्वास के साथ कि इस चुनाव के साथ अमरीकी लोग अपने चुनाव के सही प्रकृति को समझ चुके हैं कि उन्हें दो में से किसका चुनाव करना है, और इस तरह मैंने अपनी बातों को सही तरीक़े से व्यक्त किया। उस भाषण को देते हुए मैंने अपना पूरा दिल निकाल कर रख दिया था।

फिर मैं वहाँ से वाशिंगटन वापस आ गई यह प्रार्थना करते हुए कि लोगों ने मुझे सुना होगा।

पतझड़ का मौसम था, बराक और मैं जनवरी में हमारे नए घर में जाने की योजनाएँ बनाने लग गए। हमने यह निर्णय लिया था कि हम तब तक वाशिंगटन में ही रहेंगे जब तक कि साशा सिंड्वेल में अपना हाई स्कूल न ख़त्म कर ले। इस दौरान मालिया अपने एक साल की छुट्टी पर दक्षिण अमेरिका में थी और राजनीतिक प्रभाव से जितनी दूर हो सके उतनी दूर जाकर अपनी स्वतंत्रता का मज़ा ले रही थी। ईस्ट विंग के अपने कर्मचारियों से मैंने यह विनती की थी कि उन्हें मज़बूत रहने की ज़रूरत थी क्योंकि उन्हें नई नौकरी ढूँढने के बारे में भी सोचना था, तब भी जब हिलेरी क्लिंटन और डोनल्ड ट्रम्प के बीच का झगड़ा हर दिन गम्भीर और ख़राब होता जा रहा था।

7 नवंबर 2016 को चुनाव से एक शाम पहले बराक और मैं फिलाडेल्फिया की एक छोटी सी यात्रा पर गए ताकि हम वहाँ हिलेरी क्लिंटन और उनके परिवार के साथ इंडेपेंडेन्स मॉल के सामने जुटने वाली बड़ी में शामिल हो सकें। वहाँ का माहौल साकारात्मक और उम्मीद भरा था। उस रात और कई चुनावों में पहले भी सहजता के साथ हिलेरी ने जिस आशावाद का प्रदर्शन किया था, इसने मेरा दिल जीत लिया। मैंने इस बात को दिल से समझा था कि अमरीकी, किसी भी नेता का कौन सा गुण बर्दाश्त करेंगे और कौन सा गुण नहीं बर्दाश्त करेंगे। मैंने पहले से कुछ भी नहीं सोचा था लेकिन समस्यायों को लेकर मैं अच्छा महसूस कर रही थी।

कई सालों में पहली बार चुनाव वाली रात बराक और मेरे पास निभाने के लिए कोई भूमिका नहीं थी। इंतज़ार के लिए किसी भी होटेल के सुइट को आरक्षित नहीं किया गया था; केनेपी की तश्तरियां नहीं सजाई गई थी, किसी भी कोने से टेलिविज़न की आवाज़ नहीं गूँज रही थी। किसी भी तरह का बाल बनाना, मेकअप या कपड़ा तैयार नहीं किया जाने वाला था, हमारे बच्चों को सुव्यवस्थित नहीं किया जा रहा था और देर रात तक किसी भाषण की तैयारी नहीं हो रही थी। हमारे पास करने के लिए कुछ नहीं था, और इससे हमें डर लग रहा था। यह हमारे क़दम पीछे हटाने की शुरुआत थी, शायद भविष्य के स्वरूप का पहला स्वाद। बेशक हम व्यस्त रहने वाले थे, लेकिन आगे आने वाला समय हमारा नहीं था यह शायद हमारे लिए गवाह बनने का समय था।

इस बात को जानते हुए कि परिणाम आने में थोड़ा समय है, हमने वैलरी को व्हाइट हाउस के थिएटर में एक फ़िल्म देखने के लिए आमंत्रित कर लिया।

उस रात की फ़िल्म के बारे में मुझे कुछ भी याद नहीं है—उसका शीर्षक भी नहीं, यह भी नहीं कि उसकी श्रेणी क्या थी। सच में, हम अंधेरे में बस समय व्यतीत कर रहे थे। मेरा दिमाग़ लगातार इस सच्चाई पर अटक जा रहा था कि राष्ट्रपति के रूप में बराक का कार्यकाल ख़त्म हो गया है। अब इसके तुरंत बाद जो सामने आने वाला है वह अलविदा है—दर्जनों भर अलविदा, सभी भावनात्मक, उन कर्मचारियों को जिन्हें हमने सराहा और प्यार किया था वे सभी व्हाइट हाउस से निकलने शुरू हो जाएँगे। हमारा उद्देश्य यह था कि हम वह करें जो जॉर्ज और लौरा बुश ने हमारे लिए किया था, बदलाव के उस दौर को जितना सहज हो सके उतना सहज बनाना। हमारी टीम ने पहले से ही अपने उत्तराधिकारी के लिए किताबों और संपर्क सूची को तैयार करना शुरू कर दिया था। अपने जाने से पहले, ईस्ट विंग के कई कर्मचरियों ने अपनी मेजों पर हाथ से लिखा पत्र लिखकर छोड़ा था, ताकि वे अपने बाद आने वाले अगले आदमी का दोस्ताना स्वागत कर सकें और मदद का प्रस्ताव दे सकें।

हम अब भी अपने हर दिन के काम में तल्लीन थे लेकिन हम आगे आने वाली स्थिति की योजना बनाने के लिए भी आतुर थे, बराक और मैं वाशिंगटन में रहने के लिए उत्तेजित थे लेकिन हम शिकागो के दक्षिण में अपनी विरासत बनाने वाले थे, जो ओबामा प्रेसीडेंशियल सेंटर का केंद्र होगा। हमने एक संस्थान शुरू करने की योजना भी बनाई थी, एक ऐसा संस्थान जिसका उद्देश्य नेताओं की नई पीढ़ियों को प्रोत्साहित करना और उन्हें सशक्त बनाना होगा। हम दोनों के पास भविष्य के लिए कई उद्देश्य थे, लेकिन उसमें से सबसे बड़ा वह उद्देश्य था जिसमें युवाओं और उनके विचारों को सहायता प्रदान करना शामिल था। मैं यह भी जानती थी कि हमें एक छुट्टी की ज़रूरत थी: मैंने ऐसी निजी जगहों को ढूँढना शुरू कर दिया था जहाँ जनवरी में नए राष्ट्रपति के शपथ ग्रहण के तुरंत बाद कुछ दिनों के लिए जाकर हम ख़ुद को दबाव मुक्त कर पाएँ।

हमें बस नए राष्ट्रपति की ज़रूरत थी।

जैसे ही फ़िल्म ख़त्म हुई और रौशनी जल गई, बराक का फ़ोन बजने लगा। मैंने उन्हें उसपर नज़र देते देखा, मैंने दोबारा फिर देखा, उनकी भौंहें थोड़ी खिंच गई थी।

“हुह,” उन्होंने कहा। “फ़्लोरिडा का परिणाम थोड़ा अजीब लग रहाँ है।”

उनकी आवाज़ में किसी तरह की चेतावनी नहीं थी, बस जागरूकता का हल्का सा रंग था, घास पर एक गरम अंगार अचानक चमकने लगा। फ़ोन फिर से बज उठा। मेरा दिल तेज़ी से धड़कना शुरू हो गया। मैं जानती थी कि यह ख़बरें बराक के सलाहकार डेविड सिमस की तरफ़ से आ रही थीं, जो वेस्ट विंग से परिणामों पर नज़र बनाए हुए थे और चुनावी मानचित्र के एक-एक गणित को बहुत अच्छे से समझते थे। अगर कुछ दुर्घटना जैसी घटने वाली होगी तो सिमस उसे सबसे पहले भाँप लेंगे।

मैंने अपने पति का चेहरा नज़दीक से देखा, मैं नहीं जानती हूँ कि मैं वह सुनने के लिए तैयार थी जो वह कहने वाले थे। वह जो भी था अच्छा नहीं दिख रहा था। मुझे ऐसा लग रह था जैसे कुछ भारी सा वजन मेरे पेट पर रख दिया गया हो, मेरी व्यग्रता डर का रूप ले रही

थी। जैसे ही बराक और वैलरी पूर्व परिणामों के बारे में बातें करने लग गए, मैंने यह घोषणा कर दी की कि मैं ऊपर जा रही हूँ। मैं लिफ़्ट की तरफ़ गई, बस एक काम करने की उम्मीद में जो सबकुछ को रोक देगा वह यह कि जाकर सो जाना है। मैं शायद समझ गई थी कि क्या होने वाला है, लेकिन मैं इसका सामना करने के लिए तैयार नहीं थी।

जब मैं सो गई, तब तक वो ख़बर पक्की हो चुकी थी। अमेरिका के मतदाताओं ने बराक के बाद अपने देश के लिए डोनल्ड ट्रंप को राष्ट्रपति चुन लिया था। जहां तक हो सकता था, मैं उस तथ्य की सत्यता जानना चाहती थी।

अगले दिन, मैं एक गीली और उदासी भरी सुबह में सोकर उठी। वाशिंगटन में गहरे बादल छाए हुए थे। मैंने ना चाहते हुए भी इसे मातम का नाम दिया था। ऐसे लग रहा था समय रेंग रहा हो। अपने अविश्वास पर शांति से क़ाबू करते हुए साशा स्कूल चली गई थी। मालिया ने बोलिविया से फ़ोन किया था, उसकी आवाज़ बहुत ज़्यादा बुझी हुई थी। मैंने हमारी दोनों बच्चियों से कहा था कि हम उन्हें प्यार करते हैं और सब ठीक हो जाएगा। मैं स्वयं को भी लगातार यही कहने की कोशिश कर रही थी।

हालांकि आखिर में, हिलेरी क्लिंटन ने अपने विरोधी से लगभग तीन लाख अधिक वोट हासिल किया था लेकिन पेंसिलवेनिया, विस्कॉन्सिन और मिशिगन में फैले अस्सी हज़ार मतों के कारण ट्रम्प ने चुनावी कॉलेज पर अपनी पकड़ बना ली थी। मैं एक राजनीतिक इंसान नहीं हूँ इसलिए मैं इस परिणाम की समीक्षा नहीं करने वाली हूँ। मैं इस बात का अंदाज़ा भी लगाने की कोशिश नहीं करूँगी कि कौन ज़िम्मेदार था या ग़लत हुआ था। मैं बस यह कामना कर रही थी कि अधिक से अधिक लोग मतदान के लिए जाएँ। और इस बात को लेकर मैं हमेशा आश्चर्य में रहूँगी कि ऐसा क्या था जो इतनी सारी औरतों ने विशेष रूप से एक योग्य महिला उम्मीदवार को अस्वीकार करके एक महिला विरोधी को अपना राष्ट्रपति चुना था। लेकिन अब जो परिणाम था, हमें उसके साथ जीना था।

बराक ने लगभग सारी रात आँकड़ों पर नज़र रखते हुए बितायी थी और जैसा कि पहले भी कई बार हो चुका था, उन्हें एक दृढ़ इंसान के रूप में पहला क़दम लेने के लिए बुला लिया गया था ताकि वे देश की मदद इस झटके से उबरने में कर सकें। उनके इस काम से ईर्ष्या नहीं हुई थी। उन्होंने ओवल ऑफ़िस के अपने कर्मचारियों को सुबह बहलाने वाली कुछ बातें कहीं और फिर लगभग दोपहर में रोज़ गार्डन से देश के लिए कुछ संयमी और आश्वस्त करने वाली टिप्पणियाँ दी, यह कहते हुए—जैसा वे हमेशा करते थे उन्होंने एकता और मर्यादा के लिए अमरीकियों को एक दूसरे का सम्मान करने के लिए कहा और साथ ही उस संस्थान का सम्मान करने के लिए भी जिसका निर्माण हमारे लोकतंत्र ने किया था।

उस दोपहर मैं अपने सभी कर्मचारियों के साथ ईस्ट विंग के दफ़्तर में बैठी थी। हम सब उस कमरे में दूसरे कमरों से खींच कर लाए गए सोफ़े और कुर्सियों पर ठूँस कर भरे हुए थे। मेरी टीम में ज़्यादातर औरतें और अल्पसंख्यक थे जिसमें बहुत सारे वैसे लोग भी शामिल थे जो अप्रवासी परिवारों से आए थे। बहुत सारे लोगों के आँखों में आँसू थे। ऐसा महसूस हो

रहा था जैसे उनकी सभी कमज़ोरियाँ आज बाहर आ गई हों। उन्होंने ख़ुद को अपने काम में पूरी तरह झोंक दिया था क्योंकि वे उस कारण पर पूरी तरह विश्वास करते थे जिसके लिए वे आगे बढ़कर काम कर रहे थे। मैंने हर मोड़ पर उन्हें यह बताने की कोशिश की थी कि उनलोगों को अपने ऊपर गर्व करना चाहिए, और उनके काम का महत्व था और एक चुनाव आठ सालों के परिवर्तन को नहीं मिटा सकता है।

हालाँकि सबकुछ नकारात्मक ही नहीं था। यह वह संदेश था जिसे लेकर हमें आगे बढ़ना था। मैं इस पर सच में विश्वास कर रही थी। यह आदर्श स्थिति नहीं थी लेकिन यह हमारा सच था—दुनिया उसी तरह थी। अब हमें दृढ़ होने और अपने क़दमों को प्रगति की दिशा में बनाए रखने की ज़रूरत थी।

सच में अब हम अंत पर थे। मैंने ख़ुद को आगे देखने और पीछे मुड़कर देखने के बीच पाया था, विशेष रूप से एक सवाल पर विचार करते हुए: क्या बचता है?

हम चौवालीसवें परिवार थे और ऐसे सिर्फ़ ग्यारहवें परिवार जिसने व्हाइट हाउस में अपना दो सत्र पूरा किया था। हम थे और हम हमेशा के लिए इस पहले अश्वेत परिवार रहने बने वाले थे। मैंने यह आशा की थी कि जब भविष्य में अभिभावक अपने बच्चों को यहां घुमाने लाएँगे जिस तरह मैंने मालिया और साशा को यहाँ घुमाया था जब उनके पिता सीनेटर थे, उस समय वे हमारे परिवार को याद करने के योग्य होंगे। मैंने सोचा था कि इस जगह के विशाल इतिहास में हमारी उपस्थिति का दर्ज होना बहुत महत्वपूर्ण था।

उदाहरण के लिए सभी राष्ट्रपतियों ने आधिकारिक चाइना सेटिंग (डिनर की एक व्यवस्था) लागू नहीं की थी लेकिन मैंने इसे सुनिश्चित किया था कि हम करें। बराक के दूसरे शासनकाल में हमनें राज्य के खाने के कमरे के बग़ल में स्थित पुराने परिवार के खाने के कमरे को फिर से सजाने का चुनाव किया था, हमने इसे आधुनिक रूप से तरोताज़ा किया और पहली बार इसे आम जनता के लिए खोल दिया था। कमरे की उत्तरी दीवार पर आलम थॉमस द्वारा बनाई गई अद्भुत पीले, लाल और नीले रंग की पेंटिंग "पुनर्जीवन" को लगाया गया—जो व्हाइट हाउस के स्थायी संग्रह में किसी अश्वेत महिला द्वारा बनाई गई पहली पेंटिंग बन चुकी थी।

सबसे चिरस्थायी निशानी हालाँकि वो थी जिसे दीवारों से बाहर बनाया गया था। वह बग़ीचा जिसे विकसित हुए लगभग साढ़े सात साल हो चुके थे, अब लगभग वार्षिक रूप से दो हज़ार पाउंड के बराबर खाना पैदा करता था। यह भारी बर्फ़, मूसलाधार वर्षा और बर्बादी करने वाले ओलों में भी बचा रहा। जब उच्च दबाव वाली हवा के कारण बयालीस फ़ीट ऊँचा राष्ट्रीय क्रिसमस का पेड़ गिर गया था, यह बग़ीचा फिर भी उसी तरह बचा रहा। व्हाइट हाउस छोड़ने से पहले मैं इसे और अधिक स्थायी बनाना चाहती थी। हमने इसका विस्तार अट्ठाईस सौ वर्ग फ़ीट में कर दिया जो इसके वास्तविक आकार के दोगुने से भी ज़्यादा था। हमनें इसमें पत्थर की पगडंडियाँ और लकड़ी की बेंचे लगवा दी, साथ ही एक स्वागत कमरा भी

बनवाया जिसकी लकड़ियाँ राष्ट्रपति जेफ़्फ़ेरेसन, मैडिसॉन और मोनरो के प्रांत और मार्टिन लूथर किंग जूनियर के बचपन के घर से लाई गई थीं। और फिर पतझड़ की एक दोपहर में मैंने साउथ लान के उस बग़ीचे को अधिकारिक रूप से भावी पीढ़ी को समर्पित करने के लिए तैयार कर दिया।

उस दिन समर्थकों के रूप में मेरे साथ वे वक़ील थे जिन्होंने इन सालों में पोषण और बचपन के स्वास्थ्य के लिए हमारी मदद की थी, साथ ही बैंक्रॉफ़्ट प्राथमिक स्कूल के मूलत: पाँचवीं क्लास के कुछ जोड़े बच्चे थे जो अब व्यावहारिक रूप से वयस्क हो चुके थे। मेरे अधिकतर कर्मचारी भी वहाँ थे, सैम कास जिन्होंने 2014 में व्हाइट हाउस छोड़ दिया था लेकिन इस अवसर के लिए लौटकर आए थे।

बग़ीचे में भीड़ को देखते हुए मैं भावुक हो गई थी। मैंने अपनी टीम के सभी लोगों के लिए कृतज्ञता महसूस की जिन्होंने इस काम के लिए अपना सबकुछ लगा दिया, हाथ से लिखे पत्रों को छाँटने से लेकर भाषणों के तथ्यों को जाँचना और आयोजन की तैयारी के लिए देश के एक कोने से दूसरे कोने तक दौड़ने का काम किया था। मैंने देखा था कि उनमें से कई लोगों ने बहुत अधिक जिम्मेदारियाँ ली थी और कठोर रौशनी की परत के नीचे भी व्यावहारिक और निजी दोनों रूप से विकसित हो रहे थे। "पहला" होने का बोझ सिर्फ़ हमारे परिवार के कंधों पर ही नहीं आया था। आठ सालों तक, ये आशावादी युवा लोग—कुछ ही दिन बने पेशेवर लोग हमारे पीछे थे। मलिसा, जो मेरे द्वारा निर्वाचित पहली प्रचार कर्मचारी थी और जो मेरे कार्यकाल के अंतिम दिन तक मेरे साथ ईस्ट विंग के उस दफ़्तर में बनी रही, और उसी तरह टीना मेरे कर्मचारियों की पहली अद्भुत प्रमुख। क्रिस्टन जार्विस की जगह च्चन्ना क्लेटन ने ले ली थी, जो मियामी की एक बहुत ही कठोर परिश्रम करने वाली युवा महिला थी जो जल्द ही हमारी बेटियों की बड़ी बहन बन गई थी और मेरा जीवन आराम से चलने का मुख्य कारण थी।

मैं इन सभी वर्तमान और पूर्व कर्मचारियों को अपना परिवार मानती थी। और मैंने जो किया था उसपर मुझे गर्व था।

ऐसे हर उस वीडियो के लिए जो बड़ी जल्दी इंटरनेट पर छा जाता था— मैंने लेबरों जेम्ज़ पर जिमी फ़ैलन और नर्फ़ डंकेन के साथ माँ वाला नृत्य किया था और जय फ़रोआह के साथ कॉलेज वाला रैप भी किया था—हमने ट्विटर पर कुछ घंटों के लिए ट्रेंडिंग होने से भी कुछ ज़्यादा के लिए ध्यान दिया था। और परिणाम हमारे पास था। साढे चार करोड़ बच्चे अब पोषण वाला नाश्ता और दोपहर का बेहरत भोजन खा रहे थे। सक्रिय स्कूल योजना के तरह अब 1 करोड़ 10 लाख बच्चों को हर दिन साठ मिनट का शारीरिक अभ्यास करवाया जा रहा था। मोटामोटी अब बच्चे पोषक बहेतर अनाज और उत्पाद खा रहे थे। बड़े आकार वाले फ़ास्टफूड का युग अब ख़त्म होने वाला था।

सेना में शामिल होने को लेकर जिल बिडेन के साथ मेरे काम के द्वारा, हमने व्यापारजगत को लगभग 15 लाख वरिष्ठ सैनिक और उनके पति-पत्नियों को अपने यहाँ काम पर रखने या

प्रशिक्षण देने के लिए तैयार कर लिया था। अपने सबसे पहले मामले को लेकर मैंने अभियान के दौरान यह सुना था कि पेशेवर लायसेंस समझौते को लेकर हमनें सभी पचास राज्यों को राज़ी कर लिया था, जिससे सैनिकों के पति-पत्नियों को अपना करियर बनाने में मदद मिलेगी जब वे हर बार एक जगह से दूसरी जगह जाएँगे।

शिक्षा के क्षेत्र में बराक और मैंने दुनिया भर की लड़कियों की मदद के लिए करोड़ों डॉलर का सहयोग प्राप्त कर लिया ताकि वे वैसी शिक्षा हासिल कर सकें जो उन्हें मिलनी चाहिए। अंतरराष्ट्रीय स्तर पर अब लगभग अट्ठाईस सौ से अधिक शांति सैनिक स्वेच्छाकर्मी लड़कियों के लिए बनाई गई योजनाओं को कार्यान्वित करने के लिए प्रशिक्षित हो चुके थे। और संयुक्त राज्य में मेरी टीम और मैंने संघीय छात्र सहायता के लिए युवा लोगों को साथ आने में मदद की थी, हमने स्कूल के सलाहकारों की मदद की और कॉलेज में जाने वाले दिन को राष्ट्रीय स्तर पर पहुँचाया।

इस दौरान बराक महान मंदी के बाद होने वाले अबतक के सबसे गम्भीर आर्थिक संकट को ख़त्म करने में कामयाब हो गए। जलवायु परिवर्तन पर उन्होंने पेरिस समझौता किया, हज़ारों सैनिकों को इराक़ और अफगानिस्तान से वापस घर लेकर आए, और ईरान की परमाणु योजना को प्रभावी ढंग से बंद करने के लिए की जाने वाली कोशिशों का नेतृत्व किया। अब बीस लाख अधिक लोगों के पास स्वास्थ्य बीमा की सुरक्षा थी। हमने अपने आप को और साथ ही हमारे साथ काम करने वाले लोगों को सिद्धांतों के उच्च मानकों और गरिमा पर बनाए रखा, और हमने यह सब करके दिखाया।

मेरे लिए कुछ बदलावों को मापना कठिन था लेकिन वे भी उतने ही महत्वपूर्ण महसूस हो रहे थे। बग़ीचे के लोकार्पण के छः महीने पहले, युवा गायक-संगीतकार लिन-मैनुअल मिरांडा, जिनसे मैं अपने शुरुआती कला आयोजन में मिली थी, वह व्हाइट हाउस वापस आ गए थे। उनका ऐलेग्ज़ैंडर हैमिल्टन वाला हिप-हॉप बहुत ज़्यादा सनसनी पैदा करने वाला बन चुका था और इसके साथ वे वैश्विक सुपरस्टार बन गए थे। “हैमिल्टन” अमरीकी इतिहास और विभिन्नता का संगीतात्मक उत्सव थे, जिसमें हमारी राष्ट्रीय कहानियों में अल्पसंख्यको की भूमिका को बताया जाता था, उन औरतों की महत्ता पर विशेष ध्यान दिया जाता था जो ताक़तवर पुरुषों की परछाईंयों में गुम हो गई। मैंने इसे ब्रॉड्वे से बाहर देखा था और मुझे यह इतना ज़्यादा पसंद आया था कि मैं इसे फिर से बड़े मंच पर देखने चली गई थी। यह आकर्षक और मज़ेदार था, दिल को दहला देने वाला और मर्मभेदी भी—मेरे द्वारा अब तक देखी जानी वाली कला के किसी भी स्वरूप का सबसे बेहतर नमूना।

लीन-मैनुअल अपने अधिकतर पात्रों को वाशिंगटन लेकर आ गए थे, यह प्रतिभावान और बहुसांस्कृतिक कलाकारों का समूह था। प्रदर्शकों ने अपने दोपहर का समय उन युवा लोगों के साथ बिताया था जो स्थानीय हाईस्कूल से वहाँ आए थे— उदीयमान नाटक लेखक, नृत्यकार, और रैप संगीत गाने वाले कलाकार व्हाइट हाउस के आसपास घूम रहे थे और अपना गीत लिख रहे थे और अपने हीरो के साथ धुन बजा रहे थे। दोपहर के अंतिम समय

में हम सब एक प्रदर्शन के लिए ईस्ट रूम में एक साथ आ गए। बराक और मैं पहली पंक्ति में बैठे हुए हमारे आस पास विभिन्न प्रजातियों के युवाओं से घिरे हुए थे, हम दोनों भावना में उस समय बह गए जब क्रिस्टफ़र जैक्सन और लीन-मैन्वेल ने अपने अंतिम गाने के रूप में "वन लास्ट टाइम" बजाया। यह दो कलाकार जिसमें से एक अश्वेत और दूसरा प्वेर्टो रिकन 115 साल पुराने झालर के नीचे, जॉर्ज और मार्था वाशिंगटन की प्राचीन तस्वीरों के बीच खड़े होकर "इस देश में हमने जो एक घर बनाया है" वाली भावना को गा रहे थे। उस पल की शक्ति और सच्चाई आज तक मेरे साथ बनी हुई है।

हैमिल्टन मुझे अंदर तक छू गया था क्योंकि यह एक प्रकार के इतिहास को प्रदर्शित करता है जो मैंने जिया था। इसने उस अमरीका की कहानी बताई जिसने अपने अंदर विविधताओं को बसने की अनुमति दी। मैंने इस बात के बारे में सोचा: हम में से बहुत सारे लोग अपनी कहानियों को छिपाकर जीवन जीते हैं, हमें शर्म आती है या डर लगता है जब हमारा पूरा सच किसी स्थापित आदर्श के अनुसार नहीं ढल पाता है। हम उस संदेश के साथ बड़े होते हैं जो यह बताता है कि अमरीकी होने का सिर्फ़ एक तरीक़ा है— वह यह कि अगर हमारी त्वचा का रंग गहरा है या हमारे कुल्हे चौड़े हैं, अगर हमने प्रेम को एक विशेष रूप में नहीं जाना है, अगर हम दूसरी भाषा बोलते हैं या किसी दूसरे देश से आए हैं तो हम यहाँ के नहीं है। यह तब तक होता है जब तक कोई इस कहानी को दूसरे तरीक़े से कहने की हिम्मत नहीं कर पाता है।

मैं एक बहुत ही छोटे से घर में अपने साधारण सी पृष्ठभूमि वाले पिता के साथ बड़ी हुई थी जिसके घर में शुरुआत में बहुत ज़्यादा पैसे नहीं थे और जो साधारण इलाके में रहता। और मैं प्यार और संगीत के सानिध्य में देश के एक विविधता वाले शहर में पली बढी थी जहाँ शिक्षा आपको दूर तक ले जा सकता है। मेरे पास कुछ नहीं था और मेरे पास सबकुछ था। यह इस पर निर्भर करता है कि आप इसे किस तरह बताना चाहते हैं।

चूँकि अब हम बराक के राष्ट्रपति काल के अंत की ओर बढ़ रहे थे तो मैंने अमरीका के बारे में भी इसी तरह सोचा था। मैं अपने देश को हर उस तरीक़े के लिए प्यार करती थी जितने प्रकार से इसकी कहानी बताई जा सकती है। लगभग एक दशक के लिए, मुझे यह विशेषाधिकार था कि मैं इससे होकर गुज़रूँ, इसकी असंगतियों और कड़वे द्वंदों का अनुभव प्राप्त करूँ, इसके दर्द और दीर्घस्थायी आदर्शवाद को जानूँ और इन सबसे ऊपर इसके लोच को भी जान सकूं। शायद मेरा ख़याल असामान्य था, लेकिन मैं सोचती हूँ कि उन सालों में मैंने जो कुछ भी अनुभव किया उसे अन्य लोगों ने भी अनुभव किया था— उन्नति का भाव, सहानुभूति की सहजता, बिन आवाज़ और अदृश्य लोगों को थोड़ी रौशनी मिलने की ख़ुशी। दुनिया की चमक वैसी ही है जैसी यह हो सकती थी। यह हमारे प्रदर्शन का प्रयास था: एक ऐसी पीढ़ी का उत्थान जो यह समझता था कि क्या सम्भव है—और यह कि उनके लिए इससे भी ज़्यादा बहुत कुछ सम्भव था। भाविष्य में चाहे जो कुछ घटित हो, यह वही कहानी थी जिसे हम अपना सकते थे।

उपसंहार

बराक और मैं आख़िरी बार व्हाइट हाउस से 20 जनवरी 2017 को बाहर निकले, डोनल्ड ट्रम्प और मेलानिया ट्रम्प हमारे साथ थे और हम सभी उद्घाटन समारोह में शामिल होने जा रहे थे। उस दिन में एक ही समय में सब महसूस कर रही थी - थकावट, गर्व, व्याकुलता, उत्सुकता, अदि हालाँकि मैं ख़ुद को सम्भाले रखने की पूरी कोशिश कर रही थी क्योंकि मुझे मालूम था कि टेलिविज़न के कैमेरे की नज़र हमारे हर एक क़दम पर थी। बराक और मैं इस बदलाव को सुंदर और गरिमापूर्ण ढंग से पूरा करने के लिए प्रतिबद्ध थे ताकि अपने आठ साल के कार्यकाल को अपने आदर्शों और संतुलन के साथ हम ख़त्म कर सकें। हम अब अंतिम कुछ घंटों के लिए तैयार थे।

उस दिन सुबह बराक आख़िरी बार ओवल ऑफ़िस गए और उन्होंने अपने उत्तराधिकारी के लिए अपने हाथों से लिखा एक पत्र वहाँ छोड़ा। उस दिन हम स्टेट फ़्लोर पर एक साथ इकट्ठा हुए ताकि व्हाइट हाउस के स्थायी कर्मचारियों को आख़िरी बार अलविदा कह सकें - इनमें नौकरों, बावर्चियों, स्वागतकर्ताओं, फूलवालों और अन्य लोग शामिल थे जिन्होंने दोस्ती और व्यावसायिकता के साथ हमारा ख़याल रखा और उस दिन बाद में आने वाले परिवार का ख़याल वे भी उसी सम्मान के साथ रखने वाले थे। ये सभी विदाइयाँ साशा और मालिया के लिए सबसे ज़्यादा मुश्किल थीं क्योंकि इनमें अधिकतर ऐसे लोग शामिल थे जिन्हें इन दोनों को अपने जीवन के लगभग हर दिन आधे से ज़्यादा समय अपने आसपास देखा था। मैंने वहाँ मौजूद सभी को गले लगाया और उस समय ख़ुद को रोने से रोकने की कोशिश करती रही जब उन्होंने हमें विदाई - उपहार के रूप में अमेरिका के दो झंडे दिए - एक जिसे बराक के राष्ट्रपति शासन के पहले दिन फहराया गया था। और दूसरा जिसे कार्यकाल के आख़िरी दिन फहराया गया था, यह हमारे पारिवारिक अनुभव का प्रतीक था।

यूएस कैपिटल के प्रथम मंच पर तीसरी बार बैठते हुए मैंने अपनी भावनाओं को सम्भाले रखा। पिछले दो शपथ ग्रहण की जीवंत विविधता वहाँ अनुपस्थित थी, वहाँ ऐसा महसूस हो रहा था जैसे किसी प्रकार की एकरूपता मौजूद है, ज़रूरत से ज़्यादा सफ़ेद और पुरुषों का समूह, जिसका सामना मैंने जीवन में अनेक बार किया था - ख़ासकर विशेष जगहों

पर, सत्ता की लगभग उन सभी गलियों में जहाँ मैंने अपना रास्ता स्वयं ढूँढा था और जिनका सामना मैंने अपने बचपन में अपने घर को छोड़ने के बाद किया था। व्यावसायिक माहौल में काम करने के बाद जिसमें सिडली और ऑस्टिन के लिए नए वक़ील तय करने से लेकर व्हाइट हाउस में कर्मचारियों की भर्ती करने तक का काम शामिल था, मैंने यह जाना कि समानता और अधिक समानता को पैदा करती है तबतक जबतक कि आप इसके विरोध के लिए कोई वैचारिक कोशिश नहीं करते हैं।

उस दिन सुबह में भावी राष्ट्रपति के सम्मानित मेहमानों में शामिल मंच पर बैठे हुए लगभग तीन लोगों को को देखते हुए मैंने यह स्पष्ट रूप से महसूस किया कि नए व्हाइट हाउस में इस तरह की कोई कोशिश नहीं की जाएगी। बराक के प्रशासन में से शायद कोई यह कह सकता था कि वहाँ के आईने ख़राब थे - क्योंकि जनता ने जो देखा वह राष्ट्रपति की वास्तविकता या आदर्शों को नहीं दर्शाता है। लेकिन इस मामले में शायद यह हुआ होगा। इसको महसूस करते हुए मैंने अपने देखने के तरीक़े को उसके अनुकूल कर लिया। यहाँ तक मैंने मुस्कुराने की कोशिश भी बंद कर दी।

एक परिवर्तन का सही अर्थ है - किसी नए चीज़ को पाने के लिए एक रास्ता। एक हाथ बाइबिल पर रखा गया; शपथ को दोहराया गया। एक राष्ट्रपति के फर्नीचर को बाहर निकाला गया वहाँ दूसरे राष्ट्रपति का सामान अंदर रखा जाने लगा। अलमारियाँ ख़ाली हुईं और दोबारा भर दी गईं। उसी तरह नए तकिए पर नए माथे थे- नया मिज़ाज, नए सपने। और जब आपकी पारी ख़त्म होती है, जब आप व्हाइट हाउस को छोड़ते हैं, उस आख़िरी दिन आपको फिर से स्वयं को ढूँढने की शुरुआत करनी पड़ती है।

अब मैं जीवन के नए चरण में एक नई शुरुआत के साथ खड़ी हूँ। बहुत सालों में पहली बार, मैं एक राजनीतिक आदमी की पत्नी होने के नाते किसी भी तरह के दायित्व और लोगों की अपेक्षाओं से पूरी तरह से मुक्त हूँ। मेरी लगभग दो जवान बेटियाँ हैं जिन्हें अब मेरी उतनी ज़रूरत नहीं है जितनी एक समय में थी। मेरा पति है जिसके कंधों पर अब देश का भार नहीं है। साशा और मालिया, बराक और अपने व्यावसायिक जीवन के प्रति अपनी जिन जिम्मेदारियाँ को मैंने महसूस किया था उन सभी का स्वरूप बदल चुका है और जिसके कारण आने वाले समय के लिए मेरे सोचने के तरीक़े में भी बदलाव आ गया है। मेरे पास सोचने के लिए, सिर्फ़ ख़ुद के लिए अब ज़्यादा अधिक समय था। चौवन साल की उम्र में भी मैं ख़ुद को बेहतर करने के रास्ते पर थी और मैं आशा करती हूँ कि मैं हमेशा इस रास्ते पर रहूँगी।

मेरे लिए, अपने वजूद का मतलब सिर्फ़ कहीं पहुँच जाना या किसी उद्देश्य को प्राप्त भर कर लेना नहीं है। मैं इसे आगे बढ़ने के रूप में देखती हूँ, बेहतर होने के अर्थ में, एक ऐसा रास्ता जो लगातार आपको बेहतरी की तरफ़ लेकर जाता है। यात्रा ख़त्म नहीं होती है। मैं एक माँ हूँ, लेकिन अब भी ऐसा बहुत कुछ है जो मुझे इससे सीखकर अपने बच्चों को आगे

देना है। मैं एक पत्नी बनी, लेकिन मैं लगातार इसे अपनाने और समझने की कोशिश करती हूँ कि सच्चे प्यार और किसी दूसरे इंसान के साथ जीवन बेहतर बनाने का सही अर्थ क्या है। कुछ निश्चित मापदंडों के आधार पर मैं एक शक्तिशाली इंसान बन चुकी हूँ लेकिन फिर भी कई पल ऐसे होते हैं जब मुझे असुरक्षित और अनसुना महसूस होता है।

यह सब एक प्रक्रिया है जिसमें क़दम रास्तों से जुड़े हैं। कुछ बनने के लिए धैर्य और कठोरता दोनों की बराबर आवश्यकता होती है। कुछ बनने का अर्थ है कि प्रगति के लिए बहुत कुछ करने के विचार को कभी नहीं त्यागना।

क्योंकि लोग अक़्सर यह सवाल पूछते हैं इसलिए मैं यह इसका सीधा जवाब दूँगी : मेरा कभी भी ऑफ़िस जाकर काम करने का इरादा नहीं था। मैं कभी भी राजनीति की प्रशंसक नहीं थी, और दस सालों के अनुभव से मेरी इस सोच में बस थोड़ा ही बदलाव आया है। गंदगी से मैंने लगातार ख़ुद को अलग रखा है - लाल और नीले के जातीय अलगाव, दो पक्ष में से एक का चुनाव करके उसके साथ रहने का विचार, सुनने और समझौता करने में अयोग्य, और कभी कभी सभ्य भी न होना। मैं यह मानती हूँ कि अपने सर्वोत्तम रूप में राजनीति सकारात्मक परिवर्तन का एक साधन हो सकती है, लेकिन यह रणभूमि मेरे लिए बिलकुल नहीं है।

इसका मतलब यह नहीं है कि मैं अपने देश के भविष्य के लिए गहराई से नहीं सोचती हूँ। जबसे बराक ने ऑफ़िस छोड़ा है मैंने ऐसे समाचार और ख़बरें पढ़ी हैं जिसने मेरे पेट में दर्द पैदा कर दिया है। मैं रात भर जागती रही हूँ, यह सोच कर गुस्से में जलते हुए कि यह सब क्या हो रहा है। यह सब देखना बहुत अधिक परेशान करता है कि किस तरह वर्तमान राष्ट्रपति के राजनीतिक व्यवहार और उद्देश्यों ने कई अमेरिका वासियों को अपने ऊपर संदेह करने और दूसरों से डरने पर मजबूर कर दिया है। यह सब देखना बहुत कष्टप्रद है कि किस तरह सावधानी और विवेक से बनाई गई नीतियों को बदला जा रहा है, क्योंकि हमने अपने क़रीबी लोगों के साथ गठबंधन कर लिया है और हमारे समाज के सबसे कमज़ोर तबके को अकेला और अमानवीय हालात में ला दिया है। कभी कभी मैं सोचती हूँ कि इस सब का अंत क्या होगा।

मैं ख़ुद को जो नहीं करने कि अनुमति देती हूँ वह है पागलपन। अपने सबसे चिंताजनक पलों में मैं गहरी साँस लेती हूँ और ख़ुद की उनलोगों के गौरव और शिष्टता की याद दिलाती हूँ जिन्हें मैंने पूरी ज़िंदगी अपने आसपास देखा है और जिन्होंने अपने जीवन की कई बाधाओं को दूर किया। मुझे उम्मीद है कि दूसरे भी ऐसा ही करेंगे। इस लोकतंत्र में हम सभी की भूमिका है। हमें अपने मत की शक्ति को याद करने की ज़रूरत है। मैं ख़ुद को लगातार उस शक्ति से जोड़े रखती हूँ जो किसी भी चुनाव, एक नेता और नई कहानी से ज़्यादा बड़ा है - और यही आशावाद है। मेरे लिए यह विश्वास का एक रूप है, डर से बचने की दवा। आशावाद ने हमेशा ही यूक्लिड अवेन्यू में रहने वाले मेरे उस परिवार पर अपना राज बनाए रखा था। इसे मैंने अपने पिता में देखा था, जिस तरह से वे चलते फिरते जैसे कि उनके शरीर

के साथ किसी तरह की समस्या है ही नहीं, जैसे कि एक ऐसी बीमारी जो किसी दिन उनकी जान ले लेगी, उसका कोई अस्तित्व ही नहीं है। इसे मैंने अपने पड़ोसियों के लिए अपनी माँ के दृढ़ विश्वास में देखा था, जब उन्होंने वहीं रुके रहने का निर्णय लिया जबकि डर के कारण हमारा लगभग आधा पड़ोस अपना सामान बाँध कर वहाँ से जा चुका था। यह वह चीज़ थी जिसने पहली बार बराक की ओर मेरा ध्यान खींचा था जब वह एक प्यारी सी मुस्कान अपने चेहरे पर लिए हुए सिड्ली के मेरे दफ़्तर में दाख़िल हुआ था। इससे मुझे अपनी शंकाओं और कमजोरियों पर काबू पाने में मदद मिली, और मुझे इस बात का भी भरोसा मिला कि अगर मैंने अपने परिवार को एक बेहद सार्वजनिक जीवन जीने दिया, तो उस स्थिति में भी हम सुरक्षित रह सकेंगे और और ख़ुश भी।

और मुझे अब भी इससे मदद मिलती है। देश की प्रथम महिला के रूप में मैंने आशावाद को आश्चर्यजनक जगहों पर पाया है। यह वाल्टर रीड के घायल उस योद्धा में था, जो अपने दरवाजे पर एक पर्ची चिपका कर सबको इस बात की याद दिलाना चाहता था कि वह मज़बूत और आशावान दोनों था। यह क्लियोपेट्रा काउले- पेंडल्टॉन में भी जीवित था जिन्होंने बेहतर बंदूक़ क़ानूनों की अपनी लड़ाई के दौरान अपनी बेटी के खोने के ग़म का कुछ हिस्सा ही जताया था। यह हार्पर उच्च विद्यालय के उस सामाजिक कार्यकर्ता में भी मौज़ूद था जो हर बार अपने विद्यार्थियों को हॉल में अंदर जाने देते समय चिल्लाकर अपना प्यार और प्रोत्साहन ज़ाहिर करती थी। और यह बच्चों के दिलों में हमेशा मौजूद रहता है। बच्चे हर दिन चीज़ों की अच्छाइयों में विश्वास के साथ जागते हैं, क्या होगा इस जादू के साथ। वे मासूम हैं और अपनी जड़ों पर भरोसा करते हैं। यह हमारा उनके प्रति एक तरह का क़र्ज़ है कि हमलोग मज़बूत रहें और एक अधिक न्यायसंगत मानवीय दुनिया का निर्माण करें। हमें ज़रूरत है कि उनके लिए हम मज़बूत और आशावान दोनों ही बने रहें , इस बात को पहचानने के लिए कि अभी और रास्ता तय करना बाकी है।

वाशिंगटन की राष्ट्रीय चित्रदीर्घा में अब मेरी और बराक की कई तस्वीरें लटकी हुई हैं, यह एक ऐसा तथ्य है जिसे देखकर हम दोनों भावुक हो जाते हैं। मुझे शक है कि हम दोनों के बचपन और हमारी स्थितियों को जानने वाले किसी आदमी ने शायद ही इस बात की कल्पना की होगी हम कि दोनों वहाँ उस हॉल में पहुँच पाएँगे। वे पेंटिंग बहुत प्यारी हैं, लेकिन इससे भी ज़्यादा जो बात मायने रखती है वह यह कि वे वहाँ नए और जवान लोगों को इस बात को बताने के लिए लगाई गई हैं कि - हमारे चेहरे इस धरना को ख़त्म करने में मदद करते हैं कि इतिहास में दर्ज होने के लिए आपको एक निश्चित रास्ते पर चलना होता है। अगर हम वहा दर्ज हो सकते हैं इसका मतलब है कि और कई अन्य भी हो सकते हैं।

मैं एक साधारण इंसान हूँ जिसने ख़ुद को एक असाधारण यात्रा करते हुए पाया है। मुझे उम्मीद है कि अपनी कहानी को साझा करने से मैंने दूसरी कहानियों और दूसरी कई अन्य आवाज़ों के लिए जगह बनाने में मदद की है, और कौन है और क्यों है के इस रास्ते को और अधिक चौड़ा किया है। मैं बहुत भाग्यशाली हूँ कि मुझे पत्थरों के महल में चलने

का, शहरी कक्षाओं में बैठने और आईओवा रसोईयों में जाने का मौक़ा मिला है, जहाँ मैंने स्वयं को बनाए रखने की कोशिश की है, सबसे जुड़े रहने की कोशिश की है। हर वह दरवाज़ा जिसे मेरे लिए खोला गया था उसे मैंने दूसरों के लिए खोलने का पूरा प्रयास किया है। और अंत में मैं जो कहना चाहती हूँ वह यह है कि : आइए सभी को आमंत्रित करते हैं। शायद तभी हमारे भीतर का डर कम होना शुरू होगा और ग़लत धारणाएँ कम बनेंगी, हम उन पक्षपातों और पूर्वाग्रहों को नज़रअन्दाज़ करना शुरू करेंगे जो बेवजह हमें आपस में बाँटते हैं। शायद हम उन तरीक़ों को अपना सकेंगे जो हमें एक होने का एहसास देते हैं। यह सबसे बेहतर होने की बात नहीं है। यह इससे भी तय नहीं होता है कि अंत में आप कहाँ पहुँचते हैं। अपनी बात कहने और सुनने की अनुमति देना, अपनी अनोखी कहानी को अपनाना, अपनी प्रामाणिक आवाज़ का प्रयोग करना ही असली शक्ति है। और दूसरों को जानने और सुनने की इच्छा रखने में भी एक प्रकार का आकर्षण होता है। मेरे लिए यह सब वही है जिससे हम बनते हैं।

आभार

वह सभी कुछ जो मैंने अपने जीवन में किया है, उसकी यादें सम्भव नहीं होती अगर मुझे कुछ लोगों का प्यार और साथ नहीं मिला होता।

मैं आज कुछ भी हूँ वह नहीं हो पाती अगर मेरे ऊपर मेरी माँ मैरीयन शील्डस रॉबिन्सन का हाथ और बेशर्त प्यार नहीं होता। वह हमेशा मेरे लिए चट्टान की तरह खड़ी रहीं, और मुझे एक तरफ़ इस बात की पूरी छूट दी कि मैं ख़ुद जो बनाना चाहूँ बनूँ,लेकिन वहीं उन्होंने मेरे कदम कभी भी ज़मीन से बहुत ऊपर नहीं उठने दिए। मेरी बच्चियों के लिए उनका असीम प्यार, और अपनी ज़रूरतों से पहले हमारी ज़रूरतों को पूरा करने की उनकी इच्छा ने मुझे दुनिया में बाहर जाने का सुकून और विश्वास दिलाया कि मेरी बच्चियाँ घर में सुरक्षित और ख़ुश हैं।

मेरे पति बराक, मेरा प्यार, पच्चीस सालों से मेरा जीवनसाथी, और हमारी बेटियों के लिए सबसे प्यारा और प्रतिबद्ध पिता, एक ऐसा जीवनसाथी, जिसकी मैं सिर्फ़ कल्पना कर सकती थी। हमारी कहानी अभी भी अधूरी है और मैं बेहद उत्सुकता से इंतज़ार कर रही हूँ कि इसकी परतें खुलें और बची हुई चीज़ें बाहर आएँ। इस किताब के लिए आपकी मदद और निर्देशन के लिए शुक्रिया...अध्यायों को संयम और सावधानी से पढ़ने के लिए, और अच्छे से जानने के लिए कि कब इसे हल्का सा मोड़ दिया जाना चाहिए।

और मेरे बड़े भाई क्रेग के लिए। मैं कहाँ से शुरू करूँ? मेरे जन्म के पहले दिन से तुम मेरे संरक्षक बने रहे हो। इस धरती पर किसी भी दूसरे आदमी से ज़्यादा तुमने मुझे हँसाया है। एक बहन के लिए तुम सबसे अच्छे भाई हो, एक प्यार करने वाला और ध्यान रखने वाला बेटा, पति और पिता। उन सभी घंटों के लिए तुम्हारा शुक्रिया जो तुमने मेरी टीम के साथ बिताया और हमारे बचपन की यादों की परतें खोलीं। इस किताब को लिखने के क्रम में मेरी कुछ बेहतरीन यादों में वे पल शामिल हैं जिनमें हमने माँ के साथ रसोई में बैठकर कहानियों के माध्यम से पुराने दिन को फिर से जिया था।

इस किताब को अपने जीवन में पूरा करने का दूसरा कोई रास्ता नहीं था अगर मुझे सहयोगियों की एक अतुलनीय टीम भेंट के रूप में नहीं मिली होती जिन्हें मैं बस प्यार करती हूँ। जब मैं पहली बार लगभग एक साल पहले सारा कॉर्बेट से मिली थी, मैं उनके बारे में बस

इतना ही जानती थी कि मेरे सम्पादक उनकी बहुत ज़्यादा इज़्ज़त करते हैं और वे राजनीति के बारे में बहुत कम जानती हैं। आज उनके प्रति मेरा दृढ़ विश्वास सिर्फ़ इसलिए नहीं है क्योंकि वह एक अद्भुत और जिज्ञासु दिमाग़ वाली महिला हैं बल्कि इसलिए है क्योंकि वह मौलिक रूप से बहुत दयालु और उदार इंसान हैं। मुझे उम्मीद है कि यह जीवनपर्यन्त चलने वाली एक दोस्ती की शुरुआत भर है।

टाइलर लेक्टेन्बर्ग लगभग एक दशक से भी ज़्यादा समय तक ओबामा की दुनिया के महत्वपूर्ण सदस्य रहे हैं। वे हमारी ज़िंदगी में आयोवा क्षेत्र के सैकड़ों आशावान नौजवानों में से एक के रूप में शामिल हुए थे और तब से लेकर आजतक एक विश्वस्त सलाहकार के रूप में हमारे साथ ही हैं। मैंने उन्हें एक उज्जवल भविष्य वाले शक्तिशाली लेखक के रूप में उभरते देखा है।

और अब मेरे सम्पादक मॉली स्टर्न की बारी आती है जिनका उत्साह, जिनकी ऊर्जा और लगन ने तुरंत मुझे उनकी तरफ़ खींच लिया था। मॉली ने हमेशा इस किताब को लेकर मेरे नज़रिए के प्रति अपने अटूट विश्वास के साथ बांधे रखा। मैं सदा के लिए उनकी और समूचे क्राउन टीम की आभारी हूँ जिनमें माया मावजी, टीना कॉन्स्टबल, डेविड ड्रेक, एम्मा बेरी और क्रिस ब्राण्ड शामिल हैं जिन्होंने मेरी इस कोशिश में शुरुआत से ही साथ दिया। अमैंडा डी"ऐसीएर्नो, लांस फ़िट्ज़गेरल्ड, सैली फ्रैंक्लिन, करिसा हेज़, लिनेअ नोल्लमुएल्लेर, मैथ्यू मार्टिन, डॉना पस्सानांते, एलिज़ाबेथ रेंडफ़्लाइश, ऐनके स्टेनेकके, क्रिस्टिन तानिगवा और डैन जिट्ट इन सभी ने "बीकमिंग" को सम्भव बनाने में मेरी मदद की है।

मैं मार्कस डोहले का भी शुक्रिया अदा करना चाहती हूँ जिन्होंने पेंगुइन रैंडम हाउस के सभी संसाधनों को प्यार के इस काम के लिए प्रयोग किया।

अपने टीम के बग़ैर मैं इस दुनिया में एक माँ, पत्नी, दोस्त और एक व्यावसायिक इंसान नहीं बन सकती थी। जो भी मुझे जानता है वह इस बात को भी अच्छी तरह जानता है कि मेलिसा विंटर मेरे दिमाग का दूसरा आधा हिस्सा है। इस प्रक्रिया के प्रत्येक क़दम में हमेशा मेरे साथ खड़े रहने के लिए तुम्हारा शुक्रिया मेल। और इन सबसे अधिक मेरी बेटियों को बेहिसाब प्यार करने के लिए तुम्हारा शुक्रिया। तुम्हारे बिना मैं कहीं नहीं हूँ।

मेलिसा मेरे निजी टीम के कर्मचारियों की प्रमुख है। यह टीम बहुत छोटी है लेकिन इसमें तेज़, मेहनती औरतें शामिल हैं जिन्होंने हमेशा यह ध्यान रखा कि मैं सही रास्ते पर हूँ, इस टीम में हैं : कैरलिन ऐड्लर मरॉलेज़, च्यन्ना क्लेटन, मैकेंजी स्मिथ, समैन्था टबमैन और ऐलेक्स मे सिले।

विलियम्स एंड कॉनली के बॉब बार्नेट और डिनीन होवेल्ल ने प्रकाशन की प्रक्रिया में अपना महत्वपूर्ण योगदान दिया और मैं उनके सुझावों और उनके साथ के लिए हमेशा आभारी हूँ।

उन सभी लोगों का विशेष धन्यवाद जिन्होंने इस किताब को मेरी ज़िंदगी में कई रूपों में शामिल करने में मेरी मदद की जिनमें पीट सूजा, चक केनेडी, लॉरेन्स जैक्सन, अमैंडा

लूसिदों, समैन्था ऐप्लटन, क्रिस्टीन जोंस, क्रिस हो, अरेल्ले ववास्सेर, माइकल नॉरिस और एलिज़ाबेथ ऐलेग्ज़ैंडर शामिल हैं।

इस अलावा मैं अविश्वसनीय रूप से ज्ञानी ऐश्ली वुलहीटर को उनके विस्तृत शोध के लिए और जिलीयन ब्रास्सिल को सावधानीपूर्वक सभी तथ्यों की जाँच के लिए शुक्रिया अदा करना चाहती हूँ। मेरे कई पूर्व कर्मचारियों ने भी इस प्रक्रिया के दौरान महत्वपूर्ण जानकारियाँ और उनका समय बताने में मेरी मदद की है - इनमें कई नाम हैं, लेकिन मैं उन सबकी आभारी हूँ।

मेरे जीवन में शामिल उन सभी अद्भुत महिलाओं का शुक्रिया जिन्होंने हमेशा मुझे प्रोत्साहित किया। आप सभी जानती हैं कि आप कौन हैं और मेरे जीवन में आपकी क्या जगह है - मेरी महिला दोस्त, मेरी गुरु, मेर "दूसरी बेटियाँ" - और मामा के का विशेष धन्यवाद। आप सबने लिखने की इस प्रक्रिया में और मुझे एक बेहतर महिला बनने में मेरा साथ दिया है।

देश की प्रथम महिला के रूप में मेरे जीवन की तेज़ रफ़्तार ने मुझे लिखने के पारम्परिक तरीक़े के लिए बहुत कम समय दिया है। इसलिए मैं अपनी क़रीबी दोस्त वर्ना विल्यम्ज़ की आभारी हूँ जो अभी सिनसिनाटी विश्विद्यालय के लॉ कॉलेज में अंतरिम डीन और निपर्ट प्रोफ़ेसर के रूप में कार्यरत हैं। मैंने व्हाइट हाउस के अपने प्रवास के दौरान की बातचीत के उस रिकॉर्ड के लगभग 1100 पन्नों पर बहुत अधिक भरोसा किया है।

मुझे इस पर गर्व है कि हमने पूर्वी विंग में इसे पूरा कर लिया। मैं अनेक महिलाओं और पुरुषों का शुक्रिया अदा करना चाहती हूँ जिन्होंने हमारे इस देश की मदद में अपना जीवन लगा दिया, प्रथम महिला के दफ़्तर के सभी कर्मचारी जो नीति, समय-सारणी, प्रशासन, संवाद, भाषण लिखने वाले, सामाजिक दफ़्तर और पत्र-व्यवहार में काम करते थे सभी का शुक्रिया। सभी कर्मचारियों, व्हाइट हाउस के सदस्यों और एजेन्सी वालों जिन्होंने मेरी सभी पहल का ज़िम्मा अपने ऊपर लिया उन सभी का भी शुक्रिया - चलिए! आगे बढ़ते हैं!, ऊँचे पहुँचते हैं, आइए लड़कियों को सीखने देते हैं और हाँ बेशक उन्हें सेना में भर्ती होने देते हैं।

मेरे दिल में सेना में शामिल होने की बात के लिए हमेशा एक विशेष जगह बनी रहेगी क्योंकि इसने मुझे हमारे उत्कृष्ट सैन्य समूह की ताक़त और लचीलेपन के दुर्लभ रूप से सामना करवाया। सभी कार्यरत, सेवानिवृत वरिष्ठों और सैन्य परिवारों का उनकी सेवा और बलिदान के लिए पूरे देश की तरफ़ से तहे दिल से शुक्रिया करना चाहती हूँ। डॉक्टर जिल बिडेन और उनकी पूरी टीम के लिए शुक्रिया- यह एक सच्चा वरदान और असली ख़ुशी की तरह था कि इन सभी महत्वपूर्ण पहल के समय मुझे आपके साथ काम करने का मौक़ा मिला।

पोषण और शिक्षा से जुड़े सभी नेताओं और वकीलों का आभार कि आप सभी ने इस बिना यश वाले काम के लिए रोज़ कड़ी मेहनत की और इस बात का ध्यान रखा कि हमारे सभी बच्चों को प्यार, सहायता, और संसाधन मिले ताकि वे अपने सपनों को पूरा कर सकें।

अमेरिका की गुप्त सेवा के सभी कर्मचारियों और उनके परिवार के सदस्यों का भी

आभार, जिनके हर रोज़ के बलिदान से उन्हें अपने काम को पूरा करने में सहयोग मिलता है। विशेष रूप से वे लोग जिन्होंने मेरे परिवार के लिए अपनी सेवा दी थी और अभी भी दे रहे हैं, मैं उनकी लगन और पेशेवर अंदाज के लिए सदा आभारी रहूँगी।

उन सैकड़ों पुरुषों और महिलाओं को धन्यवाद, जो हर दिन कड़ी मेहनत करते हैं ताकि उन परिवारों के लिए व्हाइट हाउस को एक घर का रूप दे सकें जिन्हें हमारे सबसे क़ीमती स्मारकों में से एक में रहने का विशेषाधिकार प्राप्त है - सुरक्षाकर्मी, बावर्ची, बैरे, माली, मैदान के रखवाले, सफ़ाई कर्मचारी और इंजीनियर। वे सभी हमेशा मेरे परिवार का महत्वपूर्ण हिस्सा रहेंगे।

अंत में, देश की प्रथम महिला के रूप में अपनी छोटी सी इस अवधि में मिलने वाले हर एक युवा का शुक्रिया अदा करना चाहती हूँ। उन वर्षों में मेरे दिल को छू लेने वाले सभी होनहार युवाओं को मेरा धन्यवाद - वे जिन्होंने मेरे बाग़ को बेहतर बनाने में मेरी मदद की; वे जो मेरे साथ नाचे, गाए, खाना पकाया और मेरे साथ खाए; वे जो हमेशा मेरे प्यार और निर्देश का स्वागत करते रहे; वे जिन्होंने मुझे बहुत सम्मान दिया, गले लगाया, इस तरह से गले लगाया जिससे मुझे आगे बढ़ने का साहस मिला और जिससे मुझे कठिन समय में भी आगे बढ़ने का साहस मिलता रहा। हमेशा मुझे आशावान बने रहने का कारण देने के लिए आप सभी का शुक्रिया।

तस्वीरों के संदर्भ

फ्रंट इंडपेपर: सभी तस्वीरें ओबामा-रॉबिन्सन फैमिली आरकाइव से साभार

बैक इंडपेपप: (*बाएं से*) ओबामा-रॉबिन्सन फैमिली आरकाइव से साभार (तीन तस्वीरें); © कैली सेल/औरोरा फोटोज; © सुसान वाट्स/न्यूयॉर्क डेली न्यूज़/गेटी इमेजेज; © ब्रुक्स क्राफ्ट एलएलसी/कोर्बिस/गेटी इमेजेज; फोटो-इडा मे एस्ट्यूट © एबीसी/गेडी इमेजेज

इनसर्ट पेज, 1-4: सभी तस्वीरें ओबामा-रॉबिन्सन फैमिली आरकाइव से साभार

इनसर्ट पेज 5: (*ऊपर से*) © पब्लिक एलाइज, साभारत फिल स्मिज; साभार यूनिवर्सिटी ऑफ द शिकागो मेडिसीन; साभार ओबामा-रॉबिन्सन फैमिली आरकाइव

इनसर्ट पेज 6: (*ऊपर से*) © डेविड काज 2004; © डेविड काज 2004; © एने रियान 2007

इनसर्ट पेज 7: (*ऊपर से*) © कैली शेल/औरोरा फोटोज; © कैली शेल/औरोरा फोटोज; साभार ओबामा-रॉबिन्सन फैमिली आरकाइव

इनसर्ट पेज 8: (*ऊपर से*) © डेविड काज 2008; © स्पेंसर प्लेट/गेटी इमेजज; © डेविड काज 2008

इनसर्ट पेज 9: (*ऊपर से*) © चुक केनेडी की तस्वीर, मैकक्लेची, मैकक्लैची/ट्रिब्यून; © मार्क विल्सन/गेटी इमेजेज

इनसर्ट पेज 10: (*ऊपर बाएं*) © जोएस एन. बो घोसाइं की तस्वीर, साभार बराक ओबामा प्रेसिडेंसियल लाइब्रेरी, (*शीर्ष दाएं*) © करेन ब्लेयर/एएफपी/गेटी इमेजेज; (*सबसे नीचे बाएं*) लॉरेंस जैक्सन की तस्वीर, साभार जॉर्ज डब्ल्यू बुश प्रेसिडेंशियल लाइब्रेरी एंड म्यूजियम; (नीचे से दाएं) सुमन्ता एप्लेटन की तस्वीर, साभार बराक ओबामा प्रेसिडेंसियल लाइब्रेरी

इनसर्ट पेज 11: (*ऊपर से*) © सुमन्ता एप्लेटन की तस्वीर, साभार बराक ओबामा प्रेसिडेंसियल लाइब्रेरी; चुक केनेडी की तस्वीर, साभार बराक ओबामा प्रेसिडेंसियल लाइब्रेरी;

पेटे सुज़ा तस्वीर, साभार बराक ओबामा प्रेसिडेंसियल लाइब्रेरी; सुमन्ता एप्लेंटन की तस्वीर, साभार बराक ओबामा प्रेसिडेंसियल लाइब्रेरी

इनसर्ट पेज 12: (*ऊपर से*) © लॉरेंस जैक्सन की तस्वीर, साभार बराक ओबामा प्रेसिडेंसियल लाइब्रेरी; सुमन्ता अप्लेंटन की तस्वीर, साभार बराक ओबामा प्रेसिडेंसियल लाइब्रेरी; चुक केनेडी की तस्वीर, साभार बराक ओबामा प्रेसिडेंसियल लाइब्रेरी

इनसर्ट पेज 13: (*ऊपर से*) © पेटे सुज़ा की तस्वीर, साभार बराक ओबामा प्रेसिडेंसियल लाइब्रेरी; पेटे सुजा की तस्वीर, साभार बराक ओबामा प्रेसिडेंसियल लाइब्रेरी; चुक केनेडी की तस्वीर, साभार बराक ओबामा प्रेसिडेंसियल लाइब्रेरी

इनसर्ट पेज 14: (*ऊपर से*) © लॉरेंस जैक्सन की तस्वीर साभार बराक ओबामा प्रेसिडेंसियल लाइब्रेरी; अमान्डा लुसिडन की तस्वीर, साभार बराक ओबामा प्रेसिडेंसियल लाइब्रेरी; पेटे सुजा की तस्वीर, साभार बराक ओबामा प्रेसिडेंसियल लाइब्रेरी

इनसर्ट पेज 15: (*सबसे ऊपर बाएं*) © पेटे सुजा की तस्वीर, साभार बराक ओबामा प्रेसिडेंसियल लाइब्रेरी; (*सबसे ऊपर दाएं*) सामन्ता एप्लेंटन की तस्वीर, साभार बराक ओबामा प्रेसिडेंसियल लाइब्रेरी; (*मध्य*) पेटे सुजा की तस्वीर, साभार बराक ओबामा प्रेसिडेंसियल लाइब्रेरी; (*सबसे नीचे*) साभार ओबामा-रॉबिन्सन फैमिली आरकाइव

इनसर्ट पेज 16: (*ऊपर से*) अमन्डा लुसिडन की तस्वीर, साभार बराक ओबामा प्रेसिडेंसियल लाइब्रेरी; लॉरेंस जैक्सन की तस्वीर, साभार बराक ओबामा प्रेसिडेंसियल लाइब्रेरी